U0307195

交通
创新革命

[希] 乔治·A.吉安诺普洛斯 (George A.Giannopoulos)　著
[美] 约翰·F.蒙罗 (John F.Munro)

李浥东　任申元　金一　译

THE ACCELERATING TRANSPORT
INNOVATION REVOLUTION

机械工业出版社
CHINA MACHINE PRESS

本书提供了关于交通创新的全球现状和最佳实践的全面观点，并将研究与商业开发结果相结合，在生物生态系统理论、一般系统理论和吸引盆地理论（通过数学中著名的时空图来表示）的基础上，提供了新颖的创新过程模型。此外，通过一些专业内容的介绍，考虑了创新生态系统的关键问题和要素，并采用一种范例方法，将信仰和学习纳入创新生态系统模型。书中介绍的全球范围 10 个案例研究，详细说明了创新是如何跨越各大洲和不同生态系统的，并提供了关键经验教训。在 5 个分析层次揭示了创新景观的独特特征，而 10 个案例研究使读者能够评估特定的"推动因素"在何时何地尤其在革命性的规模上促进创新。

尽管过去 20 年来，各国在各种交通创新研究计划上花费了数十亿美元，但很少有明确而有实质性的努力致力于探索创新生产如何日益发生，以及在未来维持大规模革命性变革所必需的关键因素。因此，本书的一个主要主题是理解研究结果如何转化为市场创新和实施结果，尤其是理解革命性创新的性质，这与创新本身的创建同样重要。

本书适合对探索交通创新本质和相关机制感兴趣的交通行业从业人员及政府官员，以及交通运输专业的师生阅读使用。

作者简介

乔治·A.吉安诺普洛斯教授（Prof. George A. Giannopoulos）（ggian@ academyofathens. gr）

乔治·A.吉安诺普洛斯教授，希腊雅典科学院院士、亚里士多德大学荣誉教授、北京交通大学讲习教授。他在英国伦敦帝国理工学院交通规划与工程专业获得学士（1969）、硕士（1970）和博士（1973）学位。长期从事智能交通系统设计开发、交通规划建模等方面的工作。曾作为主要负责人参与了欧盟和希腊在交通领域的政策体系建立；创办了希腊国家交通研究所并领导该所16年。曾任欧洲科学院科学咨询委员会（EASAC）能源指导小组成员，以及美国交通研究委员会国际合作常设委员会联合主席。曾任欧洲委员会交通咨询组组长，该组是欧洲委员会交通研究项目的高层咨询机构。已出版17部著作，其中6部为英文版；并发表250多篇论文，获得多项荣誉和奖项。

约翰·F.蒙罗博士
(Dr. John F. Munro)

约翰·F.蒙罗博士，环境与能源规划专家，研究领域包括气候变化如何影响交通基础设施的发展、基于创新的气候适应策略，以及气候影响下的长期迁移模式等。蒙罗博士在加利福尼亚大学圣塔芭芭拉分校获得了政治学学士学位（专业为环境政策和科学史），并在加利福尼亚大学洛杉矶分校获得了国际关系硕士学位和环境与水政策博士学位。曾支持过多个国家和国际组织进行跨学科研究和评估项目，包括美国田纳西州的奥克里奇国家实验室、美国能源部、美国交通部、美国加利福尼亚州、欧盟以及希腊政府。协助日本政府与美国就科学人员交流协议进行谈判。目前担任约翰斯·霍普金斯大学惠廷工程学院研究员，讲授研究生课程"交通、创新和气候变化"。

李浥东博士，教授、博士生导师、国家级人才计划入选者。现任北京交通大学计算机科学与技术学院院长、交通大数据与人工智能教育部重点实验室主任、交通运输部重点领域创新团队负责人。2003年本科毕业于北京交通大学，2006年和2011年在澳大利亚阿德莱德大学分别获得硕士和博士学位。研究方向主要为大数据智能、先进计算、智能交通系统等。已在国际主要学术期刊和会议上发表学术论文200余篇，出版专著5部。曾主持包括国家自然科学基金重大/重点、科技部重点研发计划等在内的20余项省部级以上课题。获国家级教学成果奖二等奖、北京市/中国计算机学会/中国电子学会科技进步奖、茅以升铁道科学技术奖等9项省部级科技奖励。任中国计算机学会理事、杰出会员、智慧交通分会秘书长、大数据专委会常委、YOCSEF AC 主席（2021—2022），IEEE CRFID 学会副主席等。任 IEEE ITS Magazine、IEEE TBD 和《电子学报》等期刊编委，以及20多个国内外学术会议的大会主席、程序委员会主席等。

任申元博士，北京交通大学计算机科学与技术学院讲师、中国自动化学会智能车委员会委员、中国计算机学会智慧交通分会秘书。2014 年本科毕业于四川大学，2018 年于英国华威大学获得博士学位，2018—2021 年于英国牛津大学从事博士后研究工作。研究方向为先进计算以及高性能计算在交通、材料、物理领域的应用等。已在国际/国内学术期刊和会议上发表论文 20 余篇，出版教材 1 部。主持/参与包括科技部重点研发计划/任务、揭榜挂帅等课题 10 余项，获中国生产力促进中心协会生产力促进奖。

金一博士，北京交通大学计算机科学与技术学院教授、博士生导师、CCF 杰出会员。担任科技部"十四五"重点研发计划"智能机器人"重点专项专家组委员，CCF YOCSEF 学术秘书（2023—2024），多媒体专委会执委，大数据专委会执委，女工委委员等。研究方向为视频语义理解、视频行为分析、多模态融合、行人再识别等。获 IEEE Computer Society 年度最佳论文奖提名奖等国际论文奖励 3 项、2023 年中国产学研合作创新与促进奖创新成果二等奖（排 1）等奖励，入选 2022 年度北京市轨道交通学会杰出青年人才。

写给中国读者的话

本书旨在构建一种解释性方法，以深入探究交通运输领域创新的产生过程，超越过去时期主流技术转移模型中线性且相对简化的方法。这一探索诞生于交通运输史上一个异常活跃的时期，科学、创新与创业精神的合力以前所未有的规模催生了新技术、新交通方式以及智能交通系统。

在世界多地经济下行的背景下，本书所传达的信息变得尤为重要。通过深入分析，本书提供了一套合理的解释性框架，用以说明创新生态系统如何运作、由何构成以及哪些因素在影响其发展。我们坚信，这一框架以及基于全球十个交通创新生态系统案例的实地研究数据所构建的创新管理与治理政策范式，将引起中国读者的极大兴趣和深切关注。

当前，交通运输技术应用已成为中国最具创新性的领域之一。然而，中国交通运输业的特点在于，尽管技术创新在各交通领域得到广泛应用，但系统的其他部分仍受到传统框架和过时实践的束缚。本书所描述的全球其他地区在交通创新（以及整个交通系统）管理方面的范式、"信仰"或实践，将为中国众多交通专业人士提供有意义的背景信息。同时，我们的核心创新组织概念，即创新生态系统及其各自的吸引力盆地，将帮助中国学术读者理解进入 21 世纪第一个 10 年之际交通运输领域革命性创新的本质。

除了基于生态系统的创新解释性和概念性框架外，本书还涵盖了其他多个补充性话题，如创新组织与治理、当前的创新监测与数据收集工具、个体创业者在创新生态系统中的作用，以及保护国家创新系统内及系统间知识产权的挑战。

我们欢迎我们的中国读者，并祝愿大家阅读愉快，收获满满！

乔治·A. 吉安诺普洛斯教授 & 约翰·F. 蒙罗博士

2024 年 4 月

译者的话

与乔治·A. 吉安诺普洛斯教授相识于 2018 年在美国华盛顿举办的第 97 届美国交通运输研究委员会年会（Transportation Research Board，TRB）。我与时任 TRB 国际合作工作委员会主席的吉安诺普洛斯教授就全球化视角下交通领域技术创新等问题进行了深入交流，他向我介绍了刚完成初稿的本书英文版，并非常诚恳地邀请我对书中（尤其是关于中国交通技术创新案例部分）提些意见。在拜读其手稿的过程中，我被作者在交通领域技术创新的独特见解和系统性分析理念深深吸引，并产生了将这部著作介绍给中国读者的想法。

该书英文版从 2019 年开始发售，在将这部著作翻译成中文的过程中，我们深感荣幸能为中国读者呈现这样一部深入剖析交通运输领域创新过程的力作。与大部分以技术发展脉络为主线的创新论著不同，本书从解释性的角度出发，探索了交通运输领域中创新的产生过程，打破了传统的线性技术转移模型，提出了一个更加复杂和全面的框架，为揭示交通领域技术创新背后的复杂机制和多元动力提供了重要指导。同时，作者通过对全球十个交通创新生态系统案例深入研究，构建了一套创新管理与治理政策的范式。这些案例研究不仅展示了不同地区在交通创新方面的经验和教训，也为中国读者提供了宝贵的参考和启示。

目前，我国在交通基础设施建设规模、路网运营能力等方面已位居世界前列，而大数据、人工智能等新兴技术为交通领域系统性创新带来了新的机遇与挑战。本书描述的全球其他地区在交通创新方面的成功经验和创新组织概念，将有助于中国交通运输领域的专业人士和研究者理解并应对这些挑战。此外，本书还探讨了创新组织与治理、创新监测与数据收集工具、个体创业者作用，以及知识产权保护等重要问题，不仅对交通运输领域的创新发展具有重要意义，也对其他领域的创新活动具有普适性参考价值。

在翻译过程中，我们力求保持原著的科学性和准确性，同时结合中国交通运输行业的实际情况，对部分内容进行了必要的注释和解释。希望通过我们的努力，能够帮助读者更好地理解和应用书中的理论与方法。但由于译者水平有限，原书中提出的部分概念与理念较难找到精准的中文描述，我们尽量在准确性和易读性方面达到平衡。诚挚欢迎广大读者提出宝贵的意见和建议，帮助我们不断完善和提高翻译质量。

感谢作者为中国读者撰写的特别序言，以及在多年合作中给予的无私帮助和支持。也特别感谢我八岁的儿子，他极为期待本书正式出版并一直关注书稿进度。

希望本书能为读者带来启发和帮助，让我们在创新之路上惟实励新、行稳致远！

李沅东

2024 年 5 月

当前是交通运输史上异常活跃的时期，科学、创新与创业相互融合。站在这样一个风口浪尖上，甘于平庸或举步不前终将被淘汰。当前创新正以前所未有的规模进行，为获取财富、独占市场创造了机遇。在一些尖端领域，专业化已经被按顺序或并行执行多任务的内在能力取而代之；绩效的标准化已经被无数可接受的具有流动性、收益性和持续创新力的新绩效衡量指标替代。新的奖励方式在不断地推进，如用所有权替代工资。与此同时，那些能激发员工创造力、能最大限度激起客户热情的企业家已经取代了奉行非人性化和官僚主义的高管。

尽管我们长期研究交通运输学，但是该领域过去 15 年来的技术创新和变革仍让我们惊叹。特别是自 21 世纪初以来，交通运输创新一直以惊人的速度在全球范围内加速发展。如为车辆提供新的动力方式、先进设计和材料、交通管理人员进行车辆控制的智能基础设施、先进的恶劣天气预警系统或严重拥堵情况下使用的高速公路安全装置等。此外，无论是跑车还是商用货车，所有类型的车辆核心部件都应用了人工智能方面取得的重大突破。因此相较于老一代机械车辆，福特 Model T 这类汽车、货车与超级计算机及通信中心的关系越来越密切。

目前世界各地都在进行交通运输创新，编写本书的主要目的之一是阐明我们所认为的交通创新革命的本质和范畴。另一个目的是描绘出从个人或公司的创新过渡到完善的创新系统和生态系统过程中的关键步骤。人们对交通运输领域的创新及其对宜居性、可持续性和社会公平性的正面和负面影响有诸多猜测。如果所有潜在的交通运输创新都得以应用，创新的重点未来会如何进行，如自动驾驶和网联车辆、电动汽车、清洁燃料生产和存储系统等方面的创新及无数的人工智能应用。在关于自动驾驶、电动汽车以及"共享"出行的革命性影响方面，D. Sperling 教授编写的《三大革命：自动化、共享化、电动化走向更好未来》一书中有较为详细的论述。这本书主要关注未来通过交通运输创新及强调统筹的政策而累积的潜在收益。根据上述书籍的观点，统筹是创造和维持交通运输未来发展的超级黏合剂，必不可少，有利于社会未来发展。正如这本书中所言："若要规避某些加剧社会不平等性的'死胡同'，我们很可能会围绕交通技术去构建未来，从而增加社会福利。"

我们已经进入了一个颠覆性时代，技术和社会变革的可能性比大多数人所看到的更为真实和有活力，人们每天耗费大量的时间，缓慢地通过冷冰冰、拥堵不堪的公路去工作。然而，与其在交通运输创新和社会未来的规范性要求中构建未来，不如退后一步，认识创新过程更为重要。21世纪，创新过程中每一细微之处都如其本身一样引人注目。如果不能透彻领悟深植于创新生态系统模型中的创新过程，我们的子孙后代很可能会错失创新机遇，受物质所限，难以打破社会僵局。所以，我们认为创新是社会进步的必不可少的条件。

尽管大部分章节中我们提及的创新生产都是普遍意义上的，但是我们最为熟知的仍然是交通领域的创新，所以大多数实例和案例也都选自交通领域。交通运输创新也遵循广泛的发展路线，也会受到相同或其他相似领域创新的影响。然而，交通运输创新也呈现出一些具体的内部特征。交通创新工作在很长一个时期会由私营部门进行，旨在推动创新，而其他领域通常更依赖公共部门来进行。另外，交通创新也有独特性。就如在《格列佛游记》（1726）一书中，格列佛受到小人国国民的束缚和限制一样，交通运输创新也会受到传统系统和陈旧做法的阻碍。许多传统交通运输系统中隐隐透着小人国社会中细小又非理性的一些想法。

尽管可能有点自相矛盾，但是现在交通运输是全世界最具创新力的领域之一。而且，我们正在远离一个类似于牛顿物理学盛行的时代，走向一个广泛接受并应用相对论和量子力学的未来，我们会向着这一方向前进。因此，我们可以更深入、更敏锐地"看到"交通创新的未来。

很多领域的创新水平都是革命性的，令人惊叹。传统系统的范式和理念正在被淘汰，新的理念和构想不断涌现出来，从而改变我们对科技和社会领域未来可能性的认知。如果能合理统筹进行，交通领域的不断创新应该可以提升城市宜居性，交通阻塞会急剧减少，引起气候变化的温室气体排放也会减少，也可以尽可能地保证可持续性发展。毫不夸张地说，如果长期进行这些创新，真的可以产生规模性变化，其重要性堪比19世纪工业革命。

在交通运输领域，提升创新特性和比率的实例并不难找。过去15年间，几乎每周都有报道创新的内容出现，已经到了冗余的地步。其中最为明显的可能非《硅谷商业杂志》莫属。这些内容还通过关于交通创新的开创性书籍得到了补充，这些书籍提供了对电动汽车、自动驾驶、共享出行及其引发的社会效果等创新的全面评估，所有这些都描绘了整个交通运输部门革命性的变化，这无疑将对所有人都产生重大影响。

然而，大部分交通运输领域的创新研究都忽略了对其性质和过程中同时发生的变化，似乎是"只见树木不见森林"。我们认为注重个体创新已留下了知识漏洞，人们很难系统而全面地了解创新是如何在全球范围内产生的。在我们共同努力解读创新过程中，很快认识到关于技术变革和线性创新模型传统性的讨论，仍然与可追溯至 20 世纪中叶相对简单的线性技术转让模型联系在一起。正如本书所述，许多实际上没有反馈回路的线性模型不足以让人理解整个革命性的创新，尤其是交通领域的创新。部分问题在于它们源于不同时期，正如美国国家航空航天局和美国太空计划并驾齐驱，以技术转让为正当的政治理由投入巨资，让人类首次登上月球。

我们回顾创新领域的传统模型和理论，得出的结论是常规技术转让研究和模型与现在进行的重大创新的方式明显不符。很大程度上，它们类似于中世纪炼金术采用的配方。历史上，中世纪的炼金术是化学领域的先驱，主要研究将贱金属转化成黄金。我们认为，在继续探讨和撰写个体创新及他们对环境、社会、经济产生的潜在影响之前，必须后退一大步，静心思考之后，才能开始对如何创新进行严格而全方位的探讨，以便直接为交通领域所借鉴或应用。

回顾最初交通领域的研究，我们忽然明白全球范围内，从美国到欧洲再到诸如中国、日本、印度和韩国等亚洲国家，不仅交通技术发生了惊人的变化，而且创新的组织研发及有效利用过程也正在推进同等规模、同样意义重大的变革。实际上，创新方式的转变可能是交通领域创新的必要前提。

在 1989 年著名的棒球电影《梦幻之地》中，主角雷·金塞拉（凯文·科斯特纳饰）听到玉米地里传来一个声音："你盖好了，它们就会来。"他将此句解读为自己如果在玉米田里建一个棒球场，那么整个棒球史上伟大的球员（包括已故的父亲）会出现，来此地打球。类似地，本书通过创建（各种规模和成熟度的）创新生态系统，来表明革命性创新更有可能发生。为了树立本书的可信度，我们开发了一个多维阐释机制，该机制应用并整合了诸如生物生态系统、范式理论及层次分析领域中的概念，以建立一套能足够符合实际的创新理论。

我们的核心组织理念就是创新生态系统及其吸引盆概念。我们坚持认为创新生态系统是理解 21 世纪革命性创新（至少是交通运输领域）本质的基本原则。这种革命性动力是四个相互关联的因素产生的直接结果：

1）在物理理论以及物理、化学和各个工程领域的子学科中已出现的一个拐点。

2）21 世纪初期，知识水平已经达到顶峰，跨学科研究和创新的成本及复杂性已超出任何一家公司的承受能力，甚至让发达国家丧失了优势。

3）需要一种新的创新方式，一种类似于能产生竞争性合作模型的健康生物生态系统，这需要建设更多伙伴关系和网络（生态系统）。

4）创新的复杂性和成本，正在改变基于竞争的创新主导范式。

为了支持和补充基于生态系统的阐释机制，本书探讨了几个补充性话题，包括全球范围内的创新组织和治理工作、当前创新监测和数据收集工具的局限性。我们评估不同类型创新生态系统相对性能的能力、评估创新生态系统中个体企业家作用的能力、评估国家创新系统内部或国家间保护知识产权面临的挑战的能力都会受到这些局限性影响。

我们将通过案例研究来拓宽本书中的分析视角，这些案例的重点是对在或大或小国家的不同地区进行的创新组织工作和过程进行研究。这些案例研究提供了有关创新生态系统在交通运输中变得日益重要的关键经验。案例研究还找到了与创新生态系统的出现和可持续性相关的关键因素，包括政府参与的重要性、稳步提高非公有管理及资本作为创新生态系统的成熟标志。这种趋势似乎与生态系统运行所在的政治体系的性质无关。

我们希望通过本书为进一步研究创新过程，特别是交通运输领域的创新奠定基础，同时打破认知上的"群体思维"⊖，当今应用的多数传统技术转让和创新模型都具有这种思维特点。这也是本书的重中之重，也就是说，它提出了一个合理的阐释机制，该机制与 21 世纪交通运输创新的革命性相一致。此外，应用基于生物生态系统、政策范式和层次分析的混合模型可以让读者更全面地了解创新的性质和复杂性，而这 10 个案例研究可以进一步阐明现有生态系统如何运营，并取得了不同层次的成功。

自 20 世纪 50 年代以来，已研发面世的领先技术转让模型主要采用线性方法且过于简单。此书只是研究解释性方法的第一步，但是已经超越了以前的方法。下一步将研究可进行测试的一些猜想和评估机制，通过定量数据分析衡量全球创新生态系统的产能，并就未来创新生态系统的可持续性给出合理的预测。因此，我们旨在为与"创新"和"革命性创新"概念相关的问题提供急需的答案和有用的见解，例如：

目前在已有如此多的技术转让模型的情况下，为什么必须研发创新生态系统模型？

变革性创新生态系统模型与典型线性一维技术转让的推拉模型有何不同？

交通领域中，基础研发与革命性创新之间的有机联系是什么？

从 2019 年呈现的优势来看，这一革命性变化的概况是什么？

通常，不同国家和地区有什么样的创新生产模式？交通运输制造业领先的国家之间创新有何不同？关键趋同点是什么？

⊖ 群体思维是一种思维模式，即无论群体中的个人是否认同某观点有效、无误、是不是最优，其决策者都倾向于接受可以表明群体共识的观点或者结论。群体思维理论是由社会心理学家欧文·贾尼斯在他 1972 年的经典研究《群体思维的牺牲品：对外政策决策及其失败的心理学研究》中引入的，其重点是研究错误的外交政策决策（如袭击珍珠港、越南战争和猪湾事件）背后的心理机制。

创新的首要"推动因素"有哪些?

影响创新的成败因素有哪些?

我们如何更好地理解个人、私营公司、政府机构和公私合作伙伴关系在减缓或加速创新变革(尤其是在运输生态系统中)中的相互作用?

如果问题不及时解决,哪些因素可能会减缓或破坏这一发展进程?

知识产权和其他保护制度对促进创新有多重要?

创新的经济特点是什么?

是否有足够的证据表明交通运输系统正在向让技术有一个光明未来的方向发展?

关键的溢出效应是什么?交通运输领域的创新在多大程度上开始改变其他行业?

本书共 12 章,附加 10 个案例研究和 4 个附录。前 3 章中,我们利用生物学与一般性系统理论相结合的"生物生态系统"和"吸引盆"的概念,系统地研究了创新和创新过程的概念和定义;通过对世界七大国家或地区的研究和创新体系的考察后,在第 4 章和第 5 章对创新系统组织类型和影响成败的因素进行了研究。在接下来的章节中,我们探讨了创新生态系统运作的一些关键问题,尤其是创新溢出的重要性和作用(第 6 章)、创新监测和数据收集(第 7 章)、知识产权在促进公司和创新生态系统中的作用(第 8 章)、创新经济学和金融资源(第 9 章)、公私部门参与交通创新的间断性转变(第 10 章),最后是有远见的个体领导者在创新生态系统中的作用(第 11 章)。第 12 章对我们的研究成果和所提出的建议进行了总结。通过参观、采访和收集资料,在本书中给出的 10 个案例研究中验证了我们提出的概念、观点及假设。

我们希望本书可以对交通运输专业的学生、创新人员、企业家以及对探索创新本质感兴趣的政府官员有所助益。

乔治 · A. 吉安诺普洛斯

约翰 · F. 蒙罗

目录
CONTENTS

第二部分 案例研究

附录

第一部分

认识系统性创新

第1章

绪论——基本概念及其关系

1.1　交通运输领域变革概貌

1.1.1　交通运输领域正在进行革命性变革

技术"革命"会带来意想不到的结果。如果能充分利用，很可能会加速经济发展，如果能与国际技术水平接轨，则很可能超越交通运输领域，并扩展到其他行业。"交通运输革命"是指在人工智能、信息技术和通信等各学科中，大量创新的间断融合，而这些创新是建立在重大技术进步或较高的成熟度基础上的，并不是一蹴而就的⊖。这些重大进步可以通过各种公有、非公有机构或企业转化为具有市场价值的产品。技术革命可以给社会和经济运转、国内国际合作及展望未来等带来永久性和结构性的变化。

技术革命通常始于基础研究领域，如固态物理学，然后"外溢"至其他应用性领域，如交通运输。这一转移通常是通过企业创造力、资本可用性、经济规模和无所不在的政府需求和行为来实现的。创新溢出效应涉及经济学家所说的正向外部性的最佳利用。一旦开始外溢，常常会跨出一个领域，如交通运输领域，波及能源、农业、城市发展和卫生等众多领域。各领域很像多米诺骨牌效应，一个多米诺骨牌倒下会引发连锁反应，从而导致其他多米诺骨牌倒下。

系统性的技术革命是通过一系列大规模"颠覆性"创新或者细微的渐进式创新实现的，这种细微的创新一旦相互协同起来就会产生重大变化。技术革命总是会产生预期和非预期两种结果。例如，财富积累可被视为预期结果，而诸如地方性和结构性就业不足、消费者大规模抵制某些创新（如自动驾驶汽车）及隐私保护下降都是非预期结果。

在交通运输领域中，随着大量创新出现，我们很快会迎来一些重大革命性变化。这些变化很可能会形成界定 21 世纪"交通运输"含义的大事。这些革命性的创新点是：

⊖　此后，我们使用术语"间断"来强调每次使用的名词的含义。术语"间断"主要与名词"平衡"一起使用，即"间断平衡"表示系统在大冲击后的平衡状态。

1）电动汽车面世（提高电动汽车技术推进和电池存储系统）。

2）自动驾驶汽车和按需交通运输系统。

3）大数据和海量信息处理技术。

4）通过车辆技术进行的互联运输，这些技术通过智能通信基础设施实现了车与车或车与基础设施间的通信。

5）人工智能在所有交通运输系统的应用。

6）文化和社会经济领域的改变，包括接受新的操作方式，例如：车辆及共享单车服务，放宽我们以前的个人意识及车辆所有权的倾向。

这些创新点需要依赖基础研究及许多其他领域创新同时取得进步，例如人工智能、统一监管标准、先进的传感器和算法、电信、车辆与一切事物的连接性、先进的电池等。另外，还需改变引起范式变化的信念和价值观，可能最重要的是需要有个体不断涌入，这些个体并非致力于稳定的利润或增量变化，而是致力于基础创新。

1.1.2　交通运输领域变革的本质

交通运输领域的创新并不是在真空中创造的，创新的出现往往要归功于新科学的诞生，例如20世纪40年代末兴起的固态物理学。然而，科学的进步绝不是预先确定必然会出现的过程。例如，计算机速度下降可能会延迟或减缓交通运输领域中的革命性创新。"摩尔定律"⊖可能很快就不再适用了。过去的50年中，处理器逐渐向体积更小的方向发展，这使得超级计算机、智能手机、平板电脑和智能电视等一系列其他消费产品变为可能，达到了摩尔在20世纪60年代预测的水平。但是由于晶体管已经做到原子大小，所以现在的物理学上的障碍不是如何生产越来越小的晶体管，而是利用新工艺和人工智能如何进一步研发和应用。

进一步提高处理速度才能让复杂的通信设备和传感器为汽车提供防撞"意识"，才能为其提供用于存储和快速处理大量数据的机制。如果处理速度达不到，交通运输领域的变革将会被迫脱离正轨，进入技术停滞期。我们仍对技术发展持乐观态度，认为处理速度不会成为难以逾越的障碍，接下来的几十年将会是一个新的发现期，竞争性创新相互角逐，以证明它们的相对价值和创新程度。推出新的创新产品，占领市场份额过程中总会有输赢。随着公司为获取知识、人力和投资资本而进行"争斗"，品牌名称可能会消失。例如，未来四年内，诸如锂离子电池等蓄电设备将会成过去。2021年的车辆上，蓄电设备可以通过廉价的超级电

⊖　摩尔定律是用仙童半导体和英特尔公司创始人之一戈登·摩尔的名字命名的，他在1965年发表的一篇论文中提到，每个集成电路中的组件数量每年都在成倍增长，并预测这种增长速度至少还会持续10年。

容器转化为使用石墨烯[○]（这是制造业近期创新带来的成果）。

这些新的创新，以及其他即将出现的创新，有望为竞争性变革的主体与其各自创新之间的混战[○]奠定基础。使用了锂离子电池的蓄电设备只是"已知"创新中的少数，这些"已知"的创新将会争夺市场份额和技术优势。另外，还有"未知的未知"[○]，总能完全改变现状。例如，创新可以通过引入集中控制功能或通过个体（汽车）穿过交通廊道的实时反馈来增加安全性，从而有助于管理整个道路系统运行的基础设施建设。交通拥堵可能不再是问题，因为可以对车辆进行集中远程放缓车流，可以根据道路状况确定最佳行驶间隔。但是，通过政府干预实现的交通互联带来的便捷可能会损害到个人主义和隐私，可能会在消费者和投资自动车辆的公司之间埋下文化冲突的隐患。

通过创新，与交通运输相关的领域也发生了重大软变革，即组织或制度上的变革。此外，也可以通过创建新的商业和管理模式、资金安排、跨国合作及基于人工智能和机器人技术的制造业来实现。21世纪中后期，制造自动汽车的尝试将逐渐超越控制了交通运输领域数十年的"狭隘民族主义"。两年前还未成立的新公司，现在已经发展成为像丰田、通用和福特这样大型自动汽车制造跨国企业的合作伙伴，也与谷歌、微软和IBM这些著名的计算机和互联网公司建立了合作关系。换而言之，许多传统汽车制造公司发现与初创公司合作或者直接购买产品比自下而上拓展知识所需的成本要低得多。这一趋势在美国、日本、韩国的汽车巨头身上表现尤为突出，他们纷纷收购拥有先进人工智能知识的公司，并在硅谷这样的主要生态系统附近建立了研究中心。可以预见至少在2030年或之后，这一趋势仍然会继续。

现在的交通运输领域正在进行的是"以快速变革为常态的间断式变革"（Gould，2007）。这种变革的持续时间是不可预测的，它可能会持续数十年，也有可能眨眼间就消失了。但是，我们可以确定的是交通创新会继续下去。特别是

○ 石墨烯是目前已知的最薄的化合物，厚度仅为一个原子，也是最佳导电导体。2016年10月16日，Danielle Muio 在 *Business Insider* 上发表一篇名为 *Henrik Fisker is using a revolutionary new battery to power his Tesla killer* 的文章，正如 Danielle 在文章中所说："超级电容器有望比锂离子电池能更为有效地产生电能并更快速地充电，也更安全。使用石墨烯的超级电容器通常与锂离子电池串联使用，可在数秒内完成充电和放电，并可以在数万次循环充电中保持可靠性。"

○ 指的是有两个以上参战方参与的战斗，特别是拳击场上只剩最后一名拳击手或最后一名站着的被宣布获胜的拳击手的战斗。

○ 这一表述是美国前国防部长唐纳德·拉姆斯菲尔德（第二任布什政府任职期间）提到过的，他在伊拉克举行的一次新闻发布会上发表了以下声明："世界上存在着已知的已知事物，就是说有些事情我们知道自己知道。世界上也存在已知的未知事物，就是说有些事情我们知道自己不知道。但是，世上还存在着未知的未知事物，也就是说有些事情我们不知道自己不知道。"

如果解决了当前的技术、文化和组织限制，并且世界不会陷入全球保护主义和划分军事势力范围的黑暗时期，这一领域的创新就不会止步。

1.2　定义交通运输领域的创新

1.2.1　定义

我们先看下约瑟夫·熊彼特（Joseph S. Schumpeter）关于创新的简洁而又有概括性的定义："创新是对新思想的商业性开发。"熊彼特的定义是没有问题的，但是要理解交通运输领域革命性创新的复杂性和多面性，不能仅依靠这一定义，还需要对先前随着时间不断变化的创新过程进行深入探索。正如常被媒体引用的俗语所言："21 世纪的创新并非'母系'创新系统。"

以下评论可以将交通运输领域的创新最佳概念化：

1）关键的交通创新过程和技术根植于 20 世纪中叶该领域及众多相关领域的科学研究和理论进步。

2）参与创新的政府对于是否支持政策目标或应对已知的安全威胁的态度摇摆不定。

3）交通领域的革命性创新：

①创新并非总是指那些可以带来直接商业性开发的发现。

②创新并非直线性的发展，而是沿一条不连贯的路径完成的，具有复杂性、异构性、不确定性，有时甚至是混乱的。

③创新包含多种路径，会随着时间不断演变，并非一成不变。

④创新包含由一些公认的价值观和信念（即范式）来引导的组织性学习。

⑤创新不仅要有个人领导力和远见，也要乐于承担特定系统的风险。

4）创新或者交通运输领域的创新严格效仿基于生态位的生物生态系统的许多特征和过程。在第 2 章中，我们将借鉴基于生态位的生物生态系统中的概念对创新进行完整而全面的定义。第 2 章中提及的描述性模型是一种呈现创新过程的先进方式，这些模型本身就是一种"创新"。

1.2.2　创新层次探讨

要阐明和评估影响交通运输领域创新的因素，我们可以有效地参考一些不同层次的创新，人们可以认真思考创新发展过程并研究其行为。我们可以将与交通领域有关的"创新"分为 5 个层次：

1. 系统或跨国（国际）层

这是一个国际性的层面，其主要国家或多国参与者们具有一定权力进行跨国 - 全球层面的创新。很明显，这一层级与国家及社会变化的性质息息相关，根据合作国间的国际交流政策及相关经济/科技敏锐度，可以利用诸多诱因开展国家间合作。显而易见，各国政策和利益也从国际层面上界定了交通运输领域创新的"系统行为"。在当前国际交通领域创新系统运行的条件下，博弈规则由一小部分主要的国家和组织决定，如美国、日本、欧盟、中国、韩国和德国。其他国家（如以色列）也在推动创新，它们的创新可能会改变交通运输领域变革的时间，但它们并不是主要的博弈者，既不能决定国际交通运输系统的结构，也不能决定创新的程度。交通运输创新领域中的系统方法与其他层级的不同点在于它重点关注创新的约束条件，而不是确定的因果变量。当前拥有适当技术力量的国家数量众多，以至国际运输系统呈现出多极化趋势。然而，在国际运输系统的创新⊖中，诸如美国的博弈者却是同侪之首。

2. 国家层

此级别指的是在国内建立的，旨在促进某个国家或地区进行创新的战略和体制框架，指的是一国的整体"创新生态系统"。

3. 地方或区域层

这一层指的是"本地"创新生态系统的总体发展水平，即创新在一个界定明确的地理区域内进行。这主要是在具有强大创新能力的大国内，这些国家拥有许多"地方"的创新生态系统，它们之间通过注入风险资本⊖，在发展创业公司方面存在着激烈竞争。

4. 企业或组织机构层

这一层即对其研究成果或专长进行商业性开发感兴趣的特定组织机构层（如商业公司或企业、研究机构或大学等）。这一层级中，大部分工作都是在进行有形创新的过程中完成的。一般而言，伴随着创新，公－私伙伴关系也会出现。

5. 个体层

这一层即个体创新者（研究者或企业家）层面，他们会积极推动自己的理念及研究成果，并通过一家初创公司或其他举措为成功进行变革性创新创造条件。

本书第二部分介绍了有关创新生态系统的各种案例研究，包含上述所有层

⊖ 美国的领导地位可能是得益于美国国防高级研究计划局（DARPA）[美国国防科学办公室（DSO）下属部门]早期对技术开发的投资，也因其建立了广泛而精细的专业人才网络，该人才网络覆盖了各种必备科学学科领域。

⊖ 例如，美国的联邦制度拥有此类竞争所需的强大因素：以纽约和加利福尼亚州的硅谷（包括旧金山）的创行系统为例，竞争需得到相应州政府的全力支持和维护，可以给予税收优惠及信贷。

级，并提供了如何进行和保持创新的有用示例。

另外，创新也可以按水平方向进行分类，即社会经济文化层。它指的是社会是一个人性反应的变化趋势，倾向的综合体。这个层级可能决定一项创新成功与否，也是受变革性创新影响最直接的一个层级。国家一级施加的限制以及通过组织和个人采取协调一致的行动将创新推向市场，可以改变社会倾向及信仰。通过影响就业水平和工作性质的创新来改变整个经济。有关咨询机构向美国和欧盟研究管理部门强调了交通运输研究的"社会相关性"。目前，在交通运输研究项目资金中，越来越明显地考虑到这一层。其理念是以技术为导向的研究与创新思维模式可以被更广泛的研究与创新维度所取代，这些维度包含以下问题：

1）了解出行要求、出行需求及出行行为。

2）交通系统中的社会包容、准入及社会公平。

3）经济商业竞争力、商业模式和市场。

4）效率、适应力和有效性问题。

1.2.3　创新的混乱及分歧面——"发光物体综合征"

基于创新进行的革命性变革是一个不确定的发展过程。如果一项创新可以超越明亮的黄金线，能够将尘封已久未得到应用的技术与商业化创新区分开，虽违背常理，但它的成功既是偶然也是必然。说是随机的，只是因为即使进行市场调研，也很难预测一项发明能否达到足够满足消费者期望并让其接受的水平。因此，它只有在足够长的时间内保持竞争力，才能让回报等于或大于总投资。然而，它又是确定的，因为从概念到商业化有着特定的发展过程，特别是那些事后被认作成功的创新。

消费者的喜好是非常容易改变的⊖，创新产品的制造者和消费者总是在不断寻找下一个"发光物体"，就像乌鸦⊜一样，据说它们总是在搜寻闪亮的东西带回巢。当新的交通技术（包含新的革命性硬件或者操作）进入市场，通常会被"发光物体综合征"⊜"感染"，即企业家和技术人员会从大局中分心，脱离正轨，转而寻求最"华丽"的技术，而不是专注于已经准备就绪即将投入市场的创新。"发光物体综合征"可以将无差别的注意力缺陷障碍带入创新生态系统，在这种创新系统中，投资方和技术人员无法按照任务计划在发展方向和产品跟进上始终保持一致。

为了更好地了解交通创新生态系统中的"发光物体综合征"和注意力缺陷

⊖　以易被唤起或者可以自由表达的情绪为特点，并倾向于迅速自发的改变。

⊜　大型黑色雀形目鸟。

⊜　参见：http://www.passionforbusiness.com/articles/shiny-object-syndrome.htm（2017年12月访问）。

障碍的本质及影响，我们来看看世界上两家知名创新公司的例子：微软和特斯拉。过去30年中，没有任何公司能像微软一样具有创新精神，该公司创造了一种全新的商业模式，并逐渐掌控了从台式计算机到服务器空间的企业技术基础架构。微软公司已涉足自动取款机、视频游戏机、手表等多种产品。帕特里克·格雷（Patrick Grey）认为微软集中攻克了新的技术挑战，找到了强有力却未经打磨的解决方案，之后只要稍加努力就可以把品质不好的石头变成闪亮的宝石，但是微软却放弃了该产品（Grey，2008）。由于微软未能掌握5个最重要的技术发展趋势：智能手机、移动操作系统、媒体、人工智能及云计算，无法坚持到最后，结果公司为此付出了巨大代价。随着比尔·盖茨的逐渐回归，微软现在正在玩"追赶"游戏。另一个例子是特斯拉（Tesla）及其创始人埃隆·马斯克（Elon Musk）[⊖]，他们经常在各个领域进行多元创新。马斯克提出利用其在内华达州里诺市锂子电池生产系统中的过剩容量为澳大利亚的电网建造一个备用电力电池系统，并且马斯克的太阳能公司（SolarCity）安装许多此类系统。他还承诺将在100天内解决南澳大利亚因风暴造成的严重停电引发的能源危机，如果没有按时完成任务，将会免费解决。事实证明，马斯克多方面零散的行动似乎正在获得回报[⊖]。

单一创新生态系统非常容易受市场低迷的影响，美国西部那些只依赖单一商品（例如黄金）而被废弃的城镇是最好的见证。如果外部环境发生变化（如疾病入侵），而且主要物种又特别脆弱，那么由一个或两个主要动植物物种组成的生物生态系统同样非常容易受到快速破坏的影响。依赖最新科技的创新很容易绕开另一项创新，虽然通常有充分的理由，但是有时会造成混乱的后果。当创新出现混乱和分歧时，它就会阻碍革命性或变革性改变。这可能会增加发展过程中的不确定性，从而阻碍包括风险投资者在内的金融机构的投资，因此他们理所当然地会担心对一项创新的投资会妨碍到他们对即将出现的更好技术的投资。因此，机

⊖ 埃隆·马斯克，南非企业家，同时从事自动化汽车、太空旅行、家用电池系统和锂离子电池的大规模生产（参见：www. Biography. com/people/elon-musk-20837159（2017年7月12日访问）。

⊖ 特斯拉在澳大利亚安装的100MW电池即将成功，这让澳大利亚对需求高峰导致的停电的情况做出迅速反应，避免了澳大利亚在2016年9月出现停电情况。据澳大利亚能源市场运营商称，2017年12月18日，因用电需求高峰，新南威尔士州的煤炭发电设施翻了三倍，特斯拉电池能够在几分之一秒内应对突然损耗的689MW的电量，而燃气或蒸汽涡轮机却需要几分钟才能做出反应。澳大利亚能源市场运营商还称，特斯拉电池的速度、精度和灵活性在应对重大功率干扰及日常频率变化方面是前所未有的（Harmsen，2018）。2018年6月，马斯克成功赢得了建造通往芝加哥奥黑尔机场高速特快列车的许可。这个被称之为"芝加哥快车环线"的系统可以以150mile/h（1mile=1609.344m）的速度，载着搭乘电动汽车出行的乘客穿过隧道。从芝加哥市中心到机场所需时间将不到20min（Shotbit，2018）。

会成本是创新投资的强大障碍。

"发光物体综合征"会导致结构和体制上的分歧，这些分歧会引发混乱后果，阻碍生产变革，从而可能让技术发展永久停滞不前。在技术开发领导者的支持下，新的但相当稳定的范式可以为交通运输创新系统提供必要的发展环境，促进其沿着多种途径发展。

1.3　反乌托邦和乌托邦世界观：交通运输创新范式的双方

反乌托邦理念指的是一个维护社会经济现状的社会，无论出现什么样的负面后果，都会对社会、技术和政治上的创新设置障碍。相对而言，"乌托邦"是一个充满成就感和幸福感之国，就如 1933 年小说《香格里拉》[一]中所描绘的。毫无疑问，"乌托邦"系统总是倾向于新观念，而摒弃那些无用理念。乌托邦理念融合了现实主义、实用主义和乐观主义的特质。

反乌托邦理念是大部分科技及创新著作的特征——包括交通运输。一般而言，这与以下假设有关，即交通运输是"具有中年人特点的"资本主义制度创新问题的一个案例。在资本主义制度下，对创新速度的批评在很大程度上也冲击了自由市场资本主义的持续生存能力（Erixon 和 Weigel，2016）[二]。

目前，交通运输创新著作中的反乌托邦理念比乌托邦理念更为流行。全方位来看，特别是人口密度低的地区，人们不能忽略日益严重的交通拥堵、桥梁老化、高速公路变形及公共交通匮乏等问题。此外，政治机构似乎缺乏投资创新基

[一]　香格里拉是一个虚构的乌托邦（人间天堂），在 1933 年詹姆斯·希尔顿（James Hilton）的小说《消失的地平线》（*Los Horizons*）中有描写到香格里拉。传说香格里拉位于昆仑山，是一个与世隔绝、永远的幸福之地。

[二]　有些作者认为（Kindle 版，174 页）："西方资本主义投射出一种虚幻的资本主义形象：空间无限、渴望改变、渴望创新。不幸的是，现实情况完全不同，资本主义在'老旧、满是官僚主义且因循守旧的企业重压之下瑟瑟发抖，这样的企业几乎丧失了进行彻底创新的本能'。尽管许多人夸耀自己的创新能力，但是投资者、管理人及立法者们的表现显示出资本主义已经变得迟钝，变得死板保守。企业追求效率提高，逐步使得商品和服务更好、更实惠。然而，它们在创新基础上发展业务的雄心也很难规避'我亦如此'的产品调整，它们的重点很大程度上已经从前沿（革命性）创新转向渐进式发展。世界上大多数地区日益繁荣，这意味着有更多人追求新的卓越理念，科研经费也比以往任何时候都要多。但是，创新关乎的是产出，而不是投入，是成果，而不是愿景，这让我们看到了当今西方世界的一个关键经济问题：突破性创新太少，而过去标新立异的资本主义体制往往造成平庸。"埃里克斯顿（Erixon）和韦格尔（Weigel）也不认为创新有确定的根源。技术未来主义者对技术和创新本质的认识是错误的，"因为他们对经济运作方式有一种误导性、几乎像机器一样的想法。"他们以一种类似于计划经济的方式来思考技术和经济。"在计划经济中，中央集中计划经济重建。"（Kindle 版，254 页）。

础设施的意愿。而且，一些国家（最明显的是美国现任联邦政府）不断重视碳排放内燃机的发展，加剧气候变化，让许多致力于可持续发展的国家感到沮丧。

此书中，我们将反对交通运输创新的机构定性为"反乌托邦"，而将那些主张创新变革者定性为"乌托邦"。一个乌托邦倾向的系统可以通过一些渐进式创新建立⊖，也可以通过几个可以改变整个系统的巨大革命性变革来实现。变革性（革命性）创新受到原有政治 - 经济体制范式的制约。如果私有和公有制的决策者不能致力于将创新融入市场和产业结构中，或者不能与经济运行保持一致，那么生产性变革就很难成功。因此，现有的挑战是"要打破企业和政府不愿培养创新、普及创新和适应创新的惯性"，而不是固守即时收益或渐进式技术变革的低风险。

 ## 1.4　视为传统系统的交通运输

1.4.1　传统系统的界定

有人认为西方经济体中的某些部分，即所谓的传统领域，正全面阻碍创新和经济增长，这一观点进一步证明了资本主义失败的言论。传统体制与现状有密切联系，并且从概念上、政治上、经济上支持渐进式变革，这种变革主要是在短期内以较低风险和较高利润维持现行体制。传统产业的利润在国家 GDP⊜中仍占很大比重。总之，人们认为传统体制很大程度上阻碍了革命性或变革性创新。

有些专家把交通运输归为纯粹的"传统体制"⊜，该领域"根深蒂固的范式阻碍了新思想的应用及推广，严重限制了增长率。"他们将交通运输归为一种"抗干扰"的传统体制，其特点是拥有稳定且防御良好的技术、经济、政治及社会范式，"锁定"兼容技术，并抵制根本性变革。这些范式提供了任何创新都必须进行审查才能进入的概念结构。尽管交通运输领域中，一些部门厌恶变革，但其他因素却在加速创新。我们将在本书中记录交通运输领域的动态面。

上述"传统"领域的一般定义都将它们排除在了两个著名的经济"定律"

⊖ 这恰与凯文·凯利（Kelly，2016）的观点相反，凯利认为乌托邦式的变革必然是渐进式变革。

⊜ 例如，美国 GDP 的 30% 是由传统领域创造的（Bonvillian 和 Weiss，2015）。

⊜ 19 世纪美国留给世人的首要印象便是"驾着大篷车西进"（先穿越俄亥俄河谷，一路向西，最终抵达加利福尼亚），由此可以看出将创新引入传统领域困难重重。然而，技术革命带来的社会、经济和环境效益足以证明公众参与可以加速范式不兼容的技术变革。既然，这些领域创新的许多阻碍在于投放市场，那决策者不仅需要支持研究开发（美国科技政策的传统焦点），而且更要将整个创新过程变为可能。

之外，即前面提到的摩尔定律和康德拉季耶夫周期论⊖。换而言之，传统体制既不能带来生产力的巨大增长，也不符合周期性增长模式。

1.4.2　交通运输：从传统到创新或者从创新到传统

交通运输"传统"的创新速度是特别缓慢的，而且也只是渐进式的创新，例如为防止越界而设置的路障、环行路的广泛应用、热沥青、加速环境文件处理的审查过程及预制模块桥梁结构等。这些创新提升了安全性，有时还降低了成本，但并不能促进革命性变革，也不能有助于解决包括交通拥堵在内的重大系统性问题。美国交通运输中传统的问题方面就有一个典型的例子，其根源可以追溯至美国1956年通过《联邦援助高速路法案》而建造的州际高速路系统。20世纪50年代，这一标志性系统让美国东西和南北向的出行变得畅通，鼓励了人们出行。这是一个全国性的项目，以其他交通系统（包括铁路）前所未有的方式把美国连接在了一起。美国州际高速路是美国二战后的一个民族骄傲，也是20世纪五六十年代的一个技术亮点，彰显了美国人对大规模基础设施的偏爱。起初，这是革命性创新的一个典范。然而，进入21世纪以后，美国20世纪五六十年代的联邦及州政府建造的高速路却加剧了交通拥堵及城市扩张，同时因恶劣天气、汽车和货车流量的增加、道路维护不善及通行时间长等问题，州际高速路迅速没落下去。同样，通过征收汽油税来维持这一系统的收入也在不断减少。

尽管有美国的前车之鉴，现今通过扩大高速公路通行能力来解决交通拥堵问题仍被世界各国一些政治领导人视为一种合理的解决途径。对高速公路进行扩张时，决策者及企业既没有考虑到引入轻轨的必要性，也没有汲取经验教训，例如"自然界里没有真空"。事实上，高速公路扩张以后的通行能力会迅速被新的交通流量填满。因此，交通运输领域传统的解决方案常常会加剧一些问题，例如城市扩张、社会隔离及空气污染。由此，我们得出的教训是：一个时期的创新可能让子孙后代陷入不再具备创新性的困境之中。换而言之，交通运输领域20世纪50年代的创新，例如美国州际高速路系统，给之后21世纪的创新造成了强大的障碍，因为当时交通运输领域的问题本质已经发生了变化。

传统系统中抵制变化和创新的"力量"让人想起《奥德赛》中尤利西斯和塞壬的故事，以及由此故事发展而来的"尤利西斯理论"⊜。在《奥德赛》一书

⊖　资本主义经济中的长周期指的是经济长期性高速或低速增长的时期。该理论是由原苏联经济学家尼古拉·康德拉季耶夫（Nikolai D. Kondratieff）提出的，他发现欧洲农产品和铜的价格波动周期约为50年。康德拉季耶夫认为这些长周期是资本主义国家经济活动的一个特征，包括进化发展和自我校正时期。由于康德拉季耶夫支持资本主义国家已历经波动周期，不一定会走向毁灭的观点，他的理论在苏联并不受欢迎。最后，他被关入西伯利亚的集中营，于1938年被判死刑。

⊜　约翰·埃尔斯特（1988年）所写。

的第十二卷中，尤利西斯和他的船员必须经过塞壬斯岛。瑟茜警告尤利西斯任何听见塞壬歌声的人都会被吸引、杀掉，因此，尤利西斯命令水手们用蜡堵住耳朵，然后对他们说："你们必须把我绑得紧紧的，这样我就不会离开你们让我所立之地……如果我请求你们放开，你们必要加大对我的束缚"。我们将此看作从制度上进行预先约束的一个案例，人们担心未来遇到事情时会做出不理智行为，用一个理性行为约束未来诸多非理性行为⊖。这种认知或多或少是随着交通运输领域中从创新到传统或从传统到创新的变化过程出现的。

另外有稍微不同的说法，大部分20世纪50年代的传统系统最初由离群值（过去也曾被视为革命性创新）构成。随着时间推移，新的社会现实情况（如人口增长、交通拥堵、白人向郊区迁移）不断出现，这些离群值退回到社会技术系统的平均水平，不再是创新性解决方案，而是变成了一部分潜在问题。

现在，交通运输系统中的传统组件已经老化。交通运输中"传统的子系统"发生变化时，却通常与20世纪的创新理念、模式及基础设施病态地一致（Erixon和Weigel，2016）。传统系统中的公共政策受到占主导地位的政策范式约束，这些范式包括引导人们汲取过去经验教训及维持现状的信念。这些信念促成了政治共识、高额利润和问题解决，但其结果可能并没有完全领悟不断变化的现实、日益加剧的问题及新的可能性。

1.4.3　示例国家的交通运输传统系统的影响

现在，让我们更仔细地探讨一下被认为是该领域全球领导者的国家或地区在交通运输部门的传统系统和创新系统方面的情况。

1. 美国

邦维利安（Bonvillian）和韦斯（Weiss）认为，交通领域基本上算是一个"传统"的领域，将"革命性"创新引入美国交通运输领域存在结构性障碍。就像医疗系统和电力网一样，交通运输系统也"锚定"了经济现状。他们认为⊖：

> 美国的创新体系陷入了困境，创新系统自身存在两方面的问题：一方面，创新系统以惊人的速度在信息和生物技术方面取得巨大发现和创新。但问题是在美国这一趋势带来的就业机会太少了。另一方面，一直在拓展迫切需求思路，以解决美国经济中其他同样重要领域（如能源、

⊖ 社会制度来约束自身，在危机时期能更好地抵抗放弃或危害主要民主价值观的诱惑，宪法就是另一个很好的例子。将自己约束在特定的制度内与创新生态系统将自己约束在特定的"可控的传统的"创新路径上类似，这可能会在未来引起次优反应。

⊖ 参见（Bonvillian和Weiss，2015）。

制造业、运输业、农业、建筑和医疗服务等）的环境、公共卫生、政策
目标问题。问题在于这些领域阻碍了此类创新的引进和推广。

埃里克斯顿（Erixon）与韦格尔（Weigel）提出了类似的观点，他们认为现
代资本主义体系中缺乏"革命性"创新，并将这种创新缺失的主要责任归咎于
现代资本主义的"惰性"。埃里克斯顿与韦格尔的分析更为精确，他们认识到某
些领域具有很强的创新能力，而其他领域则没有传统系统。邦维利安和韦斯认为
在将创新引入传统领域（包括交通运输业）的最初阶段非常困难，我们也认同
这一观点。同样明显的是，几乎每一个主要的经济体和技术领域都存在与过去相
关的因素。

与邦维利安和韦斯不同，我们以更精细的眼光看待美国传统的运输行业。在
这些行业中，创新机遇无处不在，且被富有成效地加以利用。从电池的新材料，
到自动连接汽车的新操作系统平台，再到人工智能的进步，几乎每天都有关于新
的创新的报道。随着投资者和政治决策者们逐步意识到交通运输领域发生的革命
性创新，美国各机构和国家交通系统开始进行自我重组。

通过案例研究，我们将记录美国交通运输业关键因素变化的性质（请参阅第
5章、案例研究Ⅷ和Ⅸ）。我们将进一步证实，交通运输业根本性的变革正在迅
速改变其性质和范围。

2. 欧盟

与美国一样，欧盟的创新背景、理念和实践在车辆和设备制造、基础设施建
设和维护及部分交通运输服务供给等领域有所不同。欧盟的交通运输业涉及车辆
和设备制造领域，是在面临全球竞争及性能相关的法规背景下发展起来的。因
此，欧盟的交通运输业具有高度创新性。在前面所述的其他领域，传统的系统及
文化和监管方面的问题，阻碍了严格可持续创新系统的建立，因此创新产出仍然
处于相对劣势。欧盟成员国之间，在国家研发的数量及最终可实现的变革性创新
水平方面，也存在巨大差异。这些差异程度会随着交通运输领域所涉及的子区域
而变化。

尽管欧盟最新研究和创新项目——Horizon 2020（2014~2020）中，有许多
有价值的"研究产品"，但创新最终产出水平却相对较低，令人担忧。培养有助
于提高经济效益和竞争力的创新政策目标首次纳入 Horizon2020 计划，包括利用
融资工具，旨在通过建立研发和创新的"公私伙伴关系"（Aparicio 和 Munro，
2015），扶持此类创新，为行业参与研发活动提供更多资源。这是首次引入此类
工具，在欧盟 2021 年 RTD[⊖]（Research and Technological Development）框架计划
启动时进行了加强和扩充。

㊀　研究与技术开发。

尽管总体上欧盟具有高度创新性，但它仍一直努力建立本书中所定义的可行性创新生态系统。虽然欧盟委员会对创建此类生态系统给出了重大政策性承诺，但其进程缓慢，尤其是与其他竞争区（即美国和中国）为此类发展提供的资金相比，它还受到了早期高科技发展的结构性融资阻碍。非常成功的基础研究，如物理、化学、生物技术等，都是在大学和其他欧洲公共研究机构进行的。然而，欧洲大学通常在协助新技术走向成熟和实现其商业化方面进展缓慢。这与美国或以色列的情况形成鲜明对比，这两个国家的大学往往在其创新生态系统中扮演着关键角色。例如，在美国，硅谷几乎所有的关键初创企业都是由斯坦福大学毕业生创建的，而以色列六所主要大学实际上都是创新活动枢纽（另参阅以色列案例研究）。在类似硅谷这样的地区出现的科技卓越与企业精神融合的文化，似乎很难在欧盟地区找到，至少在开展关键创新的少数成员国之外很难找到。

当然，总部设在欧洲的大型跨国公司可以顺利地进行高科技创新，并使其商业化，但它们对建立 RTD 并不太感兴趣，尤其是在 RTD 开发初期，因为这一阶段被称为"创新的模糊前端"。这也是为什么欧洲中小企业（Small and Medium size Enterprises，SMEs）会被视为高科技发明走向成熟不可或缺的来源，并且它们在开展创新中的作用非常突出，也获得了认可。因此，自 20 世纪 80 年代初期开始，欧洲对中小企业的研发活动具有强烈的敏感性，给予了更高的专用资金。公共资金若要用于研究、技术开发和创新（Research Technological Development & Innovation，RTD&I），大学、中小企业及大型跨国公司之间的相互合作是欧洲大多数高科技行业（包括交通运输）的要求和规范。然而，尽管硅谷和波士顿－剑桥创新集群中的初创公司可以获得专项非股权稀释中小企业的融资项目，这些项目可以覆盖公司全部（100%）直接成本和间接成本，也允许有 8% 的杂项开支，但是欧盟及欧洲国家性融资项目一般只包含中小企业直接和间接成本的可变部分，并且通常也会要求中小企业遵守最低援助规则（Council of the European Union，2016）。

至于欧盟顶级风险投资者们建立的投资组合，至少目前来说他们要遵从欧盟竞争规则。按照规定，欧洲高科技初创公司要么将企业重心从 RTD 转移出来，以确保充足的现金流；要么在产品开发达到让投资者获得投资回报的水平之前，进行较长时间的股权投资。相比之下，美国并不存在这种政府给予的限制，市场决定了风险资本何时可以将其投资转为首次公开募股（Initial Public Offering，IPO）。

目前，欧洲的标准是大部分 RTD 基金的使用要公私合作，通常规定该项目结束时要能制定出一个"实施战略"，详细地说明 RTD 项目结束后应进行的步骤和举措，以便使成果商业化并进一步加以利用。若该项目由学术机构负责，例如，首席调度员是一名大学教授，尽管有很高的学术血统，成果的实施却会受到阻碍。因为学术机构不得不依赖一个非企业家来领导创新进程，并促进其产品商业化。在此情况下，始终建议将实施工作交给研发联合会的行业伙伴或者第三方企业来执行。

可行性创新生态系统的建立需要企业家的领导力，可以致力于技术成熟和商业化发展。由于早期高科技开发资金的巨大差距，许多有前途的欧盟技术未能发展成熟，也从未进入市场。解决方案一部分包括欧洲关于 RTD 融资方面新的立法，以支持 RTD 早期脆弱阶段，就像美国那样，同时在项目后期，需要更强的创业精神及更多的商业参与。

尽管融资错综复杂，未来立法存在不确定性，"传统的"组织模式居于主导地位，但是总体趋势及欧盟整体的研究、技术开发与创新（RTD&I）方面的政策都是致力于未来可持续创新生态系统的发展，保持欧洲科学技术的卓越。

3. 中国

现在，中国的研究、技术开发与创新（RTD&I）体制面临重大变革。多年前建立初始户口制度⊖一直支持为初创公司提供借款，这似乎是为了延续一种适用于在职者和亲信的历史传统，并且不愿意将风险资本扩展到新的公司。而今，这种情况正在迅速改变，中央政府正专注于通过"颠覆性"的、严格且有大量资金扶持的研究及"新生技术"的创新生产来支持本土创新。

中国现代创新扶持制度，越来越多地展示出创新生态系统所有特征（如本书所定义）。尽管被传统行业削弱，在众多行业（包括交通运输业）中，中国的RTD 在中央政府领导下继续快速成长，并且越来越多地得到省级和企业方RTD&I 后期支持⊖。

中国官员认识到加强早期创新生产研究的必要性，政府已经批准了大力投资大学 RTD，并聘用受过国际培训的中国顶尖教师。他们还给研究机构增加额外的资金，而与其经济合作与发展组织（Organization for Economic Cooperation and Development，OECD）的同行相比，这些研究机构却被认为人员不足。另外，中国政府继续鼓励学生和研究人员出国，特别是去欧盟和美国的一流大学学习和工作。此外，众多中国跨国公司正在中国以外的关键创新生态系统区域，建立自己的研究中心。同时，许多中国学者、学生和工作人员，以及在国外工作多年的研究人员，现在正在返回中国，而中国目前拥有大量与技术相关的高薪工作。

4. 日本

过去 50 年里，日本在塑造世界技术格局，尤其是在汽车和电子产品领域，发挥了重要作用。索尼、东芝、丰田、日产等日本公司的全球影响力不可否认。

⊖ 户口是在中国实行的户籍制度，用来证明一个人为某地区居民，包括姓名、父母、配偶和出生日期等识别信息。

⊖ 参见（Munro 和 Giannopoulos，2018；Bonvillian 和 Weiss，2015）。

然而，日本的创新模式与世界其他国家的相关创新模式却直接对立。日本的创新机器仍然高度集中，以共识为基础，许多人认为它是头重脚轻。日本传统上是自上而下促进变革，而自下而上的投入却很少。因此，日本的创新变革，至少在交通领域，受到其传统行业强烈的影响。

日本"自动驾驶汽车"的创新就是一个很好的例子。随着"自动驾驶汽车"变革的推进，专家们疑惑为何日本没有在变革中发挥更大作用。日本拥有进行革命性创新的必要条件——资本、人才、经验、可靠的法律支持，但是到目前为止，日本并未在创新前沿留下任何显著的成果。此外，尽管多年来，日本汽车制造商一直致力于研发氢燃料电池，但是直到最近，日本汽车制造商才向电动汽车投入大量资源。

在一个强大而活跃的创新生态系统中，日本还需要哪些因素才能产生更具生产力、颠覆性、更为经济的刺激效应？答案是新的交通运输革命，这是一场源自全世界各地活跃的交通运输创新生态系统的革命，需要对风险有高度承受能力的初创企业。初创企业体现了风险承担性，它们需要通过尝试不同想法并观察会发生什么来检验各种假设。不幸的是，高风险承受度在日本文化中仍然是一种"异常现象"。日本文化非常厌恶失败，即日本企业文化更重视低风险、逐步改进及可预测性（Munro，2018）。因此，日本企业的社会结构更看重那些能正确预测行动、结果及机构内控制框架的企业领导者，当风险较高的企业不能达成预期，可以迅速地剥夺其领导者的地位。在日本，失败通常意味着职业生涯的终结。在其他进行创新的国家，失败的领导者往往被挑选到其他企业（参见以色列案例研究）。

日本的"文化"是其交通运输系统创新的关键决定性因素。日本文化通常可以带来渐进式创新，但是同时限制了承担创新带来的风险的可接受水平（Ready，2015）。对革命性变革感兴趣的日本公司正在寻找新的战略，以降低与革命性创新相关的风险。丰田和松下等主要日本公司更愿意承担创新风险，它们正积极地与包括硅谷、底特律、密歇根和科罗拉多在内的美国创新生态体系建立联系，科罗拉多州的创新生态体系包括丹佛、科林斯堡、博尔德及科罗拉多斯普林斯。

5. 韩国

韩国在土地、基础设施和交通运输领域的开发和转型成功经验被公认为制定基准的典型案例。就创新而言，韩国已经努力将自己从"快速追随者"转变成"先行者"。作为连接发展中国家和发达国家的技术桥梁，韩国已经发挥了重要作用。

然而，与在全球交通运输领域中扮演重要角色的其他国家所面临的传统问题相比，韩国面临的传统问题有所不同。韩国最近才涉及交通运输行业，所以它的交通运输领域的创新并没存在大量的传统问题。因此，韩国正处在"追赶"阶段，主要是如何去采用和改进其他国家已有的创新成果。尽管如此，韩国政府与其主要公司，如 LG、现代和起亚等，正努力在几个与交通有关的领域建立一个国家级的创新生态系统。

重要的是，没有强大而根深蒂固的遗留问题，韩国也可能会更快速、更自由地迎接革命性变革，例如，在"互联"车辆和相关设备等领域[⊖]。

1.5　交通运输领域革命性创新的可行性

1.5.1　可持续创新的重要性

尽管反乌托邦和传统观点相悖，我们认为有足够的证据证明交通运输领域现在正在进行革命性创新和变革。这种革命性的创新带来的一个可能结果就是未来会形成一个完全融合的，并基于市场的流动系统，可以被定义为一个可以拓展、监督和提供流动服务的组织机构网[⊖]——包括开发人员、企业家、供应商、分销商、客户、竞争对手、政府机构等。此类系统将以最小的环境、能源和人力成本促进人员和货物的流动，并通过运输创新在国家和全球层面的主要创新、制造和分布节点（运输创新的"中心"）之间的传播得以实现。

对社会发展而言，没有什么比持续性创新更为关键。与自然生态系统一样（将在第2章详细介绍），基因突变是适应性、间断性自然进化的关键因素，创新对社会发展而言，就像基因突变对于遗传一样重要。如果缺少求知欲，没有进行创新的情感倾向，我们的人类祖先定会遭受自然环境的变化无常，屈服于其他动物（包括其他类似人类的物种）的掠食和竞争行为，或崩溃于无休止的冲突和刻意的冷酷。人口和宜居土地的数量也严重受限，人类寿命也只有几十年。当然，城市也不会存在，全球旅行会耗费数月甚至数年，疾病也会让人类数量大减。

如果身处一个没有创新和无休止的"黑死病"和霍乱的世界里，孩子还没长大成人时，大多数人会靠着"上天的恩赐"（或者黑暗的另一面）苟活。也就是说，如果这些孩子中有一些在出生和婴儿时期幸存下来了，那就是天意。人类从开始使用火、青铜器到冶炼钢铁，从驯养动物到进行机械化农业，从研发晶体管到芯片，不仅是生存下来了，而且通过变革性/革命性创新不断进步和壮大。许多时候创新带来了一系列影响深远的经济和社会效益，但同时也有意想不到的消极后果。过去，创新是科学研究的直接成果，创新过程也不甚严格（诸如修补匠们的创造性行为），又或通过小聪明到去复制（窃取）别人的发现进行创新。

⊖　韩国公共资金资助的交通运输研究案例有更详细的资料可以参见（Oh 等，2018）。

⊜　这些组织机构在主要的技术方面都很活跃，都是依据一定范式、市场发展动态及调控要求建立的。

直到最近才有了生态系统对持续创新至关重要的观点。

创新的范围不仅是指新硬件方面的开发，创新还包括研究新的组织方法，以确保各类型产品的品质、可靠性或者实现其最佳应用。例如，日本在制造和质量控制方面的"软"创新使其成为二战后汽车生产行业的领导者。在交通运输领域，与蒸汽机发明及革命性商贸有关的创新推动了国家的建立，改变了战争本质，同时也把世界连接起来。

因此，我们视创新为人类进步的必要条件⊖。人类确实有创新能力，但并不完全等同于本能在大多数动物行为中所扮演的基本角色。然而，我们并不是在说所有的人类（和社会）随着时间的推移都在千篇一律、步调一致地进行创新。因疾病、瘟疫、阻碍创造思维的信仰以及激发魔幻妄念的信仰，创新一直停滞不前，存在漫长的创新干涸期，一些机构团体的领导者对科学进步并不上心，他们对政治权力、宗教秩序、利益更为感兴趣。其他时期，创新在市场上陷入了严重的、非理性的停滞，而不是适当的冒险。

1.5.2 革命性创新的条件、特点和关键推动因素

即使个体创新的本质是变革性的，持续性创新并不一定能成为"创新革命"。创新不再处于个体，甚至单个公司的控制之下。如第 2 章所述，创新需要一个切实可行的生态系统，可以将创新者与投资者联系在一起。一个切实可行的创新生态系统呈现出许多关键特征，并需具备起吸引作用的某些因素和条件。这些对于此类创新生态系统的可行性和持续性至关重要。尽管我们会在第 4 章中详细讨论这些成功因素和条件，但在此我们将其作为序言，简要列出创新（尤其是革命性创新）的条件、特点和关键推动因素。

1. 条件

1）现行的传统行业中存在够多的异常情况（不足之处），需要新的途径和解决方法。

2）关键学科领域的科学研究和配套技术达到成熟，可以进行创新。

3）刚刚形成的支持特定科学、技术、创业体的新范式⊖越来越能有更多盈利的成果。

4）公有、私有或者公私合营领域可以为创新提供强有力的支持，维持现状的传统势力行业就会被忽略、抵制或者被取而代之。

有足够的技术和管理资源，来维持整个生态系统的创新发展。

⊖ 必要条件，做一件事情多必备的条件。

⊖ 这是一个德语词汇，意为"形式"或"形状"。这里表示"整体"，即一个作为整体来看待的系统，而不是各部分的集合。

2. 特点

1）依赖新科学研究的创新，广泛取代传统的系统和解决方法。

2）确凿的证据表明，决策者、科学家及技术人员都赞同传统系统"物种进化"[一]的解决方案和途径。

3）有证据表明，已经（或已经足够）建立了新的创新系统，将变革风格中的硬创新和软创新结合起来。

4）由公有和私有资本自愿提供财政和政治上的支持。

5）明显的市场专项反映了革命性的变化，并且可能是可持续性的。

6）消费者和市场通过购买电动汽车或者自动驾驶汽车等新产品来支持创新"革命"。

7）创新革命不仅是技术上的革命，也是交通运输业所处的社会经济和文化领域的变革。

3. 关键推动因素

1）一个公平的"竞技场"，可以提供足够的激励措施，以支持承担科技风险。

2）一种体制环境，管理各环节畅通无阻，无不当的官僚机构和繁文缛节。

3）一个面向企业家和风险承担者的稳定、强劲且全面的创新融资维护生态系统。

4）创新生态系统成员广泛接受由核心政治理念构成的新政策范式，这些政治理念高度支持相关行业领域（例如交通运输业）的革命性变革。

5）高等教育体系，包括以新思想为基础，有利于创新的教育课程和专业标准。

6）保护创新者权利并促进形成创新向市场转变和传播的监管体系。

7）多个规模足够的竞争和合作的创新者。

8）有利于革命性创新而非渐进式变革的税收机构，同时充分刺激国内生产能力，以维持拥有购买创新产品的技术劳动力。

第2章中，我们将这些推动因素纳入围绕这些理念制定的创新生态系统模型中，并在第4章中进一步探讨创新生态系统成功因素和条件。

1.6　主要概念和定义概述

虽然前面我们介绍了一些新的术语和定义，但很有必要在第1章结尾时总结一下所用到的主要术语和概念。同时，也会增加一些其他的术语和定义，因为我

○ 生物学中的物种形成指的是种群进化成不同物种的过程。创新研究中，指的是一个间断的过程，其中决策者和技术人员采用一种方法来解决问题，这种方法基于硬创新、软创新及概念框架（范例）。概念框架可以彻底改变是可行解决方法的认知范围和性质。

们在随后章节中的探讨和分析都是基于这些术语。

1. 创新与技术转移及研究实现

创新，特别是"革命性"创新，之所以不同于简单的直接"技术转移"或"研究实现"，在于它认为是市场引发了研究产品的商业开发，即商业开发的水平远高于研究成果简单的传播和有限应用。从上述观点而言，我们认为创新更有可能有助于发展利于解决社会经济冲突、维持民主制度的新范式、新经济体及新条件。更具体来说，"革命性"或"变革性"创新特别符合建立在竞争基础上的国际秩序。

2. 传统行业的转型

过去，经济领域"传统"行业一直都是创新的中心，但是现在却进入了"停滞"状态。尽管有证据表明过去行之有效的解决方案和革新已经不再符合现在和未来需求，但这些"传统"行业依然抵制变革。我们认为，即使过去根深蒂固的传统行业，也包含一些重要素，这些要素很容易因革命性创新而发生变化。

3. 通过不同层次分析来了解创新

为了帮助我们了解"交通运输领域的创新现象"，我们引入了 5 个层次的分析，即（从最低开始）：个体层、企业或者组织机构层（政府机构或公司）、地方或区域层、国家层、系统或者跨国（国际）层。我们现在讲到的创新过程参考了涉及所有层次的案例研究（参见案例研究部分）。每一层次的分析都有对创新过程的独特视角，并强调不同的变量和约束。通过这些不同的观点，我们希望对交通运输领域的创新过程有更深入了解。

4. 间断进化的变革力量

术语"间断进化"和"间断平衡"（如间断平衡理论○）用于解释进化生物学中变化的本质○，是我们探讨交通运输创新的重要基础，将在第 2 章更详细地解释。间断进化理论基于长期稳定的概念，以快速而相对较短期的根本性（"革命性"）变革为间断。扩展的内稳态○、平衡和进化间断○的自然系统概念也被视

○ 间断平衡理论是由 Stephen Jay Gould 和他的同事 Niles Eldridge 在 1972 年提出的。这与当时占主导地位的种系渐变论完全冲突，种系渐变论重视的是化石记录中的平稳持续的变化。

○ 术语"间断"用于强调每次使用的名词含义，"间断平衡"用来表示大冲击后一个系统中的平衡状态。更多信息见（Gould，2007）。

○ 机体或其内部环境的稳定状态。

○ 这是变化的分段、绝热过程。绝热指最初在热力学系统与其周围环境间没有热量或物质传递的过程。此术语在这里指的是不会影响其周围系统。

为有助于解释交通运输领域间断进化和"革命性"创新。这与下一章引入的生态系统概念一致（参见第 2 章）。此书认为至少在交通运输领域，我们目前正处在一个快速或间断变化的时期。

5. 创新生态系统

"创新生态系统"是本书中使用的基本概念，它代表了创新生产系统的一个关键特征，指的是某一特定领域的创新生产系统中，创新利益相关者所有密切互动和合作。这些"利益相关者"包括大学、研究中心、产业公司、创新融资机构等。创新生态系统被认为是创新领导者（国家、组织和个人）开发的融合平台、集成网络及产品，并通过第三方创立的应用程序及稳定而多种多样的资本（私有和公有）获取而得到支持和增强。创新生态系统的发展需要对经济、文化、政府、制造业和市场进行根本性的结构调整和投资，从而在多个领域产生持续性变革。贯穿本书的创新生态系统方法是一种新兴的方法论，能够更有效地研究革命性或颠覆性变革。

6. 范式

"范式"是托马斯·库恩（Kuhn，1962）首创的一个术语，后来被许多人使用。我们用"范式"这个词在希腊语最初的意思为某事的标准或典型例子。通过扩展这一基本含义，我们也可以用"范式"来表示一个标准的观点、一套理念或一种看待某事物的方式。范式的使用是必要的，因为它赋予一个混乱且常互相矛盾的自然（和社会）世界意义，让人能认识这个世界。范式可以让创新者摆脱知识上的不确定性，进入一个可以让有纪律的、进步的、革命性思想蓬勃发展的环境。用于解释创新时，范式包括关于因果关系的共同理念、实践和行为标准，指导整个技术和企业家团体和创新生态系统的创新工作。范式限制了什么样的概念、理念、问题和解释"有意义"，并帮助确定哪些现象对充分理解很重要。

传统行业中过时的固有方法会因主导范式而难以被替代。然而一旦主导范式无法解释不断增多的科学矛盾和异常现象，就会立即从根本上被替代。

1.7 本书的内容和目的

全面结合交通运输领域，本书旨在明确变革和"创新"的过程。目前，人们对这一过程了解甚少：

1）变革的范围超出了大多数工程师和科学家的感知能力，而他们又是变革过程中的关键因素。

2）变革或者革命性变革的本质既不是渐进的，也不是连续的，而是全面的、竞争激烈的，有时甚至是混乱的。

3）交通运输领域革命性变革的潜在后果范围被"未知的未知"⊖因素主导。

4）相对于充分了解国内外推动创新的动态结构力量而言，许多技术变革方面的著作人对阐明创新过程中的障碍更感兴趣。

我们主要的目的之一就是阐明我们认为目前全球范围内正在进行的交通运输创新革命的本质和范围，并描绘出从努力创新的个体或企业过渡到成熟的交通创新生态系统过程中的关键步骤。

在前3章中，定义并阐明了我们想认定的关于创新一般过程的各种概念和论题，特别是交通运输领域的创新。与我们上述的基本分析方法相结合，我们采用了一种生态系统方法论，旨在证明总体创新，尤其是交通运输领域，不仅只是理论上的可能性；这是一个基于实际的系统过程，需要创新利益相关者团体的自律性协作努力及相互作用。这种相互影响可以让市场去开发通信、人工智能、材料技术、能源存储设备等。

在本书的其余章节中，我们考虑到了所有与交通运输创新生态系统相关的关键问题和因素。例如，全球范围内的创新组织与管理（第4章）、影响创新生态系统成功/失败的因素（第5章）、创新溢出的重要性和作用（第6章）、创新监测和数据收集（第7章）、知识产权在促进公司和创新生态系统中的作用（第8章）、创新经济学和金融资源（第9章）。此外，本书还探讨了公私部门参与交通创新的间断性转变（第10章），以及个体领导者在创新生态系统中的作用（第11章）。最后，在第12章中，我们对有关交通运输创新及总体创新的研究发现和结论进行全面总结。

在本书的第二部分中，我们以案例研究的方式来探讨当前的创新生产系统或系类系统要素，以评估论述的可行性。我们精选了10个不同"创新水平"的案例研究，为交通运输领域近期创新提供不同见解。每一层次的分析都揭示了创新格局的独特特征，我们的案例研究使得我们可以评估特定的"推动因素"何时何地在促进创新中最重要。本书中所给出的材料、理论和观点很大程度上受到了我们对10个案例研究成果分析的影响。

本书将尽力规避与科技乐观主义和悲观主义学派极端主义有关的陷阱，也不支持任何形式的技术决定论。创新绝非必然，结构上也不是可持续的，不能完全预测，也受经济环境和"变幻莫测"机遇的影响。此外，短期而言创新可能会带来有益的结果，但长期而言也可能有不期望出现的后果，比如，对个人自由的限制。

⊖ 美国前国防部长唐纳德·拉姆斯菲尔德（第二任布什政府任职期间）在关于伊拉克问题举行的新闻发布会上发表了以下声明："世界上存在着已知的已知事物，就是说有些事情我们知道自己知道。世界上也存在已知的未知事物，就是说有些事情我们知道自己不知道。但是，世上还存在着未知的未知事物，也就是说有些事情我们不知道自己不知道。"

参考文献

Aparicio, A., Munro, J. F., 2014. Transportation research implementation in the European Union and the United States: observations and working hypotheses. In: Commissioned Paper 1, Second EU-US Transportation Research Symposium (Conference Proceedings, Report 51, Transportation Research Board), April 10 – 11, 2014.

Bonvillian, W. B., Weiss, C., 2015. Technological Innovation in Legacy Sectors. Oxford University Press, New York.

Council of the European Union, 2016. Developing a European Research and Innovation Ecosystem for Innovation SME's. https://covve. com/wp-content/uploads/2017/01/Booklet_Innovative_SMEs_final. pdf (Accessed June 2018).

Elster, J., 1988. Ulysses and the Sirens: Studies in Rationality and Irrationality. Cambridge University Press, New York.

Erixon, F., Weigel, B., 2016. The Innovation Illusion: How so Little is Created by so Many Working so Hard. Yale University Press, New Haven, CT.

Gould, J., 2007. Punctuated Equilibrium. Harvard University Press, Boston.

Gray, P., 2008. Microsoft's Biggest Problem is Innovation. TechRepublic. https://www. techrepublic. com/blog/tech-decision-maker/microsofts-biggest-problem-is-innovation/(Accessed May 2018).

Guang, X., 2014. China as a "civilization-state": a historical and comparative interpretation. Procedia Soc. Behav. Sci. 140, 43 – 47.

Harmsen, N., 2018. How Elon Musk's Big Tesla Battery is Changing Australia's Power Landscape. *ABC News* (Austrialia). April 6, http://www. abc. net. au/news/2018 – 04 – 06/tesla-battery-outperforms-coal-and-gas/9625726(Accessed June 2018).

Kelly, K., 2016. The Inevitable: Understanding the 12 Technological Forces that Will Shape our Future. Penguin Random House, New York.

Kuhn, S., 1962. The Structure of Scientific Revolutions. University of Chicago Press, Chicago.

Munro, J. F., 1993. California water politics: explaining change in a cognitively polarized subsystem. In: Sabatier, P. A., Jenkins-Smith, H. C. (Eds.), Policy Change and Learning: An Advocacy Coalition Approach. Westview Press, Boulder, pp. 105 – 127.

Munro, J. F., 2018. Publicly funded research and innovation in Japan and the outlook for international cooperation. In: Giannopoulos, (Ed.), Publicly Funded Transport Research in the P. R. China, Japan and Korea: Policies, Governance and Prospects for Cooperation With the Outside World. In: Springer Lectures in Mobility.

Munro, J. F., Giannopoulos, G. A., 2018. Publicly funded research and innovation in the P. R. China and the outlook for international cooperation. In: Giannopoulos, (Ed.), Publicly Funded Transport Research in the P. R. China, Japan and Korea: Policies, Governance and Prospects for Cooperation With the Outside World. In: Springer Lectures in Mobility.

Oh, J., Moon, Y. -J., Lee, J. -D., 2018. Publicly funded research and innovation in Korea and the outlook for international cooperation. In: Giannopoulos, (Ed.), Publicly Funded Transport Research in the P. R. China, Japan and Korea: Policies, Governance and Prospects for Cooperation With the Outside World. In: Springer Lectures in Mobility.

Ready, K., 2015. Japan's emerging culture of innovation: the invisible things can be the hardest to change.

Fortune Magazine. November 15.

Shobit, S., 2018. Musk's Boring Company to Build Chicago Airport Train. Investopedia. June 14, https://www. investopedia. com/news/tesla-tunnel-musks-co-build-airport-train/? utm_source = personalized&utm_campaign = bouncex&utm_term = 13564103&utm_medium = email(Accessed July 2018).

延伸阅读

Ankara, C., Karatay, K., 2011. Components of innovation ecosystems, a cross-country study. Int. Res. J. Finance Econ. (76).

Institute for Energy Research, 2014. History of Electricity. http://instituteforenergyresearch. org/history-electricity/(Accessed July 2018).

Levine, A. G., 2008. John Bardeen, William Shockley, Water Brattain, Invention of the Transistor-Bell Laboratories. APS Physics. https://www. aps. org/programs/outreach/history/historicsites/transistor. cfm (Accessed June 2018).

Muoi, D., 2016. Henrik Fisker is using a revolutionary new battery to power his Tesla killer. Business Insider. October 16.

Schumpeter, J. A., 2014. Capitalism, Socialism and Democracy(second ed. of 1942 original publication). Impact Books, Floyd, VA. ISBN: 978 – 1617208652.

World Bank, 2014. Urban China: Toward Efficient, Inclusive, and Sustainable Urbanization. The World Bank and the Development Research Center of the State Council, P. R. China, World Bank, Washington, DC.

第 2 章
创新生态系统——基于系统的创新理论

2.1 引言

传统技术转移模型（自 20 世纪 50 年代以来就以一种或另一种形式出现）始终未能充分解释当今的创新系统和创新过程，尤其涉及"创新革命"问题时，无法充分解释激励（或约束）创新与预测其深度和后果的关键过程之间如何相互作用。传统技术转移模型通过将创新描述为一系列增量线性步长来强调人工简单性，这些步骤推动有效的技术转移和商业化。

本章基于"生态系统"概念提出了一个更复杂、更全面的创新模型，该模型在描述和解释创新创造的过程（包括变革性或革命性创新）方面具有明显的优势。在介绍这种新颖的解释模型时，我们将首先指出规范性和启发式方法在探索技术创新中的局限性，进而描述近年来传统的推拉模型及其改进过程中的主要弱点。我们认为，这些叙述并没有极大地增强我们对创新尤其是革命性或变革性创新的理解。因此，我们在本书中将采用"创新生态系统"模型的方法，描述构成生态系统方法基础的关键"系统理论"概念，确定生物生态系统理论的关键特征，并同时探讨创新和生物生态系统方法，以提出它们的相似之处并记录在案。

技术变革和创新的传统分析方法可分为两派：一种是规范派，通过基于价值的规定性说明来审视创新；另一种是启发派[⊖]，则采用更简化的一维或线性模型来阐释技术变革的过程。规范派通常试图阐释国家创新体系出了什么问题，并基于对如何开展创新的构想提出对创新过程的总体改进方案。规范派将交通行业定性为主要的传统行业，该系统高度抗拒变化。交通行业的创新稳步推进，并通常与传统模式保持一致（例如，通过修建更多高速公路的方式以缓解拥堵）。规范式技术创新分析方法流派的最佳代表作包括第 1 章提到的 Bonvillian 和 Weiss 的最新著作（Bonvillian 和 Weiss, 2015）。这些作者认为，美国经济陷入瘫痪究其原因是交通、能源、教育、建筑、农业、制造业和公用事业等主要传统行业缺乏创

⊖ 启发式采用实用的方法，对可能代表简化现实的现象做充分（通常是次优）解释——"足够好"的解释。

新。由于旧系统占美国国内生产总值（GDP）的30%，因此如果不进行创新，国民经济总体增长也将放缓。Bonvillian 和 Weiss 认为，传统行业具有共同特征，如指导具有高度阻碍变革的指导性范式⊖（即互联的治理理念），并且由于技术"锁定"而永久存在，从而阻止了商业化和"拿来即用"的创新。

传统行业存在"不正当补贴"（例如税收减免），包括有利于技术企业的价格结构、无视诸如环境和健康影响等外部因素的公共政策，以及维持技术现状的抵制变革机构（公有和私有）（Bonvillian 和 Weiss，2015）。尽管 Bonvillian 和 Weiss 提供了有关阻碍创新的论著，但他们提出的解决方案中几乎没有对政府实施更强干预的良性诉求。

我们的观点与 Bonvillian 和 Weiss 的观点相反。在交通运输领域，有一个主要的子行业，即汽车和货车，在创新上，确实长期以来受到产碳内燃机的束缚，但仍有一些充满活力的子行业，正迅速向新技术领域进军，涉及电动汽车和自动驾驶汽车、共享出行服务、互联运输服务、智能基础设施等。不可否认，交通运输具有其独特性，它既可以被称为"传统"行业（如仅考虑内燃机），也可以被视为全球先进经济体真正充满活力的行业之一。在很大程度上，交通和信息系统已转变为创新部门，交通创新已经超越了其机械基础的起源。该行业正在通过硬件和软件相关信息技术的进步进行转型，这些技术依赖于电子操纵而不是产生蒸馏碳。当今，许多汽车都是复杂的信息处理中心控制，它们能够收集和处理大量数据并将其转换为实时决策和行动。车辆和第三方之间的无缝通信，例如智能基础设施，也在人工智能的辅助下渗透到运输系统中。

因此，我们支持这样一个论点，即交通行业的创新确实存在，并且确实是革命性的，尽管有些设施仍然以"传统"为导向并受其影响。交通行业的主要部分可以最好地描述为一个复杂的、多方向的、反馈驱动的、动态的创新过程。该过程正在创造完整的且/或免费的投资组合。此外，交通创新系统本质上是迭代的，并将发展为具有更强的互连性和异构性的创新系统。与交通有关的创新正蔓延到其他传统子系统中，如公用事业、农业、卫生系统、住房和城市可持续发展、恢复力和宜居性。

2.2 传统技术转移模型

2.2.1 "技术转移"定义

技术转移（Technology Transfer，TT）和创新的传统模型属于启发式分析方法，它采用更简化的线性解释模型来一维地描述技术变化。对影响交通创新的因

⊖ 定义见第 1 章。

素、核心概念、促成因素和障碍进行的研究不可避免地与传统的、还原论的技术转移描述之间的矛盾相抵触。大量经验证据表明，多维、相互关联的因素正在创造创新，特别是革命性（变革性和突破性）的创新，至少在交通运输领域是如此。正如我们将在第6章中讨论的那样，这些创新也正在蔓延到其他经济领域。

在接下来的讨论中，我们将术语"技术转移（TT）"限定为属于传统交通运输领域的发明和技术。这是因为，尽管属于全新的发明和技术，但它们更加倾向于支持维持现状。此类发明的例子包括开发经久耐用的人行道、更好地设置环状交叉路、更好的信号同步、新的行程需求算法、预制并快速部署桥梁和其他公路设施的新方法等◎。传统技术转移模型描述了在主导范式◎内保持一致的更改，这些范式在传统交通运输系统中构成了创新。

在技术转移定义下，我们引入创新的传统线性推拉模型，以及几类新型技术转移模型，这些模型试图（至少部分地）考虑系统"反馈"的影响。

2.2.2　技术推动模型

第一个线性技术转移模型开发于二十世纪五六十年代，经历了一系列发展阶段，通常开始于政府资助的科学研究发现，经过发明、工程与制造活动，最后到新产品或工艺的营销和商业化。技术推动模型线性过程如图2-1所示。

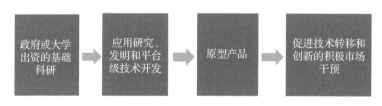

图2-1　技术推动模型线性过程

注：改编自Dodgson 2000年提出的技术推动模型。这是公司内部创新过程的系统整合。参见（Dodgson，2000）。

技术推动模型侧重于市场准入和干预，而较少关注市场是否存在"需求"。政府（或私营企业实体）将通过对目标经济部门、组织和个人实施激励措施（如税收补贴、退税、广告、社交媒体、融资）来积极促进技术转移。这些激励措施鼓励行业采用超出当前市场信号预示或消费者购买倾向的新技术。政府参与技术推动，通常以强制性约束的形式将激励措施（"胡萝卜"）与强制措施（"棍棒"）相结合，如里程标准、对常规技术产品的限制（如内燃机汽车）或与继续使用传统技术相关的额外税收。

技术推动模型因无法捕捉创新活动的迭代性质而受到阻碍，并且现实中"胡

◎　毋庸置疑，迄今为止，传统技术未能解决交通拥堵和交通造成的大气污染和气候变化等地方性问题。

◎　第3章介绍了范式在技术创新中的作用。

萝卜和棍棒"通常无法实现足够的技术转移，尤其是在缺乏（或减少）市场需求的情况下。此外，要使技术推动模型获得成功，市场必须具有行业内的高度弹性，并且消费者具有推动策略的内在能力。例如，如果电动汽车的价格过高，那么无论消费者购买这种汽车的意愿水平如何，即使在政府税收优惠的帮助下，他们也不会购买。

2.2.3 技术拉动模型

第二种线性技术转移模型同样开发于二十世纪五六十年代，即需求模型或称为技术拉动模型。该模型将创新阐述为明确的市场需求的结果，它指出市场具有"集体意识"，且完全了解自身需求，从而向创新者发出信号，以求通过其技术创新满足自身需求（Manley，2003）。技术/市场拉动模型如图2-2所示。

图2-2　技术/市场拉动模型

注：基于 Dodgson 2000 年提出的技术推动模型。这是公司内部创新过程的系统整合。参见：（Dodgson，2000）。

技术/市场拉动模型的主要缺点是，市场不是完全理性的，通常不会就自身需求发出明确的信号，尤其是如果技术/市场拉动模型受到可缩小潜在解决方案的认知范围的范式的约束。一旦传统系统在认知和制度上经过几十年的约束，市场信号通常会与传统思维和核心信念保持一致。

新思想很难在传统系统中凤凰涅槃⊖般新生，只有当传统系统被截然不同的技术范式（具有截然不同的新科学思想和信念）影响时，变化才开始呈指数增长和积累。此外，除非有远见卓识的人确信能够预测不同的未来，并抓住投资者和消费者的想象力和资本，否则大多数市场和社会都不了解其最重要的需求⊜。

综上所述，无论是技术推动模型还是技术拉动模型，通过单独或组合的形式，都无法充分捕捉到整个创新过程（至少在交通运输领域如此）。当然，在过去的30年左右的时间里，人们一直在努力提高技术转移模型的解释效用，并且取得了一些进展。如图2-3所示，成功的技术转移中一些关键障碍已通过"死亡之谷"概念纳入其中。在传统的技术转移中，"死亡之谷"一词常用于形容使

⊖ 一种神话中的鸟，在阿拉伯沙漠中生活几个世纪后自焚于火葬柴堆，结果却从灰烬中重生，重新焕发青春，度过另一个轮回。

⊜ 交通运输系统有几个这样的"远见者"预测了"不同的未来"。亨利·福特、维珍公司的理查德·布兰森和特斯拉的埃隆·马斯克就是这样的企业家，他们打破了新技术或运营实践的壁垒。人类和乌鸦一样，本能地想拥有或成为一部分最新的"闪光体"。

技术转移计划脱轨的关键技术和资金壁垒。"死亡之谷"隐喻的使用代表了早期技术转移模型的重要转变，该转变假定创新会平稳和逐步地发展。但"死亡之谷"只是一个隐喻，也就表明创新过程根本不是平稳、逐步或可预测的。正如许多作者曾指出，技术转移事实上是一个脆弱的过程，会受到各种各样的人员、技术、资金，以及横向干预的阻碍（Gamo 等，2017）。

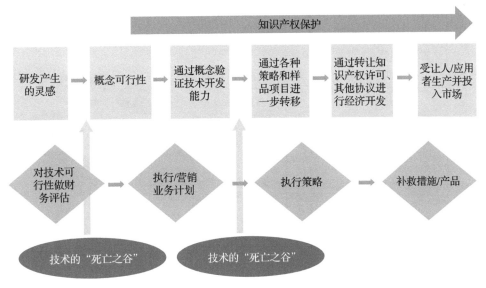

图2-3　引入了两个"死亡之谷"概念的传统线性技术转移模型

与线性创新模型相一致，传统的科学和技术政策已得到发展，无论是在政府实验室进行还是通过政府与大学研究团队或其他研究中心的合同资助进行，这些政策主要或仅专注于政府资助的研发。私营企业通常比政府在产品开发和创新上投入更多的资金[○]，因此遵循更复杂的创新路径，本章提出的创新生态系统模型可以更好地说明这一点。

2.2.4　技术转移的效应模型

通过添加涉及的"参与者"的其他类别并确定输入和输出的更广泛范围，包括反馈的作用，人们已做出进一步的努力来改进技术转移模型。在某种程度上，这种最新的技术转移模型已经摆脱了先前模型所描述的不现实性。图2-4显示了一种改进的技术转移模型，即所谓的技术转移效应模型（Bozeman 等，2015）。通过引入反馈回路，它捕获了更复杂（更准确）的技术转移过程。模型中的箭头表示组织元素之间的相互连接（特别是虚线表示较弱的连接）。该模型表明，技术转移的影响必须通过进行转移的实体进行，同时还描述了其进行方式、正在转移的内容以及转移给谁（Bozeman 等，2015）。

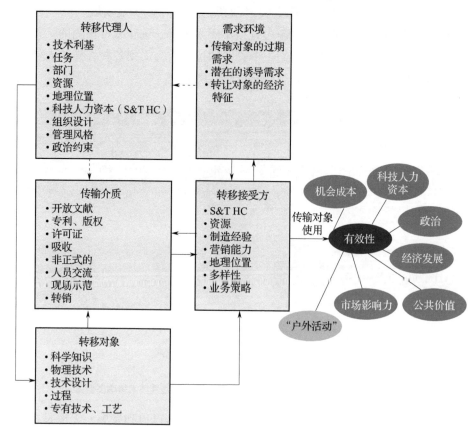

图2-4 改进的技术转移模型（技术转移效应模型）

注：资料来源：（Bozeman 等，2015）。

反馈的概念对于说明创新过程至关重要，它说明了不同实体对创新的反应是如何确定创新是否最终实现了全面部署和系统性变革的⊖。负反馈可提高系统稳定性，而正反馈则可迫使创新生态系统将自身转变为不适用常规规则和思维的新事物。正反馈或负反馈的好坏决定着您在创新生态系统中的地位。如果生态系统运行正常，即产生可提供高回报率的创新，则您会偏向于维持现状的负反馈。如果人们认为创新生态系统濒临灭绝，并且与自己的利益和目标背道而驰，那么他/她将寻求更大的正反馈来改变系统。

由于缺乏一种机制来确定导致技术转移的因素的相对重要顺序，因此技术转移效应模型的解释效用受到限制。它没有提供确定技术转移总体有效性的反馈的完整描述。图2-4中应该（但没有）描绘出各个反馈中与框中表述的活动具有

⊖ 这里的"反应"既有正反馈，也有负反馈。一般来说，"正"反馈是放大系统对扰动的响应变化量的反馈，而"负"反馈是减少扰动影响的反馈，从而抵消变化。

怎样重要的反馈关系。例如，"市场影响力"影响"需求环境"以及"传输介质"和"转移接受方"，但是这两个框之间显示的连接不允许这样做。椭圆形和矩形显示的活动和输出不断相互影响，最终改变了系统的配置和规模。

人们还想知道为什么模型看起来遵循单向、从左到右的方向，显然忽略了反馈的多方向性。结果就是技术转移效应模型仅部分反映了创新系统中反馈的重要性。该模型还存在其他一些问题，原因如下：首先，它似乎无法适应传统系统中的技术转移与转型创新系统中的技术转移之间的区别。技术转移就是技术转移，也就是说，一种尺寸适合所有人。其次，该模型缺乏技术转移（或与此相关的创新）中通常遇到的障碍（和不确定性）类型。

因此，尽管我们发现效应模型相对于其简单的前身具有明显的附加说明性价值，但我们仍然认为，它对试图理解、设计和实施现实的技术转移或创新商业化策略的从业者没有什么价值。对于那些试图解释革命性创新过程的复杂性的研究人员而言，该模型作为起点也不是特别有用。

2.2.5 创新的"三重螺旋"

最后，我们在这里还应该提及另一种与创新过程及其相互作用元素相关的众所周知的近乎传统的配置，即所谓的"三重螺旋"模型。如图2-5所示，它简单地规定了创新生态系统中三个主要"参与者"的和谐互动和协作功能的需求。

工业/商业

政府　　　　高校/研究中心

图2-5　传统创新"三重螺旋"模型

1）政府：包含国家、地区或地方各级参与或相关的所有政府实体。它们为所有创新系统贡献了现有的体制框架、政治意愿和领导力、战略规划以及规则制定和监督。政府的主要作用是建立创新生产的简单、非官僚和遵守规则的系统。

2）工业/商业：工业或商业实体对前瞻性的愿景和对未来市场需求的感知做出了贡献，从而为指导研究满足市场需求提供了必要的"拉动"作用。此外，它可能会投入资源并与政府合作，以促进更具针对性的应用研究，以生产创新的产品或服务。

3）高校/研究中心：人们认为高校在提供知识、新技术知识和开发符合社会需求的创新产品或服务所需的研究方面起着新的又相对重要的作用。

基础研究和应用研究应该通过创新和商业化机制与市场联系起来，而创新和商业化机制是由政府、高校、行业合作伙伴关系的增长维持的（Ranga，2012）。三重螺旋是在任何创新周期中展示基本相互作用元素的一种方式，可以看作是我

们在后面提出的创新生态系统概念的非常简化的图。它通过"四重螺旋"的表述得到了进一步的增强，其中社会被添加为代表"民主"创新方法的关键角色（Carayannis 和 Campbell，2011）。后来，该概念再次扩大到包括环境/气候变化维度，并产生了"五重螺旋"创新模型，该模型增加了"自然环境"的螺旋结构和相关的生态问题，成为知识生产和创新的驱动力（Carayannis 等，2012）。

创新的三重螺旋模型基本上是一个系统模型，至少在某种意义上是朝着正确的方向发展，这至少暗示着创新生态系统中主要要素之间存在的相互作用和反馈环网，与我们的"生态系统"方法非常相似。但是，它缺乏后面提出的创新生态系统模型的解释力和敏捷性。此外，三个主要"螺旋"（即政府、工业/商业、高校/研究中心）在促进创新中的作用比三重螺旋模型所假定的更为复杂和多变。

 ## 2.3　创新过程的系统性

2.3.1　"盲人与大象"难题

考虑一下著名的印度教寓言，它讲述了六位盲人碰到大象并做出的评估，这些评估在个体上是合理的，但是合在一起，就形成了与大象的实际情况完全不一致的实体。印度教寓言因约翰·戈弗雷·萨克斯（John Godfrey Saxe）[⊖]而闻名，他的诗歌版《盲人与大象》如下：

这是六个印度教徒，他们非常喜欢学习/他们去看大象（尽管他们都是盲人）/每次观察都满足了他们的想法。

第一个教徒碰巧跌倒在大象广阔而结实的一面，他开始大叫："上帝保佑我！大象非常像一堵墙。"

第二个教徒感觉大象像长牙的感觉，哭了起来"大象是如此的圆滑，锋利！对我来说，我非常清楚地认为大象就像长矛一样！"

第三个教徒碰巧抓住了扭动的树干，于是大胆地抬起头说："我明白了，大象就像一条蛇！"

第四个人伸出了一只渴望的手，摸了摸膝盖："这只奇妙的野兽就像个大平原。很显然，大象就像一棵树！"

碰触耳朵的第五个人说："你们是看不见吗？歪曲事实，大象分明就是扇子样！"

第六个人还没开始摸那只野兽，就抓住了摆动的尾巴，"我明白了，大象就像一根绳子！"

于是，这些印度教徒大声疾呼，尽管他们每个人在某种程度上都是对的，而

⊖　约翰·戈弗雷·萨克斯（John Godfrey Saxe）是美国著名的诗人和幽默大师。他于1846年出生在佛蒙特州高门由他祖父建造的萨克斯磨坊。

合在一起却是对事实的错误认识!

这个寓言强调了通过纯粹的简化主义方法来解释系统创新的失败，这种方法侧重于个人、公共或私人组织等的角色，孤立地看待问题，即在系统方法论的框架之外。寓言还指出，"认知失明"常常使改变交通系统的努力脱轨。就像印度教徒对大象的歪曲解释一样，如果决策者和分析人员对所考虑的问题不采取"系统性"观点，他们很容易受到与现实不符的解释的影响。

以交通运输部门为例，从常规技术范式的角度来看待创新通常会低估创新的重要性。例如，电动汽车只是为汽车提供动力的另一种选择；锂离子电池和其他类型的创新电池也只是额外的电源；网联汽车和自动驾驶汽车只是出于有趣的好奇心；因此，如果不将其视为"系统"而孤立地考虑这些背景，就不能很好地了解这些创新的长期影响。

尽管对革命性或变革性创新的评估可能始于评估个人或组织的行为，但如果最终未将其置于系统环境中，则它们很容易就其范围和重要性产生扭曲的观点。简化论者的评估具有误导性，任何创新建模工作都必须嵌套在"系统"方法中。

2.3.2 通用系统理论的基本原理

通用系统理论（General Systems Theory，GST）是整体性的通用科学，它描述了相互作用的元素集。这也是对变量的系统互连性的研究，例如物理的、法人的实体及其环境。它提供了一个组织性的概念框架，在该框架中，未连接的元素被集成到综合视图中。GST基于以下基本概念：

1）所有现象都可以看作是各个要素之间的"关系网络"。

2）所有系统，无论是生物学的、控制论的还是社会的，都具有相似的模式、行为和特性，观察者可以使用这些模式、行为和特性来深入了解复杂的交互的行为。

3）GST将分析单位从研究组织的各个部分移到了部件的组织。

4）它能够对交互的性质进行建模，这些交互的性质不是静态和恒定的，而是正在发生变化的动态的过程。

GST有许多基本原则。这些原则可以概括为：

1）无法通过总结各个部分或双边或多边行动来理解系统（社会、生物、组织）。独立或连续动作通常协同作用，以产生通常与离散动作的总和不同的效果。

2）系统模型增加了统一解释能力的复杂性。创新的"混乱"过程只能通过基于GSM的模型来捕获。

3）系统方法强调随着时间的推移，正反馈周期和负反馈周期（回路）的关键作用。它们最终产生了竞争性和合作性相互关联的新网络。正反馈是任何持续创新系统和该系统内学习的核心要求。

4）变更顺序影响系统结果。时间安排可能非常重要——首先发生的变更可能会对后续的变更产生重大影响。的确，未来系统的状态取决于传统或创新系统的初始状态以及系统的第一个周期（迭代）何时以及如何展开。

5）很难从单个（创新）流中预测系统效果。一个因素的影响通常取决于另一因素的状态。例如，电动汽车的存在可能不会引起革命性的变化。但是，如果电动汽车伴随着智能（电动）基础设施的引入，它们的协同作用会加速变化并使其具有变革性。

6）不能通过将某些标记为原因而将其他标记为结果来准确地捕获产生变化的因素。原因常常成为结果，而结果往往成为原因。时间 T_1 中的创新可能会产生可以在时间 T_2 中跨多个区域转换系统的创新环境。因此，在 T_2 中实现的效果可能会在连接的系统之间波动，从而促进 T_3, …, T_n 的后续变化。

7）系统中存在的"集线器"数量越少，系统变得越稳定（在我们的示例中，这些集线器可以是技术、财务、管理等集线器）。但是，不幸的是，这也可能导致垄断行为，进而导致创新速度和创新水平下降。多个创新者的混乱参与和影响力的"集散"会破坏系统的稳定性，从而导致革命性变革或僵局的相反极端。

8）国内或全球创新"系统"中的权力分布（技术、资金、国内市场规模等）反映了该系统是单极性、双极性还是多极性的。双极创新系统（即由两个主要的"创新者"中心主导）通常比多极创新系统（多个创新者主导）更稳定（或动态性更差）。尽管双极系统增加了稳定性，但由于它们会扼杀无法控制的变化的趋势，因此它们可能会减慢性质和速度的变化。在全球范围内，本地化的两极创新系统历来是常态的，并且正在迅速崩溃，一个或不同国家的多极创新生态系统通过其一致的创新而在全球范围内获得影响。

9）系统在社会技术和社会经济环境中运行，重要的是要考虑将系统（或子系统）与环境力量区分开的界限。例如，系统的外部作用或强迫事件可能会促成变化（例如，对碳基燃料的可用性严格限制，或政府指导的对碳基燃料汽车生产的严格限制）。

10）基本系统输入的外源性或内源性进步会迫使整个（创新）系统内发生系统性变化。在这种情况下考虑创新，整个系统是否保持完整取决于组织机构是否足够敏捷以预期和响应不断变化的输入。否则，创新系统将有更大的机会取代当前的系统。

11）创新体系的基础是规范化的方法，是为技术和企业问题寻找解决方案的首选方法。它们提供了解决系统相关挑战的规范方法。例如，传统交通运输系统一直存在"核心信念"，即拥堵的解决方案是增加高速公路上的车道数量，或者在有足够资金的情况下建设新的高速公路。在这个传统的子系统中，规定的创新通常仅限于开发使用寿命更长的人行道或快速更换超出其设计寿命的桥梁的新方法。

12）一方面，范式的持久性（通过主导的信念系统）是传统系统中变更如此困难的原因之一。另一方面，当新范式出现时，由于新的科学或资源限制，它们可能会对证明传统系统的范式构成严重威胁。在第3章中，我们将探讨范式在促进和构建交通部门创新中的作用。

因此，通用系统理论可以为某个系统的研究提供必要的工具和概念，而这个系统会启发、拓展和保持创新。但是要充分理解创新的过程，尤其是要解释"革命性"或变革性的变化，就需要扩展概念和理论的范围，从而构建一种创新模型。这个模型将描绘出"系统"对于创新领域不同部分和要素的相互作用有哪些影响，同时利用一些合适的"现存范式"来探索概念的多样性。我们在生物科学和"生物生态系统"理论的框架内找到了这种活的范式，并认为它们与创新"领域"有着惊人的相似之处。因此，我们现在将注意力转向生物生态系统理论。

2.3.3　生物生态学原理

Ecology（约1935年）一篇题为 *The use and abuse of vegetational concepts and terms*（Tansley，1935）的文章中，亚瑟·坦斯利（Arthur Tansley）开创性地贯彻和正式使用了"生态系统"这一概念和术语。但是，该术语直到第二次世界大战后才确立并广泛使用，"系统思维"从而开始影响从政治学到生物学的许多学科。大体上讲，就是人们运用通用系统理论概念来解释和理解各种学科中组织和变化的机制。生物学就是其中之一，它将通用系统理论结合生物学和植物学中关于变化和相互作用的理论创造了"生态系统"一词[一]。

生态学是一门研究生物对其环境的适应性以及它们如何实现动态平衡和成熟的科学。从生物学出发，生态学思想意指自然界中存在的交易过程，因此隐喻了人类通过一系列互惠互动对社会和自然环境的适应性。通用系统理论的使用让生态学以"生态系统"这个生物学理论的名义独立成为生物学中一个公认的子领域（Cooper，1957）。直到第二次世界大战后，佐治亚大学的尤金·奥杜姆（Eugene P. Odum）在 *Fundamentals of Evology*（Odum，1953）这本广泛使用的教科书中将通用系统理论的概念纳入生态学理论，生态学才正式开始发展"科学项目"。他认为，"生态学不是任何事物的分支，而是将所有科学融合在一起的综合学科"。他将地球视为一系列相互关联的环境社区或生态系统，每个环境社区都有"独特的发展战略"。

在生物生态系统中，在微观（甚至分子）层面、单个植物或动物层面、物种层面以及整个生态系统层面（生物圈）同时发生着各种行为和过程。参与要素之间的相互作用以及外源性和内源性因素的混合决定了总体的可持续性和发

　㊀　来自"生态"和"系统"两个术语的合并。

展。在生物生态系统内，许多变化是随机的，例如基因突变，而其他变化则是通过生物体自身的相互影响来确定的[⊖]。以下是生态系统理论使用的一些关键术语和概念，这些术语和概念也可以用于创新生态系统[⊜]。

1）适应能力：可以掌握学习能力、灵活应对新事物并采用新的解决方法。此外，还可以对不同种类的挑战发展出一般性的应对措施。它可以度量生态恢复力。

2）吸引子和吸引盆（另请参见下一节的详细讨论）：打个比方，"吸引盆"可以视作一个山谷，在该山谷中，生态系统通过关键的吸引子得以建立和维持（例如，物理生态系统中存在的大量养分）。边缘相当于盆稳定性和变化性之间的阈值，谷壁的陡度相当于快速变化的相对难度，而谷的深度相当于让盆进入另一种状态（即不同的"吸引盆"）所需的外部扰动量。

3）驱动因素：改变的力量。应力或压力具有相关的驱动因素，这些驱动因素表明触发某种方法所涉及的一种或多种机制。根据生态用途，如果某个自然或人为过程、事件或活动导致生态系统过程、组成、功能、特性或提供关键服务的能力发生变化，则此过程、事件或活动相关的任何力都可称为"驱动因素"。

4）生态系统的状态和属性：生态系统的"状态"是根据特定时间下的关键属性对生物或创新生态系统进行描述和表征。这些属性可以是有助于定义生态系统状态并使其区别于其他潜在状态的成分、功能、过程或属性。

5）生态系统稳定状态：就测得的生态系统属性而言，生物系统倾向于保持平衡状态，并会在受到轻微干扰后恢复到该状态。稳定性通常被描述为接近平衡状态的生态系统持久性。

6）生态系统阈值或临界点：相对快速地从一种生态状况变化为另一种生态状况。快速变化的能力意味着在吸引盆的关键特征中，相对较小的近距离变化就可能产生较大的生态响应。

7）渐进式变化：改变生物生态系统关键成员特征并在其中产生新物种的系统过程和相互作用。生物生态系统通常是开放的系统，其中各种事件和过程在整个系统中来回波动——有时（有时不）能克服那些阻碍反馈和导致某些影响未能完全实现的障碍。

8）外部条件：在与当前分析相关的时间范围内，影响生态系统但却不明显受生态系统影响的外部因素。

9）反馈：指来自更大环境的输入，这些输入会增强或降低生物生态系统中

⊖ 例如，生活在动物（包括人）口腔和内脏中的细菌。这些细菌依靠动物宿主生存，同时也起到消化食物和预防蛀牙的重要作用。

⊜ 改编自 http://oceantippingpoints. org/our‐work/glossary 的海洋临界点项目词汇表（Ocean Tipping Points Project）（网页访问时间：2017 年 10 月）。

稳定状态的恢复力。正反馈放大了系统由于扰动而发生的变化量，而负反馈则减小了扰动的影响，从而抵消了变化。

10）革命性变化：生物生态系统中的"革命"指各种因素和条件的点断融合，这些因素和条件可以极大地改变生态系统的状态和可持续性。

11）安全运行空间：指一组缓冲区内的空间，其中系统变化的风险很低，弹性很高。图2-6描述了与生态系统状况相关的主要变化推动力（"驱动力"）或累积影响。在"安全运行空间"（见图2-6的左半部分）内，生态系统状况相对稳定，不受"驱动力"（导致变化的推动力）影响。在"安全运行空间"之外（见图2-6右半部分），还有一个"预防缓冲区"，即系统仍处于其"理想"的状态，但非常接近"阈值"（垂线）。一旦超出阈值，系统将陷入"非理想"状态。在这种非理想的状态下，系统是不稳定的，再也无法恢复原状态，并可能开始向另一种生态系统转变。将系统保持在安全运行空间内对其生存和持续至关重要。

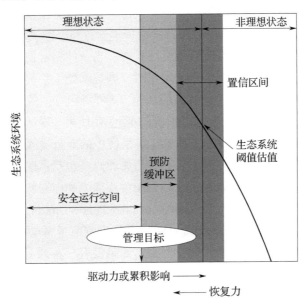

图2-6 生物生态系统"安全运行空间"示意图

注：来自2017年海洋临界点项目《海洋临界点项目词汇表》。报告参见
http://oceantippingpoints.org/our-work/glossary（访问时间：2017年10月）。

12）恢复力：生态系统在保留其基本结构、功能和反馈机制的同时吸收干扰的能力。受外部或内部干扰后的恢复速度是其衡量指标。

13）脆弱性：指生态系统由于暴露于特定压力或干扰（或对之敏感）而对伤害或损失的敏感性，与恢复力一样，脆弱性也会考虑暴露于特定威胁的程度。

我们认为，在生物生态系统理论中发现的上述概念和见解在创新生态系统的研究中也具有直接对应性和适用性，可直接用于建立我们的创新生态系统模型。

2.3.4　生物生态系统与创新生态系统的比较

我们假设自然界中观察到的生物生态系统与人类社会和个体企业家创造的创新生态系统之间存在重要的概念联系。

自然或生物生态系统包括位于相邻地理位置的所有生物（生物因子）以及将生物生态系统与无生命物理环境联系起来的要素（非生物因子）。同样，创新生态系统包括所有活跃的组织，这些组织通常在地理上最接近的区域内参与和创新相关的活动。他们参与创新的概念化和产生，以及其在生态系统内和市场中的生产和传播。正如生物生态系统理论假设的那样，存在可识别的边界可以限制交叉效应或相互作用。同样，在一个创新生态系统及其社会经济和社会技术环境之间，确实也存在可辨别的界限，因为一个部门或生态系统中的创新经常会扩散影响其他部门生态系统的变化。创新生态系统中包括主要产品消费者和创新的资助者，他们大多数与技术创新者共存。创新生态系统与社会技术环境具有直接的相互联系（或相互依存），并从中获得持续的资本支持和思路灵感。

生物和创新生态系统具有不同的存在状态。当条件相对稳定，种群或养分交换维持在足以使生物生态系统健康的水平时，系统就处于平衡或停滞状态。生态系统还具有调节变化或保持平衡状态的功能（称为服务），就像恒温器控制室温一样。在生物系统中，通过对生态系统的能量动力学（输入、吞吐量和输出）进行建模来描述和评估平衡状态。生物生态系统中的能量输入以阳光和关键营养素的形式存在。在创新生态系统中，利益相关者们（包括风险投资商以及起伏不定的政府投资）相互影响，让系统得以维持生存能力和停滞状态。例如，当创新生态系统无法促成足够的首次公开募股（Initial Public Offerings，IPO）这一关键的资本形式"能量"输入（正反馈）时，风险投资商通常会减少对新公司和创新的投资，并将关注点转移到其他投资上。如果没有一系列稳定的IPO，风险投资商就无法获得投资回报，因此有时便会切断进入创新生态系统的资金流。没有持续和稳定的资本流入，创新生态系统将迅速衰退，就像光或养分的流入减少时的生物生态系统一样。资本的可利用性是一个必要的"吸引子"，对建立和维持创新生态系统的吸引盆至关重要。

生物生态系统的异质性越大，它就越能适应更大范围的外部条件变化（扰动），反之亦然，即环境的严峻程度会影响整体异质性或丰富性。适度恶劣的环境可以增强生态系统的丰富性或多样性。但是，如果较高或较低的温度或极端天气（例如飓风）、城市入侵或环境污染的不断涌入而导致生物环境过于严峻，则可能导致生态系统物种稀少及其"健康状况"整体下降。因此，多样性、恢复力和异质性是生物生态系统总体可持续性的标志。类似的过程也存在于创新生态系统中，由于生态系统外部或内部的各种条件，积极竞争者的数量大大减少，便会减少竞争，并因此降低系统的多样性、恢复力和异质性，也就是削弱创新生态系统的稳定性和"健康状况"。而在激烈的竞争中，创新则蓬勃发展。在创新生态系统场景中，少数公司占主导地位（垄断情况）、总体经济下滑等情况就可能会导致生物生态系统"贫瘠"。

生物生态系统和创新生态系统都具有"新陈代谢"功能。在生物生态系统中，新陈代谢是指组成该生态系统的单个生物体所处理的总能量。创新生态系统的新陈代谢则是指创新者在产生创新或购买有前途的初创公司等过程中消耗的投资资本总额。资本与创新生产和利润之比是衡量创新生态系统生产效率的第一指标。

尽管受到干扰（恶劣天气、污染、入侵物种），生物生态系统仍在能量输入（阳光、二氧化碳、养分）和输出（动植物数量增加）之间保持平衡。同样，成功的创新生态系统是那些达到平衡状态的创新生态系统，其中资本的流入与产出（创造的知识产权、熟练的技术人员、纵向和横向的相互联系、初始股票发行的数量和价值以及突破性技术的商业部署）大致相匹配。我们认为，创新生态系统所产生的价值要远高于单个组织孤立活动所产生的价值。人们无法事先确定协同增效将产生更多还是更少的有益产出，但是可以合理推测出，协同作用产生的结果与被地理和传统限制的个体单独行动的结果是截然不同的[一]。

高产的生物和创新生态系统都遵循所谓的"互连性原则"，即随着时间的流逝，生态系统主要组成部分之间建立关键连接（互连）的数量和重视程度。互连可以在系统级别、子系统级别或生物生态位[二]级别进行衡量。通过整个系统中纵向或横向产生新的互连，从而触发变革进程，这些互连中任何水平的变化都可能改变生物生态系统（或创新生态系统）。除非遇到障碍（如沉没成本这类传统观念的限制或从现状中获利的强大利益相关者）抑制或阻碍其行动，否则各种事件和过程将沿着阻力最小的路径影响整个系统。作为这种"互连性原则"的直接结果，创新生态系统的可持续性和生产力在很大程度上取决于它是否可以创造性地回应其他更大的创新生态系统所拥有的各种条件和干扰。例如，硅谷创新生态系统并没有像许多传统汽车制造商最初那样负面地看待加利福尼亚州（简称加州）汽车零排放（Zero Emission Vehicles，ZEV）的运动，而是认为这一监管制度为电动汽车和无人驾驶汽车（Electric Vehicles and Autonomous Vehicles，EVs和AVs）的创新和投资创造了必要的外部条件。

在生物和创新生态系统中，生产者、消费者、内部和外部"掠食者"（生物生态系统中"食物链"顶端的动物或创新生态系统中占主导地位的组织实体）

[一] 中国、韩国、日本和欧洲的运输公司在美国硅谷的位置，就是一个公司希望从这种协同效应中受益的例子。

[二] "生物生态位"是一系列条件的总称，包括物种在其宿主生态系统环境中的作用和空间位置、如何满足对食物的需求以及躲避天敌等。

提供关键服务（扮演主要角色），其中包括帮助修剪生态系统中的非竞争性要素。这些被称为"成果"，我们可以规定生物和创新生态系统都至少有三个成果：产品、监管服务和支持服务。表2-1中对比了生物生态系统和创新生态系统成果的显著特征。无法确定的一个关键点是：究竟生态系统是会变得更加多样化或相互联系还是少数实体会取得支配地位[⊖]。这些实体可能导致养分投入和技术产出的分布出现"偏斜"。

表2-1　生物生态系统和创新生态系统成果的显著特征对比

生态系统成果	生物生态系统	创新生态系统
产品（广义环境上的）	遗传资源、食物和纤维、清洁的空气和淡水	知识产权、特定产品或创新过程带来的经济利益、需要复杂技术技能的工作、制造设施、研究设施、税收等
监管服务	影响宏观和微观气候、当地天气、水质、物种密度和疾控的过程	各级创新生产者之间广泛的相互联系，使革命性技术的开发和商业化效率更高。创新生态系统还会根据当前的技术发展需求，聘用和解聘不同类型的专家从而控制和调整劳动力市场
支持服务（例如支持其他生态系统服务所需的服务）	产生生物体、大气中的氧气；形成和保持土壤；循环养分和水；维护自然栖息地等	培训专业人员使用发明和商业化革命性创新所必需的方法和技术；参与创新的不同类型的组织可以聚会和合作的共同空间；可以随着生态系统的不断变化而加以利用和调整的储备技术技能和专业知识库

以下特点进一步强调了生物"生态系统"这个概念在表达和建模创新中的重要性：

1）生物生态系统和创新生态系统都涉及网络，其决定因素不仅包括积极方面（如互惠互利[⊖]），而且还包括消极和竞争方面（如生态系统和生态位级别的竞争、掠夺、寄生甚至是生态系统由于无法提供足够的"监管"服务而被完全破坏）。这都是生物或创新生态系统行为可能产生的结果。

2）生物或创新生态系统中的每个参与者都具有不同的属性，并通过不同的决策原则（包括例行程序和操作规范）进行运作。所有生态系统分析都必须以阐明这些过程为基础。

3）评判生物和创新生态系统的标准是其多样性、异质性和最重要的生产力。

⊖　在政治、经济、技术或社会背景下处于支配或统治地位。

⊖　在生物生态系统中，物种之间常常存在互惠关系（例如，开花植物与蜜蜂等动物授粉媒介之间的关系）。植物和动物都需要依靠彼此生存。在创新生态系统中，关键创新者经常使用第三方的服务（甚至依赖第三方）。例如，在交通运输领域，汽车制造商使用所谓的原始设备制造商（Original Equipment Manufacturers，OEM）即代工的服务，在某些情况下，制造商的产量完全取决于代工商。另一个互惠关系是企业创新者与其首席科学家和工程师之间的积极关系。这也解释了为什么公司会频繁地向员工授予股票期权。

这些性质共同决定了生态系统的可持续性。

4）处在食物链顶部的物种的行动或在创新生态系统中处于主导地位的组织决定了生物生态系统和创新生态系统的边界。

5）要精确评估生物生态系统和创新生态系统就需要对生态系统的多次迭代进行纵向（随时间变化）的观察。

6）对创新生态系统的成长和衰败有重大影响的决策模式和行为变化模式能而且必须在生态系统内部结构和外部"干扰"（例如政府政策重点的调整）的共同制约下进行定义。创新生态系统的长期可持续发展还受到政府和市场内决策者所持"信念"的影响。

7）当外部或内部因素对生态系统功能造成永久性结构变化，使其不再保留相同的特征（和物种）时，就会触发生态系统的实质性变化甚至崩溃，导致生物生态系统产生"革命性"变化。同样，在创新生态系统中，对基础输入的外部或内部干扰可能导致生态系统发生永久性的结构性变化，从而极大地改变其功能和运行特性，或者使其不可持续，因而衰落和濒临灭绝。这也可能会改变社会和经济体对其产品的看法。

2.4 "创新生态系统"模型的概念性表述

2.4.1 创新生态系统定义

基于前面的讨论，我们现在可以更正式地定义本书中采用的创新模型。显然，这种模型应将创新过程表示为复杂"系统变化"的非线性过程，该过程基于许多"参与者"、吸引子、要素和结构因素相互作用的结果。我们认为，基于生物生态系统理论和概念的"创新生态系统"概念是可以用来模拟总体创新过程（包括革命性创新过程）的最佳工具。

可以将创新生态系统定义为广泛的"利益相关者"（"参与者"）之间联系、连接和交互作用的复杂网络，这些行为共同作用，在特定地理或虚拟边界内的主流环境（即规章制度、法律法规）下，产生"创新周期"（导致单个或渐进式创新，并可能共同导致"革命性"或"变革性"创新）⊖。

⊖ 也许"创新生态系统"概念的第一次实际应用是在 1435 年，当时统治意大利的美第奇家族开始大量召集并支持来自欧洲各地的优秀创新者们。在美第奇统治顶峰的 50 年中，佛罗伦萨的创新生态系统蓬勃发展。艺术史学家估计，在这一辉煌时期，有超过三分之一的欧洲专业艺术家、科学家和其他"创新者"在佛罗伦萨生活或工作过。佛罗伦萨"美第奇创新生态系统"所孕育的文艺复兴时期的创新成果不仅包括精美的艺术品，还包括钟表、建筑给水系统、印刷机、眼镜、手术器械，甚至墙纸。这些创新及其创造者和学徒以极富创造力的方式逐渐传播至全世界，并与其他文化融为一体。15 世纪美第奇家族统治下的佛罗伦萨就是比肩今天"硅谷"的创新生态系统！

该定义包含"互动网络"的概念,"互动网络"决定了单个创新周期的结果并产生成功且可持续(或失败)的市场价值。受生态系统边界内部或外部的主要促成因素或约束条件的影响,创新生态系统产生"增量式"(即个体——小规模)或"转型性"/"革命性"创新(即重大创新或多个增量式创新的集体效应),从而完全改变系统的格局,并将其推向另一种平衡状态和"吸引盆"。图2-7所示为创新生态系统中交互网络和典型交互"元素"示意图。该图显示了参与创新生产的主要利益相关者,可以将其视为创新"网络"中的"系统元素"。

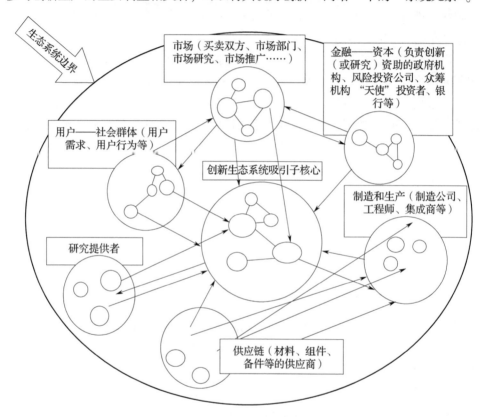

图2-7　创新生态系统中交互网络和典型交互"元素"示意图

有趣的是图2-7中有一个中心元素或"核心",称为"创新生态系统吸引子核心"。其中包括一系列的"关键角色",他们启动整个生态系统、开启和维护初始创新过程并产生创新发起者的"群聚效应",这对任何创新生态系统的发展和繁荣都不可或缺。通常,"吸引子核心"包括一个或多个作为"研究提供者"的实体(高校或研究中心)、一些致力于特定创新领域的产业或商业实体、一两个金融实体为后研发创新生产阶段提供必要的融资,也许还有许多集成商和顾问团。它们都是第一批"群聚效应"实体,充当其他实体的"吸引子",然后这些实体将来到同一个生态系统中扎根,从而使其成为"健康的生态系统",即可持续、可运作和可扩展的生态系统。

在图 2-7 中，还会注意到可能参与创新生态系统的典型实体或利益相关者，以及在此情况下的交通领域创新生态系统，包括：

1）为市场生产创新产品的制造和生产实体。对于交通创新生态系统来说，此类实体包括：车辆和机车车辆（汽车、飞机、铁路货车等）制造商、备件制造商——原始设备制造商（Original Equipment Manufacturers，OEM）、电信设备制造商、软件开发商、电子设备制造商等。

2）市场实体。包括创新产品的买方或卖方的实体、各种与市场相关的研究和推广实体等。对于交通领域而言，则包括诸如车辆销售商和销售商网络、负责购买和安装交通相关设备和系统的（地方、区域或中央）政府机构、交通基础设施所有者或运营商等实体。

3）愿意为创新过程提供资金并投入必要资本的金融实体。这里的典型实体包括负责创新（或研究）资助的政府机构、风险投资公司或众筹机构、"天使"投资者、银行等。

4）供应链实体。他们会为原材料和成品的流动提供必要的运输和物流服务。

5）研究提供者（非核心）。他们将提出原始的研究思路、进行必要的研究、开发原型和样品，并证明创新研究产品的技术可行性。如：高校研究团队或独立研究中心、政府部门的研究部门和类似实体。

6）用户——社会群体。他们是创新影响的最终接收者和其成功与否的最终"评判者"。除了创新产品、设备和服务的个人用户和购买者之外，还有许多社会实体、非政府组织（Non-Governmental Organizations，NGOs）和用户协会都包含在这一类别中。

所有这些利益相关者都在自己的子系统（生态位）内互动，然后与其他子系统交流。它们产生重复的"创新周期"，即会产生单个增量创新（见下一节）。

如图 2-8 所示，创新生态系统各个要素之间的交互环境，实际上便是我们的"创新生态系统模型"，包括：

1）"内部"相互作用，即生态系统相似元素之间的相互作用，包括性质和活动领域相似的这些实体之间合作、协同和互动（涉及多个反馈），以期在其特定专业领域实现最佳结果和产出。图 2-8 中将这些内部相互作用以"子系统"圆柱体来表示。

2）"外部"相互作用，即上述子系统之间以及所有子系统与其他外部因素（例如政府政策和服务或社会、市场等）之间的相互作用。

3）生态系统中产生的众多"创新周期"引起增量创新，有时甚至是革命性或变革性创新。某些增量创新的综合效果可能在某个时间点也等同于革命性或变革性创新。

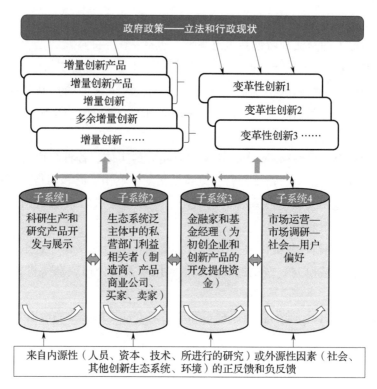

图 2-8　增量或变革性创新的创新生态系统模型示意图

2.4.2　增量创新和创新周期

图 2-9 描绘了产生单个或增量创新的过程，即一个"创新周期"。该图概括地展示了创建单个创新产品并衡量其成本效益和所产生价值的典型过程。当针对特定技术或过程已有原型或概念证明形式的研究"产品"时，"周期"就开始了。而投资资本或过去销售的利润等"活力"输入使其得以继续。然后，通过图 2-9 下半部分的方框中的步骤，创新生态系统的参与和运行将产生创新，并以特定市场产品和服务的形式表现出来。这些产品一旦进入市场，便出现这样一个问题：该创新产品的特定创新策略将持续多久。而问题的答案则将取决于市场的反应。如果这种反应是积极的，则将进一步投资以加强和提高参与特定创新生产的一个或多个实体的竞争地位。如果反应是否定的，那么就意味着策略发生了变化，并且认为创新周期已经完成。

"创新周期"最重要的特征是它描绘了反馈在促进或减少变化中的作用。一个实体将反馈视为正还是负，取决于它在系统中的位置。确实，一个实体"位于"系统中的哪个位置决定了它"处于"策略的哪个位置。如果有实体处于支配地位，它便想要使用负反馈信号来限制可能会使系统更加开放和更具竞争力的变化。如果是一家初创的技术公司，它可能会对（正）反馈做出积极响应，因为这表明该系统正在朝着更具开放性和竞争力的方向发展。

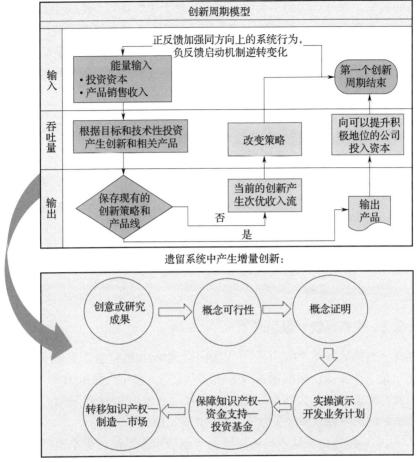

图2-9 现有创新生态系统中"增量"创新生产的"创新周期"

2.5 生态系统平衡和吸引盆

2.5.1 "平衡"的概念

"创新生态系统"中最重要的是"平衡"的概念。任何生态系统，无论是生物学的还是创新的，都必须处于（短期或长期）"平衡"状态才能存在。在这种状态下，就产出及其价值而言，所使用的"资源"与所产生的"回报"之间在系统范围内保持平衡。在生物生态系统中，当适当数量的初始"外部资源"（例如阳光、水、食物等）与"产出"（即可用于食物链[○]的产出或由生物或其他资

○ 生态系统中典型的食物链由微妙的食物网组成，起点是生产者，即生产自己食物的生物。植物、藻类和浮游植物都是常见的"生产者"。然后是吃"生产者"的初级消费者。二级消费者吃掉了"初级消费者"后反过来又被生物生态系统中的最后一组生物即三级消费者吃掉了。三级消费者以一级和二级消费者为食，位于金字塔的最高层。

源产出的氧气、水等）之间平衡时，该系统处于平衡状态。生物生态系统中的物种过多或过少都会导致种群崩溃，所有物种和整个生态系统都可能因此丧命。如果每个级别的"投入"都与"产出"平衡，那么这个生物生态系统生物网络就处于平衡状态。换句话说，任何层面上的有机体过多或过少都会导致失衡，并最终对生态系统造成灾难性影响。

当满足以下条件时，创新生态系统处于平衡状态：

1）特定创新生态系统所有利益相关者均已到位。

2）一个类别或子系统中的利益相关者，尤其是"吸引力核心"组中的利益相关者，超过了"临界数量"。

3）所有必要的初始投入（人力资源、财务、有利的立法框架等）都存在且易于获取。

4）产生了足够的"产出"（例如创新型初创企业的知识产权、适销产品的成功"退出"、市场价值的首次公开募股）。

5）输出和输入平衡。

2.5.2　生态系统"吸引子"

创新生态系统需要"吸引子"，以吸引、影响和维持生态系统平衡。"吸引子要素"是一个实体、影响因素或系统"状态"，它充当稳定力和"锚"，生态系统的所有要素都以其为参照，相互作用和"校准"以达到平衡。吸引子对于实现和维护创新生态系统至关重要。"吸引子"的例子包括：

1）生态系统特定领域或科研领域的"创新生态系统核心小组"。如前所述，该核心启动了创新生态系统平衡和可持续性的整个过程。通常这些"核心"在最初的关键阶段支持生态系统的发展，发展创新实践和文化，并充当"促进者"。

2）通过核心创新融资实体组织或政府而存在的创新支持资本。它们为创新提供必要的融资。

3）支持创新并符合与创新相关的劳动力期望的当地文化。

4）有利于发展和维持互惠环境的体制和监管结构，这种环境可防止新兴公司被占主导地位的公司掠夺或在与当局打交道时遇到烦琐而官僚的行政程序。

5）有利的普遍条件，例如足够的纵向和横向技术集成水平。

6）深度、异构和流动的技术资源。

7）存在多样性（具有竞争和选择权，但避免结成垄断的联盟）。

8）有利的政治和社会条件。

2.5.3　生态系统"吸引盆"

创新生态系统的"平衡"不是静态而是动态的，随着时间的流逝而演进和变化。生态系统平衡在时间上的连续位置形成了3D曲线，被称为"吸引盆"。

在数学中，"吸引盆"是在绘制系统在任何时间点的"状态"或"条件"相对于其相应的"动量"或变化率时所创建的曲线。"吸引盆"可视化曲线如图2-10所示。图2-10中的黑球表示系统在给定时间点的"状态"。对于创新生态系统，我们取"平衡态"作为其"状态"。曲线的形状表明盆底部代表生态系统的最终平衡态，即生态系统处于（几乎）永久平衡态的成熟阶段。"初始条件"也许是影响"吸引盆"的最重要因素。我们在本书中提出的创新生态系统模型中的"初始条件"主要对应于"吸引子核心"的特征和功能，即图2-7中心所示的元素。同时还涉及其他吸引因素的存在与否，例如：创新社区、高水平的纵向和横向整合、充足的公共和私人资本流入、先进的基础设施、丰富的技术人才资源、思想领袖共处、可通过内外部研究获取的知识产权、公司或人才培养、准许可的先进科学理论和技术。

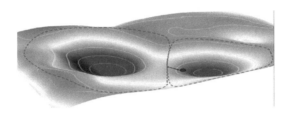

图2-10 "吸引盆"可视化曲线

注：转载自2017年海洋临界点项目《海洋临界点项目词汇表》。参见：http://oceantippingpoints.org/our-work/glossary（2017年10月和2018年2月访问）。参见（Walker等，2004）。

基于Hamilton和Liouville在19世纪30年代的早期著作，路德维希·玻尔兹曼（Ludwig Boltzmann）、亨利·彭加勒（Henri Poincaré）和威拉德·吉布斯（Willard Gibbs）在19世纪七八十年代首次在数学领域研究了关于相空间理论的"吸引盆"理论（Nolte，2010）。因此，可以通过一个数学表达式来定义吸引盆，该表达式表示系统"状态"的一个或多个定量度量与其"动量"的一个或多个定量度量之间的关系，即平衡状态的变化率。为了量化这种关系（即给出"吸引盆"的数学表达式），需要使用一定数量的基本属性或特性来表示系统的平衡状态及其变化率。在生物生态系统中，此类属性包括支持各种动物物种的草、灌木和其他植被的数量，生物物种的数量和种类，非生物物种的数量、多样性和类型等（Suding和Hobbs，2009）。在创新生态系统中，相应的属性可能是：涉及的创新实体的数量和类型、投资资本的数量和可用性、技术和财务资源的数量和类型、水平项目（例如现有的创业者文化倾向、冒险精神等）。在此，我们不会尝试总结"创新吸引盆"的数学表达式，因为这不在本书的目标或范围之内⊖。

"创新吸引盆"这一概念对通用创新生态系统模型的重要性及其可能的用途

⊖ 这对博士研究或者类似的理论练习来说倒是个不错的选题。

毋庸置疑。"吸引盆" 3D 曲线可以生动地描述创新生态系统，其形状可以表明系统的稳定性（即达到最终平衡状态的速度）、多样性和整体动力学。例如，盆壁陡峭且中心深的盆地表明该系统会很快达到最终成熟并维持平衡。因此，该系统是一个 "稳定" 的系统。凹陷且敞开的曲线可能表示 "不稳定"，这可能是其要素（利益相关者）的融资少或差异大且同质性小所致。这样的系统将处于从一种平衡状态到另一种平衡状态的恒定过渡状态，实际上便是不稳定状态。Walker 等人对生物生态系统中的动态平衡状态进行了分析。

生态系统强烈的不稳定期（例如缺乏资金或有改变系统功能本质的 "革命性" 创新时）可能会迫使 "吸引盆" 发生变化，即实际上永久地转变为另一个 "吸引盆"。在这种情况下，当生态系统进入新 "吸引盆"，我们所面对的实际上就是一个新的生态系统了。例如，在现实世界中，森林可能变成草地，清澈的湖泊可能变成赤潮，物种丰富的渔场可能被某类不受欢迎的鱼类主导等。当创新生态系统经历一段时期的变化和不稳定时（例如，在交通运输业中，从碳燃料动力汽车转变为非碳燃料动力汽车或是从交通网络上独立运行的车辆转变为集中协调的 "互联" 系统等），也能看到类似的巨变。图 2–11 展示了这种变化。该图显示了一个创新或生物生态系统（图 2–11 中的黑球）越过其原始 "吸引盆"（由虚线表示）的边界并 "落入" 新 "吸引盆"。从一个 "吸引盆" 到另一个 "吸引盆" 的过渡是逐渐发生的（通过多次增量变化的叠加作用），或者是由于 "革命性" 或 "变革性" 变化而突然发生的（即在很短的时间内发生）。具体而言，我们可以将这种过渡分为三类[⊖]。

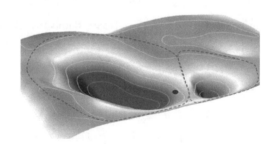

图 2–11 生态系统从一个 "吸引盆" 转变为另一个 "吸引盆" 的可视化图例

注：转载自 2017 年海洋临界点项目《海洋临界点项目词汇表》，参见：http://oceantippingpoints. org/our-work/glossary（2017 年 10 月和 2018 年 2 月访问）。参见（Walker 等，2004）。

1）平滑或线性过渡。以 "压力源"（如经济或生态冲击）与生态系统状态变量之间的线性或近线性关系为特征。在这种情况下，"吸引盆" 状态之间的阈值边界可能是一个区域而不是一条线，并且鉴于生态系统变化的连续性，可能难

⊖ 这里所用的术语援引自海洋临界点项目这一大型生物学研究项目。这是生物学中 "吸引盆" 理论实际应用最新、最广泛的例子。参见：（Ocean Tipping Points，2017）。

以精确识别。

2）非线性过渡。以压力源和生态系统变量之间的非线性关系为特征。一旦越过吸引子状态边界，生物或创新生态系统的状态变化便会加速。

3）滞后或断续过渡。特征是具有滞后性的非线性关系，即从状态 A 到 B 的路径（吸引子状态退化）并不由相应的输入直接造成，并包含吸引子滞后、延迟或初始（历史）状态这些概念。在理解生物或创新生态系统的复原力方面，这意味着从 A 到 B 的路径（生态系统的退化）可能不同于单纯通过逆转步骤从 B 恢复到 A（原始生态系统状态）。因此，一旦生态系统过渡到新"吸引盆"，就很难逆转。

除了我们用来指导建立创新生态系统模型的生物生态系统相似性之外，"吸引盆"的概念和形状还隐喻地将这些曲线与另一现实世界中的相似概念联系起来，即爱因斯坦的相对论一般理论已经预见（并且现在已经证明）的围绕重天体的时空曲率。在我们看来，牛顿的万有引力理论⊖是另一种有用的工具，可以用来展示"吸引盆"和其中的创新生态系统的"运动"。就像非常大的恒星这样的大型天体对"时空"结构造成的凹陷一样，"吸引盆"可以被看作类似的构造，它受到生态系统的"质量"及上一部分提到的其"吸引子核心"的"压抑"如图 2-7 所示。创新生态系统及其吸引子相对较大的"质量"会导致技术社会结构的凹陷，创新生态系统在其中发展，从而形成"吸引盆"，通过连续的平衡状态创造革命性的或增量的创新，相应的创新生态系统将在其中"下落"并"移动"。创新生态系统本身及其吸引子核心的大小、多样性和丰富性相当于爱因斯坦理论中"创造"弯曲时空的大型天体的"质量"。创新生态系统所涉及的实体（即创新者实体）的大小、多样性和丰富性相当于"落在"大天体弯曲时空内的天体的"质量"！

整个创新生态系统的"质量"太小（即创新实体太少或吸引子核心小到微不足道），意味着它将无法形成足够大的曲率作为"吸引盆"。就像质量太小的天体不会引起足够大的时空曲率一样，它将无法启动实质性的创新周期和过程。创新生态系统的"质量"过大，就好像非常大质量的天体会导致天体时空弯曲非常深且陡峭，也就是形成深且陡峭的"吸引盆"。如果质量超出某个临界大小，则整个系统最终将坍塌为"黑洞"，就像是当生态创新系统中存在强有力的垄断集团，而整个系统由少数几个这种巨型因素构成时，创新"吸引盆"便会坍塌。在垄断条件下，生态系统中太大的创新者几乎控制了所有过程，最终将导致生态系统崩溃。垄断集团得以幸存，黑洞产生后的引力场也得以幸存。但是在这种情况下，创新生态系统及其"吸引盆"的活力和创造性特质就不复存在了。这些特质可能会迁移到其他"吸引盆"或创新生态系统。

⊖ 有关简化的理论介绍请参阅（Redd，2017）。

因此，可以考虑将"吸引盆"等同于爱因斯坦理论中的"时空弯曲"。更为恰当的命名应该是"创新或社会时空弯曲"。

 创新生态系统的约束条件

2.6.1　抑制因素

前面我们已经讨论了"吸引子"在创建和维持生物或创新生态系统"吸引盆"中的作用。除了此类吸引子之外，重要的是还要考虑生态系统中约束和抑制因素的作用，这些因素可能会使吸引子不堪重负。约束和抑制因素可以抵消或限制吸引子在创新生态系统中的作用，从而减缓甚至终止生态系统的成熟。生物生态系统中的抑制因素包括阻止自然演替过程的物种，例如早期进入生态系统的物种（比如具有封闭灌木冠层的物种）会迅速主导生态系统并抑制其他物种（比如需要足够光线的大树）进入和生长。通常，"先行"物种在生物生态系统中具有优势。在其他情况下，引入具有异常适应性特征的外来物种可能会干扰或永久改变现有的生物生态系统⊖。例如，在美国佛罗里达大沼泽，人类错误地在 20 世纪初引入了非洲蟒蛇，现在它们通过杀死本土野生动植物统治着该州的自然生态系统。同样，在创新生态系统中，早期的技术领导者可以通过限制新兴公司进入或者限制竞争性技术的发现和开发来建立垄断条件。创新生态系统的先行者确实在控制创新生态系统方面具有优势。

其他创新生态系统的"抑制因素"可能包括：

1）现行（传统）技术。

2）科学理论和研究的现状。

3）知识产权所有权条件⊜。

4）构成传统范式的操作信念。

5）与创新相关的法律。

6）创新的经济和金融机会分配。

7）市场潜力。

8）关键创新者之间形成联盟，为新创新者制造极高的门槛以及其他抑制因素。

2.6.2　防止垄断结果

垄断条件不断发展这一创新生态系统的限制因素起初或许并不构成问题。但是，一旦生态系统中的创新周期经历了一系列迭代，这种限制因素（表现为垄断

⊖　有关这些概念的完整讨论，请参阅（Patten 等，2011）。

⊜　对基础知识产权的控制，例如开发应用程序所必需的操作系统，可能对相关创新领域至关重要。

结构枢纽）就可能主导生态创新系统并威胁其吸引盆。可能产生的结果便是新兴创新者受制于少数掌控枢纽的公司，除非他们自觉加入（或一起创造）其他竞争性枢纽，而不是特定的创新"周期"。少数创新者在 T_1 时间的成功和主导地位可能威胁到 T_2 时间之后的创新生态系统的异质性。不幸的是，一旦"吸引盆"发生了变化或退化，就不仅是通过追溯"吸引力衰退"原因来恢复创新（生物）生态系统的初始生存能力这么简单了。

消费者（例如规模较小的技术开发群体和政府）可以在到达临界点前阻止创新生态系统走向垄断。例如，为了避免在拼车领域过于依赖某个公司或平台，驾驶人和乘客通常会与多个拼车平台（例如 Lyft、优步、Fasten 等）合作并使用多个手机应用程序来保证他们可以实现最优的交易。为多家拼车公司工作的驾驶人指出每个主要拼车平台都有其优势和劣势。但是通过与多家拼车平台合作，驾驶人和乘客拥有更大的自由度，可以朝着最佳交易的方向发展，并确保他们可以接触到更广泛的客户群。当优步不向客户提供服务时，驾驶人可以无缝切换至 Lyft$^\ominus$。同样，拼车服务客户的手机上也有多个应用程序。当某个公司太忙而无法响应时，或某天某次出行成本太高时，客户只要改用另一家公司的服务即可。拼车公司的驾驶人和客户之间的竞争便是创新的一贯动力。

一个生物生态系统如果能从物理环境中汲取多种养分和水源就比那些条件受限的生物生态系统更能适应环境的波动，同样地，使用不同技术平台的创新生态系统更有可能随着时间的流逝而存续。换言之，它是通过维持多个吸引盆吸引子从而增加系统弹性来实现这一条件的。

2.7 小结

我们利用生物学中发展的"生态系统"概念，开发了创新生产的新概念和模型，其中采用了"创新生态系统"和"创新吸引盆"的概念。我们试图重新定义从数学到生物学的一系列概念和学科的组合，以描述贯穿本书的"创新生态系统模型"，来解释增量创新和革命性创新的过程。在我们看来，创新生态系统和生物生态系统功能之间的相似性，甚至与泛物理学中天体所造成的时空弯曲的相似性，都令人震惊。本书第二部分中案例研究提供的示例也体现了用来制定或证明我们的创新生态系统模型的类比方法。

总之，我们建议通过以下两个概念的双重性来描述创新生态系统：

1）我们的创新生态系统模型在任何给定的时间点处于平衡或过渡状态，其中存在着不同的交互元素（利益相关者）并维持着几个产生增量创新或偶尔产生变革性创新的个体创新周期。该模型和过程是连续不断地发生的，图 2-7 和

$\ominus$　2017 年 9 月 11 日星期一，在华盛顿国际机场地区采访了同时为 Lyft 和优步工作的驾驶人。

图 2-8 描述了生态系统，图 2-9 描述了个体创新周期。

2）创新吸引盆的概念是创新生态系统平衡状态的"3D 视图"，也就是说它是一个我们在不同时间点绘制不同生态系统平衡状态时发展出的空间。"创新吸引子"是实现、影响和维持创新"吸引盆"的产生、形状大小和可持续性的要素。有时，革命性或变革性创新或其他类型的干扰可能会改变生态系统的吸引盆，并将其转变为在不同规律和属性下起作用的新生态系统。

我们认为创新生态系统模型有效地反映了现实，值得进一步分析和研究，而且创新生态系统模型确实可以更全面、更现实和更具描述性地理解和记录创新生产的过程。此外，创新吸引盆的概念由不同时间点上所有不同的生态系统平衡状态组成，可以用来表示某个生态系统的形状、大小和特点。它取决于许多"吸引子因素"，其中最主要的是特定生态系统最初"吸引力核心"的大小和运作/功能特征。这种"吸引力核心"由数量相对较少的实体组成，这些实体启动并激励生态系统发展壮大、自给自足。

本章中使用的是定性描述，但其他人可以以不同的方式（以数学为导向）进一步开发和论证。所使用的概念和公式也适用于这种更数学/定量的方法。

参考文献

Bonvillian, W. B., Weiss, C. H., 2015. Technological Innovation in Legacy Sectors. Oxford University Press, New York.

Bozeman, B., Rimes, H., Youtie, J., 2015. The evolving state-of-the-art in technology transfer research: revisiting the contingent effectiveness model. J. Res. Policy 44 (1), 34 – 49.

Carayannis, E. G., Campbell, D. F. J., 2011. Mode 3 Knowledge Production in Quadruple Helix Innovation Systems, Twenty-First-Century Democracy, Innovation and Entrepreneurship for Development. Springer Briefs in Business, vol. 7. pp. 1 – 63. November 4.

Carayannis, E. G., Barth, T. D., Campbell, D. F. J., 2012. The quintuple helix innovation model: global warming as a challenge and driver for innovation. J. Innovat. Entrepren. 1 (2), 1 – 12.

Cooper, W. S., 1957. Sir Arthur Tensley and the science of ecology. Ecology 38 (4), 658 – 659. https://www.jstor.org/journal/ecology.

Gamo, N. J., Birknow, M. R., Sullivan, D., Kondo, M. A., Horiuchi, Y., Sakurai, T., Slusher, B. S., Sawa, A., 2017. Valley of death: a proposal to build a translational bridge for the next generation. Neurosci. Res. 115, 1 – 4.

Manley, K., 2003. The systems approach to innovation studies. Acad. J. Interdiscipl. Stud. 9 (2), 94.

Nolte, D. D., 2010. The tangled tale of phase-space. Phys. Today. (spring). Available from: http://works.bepress.com/ddnolte/2/.

Ocean Tipping Points, 2017. Ocean Tipping Points Project: Glossary. Report. Available from: http://oceantippingpoints.org/our-work/glossary (Accessed October 2017 and February 2018).

Odum, E., 1953. Fundamentals of Ecology, second ed. W. B. Saunders, Philadelphia, PA.

Patten, B. C., Straskraba, M., Jorgensen, S. E., 2011. Ecosystems emerging, Chapter 5: Constraints.

Ecological Modeling 222 (16), 2955 – 2972.

Ranga, M., 2012. The Triple Helix Concept. Stanford University. https://triplehelix. stanford. edu/triplehelix(Accessed April 2018).

Redd, N. T., 2017. Einstein's Theory of General Relativity. Space. com, November 7. Available from: https://www. space. com/17661-theory-generalrelativity. html. (Accessed May 2018).

Suding, K., Hobbs, K. R., 2009. Threshold models in restoration and conservation: a developing framework. Trends Ecol. Evol. 24(5).

Tansley, A. G., 1935. The use and abuse of vegetational concepts and terms. Ecology 16, 284 – 307.

Walker, B., Holling, C. S., Stephen, R., Carpenter, K., Kinzig, A., 2004. Resilience, adaptability and transformability in social-ecological systems. Ecol. Soc. 9 (2), 5. http://www. ecologyandsociety. org/vol9/iss2/art5/.

延伸阅读

Aparicio, A., Munro, J. F., 2014. Transportation Research Implementation in the European Union and the United States: Observations and Working Hypotheses. In: Commissioned Paper 1, Second EU-U. S. Transportation Research Symposium (Conference Proceedings, Report 51, Transportation Research Board), April 10 – 11.

Burkus, D., 2013. The Myths of Creativity, the Truth about How Innovative Companies and People Generate Great Ideas. Jossey-Bass, San Francisco, CA. November.

Cummings, T. G., 2015. Closed and open systems, organizational. In: International Encyclopedia of the Social and Behavioral Sciences. second ed, pp. 893 – 896.

Dodgson, M., 2000. Systemic integration of the innovation process within the firm. In: Contributed Paper #2 at the National Innovation Summit, Melbourne, 9 – 11 February.

Dyer, J. H., Gregersen, H. B., Christensen, C. M., 2011. The Innovator's DNA: Mastering the Five Skills of Disruptive Innovators. Harvard Business Review. July.

Gulbrandsen, K., 2009. Bridging the Valley of Death: The rhetoric of Technology Transfer. PhD dissertation, Iowa State University, Ames, IA.

Hall G. ., (2017). "Apple teams with GE to make iPhone apps to track factories, power plants", Silicon Valley Bus. J., October 18. Available from: SanJose/news/2017/10/8/apple-general-electric-industrial-apps-aapl-ge. html (Accessed May 2018).

Hood, M., Thompson, S. R., Vace, R. J., Rence, M., Harder, B. T., Toole, J., Hunter, S., 2014. Guide to accelerating new technology adoption through directed transfer. NCHRP Report 768, Transportation Research Board, National Cooperative Highway Research Program, Washington, DC.

Hummelbruner, W. R., 2009. Systems Concepts in Action, a Practitioner's Toolkit. Stanford University Press, Stanford, CA.

Jervis, R., 1997. System Effects: Complexity in Political and Social Life. Princeton University Press, Princeton.

Kodoma, F., 1992. Technology fusion and the new RTD. In: Harvard Business Review. July-August.

Patten, B. C., 1978. Systems approach to the concept of environment. Ohio J. Sci. 78, 206 – 207.

Patten, B. C., Straskraba, M., Jorgensen, S. E., 2000. Ecosystems emerging, chapter 5: constraints. Ecol. Model. 222 (16), 2955 – 2972.

Poole, S., 2016. Rethink: The Surprising History of New Ideas. Simon and Schuster, New York.

Siegfried, T., 2015. Einstein's genius changed science's perception of gravity. Sci. News. October 4. Available from: https://www. sciencenews. org/article/einsteins-genius-changed-sciences-perception-gravity (Accessed May 2018).

United States Geological Survey, 2003. Technology Transfer Handbook for the U. S. Geological Survey. Available from: https://www. google. com/search? rlz = 1C1CHBF_enUS718US718.

Von Bertal, L., 1968. Teoria general de sistemas. Fodo de Cultura Economica, Mexico.

Zhiyon, Y., Liu, X., Zhou, M., Ai, D., Wang, G., Wang, Y., Chu, C., Lundholm, J. T., 2015. The effect of environmental heterogeneity on species richnessdepends on community position along the environmental gradient. *Scientific Reports 5*, article number: 15723, October 28. Available from: https://www. nature. com/articles/srep15723(Accessed July 2018).

第3章
范式在理解变革创新中的作用

 3.1 **引言**

在前几章中，我们概述了传统技术转移（TT）模型在解释创新过程方面的不足，并介绍了如何使用创新生态系统模型来解释为什么该模型为全面探讨创新创造的关键特征和过程提供了依据。在本章中，我们重点介绍了"革命性"或"变革性"的创新。根据前一章介绍的术语和概念，"革命性"或"变革性"创新是指改变其所指创新生态系统的"吸引盆"，并将其转变为具有新的属性、吸引物和平衡条件的不同生态系统。因此，"革命性"创新是改变"游戏规则"和过去系统运行方式的创新。革命性创新往往涉及一种冲突，而这种冲突是在从现状受到的利益与在深刻的技术和政策变革中发现个人和集体优势的利益之间产生的。就这种冲突而言，最典型的案例之一就是我们（贯穿本章）提到的交通运输行业正在发生的革命性变革，包括电气化和电动交通方面的变革。

拥有大量碳资源的利益集团和支持未来电气化的利益集团（即使用可再生能源为整个电网供电）之间的冲突日益显著，愈演愈烈。为了更好地理解和解释这场冲突的本质及其在革命性创新创造中的作用，我们将在本章中使用范式⊖工具，这些范式指的是关于因果关系和实践标准之间共同观念的集合。使用政策变革和学习的范式模型，是我们研究政治冲突的本质而不是政策和变革性创新的首选方法，因为这种模型整合了认知因素（观念）来解释反对联盟的行为。这种方法将完善我们在之前的第2章中提出的一般创新的解释模型。

在本章中，我们首先概述范式模型的发展变化历程，然后概述在交通电气化的新旧观念之间产生的分歧（作为本章的示例）。为此，我们将确定支持这些范式的一些关键观念，确定作为竞争主体的运输电气化倡导联盟的一些关键成员，而这些联盟将范式转化为支持或反对该领域的传统或革命性创新的政治力量。最后，我们考虑了各种认知因素的条件和作用，如系统层面的"观念"以及"范式"在约束和激励创新过程中的作用。

⊖ 它源自希腊语"paradigma"，意为"示范"或模式。

3.2 通过"范式转变"模型理解变革性创新

3.2.1 定义和关键概念

交通运输中的变化通常是逐渐发生的,并受到传统指导原则、观念和传统范式规则的约束。在确立革命性创新之前,认知和政治过程既共存又相互冲突,而这正是理解交通部门"革命性"或"变革性"创新过程的关键因素。评估相互冲突的倡导联盟及其各自观念的"范式模型"可以为革命性变革如何发生(或不发生)提供一些有用的批判性见解。

根据 T. S. Kuhn 的定义,"范式是一系列关于因果关系的共同观念和指导整个科学界研究的实践标准"(Kuhn,1962)。倡导联盟指的是"共同拥有特定的观念体系,并且随着时间的推移,表现出非凡协调能力的不同职位人员(民选和机构官员、利益集团领导人、研究人员等)组成的联盟"。当一些拥有特定观念的倡导者长期聚集在一起支持一项特定事业时,就会产生支持创新和反对创新的倡导联盟。我们认为,政策范式影响着作为交通创新分歧(传统和变革)双方的倡导联盟的行为。支持电动汽车的倡导联盟总是与支持自动驾驶汽车的联盟保持一致意见。事实上,在很多情况下,支持电动汽车的公司或联盟同时也在支持其他创新,比如支持自动驾驶汽车⊖。

因此,为了在交通电气化背景下使用范式模型的用语,我们表述为,随着持有核心和政策"观念"的"倡导联盟"为促进政策成果而战,支持电气化和反对电气化的群体之间的冲突越来越激烈。这些政策结果将直接影响政府在支持(或反对)电动汽车和自动驾驶汽车领域创新方面的作用。Bonvillian 和 Weiss 首先介绍了范式的概念,解释了传统行业抵制一切可能破坏利益相关者商业模式的创新(Bonvillian 和 Weiss,2017)。他们认为,"只要技术和范式满足了用户和更广泛的社会需求",范式就有积极的作用。此外,他们还称:"总的来说,范式阻碍了引进更有效、更先进的技术。如果范式开始起到激励与广大社会需求不一致的生产者的作用时,那么就会产生更多问题,而这些问题通常是由环境、公共卫生或安全方面的"外部因素"引起的,其不直接影响产品的生产者或用户,也不计入其成本结构。美国经济中一些最重要的部分,都是抗干扰、不受误导的传统行业,例如能源经济、国家电网、投入密集型农业、航空和汽车运输以及制造业"(Bonvillian 和 Weiss,2017,第 12 页)。

Thomas Kuhn 的开创性著作《科学革命的结构》(*The Structure of Scientific Revolutions*)(Kuhn,1962)建立了一种理解"科学变革"的新方法。Kuhn 认为,

---

⊖ 特斯拉是创新并行性或创新系统异质性的最著名实例。

科学不是前往实证主义传统的绝对真理的递进过程，而是一个不连续的、非累积的过程。Kuhn 借鉴了社会科学来发展他的科学变革范式模型。范式界定了哪些解释是"有意义"的，并帮助确定哪些现象是重要的，需要在未来进行研究。范式凸显了一些可以忽略的领域，因为它们无法阐明被认为重要的问题，换句话说，范式表明了哪些问题不太重要。Kuhn 认为，没有范式，就没有科学。大部分的规范科学是在给定范式中解决问题。如果缺乏指导研究的范式，所有可能与解释物理现象有关的信息似乎都是同等重要的。只有特定范式才能为混乱的、经常矛盾的物理世界赋予意义。科学家、工程师及企业家能够通过范式从理智的无政府状态进入到自律和进步的环境，从而促使科学和技术活动蓬勃发展（Kuhn，1962）。

为了充分利用范式这一优势，我们使用范式模型来探索革命性创新的本质，并将其应用于结合了科学和政治因素的交通领域。我们认同范式的重要性，并坚信范式在充分探索变革的促成因素和制约因素方面发挥着至关重要的作用。此外，还存在一些其他问题，例如，当范式与物质需要和外部条件不符时，对于支持政策范式的观念结构以及通过政策学习和重要的科学证据进行变革的过程缺乏针对性。在本书中，我们发表的观点和采用的范式模型版本基于本书作者之一的早期著作，该作者使用范式来探索水利政策制定体制中基本制度变化的过程⊖。

在为公共政策挑战寻找解决方案时，创新的传播和科学的"解谜"所涉及的活动有许多共同之处，包括试图理解和应对无限复杂的环境。鉴于社会 – 技术环境及其问题的内在复杂性，公共和私人决策者和企业家同科学家一样，都需要从概念视角，即范式，来解释和筛选与革命性创新有关的信息。公共政策很少是临时制定的，更不是随机制定的，通常符合问题表述和问题解决的既定模式。正如在特定的科学范式中存在可接受的问题和合适的研究方法一样，在政策范式及其附属倡导联盟中也存在合法的公共政策问题和解决方案。

新范式总是采用新的"认识论"规则，并可能采用含义完全不同的相似词汇。只有当正常的技术开发和部署产生大量无法解释的异常情况（通过内生或外生现象）或无法解决不断发展的危机（如记录在案的气候变化、空气污染、棘手的拥堵等）时，才有可能产生革命性的变化。新范式可以完全取代旧范式，或者两者也可以长期共存。但令人惊讶的是两种或两种以上的范式也有可能不稳定地共存数十年，这会周期性地重新激发有关科学或政策的争论。在交通领域，传统范式是基于 20 世纪上半叶的理念、原则和信仰创建的。这种范式基于碳基运输而建立，而当前的"革命性"模式基于车辆非碳基电气化和伴随而来的"自动化"交通系统而建立。

⊖　参见（Munro，1988；Munro，1993）。

3.2.2 "范式模型"概述

图3-1为革命性创新的"范式模型",这是对前一章中创新生态系统模型的补充。该图描绘了创新的产生过程,而这是"传统"和"革命性"范式及其倡导联盟之间相互作用的结果。图3-1的"范式模型"表明,这种相互作用的产生受到以下因素的影响:

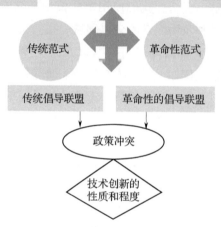

图3-1 革命性创新的"范式模型"

1)"稳定"参数,即可以在相当长的一段时间内有效,从而形成任何变革的必要背景的参数。这些参数通常包括所遵循的基本政策原则[一]、每个时期所存在的科学和技术知识广度和深度、技术商业化规则以及主流的"观念"和范式。

2)外部系统事件,如市场条件的变化,或公众观念和消费者行为的变化、技术能力的变化和其他子系统的影响。

3)目前存在并可能会在未来影响倡导联盟的各种制约因素和资源,以及最终在技术和政策创新方面影响倡导联盟结果的条件[二]。

根据倡导联盟的相对强度以及参数和外部系统事件的强度和规模,运输部门的革命性创新(和总体创新)进展或快或慢,甚至根本没有进展……

因此,问题还是在于,范式如何与创新生态系统模型和在第2章中提出和讨

[一] 例如,在交通运输方面,运输模式和服务之间的市场竞争政策、环境保护和脱碳政策等。

[二] 另见(Sabatier和Jenkins-Smith,1993)。

论的"吸引盆"概念相关联。简而言之，观念是构成范式的要素，也是生态系统吸引区域的关键"吸引物"。创新者、企业家、科学家和工程师被生态系统的吸引区域吸引，因为他们对交通创新的未来有着根深蒂固的共同观念。因此，观念有助于社会大众（所有吸引物）"扭曲"社会和创新格局，以创造强大的"吸引区域"，从而形成了一个社会"引力"场（吸引区域），它吸引着相似的创新者和企业家，并成倍增加。与此同时，范式也起到了约束或边界的作用，阻碍与创新生态系统的整体智力推力不一致的公司、个人和想法的进入。

3.3 范式模型在交通运输电气化背景下的应用

3.3.1 角色和元素定义

为了更好地理解通过相互冲突的倡导联盟创造变革性创新的范式模式和机制，我们重点关注了交通运输电气化案例。根据图3-1的理论表述，"范式模型"在电动汽车创新生态系统中的应用将涉及以下要素：

1）稳定参数。这些基本都是在各种交通方式（特别是道路交通）中推动电气化以及引进电动汽车的政策。世界上大多数发达国家和地区都会以最正式的方式制定和宣布这些政策，而这些政策通常与所谓的交通脱碳政策有关。为了减缓气候变化，或仅仅为了减少空气污染，许多国家已经制定或正在制定这些政策。欧盟在实施这些政策的过程中，提出了许多有关电气化的指令、政策文件或技术指南，包括充电站的标准和规定、电网要求等。其他国家也有类似的政策安排。

2）在该案例中，另一个稳定的参数是电动汽车和交通运输电气化领域的科学和技术知识广度和深度。这一领域的技术诀窍和技术能力正在迅速提高（例如，电池技术和燃料电池技术的快速进展）。同样，最近也出现了这些技术的商业化，最著名的是电池技术及快速充电技术，但在燃料电池（尤其是氢）的生产和燃料分配方面，仍然需要走很长的路才能取得类似的进展。

3）外部系统事件。这通常包括市场条件、公众观念和消费者行为、技术能力的变化和其他子系统的影响。界定这些事件的特征和属性正在逐步落实到位，但速度相当缓慢：①我们尚未实现非常有利的"市场"条件，因为（通常来说）电动汽车的购买价格仍然高于传统汽车（尽管就整体运营成本而言，电动汽车已经比内燃机汽车便宜了），但这些情况正在发生变化；②目前，电动汽车的舆论和消费者行为正在转变，预计将在未来5~10年内成熟并稳定；③实际上，汽车制造商已经解决了电动汽车的技术能力问题，他们正在努力生产更多的电动汽车和其他车辆；④至关重要的是其他（外部）子系统的预期影响，特别是发电子系统。该系统必须将能源生产转变为更可持续和"清洁"，并提供更有效的分配和管理。同样重要的是能源部门的普遍影响，特别是可再生燃料的生产和分配。

4）影响倡导联盟的各种制约因素和资源。"稳定参数"和"外部系统事件"为支持和反对交通电气化的相应"倡导联盟"提供了必要的"资源"。在电气化创新范式中，有两个正在运营的主要倡导联盟，它们最终将决定交通电气化"传统"或"革命性"范式的主流结果：① "革命性变革"倡导联盟，不仅支持电动汽车，也支持自动驾驶汽车、互联网汽车和货车的新技术，并将其融入未来的出行服务；② "传统"倡导联盟，反对电动汽车，支持继续使用现有的碳基交通运输。在撰写此书时，这两个倡导联盟已经处于充分活跃状态。

5）传统范式。显然，交通电气化的传统范式是继续使用内燃机和化石燃料。我们可以想象，如果持续采用这种范式，将很难会对交通电气化革命持有乐观态度[一]。

6）传统倡导联盟。在电气化方面，与化石燃料相关的各种企业和商业利益构成了主要的"传统倡导联盟"。在美国，它们已对政府补贴电动汽车发起全面攻势，并大力推广汽油动力汽车。它们正在支持废除电动汽车税收抵免的立法，还要起草示范立法，供立法机构制定其反电动汽车立法。传统倡导联盟的工作正对电动汽车市场产生直接影响。例如，美国佐治亚州的立法机构在 2017 年通过了一项法案，取消了该州生效的 5000 美元的电动汽车激励税收抵免，并实施了200 美元的电动汽车注册费。在实施收费后，佐治亚州的电动汽车销量下降了80%。自 2011 年以来，美国已有 10 个州开始征收电动汽车注册费，而不是提供激励措施。2017 年，又有 10 个州出台法案，要求电动汽车车主支付此类注册费。议员们为这些费用辩护，声称它们用于代替燃油税。

在欧洲，传统联盟的成员也试图影响欧洲有关电动汽车和非碳能源的政策。例如，英国石油公司和埃克森等化石燃料公司正大力游说英国政府，反对绿色交通政策[二]。他们还在欧盟层面游说反对电动汽车，声称电动汽车不是减少温室气体排放的最佳途径。

7）革命性范式。交通电气化背景下的革命性范式是通过结合技术和市场有利条件（如廉价电池技术、快速和"智能"充电网络、"清洁"发电、燃料电池技术等）促进电气化发展，以及燃料电池的进一步发展等。

8）革命性倡导联盟。这涉及所有电气化支持者的利益，包括制定支持电气化政策并宣布其支持措施的政府实体[三]。支持电气化的还有各种环保组织和交通

⊖ 乐观人士认为，通过实施激励和相关政策，预计到 2040 年，电气化将占有 35% 的汽车市场份额，而目前在所谓的发达国家，电动汽车仅占有不到 1% 的市场份额，因此这段时间市场份额将大幅增加。相比之下，英国石油（BP）等化石燃料能源公司预测，到 2035 年，电动汽车市场份额仅占 6%。

⊜ 例如，参见（Mandel, 2016）。

⊗ 2017 年，欧洲一些国家（如法国、英国和荷兰）宣布到 2040 年在这些国家的城市地区完全禁止使用内燃机汽车。

相关行业（包括几乎所有愿意实施电气化以及做出奉献的汽车制造商[⊖]）。

9）政策冲突。它们反映了支持或反对电气化的政策，通常与上面所述的两个倡导联盟有关。显然，倡导联盟在这场电动汽车之战中取得的胜利，将反映为电气化"革命"而发展的政策和政治环境[⊜]。在这两个倡导联盟的"战斗"中，产生了一个明确的政治维度[⊜]。在美国，这一点更为明显（截至撰写本书时），2017～2020 年的执政联盟似乎受到支持化石燃料的大多数利益集团的控制。美国的传统联盟实力强大，它们坚定致力于利用政策和采取共同的政治行动（即使在国际范围内），而这些政策和行动预计将削减税收优惠和电动汽车使用费。中国有明确的政策决定和框架来支持"革命性"交通电气化，并为其设定了非常宏伟的目标。中国已经制定了到 2030 年成为全球"新能源汽车"领导者的目标，预计电动汽车年销量将达到 1500 万辆。

综上所述，范式模型能够形成一个功能框架来解决交通创新的展示和分析问题。

3.3.2　将"观念"形象化

为了将所选择的交通电气化实例中的传统和革命性变革范式进一步形象化，我们需要更多地关注相关的"观念"，即关于这两种范式的主要核心概念和政策立场，以及目前存在的相应"倡导联盟"。根据定义，"观念"结构在维持传统范式中起着重要作用。然而，当它们由于重大外部或内部扰动的累积效应而发生变化时，也可以为革命性变革提供强大的推动力。表 3-1 提供了交通电气化背景下传统和革命性变革"范式"的"观念"实例。虽然这些"观念"是在传统和革命性变革范式中提出的，但在"核心"和"政策"观念中却有所不同，第一种观点认为，它们与主流环境中更具有战略和核心性的观点有关，而第二种观点认为，它们与更详细的政策导向的观点有关。一般来说，一种观念越"核心"，就越难改变。

表3-1　交通电气化背景下传统和革命性变革"范式"的"观念"实例

"观念"类别	传统范式	革命性变革范式
规范的"核心"观念	传统的碳燃料对经济增长具有很大的贡献	碳基燃料是全球性的环境威胁
	始终要优先考虑通过碳基经济产生的经济增长。持续使用碳基燃料对许多国家的国家安全至关重要	经济增长和国家安全依赖于一系列技术和信息技术进步的广泛发展，它们的重要性超过了碳化石燃料

⊖　例如，2017 年 9 月，宝马集团宣布，到 2025 年将向市场推出 25 款新型电动汽车。

⊜　其他几项涉及"出行即服务"概念的革命性创新，以及自动驾驶和互联网汽车的创新，大多都依赖于这场战役，它们将共同勾勒出未来的交通图景。

⊜　参见（Sabatier 和 Jenkins-Smith, 1993；Sabatier 和 Weible C. M., 2007）。

（续）

"观念"类别	传统范式	革命性变革范式
规范的"核心"观念	改用非碳交通系统将会使成本不公平地强加于低收入群体	电动汽车和自动驾驶汽车的发展将减少拥有车辆的负担，从而使低收入群体受益
	尚未证实人类向大气中排放额外的碳对气候变化的影响	持续使用碳基交通系统将加剧气候变化
	"政府"不应促进从碳燃料经济向基于可再生能源形式的电力经济的过渡	"政府"在通过监管和资助促进交通革命方面发挥着重要作用
	在将碳引入环境的过程中，人类所起的作用相对较小	人类引入的碳威胁着人类生存
规范的"政策"观念	未来几十年，碳基燃料将继续在经济中发挥重要作用	未来十年内，用于汽车的碳基燃料将被非碳能源的电力取代
	发电用替代燃料将在未来几十年的国内和世界经济中发挥有限的作用	电气时代正在以前所未有的速度到来
	电动汽车的环保效益微乎其微，因为世界上大部分电力都通过煤炭生产	随着传统电网向新能源电网的过渡，从汽油或柴油驱动的汽车向电动汽车的转变将提高效率
	政府对电动汽车的税收优惠正在创造不公平的竞争环境，应该被取消	税收抵免对于促进向电动汽车的过渡至关重要，考虑到电动汽车的社会效益，政府应适当给予税收抵免
相关的"政策"观念	电动汽车和自动驾驶汽车与其他创新的发展没有关系	自动驾驶汽车、互联网汽车、汽车和住宅新电池系统、机器人技术、人工智能、太阳能和风能发展、电网整体绿化等方面存在天然协同效应
	矛盾的是，一些国家（如中国）主要使用煤炭发电，但同时也是电动汽车的主要支持者	有证据表明，即使以煤为电能来源，电动汽车的温室气体排放量仍低于平均每加仑（1加仑 = 3.78541dm^3）30mile（1mile = 1609.344m）的新传统汽车
	汽油动力汽车和混合动力汽车的技术正在取得巨大的进步，并显著降低了每辆车的碳排放量	虽然汽油动力汽车越来越高效，但电力驱动的电动汽车（由太阳能或风能发电）是未来实现无碳的必要条件
	电动汽车对就业构成了严重威胁	电能革命将创造更多的就业机会，带来的经济增长要大于造成的经济损失
	电动汽车的成本并没有下降。电动汽车是一种"时尚"，可以减少加班时间	未来，我们必将使用基于风能、太阳能和电池的能源系统
	优先考虑电动汽车，是为了满足富人的交通需求	电动汽车行业的早期阶段将依赖于比平均水平更富有、更懂技术的消费者。然而，随着汽车行业的发展，越来越多的消费者将能够在享受公共福利的同时购买这些汽车
	电动汽车在高速公路和道路养护中没有承担应有的份额	这些车辆均没有承担其应有的份额；必须重组交通运输财政系统，以避免其不利于电动汽车的发展
	政府补贴替代燃料、自动驾驶汽车和电动汽车的公共政策非常糟糕	政府应该让市场来决定哪些技术是主导技术

3.3.3 相互竞争的主要"倡导联盟"

有两个主要倡导联盟竞相影响交通部门正在开展的电气化创新：一个支持继续使用化石燃料（如果有更好和更高效的内燃机），另一个倡导使用蓄电池或燃料电池的电力。一个是"传统"联盟，成员包括美国石油协会（Cousins，2017），而另一个是"革命性变革"联盟[⊖]。几乎每个国家都有这两个倡导联盟的成员，他们在国内和国际政治上积极开展活动（尽管各参照国开展活动程度和强度不同）。

在美国，这两个群体之间的差异及其相互冲突的活动最为明显。2016 年美国大选后，国家局势变得更加紧张，政府至少在口头上属于"传统"倡导联盟。表 3-2 和表 3-3 描述了美国交通电气化领域每个倡导联盟的成员及其各自的政治行为和策略（在撰写本书时已确定）。

表 3-2　美国交通电气化领域"传统"交通倡导联盟的关键成员的典型样本

关键成员	相关的政治行为和策略
化石燃料行业，包括埃克森、英国石油、壳牌、科氏工业以及相关的游说团体等*	化石燃料行业的企业利益正带头"抨击"国家对电动汽车的补贴，以推动汽油动力汽车的发展 他们每年花费数百万美元用于推广石油基交通运输燃料，并反对政府对电动汽车的支持
立法和行政管理机构成员（参议员、众议员、特朗普政府）	2017 年 5 月 26 日，22 名美国参议院成员致信特朗普总统，敦促他退出"巴黎气候变化协定"。2017 年 8 月，美国国务院正式通知联合国，美国将退出"巴黎气候变化协定"，但如果协议条款对美国有利，美国可以重新参与 政治任命官员或特朗普政府委托的研究也对电动汽车和可再生能源技术表达了反对[⊖]
少数美国学者和科学家	撰写文章和评论文章，质疑电动汽车是否减少了碳排放总量
美国石油协会（API）和其他代表石油和天然气利益的组织	2017 年初，API 发起了一场公众运动，宣传石油和天然气的好处，打击电动汽车和支持性政府补贴
相关但也专注于自动驾驶汽车……	
代表出租车、送货、医疗运输和辅助运输驾驶人的工会	纽约北部交通协会和独立驾驶人协会担心，优步和 Lyft 运营的自动驾驶汽车将威胁出租车、快递、医疗运输和辅助交通驾驶人的工作。因此它们正在游说限制自动驾驶汽车的运营

注：*在"传统"倡导联盟中，有更多的游说团体支持在目前的美国交通运输中继续使用化石燃料，这些团体通常与通过化石燃料销售获得大量财富的组织和个人相关。

⊖ 我们在这里使用的倡导联盟术语"传统"和"革命性变革"是在（Sabatier 和 Jenkins-Smith，1993）中首次提出的。

⊖ 例如，特朗普政府资助的能源研究表明，可再生能源破坏了电网的可靠性。

表3-3 美国交通电气化领域"革命性变革"倡导联盟的关键成员的典型样本

关键成员	政治行为和策略
环保组织，包括塞拉俱乐部、忧思科学家联盟、自然资源保护委员会等 环保组织、科技企业家和其他组织在美国交通系统倡导联盟的"革命性变革"中发挥着关键的领导作用	塞拉俱乐部发起了一项全国推广电动汽车的运动。该运动支持以下政策： ● 州为购买电动汽车或充电装置提供退税 ● 州为将汽车改装为插电式汽车提供退税或信贷 ● 更改地方或州的建筑法规，要求新建筑必须包括电动汽车布线 ● 为电动汽车设立 拼车（HOV）车道 ● 为州和市政车辆的电动汽车授权，以及为私人电动汽车拨款 ● 取消对电动汽车的排放检查，免征销售税 ● 简化安装电动汽车充电装置的审批程序 ● 成立高水平的国家电动汽车规划委员会 ● 规划智能电网，电力公司出台分时计费计划，降低非高峰电动汽车和纯电动汽车的充电费率 大多数环保组织（如塞拉俱乐部）也支持自动驾驶汽车，部分原因是它们更节能
美国国会少数党联盟（参议员、众议员）	美国国会的大多数民主党参议员和众议院成员都支持电动汽车和自动驾驶汽车
大多数美国学者和科学家	许多气候科学家都在撰写支持电动汽车的文章和评论文章，因为电动汽车可以减少碳排放总量
生产电动汽车和自动驾驶汽车的公司	特斯拉是其中最著名的公司，其创始人写过很多支持电动汽车和反对碳基交通系统的文章
传统汽车制造企业，包括通用、福特、宝马、戴姆勒、大众、丰田、起亚（Ford Media Center, 2017）	大多数传统汽车制造商已经意识到，他们正在进入一个电动出行的变革创新时期，他们大量投资新电动（电池或燃料电池）车型，因为他们想要成为电动交通运输市场"革命性变革"的前沿⊖。大量致力于传统范式的首席执行官正在退隐幕后，并由熟悉当前交通创新革命的首席执行官接替其职位
替代能源协会，如美国可再生能源委员会、先进能源经济、美国风能协会和太阳能产业协会	这些协会正在努力阻止能源部（由特朗普任命的前得克萨斯州州长 Rick Perry 领导）委托开展的研究，该研究旨在证明联邦政府对可再生能源的补贴具有扭曲市场的作用
相关但也专注于自动驾驶汽车……	
信息技术公司，如英特尔和谷歌	英特尔已经勾勒出了自动驾驶汽车的未来愿景，而谷歌以创新而闻名，它是第一家开始在道路上测试自动驾驶的公司
高科技创新者［如通用电气（GE）］与信息技术创新者	通过新技术的发展，通用电气等公司正在为交通运输领域的"革命性变革"获取政治支持。他们目前正在合作提高车载机车系统的数据处理能力⊖

⊖ 关于这些大型汽车制造公司目前的想法，我们可以参考福特汽车公司，其更换了其首席执行官 Mark Fields，并由当时负责自动驾驶部门的 Jim Hackett 接任。消息传出后，该公司股价上涨超过 2%。

⊖ 如上一章所述，机车操作员能够通过 GE Predix 平台对大量数据集进行复杂的分析。该平台集合和分析来自数千辆机车和数百万英里轨道的多年传感器读数的数据，以确定影响性能和物流各个方面的趋势、模式和隐藏关系。

3.4 小结

本章范式模型的使用肯定了前一章中所述的主要创新生态系统方法。革命性创新的范例模型可以突出变革性创新的政治冲突，从而研究政策变化和学习的过程。这种方法将认知因素（"观念"）的研究与支持或反对政策和态度的联盟和压力集团（"倡导联盟"）的行为和影响相结合。该范式模型中提供的这些概念和"工具"对研究转型技术创新特别有效，因为这种技术创新终究会成为政治进程的一部分。

范式可以定义为一系列关于因果关系和指导整个科学或倡导团体的实践标准的共同观念。它们可以影响交通运输分歧（传统和转型）的倡导联盟的行为，并且一直用于影响这种行为。这一点可以通过交通电气化领域实例予以证明，即以退税或信贷甚至为购买电动汽车提供直接补贴的形式给予电动汽车车主奖励。而该范式模型也可以通过已经使用了交通电气化行业的其他实例得以说明。通过这些实例，我们可以明显地发现，随着越来越多的传统汽车制造公司与"革命性变革"倡导联盟结盟，该行业"传统"范式开始出现"裂痕"。"革命性变革"倡导联盟通过人工智能和"互联"汽车等应用，努力推广电动汽车（以及自动驾驶汽车）和智能出行。这种转型不仅体现在概念上，而且体现在实际中，并形成了当前各级交通创新生态系统（从地方/区域到国家和战略/国际）的特征趋势。

关于创新与生物生态系统的比较，有必要在此予以说明。在上述创新生态系统中，"观念"的作用似乎可以类比为生物生态系统中的概念。然而，我们可以把生物生态系统中动植物所拥有的内在"编码"类比为创新生态系统中的"观念"及其作用。此外，我们发现，自然选择和间断进化的生物过程之间存在清晰的类比关系[⊖]，因为它们能够应对重大扰动（如气候变化）和促进创新生态系统内加速变化的内部和外部社会技术扰动。最后，我们务必要认识到，生物生态系统几乎很少不受人类及其"观念"的影响，而人类及其"观念"一直在影响这两种生态系统（生物和创新）的变化，从而使两种生态系统更加难以区分。

本章扩展了创新的生态系统模型的应用，在其中纳入了创新的政治和社会层面，并通过范式模型进行了研究。

⊖ 这里的"间断进化"指 Stephen Jay Gould 和 Niles Eldredge 提出的宏观进化理论，该理论假设进化的特征是先相对停滞，随后是相对短暂的快速进化或"间断进化"（Gould，2007）。

参考文献

Bonvillian, W., Weiss, C., 2017. Technological Innovation in Legacy Sectors. Oxford University Press, New York.

Cousins, F., 2017. American Petroleum Institute launches pro-oil ad campaign during Super Bowl. *DESMOG-UK, Clearing the PR pollution that clouds climate science*, February 6. Available from: https://www.desmogblog.com/2017/02/06/american-petroleum-institute-superbowl-ad-oil-power-pastimpossible. Accessed December 2017.

Ford Media Center, 2017. Ford appoints Jim Hackett as CEO to strengthen operations, transform for future, Farley, Hinrichs, Klevorn take-on new roles. Ford Media Center News. May 22. Available from: https://media.ford.com/content/fordmedia/fna/us/en/news/2017/05/22/ford-appoints-jim-hackettas-ceo.html. Accessed June 2017.

Gould, J., 2007. Punctuated Equilibrium. Harvard University Press, Boston 385 pp.

Kuhn, T.S., 1962. The Structure of Scientific Revolutions. University of Chicago Press, Chicago, IL.

Mandel, K., 2016. Revealed: Exxon's lobbying against Electric Vehicles in the UK. DESMOK-UK. September 12. Available from: https://www.desmog.uk/2016/09/12/revealed-exxon-mobil-lobbying-against-electric-vehicles-uk. Accessed May 2018.

Munro, J.F., 1988. Paradigms, Politics, and Long-TermPolicy Changes within the California Water Policy-Making System. PhD dissertation University of California, Los Angeles, CA 700 pp.

Munro, J.F., 1993. California water politics: explaining policy change in a cognitively polarized subsystem. In: Sabatier, P., Jenkins-Smith, H. (Eds.), Policy Change and Learning: An Advocacy Coalition Approach. Westview Press, Boulder, CO, pp. 105 – 128 (Chapter 6).

Sabatier, P., Jenkins-Smith, H., 1993. The advocacy coalition framework: assessment, revisions and implications for scholars and practitioners. In: -Sabatier, P., Jenkins-Smith, H. (Eds.), Policy Change and Learning: An Advocacy Coalition Approach. Westview Press, Boulder, CO, pp. 211 – 235.

Sabatier, P., Weible, C., 2007. The advocacy coalition framework: innovations and clarifications. In: Sabatier, P. (Ed.), Theories of the Policy Process. Westview Press, Boulder, CO, pp. 189 – 222.

第4章
全球范围内的创新组织与管理

4.1 引言

现在流行的制度环境是所有创新生态系统吸引盆中最重要的"吸引子"。它规定了现有组织和管理的安排，以及法律和体制，并在很大程度上规定了各级创新生态系统都在其下运作的金融框架。一般来说，国家创新体制框架与它们所适用国家的总体社会政治和经济方向是一致的，当然，在应用的时候也会根据当地情况或与其他国家或地区的相互关系和相互交流而有所不同。对于许多创新部门，包括运输部门，全球化和越来越多与创新产品和服务相关的国际市场扩大了"系统创新"[⊖]的范围，增加了其多样性，并加重了形式的模糊，以及向混合或混杂型创新生态系统组织和管理的转变。

我们现在开始看到虚拟创新生态系统的出现，这些生态系统并不局限于某一地理区域。位于不同国家的公司之间正在形成技术联盟，例如最近百度和福特之间的合作关系，其目的就是促进福特汽车在中国的销售（Thadani，2017）。此外，国际公司倾向于将其研究和创新生产中心或其一部分设在注册国以外的创新生态系统中，以便从这些生态系统的协同效应中获益[⊜]。

创新生态系统（不管是虚拟的还是真实的）必须遵守其法律和行政上所属国家的国家和地区制定的规章和制度框架。在大多数情况下，存在于其所在国的国家政府系统也会影响创新生态系统的治理、管理和组织系统。由中央组织和治理的国家往往呈现出中央组织和资助的创新生态系统，这些生态系统可以方便地做出决策并执行决策，并非常密切地关注国家制定的政策目标。传统上，这些国家生态系统的产出往往具有竞争性，形成渐进式创新，而不是革命性创新。连续统一的反面是分散的、市场驱动的国家治理系统，国家创新生态系统也趋于开

㊀ 定义见第1章。

㊁ 这在美国的硅谷非常明显，来自其他国家的企业家在硅谷的生态系统中占了很大的比例。据硅谷一家极具竞争力的科技加速器 500 Startups 称，2017 年，500 Startups 有大概 43% 都是国际化性质的，该加速器的使命是发现和支持世界上最有潜力的企业家，帮助创建大规模的成功公司，并建立欣欣向荣的全球生态系统。

放，由市场驱动，并使用多种投资类型和投资来源。它们倾向于形成更高水平的创新（渐进式或革命性的创新）。

公认的三种不同形式的基本创新生态系统治理与体制框架的特征见表4-1。

1）国家主导。在国家主导的系统中，涉及研究、技术开发与创新（RTD&I⊖）的组织内部或组织之间的权利共享往往被政府机构的高度依赖性限制。规则是中央协调和政府资助，然而，鼓励公共领域资助的项目与私营企业合作。重大技术创新开发所涉及的风险预计将由私营企业承担，或由公有实体和纯私营实体共同分担。中国就是国家主导系统中的一个典型例子。中央政府为包括创新在内的大多数经济活动制定规则、目标、手段、程序以及资金。中国的国家主导系统的独特之处（也许是它与其他国家主导系统明显的区别）在于尽管在政府的严格监督和目标设定下，强大而充满活力的私营企业仍能在市场驱动的条件下运作和存在。

表4-1 三种不同形式的基本创新生态系统治理与体制框架的特征

特征	国家主导	市场驱动	混合或混杂
权力共享	受限	大量	大量
公共研发系统的参与程度	高	消极/受限	消极/受限
市场需求考虑	受限（但对于出口导向型经济的国家来说，这可能意义重大）	大量	多变
渐进式创新与革命性创新	主要为渐进式创新	高比例的革命性创新	主要为渐进式创新，但有时是革命性创新
创新的系统性	受限（取决于高层决策）	大量	大量
监管干预	高度（基础性角色）	中度（主要是自下而上的提议）	大量
激励措施的使用	基础性角色	受限	中度

注：表格内容参考（Giannopoulos, 2017; Munro, 2018）。

2）市场驱动。在市场经济中，创新生态系统依赖于（相对）所有相关市场参与者之间的稳定的财政承诺、交易与合作关系。这些关系主导着部门内和部门间的技术资本交流，在公共、私营和准公共组织的不同群体中分享知识和机会。创新生态系统通常是通过生态系统成员之间的主动性和持续学习自下而上构建

⊖ 这一术语指创新周期的三个主要阶段以及在创新周期中发生的各种活动。当这一术语与"系统"一词（如研究、技术开发与创新系统）连用时，它相当于"创新生态系统"一词。

的，这些成员往往遵循技术的轨迹。在这些系统中，政府干预仅限于有关投资、知识产权、创新产品销售和运营的管控条例的制定和执行以及技术认证和评估活动⊖的规则。然而，即使在以市场为基础的系统中，在涉及影响国家安全的研究和创新方面，政府可以广泛且深入地进行直接干预或提供资金。

3）混合或混杂。这类系统融合了国家主导和市场驱动的管理特色，试图结合这两种制度的优势。因此，这种国家创新生态系统还结合了市场和中央驱动式的 RTD&I 活动的结构和管理体系。如今，越来越难以将大多数国家治理系统归类为纯粹的由国家驱动或由市场驱动。因此，我们称之为"混合或混杂"系统。这类系统展示了高度协作的创新生态系统，涉及了组织之间大量的权力共享，以及公共和私营企业的积极参与。国家、州和地方政府机构往往通过联合资助项目和建立致力于创新开发的政府研究项目，直接参与和鼓励"联系"。创新周期的基础是组织内部的"学习"，或组织与行业或公私合作机构之间的"学习"，这些机构将正式的知识生产与技术开发和应用联系起来。

如上所述，中央或地方各级政府的监管参与和干预扮演着最基础性的角色，即监管的程度和及时性以及落实到位的促进创新的激励措施。从某种意义上说，RTD&I 活动和创新生态系统的存在离不开"监管"或政府的"干预"。此类干预包括以下项目：

1）制定基本的正式和非正式规则，管理研究成果的运作和规划。

2）制定基本的正式和非正式规则，管理创新成果和创新生态系统的总体运作。

3）分配研究和创新资金。

4）评估各级和各阶段的程序。

5）颁发优秀证书。

6）促进各级公共和私营企业之间的互动。

7）提供教育和培训支持。

上述三种治理和体制框架各自的详细特征见表 4 - 1。这些特征在不同情况下的相互作用和混合的变化产生了 RTD&I 活动的整体"模型"，该模型反映了相应的国家创新生态系统。

本章更详细地探讨了创新的组织和治理模式，因为这些模式在国家层面存在于世界上一些特定的国家。附录 A 将按国家给出世界上更多的国家对现存的RTD&I 组织制度做出的简要概述。本章内容基于欧盟资助的研究项目框架内的相关近期调查结果，即（EUTRAIN，2012）和（FUTRE，2013），以及我们自己的研

⊖ 以美国加利福尼亚州为例，政府规定汽车制造商每年生产特定数量的电动汽车，这大大促进了电动运输创新革命。同样是在加利福尼亚州，2017 年底批准了有关自动驾驶汽车测试的法规，这一发展有望促进这一领域的创新成果。

究（Giannopoulos，2018）。我们将从创新治理和组织模式的（理论）分类开始研究。

4.2 创新生态系统的分类

4.2.1 基本结构

将创新生态系统治理和组织形式"分类"为一组具有类似特征的可行"模型"，其目的是能够更好地实现以下目标：

1）描述每个案例的关键要素，以更好地解释其功能特征。

2）了解这些特征对各自生态系统"吸引盆"的整体效率和有效性的影响。

3）定义每个案例中影响成功或失败的因素。

在总体层面上，我们可以区分创新组织和治理的三种基本"结构"：

1）"分散"：这主要是一种自下而上的模式，其中私营企业的创新者、企业家、辅助商和金融家（如风险资本家）得到利益相关者的支持，这些利益相关者在相关创新生态系统和"市场"中自由竞争。

2）"集中化"：这是基于中央或地区政府实体所产生的或多或少线性的自上而下的分层决策系统。"集中化"模式是公共部门主导的国家治理系统的特征。

3）"中间"：这体现了上述两种情况的特征，即分散和集中化相混合的情况。它包括由中央组织的具有自上而下功能的部分，如目标设定和政策制定，以及以自下而上的方式运作的其他部分，这些部分能识别利益相关者的需求和投入。

4.2.2 "创新市场"的定义

创新市场是研究和创新"产品"发生交换的虚拟或真实"场所"。它也是研究和创新相关的服务、公司和产品评估和定价的地方。"创新市场"和任何传统市场一样，具有两个关键的"参与者"：买方和卖方。它的基本功能是允许买卖双方发现所有必要和相关的信息，并对他们的研究和创新"产品"进行自愿交易。因此，在某种意义上，创新市场可以直接定义为标准的实体市场和商场。

我们可以区分创新市场的三个层次：

1）一级市场。这就是"研究市场"，即创新周期通常开始的地方。这个层次上的"产品"是原始的研究成果，要么属于资助研究的组织（本例中的"买方"），要么属于新的"买方"，即有兴趣购买这项原始研究的组织或机构。最初的研究人员或他/她所属的研究机构即"卖方"。这一层次的"买方"，即"需求者"，主要由对利用研究成果感兴趣的公共部门组织或大型工业公司（如汽车制造公司）或仅仅布置了原始研究任务的公司组成。

2）二级市场。这是指已经达到了技术可行性阶段、经过证实并以一项或多项已批准专利的形式获得知识产权的研究产品。"卖方"为专利的所有者。"买方"为购买了专利和必要技术规格以生产产品的第三方，或为购买了创造和拥有专利的整个初创公司的第三方。然后，"买方"将承担创新产品或服务的（大规模）生产，并将其投放到最终（三级）市场。

3）三级市场。这包括作为"买方"的整个社会群体，即购买创新产品或服务的个人。"卖方"是前面提到的中间组织或一级市场中的"买方"。

创新生态系统包含上述三个层次的创新"市场"。每一个层次都可以在以下两种基本的市场运作方式下运作：第一是自由经济，它是活动、程序和价格的主要发起者，在自由经济市场运作方式下，自由开放的需求和供给相互作用；第二是计划经济，在这种市场运作方式下，需求和供给由中央进行规划，并受高层部门行为的影响。在第一种情况下，需求和供给的相互作用机制是创造创新生态系统平衡状态的主要力量，而在第二种情况下，"高层部门"（可以是中央或地区政府，也可以是资助研究和创新周期的大型跨国工业公司的管理层）来"维持"这种平衡，只要保护政策仍然有效，这种平衡通常就会一直持续下去。

4.2.3 创新生态系统组织的分类

上述内容定义了一个共有 18 种类别的三维分类系统。这三个维度是：

1）创新组织和治理的三种"结构"（分散、集中化和中间）。

2）市场运作的两种模式（"自由经济"和"计划经济"）。

3）创新生态系统市场的三个层次（一级、二级和三级）。

18 个分类案例及其预估的现实世界"可见性"如表 4-2 所示。其中有几个类别在实践中并不明显，只具有理论价值，这将在表 4-2 中标注出来。如果在现实世界的国家或地区个案中重点明显，易于"观察"，我们将在表 4-2 中注明（用 × 表示）。

表 4-2　18 个分类案例及其预估的现实世界 "可见性"

创新生态系统组织和治理的结构	市场运作体系					
	"自由经济"			"计划经济"		
	创新市场层次			创新市场层次		
	一级	二级	三级	一级	二级	三级
分散	××	××	×××	×	×	×
集中化	××	××	××	×××	××	×
中间	×××	×××	×××	×××	××	××

注：× 表示现实世界的可见性级别，×××：非常明显（已发现许多案例），××：中等明显，×：最不明显。

以运输行业为重点，我们可以在表 4-3 中确定表 4-2 中 18 个创新市场案例中的主要"卖方"和"买方"。

表4-3 运输创新生态系统中各种创新市场的"卖方"和"买方"市场运作体系

创新生态系统组织和治理的结构	"自由经济" 创新市场层次			"计划经济" 创新市场层次		
	一级	二级	三级	一级	二级	三级
分散	卖方：任何响应某特定号召或主动进行研究和生产的实体 买方：号召并资助研究的任何感兴趣的利益相关者或做研究的同一个实体	卖方：上一级的买方（和研究人员/个人） 买方：生产最终产品或服务的私有或公有企业	卖方：上一级买方处购买产品或最终产品或服务的私营企业 买方：作为最终用户的广大人群	卖方：进行研究和生产的实体（大学或研究中心）或自身利益进行研究的大型公司 买方：指派研究任务的机构（公立或私营机构）	卖方：指派研究任务的中央机构 买方：指派最初研究任务的同一机构或少数提供制造服务的公司。此外，指派最初研究的同一机构的不同部门	卖方：上一级买方 买方：上一级买方或授权的小公司 买家：作为最终用户的广大人群
集中化	卖方：响应某特定号召或主动进行研究的单位（大学）、主要机构或研究中心 买方：政府实体、大型工业公司或从事研究的相同实体	卖方：上一级的买方 买方：生产最终产品或服务的私有或公有公司	卖方：从上一级购买产品或服务的前一级买方或大型私营企业或大型公司 买家：作为最终用户的广大人群	卖方：进行研究和生产的公有实体（大学或研究中心）或自身利益进行研究的大型公司 买方：指派研究实体或研究的政府的相似实体	卖方：上一级买方 买方：根据卖方的许可证生产有销路的其他商品或服务实体或小型私营政府公司	卖方：上一级买方或授权的小公司 买家：作为最终用户的广大人群
中间	卖方：任何响应某特定号召或主动进行研究和生产的实体 买方：政府实体、大型工业公司或从事研究的相同实体	卖方：上一级的买方 买方：生产最终产品或服务的私有或公有公司	卖方：从上一级购买产品或服务的前一级买方或大型私营企业或大型公司 买家：作为最终用户的广大人群	卖方：进行研究和生产的公有实体（大学或研究中心）或自身利益进行研究的大型公司 买方：指派研究任务的机构（公立或私营机构）	卖方：指派研究任务的中央机构 买方：指派最初研究任务的同一机构或少数提供制造服务的公司。此外，指派最初研究的同一机构的不同部门	卖方：上一级买方 买方：上一级买方或授权的小公司 买家：作为最终用户的广大人群

如果考虑到可以区分任何运输系统的三个"环节",即:基础设施、运营和设备,也可以观察到运输行业内更进一步的潜在差异。在每一个环节中,我们都可以观察到不同的创新生态系统特征和涉及的利益相关者。

表4-4以简化的方式显示了三级市场(即整个社会)的情况。

表4-4 运输创新生态系统三级市场中各运输系统环节所涉及的"市场"特征和"参与者"

运输系统环节	"买方"	"卖方"	"市场"特征	
基础设施	基础设施管理者和运营商(例如,道路管理局、代理商、政府部门、州、城市、施工承包商和维护承包商)	研究机构/中心、学院、咨询公司、基础设施运营商和承包商的内部研究与技术开发部门,还有国家/联邦研究机构	通过公私部门负责人的互动进行供需匹配。这一"市场"的主要趋势是,对主要运输基础设施私有化感兴趣的企业家进行投资	由于潜在的购买运输基础设施的研究与技术开发结果的买家数量有限,所以创新市场有限
运营	监管机构、基础设施管理人员、运输运营商、城市、城镇、地区当局、州或国家政府	研究机构/中心、学院、咨询公司、运输运营商的内部研究与技术开发部门、私营企业家	通过公共或私人资金(但主要是私人资金)进行供需匹配,以优化运输系统的运行	通过提供和购买新的系统和服务来优化运输运营、旅客信息系统等,创新市场巨大
设备	运输经营者、设备制造商。此外,和运营相关的基础设施管理者和设备运营商(例如,道路管理局、代理商、政府部门、州、城市、施工承包商和维护承包商)	主要跨国设备制造商和运输运营商的内部研究与技术开发部门,还有(在较小程度上)研究机构、学院、咨询公司	主要通过旨在改善运输设备的私人资金进行供需匹配	由于新(研究成果)产品和服务的购买者众多,创新市场尤其是私家车制造业的市场巨大

4.3 一些国家或地区的创新组织和治理系统

4.3.1 美国

就运输行业而言,美国的RTD&I治理系统的组织结构如图4-1所示。涉及的主要主体包括:

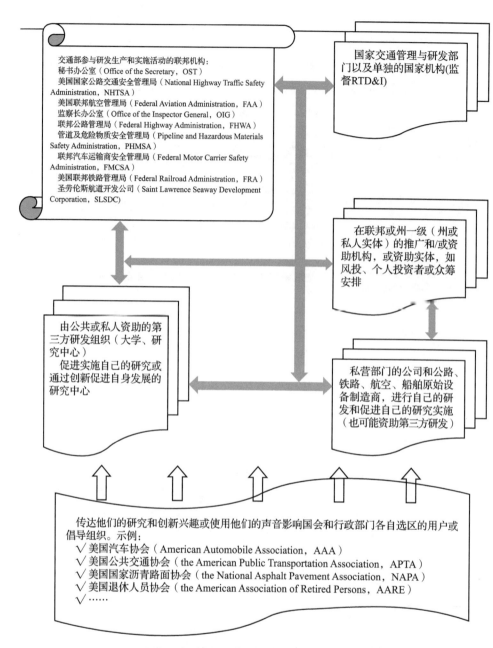

交通部参与研发生产和实施活动的联邦机构：
秘书办公室（Office of the Secretary，OST）
美国国家公路交通安全管理局（National Highway Traffic Safety Administration，NHTSA）
美国联邦航空管理局（Federal Aviation Administration，FAA）
监察长办公室（Office of the Inspector General，OIG）
联邦公路管理局（Federal Highway Administration，FHWA）
管道及危险物质安全管理局（Pipeline and Hazardous Materials Safety Administration，PHMSA）
联邦汽车运输商安全管理局（Federal Motor Carrier Safety Administration，FMCSA）
美国联邦铁路管理局（Federal Railroad Administration，FRA）
圣劳伦斯航道开发公司（Saint Lawrence Seaway Development Corporation，SLSDC）

国家交通管理与研发部门以及单独的国家机构(监督RTD&I)

在联邦或州一级（州或私人实体）的推广和/或资助机构，或资助实体，如风投、个人投资者或众筹安排

由公共或私人资助的第三方研发组织（大学、研究中心）
促进实施自己的研究或通过创新促进自身发展的研究中心

私营部门的公司和公路、铁路、航空、船舶原始设备制造商，进行自己的研发和促进自己的研究实施（也可能资助第三方研发）

传达他们的研究和创新兴趣或使用他们的声音影响国会和行政部门各自选区的用户或倡导组织。示例：
√ 美国汽车协会（American Automobile Association，AAA）
√ 美国公共交通协会（the American Public Transportation Association，APTA）
√ 美国国家沥青路面协会（the National Asphalt Pavement Association，NAPA）
√ 美国退休人员协会（the American Association of Retired Persons，AARE）
√ ……

图4-1 美国的 RTD&I 治理系统的组织结构

1）与运输行业相关的联邦政府部门——主要是交通部和美国能源部。这两个部门是国家资助进行运输相关研究的领导者。许多参与运输行业研究和创新的联邦机构都与这两个部门有关。其中包括：美国国家公路与运输协会、联邦公路管理局以及所有其他运输方式的类似机构等。此外，特别值得一提的是，美国国家航空航天局和美国国防部高级研究计划局在运输行业创新的发展中发挥着重要作用。

2）州运输部门，即每个州的交通部。其中，加州交通部和纽约交通部在国际上最为知名。

3）各大学（如斯坦福大学、加州大学伯克利分校和卡内基梅隆大学）的学术研究中心或由丰田等多个组织资助的独立研究机构，其中许多研究中心位于密歇根大学和麻省理工学院等学校附近。

4）联邦或州级别的研究、技术开发与创新促进或资助机构。美国国家科学院交通研究委员会便是这样一个在运输领域举世闻名的机构。

5）由私人组建的 RTD&I 促进或资助机构，如美国运输工程师学会、美国电气和电子工程师学会及其运输相关分支机构、各种风险投资公司、个人投资者或公司等。

RTD&I 的法律和行政框架由联邦或州政府通过各种"授权"或"再授权"法案（如 SAFETAE‐LU 法案）来实施。

美国的交通领域有 12 个联邦部门和 18 个联邦机构参与研究设计、资助研究，以及进行研究。美国科技政策办公室提供总体战略规划和咨询。该办公室设在总统办公厅内，其任务是向总统（和其他各级政府）就应遵循的相关政策以及将会对国内和国际事务产生的影响科学和技术（研究）政策提供建议。这一任务在实践中的完成程度取决于具体的在任政府以及总统对研究和创新相关事物的优先考虑程度和价值观。交通运输战略规划主要来自交通运输部和能源部以及前面提到的其他拥有特定模式的机构。

由于美国国会的授权，联邦阶层总是会产生研究经费。每个州都有自己的研究项目，州政府的相关部门对其进行管理，并由通常附属于州长办公室的中央办公室进行协调。联邦政府为该州的研究和创新提供部分资金，而主要资金则由本州的税收提供。联邦政府为与公路和高速公路相关的公共支出提供约四分之一的资助，其余四分之三由州和地方政府提供。私营企业提供的资助和参与度通常比公共资助高出 3～4 倍。

对于地面运输，联邦政府的主要资金渠道是高速公路信托基金（Highway Trust Fund，HTF）。该基金跟踪联邦政府用于地面运输的支出和收入，并拥有单独的高速公路和公共交通账户。2017 财年（财经年度），该基金的收入约为 500 亿美元。这笔钱主要用于联邦政府给州政府和地方政府拨款。高速公路信托基金面临的问题是，其用于实验目的的资金使用长期受到了限制。其他的问题和限制影响了流入高速公路信托基金的收入，而这些问题正在成为主要的问题。这些问题的其中之一是，汽车的效率越来越高，在相同的里程内消耗的汽油也越来越少，因而流入该基金的税收便减少了。有人讨论可以采用基于行驶里程的税收制度，但这种选择可能会产生负面的政治影响并影响公平。

如前所述，美国最主要的一个研究资助和促进创新的实体是国防部（Department of Defense，DOD）的高级研究计划局 Defense Advanced Research

Project Agency，DARPA）。该实体负责许多突破性技术以及先进系统和材料的基础研究，这些材料是许多部门（包括运输部门）进行创新的基本投入。例如，由美国国防部高级研究计划局支持的基础研究是计算机芯片的发起者，而计算机芯片是大多数交通创新的基础。美国的大部分研究是通过国防部的补贴或联邦机构的合同分配来进行的⊖。

研究、技术开发与创新活动的另一个主要支柱是负责公路和道路运输的联邦公路管理局（Federal Highway Administration，FHWA）。到目前为止，联邦公路管理局大部分的资金都产生了渐进式创新，而不是革命性创新，但该机构在美国公路研究中发挥了关键作用。多年来，它一直享受着联邦政府的优惠待遇（和资助），因为其重心是发展国家公路系统。然而，一些因素最近降低了其作用。这些因素包括国会更多地指定其他模式的研究和研究执行者，以及由于国家规划与研究资金（State Planning & Research，SP&R）的增长，各州的研究与技术开发活动也有所增加。尽管如此，联邦公路管理局仍然是美国研究、技术开发与创新活动的主要执行者，负责解决涉及国家利益的高速公路问题，并管理美国大型国家级的研究与技术开发项目。它的"加速创新"中心和"每日必争（Every Day Counts，EDC）"项目是创新项目交付办公室（Office of Innovative Program Delivery，OIPD）的一部分，是通过伙伴关系、技术部署和能力建设推动创新实践的基本工具。

1982 年颁布的《小企业创新发展法案》，可以说是美国积极支持小企业技术开发和商业化的标志性政策，它确立了企业创新研究计划⊜。企业创新研究计划极具竞争性，它鼓励国内小企业参与具有商业化潜力的联邦政府研究、技术与发展。有趣的是，2007 年美国商务部提议组建一个由商界领袖和学术研究人员构成的咨询委员会，名为"衡量 21 世纪经济中的创新"，探索如何改进创新指标。此咨询委员会由美国商务部长设立，目的是为改进经济创新的衡量标准提供建议。咨询委员会在其报告中向商务部长提出了建议，建议政府、商界及政府和私营部门的研究人员采取措施，促进和改善对经济创新的衡量标准⊜。大约在 2008 年，因经济崩溃，美国在包括交通运输的诸多领域进行变革性创新的重要举措就是推出了各种刺激方案，目的是提供可以迅速注入市场的资金，创造新的就业机会，同时增加支出。然而，与投入修补道路坑洞和维修桥梁的资金相比，分配给研究、技术、发展和创新的刺激资金可能不一定具备同样快速的政治影响力。一

⊖ 在共和党国会和 2016 年投票上台的总统看来，使用税收刺激创新的可能性不大。唯一的例外是在如国防部高级研究计划局中进行与军事有关的研究。

⊜ 参阅：https://www.sbir.gov/。

⊜ 另见：美国商务部《2008 财政年度业绩和问责报告》（FY 2008 Performance and Accountability Report），http://www.osec.doc.gov/bmi/budget/FY08PAR/DOC_PAR_FY08_508version.pdf（2018 年 7 月可访问）。

些分析师将此类资金看作一种工具，用来减轻计划中的资金削减带来的影响。他们认为，即使在经济崩盘最严重的时候，美国政府也不应该通过刺激方案来干预经济。但是，短期内私营领域可以使用此类刺激资金来维持生存，进行创新。

在美国，私营领域参与创新活动非常重要，交通运输领域当然也是如此。从历史上看，联邦政府和州政府长期以来一直是美国交通创新的主要推动力，甚至可以追溯到横贯大陆的铁路和轮船的建造时期。然而，至少自2000年以来，联邦政府一直在降低此项支出。2012年，美国63%的研究与技术开发上的支出都是由工业和其他渠道提供。大学及非营利组织提供了大约7.2%的研究与技术开发资金（SSTI，2015）。最近私营领域投资交通运输创新活动的案例包括：2016年1月，传统汽车制造商通用汽车（GM）投资了5亿美元，通过收购Lyft公司，发展按需移动服务。通用汽车还计划开发一个带有拼车服务且按需自驾的网络，日本软银集团与通用合作，投资22.5亿美元购买自动驾驶汽车。软银集团还投资70亿美元收购了优步15%的股份（Fiedgerman，2017）。2017年2月15日，另一家美国传统汽车制造商福特公司（Ford）宣布，将在五年内向初创公司亿欧（Argo人工智能）（由谷歌和优步老将领导）投资10亿美元，开发一款自动驾驶汽车（McFarland，2017）。福特公司还宣布，将对电动汽车的投资增加一倍，这只是110亿美元初始投资的一部分（Lienert，2018）。

除了传统的汽车制造商，谷歌和苹果等公司也在大力投资人工智能技术，为其他公司各种自动和电动汽车创建创新系统。Waymo是谷歌在2015年创建的一家研发自动驾驶汽车的公司。截至2017年底，谷歌在Waymo公司上的投资已超过11亿美元。Waymo还加强了与菲亚特汽车公司的合作，以抵消通用汽车和软银集团之间新的合作关系。该公司最近订购了数千辆克莱斯勒小型货车，以填充其网络叫车服务的车队（Etherington，2018）。

显而易见，在政府作用持续萎缩之际，美国私营领域成为交通运输业创新的推动力。

4.3.2 欧盟

欧盟是一个由27个独立的欧洲国家组成的联盟，要求其成员国政府及其相关国家机构在欧盟四大治理支柱的立法和监督管辖下保持一致：

1）欧盟委员会（European Commission，EC）——行政和管理支柱。

2）欧洲议会（European Parliament，EP）——立法机构，由大约600名欧洲公民的民选代表组成。

3）部长理事会（Council of Ministers，CM）——行政部门，由27个成员国各经济部门的代理部长组成。

4）欧洲法院——欧洲治理的司法部门。

大部分欧盟资助的交通运输领域的研究（及所有其他领域的大部分研究）

都是由欧盟委员会相关的总理事会（Directorate General，DG）负责管理，主要通过研究和创新的7年框架方案（Framework Programmes，FPs）来实现这一目标，这些方案由欧盟相关的总理事会及"机构"负责管理实施。图4-2以图解和简化的方式呈现了与交通运输领域及其主要利益相关者有关的欧盟RTD&I系统。

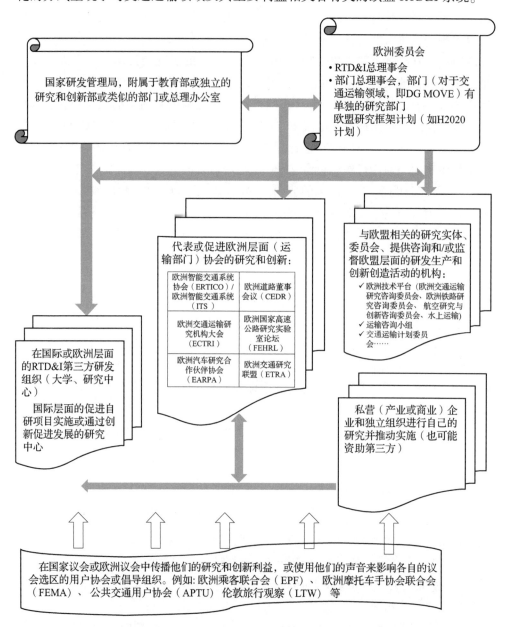

图4-2 与交通运输领域及其主要利益相关者有关的欧盟RTD&I系统（简化）

欧盟中参与交通运输领域研究的主要总理事会包括RTD&I总理事会和移动与运输总理事会（DG MOVE）。欧盟作为交通运输领域研究的资助只起到辅助作用，该领域的研究由几个专门的机构进行，它们就研究战略规划、方案及监管事宜提出建议。其中机构主要包括：交通运输领域四个欧洲技术平台（European Technology Platforms，ETPs）、运输咨询小组（Transport Advisory Group，TAG）和交通运输计划委员会。参与交通运输研究的欧洲技术平台是：欧洲交通运输研究咨询委员会（European Transport Research Advisory Committee，ERTRAC）[一]、欧洲铁路研究咨询委员会（European Rail Research Advisory Committee，ERRAC）[二]、航空研究与创新咨询委员会（Aviation Council for Aviation Research and innovation，ACARE）[三]及用于海洋研究的水上运输（Waterborne）[四]。运输咨询小组是总理事会研究技术开发及创新下的一个咨询机构，由来自几乎所有欧盟成员国的专家组成，他们就交通运输领域研究中的每个总体工作计划提供咨询，这些研究都是在欧盟最近两个7年框架计划（第七个FP和H2020计划）下进行的。交通运输计划委员会由欧盟所有27个成员国的国家代表组成，是对每一个在欧盟框架方案下实施的交通运输研究工作计划进行点评及核准的官方机构。

在过去10年左右的时间里，欧盟每7年的交通运输研究经费总额约为10亿欧元（约占欧盟所有领域研究经费总额的7%~8%）。该数额通常与参与研究单位提供的同等数额的"自有资金"相符，仅占该领域全部可用研究资金的6%~7%，即该数额包括欧盟成员国政府提供的研究资金。

除欧盟委员会外，每个欧盟成员国都有自己的国家交通运输研究计划，通常包含在其总体研究资助活动中。欧洲政府资助的大部分交通运输研究是在这些国家RTD&I项目中进行的。通常，用于研究及开发的所有公用资金由私营部门按大约50%∶50%的比例分配。私营领域的公司（就运输而言，主要是欧洲汽车相关行业和大型运输运营商）非常积极地参与RTD&I。绝大部分私营领域的研究工作是由汽车领域完成的。

欧盟研究团体包括大学、研究中心、私人咨询公司及私营领域研究实施单位。他们都在积极地从事欧洲交通运输研究，许多甚至是世界级的研究。他们还参与为其研究而开展的研究实施活动，或者通过国家级创新促进中心也可以参与。通过许多协会、伙伴关系及其他单位可以展现出来，其中最明显的是：

1）欧洲智能交通系统协会（ERTICO）/欧洲智能交通系统（Intelligent Transport Systems，ITS），由参与欧洲智能交通系统的约100家公司和机构组成的伙伴关系[五]。

[一]　参阅：http://www.ertrac.org/（2018年6月可访问）。

[二]　参阅：http://www.errac.org/（2018年6月可访问）。

[三]　参阅：http://www.acare4europe.org/（2018年5月可访问）。

[四]　参阅：http://www.acare4europe.org/（2018年5月可访问）。

[五]　参阅：http://ertico.com/（2018年8月可访问）。

2) 欧洲交通运输研究机构大会（European Conference of Transport Research Institutes，ECTRI）^㊀。

3) 欧洲国家高速公路研究实验室论坛（Forum of European National Highway Research Laboratories，FEHRL）^㊁。

4) 欧洲道路董事会议（Conference of European Directors of Roads，CEDR）^㊂。

5) 欧洲汽车研究合作伙伴协会（European Automotive Research Partners Association，EARPA）^㊃。

6) 欧洲交通研究联盟（European Transport Research Associations，ETRA）（2012年，5个欧洲交通研究协会组成的伙伴关系）^㊄。

许多其他交通利益相关组织（如用户协会或倡导组织）的存在让这一蓝图更加完整，这些组织将他们的研究和创新利益联系起来，或者发出自己的呼声影响各国议会或欧洲议会的各个选区。如：

1) 欧洲乘客联合会（European Passengers Federation，EPF）^㊅。

2) 欧洲摩托车手协会联合会（Federation of European Motorcyclists' Association，FEMA）^㊆。

3) 伦敦旅行观察（London Travel Watch，LTW）^㊇。

4) 公共交通用户协会（Association of Public Transport Users，APTU）^㊈。

欧盟的交通研究和创新生产体系在世界上是独一无二的。它是独立推动的——主要受"战略研究议程"的相关领域政策推动——同时，尊重和顾及其成员国的国家优先权及利益。欧盟层面的研究议程是通过自上而下和自下而上的混合方式制定的。在这种方法中，先由相关的欧盟委员会总理事会制定一个初始提案（需考虑自下而上的需求及建议），然后由若干欧盟成员国专家或代表广泛参与的咨询和决策机构进行讨论、修改和核准。

国家研究技术开发与创新项目（即27个成员国间的）之间的协调是通过被

㊀ 参阅：http://www.ectri.org/（2018年8月可访问）。

㊁ 参阅：http://www.fehrl.org/（2018年8月可访问）。

㊂ 参阅：http://www.cedr.eu/（2018年8月可访问）。

㊃ 参阅：https://www.earpa.eu/（2018年8月可访问）。

㊄ 尽管目前已经有所削弱，但是欧洲交通研究联盟仍然是交通运输研究者直接合作的一个独特案例。ETRA未来还需加强，其案例将会在世界范围内进行推广。更多信息参阅：http://www.etralliance.eu/（2018年7月可访问）。

㊅ 参阅：http://www.epf.eu/wp/（2018年8月可访问）。

㊆ 参阅：http://www.fema-online.eu/（2018年8月可访问）。

㊇ 参阅：http://www.londontravelwatch.org.uk/links/local_transport_user_groups（2018年7月可访问）。

㊈ 参阅：https://bettertransport.org.uk/local-groups/association-public-transport-users-aptu（2018年7月可访问）。

称为欧洲研究区网络项目完成的，但要建立一个稳固的协调机制，还有很长的路要走。一项最引人关注的举措就是联合项目倡议（Joint Programming Initiatives，JPIs）[⊖]，旨在减少欧洲多个国家和地区公共研究项目共存造成的分裂。这些通常是一些有联合需求或项目的国家在某一特定领域资助的研究项目。这是研究技术开发与创新跨国合作中最值得深入研究的实验（Giannopoulos G.，2017）。

创建综合欧洲研究区（European Research Area，ERA）是欧盟内部为建立统一协调的欧洲研究和创新空间提出的一项战略，覆盖所有欧盟成员国。欧洲研究区的长期目标是创造一个统一的研究和创新空间，该空间具有足够的竞争力和资源，可以产生符合欧盟政策目标的结果[⊜]。

欧盟研究实施情况的一个突出特点是，旨在将欧洲创新生态系统中的研究产出与研究实施两个方面都集中在一起，即前面提到的欧洲技术平台。这些都是独立运营的联合会（自筹资金机构），由许多来自运输业（制造商或运营商）和研究机构的代表组成。他们主要参与制定战略研究议程，即说明他们感兴趣的特定领域的未来研究需求。他们还参与绘制具体技术发展的路线图，以及通过拉近研究机构与相应的产业研究承担者之间的关系，产生创新的方式和方法。

如前所述，很大比例（约90%）的欧洲研究与创新活动是在国家层面上进行的，即由欧盟成员国资助和发起。其中65%~70%由私营部门[⊜]完成——主要是汽车制造商（Wiesenthal，2015）。这些国家的努力是创新的主要来源——通常由相应的欧洲产业和私营部门通过在大中型公司内进行的研究和创新活动来推动。通常，政府通过公共资助的研究和创新活动来支持此类活动。

下面，我们将介绍欧洲国家研究和创新体系中的两个典型例子，即芬兰和德国的研究和创新体系。

1）在芬兰，技术和创新资助机构（Funding Agency for Technology and Innovation，TEKES）带头推动商业部门参与该国的研究和创新生产[⊜]。活跃在交通领域的工业私营部门总是以某种方式明确参与由技术和创新资助机构资助的许

⊖ 参阅：http://ec. europa. eu/research/era/joint-programming-initiatives_en. html（2018年7月可访问）。

⊜ 对于交通运输领域而言，这些政策目标在《2011年交通运输白皮书》（the Transport White Paper of 2011）中有所表述，《2011年交通运输白皮书》是2011~2020年最新政策文件（European Commission，2011）。

⊜ 像梅赛德斯（Mercedes）这样的私营公司在欧洲正大力投资电动汽车和自动汽车，与此同时将注意力转向美国。梅赛德斯公司（Mercedes）计划在美国投资10亿美元用于生产电动汽车（Lambert，2017）。同样，大众汽车公司曾承诺在2022年年底前向电动汽车、自动驾驶和新型移动服务投入400亿美元（Cremer和Schwartz，2017）。显然，欧洲交通运输创新的重心放在了私营领域，而不在公共领域。

⊜ TEKES在芬兰实施了约20个国家技术方案，涉及约2000家公司和500个研究单位。

多研究和创新项目。卡尔顿提供了一份非常有趣且具创新性的出版物（Carleton，2013），表达了芬兰工业主导创新的精神。芬兰的这种做法在其他欧洲国家也变得相当典型——至少在那些交通运输领域活跃的国家是如此。

2）在德国，负责交通运输研究和创新资助的相关部门包括：联邦教育和研究部（Federal Ministry of Education and Research，BMBF）、联邦交通运输、建筑和住房部（Federal Ministry of Transport，Building and Housing，BMVBW）、联邦经济技术部（Federal Ministry of Economics and Technology，BMWi）和联邦环境、自然保护与核安全部（Federal Ministry for the Environment，Nature Conservation and Nuclear Safety，BMU）。他们监管并资助大型研究中心的网络系统或大学研究单位，参与公共和私人资助的研究。公共提供的研究基金通过主要的研究机构提供，如亥姆霍兹联合会或弗劳恩霍夫研究所，其中包括一些世界领先的研究中心和机构。德国工业合作研究协会联合会（Industrial Co-operative Research Associations，AIF）协调了大量由联邦经济技术部资助的工业合作研究项目。这些项目是对该行业在研究和技术开发领域所做努力的补充和支持。大约有 50000 家企业，其中大多数是中小型企业，已经建立了 100 多个行业或技术相关的研究协会，它们是隶属于德国工业合作研究协会联合会的伞形组织。

私营部门参与研究技术开发与创新并为其提供资金，覆盖了德国大部分研究技术开发与创新活动。在交通运输领域，德国所有主要汽车制造商每年都为自己的研究和创新提供数十亿欧元的资金（Wiesenthal，2015）。2017 年，德国的风险投资公司在 636 宗交易中投资了 24 亿欧元。另外，最值得注意还有德国私人基金会支持公共研究基金的方式。其中，德国科学和人文促进协会[⊖]是最显著的例子。这是由德国的公司和基金会发起的联合倡议，致力于咨询、建立网络、促进教育、科学与创新领域发展。这是该行业成功采取一致行动，参与并促进其参与国家创新生产过程的一个例子。捐助者协会管理着数百个支持研究和创新生产的私营基金会，其中也包括交通运输领域的基金会。截至 2017 年 3 月，通过其子公司德国基金会中心[⊜]，该协会还管理着 610 多个基金会，总资产达 26 亿欧元。总共有大约 3000 名成员加入了捐助者协会，包括许多德国股市指数公司、其他中型公司、公司协会、捐赠者和活跃的个人。德国其他大型私营部门基金会，如大众基金会、蒂森基金会、罗伯特·博世基金会、德国环境基金会及贝塔斯曼基金会，都为不同研究领域的项目或组织提供过资金。

4.3.3 中国

虽然中国是主要依靠国家主导的创新模式，但它也拥有朝气蓬勃的私营部

㊀ 参阅：https://www.stifterverband.org/english。

㊁ 参阅：https://www.deutsches-stiftungszentrum.de/ueber_uns。

门，可以大量参与研究和创新生产。中国的国家研究与创新发展组织体系是典型的"国家主导"模式，但同时它强大的私营领域，可以按照"市场经济"的路线生产和促进创新，尤其在其国际竞争活动中。总的来说，中国的研究技术开发与创新体系遵循中央政府，即国务院自上而下的目标和政策。交通运输部（Ministry of Transport，MOT）是管理公路、铁路、航空和水运的部门，负责监督公共资金的总体分配，用于交通运输相关的研究与创新。它有权将中央政府最高级别部门与省级和地方政府联系起来。交通运输部下设10个职能部门，涵盖各个职能领域⊖。它们的主要职责如下：

1）制定和实施各自领域的发展计划。

2）制定公路、铁路、水运和航空运输行业的政策和标准。

3）规划、促进和协调更加一体化的运输系统。

4）促进各种运输方式的相互联系。

5）促进和资助交通运输部门的研究和创新活动。

中国交通运输领域RTD&I资金的主要来源是中央政府和大型（跨国）私营公司。公私伙伴关系在包括交通运输在内的大多数领域也发挥着越来越大的作用。表4-5显示了中国交通运输研究的主要资金来源，正如最近的问卷调查报告所显示的那样⊜。

表4-5　中国交通运输研究的主要资金来源

机构	公共资金	私有资金*	国际资金
中国国家自然科学基金会	是	汽车制造商和原始设备制造商	世界银行
中国科学院	是	交通运输网络公司	世界资源研究所
科技部	是	地图和导航服务提供商	能源基金会
教育部	是	中国有许多私营电动汽车制造商正支持这项研究	政府间研究合作项目
公安部	是	—	国外汽车制造商
住房和城乡建设部	是	—	—
工业和信息化部	是	—	—
省政府	是	—	—
当地政府	是	—	—

注：* 包括一些由私人赞助商捐赠的特殊项目（如长江学者项目）。

⊖ 2013年以前，铁道部是独立的部门，现在是交通运输部的职能部门——国家铁路局（SRA）。

⊜ 参阅：第3章（Giannopoulos，2018）。

中国最近对电动汽车市场的参与充分证明了中国政府主导的创新体系及其与政府规划和政策决策的密切关系。根据中国政府制定的战略政策，即"中国制造2025"[一]，该计划旨在到2025年将中国从一个低成本制造商转变为在10个先进产业（其中包括交通运输和电动汽车）中高科技占主导地位的国家，中国政府已决定在中国大力推广电动汽车，推行这一政策也是合理的。在这项政策实施过程中，从2016年开始，中国政府投入数十亿美元用于补贴和国家投资，以促进电动汽车领域的研究、创新及生产制造，其中主要是电动交通工具的制造。在2016年至2021年的5年期间，中国政府对电动汽车的总投资（包括补贴）计划超过600亿美元。这些资金将用于研究和开发活动，为电动（更普遍地称"新能源"）交通工具的建造及地区政府进行相关任务提供补贴。与此同时，中国政府投资45亿美元，正在建设全国电池充电站网络。

在对电动交通工具建造进行直接补贴的同时，中国政府还推出了一项计划，在中国运营的汽车制造商，它们生产的每一辆电动或混合驱动车辆都会获得正积分，而它们生产的每一辆传统内燃机车辆都会收到负积分。积分（或"借记"）方案直接建立在生产的单位数量基础上。正向或负向"积分"会作为正数或负数参考来交换补贴和政府资助。急于达到这一积分计划标准，不仅中国人，在华运营的外国汽车制造商（如大众、通用、福特等）也宣布与规模较小的中国同行建立合资企业，以利用电气化"积分"体系。中国所采取的积分计划也可能让个别厂家生产出不合格的电动汽车。这是由于公司希望以最低成本获得积分，使其利益最大化，其目的也只是满足"生产数量"配额。

在创新成果方面，上述政策和相关的政府投资已经产生了一些令人赞叹的量化成果。尽管外国竞争对手在混合动力汽车和内燃机动力系统的专利上占有优势，但中国企业在电池驱动技术专利上已占据优势，且在新能源车辆所有"清洁能源"技术上也在寻求类似的优势。中国已经是世界上最大的电动汽车制造商，预计到2030年，中国新能源汽车销量将占世界新能源汽车销量的60%。2016年，中国销售了50.7万辆电动汽车，包括电动客车和商用车，约占全球总量的45%[二]。中国政府还制定了到2025年生产700万辆电动汽车和混合动力汽车的目标。在全球五大锂电池制造商中，已有两家中国公司（卡特尔和比亚迪）。2017年，中国共有17.1万个充电站[三]。相比之下，美国同期约有44000个充电点和

[一] "中国制造2025"政策是2015年5月中国政府为全面提升中国产业而采取的举措。其目标是全面提升中国工业，使其更加高效一体化，从而占据全球生产链的顶端。该计划确定了到2020年将核心部件和材料的国内含量提高到40%，2025年达到70%的目标。该倡议直接受德国2013年通过的"工业4.0"计划的启发。

[二] 来自中国汽车工业协会（CAAM）的数据，网址：http://www.caam.org.cn/english/（2017年12月可访问）。

[三] 数据来自新华社（中国官方的新闻通讯社）。

16000 个电站[⊖]。

关于私营部门参与中国交通创新的问题，我们注意到，国际资本在中国交通领域的投入日益增加，预计将对交通创新产生深远的变革性影响。在今天的中国，私营部门纷纷投入大量资金进行创新。2014 年至 2016 年间，中国吸引了770 亿美元的风险投资，而前两年仅为 120 亿美元。中国目前是全球数字技术领域风险投资的前三大市场之一，包括虚拟现实、自动驾驶、3D 打印、无人机和人工智能。全球 262 只"独角兽"（价值超过 10 亿美元的初创公司）中，约有三分之一在中国，占此类公司全球价值的 43%（Chandler，2017）。

今天中国的情况是，私营部门越来越多地参与 RTD&I 过程。总的来说，迄今为止，中国国有企业和民营企业的结合似乎运作良好，创造了一个独特而强大的创新机器。

4.3.4 日本

日本的科学、技术与创新（ST&I）体系作为混合型或融合型创新管理模式的范例，将政府部门自上而下的集中管控与各级协会、研究中心、主要私营部门/工业部门和学术界"自下而上"的意见相结合。各级公立和私营机构对 RTD&I 政策的影响在很大程度上因部门而异。在交通部门，传统上认为汽车行业是影响国家 RTD&I 政策的主要行业。日本 RTD&I 管理的组织和结构如图 4-3 所示。

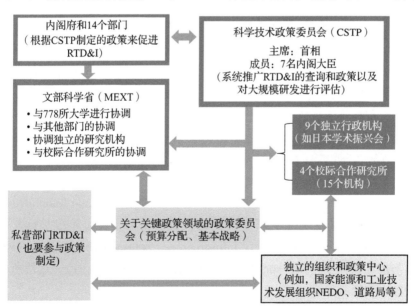

图 4-3　日本 RTD&I 管理的组织和结构

⊖ 来自查尔斯·克洛弗（Charles Clover）在《金融时报》（*Financial Times*）发表的一篇文章：*Electric cars: China's highly charged power play*（2017 年 10 月）。

在日本，传统意义上的竞争在完全达成共识方面处于次要地位。尽管政府发布了各种声明并加强领导力，日本仍然是一个相对封闭的社会，严格管控内部竞争。因此，政府最高层根据学术界和大公司的意见制定了 RTD&I 战略政策。日本文化非常注重合作。这种文化有助于产生一种共同创新的生产愿景，而且该愿景已成功从生产原理转化为实践。如果没有（如人们所希望的那样）竞争激烈的话，政府、大学、企业、研究中心与协会之间的共生关系是历史上成功的创新生态系统的象征。

日本 RTD&I 政策的基本管理结构如图 4-3 所示，制定日本 RTD&I 政策和监督该政策实施情况的最高机构是科学技术政策委员会（Council of Science and Technology Policy，CSTP）。该委员会由首相担任主席，并由 7 位与科技创新最密切相关的内阁大臣担任成员。该委员会回应首相关于系统推动研究与创新的询问，并监督 5 年科学技术基本计划的实施。科学技术政策委员会监督 14 个积极参与 RTD&I 活动的部门，且直接向由内阁府提供支持的内阁汇报工作。内阁府支持内阁和科学技术政策委员会制定有关日本 RTD&I 的重要政策，并协调文部科学省（MEXT）等相关部门的工作。内阁府还监督在该政策各个领域新组建的"政策委员会"。

在日本，一个与 ST&I 更相关且最活跃的部门是文部科学省。文部科学省积极参与：

1）监管近 800 所大学。

2）联络和协调参与 ST&I 拨款和工作的其他部门。

3）协调独立的研究机构。

4）协调校际合作研究所（由几所合作大学或其他研究机构组成的特定领域或行业的研究实体）。

虽然文部科学省也监管和资助交通研究，在日本交通 RTD&I 领域还有其他主要利益相关方，其中包括：

1）国土交通省（Ministry of Land，Infrastructure，Transport and Tourism，MLIT）：负责国家交通的政府机构。该部门有自己的研究资助计划⊖。

2）国土技术政策综合研究所（National Institute for Land and Infrastructure Management，NILIM）：该研究所下设土地、基础设施、交通和旅游政策研究所（Policy Research Institute for Land，Infrastructure，Transport and Tourism，PRILIT）和港口与机场研究所（Port and Airport Research Institute，PARI）。这两所研究所均属于国土交通部管辖。

3）科学警察研究所（National Research Institute of Police Science，NRIPS）：警察厅下属的研究机构。主要研究领域是交通事故。

⊖ 例如，道路先进技术委员会（CART）是该部门有关道路交通的规划和研究机构。

4）交通政策研究信息所（Institute for Transportation Policy Studies，ITPS）：在国土交通省的支持下设立的独立、非营利机构，主要研究领域涵盖总方针、铁路、航空、港口和公共交通。

5）行为科学研究所（Institute of Behavioural Sciences，IBS）：行为科学研究所是一个非营利性研究组织，其宗旨是为总务省和国土交通省管辖范围内地区的社会公益事业做出贡献。

6）日本学术振兴会（Japan Society for the Promotion of Science，JSPS）：日本学术振兴会发起和实施了一系列大力推动交通运输等各个领域科学研究的计划，其中最著名的是科学研究补助金计划（日语称为"Kakenhi"）。

7）日本科学技术振兴机构：这是负责实施日本交通运输等各个领域科技政策的核心机构之一。该机构有一些针对各个研究领域的研究项目，包括创新中心（Center of Innovation，COI）计划。

8）大学：日本大学中的教授和其他研究人员通常会制定各自的研究议程。交通运输通常包括在这些议程中。

此外，日本还有各种智库和咨询公司参与交通研究和创新创造。私营部门，尤其是汽车行业的大公司，显然有其自己的研究项目，而且其研究经费远高于政府资助的项目。这些企业也促进了交通运输行业 RTD&I 政策的制定。在汽车行业，特别是电子设备、机器人和材料研究领域，日本汽车制造公司通常在开拓创新方面处于领先地位。举例而言，在 15 家全球领先的电气工程和电子设备企业中，有 6 家日本企业；而在汽车行业，全球排名前十的企业中有 3 家日本企业。近年来，日本公司一直在积极发展和扩大研究中心，以推动其创新进程。日本在美国的研究和创新投资中（如案例研究Ⅷ所述）充分说明了日本所有主要汽车制造商所遵循的政策。

日本私营部门在发展和维护创新生态系统方面发挥了非常显著的作用。尽管日本政府在制定其创新政策和发展重心时发挥着关键作用，但日本的大量创新均立足于其私营部门及其需求和发展重心。特别值得注意的是，日本交通行业的创新主要归功于日本大型汽车制造商及其相关的原始设备制造商（Original Equipment Manufacturers，OEMs）。日本汽车制造商在引入"智能汽车"技术方面保持全球市场领先地位。以下是日本几家在交通运输行业领先的私营创新企业。这几家企业象征着一种愈加普遍的日本私营企业在世界范围内积极参与交通运输创新生产的趋势。

1）富士重工：斯巴鲁旗下子公司。该公司开发了 EyeSight 创新技术（2010年推出）。用户只需额外支付 100000 日元（890 美元），即可在该公司的大部分车型上使用该技术。这项技术帮助公司提高了 64% 的销售量。虽然该公司只是一家相对较小的市场参与者，但却保持领先于其竞争对手。即使在日本这样成熟的汽车市场，显然仍需提高驾驶安全的商业技术。富士重工还有一项"主动车道保持"系统技术。如果行车速度高于40mile/h，该系统将自动引导汽车在车道中间行驶。由于在系统中使用了价格合理的立体摄像头，而不是其他汽车制造商使用的高价传感器，该公司可能持续领先于竞争对手。

2）日产汽车：宣布了一项"宏伟"的计划，将开发自动驾驶汽车技术。该公司已在其 Serena 小型货车上引入了适用于高速公路驾驶的 ProPilot 单车道自动驾驶系统，该车型在亚洲极受青睐。相较于上一代车型，这款新车型的销量增长了34%。该公司已经在 QX50 SUV 及其电动 Leaf 车型以及面向欧洲市场的 Qashiqai SUV 上安装 ProPilot。公司接下来计划推出涉及变道的多车道自动驾驶技术。2020 年，公司在城市道路上对安装该技术的自动驾驶汽车开展了最大规模的试验。

3）丰田汽车：保持技术领先，以匹配其市场领先地位。在世界范围内，丰田汽车与其原始设备制造商拥有最多汽车相关创新专利。而日本本田和日产也迎头赶上。丰田汽车过度强调安全性，在一定程度上减缓了其创新进程。尽管如此，该公司仍然是全球交通运输领域最大的创新型企业之一。

4）本田汽车：拥有专门研究机器人技术、移动系统和能源管理的 RTD "Center X"。该公司与 Alphabet（谷歌母公司）旗下的自动驾驶 RTD 子公司 Waymo 等第三方合作。

5）日产：该公司也在合作推进创新。它与日立、微软，甚至美国国家航空航天局等供应商结盟（McMillan，2017）[一]。

4.3.5　韩国

韩国的科研创新治理体系基本上是"市场主导"的体系。该体系由韩国科学、信息通信技术与未来规划部牵头，该部门负责整体的研究项目，每个项目的预算平均约 4.3 亿韩元（385000 美元）[二]。但私营部门的大型跨国公司通常也可以自由地根据其个体的商业和经济利益，发展自己的研究和创新生态系统。产业通商资源部也是主要的研究经费来源部门，其主要负责专项的研究项目，每个项目的预算平均 5 亿～10 亿韩元（450000～900000 美元）。在 2014 年公共研究经费总额中，基础研究或纯研究经费占 17.6%，"开发专项"[三]研究占 63.4%，"应用专项"[四]研究占 18.9%。在交通运输行业，纯研占 6.2%，"开发专项"研究

［一］ 美国与日本汽车制造商之间还有许多其他合作关系，其中一些制造商不断扩大，以与硅谷竞争博弈。福特和丰田成立了 Smart Data Link（SDL）联盟，开发了将手机与汽车娱乐信息系统集成的应用程序。马自达、PSA 集团、富士重工和铃木加入了该联盟（Lardinois，2017）。

［二］ 韩国货币。

［三］ 表示专注于"原型"技术或系统开发的研究。

［四］ 表示专注于已知技术和系统应用的研究。

占 69.3%，"应用专项"研究占 24.6%。

图 4-4 显示了韩国 RTD&I 治理的组织和结构⊖。在交通运输领域，RTD&I
项目通常是由大型研究组织开展的历时 5 年左右的大型全系统研究项目。这些项
目主要由国土基建交通部（MOLIT）进行分配。在这些项目中，技术开发贯穿从
设计到采购、建设和运营，再到技术审核流程（试点应用）的整个周期，因此
需要大量的资金投入和较长的研究周期。国土基建交通部的项目分为建筑施工、
水资源、城市开发与住房、铁路、航空等 9 大领域，以及基础与创造性研究、商
业化与成果应用、本地化等 6 个政策领域。

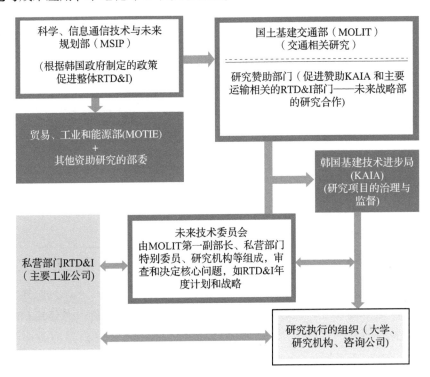

图 4-4 韩国 RTD&I 治理的组织和结构（简化）

交通运输领域的 RTD&I 项目受国土基建交通部监督，由多个行政部门执行。
主要负责交通运输领域的部门是未来战略部。总体协调和规划由所谓的未来技术
委员会负责。未来技术委员会由国土基建交通部的第一副部长、私营部门的特别
委员和其他研究机构组成。该委员会审查和决定 RTD&I 年度计划等核心问题。
在国土基建交通部中，每个开展研究的部门均将参与制定 RTD&I 政策、战略和
预算以及管理绩效、运行制度和完善法律法规，并指导和监督专业机构。项目分
管部门监督相应项目的预算编制和执行计划，开发新任务，指派负责各项工作的
官员。分管部门还制定每项技术的路线图，并开发子任务。负责相应工作的官员

⊖ 依据 Oh 等人所著（Giannopoulos，2018）中第 5 章的数据。

审查各项任务的 RTD&I 方向，完善相关制度并监督商业化进程。韩国国土基建交通部下属研究领域和相关部门见表 4-6。

表 4-6　韩国国土基建交通部下属研究领域和相关部门

研究领域	研究子领域	主管部门
建筑施工 （6 个部门）	施工技术研究	技术政策部
	水管理研究	水资源政策部
	植物研究	建筑劳工、机械与材料部
	城市建设研究	施工政策部
	住宅环境研究	住宅建设与供应部
	土地空间信息研究	国家空间信息政策部
交通运输 （9 个部门）	运输物流研究	新型交通发展部
	铁路技术研究	铁路交通安全部
	航空安全技术开发	航空事业部
	陆路运输技术推广研究	未来战略部
	陆路运输技术商业化援助	
	陆路运输技术本地化	
	陆路运输研究规划	
	陆路运输研究结果应用支持	
	政策研究开发	预算部

根据与国土基建交通部签订的合同，韩国国土交通科学技术振兴院作为一家专门从事陆地基础设施和交通研究的机构，承担研究管理职责（具体包括评估提案和选择执行研究的机构），开展研究审计（评估研究绩效）并向各研究团队拨款。

韩国目前的交通研究工作立足于 2015 年 12 月颁布的《土地、基础设施和交通科学技术振兴法》。后续颁布了一项针对交通运输行业 RTD&I 的执行法令，其中对交通运输 RTD 作了详细规定。而国土基建交通部（MOLIT）发布的《交通运输 RTD&I 项目管理条例》奠定了所有国家交通运输 RTD&I 项目实施蓝图的基础。对于一般研究，韩国的国家 RTD&I 项目主要立足于《科学技术框架法案》和《国家科研开发项目管理等制度条例》，后者是适用于所有国家 RTD&I 项目的总统令。

科学技术框架法案中有一项规定是制定"科学技术总体规划"。该总体规划由相关行政机构每 5 年共同制定一次，以确定国家 RTD&I 的愿景和目标。

韩国政府似乎对研究成果实施和创新创造格外感兴趣。在这方面，韩国政府于 2015 年 4 月颁布了《针对研究结果商业化的国土基建与交通改进措施》，随后还发布了《中长期国土基建与交通 RTD&I 战略（2014～2023）》（MOLIT，2015）。值得注意的是，这两份文件的主要目的是"促进人民幸福和实现创意经济"，而第二个文件提及了 4 个具体战略和 10 个相应的"重点项目"。

韩国私营部门参与的交通创新以"智能汽车革命"为中心，且由三星电子公司主导。该公司在 2016 年郑重承诺发展智能汽车，随后以 80 亿美元收购美国哈曼公司。哈曼将帮助三星成为未来人工智能、机器视觉和自动出行，以及高性能计算和功能安全领域的主要参与者。三星的目标是融入人类生活的方方面面，包括汽车、住宅和个人设备（Palenchar，2018）。三星还积极参与测试"智能汽车零件"及其专有算法，该算法在恶劣天气下表现尤其出色。

4.3.6 澳大利亚

澳大利亚设立了一种基本上以市场为导向的混合型或融合型 RTD&I 治理和组织体系。由澳大利亚总理科学工程和创新理事会提供科研政策建议，并由多个政府部门提供关键投入，其中主要责任部门是创新、工业、科学与研究部（Innovation，Industry，Science and Research，IISR）以及教育和培训部。此外，首席科学家办公室、澳大利亚创新协会和行业创新委员会等机构也发挥着关键作用。

澳大利亚政府通过以下方式支持创新：投资教育、科学、研究和基础设施；鼓励商业投资；排除监管障碍（例如对员工持股和众包股权的限制）。澳大利亚政府发布的《国家创新与科学议程》中规定了有关科研和创新的主要政策[○]。该议程以创业和创新文化为主导，强调将税收制度和商业法与促进创新相结合（即向有潜力的创新企业家和投资者提供诸多税收优惠政策）。该议程涵盖四大议题：

1）文化与资本：目的是鼓励中小型企业（Small and Medium Sized Enterprises，SME）将新理念带入市场，例如通过提供税收减免来消除对敢于冒险和创新型企业的偏见，以及通过联合投资支持更多私营部门投资，以利用专项基金实现对优秀理念的商业化。

2）促进合作：可以通过加大对行业内合作开展的研究投资，促进研究机构与企业之间的合作。

3）支持人才和技能发展：可以通过在学校培养"新时代"的人才（例如擅长编码和计算的人才）和改变签证制度以吸引更多海外创业和科研人才。

4）以政府为榜样：在服务方式上更加创新，向公众公开数据，并允许初创公司和创新型小企业向企业出售技术服务。

在 2015～2016 年，澳大利亚对研发的总投资约 97 亿澳元（72 亿美元），约占国家 GDP 的 0.4%。其中约 32 亿澳元（24 亿美元）用于直接支持商业 RTD，

○ http://innovation. gov. au/page/national-innovation-and-science-agenda-report。

其余资金大部分用于资助大学和研究机构开展的研究[⊖]。

澳大利亚 RTD&I 体系的总体架构如图 4 - 5 所示。

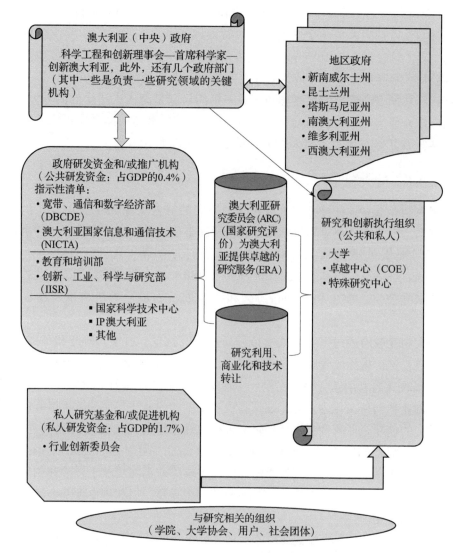

图4-5 澳大利亚 RTD&I 体系的总体架构（简化）

澳大利亚政府根据《国家合作研究基础设施战略》（National Collaborative Research Infrastructure Strategy，NCRIS），通过投资研究实验室、公路、铁路和数字基础设施等传统研究基础设施促进创新。政府在 2016 年发布的《2016 年国家研究基础设施路线图》将支持未来对研究基础设施的投资决策，以确保澳大利亚

⊖ 根据澳大利亚政府《国家创新与科学议程》中给出的数据（http://innovation.gov.au/page/national-innovation-and-science-agenda-report）。

未来拥有世界一流的主要国家研究基础设施[一]。

同样，澳大利亚私营部门在研究与创新生产领域的投资也远多于公共部门，投资额达到 GDP 的 1.7%。

在澳大利亚交通运输 RTD&I 生产系统重点关注交通运输部门，其由多家实体构成，主要实体如图 4-6 所示。本书将详细说明其中三个实体，分别是：澳大利亚路政委员会、澳大利亚道路研究委员会集团有限公司（ARRB）、国家运输委员会（National Transport Commission，NTC）。

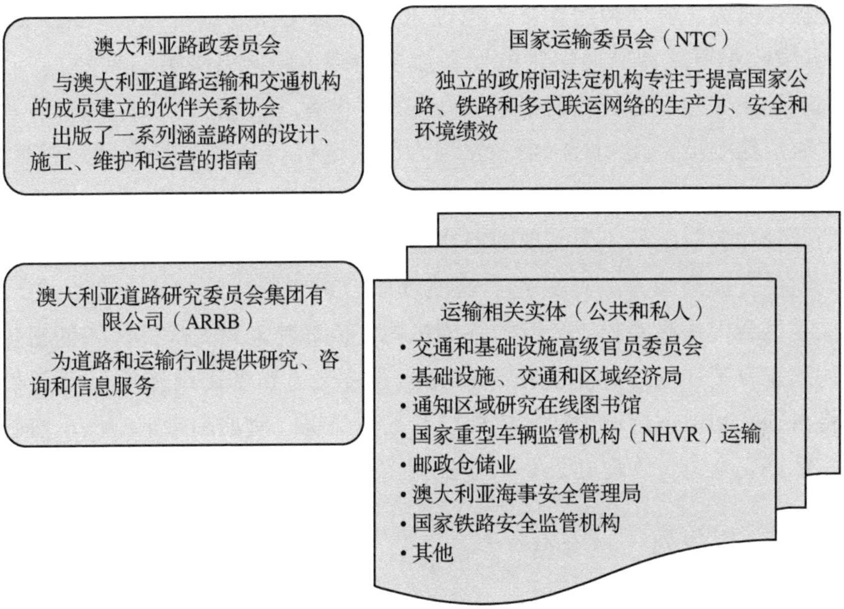

图 4-6　澳大利亚 RTD&I 交通运输部门的主要实体

澳大利亚路政委员会是澳大利亚道路运输和交通机构的"伞形组织"，其成员包括所有或大部分此类道路运输和交通机构。澳大利亚路政委员会成员共同负责管理 900000 多千米、价值超过 2000 亿澳元（1487 亿美元）的道路，并代理澳大利亚和新西兰最大的单一社区资产。同时，地方政府可以通过澳大利亚地方政府协会（Australian Local Government Association，ALGA）成为澳大利亚路政委员会的成员，该协会的成员包括澳大利亚和新西兰的所有地方议会。

澳大利亚路政委员会的主要成果是制定了一份详尽的研究纲领。该纲领的战略计划部分明确了研究的优先事项，同时该纲领还提供了大量"指导方针"或"指南"。这些指南记录了商定的方法和流程，并提供了道路和道路运输行业相关新技术和程序的信息。

[一]　请参见 http//www. education. gov. au/2016-national-research-infrastructure-roadmap （2018 年 5 月访问）。

目前，澳大利亚路政委员会发布的指南已涵盖以下主题：资产管理、桥梁技术、路面技术、项目交付、项目评估、道路设计、道路安全、道路运输规划、道路隧道、交通管理。

除了上述指南外，澳大利亚路政委员会还出版了有关自行车骑行、环境报告、车辆与转弯轨迹模板、沥青材料密封安全、道路预留区电信通信安装操作指南的刊物，并与国家运输委员会联合出版了有关驾驶人健康状况评估的刊物。

澳大利亚道路研究委员会集团有限公司是一家世界知名的组织，为道路和运输行业提供研究、咨询和信息服务超过 30 年。该集团应用研究成果来开发创新（例如开发收集道路和交通信息的设备或协助跨道路网络决策的软件）。该集团是澳大利亚领先的交通研究和创新解决方案提供者。

国家运输委员会（NTC）是一家独立的法定机构，重点推进澳大利亚公路、铁路和联合运输网络的国家改革。该委员会负责推进澳大利亚公路、铁路和联合运输的监管和运营改革，为实现国家交通政策目标做出贡献。作为一家政府间的机构，它负责提高澳大利亚公路、铁路和联合运输的生产力、安全性和环境绩效。该委员会担任澳大利亚政府的咨询机构，负责制定和支持科研和创新生产等领域的国家政策和立法改革提案。在提案通过交通和基础设施委员会部长批准后，将由国家和地方运输部门和机构以及其他组织（例如国家重型汽车监管机构或国家铁路安全监督管理办公室）等机构实施。

4.3.7 以色列

以色列的创新生产和支持体系可视作全球最先进且组织完备的国家体系之一。在过去 20 年，该体系在许多领域均取得了显著的成果，这些成果在许多出版物中均有刊载⊖。以色列科研经费占 GDP 的比例（约 4.3%）即使不是全球最高，也是众多国家中较高的。该国还拥有成熟的创新生态系统网络，其中涵盖许多具有经济和科学利益的核心领域（包括交通领域）。在本书的第二部分，案例研究Ⅳ中，更详细地介绍了以色列国家创新治理和组织体系，包括基于现场数据收集和访谈获取信息和开展评估。本章将简单介绍该体系的主要利益相关方及其主要职能，具体如下：

（1）以色列国会（以色列一院制国家立法机构） 与其他议会一样，投票决定整个体系运作的规则和程序。

（2）政府部门 以某种方式参与 RTD&I 活动。在运输行业，相关政府部门主要指科学部（负责监督 8 个重点 RTD 中心）、经济部和交通部。

（3）以色列创新局 前身是首席科学家办公室或以色列产业研发促进中心。

⊖ 请参见 Korbet 等，（2015）。

该机构是一个独立的公共实体，负责支持和促进以色列的创新生态系统[⊖]。以色列创新局下设六大"工作与行政"部门：

1）初创企业部，负责监督：①以色列科学技术孵化器计划：设立于1991年[⊖]，主要目的是促进典型的"孵化器工作"，即支持那些对私营部门来说投资风险太大的创新技术理念，政府投资有活力的初创公司，并确保这些公司在孵化期结束后能够从私营部门筹集资金。该计划还促进了周边和少数民族地区的RTD&I活动，为私营部门创造投资机会，并将研究机构开发的技术转移到产业中。②早期计划：支持早期初创公司和Tnufa。该机构向RTD初步计划提供小额补助，并协助企业寻找投资者和战略合作伙伴，以实施研究成果。

2）发展部：主要活动是通过提供有条件的补助（金额不超过批准RTD支出的50%），向以色列公司的RTD项目下拨所谓的RTD经费。如果项目开始盈利，则该补助将变成特许使用金，公司有义务偿还补助款。

3）技术基础设施部：主要负责促进合作、知识和经验交流以及开创性通用知识开发的激励计划。该部门赞助的计划有KAMIN、MEGNET、MAGNETON、NOFAR等。

4）先进制造部：专注于推进制造业企业RTD&I和创新流程的实施。

5）国际合作部：负责与外界的国际合作和联络。

6）社会挑战部：专注于通过技术创新提高公共部门服务的效率和质量，提高社会福利和生活质量。

（4）以色列科学和人文科学院 该学院是以色列最高级的科学机构，它以各类捐助者或政府提供补助和经费的形式促进科学活动。该学院还向政府提供有关国家重点研究和科研规划的建议。

（5）以色列科学基金会 以色列科学基金会或国家科学基金会是以色列领先的支持基础研究的组织。作为一家独立的非营利性组织，该机构的活动主要由高等教育理事会下设计划和预算委员会资助，并与以色列科学和人文科学院密切联系，后者是最初创立以色列科学基金会的组织并担任该基金会的理事会主席。

（6）高等教育理事会 该理事会与以色列科学和人文科学院合作，支持针对不同的研究主题设立卓越研究中心。该理事会下设的计划和预算委员会通过整体资助机制（将一定比例的资金下拨用于研究，以及本地和国际上有竞争力的研究框架）向大学拨发经费。

（7）重点协会和创新推进实体 也许以色列创新治理和组织体系中最值得注意的部分是多家专门负责协调、支持和动员其成员，并大力支持成员拓展创新

⊖ 详情参见 http://www.matimop.org.il（2018年7月访问）。

⊖ 目前该计划每年向约30家孵化器企业和其他支持初创企业（主要是技术开发领域）的有关此类项目的拨款超过10亿美元。

的实体。在这些实体中，我们注意到以下几家单位：

1）以色列先进技术产业协会㊀。这是以色列一家非营利性的伞形组织，负责协调管理企业家、初创公司、孵化器、加速器、RTD 中心、跨国公司、风险投资基金、私人投资者、技术转移办公室和服务供应商等创新相关实体。高科技和生命科学领域的技术转移办公室作为以色列先进技术产业协会的成员，是以色列技术转移活动的主要参与者，并构成了以色列技术转移组织的核心。

2）以色列技术转移组织。以色列技术转移组织㊁也是一家非营利性的伞形组织，负责协调管理以色列的技术转让企业。这些企业通常附属于该国世界知名的大学和研究机构，以促进研究成果向落地实施的转移，并在相关问题上达成更广泛的合作。

3）以色列风险投资研究中心。这是一家代表高科技和风险投资社区㊂的组织。该机构是目前社区信息的主要来源，也是目前风险投资、私募股权基金以及该国其他创新融资信息的主要来源。该研究中心还服务初创公司，向其提供深入的有关特定行业风险投资、私募股权和投资基金的咨询。该研究中心最具使用价值的是 IVC 在线数据库，数据库的虚拟一站式知识中心罗列了几乎所有以色列高科技公司、风险投资和私募股权基金、"天使投资人"、投资公司、技术孵化器、服务提供商、企业家和核心高管人员的详细名单。

4）知识产权支持组织。知识产权是以色列创新生产组织最重视的问题，这些组织几乎总能通过知识产权专项办公室或第三方援助（另见第 8 章和案例研究 Ⅵ）获得专家援助。以色列的国内法与国际知识产权法律和公约完全一致，并且该国有许多专业的国内或国际公司可提供知识产权服务。

5）创新加速器。以色列有一个有活力的"加速器"社区，即有一些公司通过提供平台、指导服务和商业机会，支持本地创业人才，帮助新企业和早期初创企业取得成功。这些公司通常充当创新催化剂，组织活动和发起项目，旨在推进创业活动以及为新思路和研究成果的落地实施提供建议和指导服务。目前以色列

㊀ 请参见 http://www.iati.co.il（2018 年 3 月访问）。

㊁ 请参见 http://www.ittn.org.il（2018 年 7 月访问）。

㊂ 2017 年，以色列约有 70 家活跃的风险投资公司（VC），其中 30% 以上来自国外。根据以色列风险投资（IVC）研究中心的数据，2015 年风险投资公司退出的以色列初创公司收益超过 90 亿美元，比 2014 年增长 16%（平均退出规模上升至 8700 万美元，比前 10 年平均退出规模高 43%）。根据该研究中心给出的数据，2015 年以色列的风险资本投资高达 44.3 亿美元，这是有史以来最高的年度金额。2015 年是以色列初创公司破纪录的一年。公司共筹集了 373 轮融资，总金额 35.8 亿美元（加上融资超过 500000 美元的轮次）。这比 2014 年初创公司筹集的资金总额高 69%：在这一年，公司筹集了 297 轮融资，总金额 22 亿美元。但是，在股票市场，2015 年只有 12 次首次公开募股（IPO），仅筹集了 7.186 亿美元，通过首次公开募股筹集的资金总额整体呈下降趋势。

有许多这样的公司。例如微软旗下的 Ventures、AOL 旗下的 Nautilus、雅虎旗下的 SigmaLabs、8200 EISP、Siftech（Jerusalem）、RishonStartUp、HAC（Herzliya）等。

6）以色列创新研究所。这是一个非营利性组织，鼓励公共部门开发和实施尖端解决方案。该研究所通过提供会面、学习和合作的机会，致力于在公共部门专业人员、公司、企业家和决策者之间建立合作和信任。该研究所的生活实验室设施确保特定领域的项目能够顺利开展。研究所还建立了一个智能交通社区（称为 EcoMotion），该社区非常积极地借助研讨会、会议、指导和其他服务形式推进交通相关领域的创新。该研究所还有一个这样的教育社区，称为 Education。

7）致力于促进科研和创新的私人基金会。以色列比较独特，有许多私人捐助者（国内外）积极关注和参与研究和创新生产活动。他们捐赠个人资产以创建支持创新的基金会。其中最著名、最活跃的基金会包括：Milstein Family（Foundation）、Eric and Sheila Samson Prize for Innovation、The Bizrael、The Ne'eman、Rothschild Foundation Fund。

交通运输部门是以色列几个创新生态系统中相当重要的部门。国家重点关注两个领域："智能交通系统"和"交通替代燃料"。在交通替代燃料领域，以色列政府在 2011 年启动了一项"燃料选择计划"。此后，该领域研究小组的数量从 40 个（2012 年）暴增至约 220 个（2016 年），而该领域企业的数量从不到 60 家骤升至约 500 家，在过去五年里投资额超过 20 亿美元（该数字是政府目标的两倍）。

以色列还开发了世界上最先进的公司合作模式，目的是支持整体创新，尤其是智能交通领域的发展。大多数以色列初创公司创业时总能通过任意活跃的公共资助计划申请到公共款项，实际上是公私合作的结果。Mobileye 成立于 21 世纪初，它就是这样的一家初创公司。该公司开发了世界上最先进的防碰撞系统，该系统基于一种小型单摄像头汽车视觉系统。2017 年，据报道，这家公司以 153 亿美元的价格出售给总部位于硅谷的英特尔公司，实现了以色列科技企业历史上最高的收购价格⊖。

附录 A 汇总了世界上其他几个国家的科研创新治理与组织结构。

参考文献

Carleton, T. C. W., 2013. Playbook for strategic foresight and innovation: a hands-on guide for modeling, designing, and leading your company's next radical innovation. Helsinki: TEKES (The Finnish research and innovation funding Agency), + Lahti School of innovation, Lappeenranta University of Technology,

---

⊖ 请参见 Lucas Mearian 在 *Computerworld* 中发表的 *Why Intel is buying car-vision company Mobileye for ＄15.3B*，以下网址可浏览文章：https://www.computerworld.com/article/3180164/car-tech/why-intel-is-buying-car-vision-company-mobileye-for-153b.html（2018 年 7 月访问）。

Finland. Available from: http://www. lut. fi/documents/27578/270423/playbook-for-strategic-foresight-and-innovation. pdf/ef1d. Accessed August 2018.

Chandler, C., 2017. Why China Is Emerging as a Tech Superpower to Rival the U. S. Fortune. November 21. Available from: http://fortune. com/2017/11/21/china-innovation-dji/ (Accessed January, 2018).

Cremer, J., Schwartz, J., 2017. Volkswagen accelerates push into elecric cars wth $40 billion spending plan. Business News. Available from: https://www. reuters. com/article/us-volkswagen-investment-electric/volkswagen-accelerates-push-into-electric-cars-with-40-billion-spending-planidUSKBN1DH1M8 (Accessed July 2018).

Etherington, D., 2018. Waymo orders thousands of Pacificas for 2018 self-driving fleet rollout. Techcrunch site, January 30. Available from: https://techcrunch. com/2018/01/29/waymo-orders-thousands-of-pacificas-for-2018-self-driving-fleet-rollout/ (Accessed July 2018).

European Commission, 2011. Roadmap for a single European Transport space: toward a competitive and energy efficient Transport system. European Commission, report no. COM(2011) 144, 28 March 2011, Brussels.

EUTRAIN, 2012. Deliverable D2. 1, Current Practices, Characteristics and Issues in Research Collaboration. EU DG RTD, coordination action, grant agreement no. 285305, also published by ECTRI (European Conference of Transport Research Institutes at www. ectri. org), Brussels.

Fiegerman, S., 2017. Uber sells 15% stake to SoftBank. CNNTech. December 28. Available from: http://money. cnn. com/2017/12/28/technology/ubersoftbank-investment/index. html? iid = EL. Accessed June 2018.

FUTRE, 2013. Deliverable D2. 1: The European innovation systems in transport and the current state of the competitiveness of the EU transport sector. In: EU funded project FUTRE (FUture prospects on TRansport evolution and innovation challenges for the competitiveness of Europe), Grant Agreement no: 314181, 7th Framework Programme, Brussels.

Giannopoulos, G., 2017. Strategic management and promotion issues in international transport research cooperation. Case Stud. Transport Pol. 5 (1), 9 – 21. See also:http://authors. elsevier. com/sd/article/S2213624X16300931.

Munro, J., Giannopoulos, G., 2018. Publicly funded research and innovation in the P. R. China and the outlook for international cooperation. In:Giannopoulos, G. (Ed.), Publicly funded Transport Research in the PR China, Japan and Korea: Policies, Governance and prospects for cooperation with the outside world. In: Lecture Notes in MobilitySpringer, Cham.

Korbet, R., Feldman, Y., Ravon, A., 2015. Startups and Venture Capital in Israel: Annual Report 2015. Geektime, Tel Aviv. Available from: http://www. geektime. com/2016/01/11/annual-report-2015-startups-and-venture-capital-in-israel/(Accessed June 2018).

Korean Ministry of Science, 2013. ICT and Future Planning, the Third Master Plan for Science and Technology. Korean Ministry of Science, Seoul.

Lambert, F., 2018. Mercedes-Benz unveils aggressive electric vehicle production plan, 6 factirues abd global battery network. Electrick, January 29th. Available from: https://electrek. co/2018/01/29/mercedes-benz-electric-vehicle-production-global-battery-network/. Accessed June 2018.

Lardinois, F., 2017. Ford and Toyota launch consortium to help developers build in-car apps. TechCrunch, January 4https://techcrunch. com/2017/01/03/ford-and-toyota-team-up-to-launch-the-smartdevice link-consortium/. Accessed February 2018.

Lienert, P., 2018. Global carmakers to invest at least $90 billion in electric vehicles. Reuters. January 18. Available from: https://www. reuters. com/article/us-autoshow-detroit-electric/global-carmakers-to-invest-at – least-90-billion-in-electric-vehicles-idUSKBN1F42NW (Accessed July 2018).

McFarland, M., 2017. Ford just invested $1 billion in self-driving cars. CNN Tech. February 17. Available from：http://money. cnn. com/2017/02/10/tech nology/ford-argo-self-driving-cars/index. html? iid = EL（Accessed December 2017）.

McMillian, A. F., 2017. Japanese Carmakers are Streets Ahead in Developing Self-Driving Technology. Real Money. May 4. Available from：https://realmoney. thestreet. com/articles/05/04/2017/japanese-carmakers-are-streets-ahead-developing-self-driving-tech（Accessed February 2018）.

MOLIT, 2015. Analysis of Technology Levels in Land, Infrastructure and Transport Areas—An Analysis Report of Technological Competitiveness in Land, Infrastructure and Transport Areas. Ministry of Land, Infrastructure and Transport, the Korea Agency for Infrastructure Technology Advancement, Seoul.

Palenchar, J., 2018. Samsung Intends to Connect Smart Homes with Cars. Twice. January 18. Available from：https://www. twice. com/product/ces-2018-samsung-intends-to-connect-smart-homes-with-cars（Accessed March 2018）.

SSTI, 2015. The Changing Nature of U. S. Basic Research：Trends in Funding Sources. State Science & Technology Institute at SSTI site, May 28. Available from：https://ssti. org/blog/changing-nature-us-basic-research-trends-funding-sources（Accessed July 2018）.

Thadani, T., 2017. Foreign entrepreneurs keep coming to Silicon valley—for now. San Francisco Chronicle. June 20. Available from：https://www. sfchronicle. com/business/article/Foreign-entrepreneurs-keep-coming-to-Silicon-11231238. php（Accessed March 2018）.

Wiesenthal, T. C. -M., 2015. Innovation in the European transport sector：a review. Transport Pol. 42, 86 – 93.

延伸阅读

Christensen, B., 2011. Modularised eco-innovation in the auto industry. J. Clean. Prod. 19 (2 – 3), 212 – 220.

ECTRI-TRB, 2009. European-United States Transport research collaboration. Report by the working group set up by ECTRI and TRB to report on EU-US transport research collaboration, Washington DC （TRB e-circular）and Brussels ECTRI report. Available from：www. ectri. org.

European Commission, 2016. The 2016 EU Industrial RTD Investment Scoreboard. Joint Research Centre, Directorate Growth and Innovation, Brussels. Available from：http://iri. jrc. ec. europa. eu/scoreboard16. html（Accessed March 2018）.

Köhler, J. S., 2013. Leaving fossil fuels behind? An innovation system analysis of low carbon cars. J. Clean. Prod. 48, 176 – 186.

McCuaig-Johnston, M., Zhang, M., 2015. China Institute, Occasional Paper Release—China Embarks on Major Changes in Science and Technology. Occasional Paper Series, vol. 2. University of Alberta, Alberta June 2.

OECD, 2015. Frascati Manual：Proposed Standard Practice for Surveys on Research and Experimental Development, sixth ed. OECD, Paris.

OECD-Eurostat, 2005. Guidelines for Collecting and Interpreting Innovation Data. In：The Oslo Manual. third ed. OECD, Paris https://doi. org/10. 1787/9789264013100-en 10th November. Available from：http://www. oecd-ilibrary. org pp. 162.

Oh, J. M. -J. -D., 2017. International Collaboration in Transport Research and its Implementation：Governance, private sector involvement, and implementation issues with focus on the Asia—Pacific：Section IV, the int'l transport research cooperation outlook for KOREA. Korean Transport Institute-KOTI, Seoul.

Whitley, R., 2006. Characteristics of six ideal types of innovation systems. In：How Europe's Economies Learn. Oxford University Press, Oxford 350 pp.

Whitley, R., 2008. Business Systems and Organizational Capabilities. The Institutional Structuring of Competitive Competences. Oxford University Press, Oxford, pp. 771 – 784. https://doi. org/10. 1093/ser/mwn017 Socioecon Rev （2008）6(4). Published：18 August.

第5章
影响创新生态系统成功/失败的因素

5.1 引言

在考虑影响交通和其他部门创新的关键因素时，本章将重点分析两个中间的层次，即国家和企业或组织机构层（简称企业层）。之所以重点分析这两个层次，在于它们处于中心位置，影响其他层次。它们的发展和发挥其应有的功能，是系统或跨国层、地方或区域层和个体层发挥其应有的功能和发展的必要条件。例如，通过国家政府之间的贸易协议或公司发起的跨国合作协议，将国家层面的创新适当扩大到国际或全球规模，从而实现系统（国际）层面。同样，地方或区域层和个体层面也受到国家和企业层面发展的重大影响。

在图 5-1 中，我们用简单图示描述了国家和企业两个层面的相互关系——自上而下和自下而上的双向相互影响。对国家层面革新而言，现有的总体政策和体制环境是关键的"吸引子"要素。这种环境包括法律或监管规定、奖励的提供、机构的发展、金融工具以及其他可获得的支持革新的机制，比如有效的知识产权保护支持。对于企业层面的创新，定义要素涉及企业参与的创新类型，当然还有企业内部的组织、管理和政策。至于创新"产品"的类型，我们可以分为 3 种类型：

1）新的（或改进的）硬件。

2）新的（或改进的）进程。

3）企业内部的"新知识"。这些新知识虽然严格来说不是"商业产品"，但可以推动开发新的或改进现有的工具、流程、技术或服务，或者可以作为"独立创新"留在公司内部，具有未来开发的潜力。

政府对于国家一级创新立法和操作程序的制定和运作以及市场交易规则和其他国家一级关键创新要素的执行都至关重要。政府也是"知识创造"研究成果的最典型资助者，给参与公共资助 RTD 项目的公司带来最典型、最丰富的创新成果形式。企业主要从事私人资助的研究（为自己或第三方），并着眼于创造"硬件"或"过程"创新，以期即刻或短期市场的吸收和开发。企业层面的革新领导人正在引领当今交通领域的变革。他们正沿着长期持续关注的道路前行，以便在人工智能和自动驾驶汽车等新兴领域占据主导地位。当我们研究影响创新生态系统成败的因素时，考虑因素基本上与国家或企业层面的"吸引子"在特定创新生态系统的相关"吸引盆地"内的发展和功能有关。

在接下来的章节中，我们将进一步阐述图 5-1 的简化模型，并系统地讨论影响上述两个层次创新成败的因素。我们主要借鉴运输部门的经验，但普遍认为调查结果更具适用性。

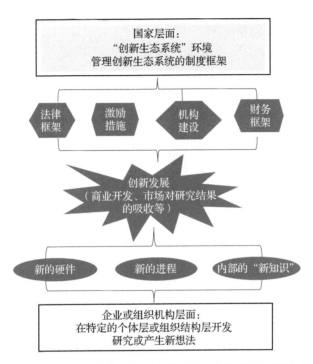

图 5-1　主要创新生态系统"吸引子"要素（国家和企业两个层面）的示意图

5.2　影响国家层面创新的因素

5.2.1　外部因素

"外部"是指源自特定创新生态系统之外的因素。换句话说，一个生态系统"外部"的因素可能是另一个生态系统的"内部"。为了避免歧义，我们可以定义两种"外部"影响因素：

1）影响特定国家或地区内创新生态系统整体的因素。一般来说，这些因素并不直接参与任何特定生态系统内的创新生产过程。

2）影响特定生态系统的因素，并且源自其他创新生态系统的溢出效应（即特定生态系统的溢出效应），或来源于其他外部利益相关者的行动或非行动。

在本节中，我们将考虑通常适用于所有生态系统的"外部"因素[一]。这种"外部"影响因素将在下面更详细地加以考虑，包括：

1）（国民）经济状况。

2）（国家）治理模式。

3）全球化效应。

4）私营部门的参与程度。

5）政府的参与程度（公共部门）。

6）市场运作的类型和模式。

7）其他因素。

1.（国民）经济状况

一个充满活力的经济环境意味着可以聚集和利用更多的财政资源和人力资源进行创新，以解决紧迫的技术、环境和社会经济问题。在运输方面，国家一级的问题，如城市拥挤、对矿物燃料的依赖、减缓气候变化等问题，更容易在充满活力的国民经济中得到解决。在不断扩大的经济规模中，其所有部门和机构的健康运作为创新提供了更多的财政和人力资源的机会，并形成了一个肥沃的环境，在这个环境中，可以创建和发展创新生态系统，以产生解决国家一级问题的创新。在这种积极的经济环境中，创新周期的组织和治理通常会采取更灵活的方式，随着创新"市场"更具竞争力、流动性和对新产品和服务的接受能力逐渐增加，创新的动力也会增加。

健康的国家创新生态系统严重依赖私营部门的投资[二]。随着国民经济的蓬勃发展，私营部门对未来更有信心，因此更有可能投资于 RTD&I 活动并从中受益。私营部门对国家、市场和整个国民经济的总体经济状况特别容易接受和敏感。其主要激励因素是技术领先、市场份额和长期利润获得。

当国民经济处于静止、停滞、隐性，甚至通货紧缩[三]状态时，创新的生产和促进受到约束或缺失，创新生态系统可能因创新约束因素的汇合而停滞甚至消失，如：

1）缺乏私人资金进行新的研究，缺乏创新的产品和服务。

[一] 第 6 章和第 11 章讨论了其他类型，即特定生态系统。

[二] 在欧盟国家的运输部门中，私人资金占 RTD&I 总投资的 80% 或更多，并且根据所考虑的子部门，这一总体数字存在显著差异（Wiesenthal 等，2015）。

[三] 通货紧缩通常发生在经济危机期间和之后。当一个经济体经历严重衰退或萧条时，经济产出会随着消费和投资需求的下降而放缓，这导致资产价格的整体下跌，因为生产者被迫清算人们不再愿意购买的库存。消费者和投资者都开始持有流动资金，以缓冲进一步的财务损失。储蓄越多，花费或投资的资金越少，总需求和市场稳定性进一步下降（Hayes，2017）。

2）私营部门对采用和资助创新缺乏兴趣，市场倒退到之前的状态。

3）各级政府运作中出现的行政和组织障碍。

4）国家（或区域）政府改变一系列优先政策，在经济衰退和紧缩时期，这些优先政策可能会引导人们的注意力和资金（例如工资、养老金、维持就业水平等），经济会更快地恶化。这些优先政策通常使资金能够迅速周转，因此，它们倾向于基础设施建设和其他快速创造就业机会的投资，而不是投资研究和技术开发，因为研究和技术开发需要更长期的周转才能看到回报。政府对需求的刺激，通常集中在有立竿见影效果的投资上，这与凯恩斯主义经济学的理论是一致的⊖。

2.（国家）治理模式

国家治理的社会政治模型也是国家层面创新的重要外部影响因素。在"国家主导"的治理模式（如第4章所定义），中央权力机构及其管辖权直接负责所有战略和重大业务决策，并制定大多数促进创新的政策和行动。严格的自上而下的决策方法，限制了研究机构遵循自己的研究重点或"直觉"的自主权，不允许来自社会和市场的任何反馈，不了解"市场"想要什么。它还限制了创新生态系统的"行动者"自由行动和竞争，因为中央当局的权力和决定凌驾于任何其他权力之上。这种治理模式可能会通过遮蔽和限制创新生态系统参与者或个别利益相关者更独立的观点和行动而造成相当大的扭曲。在"国家主导"的体系中，政府资助可能导致对特定创新部门的过度投资和对其他部门的投资不足。

话虽如此，我们还必须指出，"国家主导"的治理制度会推动各机构和部门非常迅速地执行中央决定，并能在短期内带来令人印象深刻的成果。作为国家主导模式的私营部门，受到（中央政府一级）迅速决定的强烈影响，这种影响可能是积极的，但也可能导致私营部门（特别是中小型企业）过度依赖政府激励，降低竞争能力。在一些"国家主导"的制度中，允许私营部门的活动根据市场利益和利润行事。

在这种模式的另一端，我们发现政府放权或"市场主导"模式。在这种情况下，中央政府将相当大的权力授予地区或州，甚至更多的地方政府。政府还向私营部门实体和利益相关者提供了几乎无限的权力和自由，让他们按照自己最适合的方式进行规划和行动。创新生态系统的利益相关者在行动和决定其目标、行动和投资方面具有相当大的、几乎完全的独立性。RTD&I治理也遵循分散和开放的模式，允许每个创新利益相关者具有不同的灵活性和完全的决策自由。在这样的制度中，私营部门起着关键的作用，通常是在这种制度中产生了"革命性"的创新。美国、澳大利亚、加拿大、日本和欧盟大多数成员国等国家都展示了市

⊖ 凯恩斯主义经济学建立在使用财政和货币政策的基础上，这些政策可以缓解经济活动水平的下降和总需求不足。凯恩斯主义经济学的理论前提是对新古典经济学的直接挑战。

场主导的国家治理模式，只有个别欧盟成员国可能实行不同程度的自由化，并坚持市场主导模式。

在这两个系统之间，我们可以找到一种混合型的国家治理模式，即国家主导型和市场主导型的混合模式。在这种情况下，创新生态系统符合特定国家的社会政治和经济特点。尽管在大多数情况下显示出类似于市场主导模式的特征，但在混合治理模式中，我们可以看到所谓的新兴经济体，例如印度、巴西、南非，也有在其政治理念中具有强大社会参与和保护的其他发达国家，例如挪威、瑞典、芬兰和瑞士。

3. 全球化效应

影响国家一级创新的一个新的、迅速演变的外部因素是日益增长的全球化和国际科学与经济互动。各级国际合作——即政府、公司或个体创新者层面的国际合作——为全球和国家层面的创新创造开辟了新的视野。换言之，国内产生的研究和创新可以通过条约、协定和合作框架等国际合作和互动渠道，在国际一级产生附加值和更多的激励。

国际合作、互动和全球化能够：

1）使创新相关的人力资本获得新的技能和专业技术。

2）促进为支持国家一级的创新找到必要的资金。

3）促进示范基础设施的共同使用。

4）受益于国际网络和市场认可。

5）为新的创新产品或服务寻找更广阔的市场。

在运输部门，有许多例子表明全球化对国家创新生产的影响，反之亦然。其中大部分与过去两个欧盟研究框架项目（FP7 和 H2020）中所做的国际合作研究工作的评估研究有关，如（Giannopoulos，2017），（FUTRE Project，2013），（Wiesenthal 等，2015），（Belderbos 等，2004）等。尽管特朗普总统领导下的美国政府最近改变了政策，但总体而言，迄今为止的趋势是积极的。传统上，为了在国际市场上获得商业优势，在特定国家的边界内限制国家科学成就的曝光，这与加强国际合作形成了鲜明对比。根据这一观点，一个完全全球化的创新生产体制将威胁到国内的研究和创新（以及工业的卓越），并产生不公平竞争和抑制因素。因此，多年来，国家政策限制了政府对国际合作的支持，并为实施更全球化的创新观点制造了障碍。

对国际合作态度的变化可归因于：

1）创新利益相关者（主要是大型私营企业）越来越多地参与到其他国家或区域成功的创新生态系统中（例如，参见我们对硅谷和科罗拉多丹佛地区的案例研究）。

2）在过去竞争逻辑盛行的较发达经济体的层面上，国内的卓越和创新生产与全球合作交流的逻辑并不矛盾，这一观点越来越被人们接受。

3）这种合作所能产生的许多共同利益远远超过了潜在的威胁和不利的方面。

今天，我们看到，至少在运输部门，将发展越来越多的国际 RTD&I 合作网络，并侧重于解决全球运输问题，例如减轻和适应运输气候变化、缓解城市交通拥堵、交通部门脱碳等。不幸的是，在 2016 年美国大选以及特朗普总统领导下的美国重返征收关税和保护主义政策之后，RTD&I 领域更多国际合作的趋势受到威胁，可具有讽刺意味的是，几十年来，美国一直是寻求更多国际合作和全球化的强大力量。其他威胁因素还有各国（特别是经济欠发达国家）在知识产权保护方面存在的持续问题。在中国政府出台了更严格的知识产权规则和更好的监管措施（另见第 8 章）之后，中国的类似知识产权问题也得到了成功的解决。

4. 私营部门的参与程度

私营部门参与 RTD&I 活动已成为革命性创新和可持续创新生态系统发展的关键力量。运输部门尤其如此。政府的作用主要是弥补私营部门无法弥补的缺口（如责任或国家安全）。私营部门参与研究和创新活动的数据证明，私营部门参与 RTD&I 的程度非常重要，而且在全球范围内，私营部门参与 RTD&I 的程度通常是公共部门的 2 ~ 3 倍。根据 2016 年版欧盟工业 RTD 投资记分牌[⊖]（以下简称"欧盟记分牌"）的数据，该记分牌分析了 2015 财年全球 2500 家[⊜]投资 RTD[⊜]金额最大的公司。根据这些数据，世界范围内私营部门在研究和创新方面的支出显著增加。2015 年，全球前 2500 家欧盟记分牌公司对 RTD&I 的投资总额为 6923 亿欧元，比 2014 年增长了 6.6%。2015 年，在所有行业的研究和创新活动中，排名前两位的投资者分别是大众（136 亿欧元）和三星（125 亿欧元）。

在欧洲交通部门，汽车行业的大型公司始终支持一个强大的创新体系，在研发和制造业之间形成"垂直"知识流，为市场生产汽车和零部件（Köhler 等，2013）。在汽车生产行业，零部件供应商承担了 75% 以上的整车生产，大型一级供应商承担着其他上游供应商的研究、工程、预装配、物流和协调责任，以便向汽车制造商交付完整的功能单元。欧洲汽车制造商协会（European Automobile Manufacturers'Association，ACEA）报告称，按照 2015 年的水平，欧洲汽车工业每年在 RTD&I 活动中投资 447 亿欧元。这约占欧洲汽车业总营业额的 5%，这一

⊖　网址：http://iri.jrc.ec.europa.eu/scoreboard.html（2017 年 11 月访问）。在同一地址，感兴趣的读者还可以找到 2017 年的记分牌和其他更新。

⊜　这些数据分布为：欧盟 590 家，美国 837 家，日本 356 家，中国 327 家，韩国 75 家，瑞士 58 家，其余分布在其他 20 多个国家。

⊜　RTD 的定义遵循 OECD/EUROSTAT 的 Frascati 手册定义。私营公司通常在国际会计准则 38（"无形资产"）的财务报告中采用这一定义。

比例使汽车业成为欧洲和世界范围内交通创新的驱动力〇。美国汽车公司有着不同的历史，创新是最大化短期利润的次要考虑因素，这使得日本和欧洲汽车制造商获得了相当大的美国市场份额。直到最近，美国汽车公司才开始在运输创新方面投入巨资，以使它们能够成为运输领域正在进行的革命性创新的一部分。欧洲的情况也不同于美国，因为在美国，与信息通信技术有直接或间接关系的初创企业推动了大部分交通创新革命〇。

上述交通运输领域的私营投资 RTD&I 数据隐藏了交通运输部门各组成部分〇之间投资水平的高度差异。欧盟私营运输部门 RTD&I 投资的百分比分布从汽车部门占 RTD&I 投资总额的 80%~82% 到民用航空约占 13% 不等，其余各部门均不到 3%，基础设施行业最低，仅占 RTD&I 投资总额的 0.5%，见表 5-1。

表5-1　RTD&I 投资在欧盟私营运输部门的百分比分布　　（单位:%）

投资	2008 年	2011 年	2014 年
汽车部门	81.8	81.5	80.6
汽车制造商	46.0	46.4	39.5
商用车制造商	9.1	9.7	10.6
零部件供应商	26.7	25.4	30.5
民用航空	11.9	13.0	14.3
水运	1.6	1.5	1.4
铁路	2.3	2.0	1.8
基础设施	0.5	0.5	0.5
运输服务提供商	1.9	1.5	1.4
私营运输部门投资总额	100	100	100

资料来源：2008 年和 2011 年数据来源于（Wiesenthal 等，2015）。2014 年数据根据作者在欧盟记分牌和其他收集的数据进行估计。2008 年和 2011 年的数字为 2008 年欧元。2014 年数据中，数字以 2014 年欧元为单位。

从表 5-1 的数据可以很容易看出，政府经常跟进交通部门的子部门并调整资金以弥补私营部门留下的缺口。资助的专题主要是指私营部门不感兴趣或没有投资动机的横向或"交叉"性质的领域。这类专题包括：

〇　请参见：http://www.acea.be/industry-topics/tag/category/research-and-innovation（2017 年 4 月访问）。

〇　例如，谷歌的 Waymo 和英特尔的 MobileEye 等公司（显然不是传统的汽车公司）。福特等其他美国汽车制造商正在收购 Argo AI 等人工智能初创企业，以便在自动驾驶汽车竞赛中一跃而上。同样，通用汽车从软银（一家日本银行集团）获得了 22.5 亿美元，用于推进通用汽车的自动驾驶汽车（Isidore 和 Valdes Dapena，2018）。

〇　即汽车部门（公路运输）、民用航空、铁路、水运、基础设施和各种运输服务提供商。

1）气候变化问题（缓解、适应、恢复能力）。

2）环境研究，以评估可持续流动性提供的影响和机会。

3）社会影响和社会公平正义要求。

4）将人力和社会层面纳入流动性规定。

5）新的经济评估和融资工具。

6）安全和安保问题——风险分析。

7）创新生产的新治理和监管环境。

8）新的交通基础设施开发和维护方法和技术。

5. 政府的参与程度（公共部门）

政府和政府组织参与是创新生产成功的另一个重要的"外部"因素。在所有的案例研究中，政府都是以某种方式出现的。根据国家治理模式，政府干预并承诺或多或少地为创新生态系统的发展和支持提供资金。这种参与在国家主导的系统中占主导地位，而在市场主导的系统中（主要是为了弥补私营部门留下的缺口）则很少。对于市场主导的体系来说，在国家安全方面，政府一直是创新的重要和持久的资金来源。

在目前的大多数实践中，政府的作用和干预在 RTD 阶段结束后急剧减弱。公共资助通常在研究成果以研究项目报告或研究原型的形式提交后结束。完成创新周期的其余必要步骤留给其他利益相关者——主要是私营部门公司或研究机构本身。政府参与 RTD&I 的主要任务是制定政策和立法，以引导和维持创新。政策制定者需要通过以下方式营造良好的创新环境：

1）支持特定创新生态系统中最初的"吸引子核心"，并投资于研究、技能和知识基础设施。

2）帮助克服创新的关键障碍。

3）确保创新最终有助于增长利润和获取更大的福祉。

4）确保在国际范围内征收关税不会破坏运输创新方面的国际合作。

根据经济合作与发展组织（以下简称经合组织）最近的一份报告，在国家一级采取的政府行动是使创新工作发挥作用的关键（OECD，2015）。该报告强调，加强国家创新绩效没有"银子弹"（速效良方），明确了政府在支持（国家一级）创新方面的作用，具体如下：

1）制定有效的技能策略，创造新的想法和技术，将其推向市场，并在工作场所实施。经合组织对成人技能的调查⊖显示，三分之二的工人不具备在技

⊖　经合组织在 40 个国家的 15 万多成年人中进行的一项国际调查，作为国际成人能力评估方案的一部分。它衡量了个人参与社会和经济繁荣所需的关键认知和工作技能，参见：http：//www.oecd.org/skills/piaac/surveyofadultskills.htm（2017 年 11 月访问）。

术丰富的环境中取得成功的技能。因此，广泛和包容的教育和技能战略至关重要。

2）建立健全、开放和有竞争力的商业环境，鼓励对技术和知识资本进行投资，使创新企业能够试验新的想法、技术和商业模式，并帮助成功的企业成长和达到规模。正如经合组织的报告所指出的，现有政策从 RTD 税收抵免到环境法规往往过于青睐现有企业，从而减少了试验，推迟了生产率较低企业的退出，并减缓了资源从较低企业向更具创新性企业的重新分配。

3）在有效的知识创造和传播系统中维持公共投资。尽管这类投资在 21 世纪 10 年代初的经济危机中保持得相当不错，但随着许多经合组织国家进行财政整顿，更加注重短期利益，这类投资目前正在减少。正如报告中强调的那样，世界面临着气候变化和老龄化等长期挑战，现在还不是创新政策完全由短期利益驱动的时候。

4）以更平衡的方式支持业务创新。近年来，各国政府加大了对 RTD 税收优惠的重视。这种激励措施往往不能满足年轻、创新型公司的需要，也不可能扩大跨国公司的跨境税收规划。更好的设计会有所帮助，但各国政府也需要通过有竞争力和透明的赠款来加强支持，作为税收激励的补充。

5）增加数字经济的接入和参与。数字技术为创新、增加利润和获取更大福祉提供了巨大潜力，也可能影响经济和社会的每一个部分。需要采取政策行动来保护开放的互联网，解决隐私和安全问题，确保准入和竞争。

6）实施良好的治理态度，包括承诺从经验中学习。这是指现有治理和实施框架的重要性及其对创新的潜在影响。正如报告所说：

> "创新政策是在一个复杂、全球化、动态和不确定的环境中运作的，在这种环境下，政府的行动并不总是正确的，承诺对政策进行监测和评估，并从经验中吸取教训，随着时间的推移调整政策，有助于确保政府的行动是有效的，并以最低成本最终实现其目标最低成本"（OECD，2015）。

政府积极干预，支持国家创新生态系统，尤其是在国民经济低迷时期，其目的应该是刺激和支持私营部门参与 RTD&I 活动，并普遍支持 RTD&I 作为"一揽子刺激计划"。然而，在这种情况下，大多数政府并不认为 RTD&I 是一种适当的"刺激资金"，他们的资金通常被分配到支持工资或基础设施发展项目等部门，即利用这些资金迅速创造就业机会，以应对不断上升的失业率，并诱导相应的支出增加。因此，政客们倾向于认为，研究和创新生产的资金投入在经济中的影响不如其他更大胆的措施那么迅速，但如果有人能从长远角度出发，并在科学家和决策者提出的研究建议的基础上发挥一些创造性思维，那么对研究和创新的投资也可以被视为提升经济的好策略[⊖]。

本书以插图 5.1 为例，介绍了政府为支持创新生产和创新发展而采取的实际干预措施（以具体措施的形式）。它们是传统的国家一级干预措施，主要基于澳大利亚新政府最近宣布的此类干预措施[⊖]。我们可以将重点更多地放在运输部门，概述可以采取的更多政府政策干预措施，以协调运输创新市场的竞争条件，改善和支持相关的创新生态系统。它们包括：

1）建立支持创新的前瞻性监管框架。例如在运输领域，在引入颠覆性技术（例如自动驾驶）时，要快速、灵活、透明地制定新法规，消除监管和法律上的不确定性，并明确创新者和投资者在市场上有哪些确切的产品和服务，这是非常重要的。需要谨慎制定法规，以避免过度监管，并确保法规不会被用作阻止新进入者的障碍。

2）支持新进入者将创新概念和技术商业化，并消除创造充满活力和可持续创新生态系统的障碍。这里要克服的关键障碍通常是初创企业缺乏融资。

3）支持出现新的商业模式，促进风险分担。例如扩大使用公私伙伴关系、创新定价和筹资以及便利地开发和执行新商品和服务。特别令人感兴趣的应该是移动即服务的新商业模式，或者那些允许共享电动或自动移动的新车辆的商业模式。从车辆所有权到车辆用户所有权的转变是一个非常重要的革命性的变化，政府应该通过适当的监管和激励措施来扮演促进者的角色，为新的交通模式的出现创造条件。

4）促进采用其他工业子部门或其他创新生态系统的创新。在过去的货运和物流领域，可以看到这样的一个例子，创新是由物流服务提供商产生的，物流服务用户通过内部开发的系统和服务使用，目前它正在利用分散在全球各地的 IT 生态系统的"溢出"创新（例如，计算机化车辆路线和调度或车辆跟踪系统）。政府的行动应该有助于采用此类其他部门创新。

插图 5.1　政府干预支持国家创新的实例（改编自澳大利亚政府的国家创新和科学议程）

1）对早期投资者的税收优惠。对于有权享受税收优惠的投资者，其公司通常必须在向投资者发行新股后立即获得早期创新公司（ESIC）的资格。如果一家公司通过所谓的"早期测试"和"100 分创新测试"或"基于原则的创新测试"满足非常具体和明确的要求，那么它就有资格成为 ESIC。"早期"激励的指示性清单：

①税收减免：投资者可根据其投资额获得 20% 的不可退还税收抵免，还可根据资本利得税免税（类似于英国成功的种子企业投资计划）。

⊖　如前所述，为应对 2008 年的经济衰退，2009 年 2 月通过了 7870 亿美元的《美国复苏与再投资法案》，这项法案帮助埃隆·马斯克等汽车创新者为特斯拉电动汽车的开发提供了资金。

⊖　请参见：https://www. innovation. gov. au／（2018 年 1 月访问）。

②减税：通过 50 亿美元的小企业和就业一揽子计划实施减税。

③税收抵免：投资于新的早期风险投资有限合伙企业（Early Stage Venture Capital Limited Partnerships，ESVCLP）的资本的 10% 不可退还的税收抵免。2017 年，新 ESVCLP 的承诺资本上限为 2 亿美元。

④放宽澳大利亚的"同一商业测试"规则，即如果公司改变其商业活动，则否认税务损失，并引入更灵活的"主要是类似的商业测试"，允许初创企业引入股权合作伙伴并获得新的商业机会，而无须担心税务处罚。

2）将某些创新相关无形资产（如专利）的折旧扣除额从"法定年限"规则改为其他资产的"经济年限"。

3）放宽破产法，其太过于注重惩罚和污名化业务，宽大的处理包括：

①将违约破产期限从三年减至一年。

②如果董事任命一名专业重组顾问制定一项计划，以扭转一家陷入财务困境的公司的困窘局面，则为董事提供一个使其免于破产交易个人责任的"安全港"。

4）如果一家公司正在进行重组，禁止允许仅因破产事件而终止协议的"当然"合同条款。

5）在具有竞争优势的关键行业建立行业增长中心，如：先进制造业；食品和农业综合企业；医疗技术和药品；采矿设备、技术和服务；石油、天然气和能源资源。

6）改革员工持股计划，让初创企业吸引世界一流的员工。

7）与主要创新产生国签署自由贸易协定

8）提供企业家计划，帮助支持企业家"起步"。

9）改革澳大利亚教育课程，让教师有更多的课堂时间教授科学、数学和计算机编码。还有一项要求是，新的小学教师毕业时必须具有学科专业，优先选择科学、技术、工程和数学。

10）建立具体的监管制度，促进众筹股权融资。

11）在可能的情况下，改善监管并采用国际标准，以支持知名和既定的创新功能，例如：

①孵化器在澳大利亚创新生态系统中扮演着至关重要的角色。

②员工股票计划（Employee Share Schemes，ESS）采用了新的规则，更加方便用户，允许公司向员工提供股票，而不必向竞争对手透露商业敏感信息。

6. 市场运作的类型和模式

创新生态系统中确定了三种类型的"市场"（见第 4 章）：

1）一级市场——研究成果的制定。

2）二级市场——专利和受保护的原型。

3）三级市场——最终创新产品，即整个社会。

这些市场的存在和适当的功能是任何创新生态系统成功的关键因素，因为它们使创新服务、企业和产品能够"估价"和"定价"。在某些情况下，特定创新生态系统的市场可能不存在于生态系统的国家边界内，在这些情况下，生态系统实际上扩展到全球（系统）创新，并在全球范围内到达其相关市场，创新与市场的关系是双向的。创新通过开发新产品和"增值"影响市场，这些产品转化为利润和社会福利，但同时市场（特别是三级市场）通过"引导"买方偏好和行为影响创新周期和创新生态系统，从而影响创新投资的回报，并鼓励或阻止私营部门进一步参与。

强烈而明确的市场"信号"必须被视为"必要但不充分"的刺激因素，以便及时有效地开发优先技术和促进创新。从理论上讲，理想的做法是了解市场的需求，并通过适当的创新生态系统工具和流程将其作为产品提供。在这种情况下，创新生态系统应该能够扫描相应的市场，并就需要在何处何水平进行创新达成共识。然后根据研究结果，重新安排其有限的公共或私人资源，以产生最大的投资回报，维持创新生态系统。这种运作方式需要明确和一致的研究需求声明、路线图和其他市场研究相关技术，以便将创新周期集中在特定的市场主导产品上。然而，这并不总是必要或充分的。在生态系统中，个体创新者和企业家聚集在创新公司（初创企业或更成熟的企业）中，可以在确定市场需求方面发挥自主和非常重要的作用。换言之，通过他们的创新思想和理念，他们可以有效地"引导"市场接受他们的创新思想和解决方案。例如，如果我们完全等待市场信号，电动汽车和自动变速器就永远不会受到重视。

不幸的是，最终的三级市场的复杂性——实际上有成千上万的公司、承包商、设备制造商等——使在任何特定时间点关注特定需求的过程变得复杂。在这种情况下，市场信号被涉及的利益攸关方的数量之多及其不同的需求以及许多有关机构和实体掩盖。如果充分发展和落实创新生态系统的概念，就可以克服这些困难，因为根据定义，这种生态系统的特点是能够促进信息共享。充分发展和适当运作的创新生态系统还可以通过特定的增值服务来影响市场行为，并利用有效的市场研究和市场影响调查工具，改变市场行为的动态和特点。

"市场"有三个关键特征对创新生态系统的发展具有特别的影响：

1）市场规模：创新生态系统所涉及的相关市场的规模是成功的一个重要因素，因为它影响创新投资的盈利能力，并与设备的周转时间以及最终决定（创新）投资潜在回报的其他因素有关。较长的周转时间和较小的市场规模往往会对创新不利，因为它们导致对创新产品的需求不足，因此创新者的回报时间可能更长（JRC/IPTS，2011）。在对柴油机效率潜在市场的研究中，Bonilla 等人发现，欧洲和日本企业的创新倾向与市场规模正相关（Bonilla D. 等，2014）。

2）市场结构：市场的"结构"是由存在的竞争水平以及主要参与者的数量和地位来表示的。"结构"是一个重要的影响因素，因为它关系到创造进一步的激励或抑制创新的因素。在研究产品市场竞争与创新（以专利数量衡量）之间的关系⊖时，发现这种关系呈倒U形曲线，在竞争强度的两个极端（即如果存在

⊖ 这种关系用勒纳指数 L 表示，定义为 $L=(P-MC)/P$，其中 P 是企业设定的市场价格；MC 是企业的边际成本。当 $P=MC$ 时，$L=0$ 意味着企业没有市场力量。当 $MC=0$ 时，指数 $L=1$，表明企业具有垄断能力。

完全没有竞争或完全竞争的垄断，则创新活动非常低。在竞争强度的中位数情况下，它取最大值（Aghion P. 等，2005）。随后的国际运输论坛（ITF）汽车工业报告（ITF，2010）也描述了同样的关系。我们还需要指出，一个运作良好、发展良好的创新生态系统与其市场结构有着明确的联系，因为创新生态系统影响其市场的结构和行为。

3）市场规则：出于安全、环境质量和其他原因对运输部门实施的各种法规和标准是影响运输创新市场和创新活动运作的另一个因素。环境法规在这方面尤其有影响。它们通常会为创新创造新市场，比如 2000 年美国加利福尼亚州出台的低二氧化碳排放和运输脱碳条例。这些措施激励了硅谷推动电动汽车的创新，也激励了世界各地的其他创新生态系统创造替代燃料和低二氧化碳排放发动机。一些研究证实了环境法规与运输创新之间的关系（OECD，2011；Bonilla D. 等，2014）。

7. 其他因素

从我们的案例研究（如本书第二部分所示）可以得出一些其他"外部"影响因素[⊖]。这些都显示在插图 5.2 中。

插图 5.2　国家层面"外部"创新影响因素分析（来源于我们的相关案例研究）

1. 需要强有力的政治意愿、稳定的政府支持和建立信任

大多数政府口头上把科学研究和创新创造作为其经济发展计划的关键。然而，很少有人采取必要的实际措施来实现这一目标，而且当采取这些措施时，这些措施并不构成历届政府所遵循的长期政策的一部分。我们案例研究的一个关键结果是，成功的国家创新生态系统总是与历届政府长期实施的稳定政策联系在一起（例如 20 世纪 80 年代末以来的以色列）。

2. 技能型人力资本和创新型职业道德

高技能和受过适当培训的人力资本的存在至关重要。这可以通过当地资源，即组织良好、具有国际竞争力和受尊重的大学的毕业生来实现，也可以通过从国外引进这种人力资本来实现。参与创新活动要求具有高度积极性和勤劳的人，他们拥有发达的"创业文化"，合法地渴望从他们的活动中获得丰厚的经济回报。

3. 公私部门合作、承担风险和接受失败的文化

在公共部门和私营部门之间保持频繁、透明和稳定的合作精神是根本。同样重要的是建立一个法律和文化框架，支持私营部门承担风险，并接受（即不惩罚）失败。

4. 关注（提供）机会的部门和市场

在国家一级，重点支持一个国家拥有或能够拥有国家优势的创新生态系统及其市场，是成功的一个重要因素。这类部门是指一个国家已经建立了一些基础设施或声誉，或能够轻易提供试验台等的经济或科学部门。这就需要深入透彻地分析国民经济及其特点，制定长期规划和政策。

⊖　据了解，这些因素中的大多数都回到了关于创新性质的传统逻辑，而显然，我们的"创新生态系统"方法可能需要对这些影响因素采取不同的逻辑。这里以总结形式提出关于创新的"传统思维"的价值，源于这样一个事实：当今世界上大多数国家和地区普遍存在，它提供了我们可以在以后的章节中进一步发展我们的创新生态系统模式的背景。

5. 在正确的时机采取行动——驾驭变化的"浪潮"

一个关键的成功因素也是"正确的时机"。这与了解需要对特定创新生态系统进行投资的正确时间段有关，以便充分利用生态系统所涉及的特定领域或领域的未来前景，或"驾驭"其他部门可能同时发生的创新浪潮。在运输部门，有数百项创新从其他部门转移到了该部门（例如，电气化和替代推进系统的创新，更普遍的是，自动驾驶和智能网联汽车，以及共享交通，这些创新在很大程度上来自于储能、神经网络、机器人技术、电信等领域的创新）。识别和利用这种创新"浪潮"的能力是许多成功的国家创新生态系统的标志。

6. 创建创新基础设施"池"

创新区、孵化器等创新基础设施的存在也十分重要。创新生态系统中所有利益相关者实体之间的接近和密切互动，即使相关实体之间具有竞争力，也非常重要。政府应通过提供发展预算或税收优惠的低利率贷款来协助和支持这些基础设施。在这些领域内或附近有一个大型大学或研究中心是必要的，因为大学毕业生很可能成为创新企业家，加入这些领域的创业公司。

7. 提供培训、领导和指导的机会

为新创业者创造"学习"的机会，使他们获得指导、培训，以度过创建初创创新型公司的第一个关键阶段。这种指导应该交给经验丰富的专家和公司。创新"加速器"、导师和其他类型的"创新中介"的存在非常重要。

8. 消除就业流动的障碍

一个成功的创新生态系统的一个关键因素是没有就业流动的障碍，例如有利于竞业禁止条款的法规制定。竞业禁止条款减缓了创新生态系统中的流动性，也减少了技术胜任人员在企业间流动所需的学习。

5.2.2　内部影响因素

这些因素直接或间接来自创新生态系统及其内部组织和管理的内部要素。我们已将创新生态系统的"要素"定义为构成创新生态系统的利益相关者，如图 2-7 所示。在调查和访谈的基础上，我们详述了以下 4 个"内部"影响因素，这些因素具有主要的权重和价值：

1）存在适当的融资和融资工具。

2）在生态系统"吸引子核心"中存在"关键"利益相关者。

3）存在许多创新"使能因素"（促进创新启动的项目）。

4）参与组织的创新友好型（公司）管理。

1. 存在适当的融资和融资工具

正如预期的那样，有功能性和可利用的融资和融资机制是取得成功的一个主要因素。创新资助机制目前在世界范围内已经相当完善，它们构成了成功的国家创新生态系统的支柱。第 9 章详细讨论了这些机制和资金来源。

2. 在生态系统"吸引子核心"中存在"关键"利益相关者

如第 2 章所述，任何成功的创新生态系统中的一个关键要素是所谓的"吸引子核心"，即一些承诺良好且合格的组织（利益相关者），它们将启动并维持生态系统的关键功能，特别是在其发展的初始阶段。这一内部影响因素的含义是，在这一吸引子核心中，必须存在所有利益相关者，这些利益相关者可以被定义为特定生态系统运作的"关键利益相关者"。他们的专业知识和活动领域对特定创新领域的生产过程至关重要。它们必须有兴趣、有能力和承诺，在特定部门启动创新生态系统，并在最初关键时期维持其职能，确保长期可持续性。

根据我们在第 2 章提出的创新模型中使用的术语，这些关键利益相关者将形成特定生态系统的"吸引子核心"，并将指导其"吸引盆"的创建。尽管"关键利益相关者"的定义和命名将取决于生态系统的特定部门和活动领域，但我们可以在这里提及一些"典型"的"关键"利益相关者，这些利益相关者似乎存在于几乎任何成功的创新生态系统的吸引子核心中并活跃于其中。它们是与市场相关的利益相关者和利益相关市场的实体（买方、卖方、最终用户）、将提供必要资金的金融实体、生态系统重点领域的工业生产实体、供应链和支持服务相关实体，当然还有研究提供者实体（大学/研究中心）。在这里，政府和政府机构的横向作用也必须得到重视，因为它们可以通过战略规划、规则制定和监测创新生态系统的总体运作或具体案例来贡献政治意愿和领导能力。此外，他们还必须确保创新过程在创新周期的所有阶段都遵循简单而非官僚的规则——对所有人强制执行[一]。

工业/商业公司同样重要，因为它们将承担创新产品的实际生产和制造或提供服务。它们提供了对未来市场需求的前瞻性愿景和感知，这些愿景和感知将引导研究进入满足市场需求的领域。在大多数"创新先进"国家，私营部门、工业或商业公司参与创新的主要部分是通过风险资本资助的初创企业。通常，这些初创企业是由当地大学或其毕业生创建的。

因此，地方大学和提供研究的团体是几乎所有创新生态系统的另一个关键利益相关者。如果没有最初的研究来提供能够启动创新循环的研究产品，或者没有对创新感兴趣并致力于创新的人力资本，任何创新生态系统都会像一条没有源头的河流。大学/研究团体（公立和私立）提供创新理念、研究产品和人力资本，并与行业保持一致和合作。特别是对于私营部门的工业或商业实体而言，还必须有足够数量的此类实体，以便能够开展可持续的创新活动。换言之，这些实体存在的最低"临界质量"是适当互动、发展健康竞争和促进可持续创新活动所必需的。

---

3. 存在许多创新"使能因素"

"创新使能因素"是一系列"促进行动"和条件，如果存在这些行动和条件，可以为创新生态系统内的创新生产过程提供支持和促进。这类"使能因素"的例子如下：

（1）研究后项目活动资金的存在　到目前为止，创新生态系统资金的主要部分一直致力于启动和执行主要的 RTD 活动。当这种资金来源是公共机构时，情况尤其如此。这种状况意味着，在交付了一个研究项目的可交付成果之后，相应的研究合同终止，没有任何后续行动的资金可用。因此，有价值的研究产品通常作为科学出版物的论述对象，利用率很低。如果它们的技术可行性和知识产权保护得到了积极的实现（这被称为技术"死亡谷"），它们通常会保持"休眠"状态，等待后期可能的开发，并提供适当的资金用于技术可行性和随后的产品开发和商业化（这被称为经济"死亡谷"）。这些"死亡谷"虽然仍然存在于许多传统的创新生产观念中，但在国家创新生态系统创新模式中，通过生态系统中存在的创新生产利益相关者和创新融资利益相关者的卓越存在和相互作用（例如通过风险资本或其他金融机制），可以更容易地成功克服这些"死亡谷"。

关于运输部门，欧盟委员会 2013 年举办的一次研讨会审查了可能的研究后实施行动[一]。关键问题是："在研究周期的哪个阶段，我们可以做些什么来更好地利用研究项目的成果，增加交通研究对创新的影响？"研讨会与会者在三轮讨论中回答了这一问题，重点是项目前阶段、项目执行阶段和项目后阶段。研讨会参与者中最"受欢迎"的潜在行动如下[二]：

1）为开发的好例子（成功案例）设立特别奖[三]。

2）为选择和授予最佳实践项目后开发案例发布特别呼吁和竞赛。

3）发出特别呼吁，为项目后开发行动提供资金，包括为项目后开发提供某种特殊资金，以便将研究成果带到示范和商业化前阶段。

4）在一些可能产生可实施结果的 RTD 合同中，包括在研究结果产生后执行和交付的"研究开发"阶段。这一阶段将包括具体的开发行动和步骤，并将延

[一] 2013 年 10 月 25 日由欧盟委员会 DG RTD&I 董事会 H - 运输组织的研讨会——确保研究成果的最佳利用：如何更好地利用项目和计划成果？网址：http://www. transport-tips. eu/uploads/files/World\u cafe\u Brussels\u 25Oct13/Newsletter\u transport\u WORKshop\u 4Dec2013. pdf（访问日期：2018 年 4 月）。

[二] 在附录 B 中，我们给出了本次研讨会问题的完整答案清单。

[三] 例如，美国国防高级研究计划局（Defense Advanced Research Projects Agency，DARPA）于 2004 年设立了 DARPA 大挑战奖，奖励那些能够在规定时间内开发创新并展示创新的大学。DARPA 的大挑战赛（Grand Challenge）在美国激起了人们对许多先进技术和创新的兴趣。

交通创新革命

长研究项目的寿命。

5）根据技术审核，使先前的"研究开发"阶段可选。

（2）通过以下方式创造有利的"研究实施"环境

1）在国家一级建立简单、透明和非官僚的程序，以颁发创新"许可证"，如测试许可证、技术和程序认证、知识产权保护等。

2）制定并实施明确、长期的政府科研实施政策。

3）在科研执行机构和一般私营部门培养和促进创业"创新文化"[一]。

4）支持或开展培训和其他文化活动，以实现"研究实施""风险承担""前瞻性长期规划"等目标。在运输部门，美国和欧盟的运输研究管理部门正在越来越多地讨论、制定和推动此类行动（NCHRP，2014；JRC/IPTS，2011；TRB，2015）。

5）创建新的实体，重点是加强各利益相关者之间的协调，并提供综合创新支持功能。这些实体——可以称为创新促进和发展组织——将为信息传播、国际投资者信息等提供 站式服务。交通部门的此类组织的一个最新例子是"超越交通创新中心"，该中心基于美国交通部 2016 年的一项倡议在美国多个州创建。这些机构被认为是美国各地具有前瞻性思维的机构，被美国交通部认定为交通部门的创新促进中心[二]，能够通过研究、推广和其他实施支持活动推动交通创新向前发展。

（3）保留、扩大和维护创新支持结构 如"孵化器""加速器""创新区"或园区、技术转让办公室、大学创业中心等。

（4）系统创新监测和数据收集 一般来说，创新过程的数据很难获得，分析和评估也很难获得。系统地收集和使用这些数据将为创新生态系统提供非常宝贵的功能。目前，研究者和学者们对论文的发表及其引文越来越关注，而对其研究实施过程和成果的出版却缺乏跟进。由于通常参与研究执行和创新生产的实体通常是私营部门的工商实体，因此，此类数据收集和科学出版物没有形成一种"文化"。

（5）明确和负担得起的知识产权保护 知识产权保护是任何商业化和创新活动的必要步骤。这一过程可能耗时、成本高昂，而且需要第三方专业人员的协助，特别是在知识产权覆盖范围更广的情况下。知识产权的发布过程应得到研究

[一] "创新文化"的要素在（Newman，2009）中被定义为：以客户为中心、风险承受能力强、创业精神强、符合战略、技术和科学卓越、创新、虚拟组织（或创造性协作）、项目管理执行（或）卓越，即创造性。另一个定义使用"思潮"而不是"文化"，将其定义为"创新的预期用户之间的共同看法，即组织的实施政策和实践在多大程度上鼓励、培养和奖励创新的使用"（Klein K. 和 Sorra J. s.，1996）。

[二] 这些中心是由奥巴马政府创建的，它们是否会得到特朗普总统领导下的美国新政府的持续支持还有待观察。

生产组织或其他创新促进实体内组织良好且专业化的办公室的支持。第8章对知识产权保护问题进行了较为详细的讨论。

4. 参与组织的创新友好型（公司）管理

除了影响创新和研究实施的财务、制度和组织因素外，还必须鼓励相关组织（私营或公共部门）的管理层采取创新周期中涉及的行动（和风险）。这些管理者对创新的现有心态和态度在某些情况下是抑制因素，因为通常存在一种"保守主义"和避险文化。在历史上的交通部门，有一些这样的心态的例子。交通基础设施建设的子部门（公路和桥梁、铁路、港口、机场），其中管理人员往往是传统的"遗产"导向。更普遍地说，所有采购过程（在运输或其他部门）主要是基于规格的最低出价和为满足公开竞争和问责制的需要，这些采购过程总是限制创新，并使最高管理层不敢参与创新。它们还不鼓励可能开发了创新的新产品或方法的承包商采用这些产品或方法，因为采购规范实际上决定了设施必须如何建造和维护⊖。

因此，管理态度和长期的传统做法是影响创新的一个因素。必须克服管理层对创新的"保守主义"，这需要对许多组织根据自身历史发展和责任义务承担的组织模式、管理职责和责任上进行重新审视和改变。灵活地与私营部门合作和联络，并通过公私伙伴关系或简单地将任务分包给更灵活和更利于创新的第三方来发展和维持创新，是应对这种情况的一种行之有效的方法。必须重申，最成功的创新生态系统是那些促进流动性而不是试图通过竞业禁止合同阻碍流动性的生态系统。流动性是创新生态系统中一个重要的学习机制。

5.3 影响企业创新的因素

5.3.1 引言

个体创新周期起源于直接或间接参与相关部门的个体组织（企业或公司），并在其内部进行。根据其规模和活动形式，这些实体开发自己的内部 RTD&I 活动，购买具有必要知识产权和训练有素的人员的初创企业，为第三方提供专业技术服务，或者反过来依赖于此类第三方服务。无论是哪种情况，单个公司层面的创新创造都是一个受国家层面创新环境以及与公司自身、创新者和企业家的存在

⊖ 还有许多其他的子部门，其中"保守主义"和避险文化盛行。例如，关于运输中使用的能源的分部门，在这些部门，传统燃料的现有大量投资限制和阻碍对新"替代"燃料的创新。此外，在道路交通管制、停车管理或更一般的铁路和海运部门的子部门，创新受到与意外后果相关的风险的阻碍，这些风险不仅在引入创新之后立即发生，而且在新系统安装后很长时间内也可能发生。

有关的许多其他影响因素影响的过程，其超越直接利润，并瞄准创新的目标、创新的类型（无论是技术创新还是工艺创新）以及创新对企业的潜在影响——主要是经济影响。这些因素根据具体创新部门的特点、具体公司（包括其领导层和投资者）的特点以及实施前后存在的整体社会经济环境进行区分。

总的来说，公司层面的创新创造是一个复杂的过程，没有唯一定义的商业模式。公司层面创新创造的一个突出工具是，通过两个或两个以上对某一特定领域创新感兴趣的公司的联合体，建立和维持企业间联盟。这种联盟是 RTD 阶段的一种长期实践，在 RTD 阶段，研究联盟与资助组织签订特定的研究合同。有大量文献说明了企业建立研究伙伴关系的原因、它们使用的组织和治理结构的类型以及对其合作伙伴和整个社会的利益（Hagedoorn J. 等，2000；Belderbos R. 等，2004；Rothaermel F. T. 和 Hess A. M.，2007；Laforet S.，2011；Sanila M. 和 Ukko，2012；FUTRE Project，2013；TRB，2015）。由于大多数公共研究资助管理机构定期对其资助的结果和影响进行评估（ITF，2010；Spanos 和 Vonortas，2011；NCHRP，2014）[⊖]，因此，关于公共资助研究对创新创造和其他社会效益的结果和影响的文献同样广泛。风险资本家在刺激创新方面的作用和过程也被记录在许多书中，如马丁·肯尼编辑的开创性著作《理解硅谷》《创业区域的剖析》（Kenney，2000）。

下面，我们通过参考大量研究和报告的结果，主要参考以下两个参考文献，讨论影响公司层面创新的因素：

1）对于企业层面的创新，一般来说，由欧盟资助的欧洲机构和市场动态（DIME）项目基于对参与公共资助研究的欧洲公司的问卷调查进行的研究。调查及其统计分析报告见（Spanos 和 Vonortas，2011）。

2）对于运输部门，欧盟联合研究中心对欧洲公司在运输部门的创新投资进行了定量分析。该分析包括对来自不同来源的态度和数据的调查，包括一些欧洲运输设备制造商、运输服务提供商和运输基础设施建设商的 RTD&I 投资数据（JRC/IPTS，2011；Wiesenthal T. 等，2015）。

⊖ 另见 RTD&I 支出的研究评估报告：

1）欧盟，网址：http://ec. europa. eu/research/evaluations/index/u en. cfm（2018 年 1 月访问）。

2）美国运输部的年度模态研究计划评估。

3）加拿大交通部，网址：https://www. tc. gc. ca/eng/corporate-services/des-reports-150. htm（2017 年 12 月访问）。

4）英国运输部，网址：https://www. gov. uk/government/organizations/department-for-transport/about/research（2018 年 3 月访问）。

5）日本，网址：http://onlinelibrary. wiley. com/doi/10. 1002/ev. 258/abstract（2018 年 4 月访问）。

5.3.2　公共投资 RTD&I 活动中企业的创新绩效

参与由公共基金资助的合作研究项目，在世界许多国家和地区是一种成熟的做法。许多有资格获得这类基金的公司，通常作为一个较大财团的一部分，定期参与公共资助的研究项目。这些研究工作的结果可能会也可能不会走向市场。最近一项由欧盟资助的名为 DIME 的研究通过对 500 家公司的调查，评估了影响"产品"和"过程"创新的企业层面因素。这项调查结果的分析报告在（Spanos 和 Vonortas，2011）中，引起了人们的注意。以下总结了影响企业层面创新的因素：

（1）综合能力[⊖]　这反映了组织将一项新技术（已成功开发）与组织内外的其他技术集成在一起的能力，然后再将其作为交付商业应用功能的成品。综合能力也被称为"吸收能力"。它反映了一个组织通过现有的、内部的、创新的能力和对自己企业的累计投资，在分配和进一步开发新知识方面的有效性。

（2）占有能力　即组织保护其创新生产地位不受竞争对手影响的能力。这通常是通过法律或竞争手段（如专利、商标和其他保护关键知识免受模仿的方式）实现的。

（3）"项目不确定性"　定义为新技术的"新颖性"和"复杂性"的结合。一项技术的"新颖性"是指该技术相对于现有技术所带来的变化程度以及对该技术的熟悉程度。"复杂性"是指技术中各子组件之间的相互依赖程度、技术与外部要素之间的相互依赖程度以及技术的范围。

（4）公司以往 RTD 经验也是重要影响因素　在过去 RTD 活动的基础上，研究成果更有可能在创新方面得到进一步利用。其他被发现与企业层面创新正相关（尽管很弱）的因素包括：

1）公司在研究财团中的作用。

2）公司规模（规模较小的公司更有可能获得创新影响）。

3）合作历史，即组织是否与研究联盟中的一个或多个其他合作伙伴有过合作关系。

5.3.3　私人投资 RTD&I 活动中企业的创新绩效

欧盟联合研究中心（JRC/IPTS，2011）对"欧洲运输业的 RTD 投资"进行的调查和分析为企业层面的"创新行为"提供了一些有用的见解（至少对欧洲运输业有效）。这项研究的扩展总结发表在（Wiesenthal T. 等，2015）。根据这些发现，运输公司进行创新，主要是为了扩大运输范围，提高货物和服务的质量。他们还致力于最终提高市场份额，进入新市场，同时增加生产过程的灵活性

⊖　在技术集成的意义上，即一体化。

和降低成本。总的来说，私营部门对 RTD 和 RTD&I 的投资很高（远远高于公共部门）。一方面，汽车和飞机制造商表现出非常高的 RTD 支出，通常占其销售额的 5% ~6%。另一方面，参与交通基础设施建设的交通服务提供商和公司限制了这种强度——通常约占其销售额的 1% 或更少。这种不均衡的传播可以由相应的子行业中存在的不同市场环境和知识创造过程来解释，下面将简要讨论这一点。

汽车制造业被描述为一个"垄断竞争"行业，涉及大型公司，其中创新产品是公司品牌的一个标准，也是车辆的"销售因素"之一。此外，该部门面临着越来越严格的环境管制，这主要是通过技术改进来实现的。更具体地说，在分部门基础上，我们注意到以下几点：

1）在汽车行业内，商用车制造商比汽车制造商面临更大的成本压力，由于道路货运公司在购买新设备时遵循更为合理的经济逻辑，除非降低总体运营成本，否则不容易说服他们使用创新技术。同时，它们也面临着规模更小、波动更大的市场基础（商用车市场对经济增长率的变化特别敏感）。这两个因素似乎都会影响货车市场创新的出现，并导致所做的创新努力少于汽车制造商。

2）在航空业，竞争水平有所提高（在中国航空制造业开始生产与空客或波音直接竞争的大型飞机之后，竞争将更加激烈）[⊖]。创新是航空业的一个销售因素，特别是在能源效率方面，因为燃料成本与航空公司收入的相关性提高，安全和安保要求提高，以及需要减少环境影响的压力增加。因此，竞争是促使航空业创新的一个非常重要的因素。

3）在铁路运输部门（轨道车辆制造业和运营部门），尽管现有参与者数量有限，但 RTD&I 的投资相对较小[⊖]，主要原因是市场规模相对较小，轨道车辆以及信号和控制系统的寿命较长（通常为 30 ~35 年）。此外，进入铁路市场，新列车和控制系统的验收和认证过程非常复杂。

4）在水上运输领域，由于新硬件、系统和服务的市场相对较小，所以创新、投资较少。创新的主要领域包括新的燃料和发动机，以满足更严格的环境标准，并提高安全性。水上运输部门是一个典型的例子，其中环境标准是促使创新的主要因素。

5）在交通基础设施建设部门，公共采购流程和严格的合同规则制定是限制创新的因素，尽管该部门面临着高度竞争。对于小型承包商公司来说尤其如此。

⊖ 目前，空客集团、波音、达索、芬美卡尼卡（阿莱尼亚航空）、庞巴迪和巴西航空是主要的机身制造商，俄中制造商主要活跃在国内市场。劳斯莱斯、通用电气和普惠是大型民用飞机涡轮风扇发动机的主要制造商。

⊖ 主要的铁路车辆制造商包括欧洲的阿尔斯通和西门子、加拿大的庞巴迪、美国的通用电气和日本的日立。

如前所述，需要根据遗留系统和投标程序获得投标价格，这是影响（抑制）这一子部门创新生产的一个重要障碍因素。

6）最后，在运输服务部门，特别是货运服务（货车运输、物流等）方面，竞争水平很高，出入境壁垒很低，基本上是基于提供的服务价格。这导致许多小公司和少数大公司以小利润率运作。因此，仅允许有限的能力来支付固定成本和资助创新。2010 年开始的经济衰退进一步增加了运输服务提供公司之间的竞争压力，并促使这些公司主要集中精力降低运营成本，而不是投资 RTD&I。

一般来说，运输部门的创新似乎是企业层面的事情，主要作用是与人工智能等专业技术部门发展合作关系，它主要由大型公司和新兴企业驱动，主要是信息部门，涵盖了相关公司长期市场利益范围内的技术和服务创新。企业层面未发现的 RTD&I 活动的缺口和领域通常由公共资金和政府干预来弥补，尤其是当存在与这些缺口相关的国家安全风险时。

现在，在我们的案例研究结果中，我们可以概括一些关键的影响因素，这些因素对私营企业的创新绩效非常重要。这些在插图 5.3 中介绍。

插图 5.3 企业创新影响因素

1）具有操作清晰和直接的独立创业管理。

2）风险型企业的合理容忍度。

3）有能力制定和执行复杂项目。

4）存在投资创新的长期战略。

5）有适当的设施支持和激励创新。

6）建立适当有效的机制，收集公司各部门的新思路和适当的研究成果。

7）系统应用验证程序，以评估创意或研究成果对创新和市场开发的适用性和可行性。

8）与公司科研执行部门、个人研究人员、志同道合的公司密切合作和支持。

9）与同一地理位置/区域和同一活动区域内的其他感兴趣的工业或商业实体建立、发展和维护"创新支持网络"。"产业伙伴网络"是公司可能希望发起或只是为了支持公司创新周期而发起或只是采取行动的任何新创新生态系统中的"吸引子核心"。简单地说，创新者被那些志同道合的决策者吸引。

10）公司在区域或全国范围的活动领域内，对公司作为一家具有创新前瞻性的公司的"信任"和知名度的认知。

11）在公司预算内，为公司内部或外部的新想法和研究成果的"侦察"和初始"验证"提供最低资金。

感兴趣的读者还可以进一步查阅相关文献，其中可以找到影响创新创造和企业层面研究成果实施的因素的一些其他线索和建议（Cohen，1995；Katila 和 Shane，2005；Laursen 和 Salter，2006；Kasper 和 Clohesy，2008；Newman，2009；OECD，2010；Maital 和 Meseri，2011；TRB，2015）。

5.3.4 "生态系统"内运作对企业层面创新动态变化的影响

上述结果大多反映了现有的经验，并在一定程度上反映了有关创新产品的传统思维。当在本书和相关案例研究的概念框架中预期的密集的相互关系和相互作用的条件下，在特定的创新"生态系统"中运作时，它们不一定反映企业（或公司）的动态。创新生态系统有能力改变企业的"创新动力"，并通过这样做影响上述"影响因素"或其影响程度。创新生态系统方法的实践应用意味着利用集体生态系统资源和机会，为创新企业提供一些额外的优势和促进因素。

在一个创新生态系统中运作，为应对一个公司在更快、更有效地生产和推进创新时必须面对的诸多"挑战"提供了机会[⊖]。表 5 - 2 显示了创新生态系统中企业层面的"创新挑战"及其相应的"机遇/成功因素"的示例。

表 5 - 2　创新生态系统中企业层面的"创新挑战"及其相应的"机遇/成功因素"

创新挑战	机遇/成功因素
创新生态系统的漏洞	尽管有一个或多个漏洞的创新生态系统（至少在短期内）可能对特定企业产生负面影响，但一般来说，漏洞对整个创新生态系统都有积极的影响
企业需要处理的超大规模系统	通过在生态系统边界内的部分部署获得经验——引入提高可靠性的技术解决方案。向具有所需专业知识的合作伙伴和企业投资
复杂的利益相关者环境	参与利益相关者协调小组—建立协调委员会—制定绩效工资安排，考虑到最近消费者对自动驾驶汽车的担忧，让更多的公众参与到测试过程中是至关重要的
快速技术演变	高度动态创新环境的解决方案包括多样化的技术能力组合、供应商/综合供应商基础的综合支持、生态系统技术转让安排，以及与大学、政府、私营部门创新领导者和初创企业的有效伙伴关系
动态（不断变化的）法律和政策框架	创新生态系统的存在有助于公司与地方和中央公共当局的早期/持续合作，地方和中央公共当局对自动化车辆等创新技术的使用拥有监管权。与有能力制定公共政策、鼓励购买创新交通技术的官员建立积极关系也很重要
不断变化的最终用户期望	利用用户体验技术—利用生态系统中的相关能力。如上所述，除非消费者对自动化车辆有更大的认同和信心，否则自动化车辆是一种风险。这一领域的创新者必须增强接触舆论领袖的能力，以加强接触潜在消费者的信息类型
大数据和物联网——信息的嵌入式可靠性	创新者必须建立联合数据处理和分析基础设施，包括先进的系统，以防止对操作系统的网络攻击，如果网络攻击成功，可能摧毁消费者市场

⊖　正如第 2 章所提到的，在"生态系统"中工作的价值在中世纪第一次被直观地认识到，在 1435 年，当时统治着意大利佛罗伦萨的美第奇家族开始聚集在那里，支持来自欧洲各地的各种各样有价值的创新者。在佛罗伦萨"美第奇创新生态系统"中产生的文艺复兴创新逐渐走向世界，以高度创造性的方式与其他文化相混合和结合，包括艺术品和几十项其他改变生活的发明，如钟表、室内管道、印刷机、眼镜、手术器械，甚至墙纸。

与传统的线性创新生产思维不同，创新生态系统方法提供了许多进一步的"机会"和优势，可以形成企业层创新的重要驱动力和关键成功因素，它们包括：

1）加强合作——与其他创新公司的合作。将来自不同领域和学科的公司和人才聚集在一起共同工作，相互促进，鼓励公司在现有组织内外寻找新型的创新伙伴关系。传统的运输系统，特别是在国际上，一直是一种零和博弈[○]，一个公司的创新胜利就是它的竞争对手的损失。随着创新要求的复杂性的增加，行业及其生态系统正在认识到合作的必要性。在交通运输的许多领域，创新是竞争对手的双赢局面。

2）建立积极的创新支持系统，发展一种系统地支持、培育和发展创新的文化。需要一个严格而灵活的过程来提出新的想法，然后根据特定公司面临的机遇或问题来扩展它们。然而，需要指出的是，一个活跃的创新生态系统往往是通过特定地理空间中各种吸引子的汇合而自然演变的。

3）培养或参与"变革推动者"。根据传统的创新方法，人们相信，可以简单地选择变革的推动者，走出去传播创新。这种高度简化的技术转让和创新观与现实不符。"变革推动者"并不是通过一些官僚决策过程挑选出来的。它们是强调创业精神和技术能力（如斯坦福大学）、独特的个性特征和生态系统关键吸引因素的教育体系的结果。显然，创新生态系统比孤立的创新集群更容易吸引具有推动创新所需素质的变革主体。然而，如果没有科学、资本、制造业基础设施和良好的政府环境，真正有才华的创业精英就不太可能出现。

4）吸引其他前瞻性组织并创造协同效应。建立一个有利于创新生态系统的前瞻性组织，能够识别、发明和接受新技术、新思想和新的运作方式，从而增加创新产出的流量并维持创新生态系统。在创新生态系统的"吸引子核心"中，初创企业和成熟企业的混合是最佳组合。政府有独特的能力建立有利于创新生态系统的环境。然而，重要的是，政府不要主导生态系统的方向，否则会扼杀创新。

5）创造机会促进"初创企业"发展。创新型公司应该让员工有时间从事"喜好"项目，包括创建他们感兴趣并有前途的初创企业。据称，在一个生态系统中，谷歌等大公司为这一机会提供了便利[○]。在贸易方面，使员工能够发展初创企业的公司应该首先有权投资初创企业，并在初创企业中拥有最低份额的所有权。

6）拥抱并接受失败。失败是创新中必不可少的一部分。很多时候，失败比成功能学到更多。在创新生态系统中运作的公司更容易接受失败，并向员工保证，如果"创新实验"失败，他们不会担心。往往有一些东西可以从任何尝试中学习或挽救，也有一些东西可以在同一生态系统中开发和利用。

○　零和博弈是博弈论中的一种情形，一方的收益是另一方的损失。零和博弈是双赢局面的反面，在这种情况下，合作开发新的创新对两家公司都有利。

○　据报道，谷歌创新生态系统中几乎一半的新产品都是在这段被批准的创新时期推出的。

硅谷以及其他成功的国家创新体系（如以色列——见案例研究Ⅳ）的吸引子之一是，失败并不是一个人职业生涯的终点。事实上，如果创业者从一个失败的企业中恢复过来，这会使他们更受追捧。积极评价失败的文化与大多数传统体系形成了直接的对比，在传统体系中，保守的创新文化使失败有可能结束一个人的职业生涯。毫不奇怪，在这种情况下，对失败的恐惧是创新发展的一个重大障碍。

5.4 小结

本章讨论了影响国家层面和企业层面创新潜力的"因素"。在考察国家层面的创新时，我们区分了创新生态系统概念的"外部"因素和"内部"因素，即与生态系统本身的利益相关者或要素直接相关的因素。

在本章讨论和分析的"外部"影响因素中，概括地说，以下是有效的：

1）（国民）经济状况。这是一个非常重要的"外部"因素，因为在经济衰退和紧缩时期，国家（或地区）政府改变了一系列优先事项，以及资源（人力或物力）的稀缺严重阻碍了创新。在经济紧缩时期，政府往往将注意力和资金从研究和创新转移到在这种情况下恶化更快的经济部门。他们的主要目的是，将资金转移到短期内回报最大化的领域。这些部门包括基础设施建设和其他保留就业的投资、工资、养老金等。

2）（国家）治理模式。集中指导和控制的治理模式往往会激励更多的创新生态系统"专注"于服务预定的政府政策目标。因此，在这种情况下，创新性干预往往会促进渐进式创新，而不是革命性创新，因为在中央主导的治理中，后者所需的风险和经济承诺并不总受到欢迎。在更分散的治理模式中（通常与更市场化的模式相关），政府的主要任务是制定与绩效和安全相关的监管政策，并为诱导、支持和维持创新提供激励。同样，它必须让私营部门在自由和竞争的环境中开展创新活动。

3）全球化效应。经过几十年的国际条约、协定和合作协定，这些趋势已经确立了一个重要的积极因素，影响着各个层面的创新成果：系统、国家、企业和个体层面。研究、科学发展和创新方面的国际合作为全球创新创造开辟了新的视野，因为国内产生的创新可以通过国际合作和互动渠道（以及进入更大的市场）产生明显的附加值。不幸的是，在2016年美国大选结果公布之后，这一趋势受到了在国际贸易中实施关税和保护主义政策的威胁。

4）（创新）市场运作的类型和模式，即创新产品的目标市场。这也是成功的一个重要因素。市场规模、结构和在有利于"健康"竞争和私营部门强有力参与的一贯规则和规章制度下的运作，是成功的重要因素。"市场"对创新生态系统产生的影响，也是因为需要明确的市场"信号"来说明这种市场需求是什么。然而，这些"信号"并不总是"足够"成为成功的因素，因为许多创新——甚至是革命性的创新——都是由具有前瞻性的个人创新者和企业家发起的，而与市场上的任何信号有关。事实上，他们的先见之明往往会带来基于新创新的新市场。

至于"内部"影响因素，即与创新生态系统及其内部组织和管理的要素直接或间接相关的因素，以下4个因素已被证实并进行了更详细的讨论：

1）存在适当的融资和融资工具。

2）在生态系统"吸引子核心"中存在"关键"利益相关者。

3）存在许多创新"使能因素"（促进创新启动的项目）。

4）参与组织的创新友好型管理。

特别值得注意的是3）确定的一般"创新使能因素"，因为它们可以为"影响创新的因素"的讨论提供更一般的背景。包括以下项目：

1）研究后项目活动资金的存在。

2）创造有利的"研究实施"环境。

3）保留、扩大和维护创新支持结构（如"孵化器""加速器""创新区"或园区、技术转让办公室、大学创业中心等）。

4）系统创新监测和数据收集。

5）明确和负担得起的知识产权保护。

从企业层面上的创新促进因素出发，对一项广泛的问卷调查研究结果进行了讨论⊖。企业层面创新影响因素汇总如下：

1）综合能力，即组织在一项新技术成为交付商业应用功能的成品之前，将其与组织内外的其他技术相结合的能力。

2）占有能力，即组织保护创新生产地位免受竞争对手（例如专利、商标等防止关键知识被模仿的方法）的能力。

3）"项目不确定性"，定义为正在开发的新技术的"新颖性"和"复杂性"的结合。一项技术的"新颖性"是指该技术相对于现有技术所带来的变化程度以及对该技术的熟悉程度。"复杂性"是指技术中各子组件之间的相互依赖程度、技术与外部要素之间的相互依赖程度，以及新技术的范围。

4）公司以往RTD经验。

创新型公司在创新生态系统中的运营，而不是单独遵循传统模式，很可能会对其动态和创新潜力产生负面影响，因为缺乏在创新生态系统中普遍存在的问题，例如：

1）加强合作——与其他创新公司的合作。

2）建立积极的创新支持系统（在生态系统内）。

3）培养或参与"变革推动者"（即能够在整个组织内促进创新的高级领导

⊖　欧盟资助的研究项目DIME（Spanos和Vonortas，2011）。

或专家)。

4）吸引其他前瞻性组织并创造协同效应。

5）创造机会促进"初创企业"发展。

6）拥抱并接受失败。

一个部门或领域内的整体创新过程的复杂性，实际上涉及数十或数百个利益相关者（公司、承包商、设备制造商、顾问等），使得本书中采用的"创新生态系统"方法更为合适。这种生态系统的存在和运作也许可以被称为"最终的"成功因素，因为这种生态系统本身的概念能够容纳参与创新过程的许多利益相关者的建设性互动和协同创造。

参考文献

Aghion, P., Bloom, N., Blundell, R. W., Griffith, R., Howitt, P. B. N., 2005. Competition and innovation: an inverted U relationship. Q. J. Econ. 5, 701 –728.

Belderbos, R., Carree, M., Kokshin, B. C. M., 2004. Cooperative RTD and firm performance. Res. Policy 33 (10), 1477 –1492.

Bonilla, D., Bishop, J. D. K., Axon, C. J., Banister, D., 2014. Innovation, the diesel engine and vehicle markets: evidence from OECD engine patents. Transp. Res. D 27, 51 –58.

Cohen, W., 1995. Empirical studies of innovative activity. In: Stoneman, P. (Ed.), Handbook of the Economics of Innovation and Technological Change. Blackwell, Oxford.

FUTRE Project, 2013. Deliverable 2. 1: The European innovation systems in transport and the current state of the competitiveness of the EU transport sector. In: EU DG RTD, FP7, FUTRE project: FUture prospects on TRansport evolution and innovation challenges for the competitiveness of Europe, grant no. 314181, Brussels.

Giannopoulos, G. A., 2017. Strategic management and promotion issues in international research cooperation. Case Stud. Transp. Policy 5 (1), 9 – 21. https://doi. org/10. 1016/j. cstp. 2016. 11. 007. Available from: http://www. sciencedirect. com/science/article/pii/S2213624X163009.

Hagedoorn, J., Link, A. N., Vorontas, N. S., 2000. Research partnerships 1. Res. Policy 29 (4 –5), 567 –586.

ITF, 2010. Transport and Innovation: Towards a view on the role of public policy. International Transport Forum, OECD Paris, Paper 2010 – 9. Available from: http://www. itf – oecd. org/sites/default/files/docs/10fp09. pdf.

JRC/IPTS, 2011. Mapping innovation in the European Transport sector: an asessment of RTD efforts and priorities, institutional capacities, drivers and barriers to innovation. Joint Research Center, European Commission, Institute for Prospective Technological studies, report JRC 63918/EUR24771EN authors: Wiesenthal, T., Leduc, G., Cazzola P., Schade W., Köhler, J. Seville, Spain.

Kasper, G., Clohesy, S., 2008. Intentional Innovation: How Getting More Systematic about Innovation Could Improve Philanthropy and Increase Social Impact. W. K. Kellogg Foundation, New York. See also: innovation@ wkkf. org.

Katila, R., Shane, S., 2005. When does lack of resources make new firms innovative? Acad. Manage. J. 48 (5), 814 –825.

Kenney, M., 2000. Understanding Silicon Valley: The Anatomy of an Entrepreneurial Region. Stanford University Press paperback, October 31.

Klein, K., Sorra, J. S., 1996. The Challenge of Innovation Implementation. Acad. Manage. Rev. 21 (4), 1055 – 1080.

Köhler, J. S., 2013. Leaving fossil fuels behind? An innovation system analysis of low carbon cars. J. Clean. Prod. 48, 176 – 186.

Laforet, S., 2011. A framework of organisational innovation and outcomes in SMEs. Int. J. Entrepreneurial Behav. Res. 17 (4), 380 – 408.

Laursen, K., Salter, A., 2006. Open for innovation: the role of openness in explaining innovation performence among UK manufacturing firms. Strategic Manage. J. 27 (2), 131 – 150.

Maital, S., Meseri, O., 2011. University Technology Transfer in Israel: Evaluation of projects and Determinants of success. The Samuel Neaman Institute for Advanced Studies in Science and Technology—SNI RTD Policy papers series, Haifa.

NCHRP, 2014. Accelerating Implementation of Transportation Research Results. National Cooperative Highway Research Program, synthesis report 461. Washington, DC: US/TRB, Consultant B. T. Harder.

Newman, J., 2009. Building a Creative High-Performance RTD Culture. Res. Technol. Manage. 52 (5), 21 – 31.

OECD, 2010. Transport and Innovation: Towards a view on the role of public policy. International Transport Forum, Forum Paper 2010 – 9, OECD, Paris. Available from: http://www. itf-oecd. org/sites/default/files/docs/10fp09. pdf.

OECD, 2011. Invention and transfer of environmental technologies. OECD Studies of Environmental Innovation, 28 September, Paris, pp. 233.

OECD, 2015. The Innovation Imperative: Contributing to Productivity, Growth and Well-Being. OECD Publishing, Paris.

Rothaermel, F. T., Hess, A. M., 2007. Building dynamic capabilities: Innovation driven by individual-, firm-, and network- level effects. Organ. Sci. 18 (6), 898 – 921.

Saunila, M., Ukko, J., 2012. A conceptual framework for the measurement of innovation capability and its effects. Baltic J. Manage. 7 (4), 355 – 375.

Spanos, Y. e., Vonortas, N. S., 2011. Innovation impacts of publicly-funded collaborative RTD. In: Project DIME Final Conference, 6 – 8 April (pp. 1 – 41), Maastricht (DIME Network of Excellence).

TRB, 2015. Transport Research Implementation: Application of Research Outcomes. In: Summary of the Second EU-U. S. Transportation Research Symposium, Paris, April 2014. US/Transportastion Research Board, Conference Proceedings 51, Washington, DC. Available from: http://www. trb. org/Publications/Blurbs/172318. aspx.

Wiesenthal, T., Condeço-Melhorado, A., Leduc, G., 2015. Innovation in the European transport sector: a review. Transport Pol. 42, 86 – 93.

延伸阅读

Carayannis, E. G., Campbell, D. F. J., 2011. Mode 3 Knowledge Production in Quadruple Helix Innovation Systems, Twenty-first-Century Democracy, Innovation, and Entrepreneurship for Development. Springer Briefs in Business, vol. 7. pp. 1 – 63. November 4.

Carayannis, E. G. C., Barth, D., Campbell, D. F. J., 2012. The Quintuple Helix innovation model: global warming as a challenge and driver for innovation. J. Innovat. Entrepren. 1 (2), 1 – 12.

ECTRI/TRB, 2009. European-United States Transportation Research Collaboration: Challenges and Opportunities. In: Report by the Working Group on EU-US transport research cooperation set up by ECTRI and the US/TRB available at ECTRI (European Conference of Transport Research Institutes) www. ectri. org.

第6章

创新溢出的重要性和作用

6.1 引言

6.1.1 定义和基本观点

正如我们在前几章所言，技术变革和创新正在以迅猛的速度发生，去年的创新可能在今年就已过时，正如试图继续使用一台20世纪90年代制造的计算机一样。尽管无法完全保证，但一个创新的生态系统的持续活力正是基于这种变革。"创新"这个词，从定义上来看，是"更新"和"变革"的近义词。一个健康的创新生态系统应通过知识产权和其他机制，防止任何一家或一组公司对其他公司实行制度化和支配。正如之前所做的那样，在这本书中，我们相信生物生态系统和创新生态系统之间有着强烈的类比联系。从这个概念出发，我们把创新体系的"活力"和可持续性及其溢出效应与生物生态系统的生存和稳健性联系起来。从这个角度来看，我们注意到作为生物生态系统的生存本身需要三个关键特征，创新生态系统（其相应的"生存"特征如下）也是如此。这些特征是：

1）持续控制缝隙（市场）的能力。

2）入侵和占领新的缝隙（市场）的倾向。

3）通过"学习"的过程，能够响应和适应来自生物圈（来自各种经济、技术和社会来源的溢出）不断变化的环境（经济或消费者）需求。

鉴于上述情况，生态系统（生物或创新）要素倾向于垄断控制缝隙市场的地位，这是一种"自然"的趋势。努力实现垄断控制——尤其是对于革命性创新带来的新兴市场——是一个将创新与传统生态系统区分开来的长期目标。在传统生态系统中，企业陷入短期利润最大化的网络，这是为了让投资者满意（因此，寻求渐进式创新是规则，而不是革命性变革）。一旦一个（或多个）公司在创新市场确立霸权，它就会实行寡头或垄断性的创新控制，从而可能在几十年内遏制变革。

垄断控制的主要障碍之一是存在"溢出效应"。溢出效应可以定义为研究与技术开发（RTD）结果或其他公司、生态系统和部门的创新特征的"泄漏"。产生溢出的一个或多个公司不能完全包含与其RTD&I资本投资相关的要素或知识产权，从而造成了溢出效应。在早期关于溢出效应的著作中，美国经济学家亚当·贾菲区分了以下三种类型的溢出效应：

1）知识溢出。知识是由一个知识主体创建，并可被另一个知识主体无须支付经济补偿或支付低于知识价值的补偿就可使用的东西。这可能违背了创建人意愿，例如通过反向工程或仿制，但它也可能是通过公布或专利方式故意披露。开放访问和开放数据有助于加快这一公共资助的研究进程。

2）市场溢出。市场力量会给新产品或使用新工艺制作的产品的购买者提供一些好处，因为并非所有产品的优越性或降价都体现在价格上（也称为消费者盈余）。

3）网络溢出。当新技术的商业或经济价值取决于相关领域（例如通信系统）的发展时，就会出现这种情况。不同地区或领域的公司可能无法在没有干预的情况下协调其活动，因此，当存在某种协调干预时，网络溢出将最大化。这在试图建立一个新的标准或媒介时（例如物联网）尤为重要。

通常，缺乏可适用性会导致技术部门之间的 RTD 结果泄露。有时，诸如"许可证"之类的溢出机制是公司创造投资回报的商业计划的一部分，但有时只是公司之间或其他活动中人员流动的一个功能。在人才不断流动"学习"的创新生态系统中的人员流动文化是在与主要技术雇主合作中获得的，也是溢出的主要来源。因此，创新生态系统中的溢出效应可以是有意识的战略功能，可以是意外原因和事件的结果，也可以是科学技术自然进步的结果。

溢出是一个重要的机制，链接式创新⊖正是通过溢出机制在时空中产生的。次级或三级效应（它们的起效方式类似于经济学家所说的"外部效应"）要么紧随主要或基础发现，要么可能处于休眠状态，只能在变化的技术社会经济条件下才能被重新发现、发明和再利用。在创新部门和生态系统中，溢出效应无处不在。它们是技术投资，不仅可能使投资公司或个人受益，而且还会有意或无意地为其他被用来创造额外创新和收入的公司和部门贡献知识并对其产生影响。想要控制来自原始创造者到其他创新者的知识溢出和创新溢出几乎是不可能的。科学与创新本质上是"有裂缝的"。尽管发明者、公司甚至国家尽了最大努力，使其创新远离竞争对手，但某些版本的技术最终还是找到了通向广大"局外人"的道路⊜。溢出可能会沿着线性路径运行数十年，也可能会在狭窄的时间范围内发生（"断续溢出"），这些溢出效应会同时发生并彼此增强。

通过接下来几部分的讨论，我们充分表明，创新生态系统的成功在很大程度上是其溢出效应、趋同效应和学习效应的功能体现。除了探讨各种溢出（主要与

⊖　链接式创新是指共享衍生历史和共同科学范式的创新。

⊜　许多政府通常要求在本国开展业务的外国公司要与当地公司建立合作伙伴关系，这是迫使跨国公司向当地公司溢出的一种方式。

交通部门有关的溢出）的特点和影响外，我们将努力在后面提供材料，尽量对下列问题进行解答：

1）存在哪些类型的溢出？

2）创新是如何从创新生态系统"泄漏"到外部的？

3）哪些类型的创新溢出发生在运输部门和其他技术部门之间？

4）快速革命性创新的溢出效应（意外）后果是什么？

本章大部分的讨论都围绕美国经验和硅谷生态系统。这些创新生态系统，在过去的60年左右成为全球创新的中心范式。它们可以作为成熟的创新生态系统示例，在这种生态系统中，充满了良性的竞争活力，并不断释放溢出效应（尽管这些系统也经历了起起伏伏——繁荣和萧条——这种情况也可能是其自身造成的）。美国的创新生态系统仍然是全球创新的领导者⊖。

6.1.2 创造了历史溢出的革命性创新

在创新的历史中，进步和革命性变革通常是一个部门对其他部门产生重大革命性创新溢出的结果。主要发现的时空"邮票"及其随后对其他部门的溢出效应，可以通过历史分析来揭示。对于交通部门而言，为了发现今天的交通"创新革命"对外部溢出的"原始"线路的继承情况，尝试以小结的形式进行这种分析是很有用的。

1）第一条"原始"线路涉及晶体管的发明。这是一个客观的分离创新事件，它建立了一条与真空管提供的完全不同的新的发展道路。晶体管创造了一个新的可能以电子方式实现的科学范式，并形成了影响所有其他部门，包括交通部门在内的主要技术溢出效应。新范式是量子理论应用于固体物理的直接结果，它强调了基础科学与创新之间的联系，为那些认为基础科学没有实际效果的人提供了反证。

2）第二条"原始"线路涉及20世纪40年代开始的集成电路技术进步，以及大型计算机内部的集成电路的发展和微处理器的创建。作为这条线路的延续，后来出现了从大型计算机到"分布式"或个人计算机到今天仍在持续的软硬件连通性和自主性创新。

3）第三条"原始"线路是20世纪90年代互联网的扩张，当时http协议和万维网以及搜索技术日益普及，促使互联网从"封闭"的军事工具过渡成为全球劳动生产率、连通性和社会关系的主要驱动力。

⊖ 并非偶然的是，欧洲、中国和日本的主要公司继续在美国，特别是硅谷创新生态系统所在的圣克拉拉和旧金山地区的研究中心进行大量投资。这些公司主要位于大学（特别是斯坦福大学和加州大学伯克利分校），或者位于由谷歌、苹果、英特尔、丰田等主要创新者资助的独立机构中。

4）第四条"原始"线路涉及闭源和开源操作系统和软件开发的革命，以及编码语言的进步和世界各地相关应用的发展。

附录C中详细介绍了上述各项的背景和主要特点以及其他对交通产生重大战略溢出的关键发展。

交通和其他部门的溢出效应的一个重要来源通常是与国防相关的研究和创新。世界各地的国防研究中心进行的创新和制造的创新产品，最终都找到了包括交通在内的民用途径。美国是全球最能证明这一点的国家，美国国防部高级研究计划署（DARPA）仍然是军事应用创新的关键推动力。美国出于国家紧迫感，在1958年成立了该机构。这种紧迫感来自苏联。当时苏联发射了洲际弹道导弹、世界上第一颗人造卫星斯普特尼克1号和第二颗人造卫星斯普特尼克2号。目前，DARPA已成为美国著名的创新实验室和孵化器，提供思想领导力、社区建设框架、技术挑战、研究管理、针对大学和研究中心的重大投资，以及其他文化和基础设施将变革性创意转化为相应的创新所必需的支持要素。DARPA与硅谷之间2017年更新的关系表明了先前的创新关系为何能够保持相对休眠状态数十年，而只是在新的形势、机遇和外部威胁下才重新确立自己的地位。

另一个重要的传统溢出来源是各个大学和研究中心，这些地方是原创思想和研究成果的发源地。例如，美国西海岸大学在硅谷的创建上发挥了举足轻重的作用。20世纪50年代至20世纪70年代，斯坦福大学和加州大学伯克利分校吸引了大量计算机科学和工程领域最优秀和最聪明的人才，再加上学校对创业的共同承诺，都对硅谷和旧金山创新区的建设起到了至关重要的作用。他们创造了从集成电路开始的溢出效应，目前正在推进交通革命。斯坦福大学的校友们建立了思科系统公司、惠普公司和谷歌公司，这些公司是早期硅谷的骨干创新公司。硅谷被认为是20世纪50年代斯坦福大学工学院院长弗雷德特里克·特尔曼的智慧结晶。特尔曼还参与了一个关键的组织创新，该创新将大学和企业联系在一起：斯坦福工业园的创建是美国乃至世界历史上最早的创新园区之一。

加州大学伯克利分校（University of California at Berkeley，UCB）——今天推动美国交通创新革命的新领导者，也许是硅谷公司最重要的人才来源。到20世纪70年代中期，加州大学伯克利分校培养的工程师几乎和斯坦福大学的一样多。加州大学伯克利分校已成为一个重要的独立的半导体和计算机研究中心。斯坦福大学和加州大学伯克利分校继续扩大与硅谷企业和其他行业的合作。2008年，斯坦福大学汽车研究中心（Center for Automotive Research at Stanford，CARS）成立。该中心的主要工作是了解人们将如何与汽车互动、汽车自动化的社会影响，以及在决策和控制方面对政策、伦理、法律和技术进步的影响。2017年，该中心的子公司包括松下、雷诺、博世、三星、斯巴鲁、住友电气、塔塔汽车、丰田、大众和延锋。加州大学伯克利分校于2017年创建了深度学习自动驾驶产业联盟（DeepDrive），这是加州大学伯克利分校的加州高级运输合作伙伴（Partners for Advanced Transportation，PATH）内组建的一个研究联盟。PATH 自成立以来一直是智能汽车领域的领军者。新的汽车技术联盟由加州大学伯克利分校和行业的研究人员组成，主要研究自动驾驶汽车应用的计算机视觉和人机深度学习中的最新技术[⊖]。

由于加州大学伯克利分校隶属加州政府，所以它有接收州研究资金的内部渠道。斯坦福大学没有这一优势。安娜莉·萨克森在其 1994 年出版的有关硅谷的书中强调了斯坦福大学和加州大学伯克利分校两所大学共同做出的贡献的历史重要性："积极参与硅谷产业的两所世界一流的科研型大学的出现创造了美国其他地方无可比拟的科学环境"（Saxenian，1994，第 42 页）。

我们在所有的案例研究中都发现了大学与研究和创新之间存在着相同的无法割裂的关系。我们审视过的所有主要创新园或创新区都强调它们与一所或多所主要大学的联系是它们成功的主要因素。不可否认，当地大学与创新生态系统（确切地说是创新"吸引域"）的共生关系会继续推动着包括交通在内的所有领域的创新革命。

6.1.3　就业流动在促进溢出中的作用

造成溢出效应的一个原因是公司之间的人员流动，特别是高层次或高技能的技术和管理人员的流动。长期终身职业原则在 20 世纪 60 年代突然被打破，很大一部分原因是当时威廉·肖克利在贝尔实验室的"梦之队"——因其对半导体的研究获得 1956 年诺贝尔奖——集体辞职组建了一家通过风险投资融资的新公司，即飞兆半导体公司。几年后，团队的主要成员离开飞兆去创建自己的公司，因而飞兆半导体公司进一步分化。其中一名成员罗伯特·诺伊斯成立了英特尔公司。英特尔自创立以来已经经历了多次自身重组，现在仍是交通和许多其他创新"革命"的核心。另一个例子是雪莉·桑德伯格——作为广告方案负责人在谷歌工作 7 年——转投脸书（Facebook），公司地位仅低于马克·扎克伯格。同样，脸书的重要员工也经常跳槽到包括优步等出行公司在内的其他企业。确切来说，高的就业流失率[⊜]看起来与高速的创新步伐有关（Founder Playbook，2017）。硅谷就业流动的主要推动力之一是加州的法规，该法规禁止在雇佣合同中使用非竞争条款。至少在加州，高科技从业者在法律上不得被限制在其他公司工作（只有少数例外）。

㊀ 私人合作伙伴包括谷歌、本田、通用汽车、日产、松下、福特、洛克希德马丁、高通、IBM、大众、加州交通部、美国 DARPA、能源部、劳伦斯利弗莫尔国家实验室、得克萨斯交通研究所等。

㊁ 就业流失率，也称减员率，指在每个时间范围内离开一家公司的员工人数。一般来说，硅谷和计算机行业以其高流失率而闻名。

就业流动是美国（对其他主要创新国家影响较小）高科技产业的代表特点，可以追溯到 20 世纪 50 年代中期。到了 20 世纪 90 年代，特别是互联网泡沫时期（1996～2000 年）以来，就业流动已经取得了文化规范的地位。即使是互联网泡沫破灭之后，员工从一家高科技公司跳槽到另一家高科技公司的传统依然保留了下来。一些技术人才在其职业生涯中会跳槽 6～7 次，可能最终会回到他们最初工作的公司。

高水平员工在公司间的流动也许是溢出效应的最佳注脚。核心期望是，比如计算机系统或工程专业的大学毕业生在一家公司磨炼他们的技术工艺，在掌握了这些基本技术知识之后，到其他公司进行应用。这导致了表 6-1 显示的各类"标志性"美国公司中员工"任期"（即在一家公司工作的时间段）相对较短或平均情况。

表 6-1　高科技公司员工平均在职时间（2016 年统计）

高科技公司	员工平均在职时间/年
思科	7.8
甲骨文	7
苹果	5
Alphabet（谷歌）	3.2
网飞	3.1
脸书	2.5
史克威尔	2.3
多宝箱	2.1
特斯拉	2.1
优步	1.8

注：来自商业内幕网报告（Fagan，2018）。

在运输领域，以特斯拉为例，该公司于 2017 年 1 月将克里斯·拉特纳从其工作了 11 年的苹果公司挖过来。他是苹果系统编程语言 Swift 的主要创建者之一，该语言正成为苹果所有平台上使用的编程语言。拉特纳在特斯拉担任自动驾驶仪软件副总裁的时间很短。2017 年 8 月，即拉特纳在特斯拉就职刚超过 6 个月的时候，谷歌已经聘请他去进行谷歌大脑的研究，这是一个以人工智能为中心的研究项目。类似地，在 2016 年，谷歌聘请了斯坦福大学人工智能（AI）实验室主任李飞飞，她曾与贾立共同担任实验室的负责人。李飞飞是斯坦福大学人工智能实验室 15 名研究人员中唯一的女性，也是斯坦福大学仅有的 5 名计算机科学女教授之一（Schubarth，2016）。

硅谷各高科技公司员工的平均在职期很短，这说明了成功的创新生态系统中可以达到的就业流动性水平。由于这种流动性及其不可避免的溢出效应，一些公司能比其他公司更受益。最大的赢家似乎是脸书，它从谷歌、雅虎、微软、苹果和领英等公司获得了大量招聘经验。谷歌获得的员工人数略高于跳槽到苹果公司的员工人数。但相对于其他大公司而言，最大的输家显然是雅虎，其员工流失人数超过了从脸书、谷歌、微软、苹果和领英流入的员工总数（Empson，2011）。与其他仍致力于终身雇佣传统理想的公司相比，具有人员流动能力的公司能够更快地重新配置其员工基础（流失率较高）。更高的机动性也让许多高科技公司能够面对迅速变化的创新生命周期的技术挑战。

在创新生态系统中招聘合适比例的专业人才，得益于流动性较大的就业环境以及员工可以转换工作单位寻找新机会的情况。成功的生态系统对来自其他地区或国家的专家具有强大的吸引力。从理论上讲，高流动性的技术队伍的好处是可以相对容易地得到新项目所需的专业人员，比如在人工智能领域，可通过提供更好的薪水和工作条件对其他类似技术领域的公司进行"突袭"；缺点（仍是理论上的）是，在一家公司中获得的专业知识是不稳定的，且会迅速扩散到其他（愿意提供更多资金）的公司、股权公司或更有趣的项目中。

鉴于高流动性规范依然存在，我们可以得出结论，目前在公司内外工作的文化是创造和维持相应领域创新溢出效应的主要因素。整体而言，生态系统的技术知识流失似乎并不是一个严重的问题，因为一次离职所失去的东西可以通过从其他公司挖来新的专家或从当地的大学进行招聘来进行弥补。

如果不是来自大学的人才不断涌入，就业流动可能会给高科技公司带来更多的问题。用最近受过教育的工程师和计算机科学家代替经验丰富的人才，可以降低人力资本成本，并为公司稳定注入熟悉最新技术的人。到 2017 年，硅谷排名前 25 位的公司从加州大学伯克利分校招募的人数超过了斯坦福大学、卡内基梅隆大学和得克萨斯大学等其他学校。为硅谷公司提供技术人才的前十所大学，没有一所来自所谓的"常春藤盟校"[⊖]（Robinson，2017）。两所大学（即斯坦福大学和加州大学伯克利分校）为硅谷的技术领先者公司提供了最多的人才，此外还有其他位于加州的大学，如圣何塞州立大学、加州大学戴维斯分校和加州大学圣克鲁兹分校。表 6 - 2 为向硅谷提供技术人才的大学和最受欢迎技能排行。

表 6 - 2 向硅谷提供技术人才的大学和最受欢迎技能排行（2017 年）

大学	排名	最受欢迎技能
加州大学伯克利分校	1	Python
斯坦福大学	2	Java
卡内基梅隆大学	3	Cloud

⊖ 美国东北部的 8 所私立大学，分别是：布朗大学、哥伦比亚大学、康奈尔大学、达特茅斯学院、哈佛大学、宾夕法尼亚大学、普林斯顿大学和耶鲁大学。

（续）

大学	排名	最受欢迎技能
南加利福尼亚大学	4	Linux
得克萨斯大学奥斯汀分校	5	JavaScript
佐治亚理工学院	6	SQL
伊利诺伊大学厄巴纳－香槟分校	7	MATLAB
圣何塞州立大学	8	HTML
加州大学圣迭戈分校	9	Perl
亚利桑那州立大学	10	Go
密歇根大学	11	UNIX
加州大学洛杉矶分校	12	iOS
北卡罗来纳州立大学	13	Git
加利福尼亚理工州立大学	14	CSS
康奈尔大学	15	MySQL
滑铁卢大学	16	VLSI
得克萨斯农工大学	17	Shell
华盛顿大学	18	Eclipse
普渡大学	19	VHDL
麻省理工学院	20	SOC
圣塔克拉拉大学	21	ASIC
凤凰城大学	22	XML
加州大学圣塔芭芭拉分校	23	PHP
加州大学戴维斯分校	24	RTL
宾夕法尼亚州立大学	25	TCP/IP

注：来自（HiringSolved，2017）。

6.2 交通创新部门的溢出

在交通部门持续的创新革命（第1章对其进行了定义）中，有赢家也有输家。决定一个公司是"赢家"还是"输家"在于所发生的溢出效应类型，以及它们是否可以被用来生产吸引消费者的产品。下面我们对交通部门三种溢出进行讨论，即：

1）进入或来自汽车制造部门的溢出效应。

2）同一集团内公司间的正面和负面溢出效应。

3）不同的交通模式或子部门间的溢出效应。

6.2.1 进入或来自汽车制造部门的溢出效应

传统的汽车制造商通常是创新溢出的主要接受者和贡献者。汽车制造商和信息技术（Information Technologies，IT）创新生态系统之间最明显的溢出效应发生在包括车辆内用于提供智能和"连通性"软件在内的领域。在各种基于信息技术的移动应用领域，苹果、谷歌和博世等公司正在使众多汽车制造商能够为客户提供先进的移动服务。事实上，交通技术中的信息技术应用已成为传统汽车工业的直接威胁。世界各地的汽车制造商原本并不担心信息技术以及更普遍的新兴创新初创公司会对他们造成竞争压力，他们认为这些公司在汽车制造方面经验甚少或根本没有经验，所以无法有效提升他们的制造水平，也无法生产足够数量的可靠新产品（如电动汽车）。然而，到了 2012 年，许多汽车工业专家都清楚，这样的初创公司以及各种利基汽车制造商——尤其是自动驾驶和电动汽车行业——会成为竞争威胁。这种情况（威胁）在 2017 年特斯拉暂时超过了通用和福特公司的总估值时得到了充分的证明。

汽车制造公司的反应是立即采取多管齐下的努力，以促进其他部门的技术和服务溢出——主要是信息技术部门。在过去几年中，大多数国家的汽车制造商都认识到，他们的地位不仅取决于是否保持与本部门内的其他公司的竞争力，也取决于是否与某些提供关键相关创新的高科技公司保持竞争力。他们的反应包括与创造或拥有有前途的新的创新性技术和系统的创新初创公司建立联系，甚至进行收购。一些最明显的此类举措，本身就是进入或自来交通部门的溢出，例如：

1）福特公司在 2017 年与来福车（Lyft）合作，开发自动驾驶汽车。这个出人意料的举动让福特与通用汽车（GM）产生了直接冲突，因为通用汽车也在 2015 年向来福车投资了 5 亿美元用于电动汽车应用。福特还以 5.81 亿美元收购了无人驾驶巡航自动化公司，同时推出了汽车共享公司 Maven（Campbell，2017）。福特计划到 2021 年推出一款自动驾驶出租车，并将继续与来福车合作开发自动驻车出租车，这些出租车将在美国各地进行测试。

2）几乎同时，福特还用与硅谷有着深厚长期联系的吉姆·哈克特取代了首席执行官马克·菲尔兹。看起来，福特的投资者和董事会相信，公司在对未来汽车的开发上速度还不够快，包括电动汽车和自动驾驶汽车。凭借新的管理层，硅谷生态系统组织将促进重要的溢出效应。此举之后，福特已经加快了其电力产品组合，计划在中国推出福特的全电动品牌。在此之前，福特于 2017 年 2 月投资了新的无人驾驶汽车部门和人工智能业务"Argo"，该业务由两位原先分别在谷歌和优步工作的工程师领导。

3）大众和戴姆勒 - 奔驰等德国汽车制造商计划在未来几年内制造数十万辆电动汽车，并通过与初创公司合作提供新的移动服务（例如戴姆勒 - 奔驰最近从一家希腊初创公司购买了出租车预订服务的"TaxiBeat"创新平台）。

4）欧洲和亚洲的电力制造商在生产电动货车方面大步迈进。戴姆勒货车亚洲公司不久将生产一系列全电动货车，而宝马已经在德国街头将一辆全电动货车投入正常服务。许多其他欧洲和亚洲公司正在与源自硅谷的初创公司建立合作伙伴关系，以提高他们在自动驾驶汽车和电动汽车方面的整体专业知识水平。

5）沃尔沃（中国）通过与中国公司的合作，承诺将其全部车辆阵容转换为由电池和汽油驱动的电动或混合动力汽车。

传统汽车制造公司加速向信息技术和其他部门外溢，势必为拥有先进"连通性"技术但缺乏汽车生产经验的公司带来额外的竞争，反之亦然。虽然汽车部门通常被认为是一个传统行业，在该行业中，变革受到抵制，创新最多只能是渐进式的，但最近该行业显示出明显的跃入信息时代的努力。显然，这些公司正在有效利用其在汽车制造方面的经验来威胁潜在的竞争对手，从而积极地维护其在新的连通性和电力市场中的市场份额[⊖]。

6.2.2　同一集团内公司间的正面和负面溢出效应

交通部门一个重要的特点是其主要利益相关者的模块化结构。他们往往由几家关联公司组成，每家公司都专耕特定部门或地区。在交通部门，有不少由数十家公司（某些情况下超过了50家公司）组成的集团公司。有鉴于此，同一集团内的公司间可能会产生许多正面或负面的溢出效应，也就是说，会产生积极或消极的影响和后果。

在关联公司或子公司之间出现正面溢出效应的情况下，通常有一个大环境，即一家公司的创新很容易迁移，并在另一家公司中进一步衍生出新的创新。一家公司中存在的问题通常也可以利用另一家组织相关公司的专业知识和方法来解决。例如，在2017年夏天，特斯拉公司的工程师在生产一种特定型号的电动汽车时发现了严重的质量问题，即一个铸铝零件有缺陷，这需要花费数小时才能进行诊断和修复。他们与公司所属集团内的太空探索技术公司（SpaceX）的同事们取得了联系，SpaceX工程师使用超声波传感器找到了原因，从而解决了这个问题。这个"内部"解决方案节省了特斯拉每辆汽车约8h用于诊断和修复的工作时间，从而节省了数百万美元和一条已经提高到大众市场生产水平的生产线上数千小时的时间（Hull，2017）。在这种情况下，SpaceX的专业知识外溢到汽车生产中，在追求不同技术的两家公司之间产生了协同效应。这些溢出对特斯拉及时

⊖　传统汽车制造业中有一个众所周知的信念，像特斯拉（最近在学习大规模生产电动汽车时遇到了一系列生产问题）这样的公司最终将失败，应由他们来填补空白。如果新一任美国政府（在撰写本书时）的明显意图是实现降低传统汽车的燃油效率标准并取消现有的电动汽车税收优惠政策，那么传统汽车制造商的这种信念很可能会实现。此类政策将对电动汽车制造业产生负面的溢出效应，这可能会减缓甚至阻碍美国向电动交通和电气连接的发展。

解决严重生产问题产生了重要的积极作用。

重要的是，可以定期通过面谈和电话会议方式在同一集团内不同公司人员之间举行联席会议来进行头脑风暴并提高技术水平和产生其他溢出效应，从而促进溢出和协同效应⊖。投资公司，如摩根士丹利，认识到同一集团企业之间的这种合作可通过提高对不同技术领域之间现有协同机会的认识并最大程度地发挥溢出效应来增强整体竞争力。随着电动汽车和自动驾驶汽车制造商从原型制造转向批量生产，源于拥有技术和制造专业知识或具有创新历史的同一所有权集团内的合作伙伴的正向溢出效应，提供了比具有独特专业知识但相对孤立的公司更显著的优势。

同一（所有权）集团的公司之间也可能存在一些相对传播较快的负面外溢效应。显然，一条先进技术生产线出现的一个问题可能会给其他关联公司带来严重问题，甚至进而影响公司的整体估值。再次以特斯拉集团公司为例，Model 3型号车辆的生产问题已经对其他与埃隆·马斯克的公司相关业务的整体估值造成了负面溢出效应（Kim，2017）。

6.2.3 不同的交通模式或子部门间的溢出效应

交通子部门间的溢出指的是技术以及使用的操作系统和服务。例如，从电动汽车到电动货车，从普通铁路到高速铁路和超级高铁系统，从现在的部分/半自动汽车模型到未来的全自动汽车的技术溢出等。美国、欧盟和日本的几家汽车制造商借助自身在制造电动汽车方面的经验，开始投入电动货车的制造。电动货车是基于为电动乘用车（电动或混合动力）开发的技术而建造的，融合了从电动乘用车部门迁移而来的革命性创新。通过在货车中应用半自动驾驶功能和"增强的自动驾驶功能"来利用自动驾驶汽车技术的相关溢出效应为"载重货车"创造条件。

从"超级高铁"运输系统中也可找到其他主要技术溢出的例子。该系统利用磁悬浮传输创新了溢出技术。这个概念基于兰德公司于1972年提出的超高速交通系统（Very High-Speed Transit，VHST）。它结合了磁悬浮和低压运输管，创造出了埃隆·马斯克曾称为"协和式飞机、轨道炮和空中曲棍球台之间的交叉"的技术效果（Landgridge 和 Betters，2017）。特斯拉超级高铁计划涉及两种类型：一种针对崎岖多样的表面形貌（例如洛杉矶和旧金山之间的地形）设计，另一种则为更"直线"的地形设计。第一个系统通过电梯将汽车降落到待命的"电动溜冰鞋"上来运行，这个"溜冰鞋"将以高达200km/h的速度沿着磁轨运输车辆。创建该系统的"钻探公司"已经在洛杉矶附近的霍桑的SpaceX园区下方造了一个2km长的隧道原型。有趣的是，这个案例中的创新溢出效应不仅涉及超

⊖ 特斯拉公司集团内部的情况也是如此（Hull，2017）。

级高铁技术，也涉及可以更快以更低成本挖掘隧道的机器。在第二种情况下（具有相对直线的长距离路线），系统设想在减压和磁化的隧道中使用加压舱，其速度最高可达到1000km/h[⊖]。

一个交通创新生态系统的创新溢出正在另一个交通创新中孕育高科技创新的另一个例子是，Arrivo公司正在美国科罗拉多州丹佛市附近建造磁化轨道的理念。磁悬浮技术带来的增量效益通常很难证明其成本和风险是合理的，尤其是在欧洲、英国和日本等已有的或拟建的常规高速铁路线具有富余载客能力的地区。Arrivo公司正在开发和测试一种更温和的技术，涉及一种磁化轨道的开发。该轨道与现有高速公路平行，并支持在常规道路上行驶的个人车辆、货运雪橇和经过特殊设计的车辆。Arrivo公司使用的方法与超级高铁的方法截然不同。Arrivo的技术和业务愿景是为社区构建距离更短、更本地化的路线，因为与超级高铁相比，该路线的建设成本更低，因为无须挖洞或安装管道[⊜]。

第三个例子是互联网汽车、自动驾驶汽车和电动汽车之间为实现连接性目标而进行的创新溢出。不可否认的是运输革命的基础是同时致力于电动汽车、自动驾驶汽车以及通过集成电路和计算机工业的发展实现的连接。

表6-3总结了传统范式和连通性范式（即与互联、合作和自动化系统相关）下的汽车特点。

表6-3　传统范式和连通性范式下的汽车特点

项目	传统范式	新型连通性范式
机械或电子	主要通过机械系统运行	电驱动
使用能源	由生碳的内燃发动机提供动力	由电动机和高级电池供电，最好使用致力于替代能源（太阳能、风能）的公用事业公司提供的动力
能源来源	石油或天然气供能	高级电池、氢电池，或其他电力传输装置供能
人或算法决策	机械控制并取决于人类的参与和决策	通过取代人工决策的传感器、软件、车载计算机、决策辅助算法、云设备和与互联网相关的技术组合进行电子控制
独立程度	独立运行，严重依赖人的决策进行独立操作	通过网络和人工智能、复杂的数据处理、车对车和长距离远程信息处理以及车辆和中央控制机构之间的智能互联，可以接管汽车系统。随着时间的推移，人类决策的作用会降低
车辆所有权	个人所有或租赁	共享所有权或按使用情况租赁

⊖ 马里兰州已经许可埃隆·马斯克为巴尔的摩和华盛顿特区之间的超级高铁系统建造测试隧道（Marshall，2017）。最近，芝加哥市授予马斯克的"钻探公司"一份合同，在芝加哥市中心和奥黑尔国际机场之间建造一个超级高铁系统。

⊜ 案例研究Ⅷ对丹佛的发展进行了更详细的研究。

（续）

项目	传统范式	新型连通性范式
责任	责任在所有者/操作者	尽管仍在争论中，但归于车辆制造商的责任可能会增加车辆的初始购买成本。车主仍然可能被要求购买最低限度的责任保险
资金获取	所有权适用于广大收入者	最初，所有权可能仅限于富有人群。当前政府没有针对购买这类车辆的书面规定，补贴可能会消失，从而威胁到这个新兴行业的生存能力
连接水平	有限连接	目标是集成系统，如驾驶 ADAS、传感器、安全系统和汽车电池充电站

除了技术之外，操作或服务相关的创新也在交通部门内产生了重要的溢出效应。最初为航空运输开发的值机和安全操作现在正迁移到铁路以及海运。对于以下方面的创新情况也是如此：

1）清洁燃料和清洁发动机部门，从公路车辆部门迁移到海事船只。

2）从在航空运输中进行跟踪和追踪，迁移到地面车辆的跟踪和追踪。

3）物流和货运运输创新，迁移到集装箱运输的监控和管理。

6.3 运输部门向其他部门的溢出

溢出不是单向或线性的。正面反馈回路无处不在的特质使其可以以各种方式推动创新生态系统向前发展，包括重塑早期革命中形成的创新。鉴于创新系统和过程中的"裂缝"特质，重申我们的发现是有益的：想要遏制一个创新部门向另一个创新部门的溢出是不可能的。交通部门的创新正在影响许多其他部门和地理区域不足为奇。在本节中，我们将展示交通创新是如何扩散到其他创新部门的。

以美国硅谷生态系统为例，图6-1以简明的方式显示了溢出效应进出硅谷交通创新生态系统的主要流入和流出情况。我们接下来以更系统的方式讨论这些溢出。

6.3.1 向能源分配系统的溢出

对用于电动汽车的锂离子电池千兆级生产规模的巨额投资正在影响传统大型公用事业市场的未来，因为这会产生从运输部门向能源公共事业及分配部门的重大创新溢出。这种溢出的一个可能后果是传统公用事业部门拥有更大的自主权将太阳能电池板与被称为"电源组"的先进电池系统进行连接。这个从运输汽车电池创新生态系统到能源部门的"溢出"案例，将使向家庭和企业销售数百万个与先进电池连接的大型太阳能电池板成为可能，这些太阳能电池板可以脱离或至少降低对传统电线和公共事业部门——通常由政府组建的垄断机构——的依赖（Liedke 和 Fahey，2015）。

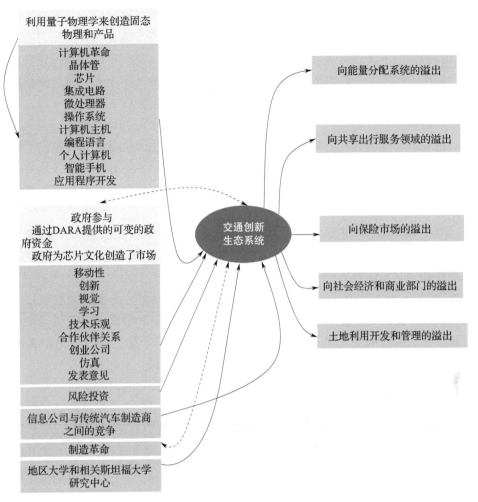

图6-1 溢出效应进出硅谷交通创新生态系统的主要流入和流出情况

毫无疑问，这些规划对在过去为了进一步控制市场而进行合并的公共事业公司来说构成了生存威胁。太阳能技术和先进电力系统的组合有可能让全球的公共事业行业发生革命性的变化。个人或公司将不再受迫与地方性垄断机构把持的电网（一般来说，电网容易发生停电和易受网络攻击）进行连接。讽刺的是，随着家庭和公司倾向于使用太阳能和成熟电力存储系统，公共事业部门会发现电动汽车充电站的收入份额有了较大的提高。不久之后，这些充电站在全球的数量将达到数十万个。同样，在向家庭和企业供电方面，公共事业部门可能会将主系统转换为备用系统，从而改变当前太阳能系统的地位。

6.3.2 向共享出行服务领域的溢出

传统汽车公司——尽管有"传统"标签——通过向共享出行服务投入大量资源来迅速转变其商业模式。如前所述，通用汽车公司向来福车投资了5亿美元，并宣布计划开发一个提供拼车服务的自动驾驶汽车应需网络。通用汽车的合作是基于这样一种观点，即自动驾驶汽车将首先作为拼车体验的一部分与消费者进行接触，而不是直接购买一辆新的电动汽车和自动驾驶汽车。一些行业专家预测，传统的汽车制造公司在追求新型的将出行看作服务的应用上，最终将超过谷歌、苹果和特斯拉等公司（Trousdale，2016）。福特也与 Lyft 建立了合作，共同开发可让福特的自动驾驶汽车通过一个专门的应用程序与 Lyft 软件进行通信的软件。这项革命性的变化是基于具有切实依据的预测：由于包括无人驾驶汽车的高昂初始成本等多种因素，无人驾驶汽车将降低汽车的总体拥有量，这必然一方面会减少需求，另一方面需要通过与苹果手机和安卓手机连接进入服务部门来弥补可能造成的收入损失。

共享服务的革命性很可能通过无处不在的连通性和自主性进行"外溢"并赋能给新的经济部门，但同时还要面对一个建立在个人主义和个人对流动性进行控制基础上的文化的反对。与欧洲和亚洲相比，美国的个人主义的冲动——至少在理论上——更加强烈，所以它在美国可能会成为变革的一个更显著的障碍。难怪美国的传统汽车制造商在转向拼车和自动驾驶汽车/电动汽车的同时，希望可以继续他们目前的商业模式。他们的大部分收入来自于超大型且价格昂贵的货车，这些车的效能一般但深深植根于传统的"男子气概"文化中。

最终，共享服务公司将改变包括传统汽车制造商在内的出行公司获得收入的方式。尽管上路的汽车数量可能减少，但对汽车制造商而言，好消息是，共享汽车的行驶里程可能是个人车辆的 5 ~ 10 倍。这将导致更高的周转率，估计 3 ~ 5 年之间就需要更换车辆（Goetz，2017）。2015 年，上路的传统车辆（美国）的平均使用年限为 11.5 年，其中四分之一的车辆是在 2000 年之前制造的（LeBeau，2015）。到了 2017 年，美国人的平均汽车保有时间降至 7.3 年，这在很大程度上是由于经济状况的改善（Gorzelany，2017）。更快的周转应有助于减少由消费者无力购买目前价值在 5 万 ~ 12 万美元之间的电动汽车/自动驾驶汽车造成的汽车公司的损失。

6.3.3 向保险市场的溢出

随着自主性和连通性在市场份额上的提高，可以预计运输业将对保险业产生重大溢出效应。随着自动驾驶汽车的出现，保险公司将更难向消费者收取与他们无法控制的技术相关的保险费用。车辆的自主性和连通性可能会将保险费用从消费者转移到制造商，尽管在某些情况下，责任在车主一方，包括对自动驾驶汽车维护不善。因此，这些都会成为运输部门创新（电动汽车和自动驾驶汽车）向保险部门产生的溢出效应。

自动驾驶汽车的初始成本可能会比较高，但由于总体事故率的降低、保险费用转移给汽车制造商以及维护成本较低的自动驾驶汽车服务中心，自动驾驶汽车的总体成本可能会显著降低。此外，与个人车主相比，自动驾驶汽车制造商的规模可以有效地协商出更低的保险费率。

因此，对连通性和自主性的追求不仅彻底改变了汽车产业的性质，也彻底改变了汽车保险行业的性质，包括保险公司销售汽车保险的商业模式。在这方面，未来的自动驾驶汽车保险模式可能更像当今商业航空的保险模式。

6.3.4 向社会经济和商业部门的溢出

自动驾驶和电动汽车以及其他运输相关部门中出现的运输创新革命，将对社会经济领域产生溢出效应。许多自动驾驶汽车的成本——无论是初始成本还是每千米成本——都可能明显高于传统汽车。这种情况下的溢出效应将是：由于传统车辆的主要税收来源基于汽油税，所以电动汽车和自动驾驶汽车的使用很可能需要过渡到一个基于行驶里程的新税收系统。这可能导致使用自动驾驶和电动汽车的成本超过了某些社会阶层（例如中下层阶级）的承受能力。如果拼车服务被少数公司垄断，那么服务费用将变得昂贵，由此也会造成类似的后果。解决这个问题的方法将是使用更大型的电动汽车进行拼车服务，即用于公共交通的车辆，但这不是一时半会能够实现的。

另一个可能的社会经济溢出效应是，需要增加公共补贴来补偿与低收入阶层共享自动驾驶汽车/电动汽车的相关成本。为了维持那些收入接近或低于贫困线的个人或家庭或者月光族的最基本流动水平，这种公共资金是必要的。如果没有补贴，对典型的中下层家庭（他们应该已经放弃了私家车）来说，拼车的费用可能很快就会变得非常昂贵。

此外，随着电动和自动驾驶汽车成为常态，个人（特别是 21~49 岁的人）的就业机会也会受到影响。今天，在美国，货车驾驶是一个受欢迎的工作。在 2010~2015 年期间，美国 29 个州的全职工作的成人中大多数是货车驾驶人（Woodruff，2015）。虽然美国货车驾驶人协会报告表明，该行业还有约 4.8 万个工作岗位的空缺，但随着新技术的出现，这一数字势必会减少。许多作为年轻人收入来源的职业肯定会消失。电工和计算机专业人员将取代仅具有常规机械技能的人。机器人和自动化可能会减少蓝领工人的就业机会，就像农业生产革命将年轻的农民从田地推向工业中心一样。这些都是电动汽车、自动驾驶汽车和共享出行中持续的运输创新革命对社会经济产生负面溢出效应的例子。

创新溢出在商业部门也产生了重要的影响，因为我们现在看到，特定创新生态系统中的公司之间越来越多并存的合作与竞争，这可能对创新有利。合作与竞争可以共存。在许多创新生态系统中，人们可以发现一些公司正在合作开发各种技术，但同时他们在其他领域是竞争关系。例如，松下一直是特斯拉开发先进锂电池生产设施的关键合作者，但它也在开发自己的自动驾驶汽车线，这与特斯拉形成了竞争关系。

6.3.5　土地利用开发和管理的溢出

向电气化、自动化和车辆共享的方向发展，势必对目前的土地利用开发和管理模式产生溢出效应。随着自动驾驶将覆盖大部分城市地区的日常出行，城市对停车位的依赖性将降低，并且出行者将逐渐愿意长途跋涉去上班。因此，城市区域将倾向于向外扩展，因为人们希望生活在环境优美的郊区，这可能会引发城市土地利用整体模式的重新配置。因此，第一个对土地利用开发产生的长期溢出可能是来自自动驾驶汽车创新革命对城市土地利用的影响以及房地产的分区、定价和使用情况。

另一个对土地利用及管理产生的溢出效应可能是电动汽车的出现带来的充电现象。随着充电站和充电行为进入大多数车主的日常活动，能源供应商有必要与州政府以及地方政府进行全面规划和互动，因为大规模使用充电站将改变土地利用的格局。例如，必须对公共交通站点进行重新设计，使其能够在驾驶人工作时或正在使用往返其最终目的地的公共交通工具时满足对大量车辆充电的需求。

受管的或"智能的"充电可以用来最大限度地提高电气化的社会效益。一项战略是提供激励措施，促进在可再生能源达到峰值产量时充电（Goetz，2017）。该方法将促进可再生能源的电网整合。在阳光明媚的地区，可以在太阳高挂在天空的中午给车辆充电。而在其他地区，特别是沿海地区，在夜间充电可能更有利，因为此时风速达到峰值。最终结果是规划者将更多地依赖于建模、地理信息系统和试点项目来制定适合本地交通和自动化模式的政策和基础架构。这也意味着规划者将需要新的技能组合，作为在新的出行范式下进行有效规划的先决条件。

6.4　快速创新溢出的意外后果

6.4.1　认识"中间创新"阶段的重要性

随着创新生态系统的演变、发展和产生（有时）革命性创新，它们可能会对在相关创新引起不断变化的商业环境中适应缓慢的部门和企业造成重要的"负面"溢出效应。困难来自这样一个事实，即重大创新通常分几个阶段来完成其最终配置（和影响）的开发，而不是一蹴而就。在这种情况下，能够识别——并据此采取行动——注定要被即将到来的阶段超越的"中间"阶段并规划最终配置的终极（即长期）视角，是非常重要的（尤其是对于投资企业家和企业而言）。

我们用电动汽车充电基础设施的例子来阐述这一点。虽然更快的固定充电系统已经在开发和部署中，但即将出现的技术可以将重心从固定设备的充电转移到内置在基础设施中的系统，从而实现移动无线充电和电费支付[⊖]。目前正在测试的无线电动汽车充电（WEVC）技术似乎提供了一种简单而高效的电动汽车充电方式，有助于为城市出行带来更清洁、更智能的未来。使用 WEVC，公路上行驶的电动汽车可以在行驶（动态 WEVC）或停车时充电。

随着 WEVC 技术的飞速发展，开发庞大的固定式充电点网络的可取性和可行性是一个值得质疑的问题。这是快速创新溢出意外后果的一个例子，这些溢出效应可能对相关企业家和企业产生破坏性影响。无线充电和支付的滚雪球式发展，突显出某些领域创新的速度之快，以及企业家在投资可能无法反映长期未来的中间技术时所面临的风险。在这里，我们要再次提及在前几章中出现的美国数字设备公司（DEC）的例子，DEC 由于专注于微型计算机而不是个人计算机最终失败，因为事实证明个人计算机才是主导市场的长期革命性创新。同样，专注于固定充电站的企业家可能会发现，随着新型快速创新的实现和对更长远角度的适应，他们的商机前景正在缩小。

这意味着创新生态系统可能由于过于新颖而出现风险资本家不愿意投资，因为他们对新的创新何时能够"稳定"以及需要多长时间才能成为足以产生有益回报的市场标准无法把握。

6.4.2　新的制造业革命的影响

我们正处于制造业发展初期，制造业现在才开始对交通部门产生溢出效应。新的"制造业革命"将基于使用——在制造业的所有类别都是如此——革命性创新，如 3D 打印机、物联网、先进的机器人，甚至是在原子构造上定制的"分子机器"——这项技术获得了 2016 年诺贝尔化学奖（Mills，2017）。与 20 世纪化学和制药生产革命一样，当今强大的物理算法，已经使美国、欧洲和亚洲的创新生态系统走上了设计新的制造革命的道路，这场革命将对全世界的所有行业产生广泛的溢出效应。

这场革命的影响之一是，它可能会完全颠覆当前的世界制造业模式。依赖廉价劳动力的亚洲制造业在当前的模式中享有相对优势。依赖廉价劳动力的经济最终将被自动化系统取代，这些系统不会生病、没有工会、不涉及货币操纵、也不必支付工资。这场革命的缺点是可能会对长期就业产生重大的负面影响。

这场革命正在发生，影响的绝不仅是现代生产设备中使用的机器人。它包括"万物互联"的互动和溢出效应，"万物互联"通过基于分析的供应链和基于机

⊖ 已经开发了许多系统，例如位于加州尔湾的 NetObjective 公司的 NetObjex 平台。该公司与国际运输创新中心（ITIC，请参阅：http://www.itic-sc.com/，2018 年 7 月访问）合作。此外还有高通科技公司的高通 Halo 电动汽车动态充电系统（请参阅：https://www.qualcomm.com/，2018 年 7 月访问）等。

器的智能，将万亿数据位、数据对象和机器联网。这些类型的溢出效应至关重要，所有创新生态系统都应仔细衡量和考虑其影响。

 6.5　小结

本章讨论了运输创新渗透到同一生态系统内的其他部门或外部部门的倾向。实际上，溢出效应看起来是一个创新在时空中发生的关键机制。我们可以合理地使用"链接式创新"一词来表示具有共同衍生历史和共同科学范式的创新，这种科学范式通过多种渠道发生的创新溢出而变得"普遍"。

具有次级或三级影响的溢出效应，要么紧随主要或基础发现，要么可能在突发的发现中处于休眠或衰减状态，只能在变化的技术社会经济条件下才能被重新发现、发明和再利用。溢出是计划好的或者偶然的意外后果。在强大的创新部门和生态系统中，它们似乎无处不在。

创新溢出实际上是特定创新投资的实际结果，不仅可能使投资公司或个人受益，还会为其他被用来创造额外创新和收入的公司和部门贡献知识和产生影响。想要控制从原始创造者到其他创新者的知识溢出和创新溢出几乎是不可能的。科学与创新本质上是"有裂缝的"。成功的创新很难不向竞争对手外溢，至少会以某些版本或衍生的形式进行。即使在知识产权保护法律制度最好的国家，也会发生"泄露"。

我们可从本章的分析中得出溢出"现象"的一些基本前提或特征。作为对本章总体论述的补充，下面会以信念的形式对这些基本前提或特征进行阐述。

第一个信念是，人员流动是高科技生态系统内部或之间的一个必要条件。在创新生态系统内部或之间发生的不同组织间的人才迁移，可以刺激全系统的学习和更高的整体创新水平。这是一种全新的信念，取代了长期以来的信念（运输技术公司也持有同样的观点），即"一旦你加入一家公司，你将终生在那家公司工作"。在美国硅谷，所谓"终生"是3~5年，同时在多家公司工作过已迅速成为一种"荣誉徽章"。随着越来越多的人经常更换工作单位，他们对产生创新和技术进步的创新溢出效应做出了贡献。

第二个信念与第一个信念相关，即在一家公司获得知识然后在另一家公司加以应用可以产生倍增的创新效应，因为另一家公司的知识环境对原先的知识进行了"施肥"。流动性——而不是忠诚——是当今许多国家创新生态系统的标志和主要规范，这是一个应该谨慎看待并处理的重大趋势，因为它是一种"喜忧参半"的有益之事。一方面，它削弱了人员外流的公司；另一方面，它可以增加人员流入的公司的创新机会。随着高科技公司员工的不断流入流出，正面的溢出效应应该是：增强实验和冒险精神，从过去的错误和成功中学习，在新的和更肥沃的环境中培养新的想法。而这种情况下的负面溢出效应可能是：由于流动而失去人员的公司失去了宝贵的人才⊖，以及流动性致使国民身份改变造成的国家安全威胁。

第三个信念是，连通性⊖和人工智能（AI）是两个重要的溢出创新，对于实现新的运输创新革命至关重要。从晶体管的发明，到集成电路以及将功能越来越强大的芯片集成到高级操作系统、大型计算机和个人计算机或智能手机，这些软硬件的演变一直是"连通性"的提高所带来的溢出效应。随着运输自主权和连通性的市场份额的增加，可以预计运输创新生态系统也会对土地利用和保险市场等不同领域的外部相关生态系统产生重大溢出效应。

第四个信念是，运输部门的共有权将刺激对企业管理、创造力和组织的溢出影响。其中一个溢出效应是初创公司的共有权概念，即基于向员工提供股票期权，作为他们标准就业方案的一部分的概念。新的共有权模式现已作为正在进行的电动汽车和自动驾驶汽车革命的一部分开始开发，将在例如公共交通运营、城市配送和物流、市区停车等领域在内的商业部门产生有趣的溢出效应。

第五个信念是，持续的运输革命性创新将对运输部门之外的从保险、能源费支付到社区规划和其他部门产生多种深远的溢出效应。全球智慧城市运动在一定程度上也被认为是这种溢出效应的结果。

第六个也是最后一个信念是，创新溢出效应有自己的生命力，有时会加速到威胁创新生态系统吸引域结构稳定性的水平。看似滚雪球式的无线充电和支付发展以及企业家投资可能无法反映长期未来的中间技术时面临的相关风险就充分证明了这一点。实际上，这种"失控"的创新生态系统可被比喻为那些具有极端密度的空间物体（"黑洞"），它们的时空曲率大到连光都无法逃逸。与此相似的是，快速发生创新的具有极高密度的创新生态系统可能也会导致自身吸引域的崩塌。

参考文献

Campbell, P., 2017. Ford vies with GM in car technology partnerships. Silicon Valley Bus. J. September 27.

DARPA, 2017. Where the Future Becomes Now. Defense Advanced Research Projects Agency. Available from: https://www.darpa.mil/our – research (Accessed March 2018).

Empson, R., 2011. A Look At Who's Winning the Talent Wars in Tech (Hint: It Rhymes with Twitter). TechCrunch. June 7. Available from: https://techcrunch.com/2011/06/07/a-look-at-whos-winning-the-talent-wars-in-tech-hint-it-rhymes-with-twitter/ (Accessed March 2018).

⊖ 这就是为什么在许多情况下，如果立法框架允许，在雇用有价值的人才时签署具有约束力的协议是合法的做法。但是，也有一些立法——像美国加州那样——使这种具有约束力的协议在不是完全非法的情况下难以成立。

⊜ 在车辆、基础设施和控制中心之间传输数据和信息。

Founder Playbook, 2017. The History of Silicon Valley: Transistors, Stanford, and Venture Capital, Part 1 of a 2 Part series on the circumstances that gave birth to the world's current hub of innovation—Silicon Valley. August 18. Available from: https://medium. com/founder-playbook/the-history-of-silicon-valley-transistors-stanford-and-venture-capital-6a761f171e9d(Accessed January 2018).

Goetz, G., 2017. Electric Vehicle Charging Considerations for Sharing, Automated Fleets. Policy Brief, 3 Revolutions: Sharing, Electrification, Automation,UC Davis Institute of Transportation Studies, Davis, CA.

Gorzelany, J., 2017. The cars owners hold onto the longest. Forbes. May 15. Available from: https://www. forbes. com/sites/jimgorzelany/2017/05/15/newcars-owners-cant-bear-to-part-with/#578800348c00 (Accessed January 2018).

Hull, D., 2017. Tesla and SpaceX Share More Than Musk. Bloomberg News. September 7. Available from: https://www. bloomberg. com/news/articles/2017 – 09 – 07/from-software-to-staffers-tesla-and-spacex-share-more-than-musk(Accessed January 2018).

Ince, J., 2017. Ford and Lyft will work together to deploy autonomous cars. The Rideshare Guy. September 30. Available from: https://therideshareguy. com/ford-and-lyft-will-work-together-to-deploy-autonomous-cars/(Accessed February 2018).

Kim, T., 2017. UBS slashes Tesla profit estimates predicting more Model 3 problems. CNBC. Monday, October 30. Available from: https://www. cnbc. com/2017/10/30/ubs-slashes-tesla-profit-estimates-predicting-more-model-3-problems. html(Accessed February 2018).

Langride, M., Betters, L., 2017. What is hyper loop? The 700mph subsonic train explained. ZIO. October 13. Available from: https://www. pocket-lint. com/gadgets/news/132405-what-is-hyperloop-the-700mph-subsonic-train-explained(Accessed January 2018).

LeBeau, P., 2015. Americans holding onto their cars longer than ever. CNBC. Wednesday, July 29. Available from: https://www. cnbc. com/2015/07/28/americans-holding-onto-their-cars-longer-than-ever. html(Accessed February 2018).

Liedtke, M., Fahey, J., 2015. Tesla CEO plugs into new market with home batter system. Physorg. April 30. Available from: https://phys. org/news/2015-04-tesla-battery-technology-homes-businesses. html (Accessed March 2018).

Marshall, A., 2017. Great news for everyone! Elon Musk is building a Hyperloop. Wired. August 8th. Available from: https://www. wired. com/story/great-elon-musk-building-hyperloop/(Accessed February 2018).

Mills, M. P., 2017. Tomorrow's manufacturing revolution: bioelectronics is as big jump as ditching vacuum tubes. Wall Street J. February 6. Available from: https://www. wsj. com/articles/tomorrows-manufacturing-revolution-1486081199(Accessed November 2017).

Robinson, M., 2017. A public university sends more grads to Silicon Valley's tech giants than any Ivy League school. Business Insider. May 2. Available from: http://www. businessinsider. com/silicon-valley-hires-uc-berkeley-grads-2017 – 5(Accessed June 2018).

Saxeian, A., 1994. Regional Advantage: Culture and Competition in Silicon Valley and Route 128. Harvard University Press, Cambridge, MA.

Schubarth, C., 2016. Google hires artificial intelligence gurus from Stanford, Snapchat. Silicon Valley Bus. J. November 15.

Trousdale, S., 2016. GMinvests $500million inLyft, sets out self-driving partnership. BusinessNew. January 5. Available from: https://www. reuters. com/article/us-gm-lyft-investment/gm-invests-500-million-in-lyft-sets-out-self-driving-car-partnership-idUSKBN0UI1A820160105(Accessed November 2017).

Woodruff, M., 2015. Truck driving may be America's most popular job. Yahoo Finance. February 5. Available from: https://finance. yahoo. com/news/truck-driving-may-be-america-s-most-popular-job-182859840. html(Accessed January 2018).

延伸阅读

Bala, R., 2017. NetObjex demonstrates dynamic electric vehicle wireless charging proto-type using distributed legers and cryptocurrency. Silicon Valley J. November 2. Available from: https://www. bizjournals. com/sanjose/prnewswire/press_releases/California/2017/11/02/PH32934(Accessed August 2018).

Bonvillian, W., Weiss, C., 2015. Technological Innovation in Legacy Sectors. Oxford University Press, New York, NY.

Boslet, M., 2007. Fairchild at 50: start-up spawned Silicon Valley. The Mercury News. September 29. Available from: http://www. mercurynews. com/2007/09/29/2007-fairchild-at-50-start-up-spawned-silicon-valley-chip-industry/(Accessed December 2017).

Della Cava, M., 2017. Hyperloop is coming to downtown Denver, Arrivo announces deal for test site near E – 470. USA Today—Money. Wednesday, November 15. Available from: https://www. usatoday. com/story/tech/2017/11/14/colorado-drivers-may-first-escape-traffic/860696001/(Accessed May 2018).

Elias, J., 2017. Defense secretary Mattis looks to Valley for AI tech, help making military more lethal. August 11. Available from: https://www. bizjournals. com/sanjose/news/2017/08/11/defense-secretary-mattis-looks-to-valley-for-ai. html(Accessed January 2018).

Fagan, K., 2018. Silicon Valley Techies get free food and dazzling offices, but they're not very loyal- here's how long the average employee stays at the biggest tech companies. April 16. Available from: http://www. businessinsider. com/average-employee-tenure-retention-at-top-tech-companies-2018-4 (Accessed July 2018).

Florida, R., 2016. A closer look at the geography of venture capital in the U. S. CityLab. https://www. citylab. com/life/2016/02/the-spiky-geography-of-venture-capital-in-the-us/470208/. (Accessed March 2018).

Frommer, D., 2017. Former longtime Apple engineering leader Chris Lattner is heading to Google to work on AI. Recode. August 14.

Hawkins, A. J., 2017. This Hyperloop company is promising 200 mph travel without the vacuum tubes. The Verge. November 14. Available from: https://www. theverge. com/2017/11/14/16651548/arrivo-hyperloop-denver-colorado-bambrogan(Accessed July 2018).

HiringSolved, 2017. 2017's most wanted Tech employee. Research report. Available from: https://www. scribd. com/document/346963694/Hiringsolved-Ideal-Hire-Report-in-Tech(Accessed January 2018).

Hook, L., 2017. *Record* Venture Capital cash floods into Car Technology. Financial Times. July 12. Available from: https://www. ft. com/content/8ec8079c-66a6-11e7-8526-7b38dcaef614 (Accessed March 2018) Also at: https://www. recode. net/2017/8/14/16146118/chris-lattner-google-brain-artificial-intelligence-apple-tesla.

Huffman, L., Quigley, J. A., 2002. The role of the University in attracting high tech entrepreneurship: a Silicon Valley tale. Ann. Reg. Sci. 36, 403 – 419. Available from: https://pdfs. semanticscholar. org/10c4/c38614faba544c32f9edd16a3dd25048eeb5. pdf(Accessed March 2018).

Jaffe, A., 1986. Technological opportunity and spillover of RTD: evidence from firms, patents, profits and market value. Am. Econ. Rev. 76 (15),984 – 1001.

Lambert, F., 2017. Tesla semi met and then crushed almost all our expectations. Electrek. November 17.

Available from: https://electrek. co/2017/11/17/tesla-semi-electric-truck-specs-cost/(Accessed February 2018).

Leopold, G., 2017. DARPA looks beyond Moore's law. Defense Systems. August 30. Available from: https://defensesystems. com/articles/2017/08/30/darpa-chips. aspx(Accessed February 2018).

Muller, M. J., 2002. Living history: retracing the evolution of the PC 1996 – 1998: the dot-com revolution. PC Magazine. March 12.

Peterson, B., 2017. Travis Kalanikc lasted in his role for 6.5 years—five times longer than the average Uber Employee. Tech Insider. August 20.

Poulton, C. V., 2016. MIT and DARPA pack lidar sensor onto single chip. IEEE *Spectrum*. August 4, https://spectrum. ieee. org/tech-talk/semiconductors/optoelectronics/mit-lidar-on-a-chip (Accessed January 2018).

Ricker, T., 2017. Here's a Tesla inside Elon Musk's LA Tunnel. The Verge. August 28. Available from: https://www. theverge. com/2017/8/28/16213354/model-s-inside-boring-tunnel(Accessed January 2018).

Simonite, T., 2017. Defense Secretary James Mattis Envies Silicon Valley's AI Ascent. Wired. August 11. Available from: https://www. wired. com/story/james-mattis-artificial-intelligence-diux/(Accessed December 2017).

Singer, P. W., Cole, E., 2017. Flight plan, the government needs to work with Silicon Valley to create our military future. Wired. August 11. Available from: https://www. wired. com/story/james-mattis-artificial-intelligence-diux/(Accessed January 2018).

Underwood, S., 2014. Automated, Connected and Electric Vehicle Systems, Expert Forecast and Roadmap for Sustainable Transportation. *Institute for Advanced Vehicle Systems*, University of Michigan, Dearborn, MI. Available from: http://graham. umich. edu/media/files/LC-IA-ACE-Roadmap-Expert-Forecast-Underwood. pdf (Accessed January 2018).

Vlasic, B., Boudette, N. B., 2017. GM and Ford Lay Out Plans to Expand Electric Models. New York Times. October 2. Available from: https://www. nytimes. com/2017/10/02/business/general-motors-electric-cars. html(Accessed December 2017).

第7章
创新监测和数据收集

 7.1 引言

　　很难获得完整创新周期和创新生态系统运行的信息和数据。传统上，与创新相关的大多数数据和信息都是关于流程的初始阶段，即（基础或应用）研究以及原型和样品的开发。缺乏生命周期信息和数据严重限制了随时间推移跟踪创新生态系统健康状况的能力，从而制约了将生态系统作为主要分析单位。

　　关于创新周期的非研究与技术开发（RTD）部分，以同行评审论文或其他出版物形式发表的结果稀缺，主要是由于三个原因：第一，通常规定获得专利授权前其内容必须保密；第二，出于商业上的考虑需要避免将信息泄露给竞争对手，以确保新产品的独占性和避免不受控制的溢出；第三，通常负责创新周期后 RTD开发和制造阶段的实体是工业或商业公司，他们没有学术动力、专业知识和诱因以论文和数据分析的形式宣传其成果。

　　一般来说，特别是在创新周期最后阶段负责主体是中小企业的情况下，也缺乏资源以及适当的"文化"来收集数据和出版论文，因为及时将创新产品或服务商业化引入市场的时间压力不允许时间或资源用于学术活动。

　　因此，在研发阶段之后，对后续创新活动的数据收集、分析和发布的兴趣便显著降低。以下两个不利因素使情况进一步复杂化：

　　1）创新周期的后研发部分涉及多个不同的利益相关者。它们构成了整个创新生态系统的要素。这些利益相关者之间在创新相关数据收集和分析方面的协调与合作必须以某种形式的法定安排来激励、协调甚至强加，这将关系到国家层面的整体创新促进立法机构。

　　2）没有普遍接受和国际统一的创新数据收集集合和指标可以构成系统"创新衡量"制度的基础。现有的创新调查和数据收集充其量是不完整的。最迫切需要的要素是精心制定和普遍接受的"创新产出衡量指标"，用于计算创新活动的收益。需要提醒的一点是，与研究相关的指标，如论文数和引用次数，不适用于"创新产出"。迄今为止最常用的创新产出指标是"授予专利的数量"，但仅凭这一点并不能完全代表创新产出。原因是某些类型的公司（例如中小型企业或知识产业）没有参与知识产权保护过程，要么是因为他们不熟悉，要么是因为他们负担不起（另见第 8 章）。因此，这些公司没有出现在专利指标中。

该领域中数据收集及其分析相关的议题和问题主要与研发数据收集有关，关于这个主题有各种各样的参考书目（Dutta S. 等，2016；Saunila M. 和 Ukko J.，2012；Crozet Y.，2010；NBER，2008；European Commission，2016b）。

本章简要介绍当前与交通领域相关的创新数据库（创新中包括研发部分）。我们还讨论了创新数据收集中的问题和差距，以及总体上对监测各个创新级别的影响，并描绘可能建立的全球创新数据监测和收集系统，以填补当前的差距。我们首先评述一下美国和欧盟现有的主要运输部门创新相关数据库。

7.2 当前美国和欧盟的运输部门数据库

事实上，运输部门所有现有的数据库和相关存储库都是与研究相关的数据。我们在下面简要介绍服务于国际交通研究界并以英语为主要语言的那些数据库。在其中一些数据库的标题中使用"创新"一词，并不一定反映其真实内容，因为这些内容几乎仅与创新周期的研发部分相关。

（1）美国交通研究委员会数据库（Transportation Research Board，TRB） 它维护着可能是世界上最全面和最广泛使用的交通研究和创新生产数据库。这些是许多可以在同一个 TRB 地址上访问的专用数据库[一]，包括：

1）研究进行中（Research in Progress，RiP）数据库。其中包含美国当前或最近完成的交通研究项目。数据库现在充当美国高校交通中心正在进行的研究的信息交流中心[二]。

2）研究需求陈述（Research Needs Statements，RNS）数据库。研究需求陈述是描述特定研究项目（即需要更多研究工作的领域）需求的陈述。因此，该数据库的一个重要功能是为美国的交通研究执行过程提供必要的自下而上的输入。

3）TRID 是一个相对较新的数据库，由两个数据库整合而成：交通研究信息服务（Transportation Research Information Services，TRIS）数据库和 OECD/JTRC[三]的国际交通研究文献（International Transport Research Documentation，ITRD）数据库。TRID 提供对全球超过 900000 条交通研究记录的访问。

4）实践就绪论文（Practice-Ready Papers，PRP）数据库。这是世界范围内为数不多的数据和信息旨在研究实施和创新生产而不是进行研究的例子之一。每

[一] 见：http://www.trb.org/AboutTRB/ResourcesandDatabases.aspx（2018 年 7 月访问）。

[二] 在撰写本书时，RiP 拥有大约 8500 个研究项目的数据。

[三] 经济合作与发展组织/联合运输研究中心。

年，TRB 技术活动部的 220 多个常务委员会都会确定从业者可能感兴趣的同行评审过的论文（"实践就绪"论文）。这些论文的研究成果有助于解决当前或未来的问题，并适用于实践。人们认为这些文件中提供的信息值得进一步实施。

5）交通研究辞典（Transportation Research Thesaurus，TRT）。交通研究辞典是一种旨在改进交通信息索引和检索的工具。该辞典涵盖交通的所有模式和方面，目的是在交通信息的生产者和用户之间提供一种通用且一致的语言。

6）TRB 在线目录。这实际上是一种工具，允许用户浏览或有选择地搜索各种 TRB 常设委员会，以查找有关这些委员会的详细信息，包括其范围、成员名册和主页链接。

7）TRB 图书库。这不仅是美国交通研究委员会出版物的主要存档处，也是其他美国相关机构如（前）公路研究委员会、战略公路研究计划和海洋委员会的出版物的主要存档处。TRB 图书库是最古老的 TRB 数据库之一（成立于1946 年）。

8）研究资金来源数据库。这个数据库旨在帮助研究人员找到美国的潜在组织，可以向其提交研究报告以获得资金。

9）网络研讨会和会议记录数据库。该数据库提供了由 TRB 进行的网络研讨会和会议的录音，旨在让交通专业人员在类似会议的氛围中共享和接收信息。

（2）美国交通部数据库　美国交通部的网站上可以找到这些数据库⊖。它们主要包含由美国研究与技术助理部长办公室（前身为研究与创新技术管理局）管理的运输运营数据，分别为：

1）美国国家交通统计或 TranStats 数据库（美国交通部门的总体交通数据和指标）。

2）复合联运乘客连接性数据库（关于每个客运站各种定期公共交通方式之间连接有效性的数据）。

3）全国渡轮运营商普查（关于渡轮航线、码头、设施、船只等的信息）。

4）过境/入境数据（从加拿大和墨西哥进入美国的人员、车辆和集装箱）。

5）北美跨境货运数据（与加拿大和墨西哥进行贸易的货运进出口模式和原产地/目的地）。

6）搜索公共数据集和数据工具（搜索各种交通方式的数据集，包括美国交通部和外部来源数据）。

7）全国家庭旅行调查——可转移性统计数据（依据人口普查区和数据字典的可转移性统计数据）（2009 年）。

这里值得一提的是美国专利商标局的数据库，其中包含用于搜索现有专利、

⊖　见：https://www.rita.dot.gov/bts/data_ and_ statistics/databases（2018 年 3 月访问）。

公开专利申请及其维护过程的泛数据库[⊖]。

（3）EUROSTAT 上的欧盟交通数据库[⊜] EUROSTAT 有许多与欧洲运输（以及其他部门）相关的数据库。这些统计数据并不专门针对交通研究或创新，而是关于一般交通运营。然而，它们是相关的，因为它们提供了背景信息。其他与欧盟相关的运输数据库包括：

1）交通研究与创新门户（Transport Research & Innovation Portal，TRIP）[⊜]。前身是交通研究知识中心（Transport Research Knowledge Centre，TRKC），它是有关在欧盟和欧盟成员国国家层面进行的所有交通研究和创新项目的信息门户。所有信息均按运输方式和部门分类。

2）2013 年发布的 TIDE 可转移性手册[⊕]。这是一份从业者指南，用于分析创新城市交通措施的可转移性。它包含以下信息：

①城市创新概念（称为"冠军城市"）。

②实施者的可转移性分析和指南。

③实施方案和行动准备。

④可转移性分析结果的培训和交流。

⑤附加值分析和建议。

3）交通研究和创新监测和信息系统（Transport Research and Innovation Monitoring and Information System，TRIMIS）。这是欧盟委员会最近推出的一种用于分析运输创新有效性的工具。TRIMIS 监测欧盟战略运输研究和创新议程（Strategic Transport Research and Innovation Agendas，STRIA）制定的路线图的实施和有效性[⊕]，这些路线图由运输领域的欧洲技术平台（European Technology Platform，ETP）定期开发和维护。7 个 STRIA "路线图" 涵盖 7 个领域，它们也可视为相关欧洲创新生态系统的领域：

①合作、互联和自动化的运输。

②交通电气化。

③车辆设计与制造。

④低排放替代能源运输。

⑤网络和交通管理系统。

⑥智能出行和服务。

⊖ 见：https://www.uspto.gov/。

⊜ EUROSTAT 是欧盟的统计局。详情见：http://ec.europa.eu/eurostat/web/transport/data/database（2018 年 3 月访问）。

⊜ 参见：http://www.transport-research.info/（2018 年 3 月访问）。

⊕ 参见：http://www.tide-innovation.eu/en/Results/TIDE-Transferability-handbook/（2018 年 3 月访问）。

⊕ 参见 http//:trimis.ec.europa.eu（2018 年 3 月访问）。

⑦交通基础设施。

TRIMIS 是欧盟委员会于 2017 年 5 月宣布的名为"移动中的欧洲"的新一揽子运输计划的产物。TRIMIS 分析欧洲运输部门的技术趋势、研究和创新能力以及发展，提供开放获取信息。其信息和数据按上述 7 个 STRIA 领域分类。

上述 7 个 STRIA 路线图包括对每项创新实施的潜在影响的讨论。在相同的路线图中，有整个欧洲运输部门的技术趋势以及研究和创新能力的地图和评估。TRIMIS 取代了之前存在的交通研究与创新门户（Transport Research and Innovation Portal，TRIP），并将超过 10000 个欧盟和国家级交通研究项目纳入其数据库。

4）最后，欧洲专利局（European Patent Office，EPO）包括一个可搜索的专利数据库以及一个与专利申请相关的亚洲文件数据库[一]。

7.3 与创新相关的数据基础设施

7.3.1 经合组织的举措

经合组织可能是唯一一个系统地致力于创新监测、衡量和促进的国际组织，虽然其方式不是实际建立和维护相关数据库，而是发布相关政策和数据收集指南[二]。其创新战略（经过三年多学科和多方利益相关者的努力制定）为政府如何鼓励创新以及政府本身如何更具创新性提供了指导方针（OECD，2010b）。经合组织的包容性创新政策工具包是一个交互式指南，旨在帮助政策制定者设计和实施包容性增长的创新政策。它提供了来自 15 个国家的 33 个包容性创新政策案例研究以及两个跨国项目的数据（OECD，2017）。"包容性"是指旨在消除弱势个人、社会团体、公司、部门和地区参与创新、研究和创业活动的障碍的创新政策（Planes-Satorra S. 和 Paunov，2017）。

为了收集和解读创新数据，经合组织曾成立了一个国家科学技术指标专家工作组（National Experts on Science and Technology Indicators，NESTI）。在制定商业创新调查国际准则和设计基于此类调查数据的指标方面，该小组发挥了关键作用。

也许在创新衡量领域最知名的经合组织文件是经合组织和欧盟统计局联合出版的《奥斯陆手册》（Oslo Manual）。该手册被认为是研发和（可能的）创新活动数据收集和分析指南的标准教科书，关注重点是研发（OECD 和 EUROSTAT，2005）[三]。《奥斯陆手册》之前是 2002 年经合组织出版的《弗拉斯卡蒂手册》

［一］ 参见 https://www.epo.org/searching-for-patents/legal/asian-search-legal-status.html#tab-1（2018 年 7 月访问）。

［二］ 详情见：http://www.oecd.org/innovation/inno/inno-stats.htm（2018 年 5 月访问）。

［三］ 2001 年出版了对奥斯陆手册的拉丁美洲增补版，即《波哥大手册》（Bogotá Manual），这是对奥斯陆手册的补充，更加强调吸收能力、技术能力和创新努力。

（*Frascati Manual*），该手册为研发数据收集和分析提供指导。在第三版中，奥斯陆手册还包括非技术创新和不同创新类型之间的联系，还有一个关于在发展中国家实施创新调查的附录。

有许多基于《奥斯陆手册》建议或直接受其启发的研发和创新调查。这些调查无疑是许多国家科学家利用最多的统计来源之一。在（Hall BW 等，2010）中，全面介绍了遵循《奥斯陆手册》一般指导方针的创新调查，并回顾了使用这些调查数据的计量经济学研究。

在运输领域，经合组织通过其附属组织国际运输论坛（International Transport Forum，ITF）支持研究和政策制定⊖。ITF 每年都会在德国莱比锡举行一次重要会议。2010 年的会议以"交通与创新：释放潜力"为主题，聚焦交通领域的创新⊜。ITF 定期收集和公布有关全球运输部门趋势和近期前景的数据，以及到 2050 年货运（海运、空运和陆运）、客运（汽车、铁路和航空）的前景。它还提供了与运输相关的二氧化碳排放数据。这些数据被称为 ITF 运输展望（Transport Outlook）（ITF，2017），主要与运输性能和产出有关，与研究和创新生产的关系较少。然而，它们形成了一个重要的数据库，其中包含的相关数据未来可能会扩展到包括有关运输部门创新的直接数据。

7.3.2 美国的举措

自 2008 年以来，美国经济中的创新衡量标准一直是美国联邦政府机构研究和倡导的主题（NBER，2008）⊜。除了上一节中提到的与运输相关的美国数据库和存储库之外，还有许多其他相关数据库可用于未来创新的专用监控基础设施。这些数据库的简要概述如下。

1. STAR METRICS 方案

STAR METRICS 是一个美国联邦政府项目，于 2010 年启动，旨在创建数据和工具存储库，用于评估联邦投资对研究和创新的影响。其全名就其目标和内容而言不言自明："美国再投资的科学技术：衡量研究对创新、竞争力和科学的影响"。它是美国联邦科学机构和美国研究机构之间的合作伙伴关系（STAR METRICS 联盟）。目前，它记录了医学研究领域的研发项目数据，预计未来将扩展到其他领域（包括交通领域）。根据 STAR METRICS 项目的原始职权范围，该数据库还将包括有关联邦资助研发的投资回报、研究影响和社会成果的数据⊞。

⊖ 参见：www.itf-oecd.org.

⊜ （Crozet Y.，2010）有关本次会议对交通运输部门的创新驱动力做了有趣的介绍。

⊜ 网址：http://users.nber.org/~sewp/SEWPdigestFeb08/InnovationMeasurement2001_08.pdf （2018 年 5 月访问）。

⊞ 更多有关信息，请参阅：https://www.starmetrics.nih.gov/（2018 年 2 月访问）。

利用 Federal RePORTER 工具[○]，该项目正在开发一个开放和自动化的数据基础设施，该基础设施将能够记录和分析联邦科学和创新投资（迄今为止主要是研发投资）产生的输入、输出和成果。

该存储库由美国国立卫生研究院（National Institutes of Health，NIH）和国家科学基金会（National Science Foundation，NSF）为科学技术政策办公室（Office of Science and Technology Policy，OSTP）开发，由 NIH、NSF、美国农业部和环境保护署出资。该系统正在开发中，基本上第一个领域专注于医学研究。计划的第二步是开发一个开放和自动化的数据基础设施，从而对总体联邦科学投资产生的输入、输出和结果的子集进行记录和分析。

2. 研发卫星账户[○]

这是由美国经济分析局和美国国家科学基金会开发的门户网站。它包含地区、国家和国际层面不同的经济、研究、产业和其他数据。它还包含研发投资对美国经济增长影响的估计。

3. 国民收入和产品账户[○]

该数据库由美国商务部经济分析局开发和维护，包含来自商业和人口普查及调查、就业和生产力统计以及主要金融和非金融部门的收入和资产负债表的数据。它不是一个包含研究和创新相关数据的数据库，而是包含一些可用于将创新发展与经济和相关经济指标联系起来的必要信息和数据。

4. 产业研究与开发年度企业级调查[○]

产业研究与开发调查是美国政府调查美国公司研发支出和创新工作的主要工具，是由美国人口普查局和美国国家科学基金会联合进行的年度调查。该调查包括在美国境内进行研发的公共、私营以及外资公司。

本次调查收集的信息汇总在诸如《科学与工程指标》（*Science and Engineering Indicators*）[○]、《研发资源的国家模式》（*National Patterns of RTD Resources*）[○]以及《商业和产业研发》（*Business and Industrial RTD*）[○]等著作中。

○ 参见：https://federalreporter.nih.gov/（2018 年 2 月访问）。

○ 参见：https://www.bea.gov/national/rd.htm（2018 年 2 月访问）。

○ 参见：https://www.bea.gov/iTable/index_nipa.cfm（2018 年 3 月访问）。

○ 参见：https://www.census.gov/econ/overview/mu1200.html（2018 年 1 月访问）。

○ 参见：https://www.nsf.gov/statistics/2016/nsb20161/uploads/1/nsb20161.pdf（2018 年 2 月访问）。

○ 参见：https://www.nsf.gov/statistics/natlpatterns/（2018 年 2 月访问）。

○ 参见：https://www.nsf.gov/statistics/industry/（2018 年 1 月访问）。

7.3.3 欧盟的举措

欧盟致力于将自身转变为"知识经济体",以高科技活动和主要集中在中等高科技部门的专业化促进模式为基础。"开放式创新"是一项欧盟政策,旨在让所有相关参与者参与创新过程,从研究人员到企业家、用户、政府部门和民间社会。它还旨在利用欧洲当前的研究和创新成果,为创新创造合适的生态系统,增加创新投资,并将更多的公司和地区引入知识经济体(European Commission,2016b)。

有许多欧盟资助的举措来收集数据、定义和量化监测研究和创新的具体指标以及欧盟 7 年研发与创新框架计划的绩效评估[一]。下面我们简要介绍这些计划,从最全面的计划——欧洲开放科学云开始,其旨在最终取代大多数现有的欧盟研发与创新数据库。

1. 欧洲开放科学云

这是一个全球研究和创新的潜在突破性数据库。欧盟委员会于 2016 年成立了高级别专家组(HLEG)对 EOSC 的创建和形成进行研究并提供建议,根据该专家组的报告,此类开放数据库旨在加速和支持向"数字化单一市场中更有效的开放科学和开放创新"过渡(European Commission,2016a)。它将支持跨学科、社会和地理边界对服务、系统和共享科学数据重复使用的可信访问。同一份报告指出,虽然欧洲开放科学云(EOSC)将是欧洲的基础设施,但它应该是全球范围内可互操作和可访问的[二]。

"开放科学"的定义是这样一种条件:"公共资助的研究成果的主要产出——著作和研究数据——可以以数字格式公开访问,没有限制或限制最少"[三]。"开放科学"概念在实践中的首次应用来自于各种科学杂志发表的"开放获取"科学论文。这种"开放获取"著作的采用率尚未像其发起人所希望的那样迅速增加。2016 年,仅有超过 20% 的文章以"开放获取"形式发表,根据市场定义的不同,占期刊出版总市值的 4% ~ 9%。因此,欧盟委员会近年来一直在大力推动将其资助研究产生的科学论文变为开放获取。

在欧盟 EOSC 的背景下,"开放科学"的真正含义远大于研究成果的开放获取。它是关于将开放原则扩展到整个研究和创新周期,尽早开始在整个创新链中促进共享和协作。如果这一概念成为现实(并且 EOSC 被认为是朝着这个方向迈

[一] 参见 European Commission,2015。

[二] 特色是 HLEG 10 人中,有 2 名成员来自日本和澳大利亚。

[三] 参见:https://www.oecd.org/sti/outlook/e-outlook/stipolicyprofiles/interactionsforinnovation/openscience.htm(2018 年 2 月访问)。

出的一步），它将相当于对科学、研究和创新活动进行方式的系统性变革⊖。

根据高级别专家组的建议，欧盟应尽快推进 EOSC 的实现。EOSC 应被视为欧盟对未来以开放协议为基础的全球公平数据和服务互联网的贡献。特别值得注意的是，该小组建议研究数据的资助模式应该彻底改变（例如，通过小额和不记名的有时间限制和空间限制的赠款），从过去的传统和僵化的资助计划转变为国家/欧共体整体共同资助的计划，这将约占总研究经费的5%。在这5%内，所有数据活动管理和"统筹"都应以集成方式包括在内。

因此，EOSC 的创建被视为创建监控和数据收集系统的"黄金"机会，这一系统有适当的指标，涵盖一般和特定部门的完整创新周期。虽然 EOSC 将成为"基于欧盟"的系统，但这一事实并不会削弱其更广泛的全球使用和适用性，而且它的成功很可能会被其他人效仿。

2. 欧洲创新记分牌

欧洲创新记分牌（European Innovation Scoreboard，EIS）现已成为欧盟成熟的定期著作，它会比较分析欧盟成员国家、其他欧洲国家和区域邻国的创新绩效。它评估国家创新系统的相对优势和劣势，并帮助各国确定他们需要应对的领域。

区域创新记分牌是欧洲创新记分牌在区域层面的扩展，它根据部分削减后的指标评估欧洲地区的创新绩效。

3. CORDIS 数据库

CORDIS 数据库是欧盟委员会的主要公共资源库和多语言门户，用于传播所有欧盟资助的研究项目及其结果的信息。它包括大约 100000 个研究项目，其历史可以追溯到 1990 年欧盟的第一个研究和开发框架计划。CORDIS 通过传播中间和最终报告的可出版版本以及由科学记者撰写的多语言"成果简报"（目前有6 种语言版本），提供有关欧盟资助项目的公共服务信息。为了扩展报告功能，正在探索 CORDIS 功能的进一步开发，例如将项目与出版物和专利进行数字链接。

4. OpenAIRE 存储库

这是一个开放的存储库和门户，用于存储大量欧盟计划资助的研究项目相关的数据和信息。它存储了数百万个项目、研究数据集和著作，其覆盖范围远远超出了欧盟计划。

⊖ 正如推荐 EOSC 高级别专家组主席在该小组报告的序言中提到的那样："科学系统正处于从数据稀疏到数据饱和的滑坡式过渡中。与此同时，学术交流、数据管理方法、奖励制度和培训课程并没有足够快地适应这场革命。研究人员、资助者和出版商继续以与 20 世纪相同的方式开展、出版、资助和评判科学，从而使彼此陷入死局。到目前为止，似乎没有人能够打破这一僵局。开放获取文章是必不可少的，但也只能解决一小部分问题"。

5. 欧盟开放数据门户

该门户网站由欧盟出版办公室运营[一]。它提供了来自欧盟委员会和其他欧盟机构的数千组数据和信息，并且发布了一份地平线（Horizon）2020（简称 H2020）计划资助的所有研究项目的清单，提供的信息包括：项目参考、首字母缩略词、目标、标题、总成本、欧盟贡献、开始日期、结束日期、持续时间、呼叫 ID、主题、资助计划、法律依据。每个项目参与者的信息包括：参考、角色、欧盟贡献、组织 ID、组织名称、组织简称、组织国家、组织类型和参与结束的日期。该数据集涵盖 27 个欧盟成员国。

6. 欧盟工业研发年度文摘

开发工业研发年度文摘的目的是通过对有关工业研发的各种近期报告、研究和其他公开可用信息的系统审查，收集、构建和分析产业研发的模式和趋势。

7.3.4 英国的卓越研究框架[二]

为了能够监控研发支出并分配给高校研究的整体拨款，英国政府建立了卓越研究框架（Research Excellence Framework，REF）平台[三]。"研究的影响"是考虑纳入该数据库的主要标准。每所大学的每个评估单元（学科领域）在最终配置文件中被分配了 20% 的权重。"影响"的正式定义是："对经济、社会、文化、公共政策或服务、健康、环境或生活质量具有超出学术的影响、改变或利益"。

对英国 REF 的兴趣在于它（与其他相关数据库相比）最接近"创新监测"系统数据库，而不是研发监测数据库。其基础是从英国高校或研究机构系统收集的数据以及对这些数据的专家审查过程。各机构受邀以 34 个评估单位的形式提交数据[四]。提交给 REF 的材料在纳入数据库之前需要经过评估。提交的内容包括研究实施项目和案例研究的描述、数据和结果。这些提交的数据有一个特定的格

一　见：https://data.europa.eu/euodp/en/data（2018 年 5 月访问）。

二　考虑到英国脱欧，但同时卓越研究框架似乎很有发展前途，我们将这项英国的举措与欧盟的其他经验分开讨论。

三　见：http://www.ref.ac.uk/（2018 年 5 月访问）。

四　采用的 34 个评估单位是：临床医学；公共卫生、卫生服务和基层医疗；专职医疗、牙科、护理和药学；心理学、精神病学和神经科学；生物科学；农业、兽医和食品科学；地球系统与环境科学；化学；物理学；数学科学；计算机科学与信息学；工程学；建筑、建筑环境和规划；地理与环境研究；考古学；经济学和计量经济学；商业和管理研究；法学；政治与国际研究；社会工作和社会政策；社会学；人类学与发展研究；教育学；运动与运动科学、休闲与旅游；区域研究；现代语言和语言学；英语语言文学；历史；经典；哲学；神学和宗教研究；艺术与设计（历史、实践与理论）；音乐、戏剧、舞蹈、表演艺术、电影和荧幕研究；传播、文化和媒体研究、图书馆和信息管理。

式，其中包括要求对一个组织或一个单位的前 15 名研究人员进行两个案例研究，每多 10 个研究人员再进行一个案例研究，加上一个"影响模板"，它描述了支持和促进该单位内进行的研究产生影响的结构和过程。然后将案例研究提交给由学者和用户组成的混合小组进行审查和评级，采用的标准是范围（影响）和重要性。该平台主要是针对 2008～2013 年间进行的研究。所寻求的信息采用高标准的数据，数据需要溯源并由受益人证实属权。一个严格的标准是，所提到的影响必须来自高于质量阈值的研究，表现为指定的产出或同行评审的认可。

到目前为止，大约有 7000 个案例研究已经完成或在本书编写期间正在完成。其中包括对提交的案例研究进行元分析（Meta 分析），并由 4 个主要小组评估其结果，每个小组都有许多子小组。这 4 个小组如下：

1）小组 A：医学、健康和生命科学。

2）小组 B：物理科学、工程和数学。

3）小组 C：社会科学。

4）小组 D：艺术和人文。

这些小组都试图阐明其标题的定义和其含义以及所涵盖的学科。例如，负责社会科学的小组确定了以下子领域：

1）对创造力、文化和社会的影响。

2）经济、商业、组织影响。

3）对环境的影响。

4）健康和福利影响。

5）对从业者和专业服务的影响。

6）对公共政策、法律和服务的影响。

7.3.5　世界其他地区

世界上许多国家都存在与创新和创业相关的其他调查和数据基础设施。

1. 加拿大（由加拿大统计局提供）

1）创新商业化调查。

2）制造业先进技术调查。

2. 中国（由中国国家统计局提供）

1）对大中型企业的年度调查，其中包含在 CIS（Community Innovation Surveys）[⊖]中遇到的问题以及许多其他变量。

2）其他相关调查（见关于中国的案例研究 V）。

⊖　社区创新调查。

3. 法国

1）组织变革调查。

2）知识产权。

4. 西班牙

1）自 1990 年以来的年度商业策略调查。

2）瓦伦西亚中小型企业研究所提供的 DIRNOVA 数据库。

5. 意大利

制造企业调查（中央信贷银行）。

6. 世界银行成员国

投资环境调查。

社区创新调查特别重要和有价值。调查主要基于经合组织/欧洲统计局《奥斯陆手册》的方法，最初由欧盟成员国以及挪威和冰岛的国家统计局进行。调查的数据集中在企业层面，旨在反映他们在上一时期的创新活动和能力（调查通常每两年进行一次）。1993 年开始到 2007 年，社区创新调查每四年进行一次。2007 年以后，每两年进行一次，并以涵盖的最后一年命名（例如社区创新调查2016）。一些国家的调查更为频繁，例如德国，德国联邦教育及研究部自 1993 年以来每年都委托进行创新调查，但这些调查仍然是社区创新调查的一个组成部分。目前，世界上越来越多的国家开始进行社区创新调查。

最初的社区创新调查通常仅限于制造企业，后来扩展到服务或其他特定行业，例如在荷兰，便会收集农业和农场相关的数据。调查还扩展到其他国家，今天，除了上述欧洲国家外，还有 30 多个国家在进行社区创新调查，包括：加拿大、瑞士、俄罗斯、土耳其、澳大利亚、新西兰、阿根廷、巴西、智利、哥伦比亚、墨西哥、秘鲁、乌拉圭、委内瑞拉、韩国、新加坡、马来西亚、泰国、日本、中国、越南、印度尼西亚 、南非和突尼斯⊖。所有这些调查都或多或少地使用了相同的关于创新的问题，但各国在问题的内容、制定和排序方面存在一些差异。然而，CIS 调查的结果并不总是一致或相互兼容。

正如目前所实施的那样，社区创新调查主要服务于执行国主管部门的国家需求和政策，并不遵循严格的指导方针和程序。因此，有必要为专门的"创新监测和数据收集"建立通用标准和方法，以取代上述大部分调查并开发统一的创新数据。更重要的是，相关数据库中收集的结果和数据应该是"开放的"，并且可以跨境使用。

⊖ 印度和非洲发展新伙伴关系的 20 个非洲国家中的大多数目前都将启动各自的创新调查。

交通部门的创新可以成为这种新的创新调查系统的一部分。然后将定期记录，为交通创新支持政策和调整提供必要的材料。

7.3.6 私营部门举措

最后，私营部门有许多举措收集和提供通过捐赠资助的创新链各个方面的数据。这些私营部门的举措通常仅限于收集具有商业利益的数据，用户可以使用这些数据来组织自己"商业方向的"活动。在这些举措中，用户还会找到各种软件和分析工具来进行有针对性的搜索、构建财务模型、创建数据可视化和构建自定义基准。大多数私营部门创新相关数据库都侧重于创新融资。

举一些例子：

1）PitchBook Data, Inc. 是一家软件服务公司，成立于2007年，致力于提供涵盖私人资本市场（风险投资、私募股权、并购交易）的数据研究技术[⊖]。该公司的核心产品被称为 PitchBook 平台，是一个仅限订阅的数据库，还提供对时事、趋势和其他相关问题的评论和分析。

2）Thomson Reuters 是一家大型跨国公司，自称是一家"答案公司"，为专业人士提供寻找"可信答案"所需的情报、技术和专家意见。Thomson Reuters 在世界各地设立和运行实验室，与初创企业合作，用数据科学和精益技术快速原型化和验证解决方案。通过与外部合作伙伴合作，Thomson Reuters 实验室成为区域创新生态系统的活跃成员。

3）Dow Jones Venture Source。该公司每季度提交一份定期报告，报告美国风险投资基金的募集、投资、估值和流动性。它还收集和报告其他创新相关活动的数据。

4）Bloomberg 是著名的、多层次、多元化的跨国经济信息和分析公司。它收集并提供与创新相关活动（主要是创新的财务方面）的数据。

5）主权财富基金研究所（Sovereign Wealth Fund Institute，SWFI）是一个全球性组织，旨在研究投资、资产配置、风险、治理、经济、政策、贸易和其他相关问题领域（包括创新）的主权财富基金、公共养老金、退休金基金、中央银行和其他长期公共投资者。其旗舰刊物是《主权财富季刊》（*Sovereign Wealth Quarterly*）。

6）资本智商（Capital IQ）是金融服务领域领先的研究提供商，提供的数据包括财经新闻、市场和特定行业的见解以及公司业绩。

⊖ 2007年的 PitchBook 是一家美国初创公司，获得天使投资人和共同基金投资人晨星425万美元的投资。2016年1月，它又从晨星获得了1000万美元的股权投资，2016年10月，晨星收购了该公司的剩余部分。为了收集数据，PitchBook 声称将来自200多匿名研究专业人员的输入与机器学习和自然语言处理技术相结合来收集信息。

7）许多其他更小或更专注于利基市场的私营部门"参与者"运营与创新相关的数据。例如：Preqin、Cambridge、Mattermark、CB Insights 等。

 ## 7.4　全球创新监测和数据收集系统的案例

7.4.1　意义与目标

前面的讨论表明，至少在两个较高的层面，即战略（国际）和国家层面，需要对创新活动进行更系统的数据收集和监测，主要目标是拥有关于国家或国际层面存在的各种创新生态系统的完整创新周期的可靠和全球统一的数据和信息。与现有相关数据收集系统的主要区别在于，在这种情况下，将考虑创新生态系统中的整个创新周期，而不仅是研发部分。

接下来，我们将提及创新数据收集的全球整体系统，如创新监测和数据收集系统，将涵盖所有部门的创新生态系统，或者至少涵盖特定的关键经济部门。它应该考虑现有的研发阶段的数据库，不一定要取代它们，而是对它们做补充和扩展。其主要目的是收集数据以实现：

1）趋势监测。

2）寻找特定国家特定部门创新生产过程的推动因素、限制因素和瓶颈。

3）了解特定创新生态系统中创新的内部运作和原因。

4）制定和检验有效的创新促进政策措施。

5）跟踪各国在制定可行的知识产权保护制度方面的进展（或倒退）。

6）跟踪多个技术部门和子部门中新兴和成熟创新生态系统的可行性。

一个有效的创新监测系统还应该能够监测创新对地方和国家经济的影响（反之亦然），以便优化和最大化创新生态系统的社会和经济效益。

7.4.2　基本特性和操作原理

由于预期具有普遍性，并且为了满足其基本目标，创新监测和数据收集系统有一些基本特征和操作的组织原则，可以概括为以下 12 条基本原则：

（1）灵活性　创新监测和数据收集系统的结构应具有灵活性，即能够根据特定国家或地区的特定需求和情况进行定制，而不会失去其结果的兼容性和可比性。应该能够根据特定国家或地区的利益在调查中添加或删除一些问题和数据集。灵活性还意味着能够专注于特定经济部门或技术，以便收集特定部门的创新数据。

因此，创新监测和数据收集系统的主要特征应该是模块化结构，使用户能够根据特定应用案例的需求和特征对其进行定制调整。

（2）使用定量和定性数据　由于创新的性质及其部分影响因素，这两种形式的数据都应包括在调查中。一些数据案例被认为是机密的，公司不会透露（如经济或财务数据，具体如投资于创新公司之间合作的资源）。在这种情况下，应该采用更多的定性问题而不是定量问题。

（3）调查方法的标准化　标准化应包括跨国家、地区和生态系统的抽样方法和规模，以实现结果的兼容性、可比性和成本效益《奥斯陆手册》及其前身《弗拉斯卡蒂手册》的经验为我们指明了前进的道路。

（4）建立在现有数据库的基础上　在为创新监测和数据收集系统建立结构和方法时，应适当考虑现有的相关数据库和基础设施（其中许多已在前面提及）。如前所述，创新监测和数据收集系统不应取代现有的相关调查和数据库，而是补充现有的相关调查和数据库，因此开发新系统的第一步应该是对全球现有"创新"调查和数据库进行详细和批判性的评估和评价。目标应该不是从头开始，而是允许利用现有的基础设施，对其进行可能的重组以符合新的创新监测和数据收集系统格式⊖。

（5）使用开放式架构　"开放"架构将允许在创新监测和数据收集系统内以及它与其他数据库之间的相关数据集内部和之间进行数据利用和链接。这将实现更好、更一致的数据分析和创新评估，并能充分利用创新监测和数据收集系统和支持其成本效益。

（6）开放获取　同样重要的是，创新监测和数据收集系统应该以"开放访问"为目标。正如（Hall BW 等，2010）所指出的那样，目前访问创新调查数据，尤其是那些涉及个别公司的数据，对于不在政府部门工作或不是官方统计机构托管人的研究人员来说可能是个问题。调查中披露的个别公司数据的机密性通常受法律保障。将这些数据更广泛地用于一般目的和计量经济学分析可能需要实施特殊控制和保障措施，其中大部分将需要与一些在这些类型问题上经验丰富的国际统计机构合作。

（7）与"创新生态系统"模型的整合　要收集的数据应与"创新生态系统"方法及其概念和定义兼容，建议使用第2章和第3章中介绍的定义。数据既可以是生态系统/公司特定的，也可以是市场/经济特定的，即它们应该从创新生产公司和组织以及区域或中央政府和相关政府组织收集。

（8）创新活动的具体关键创新绩效指标（Key Innovation Performance Indicators，KIPI）的利用　在定义调查结构和方法的同时，还应定义创新活动的

⊖　例如，美国国家经济研究局为美国国民收入和产品账户（NIPA）数据库提议了这种重组（NBER，2008）。想法是要修改 NIPA 以创建一个创新补充账户，并允许对某些行业层面的衡量标准进行估计，例如全要素生产率或改进无形资产的衡量标准（特别是知识产权和改进的技术许可活动衡量标准）。报告还建议美国政府应为 NIPA 创建一个补充创新账户，以增加创新投入的类别，并允许这些投入在行业间流动时对其进行跟踪。

具体关键创新绩效指标，它应该是建立创新监测和数据收集系统过程的一部分，因为要收集的数据应该与这些关键创新绩效指标相关。经合组织的《奥斯陆手册》仍然是最接近此类关键创新绩效指标定义的国际著作，但它并没有过多关注创新链的后研发部分。在本章稍后的部分，我们进一步讨论了关键创新绩效指标问题，并列出了30多个此类指标的参考示例（表7-1）。

（9）国际赞助和管理　创新监测和数据收集系统应由一个有名望的国际组织主持，该组织将带头主动建立和"认可"整个过程。迄今为止的经验表明，如果没有这样一个能够为调查提供协调、促进和"制度保护"的赞助组织，取得的成就将非常有限。

（10）定期收集数据　必须以公认的频率长期收集创新数据。为了能够在同一时期监测趋势，从而最大限度地提高各国调查的可比性和协调性，这是必要的。当前的标准是以两年为一个时间段。

（11）强调精细数据　该系统应该能够提供相当细化的数据，例如创新生态系统特定子集中的公司产生的创新数量，比如与自动驾驶汽车相关的人工智能创新数量。

（12）生态系统层面的数据收集　创新监测和数据收集系统应该有能力在全球范围内预定的主要创新生态系统中收集特定行业创新趋势的数据。

表7-1　创新监测和数据收集系统可能用到的关键创新绩效指标

指标序号	指标名称	描述/评论
A. 从计数或数据挖掘技术得出的指数		
1	创新生产活动的总就业人数	最好将"前研发"和"后研发"阶段分开
2	公共部门对创新活动的投资	创新活动的资金总额——最好将"前研发"和"后研发"阶段分开
3	私营部门对创新活动的投资	创新活动的资金总额——最好将"前研发"和"后研发"阶段分开
4	创新活动公共或私人投资（指标2和指标3）占 GDP 总额的百分比	最好将"前研发"和"后研发"阶段分开
5	特定部门创新活动的总附加值	特定部门创新活动产生的（估计或测量的）附加值。该指标汇总了所有被审查的部门，给出了"所有部门的总附加值"
6	特定部门创新活动的总附加值（指标5）占总附加值的百分比	上面的指标5占"所有部门附加值总额"的百分比
7	首次公开募股的数量	每季度或每年首次公开募股的数量和价值是技术部门或创新生态系统可行性和活力的有力衡量标准
8	每个时期创建的初创公司数量	创建初创企业的速度也是创新生态系统健康状况的一个指标

（续）

指标序号	指标名称	描述/评论
A. 从计数或数据挖掘技术得出的指数		
9	投资资本价值	进入行业或创新生态系统的（公共和私人）投资资本水平是行业和创新健康的指标
10	公众对特定创新子行业的看法趋势	公众对特定类别创新（例如自动驾驶汽车）的态度调查可以成为创新生态系统或行业生存能力受外部威胁的最重要指标
11	所有部门或每个部门中高技术制造业投资总额或强度	这是对特定部门或所有部门的高科技制造业进行的总投资（非附加值）。它是衡量一个国家或地区高科技导向的指标
12	每个部门知识密集型服务的附加值	与上述指标5相同，但侧重于"知识密集型服务"。所有部门总结的相同指标是："知识密集型服务的总增加值"
13	每个部门知识密集型服务的附加值（指标12）占所有知识密集型服务总附加值的百分比	上述指标12占所有"知识密集型服务总附加值"的百分比
14	创新企业占企业总数的百分比	如果一家公司在过去几个月或几年内产生了一项进入市场的创新，则该公司被定义为"创新型"
15	持续从事内部研发与创新活动的公司数量	绝对数量或每百万人口
16	特定行业中初创企业的百分比	此类公司占特定部门公司总数的百分比
17	关于后研发创新成果的公共或私人出版物	出版物数量
18	企业创新活动的创新税收优惠	现有激励措施的绝对数量或价值或占GDP的百分比
19	一个（种子和初创）行业的早期风险投资总额占GDP的百分比	"早期"是指（比如说）对初创公司的投资长达 x 年
20	所有部门的早期风险投资总额占GDP的百分比	前面（第15个）指标的总和
21	特定行业"退出"的总数或价值	或者所有部门都使用相同的指标
22	特定部门的高科技出口	或者所有部门都使用相同的指标
23	（在所考察的时间段内）创新产品或服务的净市场销售额	分部门或总和
24	"创新生产力"	表示为每个部门的净销售额或总销售额（前面第19个指标）与相应一个或几个部门的雇员人数之间的比率
25	技术劳动力流动水平	企业之间的流动水平是创新生态系统或子系统活力的指标

（续）

指标序号	指标名称	描述/评论
B. 由指数组合衍生的综合指标		
26	监管框架指数：综合衡量支持创新的现有监管框架的存在、质量和有效性	这可以根据 1975~2008 年间在经合组织国家持续衡量的原始经合组织监管指标来制定和导出。最接近运输部门的此类指标是能源、运输和通信的指标——它们总结了经合组织国家在以下部门的监管规定：电信、电力、天然气、邮政、铁路、航空客运和公路货运。自 2008 年以来，在所谓的产品市场监管指标中使用了一组新的综合指标⊖
27	劳动力流动指标	该指标的形成是为了表达监管制度在多大程度上促进或限制了劳动力从企业到企业的流动。所谓的"非竞争"法对流动性的明显限制制约了流动性、学习和创新
28	表示银行风险承担和长期投资能力的指标	此类综合指标将反映（尤其是新进入者）获得银行系统融资的情况
29	表示创新基础设施质量的指数	这可以基于商业界对此类"创新基础设施"的（主观）评估。"创新基础设施"的概念可以缩小为仅包括研究和教育"基础设施"（即科学家和工程师的可用性、研究和培训基础设施和服务、科学研究机构的质量和数量等）
30	自筹资金指标	衡量创新生态系统中能够自筹资金创新的公司
31	表示创业水平的指标	经合组织－欧盟统计局创业指标计划⊖可以作为这些指标定义的指导框架。创业指标计划包含与政策相关且具有国际可比性的指标，其基础是允许收集可比数据的分析模型和测量基础设施
32	与业务绩效相关的创新能力	有关创新能力概念及其与业务绩效的联系以及如何衡量和连接两者的建议方法的详细论述，请参见（Saunila M. 和 Ukko, 2012）

根据《奥斯陆手册》，收集创新数据主要有两种方法：

1）"主体"法侧重于公司层面，试图衡量"公司"的创新行为和活动。测量将旨在收集数据，这些数据将定义影响公司创新行为的因素（创新的战略、激励和障碍）、其创新活动的范围以及公司层面创新的产出和影响。"公司层面"调查的设计必须对所衡量的公司类型保持公正，以便对结果进行汇总，并在不同类型的公司之间进行比较。

2）"客体"法包括收集关于一般创新的描述性、定量和定性数据。在"客体"层面，该方法将涉及收集有关特定创新生态系统内创新生产过程的描述性、

⊖ 见：http://www.oecd.org/eco/reform/（2018 年 5 月访问）。

⊜ 见：http://www.oecd.org/std/business-stats/（2018 年 5 月访问）。

定量和定性数据。

我们认为，上述两种方法应辅以以下改进，以满足上述所有 12 项组织原则：

1）"生态系统"法，其中数据收集侧重于主要的全球创新生态系统，并根据技术部门和创新类型进行组织。

2）"部门"法，包括收集有关特定经济或技术部门（例如运输）和子部门的描述性、定量和定性数据，以突出其特定的创新生态系统绩效。

3）"地方"法，将考虑特定国家、地区或国家以下管辖区的（社会经济和政治）情况的特殊利益和关注点。

创新监测和数据收集系统（IMDS）将通过覆盖创新生态系统所有相关利益者（抽样）创新公司的全国调查收集数据。可以从其他现有来源获取特定部门（或子部门）内创新和创新活动的其他数据，例如：商业调查或创业相关统计数据、相关经济、产业和社会数据库和存储库中的数据等。

经合组织的工作和相关出版物仍然是制定新 IMDS 的现行国际标准。经合组织的《经济调查和国家监督》（*Economic Surveys and Country Surveillance*）指南和建议⊖以及已经提到的《弗拉斯卡蒂手册》和《奥斯陆手册》是构建 IMDS 创新数据收集手册的极好基础。

7.4.3 数据元素和可能的创新指标

现在更详细地讨论可以在专门的创新监测和衡量系统中使用的数据元素和关键创新绩效指标。这一讨论也受到第 9 章关于创新经济评估所需投入和产出的讨论的影响。

1）可以提出三组直接相关的基本创新数据（和相应的关键创新绩效指标）。

2）反映用于某一（或某些）特定部门创新的资源。

3）涉及在指定时间段内寻求或授予专利的数量、类型和范围。

4）涉及被调研的特定创新生态系统（在特定时间段内）已经或预计（实际或估计）实现的销售额。

5）文献计量和其他类型的案头数据将在公司和生态系统层面提供补充信息。此类案头数据包括：

①来自创新相关、后研发、科学出版物的统计数据。

②来自创新相关、后研发、其他类型出版物的统计数据，例如贸易和技术期刊上的数据。

③在创新生产活动中的就业情况（技术和非技术人力资源）。

④特定部门/领域通过将创新引入市场而产生的就业。

⑤产生的对外贸易（因创新而产生的出口总值或相关进口总值等）。

⊖ 见：http://www.oecd.org/eco/surveys/（2018 年 5 月访问）。

⑥相关部门（例如交通、汽车维修、保险、电信、能源生产和分配部门等）活动指标（就业、投资、对外贸易）的变化。

⑦关于"全球化"影响的数据，例如国际竞争加剧，商品、服务和知识跨国界流入。经合组织的《经济全球化手册》（OECD，2010a）中阐述了这些影响。

下面我们将更详细地斟酌上面①~③中提到的三组基本创新数据。

1. 创新资源

创新资源是在特定生态系统层面上用于创新生产的所有货币和非货币资源，其定义、测量和量化必须足够广泛，以涵盖此类输入的所有可能来源。这显然是一项非常复杂和专业的任务。"创新资源"的参考定义和辨别将包括以下内容：

（1）在研发期间　在这种情况下，创新资源指产生研究结果（例如原型和其他创新先决结果）的研发支出。这些支出的数据相对"容易"找到，但必须针对创新纪录受监测的特定领域或部门进一步定义这些数据。研发支出显然是创新监控系统的第一项投入，但必须注意不要"重复计算"支出。例如，被调研的创新生态系统内的特定研发项目所考虑的总支出，通常涵盖所有项目成本，包括人工成本、设备等。因此，为了避免重复计算，用于人工、设备的资源和类似类型的费用不得单独计算，而应保留在所审视的研发项目总支出内[⊖]。收集研究项目总支出的数据应包括所审视的研发的所有公共和私人资金。

除了总研发资金外，还需要谨慎定义和衡量研发生产过程的其他投入。此类投入包括：研究人员和其他人员的教育和培训等活动的资源、用于所审视的研发的永久性研究基础设施的部分成本（适当折旧）、一些管理成本、传播和推广成本等。

（2）在后研发时期　创新资源将包括所有必要活动的机构内外部支出，以便将最终产品推向市场。此类活动包括创建上市前的原型、在现实条件下进行测试、认证和知识产权费用、市场引入和推广费用以及任何其他将特定创新引入市场所需的活动。因此，此类分析中的资源将包括以下项目：

1）劳动力成本（包括年薪和薪水及所有相关成本或附加福利，如奖金、假期工资、养老基金缴款等）。

2）购买材料（各种类型的材料，即用于新的专用实验室的材料或用于特定活动的部分旧材料等）。

3）物资和设备（例如用于原型生产等）。

4）现场顾问的费用。

⊖ 通常，建筑物、厂房和设备的所有折旧都应排除在此类支出的计量之外。建议采用这种方法有两个原因：首先，如果折旧包括在当期成本中，资本支出的增加将导致重复计算；其次，政府部门一般不计提固定资产折旧。因此，即使在国家范围内，除非排除折旧准备金，否则无法进行部门之间的比较。

5）行政和其他管理费用（如办公室租金、邮电、保险等）等（可能还有技术劳动力流动成本）。

应使用国际会计方法和表格对这些资源进行分类和问责。

最后，对于后研发时期，可以考虑许多"其他"资源。例如：水和燃料（包括气和电）；书籍和期刊；参考资料；捐助图书馆和科学协会；建筑物、厂房和设备等的折旧准备金等。

2. 专利相关数据

尽管并不总是能获得在公司层面上寻求专利的数据，但所有国家都有专利的总体数据（包括申请和批准的专利）。专利是一项发明的合法财产权，由国家专利局授予。专利赋予其所有者（在一定时间内）使用专利发明的唯一权利。因此，专利统计数据可用作研究活动产出的指标，也可用作整体创新绩效的指标。授予特定行业的专利数量，即生态系统或整个国家/地区内在该行业中活跃的一批公司获得批准的专利总数，反映了其技术和创新活力。出于时效性原因，有时会采用专利申请数据而不是授予专利数进行评估。考察专利类别的增长还可以提供有关特定部门创新绩效类型和趋势的重要信息。

然而，在使用专利数据时必须小心谨慎，因为如果将其与其他措施分开考虑，可能会扭曲创新活力的图景。这是因为，由于与专利相关的公开程序烦琐、成本较高，或缺乏其他激励措施等，研究结果通常根本没有获得专利。许多公司选择使用商业秘密而不是申请正式的专利保护，这对于某些国家来说可能是有问题的，因为这些国家有无视专利和知识产权制度的前科。对知识产权的无视使得申请专利对许多来自国外的公司来说是有风险的，因为如果没有可行的国家知识产权制度，创新很容易加速从一家公司泄漏到另一家公司。

在某些情况下，相同的结果或想法被多项专利涵盖。因此，使用专利数据可能会导致低估或高估特定创新活动的"数量"。此外，还有所颁发专利的真正"价值"问题。一些专利没有显著的技术或经济价值，而另一些则具有很高的价值。有必要对收集和评估用于创新监测的专利统计数据的重要性、范围和用途进行进一步研究、规范和澄清。目前现有的关于专利测量和调查的主要参考资料是经合组织 2009 年的专利统计手册，感兴趣的读者可以参考该手册以了解更多详情（OECD，2009）。

3. 创新销售

要定义和衡量由特定创新产生的"销售"（或货币化许可）是很难找到数据的，需要从一个地区或国家或国际范围内的特定创新中收集销售数据。几乎可以肯定的是，收集此类销售的综合数据将非常困难，特别是如果涉及整个国家或国际范围，比如交通创新就最有可能出现这种情况。

解决这一问题的一种方法可能是通过多种方法从实际销售中收集样本数据，例如（Touzani S. and Van Buskirk R., 2016）中描述的汽车销售在线评论数据，然后根据相关参考书目中公布的特定方法来估计（预测）总销量。下面列举了有关此类预测方法的三个参考书目：

1）在（Touzani S. 和 Van Buskirk R., 2016）中，特定的对数正态分布（其截断版本）可以将"销售排名"[⊖]转换为销售量。该参考资料表明，从校准的截断对数正态分布函数派生的销售代理可用于生成对市场平均产品价格和产品属性的现实估算。这表明，与使用更简单的分布函数估计的销售代理相比，使用源自校准的截断对数正态分布的销售代理计算的市场平均值提供的市场平均估计更好。

2）在 Zhi-Ping Fan Y. 等，2017 中提出了一种结合 Bass/Norton 模型和情感分析技术的预测模型。该参考文献通过用历史销售和在线评论数据分析在线评论中表达的情绪来扩展 Bass 模型。

3）在 Mokter H.，2017 中分析了所谓的"朴素"运输部门（发展中国家和地区的低价值运输产品和服务）的创新。该文献考察了两项具体的创新，即 Tata Nano（世界上最便宜的汽车）和 Tata Ace（印度于 2005 年推出的第一辆四轮微型货车），并用多种方法来估计此类车辆的总销量。

在预测分析的数学领域所使用的模型、技术和工具中可以找到其他潜在的估算特定创新产生的销售额的方法，即从现有数据集中提取信息以确定模式和预测未来结果和趋势的方法。

用预测模型分析当前数据和历史事实，预测未来可能发生的事情，以便更好地了解客户、产品和模式。它采用多种技术，包括数据挖掘、统计建模和机器学习来帮助分析师预测未来的业务。

7.4.4 关键创新绩效指标

经合组织和联合国等国际组织在各种场合都讨论过可用于衡量"创新"的指标，即关键创新绩效指标。全球创新指数是一个众所周知、国际公认的国家"创新绩效"复合衡量标准。该综合指标由一系列主题的约 80 个指标定义，并在全球范围内用于衡量 141 个国家经济体的"创新"绩效。它由许多私人和公共组织赞助，包括康奈尔庄臣商学院[⊜]、欧洲工商管理学院、世界知识产权组织等。其中，有一些指标用来衡量创新投入，即各国正在采取哪些措施来加强其创新生态系统，还有一些指标用来衡量创新产出，即衡量绩效和结果（Dutta S. 等，2016）。全球创新指数的存在和编制证明了在许多国家估算创新指标和价值是可行的。因此，全球创新指数可以用作开发关键创新绩效指标的恰当背景。

⊖ 产品按销量排序。

⊜ https://business.cornell.edu/（2018 年 5 月访问）。

正如经合组织"追求增长"报告中所倡导的那样（OECD，2016），另一组潜在指标将是反映创新对增长影响的指标。（European Commission，2016b）中提出的"开放"创新数据和指标也令人感兴趣。

为了证明用于创新的永久性监测和数据收集系统的可行性和可取性，表7-1中列举了三十多个创新监测和数据收集系统可能用到的关键创新绩效指标。提议的指标仅供参考。它们最终的制定和定义必须由适当的国际组织在考虑了利益相关者和相关国家机构的意见和建议后做出。

表7-1中的定义适用于一般国家级创新绩效。虽然我们在制定时显然考虑了运输部门，但它们并不特指某个部门。临时使用这些定义可以让衡量特定部门生态系统中的创新相对容易进行。

表7-1中显示的所有指标都旨在通过定期（通常为两年一次）收集的数据进行量化。它们的范围可以扩展到整个国家或地区，或者扩展到特定的创新生态系统及其影响的地理区域。

7.5 小结

目前已经在全球范围内开展了大量与研发和创新相关的各种调查。它们主要与"研发"部分相关，与"创新"部分相关较少。它们总是在单个国家有关当局的倡议下进行，以评估其对研发的投资是否"物有所值"。当今唯一定期和持续致力于创新衡量的国际组织是经济合作与发展组织——经合组织。其最著名的相关举措是其关于研发和（部分）创新测量的两个指南，即《弗拉斯卡蒂手册》和《奥斯陆手册》。

迄今为止的创新调查主要是：

1）与创新周期的研发部分相关。

2）方法和调查技术不一致。

3）未在国家或地区间普遍采用。

最接近统一多国创新调查的是社区创新调查（Community Innovation Surveys，CIS），它在全球四十多个国家定期进行。与创新相关的调查方法主要来自经合组织的手册和指南，特别是其《经济全球化指标手册》（OECD，2010）和早期的《奥斯陆手册》（OECD 和 EUROSTAT，2005）。同样重要且可能是"游戏规则改变者"的是欧盟计划开发的欧洲开放科学云（European Open Science Cloud，EOSC）及其预计在 2020 年实现的"开放科学"政策。根据目前的规划，EOSC将有助于开发"开放的"全球监测和数据收集系统，具有适当的指标，涵盖一般和特定部门的完整创新链。

然而，尽管有当前的举措，我们在本书中还是主张需要开发一个新的全球创新监测和数据收集系统（Innovation Monitoring and Data Collection System，IMDS），该系统将由适当的国际组织通过某种国际法定行动采用和制度化。IMDS 将是一项定期（可能每两年一次）进行的创新调查，其方法在各国之间是统一和标准化的。这种永久性调查应：

1）按照在各个国家和地区之间统一的、特定的、国际化的规范和指南来构建。

2）由包括尽可能多成员的适当国际组织采用。

3）可以包含国家、区域或特定创新生态系统的需求和问题。

4）可以包含涉及特定经济或技术部门（例如运输）或子部门（电动汽车、自动驾驶汽车等）的部分。

IMDS 的设计应该是模块化和开放访问的，即由几个"部分"组成，所有这些部分都同样重要，但其中一些在所有国家/地区"保持不变"，另外一些可能会进行修改。不可更改的部分（"核心"部分）将在所有国家进行，即所有国家都以相同的方式实施。这将促成跨国比较以及对时间变化和波动的监测。同时，应该有一些"灵活"的模块，可以根据国家的特定利益（例如发展中国家）最终确定。此类修改应按照谨慎协调的路线或条件进行。非核心部分可以进行修改，以包含有关特定部门（例如交通创新）或地理区域的数据问题。

各国将需要解决、协调和标准化关键的调查方法和安全问题。此类问题包括样本的大小和抽样方法、结果敏感性的测量方法、问题的类型和顺序、确保远程访问原始数据或确保微聚合和数据降噪的问题，最后也是最重要的是确保调查的机密性。此外，应定义和标准化关键输出特征。这些将与必须根据调查定义的KIPI 保持一致。它们应该考虑到涉及创新的发生和强度以及公司创新的原因、创新过程的障碍等的交叉制表和其他描述性统计数据。

在适当国际组织的主持下开发拟议的 IMDS 应被视为推动创新的必要优先事项。拟议的 IMDS 也有利于在特定创新生态系统层面的有效跟踪和评估。

参考文献

Crozet, Y., 2010. Driving Forces of Innovation in the Transport Sector. International Transport Forum—ITF, Paris.

Dutta, S., Lanvin, B., Wunsch-Vincent, S. (Eds.), 2016. The Global Innovation Index 2016: Winning With Global Innovation. Cornell University, INSEAD and the World Intellectual Property Organization (WIPO).

European Commission, 2015. Horizon 2020 indicators: Assessing the results and impact of Horizon2020. European Commission, Directorate-General for Research and Innovation/Research and innovation policy, Brussels.

European Commission, 2016a. Realising the European Open Science Cloud. EC, Directorate-General for Research and Innovation, First report and recommendations of the High Level Expert Group, Brussels. See also: https://ec. europa. eu/research/openscience/pdf/realising_the_european_open_science_cloud_2016. pdf#view = fit&pagemode = none. Accessed July 2018.

European Commission, 2016b. Science, Research and Innovation performance of the EU: A contribution to the Open Innovation, Open Science, Open to the World, Agenda. European Commission, Directorate-General for Research and Innovation, Brussels.

European Commission, 2017. European Innovation Scoreboard 2017. Brussels: EC/DG GROWTH, Available from: http://ec. europa. eu/growth/industry/innovation/facts-figures/scoreboards_en.

Hall, B. W., Mairesse, J., Mohnen, P., 2010. Measuring the Returns to RTD. In: Handbook of the Economics of Innovation. vol. II, pp. 1033 – 1082 (Chapter 24).

ITF, 2017. ITF Transport Outlook. OECD, Paris.

Mokter, H., 2017. Mapping the frugal innovation phenomenon. Technol. Soc. 51, 199 – 208.

NBER, 2008. Innovation Measurement: Tracking the state of innovation in the American economy. National Bureau of Economic Research, A report to the US Secretary of Commerce by the Advisory Committee on measuring innovation in the 21st century economy, January 2008, Washington DC. See also: http://users. nber. org/ ~ sewp/SEWPdigestFeb08/InnovationMeasurement2001_08. pdf. Accessed June 2018.

OECD, 2009. OECD Patent statistics Manual. OECD, Paris.

OECD, 2010a. OECD Handbook on Economic Globalisation Indicators. OECD, Paris.

OECD, 2010b. The OECD Innovation Strategy: Getting a Head Start on Tomorrow. OECD, Paris.

OECD. (2016). Economic Policy Reforms 2016: Going for Growth Interim Report, OECD, Paris, 26 February. https://doi. org/10. 1787/growth – 2016 – en (Accessed July 2018).

OECD, 2017. Making Innovation Benefit All: Policies for Inclusive Growth. OECD Publishing, Paris.

OECD and EUROSTAT, 2005. Oslo Manual: Guidelines for Collecting and Interpreting Innovation Data. OECD, Paris.

Planes-Satorra, S., Paunov, C., 2017. Inclusive Innovation Policies: Lessons from International Case Studies. OECD Publishing, Science, Technology and Industry Working Papers, No. 2017/02, Paris.

Saunila, M., Ukko, J., 2012. A conceptual framework for the measurement of innovation capability and its effects. Baltic J. Manage. 7 (4), 355 – 375.

Touzani, S., Van Buskirk, R., 2016. Estimating sales and sales market share from sales rank data for consumer appliances. Physica A 451, 266 – 276.

Zhi-Ping, F. Y., Zhen, J., Chen, Y., 2017. Product sales forecasting using online reviews and historical sales data: a method combining the Bass model and sentiment analysis. J. Bus. Res. 74, 90 – 100.

延伸阅读

OECD, 2002. Proposed Standard Practice for Surveys on Research and Experimental Development, sixth ed. OECD, Paris.

第8章

知识产权在促进公司和创新生态系统中的作用

 引言

8.1.1　知识产权类型

根据世界知识产权组织（World Intellectual Property Organization，WIPO）的说法⊖，知识产权一词是指对思想创造宣示"所有权"，其中包括发明、文学艺术作品、设计、商业使用的符号、名称和图像等。此类"财产"通过各种方式受到法律保护，其中最广为人知的方式有发明专利、实用新型专利、版权、商标和工业设计⊜。这使得人们能够从他们的发明或创造中获得认可或经济利益，并在各个公司和创新生态系统中发挥关键作用。事实上，如果没有任何知识产权保护，"创新"就很难产生，因为没有机制可以避免无偿使用创新成果，同样，也无法激励创新者将其研究成果商业化。通过在创新者的利益和更广泛的公共利益之间取得适当的平衡，知识产权制度旨在营造一种创造力和创新能够蓬勃发展的环境。当"搭便车者"试图利用一项创新时，如果没有知识产权制度，几乎没有什么工具可以强制执行产权。但从另一个角度来看，知识产权制度可能会过度保护，随着时间的推移实际上会阻碍创新。如何使用知识产权制度取决于参与创新创造的公司的创造力。

保护新产品或新工艺的知识产权是实现技术和其他类型创新的"基本资源"。它也是整个生态系统乃至国家的重要资源，因为知识产权可以在创造财富方面发挥决定性作用。一家专利代理公司最近的一份报告显示 2014 年美国的知识产权产品估计为人均 354000 美元，相比之下，制造业产品的人均为 76000 美元，自然资源产品的人均仅为 9500 美元⊜。

⊖　见：http://www.wipo.int。

⊜　还有所谓的地理标志和原产地名称，它们是在具有特定地理来源的商品上使用的标志。此外，还有一些其他的（对于本书的主题不太重要的）可以授予保护知识产权的权利。

⊜　参见（以色列）Luzzato 和 Luzzato 专利律师事务所 2013～2014 年年度报告：https://www.luzzatto.co.il/en/press/annual-reports（2017 年 10 月访问）。

快速了解一下当今常用的各种形式的知识产权：

1）普通专利是在特定时期内授予发明人的专有权。一般而言，普通专利赋予专利所有人决定他人如何或是否可以使用该发明的权利。要获得这种权利，专利所有人会在公开的专利文件中公布有关发明的技术信息。专利是由某个国家的政府授予专利权人的正式证书（领土权利），通常自申请之日起有效期为20年。

两种常见的普通专利类型是：

①发明专利⊖。它涵盖机器、工艺、物质成分和工业品的功能方面，是运输部门最常见的专利类型，通常为特定的发明提供最大的价值和保护。

②外观设计专利。包括制成品的装饰设计，而不是制造工艺或方法。

2）实用新型专利是一种较不严格的专利形式，可在许多国家使用。它类似于普通专利，但通常期限较短（一般为6～15年）。它对可专利性的要求较少，也没那么严格。实用新型专利又称"小专利""创新专利"或"小发明"。实用新型法授予的权利通常与普通专利法授予的权利非常相似，但更适用于"增量发明"。大多数有实用新型专利法的国家都要求发明是新的。一些国家将特定主题排除在实用新型保护范围之外。例如，方法、植物和动物通常被禁止获得实用新型保护。

3）版权是用于描述创作者对其文学和艺术作品享有的权利的法律术语。受版权保护的作品包括书籍、音乐、绘画、雕塑和电影，以及计算机程序、数据库、广告、地图和技术图样等。

4）商标是一种受保护的标志，能够将一个企业的商品或服务与其他企业的商品或服务区分开来。

5）工业设计证书保护产品的装饰或美学方面。

美国专利法认为重要的是用于授予专利的标准。建议知识产权保护的项目应该是：

1）新的（35 U.S.C § 102），即"发明"不受任何先前知识产权法案的保护，并且不得在专利申请日之前发表、出售或使用超过1年。

2）有用的（35 U.S.C § 101），即发明必须明确表明它将实现特定的（不违反道德和公共政策的）利益。

3）不显而易见的（35 U.S.C § 103），即它必须具有足够的创造性或独特性，使得相关主题领域的普通技术人员无法从公开可用的资源中轻易推断出该发明。

4）完全公开的（35 U.S.C § 112），即发明人必须提供对发明的描述、制造和使用发明的方式和过程以及发明人已知的实践本发明的最佳方式。发明人还必须清楚说明他/她对专利保护的要求。

⊖ 不要与下面的专利的"实用新型"混淆。

8.1.2　国际知识产权公约和条约

第一个知识产权条约是 1883 年的《保护工业产权巴黎公约》。该公约保证了发明人自申请之日起在所有缔约国要求优先权的权利[⊖]。

今天用于专利申请的主要条约（尤其是用于国际保护的条约）是专利合作条约（Patent Cooperation Treaty，PCT）。该条约使申请人能够同时在多国为一项发明寻求保护，并帮助专利局做出专利授权决定。它还为公众访问与提交发明相关的大量技术信息提供了便利。根据该条约，专利文件包括以下部分：

1）首页。

2）图样（如有）。

3）说明书（发明的详细说明）。

4）权利要求（即发明人对其发明的权利要求）。

普通专利授予被保护发明不被他人制造、使用、销售或进口的权利，有效期通常为 20 年。在某些司法管辖区（特别是在美国），专利还授予受保护发明限时垄断权。申请人提交和获得专利的程序从简单的国家级申请到更复杂的一个或多个国家的国际申请各不相同。

除了作为多边条约的 PCT 之外，各国专利局之间还签署了多项双边协议，以促进工作共享并使专利申请人能够在国家层面请求加速处理，专利审查员可以利用其他专利局（Patent Offices，POs）的工作成果。通过要求根据这些协议处理申请，申请人通常可以更快地获得最终决定。为进一步加快专利发布流程，世界知识产权组织推出了一项名为全球专利审查高速路（Global Patent Prosecution Highway，GPPH）的特殊加速程序。这是 PCT 下的一项程序，允许专利申请人在任何参与 GPPH 的专利局请求加速审查。根据 GPPH，一旦审查局通过一项请求，申请人就有权要求申请保护的其他地区专利局进行快速审查。

此外，还有各种其他有关知识产权的条约和公约。《马德里议定书》使已在缔约方（目前已超过 80 个国家/地区）注册商标的当地商标持有人能够通过一次申请和缴费加快在成员国的注册。《尼斯协定》根据 34 种不同类型的商品和 11 种服务分类（共 45 种分类）实现商标分类的标准化。《伯尔尼公约》主要保护文学和艺术作品的版权。最后，《与贸易有关的知识产权协定》（Trade-Related Aspects of Intellectual Property Rights，TRIPS）是世界贸易组织（World Trade Organization，WTO）成员之间的知识产权协议[⊜]。

世界知识产权组织（World Intellectual Property Organization，WIPO）是知识

⊖ 优先权不无限期适用。对于工业设计或商标，申请人有 6 个月的时间向其他区域专利局申请；对于专利，申请人有 12 个月的时间申请。

⊜ WTO 的前身为关税和贸易总协定（GATT，1947）。

产权服务、政策制定、信息提供和协调的全球机构。感兴趣的读者可以访问其网站和文档，以了解有关知识产权及其保护方法的更多信息。知识产权系统颁布和使用的细节仍在不断发展，且必须随着时间的推移而发展，以便与创新特别是革命性创新不断变化的面貌保持一致。

8.1.3　程序和费用

获得（普通或发明）专利的过程可能会需要大量的时间和成本。对于 PCT 申请，申请人需要向有资质的 PCT 受理局（Receiving Office，RO）提交临时申请。提交后，国际检索单位对申请进行审查，以通过国际专利检索查找先前的类似专利。接下来，国际初步审查单位（International Preliminary Examining Authority，IPEA）对申请进行初步审查。最后，申请人决定他们希望在哪些国家进入国家阶段并寻求地区专利保护。

此类专利批准的时间和成本要求可能高达：

1）RO 的临时申请和申请日期准备资金 3 ~ 5000 美元。此程序需要 3 周至 2 个月才能完成。

2）IPEA 审查最高 10000 美元，期限最长为 1 年（用于首次检索和对完整申请提出意见）。

3）国家层面的申请需要数千美元费用，根据国家/地区而定。这里所需的时间可能从几个月到一年半不等。

此外，为了保持普通专利或发明专利有效，还需要支付"维护费"。"设计"或"植物"专利或法定发明注册不需要维护费。

经合组织的专利统计手册提供了有关专利统计的有用信息和见解，以及如何将它们用于衡量科学技术和构建技术活动指标。它还为专利指标的汇编和解释以及有关专利制度和程序的一些信息给出了参考（OECD，2009）。

8.2　知识产权管理及相关问题

8.2.1　知识产权管理

核发任何类型的知识产权（Intellectual Property Right，IPR）都需要一个最重要的知识产权评估和保护过程，其中包括多个步骤：筛选候选产品或服务以评估其创新潜力，决定是否保护以及寻求何种类型的保护，将知识产权核发程序的处理转移到技术转让办公室或专业的第三方（例如专业律师事务所），当然还有知识产权核发后执行知识产权维护程序。

上述所有行动都是知识产权管理（Intellectual Property Management，IPM）的一部分，IPM 是指特定领域或组织内发布、维护和最大化一项或多项知识产权的价值所采用的流程、行动和工具。它既包含战略和战术行动，以便在其受知识产权保护的创作方面，个人或组织可以更好地控制和开发具有法律约束力的权利。它还包含管理他人使用知识产权的规则，这些规则必须得到创造者或所有者的授权才能施行。包括 IP 管理功能在内的典型 IP 评估和管理流程示意图如图 8-1 所示。它包含构成 IPM 过程的四组主要活动，分别是：

1. 技术

1）知识产权筛选过程。

2）与相关行业和其他利益相关者建立和维护网络。

3）划定新技术或流程将落入的 IP 类别/类型/准备程度/应用领域/市场领域。

4）定义其他流程和程序以物色和保护 IP。

2. 法律

1）监控与知识产权所有权/使用/保护等相关的法律环境。

2）就组织拥有的知识产权保护产品的使用许可进行谈判，以供第三方实体使用，反之亦然。

3）确保第三方实体遵守组织拥有的受保护产品的许可证，反之亦然。

4）管理公开和版权。

5）任何与知识产权问题相关的法律代表。

3. 组织

1）优化组织结构和程序。

2）教育和培训活动。

3）确定要遵循的奖励政策和制度。

4. 经济金融

1）知识产权生命周期成本和资金（即初始保护和后续维护）。

2）监控和收取版税。

3）商业化支持。

4）支持许可协议。

重要的是要认识到知识产权是一种资源，应该像任何其他资源一样进行管理，例如交通基础设施（道路、桥梁、标志等）。对于活动由税收支持的公共组织，IPM 主要旨在确保政府资助的研究和相关活动的成果有助于公共利益。在此情况下，IPM 还旨在支持经济发展和促进增长，以最大限度地提高创新及其保护的社会效益。

组织内的 IPM 单元结构清晰有以下益处：

1）为个人研究人员和创作者提供知识产权开发和管理的一站式访问，否则他们将缺乏保护和利用知识产权的能力或专业知识。

2）可以更好、更有效地定位和管理知识产权保护的资金支持。

3）保证可以使用资助项目的结果。

4）保护他人的利益和知识产权，包括与组织相关的承包商和员工。

5）保护个人/组织/承包商免受他人的知识产权侵权索赔。

6）为使用本组织及其工作人员拥有的知识产权获得货币性补偿。

7）鼓励投资技术开发和商业化。

8）避免"受制于"拥有专有技术的现有承包商。

9）提供知识产权出境许可机制。

知识产权的重要性在国家之间以及政府机构内部各不相同。例如，一些美国政府机构，如美国国家航空航天局（NASA），坚决致力于知识产权的产生和保护；其他机构，如联邦公路管理局，一直反对发展主要由联邦政府通过税收资助的发明专利。

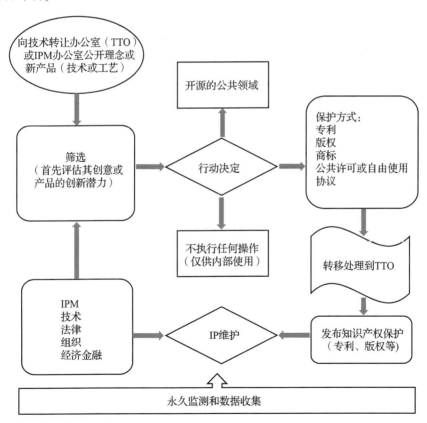

图8-1 典型IP评估和管理流程示意图

8.2.2　知识产权与开源

术语"开源"或"公共领域"是指任何人都可以（至少在理论上）免费使用的信息、工艺或发明[⊖]。然而，即使是开源技术通常也对它们如何被更广泛的社区使用有限制。"开源"项目可能从未受到保护、部分受到保护，或者可能在其 IP 保护期满后进入公共领域。让知识产权拥有更多"公共领域"元素的趋势已经得到了政府和谷歌等一些公司的倡导和支持，这些公司有兴趣更自由地传播其融资获得的知识以加速创新。知识产权保护制度下政府限制接触创新成果，而与之不同的是，"开源"的基本理念是所有符合条件的私人团体都将在特定范围内平等和开放地访问这些资源。

如果各国政府逐渐转向专注于基础研究并将应用研究的资助更多地留给私营部门，就可能最终导致开源产品的数量进一步减少。然而，有大量证据表明私营部门正在认识到开源的好处。私营部门的目的总是利用其研究来开发可以商业化以产生利润的特定应用程序，从而不可避免地需要通过专利保护其知识产权，这一观点已经与事实越来越不相符。例如，谷歌的安卓系统有专利支持，但也由"开放创新"推动发展。正如我们在下面讨论的那样，IBM 也支持开放性和传统知识产权系统的融合。

将知识产权投入公有领域的好处可以是：对于创作者而言，有各种各样的"副作用"，例如更大的知名度和个人品牌的推广；通过广告或其他形式的赞助获得一些经济利益；可能通过用户的评论或打赏等来增强和优化创新元素。对于整个社会而言，无须找到知识产权所有者获得许可，即可低成本地获取信息；思想、发明和发现可以更广泛传播和散播；实现竞争性模仿，并避免保护知识产权和捍卫受保护知识产权所产生的成本。广泛实践"开源"的风险或不利之处主要是创造者公司或个人失去直接经济收益和可持续竞争优势。另一个风险是由于创新知识合法且完全公开，就有可能出现模仿和复制，从而完全失去对特定知识产权的控制。甚至是在非法的情况下（即对受保护的创新而言），在过去模仿的行为也十分普遍，尤其是在亚洲某些国家。

有点矛盾的是，"开源"战略在运输部门并没有得到如此广泛的应用，至少没有像其他部门那样。我们发现大体上"公共领域"运输相关的产品主要是 IT 或其他领域产品得到了应用。这类例子包括交通安全、路线查找、旅客信息和类似领域中的软件应用程序。一些建模和仿真技术也以开源的方式进行开发和维护，以便为用户提供有关旅行时间的数据和信息，更好地与交通管理协调等。

阻碍"开源"（至少在交通领域）更广泛传播的主要原因之一是日渐需要与

⊖　"开源"一词最初应用于科学论文并广为人知，但现在也逐渐扩展到了其他形式的知识产权。

许多利益相关者互动以提供"开源"服务，并且需要有一个"从摇篮到坟墓"的存在和政策。这些问题通常使得运输企业家向"公共领域"提供他们的创新时几乎没什么余地，除非他们能有一些幕后赞助商或投资者（例如政府资金），又或者他们具有必要的前瞻性思维和风险承担能力可以采取行动⊖。

8.2.3 知识产权政策

知识产权和专利在未来发挥的作用，最终将取决于大型跨国公司对其应用的目标和政策。IBM 研究部门的知识产权政策是当今该领域至少"大玩家"所持趋势和态度的一个典型例子。IBM 的研究部门是一个庞大的组织，包括 12 个实验室和 3000 名研究人员，覆盖六大洲。该公司获得了许多诺贝尔奖，比许多国家都多。其工作涵盖能源、基因组学、运输和材料科学。它的发明适用于从激光眼科手术到超导体或扫描电子显微镜等领域。它的大部分研究都集中在未来的商业机会上，例如量子计算和神经形态芯片。它在人工智能方面的进步正在控制全球的投资组合，几乎没有人为参与。有悖于美国公司的传统模式，IBM 在研究方面的大部分投资（每年 52 亿美元以上）在几年甚至几十年都得不到回报。

IBM 当然使用知识产权来保护其研究投资，但该公司对专利的使用远远超出了保护资本投资的范围。它对专利的重视构成了强调合作伙伴模式的基本商业战略。然而，IBM 不仅创造技术以出售给他人，还利用其专利建立合作伙伴关系和联盟，以指引未来并培育已知和未知的市场机会。IBM 的 100000 项专利（其中9043 项于 2017 年获得）对于实现和维护此类合作伙伴关系至关重要。例如，IBM 在硅锗芯片方面的突破彻底改变了无线计算机网络，因此必须要与 Harris Semiconductor 及其子公司 Intersil 密切合作，以满足还未成型的下游市场的需求。此次合作对双方来说都取得了巨大的成功。IBM 的专利战略加强了公司对"开源"的信念。它在 2000 年支持 Linux，并在 2005 年捐赠了 5000 项专利。IBM持续向包括 Linux 和 Apache 在内的开源基金会捐赠专利。根据其首席创新官

⊖ 这里有一个很好的例子，便是特斯拉公司及其创始人埃隆·马斯克，他有句名言，"不会对任何真诚地想要使用我们技术的人提起专利诉讼"。马斯克的目标是为电动汽车制造技术创建一个有限的开源专利池，包括汽车零部件、电池充电、能量存储和功率优化。放弃特斯拉专利是为了扩大电动汽车市场的规模，从而扩大特斯拉的份额。这一愿景是电动汽车和电力系统的未来，超越了目前建立在内燃机和液体燃料基础上的汽车发展现状（Bushman，2016）。然而，其他"传统"汽车制造商并没有跟随这一趋势。福特的许可方法更符合传统的知识产权模式。虽然它确实有偿许可了部分混合动力电动汽车（Hybrid Electric Vehicle，HEV）专利，但它肯定不认可马斯克的专利开放政策。福特不需要工具或策略来为全电动汽车市场创造必要的条件。混合动力电动汽车技术已经存在了几十年，并且已经大规模销售多年。因此，它将其专利池视为当前的收入来源，而不是改变市场的源头。

Bernie Myerson 的说法,专利实现了行动自由,不应将它们视为阻碍(使用)创新的工具。

　　IBM 的政策表明一个在 21 世纪 10 年代末逐渐显现的重大认识,即过度保护的知识产权制度会减缓科学知识的流动和交流,从而威胁创新生态系统内的创新率(Murray 和 Stern,2007)。许多公司现在正朝着混合模式发展,其中既有现有的知识产权保护制度,也强调与具有重要市场知识和强大发明商业化能力的其他公司建立合作伙伴关系。对 IBM 业务和创新模型的讨论说明了混合系统日益增长的重要性。借用创新生态系统模型的术语,我们可以说主要创新者使用专利的方式将定义未来创新生态系统真正的"吸引盆"。

8.3　知识产权保护的组织安排

　　知识产权保护和 IPM 在世界范围内都受到特别关注。如今,由知识产权执行官/主管领导的独立运营 IPM 部门几乎存在于所有主要的研究生产组织中。仅在美国,高校技术管理人员协会(Association of University Technology Managers,AUTM)⊖就有 3000 多名成员,都是各个研究生产组织的知识产权管理人员,其中包括 300 多所大学。他们都为制定立法、特定流程和工具以简化 IPM 流程做出了贡献。尽管大多数知识产权保护活动都涉及生物医学研究(估计占总数的近50%),但交通运输领域的知识产权也有很强的表现。

　　下面简要介绍世界主要国家/地区知识产权的总体情况。

8.3.1　美国

　　在美国,所有知识产权都通过向美国专利商标局(US Patent and Trademark Office,USPTO)⊖提交文件进行管理。根据美国专利商标局的记录(可追溯到1790 年),每年有超过 55 万件专利申请(2015 年为 589410 件),其中约 50%获得授权。2015 年,共受理专利申请 589410 件,已授权近 30 万件,其中包括外国居民申请的 169763 件。美国专利商标局规定了三类专利:"发明专利""外观专利"和"植物专利"。

　　让美国知识产权保护环境做出重大改变的关键立法是 1980 年的《拜杜法案》(Patent and Trademark Law Amendments Act,美国 Pub. L. 96 – 517,1980 年 12 月12 日)。在此法案之前,所有联邦研究资助合同和赠款都要求将这些合同下的所有发明转让给联邦政府。《拜杜法案》允许大学、小企业或非营利机构先于政府

　　⊖　见:https://www.autm.net/。

　　⊖　见:https://www.uspto.gov/。

选择申请发明的所有权。它还在资助研究的许多联邦机构之间制定了统一的专利政策，从而使非营利组织和小企业（包括大学）能够保留联邦资助研究计划下产生的发明的所有权。同年，史蒂文森 – 怀德勒技术创新法案（公法 96 – 480）获得通过，允许联邦实验室将技术向工业转移。同样重要的是 1999 年的美国发明人保护法（American Inventors Protection Act，AIPA）（2002 年修订）。AIPA 旨在提供专利申请的公布、提高专利申请流程的效率并加强对发明人的知识产权保护。

这些发展使得美国大学和技术转让办公室的专利活动激增。20 世纪 60 年代后期，美国大学平均每年获得 200 项专利。到 20 世纪 80 年代中期，这一数字增加到 500 多项，并迅速增加到 1994 年的近 1800 项专利和 2000 年后的 3000 多项专利（Shapira Ph. and Youtie J.，2010）。今天，这个数字几乎翻了一番。此外，美国的这项立法无疑也影响了欧洲和世界许多其他国家的相关立法，这些国家或多或少都遵循了相同的思路。

8.3.2　欧盟

欧盟委员会（European Commission，EC）和欧洲议会（European Parliament，EP）最近一些针对知识产权及其保护的行动引人关注。2014 年，欧共体通过通信 COM（2014）392《就知识产权执法达成新的共识：欧盟行动计划》正式定义了其知识产权政策。该文件包括一个更好地遵守知识产权（IPR）的行动计划。2015 年，欧洲议会通过了一项题为“就知识产权执法达成新的共识：欧盟行动计划”的决议。它提到了欧共体去年对行动计划表示欢迎的通信，并指出主要目标应是确保有效、以证据为基础的知识产权执法，确保创作者获得公平报酬并打击知识产权侵权。最后，在 2017 年 11 月 29 日，EC 通过了一个综合性的一揽子计划来解决其 2014 年行动计划中确定的问题，其中包括：

1）通信：《应对当今社会挑战的平衡知识产权执法系统》（No. COM（2017）707）。

2）一个指导和澄清知识产权执法规定的通信（No. COM（2017）708）。

3）通信：《制定关于标准必要专利的欧盟方法》（No. COM（2017）712）。

欧盟委员会对知识产权问题的处理实际由欧盟委员会联合研究中心（Joint Research Center，JRC）完成，这是负责管理欧盟委员会知识产权问题的机构。自 2012 年以来，JRC 主持了欧盟中央知识产权服务中心，这是一项专门的机构服务，可满足委员会在知识产权方面的所有需求。JRC 还拥有一个技术转让团队，负责传播、支持或鼓励传播由 JRC 自己的科学和技术计划产生的技术相关知识产权，以便进一步发展和商业开发。2011 年，JRC 推出了欧洲技术转让办公室网络——CIRCLE，该网络汇集了欧洲最大的公共研究组织的技术转让办公室[⊖]。

㊀　更多信息请参阅：https://ec. europa. eu/jrc/communities/community/tto-circle-community（2018 年 7 月访问）。

最后，值得一提的是欧盟当前 7 年研发计划（地平线 2020 计划）中的知识产权条款，可以总结如下：

1）在赠款准备阶段，财团的合作伙伴与欧盟委员会（European Commission，EC）就知识产权的主要承诺达成一致。

2）在赠款协议最终签署之前，财团有机会对细节进行微调。

3）赠款协议（Grant Agreement，GA）：具有法律约束力的文件，定义了赠款受益人和 EC 之间与项目相关的权利和义务。还涉及受益人之间的权利和义务，特别是项目执行中涉及知识产权内部管理的权利和义务。

4）财团协议（CA）也是财团合作伙伴之间必须签署的，并且是 GA 的补充，在财团成员之间规定了特定的知识产权条款，旨在涵盖特定 RTD 项目的所有其他情况，并且高于 GA 中规定的共同知识产权制度。

5）最后，在实施阶段，即项目结束后，CA 和 GA 的知识产权条款仍然有效（例如有关保密、利用和传播的义务），但通过在整个过程中主动监测研究成果的实施，从而辨别和获取知识产权仍然存在挑战。

8.3.3　中国

在中国，知识产权保护始于 1980 年，当时中国刚刚成为世界知识产权组织（World Intellectual Property Organization，WIPO）的成员。从那时起，它以现有的知识产权相关条约和公约为基础制定了自己的知识产权法，这些条约和公约即《保护文学和艺术作品伯尔尼公约》《与贸易有关的知识产权协定》《保护工业产权巴黎公约》（1984 年）和《商标注册马德里协定》（1989 年）。

中国还与其他国家签订了具体的双边协议或谅解备忘录，以在其领土内保护这些国家的知识产权。其中最著名的双边行动是 1992 年与美国政府签署的谅解备忘录和 1995 年的中美知识产权协定。2016 年对 500 名在华美国商会成员的调查发现，中国的知识产权执法正在改善，但仍然存在一些挑战（ACCC，2016）。中国政府与欧盟和其他国家也签署了类似的协议。

2014 年，中国的国际专利申请数量创历史新高——接近 80 万件，是美国的四倍。实际上，2013～2014 年，中国国际专利申请数量增长占全球的 89% 以上。其他亚洲国家，如泰国、新加坡和印度尼西亚，也参与其中。2014 年近 60% 的国际专利申请来自亚洲国家，而 2004 年这一比例为 50%[⊖]。值得注意的是，许多人认为这些专利的数量并不意味着它们具有同等的科学和技术重要性，但这些数字仍然令人印象深刻。

㊀　西欧国家仍然感受到全球金融危机的二次震荡，受此影响，在这 10 年中，欧洲的专利申请量下降了 8%，而北美的下降幅度较小，下降了 2%。

8.3.4 日本

日本签署了大多数有关知识产权的国际条约。因此，就国际条约的相关性而言，日本知识产权法下的知识产权保护和起诉的一般方案与其他签署国的方案相似。日本专利法以申请在先原则为基础，主要由日本专利法赋予效力。

日本特许厅（Japan Patent Office，JPO）是处理该国所有知识产权保护问题的主要组织，包括培训和推广问题。另一个相关组织是日本知识产权协会（Japan Intellectual Property Association，JIPA）。这是一个非营利、非政府组织，代表日本知识产权（Intellectual Property，IP）系统的行业和用户。它成立于1938年，号称是日本最大的与知识产权相关的私人组织。

欧盟–日本产业合作中心的在日欧盟企业网站[⊖]上对日本知识产权保护环境做了很好的介绍。

8.3.5 澳大利亚

在澳大利亚，处理知识产权问题的政府组织是澳大利亚知识产权局[⊜]。它最近推出了一个知识产权工具包和一个新的知识产权平台 Source IP，该平台连接到所有交易平台，使研究公司和大学更容易保护知识产权。澳大利亚政府在其促进研究中的商业回报战略中通过将研究成果商业化来促进创新，以上举措就是这努力中的一部分。这两种工具均由澳大利亚知识产权局开发和管理（Fenech M.，2015）。其创建者称，IP 工具包[⊜]提供：

1）研究机构和行业之间开始和设计（创新生产）合作的信息。

2）有助于合作输出最大化的模型工具（例如清单、模型保密协议和模型条款清单）。

3）用于更高价值和更复杂的合作（例如联合知识产权所有权）的长格式版本合同范本和用于较低价值、不太复杂的合作的短格式版本合同范本。

Source IP 是一个网络平台，作为单一门户实现信息共享、许可偏好和促进与澳大利亚公共研究部门产生的知识产权相关的联系。

8.3.6 发展中国家的知识产权

一个值得关注和讨论的主要问题是如何应用或调整当前的国际专利制度，以

⊖ 见：https://www.eubusinessinjapan.eu/issues/legal-regulatory-issues/ipr-system-japan（2018年1月访问）。

⊜ 见：https://www.ipaustralia.gov.au/。

⊜ 见：https://www.business.gov.au/info/run/intellectual-property/australian-ip-toolkit-for-collaboration（2017年11月访问）。

适应发展中国家创新的需求和利益。在这些国家，大部分知识产权保护规则用于保护他国国民的知识产权。适用的条约是 TRIPS 协议⊖。TRIPS 协议中有许多知识产权保护条款，以确保发展中国家中他国发明人的权利。

然而，TRIPS 协议规定的知识产权保护水平可能会对发展中国家的经济增长产生反作用，因为它们鼓励越来越多地使用引入的创新而不是国内产生的创新。有一种观点认为，对于发展中国家而言，快速的经济增长往往与较弱的知识产权保护制度而非强大的知识产权保护制度联系在一起。或许，在发展到一定阶段后，全面保护知识产权就变得重要了，而直到一个国家完全进入中上等收入类别，才能达到这样的阶段。

低收入国家加速发展的一个重要因素是需要支持和发展本土的知识和创新来源。难以确定、记录和保护当地知识产权通常是由于很难在这些国家获取数据和信息的所有权证明或书面记录。另一个原因则是法律框架功能失调，它们应该超越 TRIPS 协议，为知识产权保护和创新发展提供有利环境。

运输部门的知识产权活动

8.4.1　知识产权活动的主要领域

运输部门的传统知识产权保护形式是"专利"（普通专利或发明专利）。交通领域专利所涵盖的典型领域是：各种交通设备、车辆材料、车辆制造工艺、任何类型的交通相关硬件或软件、用于管理和控制的运输或交通工艺、用于交通运输各个子部门的 IT 协议和系统、用于建设运输基础设施的工具/技术/材料。

运输部门主要采用两类专利：发明专利和外观专利。这两类专利通常涵盖的"可授予专利的"发明类型是：机器、工艺、方法、物质组成和工业品。运输部门是知识产权活动的主要执行者。除了迄今为止排名第一的医疗部门外，交通运输在全球专利申请总数方面（根据所考虑的时间段）排名第 4 至第 6 位。交通部门的几个领域在专利申请活动方面受到越来越多的关注，这些领域（在特定时间段内）表明了大多数创新活动发生的领域。我们的调查更新了早期研究⊖，根据更新的研究结果，我们可以列出以下交通领域专利申请活动（在全球范围内）

⊖　与贸易有关的知识产权协议（TRIPS 协议）是世界贸易组织（WTO）所有成员方之间的国际协议。它规定了各国政府对适用于其他 WTO 成员方的多种形式知识产权（IP）进行监管的最低标准。换言之，它确保其他成员方的知识产权的应用。就其本身而言，该条约关注运输部门、音乐和文学作品制作者以及药品，协议的制定也是由此而起。

⊖　弗劳恩霍夫系统与创新研究所（Fraunhofer ISI）在欧盟资助的 FUTRE 项目中收集的数据和信息（FUTRE，2013）。

最密集的领域，这也显示了 21 世纪前 10 年最活跃的交通创新领域：

1. 运输工具制造与设计

1）道路系统：改进的 ICE[⊖]动力系统和能源系统，尽量减少使用传统燃料的排放。

2）轨道系统：新型电机及其组合，包括其功能集成和控制，轮子、制动器和托架的设计和生产。

3）海事系统：船舶推进系统（例如水基或气基螺旋桨、风基、喷气发动机等）、驱动控制装置。

4）航空系统：货运和客运无人机；新型飞机设计元素（例如机身、机翼、转向装置）；新的飞机材料（例如轻量化）；空气动力学和稳定性问题；推进原理和装置。此外还需考虑由此出现的飞机建造问题。

5）所有系统：使用新材料进行轻量化（例如铝和镁合金，各种材料的组合）；特殊处理或材料组合（例如定制坯料[⊖]）；新能源形式和低排放。

2. 自动驾驶汽车

1）用于自动驾驶汽车的机器视觉和雷达系统。

2）自动驾驶汽车引入交通流的功能和操作方面。

3）安全和安保方面。

3. 可持续出行概念

1）共享出行的概念。

2）新的个性化导航系统。

3）将自动驾驶汽车安全引入交通流的申请。

4）用于优化交通和运输运营的大数据处理。

4. 电动汽车

1）节能电动机。

2）车辆的功能和机械集成（包括电机之间或电机与车轴或车轮之间的动力传输）。

3）用于测量和控制电动机的电子设备；电池参数的测量和控制。

4）电动汽车的储能——长寿命和快速充电的电池系统、其功能原理、结构和设计、由此产生的热控制。

⊖ 内燃机。

⊖ "定制坯料"是半成品，由不同合金、厚度、涂层或材料特性的板材在装配线上被连接和冲压在一起而制成。

5）混合动力驱动。将不同类型的电机设计和集成在一辆车中，让内燃机驱动的发电机为电动机提供动力。

6）混合动力驱动的特殊控制装置——制动能量回收。

5. 可持续燃料和燃料电池

1）生物燃料：第二代和第三代生物燃料的生产工艺；从各种有机废物回收液态或气态碳氢化合物并将其转化为燃料。

2）燃料电池：功能和设计原则；特别参考（车辆中普遍使用的）PEM⊖燃料电池中的组件生产燃料电池；将燃料电池集成到车辆中。

3）氢燃料电池可持续生产氢气的方法；氢运输和分配系统。

4）生产合成燃料的替代工艺。

8.4.2　趋势和倾向

直到 20 世纪 90 年代初，地面运输部门在知识产权的生产和使用方面都表现不佳。到 1995 年或 1996 年，运输部门产生的专利和许可证数量与其他行业（尤其是生物技术行业）相比相形见绌。这一情况反映了该时期的许多活跃"抑制"因素，其中一些对运输部门仍然有影响。事实上直到 20 世纪 80 年代后期，交通领域的重点都放在基础设施发展，而不是运营和服务上。另一种观点认为，交通创新是一种应该免费提供的公共产品，因此不鼓励使用知识产权保护。

随着新出行和车辆系统研究和开发的出现，交通部门对知识产权的兴趣急剧增加，特别是在一些关键子部门。以专利申请数量为指标，我们获得了交通运输每个主要领域的"创新活动"图⊜。如图 8 - 2 所示，在 1990～2010 年的 20 年间，电力驱动、电池、燃料电池和混合驱动领域的专利申请数量平均增长了 15 倍，即 1500%。对于移动和航空领域，专利申请数量增幅约为 400%，而对于所有其他领域，平均增幅约为 250%。这些都是相当大的增长。造成这种变化的一个主要因素是，相对而言所有"领先"的交通研究领域都是新的并且倾向于创新。

一个主要的新趋势和倾向是许多大学和其他研究机构对知识产权和相关政策的态度发生了变化。这些组织现在将知识产权和许可视为额外收入的重要来源，

⊖　质子交换膜。

⊜　如第 7 章所述，专利是创新综合指标的常见组成部分。然而，出于时效原因，我们还使用了"专利申请"（而不是专利授予）的数据。在用专利申请分析绩效时，最好考虑所研究国家或地区的经济结构差异。例如，如果一个国家的制造业在 GDP 中的份额很高，这通常也表明专利申请倾向较高，因为制造业的公司往往比服务业的公司申请更多的专利。ICT 服务行业中专利申请的份额也是如此（因为软件公司往往专利密集度更高）。另一个考虑因素是公司规模（较大的企业往往有更高的专利申请倾向）。

全力支持获得知识产权保护，并将其作为留住人才的激励措施。因此，大学运行方式越来越像商业企业，拥有自己的公司，而不是像过去那样的"公共部门"机构。

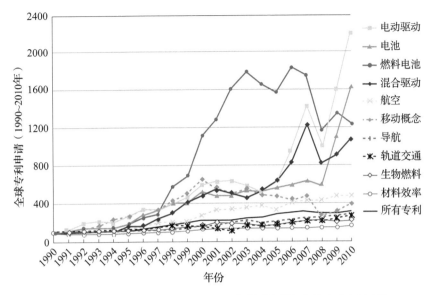

图8-2　1990～2010年期间在移动相关技术领域每年的全球专利申请

注：资料来源：Fraunhofer, ISI, 见（FUTRE, 2013）。

考虑到每个国家的交通创新分布，就专利申请数量占全球此类申请总数的百分比而言，我们可以了解每个国家在交通领域创新方面的相对表现。图8-3显示了2008～2010年期间每个国家在移动相关技术领域的专利申请占全球总数的百分比（仅显示了大于1%的百分比）。数据由弗劳恩霍夫研究所为欧盟资助的FUTRE项目（FUTRE, 2013）收集，可以解释如下：

1）欧盟成员国（如图8-3的右上角所示）加起来达到35.7%，这使欧盟成为世界上与出行相关的专利申请数占比最高的组织。

2）紧随欧盟之后的是日本（29.5%）和美国（17.4%）。最值得注意的是，2003年美国的百分比为31.2%。

3）其他占比较大的是韩国、中国、瑞士和加拿大。

正如图8-3中数据的收集者（Fraunhofer ISI Institute）所指出的，当将图8-3中的数字与相同国家在所有技术领域的专利申请份额进行比较时，结果显示排名顺序或多或少是相同的，但在这种情况下，日本和韩国却没有那么显著。在欧盟范围内，德国是交通运输领域的首席"专利践行者"，其次是法国（在欧盟范围内，这两个国家加起来约占出行领域专利申请总量的60%——德国40%，法国20%）。考虑到私营汽车制造商在推动欧洲运输行业创新方面的作用，德国的领导地位并不令人意外。

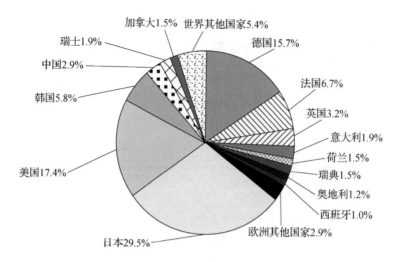

图8-3　2008～2010年期间每个国家在移动相关技术领域的专利申请占全球总数的百分比

注：资料来源：Fraunhofer，ISI，见（FUTRE，2013）。

8.4.3　对第三方支持的需求

在过去的几年里，世界各国的大多数组织和政府越来越了解支持他们的研究人员和其他感兴趣的利益相关者以最合适的方式保护他们的知识产权有多么重要。他们这样做是因为意识到知识产权保护需要专门付出努力，并且在许多情况下需要增加费用才能获得和维持这种保护。运输部门必须遵循与所有其他部门相同的有关知识产权的程序和规则。

大多数大型运输研究相关组织（包括大型汽车制造商和OME[⊖]）都聘请专门的私人律师事务所来处理专利和其他知识产权保护事宜。大型高校和研究中心都有自己的技术转让办公室，（在内部或通过聘请专业律师）为自己的研究人员处理这一过程。通常，交给顾问的专门知识产权包括：

1）可行性研究和报告。这是在特定地理区域或全球范围内对计划知识产权保护（专利、商标等）的注册概率的分析。它还包括初步搜索和评估找到其他已经注册的类似知识产权的可能性，并指出潜在专利（或其他）申请中应该强调的优势要素。

2）注册请求/备案申请。这一步骤包括知识产权备案的第一阶段。包括准备并向适当的机构（即客户申请注册专利或商标等的机构）提交初步和最终申请。

3）注册证书的颁发和维护。在此步骤中，顾问通常处理专利的颁发，在获得授权后，将其转发给客户，然后监督必要的维护活动（如果有的话）。

第三方法律或其他建议以及获得此类服务的财务支持可能至关重要。在一些国家的主管部门，知识产权保护是与研究机构或研究人员签订的研发合同中允许

⊖　原始设备制造商。

的一项费用。然而，大多数政府行政部门通过在其管辖的组织内支持和促进知识产权的方式，选择发布指南和指示。它们还为地方和地区政府发布相关的政策文件和指南。

关于交通领域知识产权流程有一本比较有用的指南是美国交通部 IPM 指南，也称为 NCHRP 项目 20 - 89（Bradley J. 等，2015）。该指南由美国交通研究委员会（US Transportation Research Board，US TRB）在美国交通部（US Department of Transport，US DOT）的支持下制定，以确保各州交通部门能够持续获得由 US DOT 资助的创新，获得其他公共机构开发的创新（例如通过互惠许可），并避免"受制于"拥有专有技术的现有承包商。

8.4.4 知识产权数据库在理解创新方面的作用

使用由美国专利局等政府机构运营的知识产权数据库作为创新研究的来源一直受到限制。核心问题是，美国办公室包含大量关于专利的文本，直到最近还没有有效的方法来挖掘这些数据。现在一个由一群富有创造性的经济学家开发的新算法使研究人员能够使用对过去对工业和发明具有影响力进行衡量。该算法首先寻找与之前没有共同点的专利发明，该算法还寻找具有开创性的发明，这些发明会随即引发使用类似术语的专利浪潮。例如，该算法收集和组织的数据表明，像特斯拉汽车这样的发明对创新具有持久和革命性的影响。以前比较跨时代的专利依赖于专利的引用的统计。这些数字很容易被公司的行为或职员的主观想法扭曲。在过去，专利很少参考其他专利。现在专利通常会引用数百项其他专利。新算法有能力同时审查数百万项专利的文本。这一专利分析新方法由拜兰凯利（耶鲁大学管理学院）、迪米特里斯帕帕尼科劳（凯洛格管理学院）、阿米特塞鲁（斯坦福商学院）和马特塔迪（亚马逊公司）领导开发。该算法承诺可大大提高对跨历史时代的创新生态系统的评估能力（Van Dam，2018）。

8.5 小结

世界各地的知识产权保护制度现已完善并被广泛接纳，其中包含提供各种保护制度的普遍适用的规则和程序。然而，应用这些规则和程序来获得某种形式的合法知识产权保护（尤其是普通专利）仍然是烦琐且昂贵的，需要专家的帮助和支持，尤其是要将保护扩展到国际范围的情况下。这就是世界上大多数与创新相关的实体都倾向于创建专门的知识产权管理机构（办公室、子公司或新的专门组织）来代表组织或其个人研究人员和创新者支持和处理适当的知识产权证书颁

[○] 参见：http://www.trb.org/Main/Blurbs/172260.aspx 和 http://nap.edu/22190（2017 年 6 月访问）。

发的主要原因。

获得知识产权保护证书所需的时间可能从几个月到两年不等，费用可能从几美元到数万美元不等。此外，为了使"发明"专利（不适用于"外观"或"植物"专利）有效，每年还需要支付"维护费"。此外，在获得知识产权后，就其适当开发和许可进行的谈判也经常被认为耗时太长且成本太高。这些问题非常重要，可能会阻碍企业开展研究合作。这些问题都与创新投资的预期回报以及由此产生的工业适用性和回报进行了仔细权衡。

通过使用各国专利局之间签署的一些双边协议，各个国家都为缩短（正常）专利发布的时间和减少成本负担做出了显著的努力，以便促进工作共享并让专利授权申请人能够在国家阶段请求加速处理，专利审查员也可以利用其他专利局的工作成果。全球专利审查高速路程序使专利申请人可以在所有加入了全球专利审查高速路的专利局加速审查。

一个值得关注和讨论的问题是发展中国家的知识产权需求和创新利益，这些国家的知识产权保护规则主要用于保护他国国民的知识产权。适用的条约是TRIPS 协议。然而，TRIPS 协议规定的知识产权保护水平可能会对发展中国家的经济增长产生反作用，因为它鼓励越来越多地使用外来创新而不是国内产生的创新。有一种观点认为，在发展中国家，快速的经济增长往往与较弱的而非强大的知识产权保护制度联系在一起。

交通部门（最常见的）知识产权授予是发明专利和外观专利。想要程序更快、更简单，可以选择"实用新型专利"，但这类知识产权的保护年限远少于普通专利（通常为 6 年）。21 世纪前 5 年的专利申请数据显示交通运输部门最活跃的知识产权活动似乎是在以下技术领域：

1）运输工具制造与设计。

2）自动驾驶汽车。

3）可持续出行概念。

4）电动汽车。

5）可持续燃料和燃料电池。

参考文献

ACCC, 2016. 2016 China Business Climate Survey Report. American Chamber of Commerce in China, Beijing, pp. 43 – 44.

Bradley, J., Mallela, J., Chesnik, K., Wyatt, T., Schenck, G. C., 2015. Management Guide to Intellectual Property for State Departments of Transportation. NCHRP project 20 – 89, Washington DC, US/ Transportation Research Board, NCHRP report 799.

Buschman, C., 2016. Tesla's patent strategy opens the road to sustainability for transport and itself. Tech Crunch. May 26. Available from: https://techcrunch.com/2016/05/26/teslas-patent-strategy-opens-the-road-to-sustainability-for-transport-and-for-itself/（Accessed June 2018）.

Fenech, M., 2015. Supporting entrepreneurship and innovation in Australia. WIPO Magazine. Available from：http：//www. wipo. int/wipo_magazine/en/2015/06/article_0005. html（Accessed July 2018）.

FUTRE, 2013. Deliverable D2. 1：The European innovation systems in transport and the current state of competitiveness of the EU transport sector. European Commission, Grant Agreement no：314181, 7th Framework Programme, Project FUTRE：FUture prospects on TRansport evolution and innovation challenges for the competitiveness of Europe, Brussels.

Murray, F., Stern, S., 2007. Do formal intellectual property rights hinder the free flow of scientific knowledge? An empirical test of the anti-commons hypothesis. J. Econ. Behav. Organ. 63（4）, 648 – 687. Available from：https：//www. sciencedirect. com/science/article/pii/S0167268107000182（Accessed July 2018）.

OECD, 2009. Patent Statistics Manual. OECD, Paris.

Shapira, P., Youtie, J., 2010. The innovation system and innovation policy in the United States. In：Frietsch, R., Schüller, M. （Eds. ）, Competing for Global Innovation Leadership：Innovation Systems and Policies in the USA, EU and Asia. Fraunhofer IRB Verlag, Stuttgart, pp. 5 – 29.

Van Dam, A., 2018. An Innovative Way to Gauge Invention. Washington Post, Business Section （G）, Sunday （December 2, 2018）.

延伸阅读

Satell, G., 2017. IBM's Patent Leadership Tells You a Lot About Its Strategy. Inc., January 10. Available from：https：//www. inc. com/greg-satell/ibms-patent-leadership-tells-you-a-lot-about-its-strategy. html. （Accessed July 2018）.

第9章
创新经济学和金融资源

9.1 引言

9.1.1 问题

现有的有关创新的经济方面的已发表著作大部分是指对创新周期早期阶段（即 RTD 阶段）的经济评估⊖，还可能指 RTD 对整体经济或特定地理区域或生态系统的更广泛影响。对整个创新周期进行评估或评价的较少，而对特定部门的整个创新周期的评估和评价更少。在评估创新时，我们基本上尝试根据其潜在的技术及经济和社会影响的规模来衡量单个创新周期的"价值"或整个创新生态系统创造的价值，并将其与"创新"的"成本"进行比较。理想情况下，我们不仅要寻找纯粹的货币收益或成本，而且还要寻找更广泛的社会和其他非货币影响。重点将取决于我们在进行特定评估时所持的观点。如果从公共部门的角度来看，则收益主要是根据对解决关键的社会问题（例如城市的宜居性、平等的获取权、缓解气候变化等）以及对影响社会行为和态度的贡献来衡量的。如果从私营部门的角度来看，那么评估就更为直接，主要集中在特定投资是否具有经济净收益或可观的"投资回报率"（ROI）上。如果经济投资回报率令人满意，那么该投资对私营部门就有可衡量的积极潜力，投资者也会感兴趣。

无论哪种角度出发，在对特定创新甚至一组相似创新进行衡量和评估之前，总是存在与"剔除"和识别其影响相关的困难。由于实际情况通常受许多同时作用的其他因素和环境的影响，因此，要剔除和衡量某个创新所产生的影响是极其困难的。例如，"无人驾驶汽车创新革命"的影响和系统反馈就算不是成千上万也是成百上千个无人驾驶技术创新的结果，是许多个创新领域中的各个创新周

⊖ 在第 2 章中，将创新周期定义为创新生态系统中导致创新作为特定可销售产品进入市场的一系列步骤。这一系列步骤从基础研究或应用研究开始，之后是原型开发，然后进行示范和概念验证，最后到产品开发和进入市场。最初的三个阶段构成通常所说的研发阶段。根据研究产品的类型，我们进一步区分了过程研发（研究结果是执行特定功能或服务的新方法或新过程）和产品研发（研究结果是新的或改进的物理、虚拟或基于网络的产品或服务）。

期的产物。从光学和雷达识别到人工智能和机器人技术，这些领域有不同的创新融资周期和来源资助，因此很难单独剔除和评估。

创新的财务方面和经济方面同等重要，分别指的是创新活动融资的方法和来源。创新的财务方面和经济方面相互联系，后者的产出便是前者的投入。如果没有对创新投资潜力进行合理的经济评估，通常就不会尝试进行任何财务投入。目前创新资金日益收紧和短缺，公共和私营部门的融资机构都越来越希望创新投资能有坚实的经济论证。

因此，我们将在本章中尝试回答的关键问题是：一个创新融资组织如何找到"黄金研发点"，即可能（从大量研究报告和结果、可交付成果和产出中）产生成功创新产品的研发成果？我们是否有适当的"法律环境"来促进研究成果的成功利用？我们是否为研发以外的投资提供足够的激励措施？政府和私营部门实体是否基于全面而永久的评估结构为"创新"的产生精心制定了合理的政策？整个研究和创新（RTD&I）活动是否有足够有效的评估方法？最后，创新融资的类型和来源有哪些？

现在，大多数公共和私营部门的研发与创新资助和管理机构都更加重视通过包括后研发在内的协调创新评估工作来回答这些问题，目的是鼓励研究成果的利用及其在整个市场中的应用。这些政策相对较新，但它们越来越多地引发了有助于完成创新周期的新制度安排，并且也提高了创新评估技术的重要性，这些技术可以估算创新投资的"实际"回报情况。资本金融市场越来越多地参与创新筹资，以及公共－私营创新伙伴关系的增加都加速了这一趋势。

9.1.2 创新评估的背景

"创新"定义为在市场上引入新的或显著改进的产品（商品或服务）、过程、组织和营销方法（OECD 和 EUROSTAT，2005）。在本书中，创新生态系统涵盖了特定主题领域中"从基础研究或应用研究到原型开发以及随后的进入市场这一整个流程"。对创新过程的复杂性和多样性的研究是理解如何从所有可能的输入和输出开始评估这种生态系统的关键概念步骤。如前所述，大多数现有的调查此类投入和产出的文献关注的都是对研发阶段的评估。在下一节中，我们将讨论将此类输入/输出分析扩展到创新生态系统级别的案例，同时还将审视所用的研发阶段评估方法和技术。

将评估扩展到后研发阶段有一个基本问题便是数据的可得性和测量，尤其是对创新周期后期阶段而言。与此相关的问题在第7章进行了详细的研究。另一个问题是创新投资者在整个连续的创新周期中对前研发和后研发阶段有不同的看法。如果私营部门产业、商业和咨询企业自筹资金来生产和实现自己的研发成果，便可以接受较低甚至是零投资回报率。他们的目标是通过知识产权保护或补贴或税收优惠等获得研发投资的回报。相对于货币利益而言，他们更追求建立市场或是类似的无形资产。但是也有很多私营企业不愿意因为上述原因投资研发，他们更愿意利用他人的知识和创新成果⊖。私营公司也提到了另一个不愿投资研发的原因，那便是全球创新系统有"漏洞"，也就是说即便创新成果可能受知识产权保护也容易被别人抄袭。尽管有这样的论点，即全球创新系统存在"漏洞"，实际上仍有许多大型国际公司愿意投资创新（即后研发阶段）以确保进入国际市场。

在任何情况下，投资后研发阶段的理由几乎都是建立在有形的基础上，即计算切实的投资回报率（越大越好），原因在于通常是私人投资者投资了这些阶段，他们对于实际发生中的创新并没有直接的兴趣也并不直接参与其中，他们将整个过程看作投资获利的成功（或失败）案例。因此，对后研发评价的结果可能是至关重要的，因为它们可能使为创新最后阶段提供资金变得困难或不划算。这便是研发投资评估区别于全（创新）周期投资评估的一个方面⊜。

上述问题也存在于公共投资的研发和创新生产，但对其评估几乎都无一例外地延伸至对非货币产出的考量，例如新知识的产生、社会公平和福祉、国家安全利益等。然而，在"知识"和其他无形产出自由传播和不能保密（即没有"货币回报"）的情况下，即使是公共创新投资也不能简单地通过知识生产和其他无形资产来证明其合理性，仍需要某种货币收益作为佐证，尤其在公共和私营部门的混合投资中更是如此。

尽管二者的界限可能很模糊，我们仍将基于私人创新投资和公共创新投资的基本区别来探讨以上问题。作为一项基本原则，通常用纯公共部门投资研发作为基础研究，以求将知识拓展到新前沿而不需要考虑明显的市场应用。而私营部门的资金则更多用于应用研究，重点关注资助组织感兴趣的特定商业应用领域。当然有许多公共或私营部门资助的混合情况，因此在下面章节中，当提到"公共"或"私营"部门创新时，我们指的是就注资、管理或支持而言主要由公共或私营部门支持的创新周期。

9.1.3 方法论问题

现有文献对于研究和技术开发初始阶段提出并测试了多种评估方法和理论框架。（Hall 等，2010；Hall 和 Lerner，2009；Salter 和 Martin，2001）对这些文献做了总结评论。在（Hall 等，2010）中，对过去的经济研究进行了大量文献回

⊖ 然而对别家公司创新成果价值的研究显示，制造公司使用这些结果并非"免费"，其花费可能为原始研发成本的 50% ~75%（Levin 等，1987；Mansfield 等，1981）。这一结果可能会促使企业重新投资自己的原始研发，但这也并不意味着没有了投资研发及后续创新创造的动机和理由。

⊜ 有关此论点更彻底的讨论，另请参见（Hall 和 Lerner，2009）。

顾，并用许多有趣的表格将结果体现出来。从这些表中可以明显看出，过去调查的主要问题是用于研发的（私人或公共）投资的回报率。其他探讨的问题包括调查研发投资的间接影响（例如对整个社会的影响）以及对其他部门或地区的溢出效应。由于我们无法对这些研究结果一一详述，感兴趣的读者可以参考上述论文。我们在附录 D 也对其中一些发现进行了简要总结。

对于创新周期的后研发阶段，在文献中可以找到的评估示例很少。其中，值得一提的是第 7 章中提到的社区创新调查（Community Innovation Surveys，CIS）中收集的数据相关的文献。CIS 遵循奥斯陆手册（OECD 和 EUROSTAT，2005）的一般准则并定期在多国开展。在所谓的欧洲社会调查（ESS）（Eurostat，2016）国家中每两年进行一次的 CIS 也许是最全面的。欧盟成员国的社区创新调查主要是指企业和私营部门的创新活动。它提供按国家、创新者类型、经济活动和公司规模细分的统计数据。这些数据是按企业类型计算各经济部门"创新性"的主要数据来源，也被用于对整体创新价值进行计量经济学分析，例如（Mairesse等，2005；Mairesse 和 Mohnen，2004；Mairesse 和 Mohnen，2010）。

欧盟委员会联合研究中心前瞻性技术研究所最近一项在运输领域的研究可以说是评估和评价完整创新周期的一次尝试，因为它试图评估欧洲交通运输部门所有公共或私人资助的"研究和创新"活动（Wiesenthal T. 等，2015）。它基本上是对欧盟工业研发投资记分牌上所有运输子行业（公路、铁路、海运、航空）的数据进行分析。通过系统研究公司年度报告获得的信息进一步补充了这些数据。

2012 年，欧盟委员会（European Commission，EC）发布了关于创新活动评估方法和实践的指导文件（题为《创新活动评估：方法和实践指南》）（European Commission，2012）。该文件可为创新生态系统评估提供有价值的参考，因为它包含评估创新生态系统要素和创新类型的指南，涵盖以下领域的分析信息和方法：

1）按类型划分的创新活动。

2）（创新）干预逻辑和预期结果。

3）概述主要评估问题和可以使用的指标（这些与干预逻辑和目标相关联）。

4）如何根据评估的重点（相关性、资金价值、结果和影响）设计和管理针对特定类型干预的评估。

5）评估可采用的主要方法（其优缺点以及可能的替代方案）。

6）评估过程中要牢记的关键"要点"摘要。

虽然不可能有一种万能的创新生态系统评估方法，但我们可以借鉴现有的研发评估经验以及本书前几章和案例研究的结果，并基于生态系统理论的观点，提出"创新生态系统评价"方法论的一些基本要素。我们将在基本方法论层面考量这些问题，重点是需要考虑的因素和要素以及所涉及的关键起因或要素。考虑到我们在本书中的主要目的是提供创新生态系统评估的正确视角，而不是过多地涉及技术细节，这一任务将留给更"纵向"专攻的论文。

9.1.4 研发评价方法论

1. 用于评估的创新生态系统分类

首先需要根据以下三个基本特征对要评估的创新生态系统进行描述：

1) 重点领域：由其重点和专业化的科学领域、其研发利益相关者之间合作的类型和范围以及其中发生的活动类型（例如研究和原型开发、轻型制造以及生产、教育培训、服务等）来定义。

2) 范围：指影响的"规模"和（预期或估计的）范围。它由以下各项决定：其产品或服务应用或影响的地理区域、它所涉及的科学或商业部门的数量、它所包括的基础设施的数量和类型、它所涉及的利益相关者的数量及其服务"组合"的范围（例如，是否包括为其成员提供孵化器、指导和其他此类服务）。

3) 影响类型：这些需要在一般意义上即作为预期影响的类型来进行描述。例如对旅行时间的影响、对旅行行为的影响或对产品销售的影响。要对他们进行完整定义和做衡量当然需要对市场、生态系统本身、创新产品或服务的类型等进行彻底的分析，还需要通过数据和调查进行量化。这些影响很少受到地理障碍的限制，并且总是包括对其他领域的"溢出效应"。相应地，来自其他地区或科学领域的"溢出"可能"输入"被评估的生态系统，并影响短期和长期结果。

根据重点领域、预期影响的范围和类型、所考量的特定创新生态系统的类型和特征便可以制定创新生态系统评估方法。正如前面已经提到的，我们最接近这种（基于生态系统的）方法论的便是针对创新研发阶段进行的评估研究，这种方法论可以套用到专门的创新生态系统评估方法上。这些研发评估研究涉及多个层级的研发活动考量。我们在此遵循上一节中提到的欧盟委员会论文中的考量层级[⊖]。

1) 特定科学领域内的个人或相关应用研发项目组：研究项目由科学 – 产业或产业 – 产业联盟共同完成，以满足特定研究合同的要求。一组相关研发项目由一个或多个重点突出且相互关联的研发项目组成。这便是研究项目级别评估的"传统"案例。

2) 战略研究和创新计划：这些是完整的研究计划，基于良好整合和相互关联的工作计划，服务于特定的战略宗旨和目标，涉及多个科学领域或"一连串"研究和创新促进工作。

3) 国家整体研发和创新环境：指对整个国家研究和创新环境（包括所有活

⊖ 欧盟委员会《创新活动评估：方法和实践指南》（European Commission，2012）。

跃的创新生态系统）的评估，即所有研发和相关基础设施、相关法律和行政框架、相关政策和提供的服务、咨询服务、组织和管理安排、技术转让和培训以及国家次级辖区的法律要求[⊖]。

4）具体创新融资案例或服务（例如创新赠款或贷款提供计划等创新融资机制、贷款担保或利率融资、通过风险投资或类似活动获得股权融资或其他相似类型的融资活动）。

5）创新集群：产业、研究、咨询和其他类型实体之间的特殊分组就是这种情况，它们形成了一个"集群"，旨在通过使用所有可能的手段和器械来发展和促进特定领域的创新。

从上述分类可以明显看出，我们考虑的级别越全球化，例如从上面的3）开始，我们就越接近"生态系统"概念的级别。

我们在下面总结了上述各类曾用过的评估方法，并尽可能指出了它们如何延伸至创新生态系统评估上。

2. 个人、应用型研发项目或项目组

传统研发评估文献中广泛提及了这种类型的评估。它通常基于计量经济学建模技术，将"生产函数"用作工具，其中一个（或多个类似的）研发项目的"输出"与其"输入"相关。这里可以遵循两种方法：

1）原始方法，它以数量作为输入或输出估计生产函数。

2）双重方法，它使用双重（定量和定性）方法估计输入和输出。

在这两种情况下，要素需求[⊖]方程的系统都是通过使用"生产要素"（投入）资源（例如劳动力、资本、土地）和创业活动（用"单位"表示，例如工资率、租金率等）推导出来的。方程将这些单位生产要素与产出水平联系起来，产出水平也由销售额、专利数量、出版物等因素表示。生产活动雇用或使用生产要素的意愿和能力构成了"要素需求"。

事实上，可以使用定量和定性单位来估计输入和输出，即项目的有形或无形结果。要识别它们通常需要结合案头研究和问卷调查，并根据所评估项目的具体性质和范围进行适当调整。案头研究部分通常可用于识别和澄清单一或重叠的货币或非货币形式的"投入"，例如使用的资金、研究基础设施的（非货币）表达或从其他研究生态系统引入的知识。调查部分可能包括对利益相关者样本的访谈，以定位、定义和衡量相关的"产出"。问卷调查还可用于确定系统是否导致

⊖ 例如，美国许多州允许限制流动性的严格的竞业条款。而硅谷蓬勃发展的可能原因之一便是加利福尼亚州长期以来一直反对广泛使用竞业条款，促进了硅谷内部以及硅谷与加利福尼亚州和美国其他创新生态系统之间的技术流动。

⊖ 表示在要素价格范围内需求的要素数量范围。更多详细信息请参阅（Hall 和 Lerner，2009）和（Hall 等，2010）。

了变革性或增量创新、这些对传统系统有何影响、对该地区经济有多么深远的影响等。

制定问卷当然是此类评估活动中最棘手和最基本的部分。最简单的形式是要求利益相关者提供所资助研究中产生的科研论文和其他成果等信息。考虑到潜在的社会网络分析以及更为广泛的问题，例如是否会考虑和证明研究具有更广泛的战略影响，或者开展工作的地理区域是否受益于更广泛的地缘政治利益等，更复杂的问卷方法会尝试评估其创新生产工作是否以及以何种方式因特定资金而得到改善，收到的投入是否有助于增进特定的社会福祉（European Commission，2012）。

此类评估的另一种方法是使用"同行评审"，即专家小组访谈的方法。通常，此类小组会包含一定比例的"外部"专家，能够为对照组织或项目提供基准经验。"案例研究"法也可以更详细地审视所开展的活动，并将其与来自另一个研究计划或国家的恰当例子进行比较。如果不容易确定合适的对照系统，则可能必须将成果直接与所研究的特定系统的初始目标和条件进行比较。使用特定指标也可能有助于表达和评估被评估项目的成果。

3. 战略研究和创新项目

这些是（通常由公共资助的）整体研究工作计划，在这些计划中，国家政府或国际组织（例如欧盟）对几个"系列的"研究工作进行招标，以应对特定的社会"挑战"。典型的例子有欧盟研发框架计划（Research Framework Programs，FPs）（例如地平线 2020 计划）、美国公路战略研究计划（Strategic Highway Research Program，SHRP）或者美国政府和交通研究委员会的国家高速公路合作研究计划（National Cooperative Highway Research Program）。

相关资助机构会在整个周期之前（事前）、期间（事中）和结束后（事后）定期对此类计划的结果进行评估。通常此类计划会采用中期研究，因为评估结果可能有助于纠正潜在的失败因素。此类评估采用几种方法论和方法，感兴趣的读者可以参考（US National Science Board，2012）（Georghiou，2015）（US/DoT/FHWA，2017）（European Commission，2017a）（European Commission，2017b）等文献。传统方法尝试计算特定计划的投入产出比。所采用的典型输出包括（另见下一节）：生产的新产品和服务（在所考虑的整个评估期内）的市场价值、被引用论文的数量、产生的初创公司数量、专利数量、毕业博士生的数量、因该计划而新增的就业人数等。典型的投入可能包括货币和非货币投入。货币投入可以是整体计算计划活动吸收的投资，也可以是更详细货币投入说明，例如计划中各种研究项目的必要成本。非货币投入可能包括其他计划的溢出效应、给予的各种激励措施、使用先前存在的研究基础设施等。数据可能来自定期收集（监测）数据，也可能来自周密计划的调查。这种类型的分析最终旨在根据特定关键绩效指标（KPI）定义和衡量评估计划的相对效率。

评估国家研究和创新生产计划的最著名的例子是在爱尔兰进行的物有所值审查。这些审查由爱尔兰政府定期进行，以评估各个领域的各种政府资助研发计划。审查是在监管特定计划的政府部门和公共支出部的监督下进行的。对于一般研究、开发和创新，进行相关审查的政府部门是爱尔兰科学基金会（Science Foundation Ireland，SFI）[1]。

爱尔兰的评估系统中有趣的另一个点是，爱尔兰科学基金会为此创新评估活动建立了一个永久系统，用于收集其年度战略性研发计划的投入和长短期产出的数据。收集的永久性数据包括：文献计量数据、实施监测数据、受益人和非受益人的调查和各种案例研究。

爱尔兰的"物有所值审查"和数据收集中遵循的各种方法论可以形成有用的实例，为潜在的创新生态系统评估方法提供基础。

4. 国家研发环境

整体的国家创新促进环境，即支持一个国家所有创新生态系统的环境，包括支持研究和创新的政策、治理结构、数据收集、功能监测和控制、融资机制和来源以及支持研究和创新的基础设施。在这种情况下进行的评估类型不同于之前考虑的评估类型，主要是研究影响的数量和类型不同。它们的主要区别在于，在此类评估中，还应适当考虑非经济影响，例如系统影响、行为变化、环境影响等。这类评估所使用的方法可以是分析性的（主要基于计量经济学模型），也可以是基于主要利益相关者和计划参与者的调查（问卷或访谈）或基于前后比较的更定性的方法。所谓的"受益人调查"尤其有用，其目的是衡量系统不同受益人的行为和态度的变化。人们还尝试了更复杂的方法，例如采用对照组（Control Group Approaches，CGA）或社交网络分析（Social Network Analysi，SNA）[2]。

这里要特别提到奥地利政府对国家研究和创新环境的总体评估。这是一个起步较晚，但在很短的时间内就形成了扎实而成熟的研究、技术和创新评价义化国家的典型案例。在我们看来，奥地利已成功成为此类评估中领先的欧洲国家之一。1996 年研究与技术政策评估（Platform Research and Technology Policy Evaluation，FTEVAL）组织的成立在这一发展中发挥了关键作用。该组织系统地致力于鼓励对奥地利所有研究和创新活动以及相关国家政策进行更好、更透明的定性评估。FTEVAL 在研发政策领域使用由分析师、政策制定者和项目经理组成的制度化网络，并定期进行国家级研发及创新评估（FTEVAL，2007；Dinges

---

[1] 感兴趣的读者可以在以下网址找到有关这些评估的更多数据和信息：https://www. education. ie/en/Publications/Value-For-Money-Reviews/（2018 年 5 月访问）。

[2] （INNO-Appraisal project，2010）中对这些评估方法和实践做了很好的说明。

和 Schmidmayer，2010）[一]。

2007～2008 年代表以色列政府进行的国家研发和创新系统评估与之类似，但不是长期项目（Lach 等，2008）。以色列政府多年来都在分配资源建设国家创新支持环境（另见我们对以色列的案例研究）。2007 年，为了量化国家创新环境的存在与运行及其相关公共财政支持（1997～2007 年的 10 年间超过 10 亿美元）对本国 GDP 的影响，以色列进行了一项研究。该研究于 2007～2008 年进行，计算了（国家）投资的边际回报率，同时回答了公共资金是否具有乘数效应的问题，即它是否让公司在研发上的投资比原计划更多。研究采用的是定性（通过访谈和问卷调查）和定量相结合的方法。它估计了公共研究和创新资金的影响，但这里可能更有趣的是其中两个建议：①对此类（国家）创新环境评估使用完全定量的计量经济学方法存在一些障碍；②这种研究需要关注和收集长期数据[二]。

最后，有趣的还有世界银行的世界银行学院/知识评估方法论开发的国家创新评估工具。这个“工具”由 76 个结构变量组成，用于比较一个经济体与其邻国（竞争对手或它希望效仿的国家）的情况。它为不同国家创新系统（World Bank，2004；Aubert，2005）之间的比较评估提供了快速指南。我们在第 7 章中更详细地考虑了所使用的数据存储库和数据库。

5. 特定创新融资案例或服务

评估特定的创新投资，例如公共或私人资助机构对特定项目进行评估，可能是最简单、最直接的创新评估形式。它所涉及的活动和影响方便描述、易于量化，并且相关的“输入”和“输出”数据收集相对简单。所使用的方法根据是公共资金（通常来自国家预算或政府组织和机构的直接资金）还是私人资金（如风险投资、银行贷款、众包资本等）而有所不同。

这类评估形式通常的做法是使用基于标准生产函数的计量经济学方法。生产函数与“生产力”的概念相关。生产力可以定义为“产出”与产生它的“投入”的比率，通常用全要素生产力（Total Factor Productivity，TFP）来表示。在典型的全要素生产力中，“投入”通常包括劳动力和资本资源，而“产出”可以是生产力和业务效率的提高（增长核算）以及其他更广泛的社会或环境影响。相对于这些概念，“技术前沿分析”是另一种工具，用于衡量现存技术相对于基于效率估计的“前沿技术”的差距（Perelman S.，1995）[三]。对于运输部门，使用技

[一] 更多信息请访问：https://www.fteval.at/content/home/plattform/about/（2018 年 5 月访问）。

[二] 需要注意的是，如果此类评估分析用非常复杂的程序和方法，政策制定者并不总是容易理解，因此可能无法说服他们采用自己的发现！

[三] 这个想法是估计一个“前沿技术”（或最佳做法）的生产函数而不是平均生产函数，以便将生产率增长分解为前沿和向前沿的运动，然后递归这两个组成部分在研发和创新方面的预估变化。可以通过成本函数或生产函数来估算前沿技术或最佳做法，另请参见（Hall 和 Lerner，2009）和（Hall 等，2010）。

术前沿分析的全要素生产率是反映创新影响的一种很有前途的技术。

用生产函数描述一家公司从特定创新融资实体（或多个实体）获得资金"生产产品"并将其表示为所用投入的函数，需要有效定义"投入"和"产出"。这些问题将在下一节详细讨论，但有兴趣的读者还可以参考更专业的论文，例如（Grilices，1979）（Grilices Z.，1998）（Blundell 和 Bond，2000）和（Hall 等，2010）。

6. 创新集群

"创新集群"指产业、研究、咨询和其他类型的创新相关实体联合起来发展和促进特定领域创新的群体。在评估创新集群时，同行评审方法通常很有用。同行评审通常由有名望的小组进行，其中包括国际专家和潜在的最终用户。这些小组将收集或接收关于产出和其他指标的证据和数据，并将与集群的主要利益相关者进行访谈，以便就他们自己的观点和评估提出具体问题。这种评估形式可以通过比较所研究的特定集群资助计划和国际类似计划得到基准操作来完成没那么直接的审查。

此外，在评估创新集群时还可以分析集群中所有参与的"受益"公司和实体的相关输入和输出数据，并与非参与方或其他区域的数据进行基准比较。然而这种方法需要大量、准确和完整的数据集，但并不总是能获取这些数据集。此外，要分析监测数据和调查结果可以追踪输入－输出参数和协作模式的变化和趋势，但不一定要对其进行解释。对公司（或整个行业）股票随时间变化的趋势进行分析也是评估创新集群内公司（或行业）业绩的一种方式。公司股票（或具有相同或相似技术方向的公司）价值的急剧下跌可能说明公司在经历短期或长期低迷，而这不可避免地会影响其创新能力或将创新推向市场的能力。

9.1.5 时滞和溢出

在创新评估中包含时滞和溢出效应可能是最复杂和最烦琐的。时滞是应该留出的时间段，然后我们才能确定系统影响已经适当出现并稳定下来了。溢出是指被评估的创新所产生的新技术或服务的传播对其他公司或社会部分的间接影响。"溢出效应"也可能是对其他生态系统、市场部门、边远地区的影响，或由于所研究的创新系统的产出而在目标市场中出现技术互补或竞争从而可能产生的次要间接影响。我们在第 6 章中更详细地探讨了交通领域创新的潜在溢出效应。

考虑时滞和溢出将影响评估的最终结果，因为根据计算总"创新存量"回报率时使用的特定折旧率，它们将影响系统"输入"和"输出"的整体平衡。创新生态系统的不同结果受制于不同的时滞和实现途径。新产品或服务可能有不同的"路线"和持续时间，直到它们得到商业开发进入市场为止。在这些时期，它们对业务绩效的影响可能不太清楚或不准确，因为这可能需要几个业务周期才能出现。例如，所研究的生态系统中可能有几家初创企业，或许会在形成初期就破产。这并不一定意味着评估者要得出创新生态系统失败的结论。全面而真实的影响情况可能需要较长的时间才能观察到，因此有必要留出相当长的时滞来研究潜在影响。系统需要这样的时滞才能稳定下来，因为新的更成功的初创企业可能会发展起来，或者在失败的初创企业中工作的人可能会从长远来看受益于区域经济。此外，创新支持措施的影响可能来自所研究的"生态系统"中的一个或仅几个非常成功的项目，并且在制定要遵循的评估方法时也需要考虑这种"倾斜"效应。要考虑这些"多重"影响，实际上是创新评价的一大难点。它需要区分被评估的特定创新活动的影响和可能对其产生影响的其他（外部）因素。这可能需要结合多种评估方法对证据进行"三角测量"。

（Leonard，1971）（Hall 等，2010）（European Commission，2012）曾尝试确定创新生态系统影响的适当时滞。作为参考，我们可以在这里提到在（Leonard，1971）中，研发对（经济）增长的影响估计平均在初始研发投资后的第二年开始，并持续稳定上升到它结束之后的 9 年$^{\ominus}$。我们发现（Hall 等，2010）曾提及研究项目结果预估时滞的调查回复。其中，45% 的调查受访者表示，从研发开始到首次推出新产品之间的典型时间间隔为 1～2 年，40% 表示滞后 2～5 年，5% 的时间间隔则超过 5 年。（European Commission，2012）中提到评估创新计划时需要有较长的时间跨度，因为在创新之前实现临界数量的研究人员和研究活动可能需要数年时间和几个资金周期（包括与其他类型创新措施的溢出效应）$^{\ominus}$。如果同时考虑溢出效应，甚至可能需要更长的时滞期。

初始研发投资可能（或无法）产生"创新"的时间通常很长，即从初始研发投资到市场上出现商业产品之间的时间通常很长，这可能是抑制公司进行初始研发投资的主要因素。然而在三星、谷歌、微软、苹果等大型创新公司中，可获取的内部资源使这些公司能够在持续产生可观利润的同时放眼长远。此外，由于研究预算普遍减少，许多公司雇佣研究人员不是为了产生自主创新，而是为了从外部来源吸收通用技术（内部溢出）。即使在竞争激烈的行业中，一些公司似乎也致力于降低成本或瞄准利基市场，同时利用其他公司的研发创新成果$^{\ominus}$。同样，一家公司所遵循的策略在很大程度上取决于它可用的内部财务资源以及进入外部资本市场的便利性。

在评估中考虑溢出效应就需要预估当所研究的创新扩散到更广泛的经济或地理空间或创新生态系统时对其他公司或整个社会的影响。当新的或改进的商品或服务以低于它们所含全部附加值的价格出售给其他公司时，就会发生金钱溢出。

$\ominus$ 需要提醒的是，这些研究指的是研发项目，而不是整体上的"创新"。这可能导致时滞期更短。

$\ominus$ 参见（European Commission，2012）的图6。

$\ominus$ 参见（Tassey，2010）和（Tassey，2013）。

相对地，非金钱溢出是指创造的"知识"在传播和为其他实体所用的过程中产生的溢出。相反，我们需要估计和评估"溢入"的影响，即从其他部门迁移到我们正在研究的特定生态系统的创新的影响[⊖]。

至于运输部门，我们在第6章中更详细地讨论了特定创新或创新生态系统的溢出效应，其中讨论了一些与运输部门相关的双向溢出/溢入的部门。这些部门包括：

1）信息技术。

2）电信。

3）能源。

4）材料。

5）旅游。

6）农业。

7）物流、仓储和供应链管理。

9.2 创新评估投入与产出

前面已经提到过，大多数现有评估研发（以及在某种程度上广义的创新）的方法依赖于生产力函数，这些函数将被评估的特定研发或创新项目的"输入"与"输出"相关联。投入通常包括总资本投资（包括收到的创新资金）、材料采购、使用的劳动力等。产出可以表示为提高的生产力、附加值、所生产产品的市场价值和潜在价值溢出。下面，我们将更详细地讨论可用于创新评估的输入和输出。

9.2.1 "投入"

创新评价"投入"主要包括以下两类：

1）研发支出，即在所考量的时间段内，在所研究的创新周期或整个生态系统中进行的相关研发工作的实际（或估计）总资金（公共和私营部门成本）。

2）创新生产成本，即生产最终市场产品的后研发活动（公共和私营部门）的总成本，可能包括：

①劳动力成本。

②投资资本的资本成本（例如来自银行贷款、风险融资、众包、天使投资等）。

③材料成本（用于这些后续阶段的任何相关材料采购）。

④其他相关费用（例如专利发行、启动宣传、法律费用等）。

正在或已经开发的许多数据库和存储库（主要在欧洲和美国）可以帮助估

⊖ 另见（Jaffe，1986）。

计此类"输入"。可用于此目的的数据库有：美国的 StarMetrics、英国的卓越研究框架（Research Excellence Framework，REF）、欧盟的 TRIMIS，在第 6 章中对它们有更详细的描述。

对于特定创新生态系统要素（例如创新区）的评估，也可以通过重点审计来收集有用的输入数据，检查在所考量的时间段内已用于创建给定生态系统要素的所有相关资产的数量、质量和当前价值。这些审计必须有重点并与所研究的创新生态系统和"输入"项目的特定类别相关。同时还可以系统地比较可用的技术和资金投入，鉴别支持结构的优势和劣势，评估所使用的研究和教育基础设施，并完成一些其他评估任务。到目前为止，在这些类型的审计方面几乎没有前人的经验。因此应该针对所考量的特定系统精心设计相应的审计，并由经验丰富且"有名望"的机构（最好与中央级行政和司法机构相关）执行。理想情况下，这些审计应该是一个永久性过程，规定有明确的后续行动并能不时重复进行。

创新生态系统的"投入"也可以用许多"指标"来表示。对于特定的创新生态系统，必须通过从现有来源收集数据或通过专门调查在特定时间段内定义这些指标的值。

这种"输入"指标的例子有：

1）参与生态系统研发的研究人员数量。

2）每百万人口中的生态系统研发人员。

3）大学与公司合作研究的数量。

4）企业自有研发与第三方研发的百分比。

5）相关专利申请总数。

6）生态系统研发的总支出[⊖]。

7）生态系统研发总支出占 GNP 或 GRP 的百分比[⊜]。

8）生态系统研发的公共部门总支出。

9）生态系统研发的私营部门总支出。

10）（所有部门）外国直接投资总额占 GNP 或 GRP 的百分比。

11）版税和许可费。

12）每百万人口的版税和许可费。

13）（后研发阶段）生态系统初创企业的银行贷款总额。

14）（后研发阶段）生态系统初创企业的风险资本投资总额。

15）生态系统初创企业的总资本。

16）所考量的生态系统中公司的首次公开募股（IPO）的总价值。

⊖ 由于研发支出由劳动力、资本和材料成本组成，因此在衡量其他（后研发）成本输入时，必须注意不要重复计算。

⊜ 国民生产总值或区域生产总值（即所研究或所参考生态系统区域）。

也可能确定适当的"代理"变量,即通过非量化方法(例如低－中－高量表或赞同程度量表等)表达一般水平或条件的变量。此类代理变量有:

1)留住受过教育的劳动力的能力(低－中－高)。

2)新公司的创建或增长速度。

3)风险资本的可获得性。

4)官僚主义水平(与政府或公共部门做生意的难度)。

5)初创企业的管理负担等。

对于一些低收入/低创新水平的国家,上述某些数据类别可能不存在或不相关。也许,在这种情况下,人们可能会依赖一些通用的(真实的或代理的)捕获数据,例如教育水平、研究员人数、技术转让机会、新创企业等。

有三个问题与测量"输入"的正确方法相关⊖:

1)研发的重复计算问题。

2)估计回报(产出)的潜在偏差。

3)创新前后修正劳动力和资本利用质量差异的敏感性。

9.2.2 "产出"

在创新周期或生态系统的背景下,"产出"或"回报"最简单、最有形的形式是公司引入市场的创新对公司的经济"回报"。这种回报通常是激励它为必要的初始研发和随后的创新生产活动提供资金的驱动因素。由于大公司所有权和管理的性质,公司越大,对经济回报的驱动力就越强。除了"经济回报"(利润、销售额、特许权使用费等)之外,其他创新活动的"产出"还可能包括:

1)在市场上获得更具优势的竞争地位。

2)创造新的"知识"和"技巧"。

3)对其他部门的溢出效应。

4)各种社会影响。

5)用户行为变化等。

事实上,在实践中,估计创新过程的最终"结果"是一个复杂的问题,因为这些输出通常是创新公司战略、竞争对手战略、当前宏观经济环境等复杂网络互动的产物。其中一些产出本质上是随机的,在公司决定投资研发计划以进行创新时可能很难预测。这可能是公司在创新方面进行初始投资决策时一个强有力的阻碍因素。跨国公司对资本流动性的保证不断升级,也威胁和降低了他们对变革性创新的投资意愿,从而降低了生产力并使经济增长放缓(Erixon 和

⊖ 这些问题在(Hall 等,2010)中有详细讨论。感兴趣的读者还可以在(Hall 和 Lerner,2009)(Mairesse 和 Mohnen,2010)和(Mairesse 等,2005)中找到更多讨论和其他相关问题。

Weigel，2016）[⊖]。由于难以对研发投资进行事前估计，并且随着时间的推移或跨部门/国家，研发后的成果也不是特别稳定，这一趋势便更加突出。此外，所谓的社会影响是相当无形的，不能轻易地与特定的创新及其"投入"挂钩。

创新产出也可能因所考量的是私营部门创新还是公共部门创新而异。后者所考虑的产出更广泛，包括更广泛的社会回报，因此更难以量化[⊜]。私营部门的创新产出更具体，更容易量化，因此更容易通过传统的计量经济学建模技术进行经济评估分析。通常包括：

1）"总产出"。指生产"创新"（原型和最终产品）的整个过程中与产出相关的劳动力和材料组合创新产出的总价值[⊜]。

2）"附加值"。在创新生态系统中"附加值"是指通过结合劳动力和资本来获得市场价值从而赋予其产品的价值。因为"附加值"可以定义为总产出的价值减去投入（例如 RTD 成本、劳动力、材料和基础设施）的价值。

3）"销售额"。这是"产出"最直接的概念，指所考量的时间段内生产的商品或服务的总销售额。根据经济理论，"销售额"的正确定义是总产出减去制成品库存增量的价值。

根据美国国家科学委员会的说法，公共资助创新（包括初始研发部分）"产出"的范围包括创造新知识和开发新技能或利用原本不会实现的私人研发投资。更多细节可参见（US National Science Board，2012）。对于公共部门创新，英国的卓越研究框架为"产出"下了一个实用的定义，该框架将研究和创新的"产出"或"影响"定义为"对经济、社会、文化、公共政策或服务、健康、环境或生活质量所产生的超越学术的影响、改变或益处"。为了对大约 7000 个公共资助研究案例进行元分析，英国 REF 的一系列案例研究可能会为政府资助的研发产出提供有价值的见解。

同样对于公共资助的研究和创新，欧盟委员会已经定义了一些潜在的更广泛的社会影响。这里将这些预期的社会影响总结如下[⊕]：

1）技术发展。这是将知识从公共研究转移到公司的机制，尤其是当这些知识体现在进行特定研究的研究人员身上时。更准确地说，公共资助的基础研究带来的更广泛的经济效益之一与科学家迁移到创新系统商业部门的能力有关。所带

⊖ 这就是像苹果、微软、惠普这样的公司致力于对其产品（例如 iPhone）采用渐进式改进的原因。迄今为止，iPhone 的渐进式改进保证了风险更低、直接利润更高和股东也很满意。同样，微软也致力于对其操作系统及其工具套件进行渐进式的改进。

⊜ 在地区、贸易伙伴和行业之间也相当不对称。

⊜ 采用这种方法必须特别注意避免重复计算，例如要避免重复计算用于初始研发和后期创新生产的劳动力和材料。

⊕ 另请参阅：（欧洲委员会，2017b）（Georghiou，2015）（Salter 和 Martin，2001）和（Van Roy 等，2015）。

来的好处不仅明显与科学研究中获得的最新理论知识应用有关，而且与科学家转移解决问题策略的要素有关，而这些要素是基础研究中的基础。

2）新知识的产生。这种知识产生了许多在经济中适用的新工具和想法，可以扶持新技术或改进的技术、新产品、新服务和改进的流程，从而产生更多附加值。

3）新的科学仪器和方法论。包括解决特定问题的新仪器和方法，或者是推进特定领域研究和创新所必需的新科学仪器。可以将其纳入新产品和流程，还可以与此类设施或流程的用户合作开发。

4）通过创造新产品和公司来增加创业。公共资助的研究中产生的创业增长已被广泛认为是（公共或私人资助）创新生产的关键"公共"利益之一。随着参与研发和创新的学者、新研究人员和科学家越来越多地参与创建新公司和高科技公司以及创造衍生品，创业精神总体呈上升趋势，对经济产生乘数效应。

5）与私人研究人员和用户建立网络。包括在公共和私人研究人员和机构之间建立网络，以刺激合作创新研究，或承包研究和咨询，以及在大学、研究和商业实体之间建立非正式关系。这些涉及学术活动和公共资助研究商业化的"产出"网络可以被私营部门用于进一步创新（Perkman 等，2013）。

6）私营部门研发创新活动的"杠杆作用"。在许多情况下，研究和创新活动⊖的公共资金可以为私营部门的研发和创新"加杠杆"，即让私营部门开展原本不会开展的创新活动。一些研究显示了杠杆作用有积极影响，但正如下一节所述，经合组织成员国最近的一些证据表明情况并非总是如此。

和输入一样，创新周期或创新生态系统的输出也可以使用"指标"来表示。对于特定的创新生态系统，在指定的时间段内，必须通过从现有来源收集数据或通过专门调查来定义这些指标的值。此类"输出指标"包括⊖：

1）劳动生产率的经济增长。

2）在停滞的经济体中重新点燃经济增长。

3）授予的专利申请数量（所考量的创新生态系统获得的专利数量）。

4）发表的相关科技期刊文章数量。

5）每百万人相关科技期刊文章的数量。

6）版税和许可费收入。

7）每百万人版税和许可费收入。

8）（特定的创新生态系统领域）"退场"或 IPO 的总价值。

9）"退场"或 IPO 的总数。

⊖ 包括激励机制，例如研发税收优惠、研发赠款或贷款、担保、公共风险投资等金融计划。

⊜ 另请参见（Hall 等，2010）。

10）由于特定的创新活动或生态系统而创造的工作岗位数量。

11）由于特定的创新活动或生态系统而失去的工作岗位数量。

12）在一定时间段内，与所审查的创新生态系统项目相关的销售额的定量表达（例如价值、项目数量、增值税等）。

对于交通创新，我们还可以在"产出"的定义中包括以下内容：

1）新的移动模式和系统。

2）对所考量的运输系统或子系统的经济、商业、组织影响。

3）对经济发展和生产力水平产生的更广泛的影响[⊖]。

4）环境影响，尤其是对城市地区的影响。

5）健康和社会福利影响。

6）土地使用和城镇规划影响。

7）社会公平和其他部门和服务的可及性。

8）对公共政策、法律和服务的影响。

和"输入"相同，"输出"也可以定义许多"代理"指标。显然，数据可用性将决定这些"代理"变量可以使用的范围和深度。此类代理变量的例子有：

1）减缓气候变化。

2）负债问题。

3）环境和社会经济影响。

4）社会稳定。

5）扩展 IT 和人工智能革命的可行性。

6）面对日益增长的孤立主义、保护主义和民族主义势头，保持全球主义的益处。

7）国际政治稳定。

8）社会福利。

9）公共政策、法律制定和服务。

10）创业。

11）出行行为等。

9.2.3 创新回报率

计算创新活动回报率也是一个相当棘手的问题。创新成果的随机性意味着根据所采取的分析视角，可能没有单一（经济意义上的）的"回报率"，而且还需要估计生产的创新产品的贬值或报废。为了计算净回报率或总回报率以及计算

⊖ 近期，一些国家和地区出现了"生产力悖论"，即生产力增长放缓，而研究和创新投资保持相对稳定（European Commission，2017a）。这让人们对研究/创新与生产力增长之间的联系产生了一些怀疑，这些联系在某些领域可能会被破坏或功能失调。

"创新弹性"，这种估计是有必要的。在这两个问题上，读者可以参考更专业的文献，例如（Erixon 和 Weigel，2016）（Hall 等，2010）（Lach 等，2008）（Blundell 和 Bond，2000）（Jaffe，1986）和（Cuneo Ph. 和 Mairesse J，1983）。通常，就由创新产生的"经济"回报率而言，私营部门的创新评估结果大于公共部门的。这是因为后者所考虑的产出由许多不可量化的项目组成，因此不会影响经济回报率。

9.3　创新融资

9.3.1　综述

多年来的实践已经开发和测试了许多创新周期各个阶段的融资来源和工具。在涵盖创新周期所有阶段的创新融资来源和工具方面已经有了足够的经验，但它们的可用性和有效性则取决于所研究国家或地区周围的经济环境。大公司通常利用自己从过去盈利的运营中收集到的资金，或者依靠渴望参与成功创新投资的风险投资或银行的融资。中小型企业和小企业家则不得不主要依靠特殊（通常是公共）创新融资工具或现场市场融资人。

图 9-1 显示了针对创新生态系统各个阶段的融资来源和工具以及它们最常适用的创新周期阶段。根据图 9-1 的内容，我们注意到以下几点：

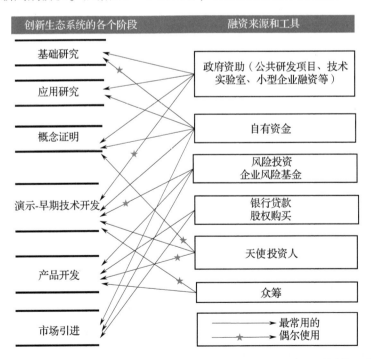

图 9-1　针对创新生态系统各个阶段的融资来源和工具以及它们最常适用的创新周期阶段

1）政府资助。到目前为止，这些资金通常用于资助研发阶段，也可能是一些早期技术开发的样品和演示。用于此目的的政府资助有多种方式和形式。每个政府都自己设计方式和方法来释放适合其行政规则和机构的资金。这种融资也可以通过地方和地区政府获得。在过去十年左右的时间里，欧洲启动了一项最著名的关于跨国资助研究和创新的实验，到目前为止取得了相对成功。这就是所谓的联合技术倡议[⊖]，它结合了几个国家政府的资源以及产业和研究界的公共/私人合作伙伴关系，以资助一个专门的研发和创新计划，该计划由资助管理部门共同设计和批准。

2）自有资金。大型私营部门公司就是这种情况，这些公司拥有盈利的运营，并且有能力将其部分利润用于其部门的研发和创新创造。这类融资的典型例子是谷歌、苹果、微软等公司对创新的融资，这些公司不仅在自己的主营业务领域（即IT）投入了大量资金，还投入了交通运输（用于自主和合作移动）等其他领域的研发。

3）风险投资。这是最出名的创新融资形式之一。风险投资公司（VC）通常由投资银行、个人投资者或其他公司创建。风险投资公司通常专注于为新的"初创"公司和小企业提供资金，这些公司和小企业的创立人有新颖的想法或研究产品并希望将其推向市场。风险投资公司通常是通过购买股权投资特定的公司并期望该公司的价值可以在相对较短的时间内多次翻倍。当风险资本家看到公司的价值增加到满意的水平时，他们便会"退场"，即出售他们的股票并获利或通过首次公开募股使公司上市。此类成功"退场"或IPO的数量以及此类退场或IPO所需的平均时间是评估创新生态系统/国家/地区的创新诱导环境时可以参考的指标。典型的VC会投资于管理良好、具有完善的商业计划的初创企业，这些企业有望实现大幅增长且通常（但不一定）从事风险投资公司熟悉的行业。

4）银行贷款。这是传统的融资渠道，但在经济紧缩时期会变得稀缺。

5）天使投资人。指个人充当风险投资公司，使用的是自己的资金。他们是高净值人士，即拥有通过各种来源积累的财富，并有兴趣将其投资于有前途的新公司，以促进创新。他们往往自己是企业家，或者是最近从一手建立的商业帝国中退休的高管，他们中的大多数人希望投资于管理良好、拥有完善的商业计划并有望实现大幅增长的公司。天使投资人通常是共同投资，即一个天使投资人与值得信赖的朋友或同事（通常是另一位天使投资人）一起为风险投资提供资金。天使投资和风险投资本质上是一种特殊的股权融资，通常面向年轻、高风险且常常是高科技领域的公司。

6）众筹。这是最新的创新融资趋势。通过"众筹设施"，初创公司有可能从多个支持者（从个人到养老基金和地方当局）那里筹集少量资金。众筹通常是

⊖ 见：http://ec.europa.eu/research/jti/index_en.cfm。

通过在线平台完成的，比如 Kickstarter[一]、Indiegogo[二]、交通部门的 Crowdsourced-transport[三] 和公共交通的 CIPTEC[四]。当然还有很多其他平台[五]。众筹正在成为一种越来越普遍的融资解决方案，尤其是在最近，由于某些国家或地区的总体经济形势，传统的风险投资融资变得越来越难以获得。

本章无法一一详述这些融资工具——有许多专门针对这一主题的论文。然而，在此参考一些迄今为止最知名的实际应用经验仍将是有用的。

9.3.2 风险投资融资

风险投资[六]是传统的创新融资形式，通过以下几个步骤进行：

1）投资者和初创公司通过正式和非正式的商业网络、个人关系、有偿或无偿的发现者、研究人员、顾问等寻找对方。

2）初创公司向投资公司提供保密的商业计划以确保初始利益。

3）当发展出特定的兴趣时，就开始了最初的非约束性谈判。在这个阶段，通常会进行"尽职调查"以检查初创公司是否符合法律法规。

4）完成上述步骤后，将对初创公司进行"估值"，一旦接受，就会签署私募备忘录。这仍然不具有约束力，只是意向书的一种形式。

5）在起草将用于实施交易的一系列合同和其他法律文件后，将签署记录最终交易的最终法律文件，包括"股票购买"协议、"买卖"协议、"共同销售"协议、"优先购买权"文件等。

6）签署这些具有约束力的文件后，投资者提供资金，初创公司向投资者提供股票证书。

每次发生融资时，都会形成所谓的"融资轮次"。融资轮次有多种类型和对应的名称，主要与每种情况下交易的股票类别有关，例如：

1）种子轮，公司内部人士提供启动资金。

2）天使轮，早期外部投资者购买普通股。

3）A 轮、B 轮、C 轮等，发生在公司发展的各个阶段。

4）夹层轮、过桥贷和其他债务工具，用于在风险轮次之间或首次公开募股之前为公司提供支持。

Thomas Davis 和 Arthur Rock 是风险投资融资的先驱，他们于 1961 年在美国硅谷成立了第一家风险投资公司 Davis and Rock VC。他们对创新公司的投资取得

[一] 见：https://www.kickstarter.com/（2018 年 5 月访问）。

[二] 见：https://www.indiegogo.com/（2018 年 5 月访问）。

[三] 见：http://crowdsourced-transport.com/（2018 年 3 月访问）。

[四] 见：http://ciptec.eu/join-crowdsourcing.html（2018 年 3 月访问）。

[五] 例如：AngelList、CircleUp、Crowdfunder、EquityNet、Fundable、MicroVentures、Peerbackers、RocketHub、Smallknot、SeedInvest 等。

[六] 或是个人投资者情况下的天使投资人的资金。

了巨大的成功，20 世纪 60 年代包括 Draper、Gaither & Anderson（1961）、Sutton Hill（1964）和 Mayfield Funds[⊖]（1963）在内的许多风险投资公司紧随其后。这些风险投资公司先驱们从 Teledyne Technologies、英特尔、苹果等硅谷科技公司那里获得了巨额回报。1969 年，以硅谷地区为中心的整个美国风险投资界大约有 20 家公司。像硅谷的其他人一样，这些早期的风险投资家们彼此分享了很多想法。此外，这些公司存在广泛的人员交叉。风险投资先驱之间的人员和思想流动催生了当今技术投资者所体现的许多原则，例如更关注创始人而不是公司，以及将有前途的企业家作为"驻场企业家"（"孵化"）接待。到 20 世纪 70 年代初，风险投资家已成为硅谷创新结构的关键部分。Kliener（1972）、Sequoia Capital（1972）和 New Enterprise Associates（1978）等巨头成为美国创新生态系统的关键元素，为高科技初创企业提供了动力。

风险投资现在是推动全球创新（包括交通创新）的"火箭"燃料。在交通领域，风险投资作为 20 世纪 60 年代（美国硅谷）集成电路发明和生产的强大资金来源，持续溢出到今天的交通革命性创新中。2017 年，新一波风险投资聚焦于自动驾驶和电动汽车技术。根据《金融时报》的一篇文章[⊜]，此类投资瞄准了与汽车技术相关的初创公司，在 2017 年上半年已达到 16 亿美元。越来越多的专门风险投资基金致力于创新汽车技术这一领域，其中包括全自动驾驶汽车以及人工智能和机器学习、地图绘制等技术的相关应用。

9.3.3 股票市场融资

如果创业公司进展顺利，根据其商业计划，它可以向证券交易所申请首次公开募股（IPO），一般会通过股票市场发行，将公司的股票出售给机构投资者。机构投资者反过来，在证券交易所将它们出售给公众。通过这个过程，私人控股公司转变为上市公司。因此，股票市场是一种遵循风险资本直接"融资轮次"的融资机制。在最近的经济动荡（对一些国家来说这是一场彻头彻尾的萧条）中，作为创新资金机制的股票市场已经衰落。最初在美国看到的大规模 IPO 有所减少，这导致公司更愿意（在相当长一段时间内）留在私人市场，因为他们不可能以远低于他们在上一轮风险投资中筹集的资金去做首次公开募股。过去股票市场 IPO 的巨额投资和过高的估值已经开始让位于更"理智"的估值[⊜]。

⊖ 由 Thomas Rock 和 Wally Davis 与斯坦福大学共同组建的。

⊜ Hook 于 2017 年 7 月 12 日发表的一篇名为 *Record Venture Capital cash floods into Car Technology* 的文章，见：https://www.ft.com/content/8ec8079c-66a6-11e7-8526-7b38dcaef614（2017 年 11 月访问）。

⊜ 2016 年 11 月，美国基金富达（Fidelity）表现出这一趋势，并下调了许多领先公司的估值，其中包括硅谷广受欢迎的 Snapchat，其估值下调了 25%（更多相关的最新消息见：https://www.fidelity.co.uk）。

最近的一个常见现象是，上市公司留在股票市场的时间更短，然后即使价格低于进入时的价格也会离开。这种"负回报"趋势的原因之一是投资者通常给予初创公司，尤其是那些已经筹集了几轮融资的公司过高的初始估值。初创公司的本能动力是在每一轮融资中提高其纸面估值，这便可能会产生"泡沫"[⊖]。这种情况有可能使通过股票市场获得的整个启动资金"泡沫爆炸"，而不是成为不断增长的健康市场的一部分。

因此，风险投资和股票市场融资存在风险，特别是在经济低迷和动荡时期股票市场固有波动的背景下。

9.3.4 众筹资金

众筹是一种相对新颖的创新融资工具，是指通过从大量的人（"人群"）中筹集资金来为项目或企业提供资金的做法[⊖]。这种融资需要通过专业公司的帮助来完成，这些公司创建和维护"众筹网络平台"，旨在将大量个人投资者聚集到特定的初创公司或项目中。众筹模式一般基于三种类型的参与者：

1）提出要资助的想法或项目的项目发起人。

2）支持该想法的个人或团体。

3）一个将各方聚集在一起以启动想法的协调组织（"平台"）。

众筹不仅是筹集资金、志愿者和材料的在线工具，也是一种围绕项目建立"社群"的方式。

众筹的最新形式是人们所说的"公民众筹"，侧重于地方政府和公民倡议。市政当局作为"平等的合伙人"，可以合作实现倡议，因此地方政府越来越多地将任务和责任移交给民间社会。例如，培训公民和专业人士参与公民众筹、启动本地主题众筹平台或成为匹配资助者。

匹配资金是另一种通过资助众筹活动来分配社会项目补贴的方式。通过这种方式，市政当局可以战略性地改变融资工具，以刺激公民项目使用众筹。

9.3.5 交通领域的创新融资

交通部门也可以采取并充分利用上述所有形式的创新融资，但强度和实现程度各不相同。对交通领域有前景的新技术应用领域（例如新的移动服务和电动汽

⊖ 比如，一家公司在上市前筹集了 100000 美元，估值为 100 万美元，然后到它筹集 500 万美元时，其估值将高出十倍，即 5000 万美元，当它筹集到 2000 万美元时，它的价值（纸面价值）将为 2 亿美元。这就必然造成了这样一种情况：后续销售将不可避免地会低于其初始投资的价值，因此最大的投资者将在后续销售中亏损。当初创公司很多时，便没有足够的买家，因此在好的情况下初创公司估值会较低，而在差的情况下估值则为零或非常小。

⊖ 根据牛津词典对"众筹"的定义。

车）的创新融资可能会吸引越来越多的融资兴趣，但这一兴趣对时间很敏感，即它可能会随时间变化。交通部门中最吸引创新融资的两个传统领域是汽车和航空制造部门。创新资金最少的部门是交通基础设施建设部门，人们传统上认为该部门是政府提供的重要"公共产品"。该部门利用一系列非常复杂的融资工具为实际建设工作提供高水平的资金——参见（Rodrigue，2017）——但它吸引的研究和创新资金最少。

在交通研究和创新的公共资金方面，发达经济体与欠发达国家之间存在明显差异。在全球 20 多个国家/地区进行的一项调查显示，欠发达经济体政府的国家研发和创新资助计划中不包括交通运输。相反，经济较发达的国家总是将交通项目纳入其资助范围（EUTRAIN，2012）。这可能是因为较不发达的经济体认为医疗、环境或国防领域的研究在面临社会问题时具有更高的优先级和紧迫性。

交通部门公共部门融资工具有⊖：

1. 美国

1）联邦和州一级的各种交通合作研发和创新资助计划，数量众多，形式多样，并且都有据可查，主要是由美国交通部的各个分支机构（超过 20 个独立的资助项目)⊜和美国国家科学院的交通研究委员会（8 个资助项目和工具)⊜提供资助。

2）小型企业创新研究计划（Small Business Innovation Research Program，SBIR）。SBIR 于 1982 年通过《小型企业创新发展法案》（公共法 97 - 219）创建。它要求拥有大量研发预算的联邦机构为小型企业研发提供特别预留。SBIR 的基本价值之一是提高美国小型企业满足联邦研发要求的能力。SBIR 于 2000 年和 2008 年重新获得授权。

3）小型企业技术转让计划（Small Business Technology Transfer，STTR）。SBIR 通过 1992 年的《小型企业技术转让法案》进一步扩展到私营公司和大学之间的合作伙伴关系，该法案建立了小型企业技术转让计划，以资助涉及小型企业、大学和联邦实验室的合作研究。

4）先进技术计划（Advanced Technology Program，ATP）。这是由 1988 年的《综合贸易和竞争力法案》创立的。ATP 通过正式的提案征集工作，让产业自下而上地提交提案，并通过同行评审系统进行选择。自成立以来，ATP 一直受到相

⊖ 我们只考虑欧盟和美国的案例。对于德国和以色列等其他国家/地区，请参见本书中的案例研究部分，而对于日本和韩国（以及中国），请参见（Giannopoulos，2017）。

⊜ 更多信息请访问研究和技术部助理秘书办公室（Office of the Assistant Secretary for Research and Technology）的网站：https://www.transportation.gov/administrations/assistant-secretary-research-and-technology/ost-rs-programs。

⊜ 请参阅：http://www.trb.org/AboutTRB/Programs.aspx。

当多的批评，包括来自美国国会一些成员的批评，他们认为"政府对创新过程的某些方面进行了不必要的干预，而这些方面更应由私营部门处理"。因此 2007 年 COMPETES⊖废除了这一计划。

5）技术创新计划（Technology Innovation Program，TIP）。由 COMPETES 产生，类似于 ATP。尽管从 ATP 变为了 TIP，关于联邦政府直接资助创新政策是否可取的争论仍在美国进行。

6）产学合作研究中心（Industry-University Cooperative Research Centers，IUCRC）和工程研究中心（Engineering Research Centers，ERC）。这是美国国家科学基金会（National Science Foundation，NSF）将教育、工业和研究任务联系起来的两项举措，是美国政府主导的另外两项创新资助计划。二者都以竞争激烈的同行评审过程为基础，专注于特定的研究领域（包括运输）。

7）美国联邦支持创新的另一个领域是人力和机构创新能力的交叉发展。活动在全国范围内和在选定的落后州开展，其中包括联邦政府为落后州和地区的创新提供人力资源开发能力的资金⊜。

8）国家和地方创新政策。在美国，许多州和地方制定了许多动态的"自下而上"的创新支持计划，其中一些侧重于运输部门。21 世纪中期，主要鼓励纳米技术、能源和清洁技术领域，许多运输应用都基于这些领域。大学通过发展孵化器、许可办公室、对企业的技术推广、初创公司衍生产品和种子资本基金，在传统教学和研究任务之外的此类区域创新计划中发挥相当重要的作用。加州研究与创新计划也许是最著名的美国州立创新计划，其总额约为 1 亿美元，通过收入债券融资。

美国对交通研发和创新的国家资助仍然强劲。然而，美国国家科学委员会最近的一份报告提到私营部门的研究支出下降（US National Science Board，2012），再加上各级政府的预算限制，令人担忧。

2. 欧盟

1）700 亿欧元的地平线 2020（Horizon2020，H2020）研发和创新计划是欧盟委员会在 2013~2020 年的 7 年期间资助研究和创新的主要工具。其中包括一条运输线路（运输挑战），约占总预算的 7%，与该计划其他线路中的运输相关项目一起，总共可能占总预算的 10%，即 70 亿欧元用于运输相关的研发工作。由于大部分资金是在建立在 50% 的资金基础上（剩下 50% 由主要是产业的参与者提供），欧盟委员会 7 年间利用的与运输相关的研发和创新总额⊜约为 140

⊖ 《竞争法：为有意义地促进一流的技术、教育与科学创造机会》。

⊜ 参见（Shapira 和 Youtie，2010）。

⊜ 绝大多数仅用于研发资金。未定义（但相对较少）的金额用于创新生产部分。

亿欧元。目前尚未决定由欧盟委员会资助的下一个 7 年研发期（FP8 计划，跨越 2020～2026 年）是否还会像之前几期项目一样包括一条运输线。

2）尽管很重要，但欧盟委员会的上述研发和创新资助计划仅占所有欧盟成员国（即在其国家计划中）的研发和创新公开可用资金总额的约 5%。然而，不知道这笔钱中有多少用于与运输相关的研发与创新。

3）其他与公共资金相关（或受其影响）为运输部门的研究和技术创新提供资金，但并没有直接参与"研发计划"的欧洲组织，是欧洲投资银行（European Investment Bank，EIB）和欧洲复兴开发银行（Reconstruction and Development，EBRD）。EIB 为城市交通、铁路、航空、海运和公路部门的项目提供资金，其中一些就包括部分研发。正如银行网站所强调的，它关注的是气候友好、安全、可持续和创新的项目。它通过支持各个欧盟成员国的特定单个项目来实现这一目标，也通过特定的资金渠道来实现这一点，例如在运输中应用替代燃料和清洁技术的"清洁运输设施计划"、空中交通管理的"欧洲单一天空计划"，以及海运和公路部门的类似计划。欧洲复兴开发银行也为一般企业（包括那些希望投资创新新产品的企业）提供三种融资方式，即通过贷款、股权投资和担保促进贸易⊖。

4）在某些情况下，可以使用欧盟其他方案，例如 JASPERS⊜、ELENA⊜ 和"连接欧洲设施"（Connecting Europe Facility，CEF）⊜ 的"债务工具"（简称 CEF 债务工具）下支持的方案。它们都在一个称为欧洲投资咨询中心（European Investment Advisory Hub，EIAH）的金融规定"中心"下进行。这个"中心"由 EIB 托管⊜。

5）最后，为了弥补近年来补充风险投资基金的高风险贷款融资的短缺，欧盟的大小创新公司都可以利用 2014 年 6 月出现的新一代欧盟融资工具。这是欧盟委员会和欧洲投资银行集团⊛ 联合发起的一项名为为创新者融资（InnovFin）

⊖ 欧洲复兴开发银行是一家国际金融机构，主要通过投资私营部门发展和创业来促进向市场经济转型。该银行由 64 个国家和两个政府间机构于 1991 年成立。它是从中欧到中亚的 34 个国家中最大的单一投资者。

⊜ 欧洲地区项目支持联合援助（Joint Assistance to Support Projects in European Regions，JASPERS）是欧盟委员会、欧洲投资银行和欧洲复兴开发银行之间的技术援助伙伴关系，为受益国提供独立建议，帮助准备由两个欧盟结构和投资基金［欧洲区域发展基金（European Regional Development Fund）和凝聚基金（Cohesion Fund）］共同资助的高质量重大项目。

⊜ 欧洲地方能源援助（European Local Energy Assistance，ELENA）为技术援助提供赠款，援助重点是能源效率实施、分布式可再生能源和城市交通项目。

㊃ "连接欧洲设施"（Connecting Europe Facility，CEF）是欧盟一项关键的融资工具，旨在通过有针对性的基础设施投资促进增长、增加就业机会和提高竞争力。

㊄ 详情见：http://www.eib.org/efsi/eiah-lowlight.htm? lang = en。

㊅ 即欧洲投资银行（EIB）和欧洲投资基金（EIF）。

的新提案。这是欧盟推广的一系列债务和股权产品（及咨询服务）的金融工具，以提高欧洲研究和创新活动的资金供应。InnovFin 由一系列定制产品组成，例如为中小型企业贷款的中介机构提供担保，或为企业提供直接贷款等。它主要与欧盟当前的 7 年研发计划"地平线 2020"相关，并建立在风险分担融资机制的成功基础上，该融资机制是在 FP7（第七框架计划）下开发的，时间跨越 2007 ~ 2013 年的 7 年时间，为价值超过 300 亿欧元的 114 个研发（以及一定程度上的创新）项目提供了超过 110 亿欧元的资金⊖。

9.4 小结

对创新的经济和社会监测和评估是任何一个创新生态系统都必备的功能。任何创新生产活动、创新周期或整个生态系统所创造的"价值"都必须能够衡量并能与用于其创造的公共或私营部门的投入进行比较。可惜的是，评估在很大程度上是一个回顾过程，很难从过去得出适用于未来的适当结论。目前并不存在一个简单、透明和普遍认可的创新评估系统。

应当权衡创新的实际或潜在技术和经济影响的大小（根据普遍接受的单位和转换方法进行适当量化）与所使用的实际投入的大小。评估过程成本昂贵，许多创新者和政府官员会投资于创新本身而不是评估。参考它们对解决关键社会和全球问题（例如气候变化）的贡献或对几个特定社会问题的贡献（如减少社会不平等、增加社会凝聚力、缓解气候变化等），社会影响应该也是可以量化的。这种评估系统和第 7 章中讨论的创新监测和数据收集系统，必须在某种程度上成为创新生态系统发展和可持续性过程中不可分割的一部分。

在现有文献中，大部分工作都在评估创新周期的早期阶段，即研发阶段（RTD）。大多数现有的评估研究审视的是研发投资对整个经济或特定地理区域内的经济的影响，而对某个行业的整个创新周期或生态系统的评价或评估方式相对较少。创新评估研究的稀缺可能是因为难以设计出一种适当的方法来考虑所评估的特定创新的各种输入和输出，并且当一项重大的变革性创新是由一个或多个创新交互作用产生时，实际很难区分这一个或多个创新的影响。对公共部门投资的评估通常要求更高，因为在这些评估中，人们必须考虑更大范围的影响，而并非所有影响都可以用金钱来量化。

所有现有的评估研发活动的方法都以某种方式利用"生产力"这一概念（即"产出"指数与"投入"指数的比率）。许多此类评估都采用了全要素生产率（TFP）这一概念，它也很可能适用于此处提倡的更广泛和更复杂的创新评估类型。（Perelman，1995）所述的"技术前沿分析"在本书中亦有采用。在本章

⊖ 这些数字不仅涉及交通运输，还涉及其他所有部门。

中，我们提到了一些研发和创新评估框架的方法论和示例，可以为全面的创新生态系统评估提供有用的先例。但是，我们需要一种详细且完整记录的创新评估方法，以区分公共资助和私人资助的创新。这种方法将结合一种技巧和技术比以前强大得多的新的创新监测和数据收集系统。必须由一个国际组织在各国政府的积极支持下进行创新的方法开发和信息和数据的系统收集，以加强人们对创新价值的了解和投资。

创新融资是创新经济学另一个非常重要的内容。它与一个国家或地区的整体融资环境有着内在的联系，融资相关的大多数问题和困难都与新进入者和初创公司有关。所有过去广泛应用的传统融资工具都取得了不同程度的成功。最常见的创新融资形式是各种类型的风险投资。此类资金的常见结构是以合适的初创公司或公司实体形式购买股权。新实体采取"有限合伙"的形式，因为这种类型在某些国家具有重要的税收优惠。风险合伙是另一种使用的形式，即风险资本购买初创公司的股票。21世纪，风险投资行业对交通运输部门的投资活动急剧增加，在随后的十年中，风险投资公司经历了一些艰难时期。风险投资行业的投入非常不平衡造成了很大的不稳定性，导致每年流入风险基金的资金随着回报的下降而稳步下降。在较早时期也观察到了相同的趋势，因此风险投资融资具有一定的周期性。近期，也有风险投资融资回暖的迹象。

另一个普遍的案例是初创企业可以从政府相关计划中为其活动筹集资金。此类资金特别适合为交通创新融资，因为该部门基本上与基本社会产品和社会服务相关。交通的所有方面和要素（基础设施、运营、车辆、服务）都可视作代表了经济学家所说的"集体"或"公共"利益，即为特定社区的所有或大多数成员共享和使其受益。集体商品往往成为"搭便车者"（即获得投资收益而不承担任何开发成本或风险的实体）的牺牲品。在这种情况下，政府的作用便是确保建立一个透明和有效的评估机制以发现这种情况并通过提供直接或间接的财政支持和激励政策，确保平等对待所有人。

银行贷款和银行相关融资是最不受欢迎的创新融资形式，尤其是在许多国家当前的经济条件下。在大多数国家，与银行业相关的现行法规通常会限制银行持有股份的能力，尤其是持有相对年轻公司的股份。在许多国家存在的严峻经济条件下，银行保守的冒险政策并不允许它们投资初创企业，因为它们无法自由处置所获得的股权。银行也可能没有必要的技能来评估与交通创新项目相关、抵押（实物）资产很少且具有重大不确定性的项目。

参考文献

Aubert, J. E., 2005. Promoting innovation in developing countries: a conceptual framework. Washington DC: World Bank Institute, World Bank Policy Research Working Paper 3554, April.

Blundell, R., Bond, A., 2000. GMM Estimation with Persistent Panel Data: An Application to Production Functions. Economet. Rev. 19 (3), 321 – 340.

Cuneo, P., Mairesse, J., 1983. Productivity and RTD at the firm level in French manufacturing. Cambridge MA: NBER (US National Bureau of Economic Research), Working Paper No. 1068, January.

Dinges, M., Schmidmayer, A., 2010. Country Report: Austria. Part III, Chapter 8 of the INNO APPRAISAL Study. PRO INNO Europe, Vienna.

Erixon, F., Weigel, A., 2016. The Innovation Illusion: How so Little is Created by so Many Working so Hard. Yale University Press, New Haven.

European Commission, 2012. Evaluation of innovation activities: guidance on methods and practices. Evaluation Unit, DG Regional Policy, June, Brussels. Available at: http://ec. europa. eu/regional_policy/sources/docgener/evaluation/pdf/eval2007/innovation _ activities/inno _ activities _ guidance _ en. pdf. Accessed August 2018.

European Commission, 2017a. The economic rationale for public R&I funding. European Commission, Directorate General for Research and Technological Development, report March, Brussels.

European Commission, 2017b. Key findings from the H2020 interim evaluation. European Commission, Directorate General for Research and Innovation, Brussels.

Eurostat, 2016. EU Community Innovation Survey. Eurostat, Luxembourg. Available from: http://ec. europa. eu/eurostat/web/microdata/community-inno vation-survey. Accessed August 2018.

EUTRAIN, 2012. European Transport Research Area International Cooperation Activities, Deliverable 2. 1, Current practices, characteristics and issues in research collaboration. EU FP7 funded research project, coordinated by ECTRI, Brusselshttp://www. ectri. org.

FTEVAL, 2007. Evaluation of Austrian Research and Technology Policies: A Summary of Austrian Evaluation Studies from 2003 to 2007. Austrian Council for Research and Technology Development—ACRTD, Platform for Research and Technology Policy Evaluation—FTEVAL, Vienna.

Georghiou, L., 2015. Value of Research. European Commission, Directorate-General for Research and Innovation, Policy Paper, June, EUR 27367 EN, Brussels. Available from: https://ec. europa. eu/futurium/en/system/files/ged/60_-_rise-value_of_research-june15_1. pdf. Accessed August 2018.

Giannopoulos, G. A. (Ed.), 2017. Publicly Funded Transport Research in the P. R. China, Japan, and Korea: Policies, Governance and Prospects for Cooperation With the Outside World. Springer Mobility Series.

Griliches, Z., 1979. Issues in assessing the contribution of research and development to productivity. Bell J. Econ. 10, 92 – 116.

Griliches, Z., 1998. RTD and Productivity. University of Chicago Press, Chicago.

Hall, B., Lerner, A., 2009. The financing of RTD and innovation. US National Bureau of Economic Research—NBER, Working paper 15325, September, Cambridge, MA. Available from: http://www. nber. org/papers/w15325. Accessed August 2018.

Hall, B., Rosenberg, N. (Eds.), 2010. Measuring the returns to RTD. In: Handbook of the Economics of Innovationpp. 1033 – 1082 (Chapter).

INNO-Appraisal project, 2010. Perspectives on Evaluation and Monitoring Final Report, PRO-INNO Europe Community. European Commission/DG Enterprise, project contract number: 046377 February, Brussels.

Jaffe, A., 1986. Technological opportunity and spillover of RTD: evidence from firms, patents, profits and market value. Am. Econ. Rev. 76 (15),984 – 1001.

Lach, S., Parizat, S., Wasserteil, D., 2008. The Impact of Government support to Industrial RTD on the

Israeli Economy: Final Report. Israel Innovation Authority, Ministry of Economy and Industry, study performed by E. G. P. Applied Economics Ltd, Tel Aviv.

Leonard, W. N., 1971. Research and development in industrial growth. J. Polit. Econ. 79 (2), 232 – 256.

Levin, R. C., Klevorick, A. K., Nelson, R. R., Winter, S. G., 1987. Appropriating the Returns from industrial Research and Development. Brookings Pap. Econ. Act. (3), 783 – 832.

Mairesse, J., Mohnen, A., 2004. The Importance of RTD for Innovation: A Reassessment Using French Survey Data. US/NBER (National Bureau of Economic Research), Cambridge MA. Working Paper No. w10897.

Mairesse, J., Mohnen, A., 2010. Using innovation surveys for econometric analysis. United Nations University—Maastricht Economic and social Research and Training Centre on Innovation and Technology, Working Paper No. 2010 – 023, Maastricht.

Mairesse, J., Mohnen, P., Kremp, E., 2005. The Importance of RTD and Innovation for Productivity: A Reexamination in Light of the French Innovation Survey. Annales d' Économie et de Statistique, Contributions in memory of Zvi Griliches (July/December 2005) pp. 487 – 527.

Mansfield, E., Schwartz, M., Wagner, S., 1981. Imitation costs and patents: an empirical study. Econ. J. 91, 907 – 918.

OECD and EUROSTAT, 2005. Oslo Manual: Guidelines for Collecting and Interpreting Innovation Data. OECD, Paris.

Perelman, S., 1995. R-and-D, Technological-Progress and Efficiency Change in Industrial Activities. Rev. Income Wealth 349 – 366.

Perkman, M., Tartari, V., McKelvey, M., Autio, E., Brostrom, A., D'Este, P., Fini, R., Geuna, A., Grimalrdi, R., Hughes, A., Krabel, S., Kitson, M., Llerena, P., Lisson, F., Salter, A., Sobrero, M., 2013. Academic engagement and commercialisation: A review of the literature on University-industry relations. Res. Pol. 42 (2), 423 – 442.

Rodrigue, J. -P., 2017. Chapter on Financing of Transportation infrastructure. In: The geography of Transport systems. Routlege, New York, p. 440.

Salter, A., Martin, B., 2001. The economic benefits of publicly funded basic research: a critical review. Res. Pol. 30 (3), 509 – 532.

Shapira, P., Youtie, J., 2010. The innovation system and innovation policy in the United States. In: Frietsch, R., Schüller, M. (Eds.), Competing for Global Innovation Leadership: Innovation Systems and Policies in the USA, EU and Asia. Fraunhofer IRB Verlag, Stuttgart, pp. 5 – 29.

Tassey, G., 2010. Rationales and mechanisms for revitalizing US manufacturing RTD strategies. J. Technol. Transf.

Tassey, G., 2013. Beyond the Business Cycle: The Need for a Technology-Based Growth Strategy. NIST Economics Staff Paper, May. Available from: https://www. nist. gov/publications/beyond-business-cycle-need-technology-based-growth-strategy1. Accessed August 2018.

US National Science Board, 2012. Research and Development, Innovation and the science and engineering workforce: A companion to science and engineering indicators. Washington, DC: US/NSB. Available from: https://www. nsf. gov/nsb/publications/2012/nsb1203. pdf. Accessed August 2018.

US/DoT/FHWA, 2017. Highway Safety Improvement Program (HSIP) Evaluation Guide. US Federal Highway Administration (FHWA), Department of Transportation, Safety Program, Washington, DC. Available from: https://safety. fhwa. dot. gov/hsip/docs/fhwasa17039. pdf. Accessed August 2018.

Van Roy, V., Vertesy, D., Vivarelli, M. V., 2015. Innovation and Employment in Patenting Firms: Empirical

Evidence from Europe. The Institute for the Study of Labor—IZA, Discussion Paper No. 9147, June, Bonn.

Wiesenthal, T., et al., 2015. Innovation in the European transport sector: a review. Transport Pol. 42, 86–93.

World Bank, 2004. Benchmarking Countries in the Knowledge Economy: Presentation of the Knowledge Assessment Methodology (KAM). World Bank Institute, Washington, DC. Available from: http:// siteresources. worldbank. org/KFDLP/Resources/KAMBoardBriefing. pdf. Accessed August 2018.

延伸阅读

Arrow, K., 1962. Economic welfare and the allocation of resources for invention. In: Nelson, R. (Ed.), The Rate and Direction of Inventive Activity. Princeton University press, Princeton, NJ.

Belitz, H., 2016. Support for Private Research and Development in OECD Countries on the Rise but Increasingly Inefficient. German Institute for Economic Research—DIW Economic Bulletin, no. 8, Berlin.

Branscomb, L., Auerswald, A., 2002. Between invention and innovation: an analysis of funding for early-stage technology development. Gaithersburg, MD: US/NIST report GCR 02–841 for the NIST Advanced Technology Program.

Donselaar, P., Koopmans, C., 2016. The fruits of RTD: Meta-analyses of the effects of Research and Development. Free University of Amsterdam, Faculty of Economics and Business Administration, Productivity Research Memorandum no. 2016–1, Amsterdam. Available from: https://research. vu. nl/ ws/portalfiles/portal/1403389. Accessed August 2018.

European Commission, 2017. LAB-FAB-APP Investing in the European future we want. European Commission, DG Research&Innovation, Report of the independent High Level Group on maximising the impact of EU research and innovation programmes—the Lamy report, July, Brussels.

Florida, R., 2016. The Rise of Global Startup Cities. A report of the Martin Prosperity Institute, published in CityLab site, January 26. Available from: https://www. citylab. com/life/2016/01/the-rise-of-global-startup-cities/426780/. Accessed August 2018.

Goni, E., Maloney, A., 2014. Why don't poor countries do RTD? World Bank Group, Policy Research working paper, no. WPS 6811, Washington, DC.

Harrison, R., Jaumandreu, J., Mairesse, J., Peters, B., 2008. Does innovation stimulate employment? A firm level analysis using comparable micro-data from four European countries. US National Bureau of Economic Research (NBER), Working Paper 14216, August, Cambridge MA.

Haskel, J., Wallis, A., 2013. Public support for innovation, intangible investment and productivity growth in the UK market sector. Econ. Lett. 119 (2),195–198.

Jože, P., Damijan, C., Kostevc, Č., Stare, M., 2014. Impact of innovation on employment and skill upgrading. KU Leuven/Vives discussion paper 44, July, Leuven.

Kerr, W. R., Lerner, J., Schoar, A., 2010. The Consequences of entrepreneurial Finance: A Regression Discontinuity Analysis. US National Bureau of Economic Research—NBER working Paper No. 15831, March, Cambridge, MA. Available from: http://www. nber. org/papers/w15831. Accessed August 2018.

OECD, 2010. The OECD Innovation Strategy: Getting a Head Start on Tomorrow. OECD, Paris.

Tassey, G., 2011. Beyond the Business Cycle: The Need for a Technology-Based Growth Strategy. NIST—US National Institute of Standards and Technology, Economics Staff Paper, December. Available from: http:// www. nist. gov/director/planning/upload/beyond-business-cycle. pdf. Accessed August 2018.

第 10 章
公私部门参与交通创新的间断性转变

 10.1 引言

在过去几年中，我们见证了公共和私营部门在交通创新中的作用和参与类型的显著转变，这很可能代表着更普遍的趋势。公共部门和私营部门的角色正在发生变化的领域主要是指研发和后研发活动的资助以及相关政策、组织和行政问题。这种转变影响推动创新生态系统发展和塑造各自吸引盆的关键领域，它包括私营部门在全球创新生态系统的形成、融资和主导中日益重要的作用。私营部门实体不是依靠直接公共投资为创新周期的研发或后研发提供资金，而是在美国、欧洲和亚洲的创新生态系统中承担这一角色。这种趋势已经存在 10~20 年之久，在几乎所有创新活动领域中都很明显，尤其是当涉及革命性创新时。这种转变的程度因国家和大洲而异，但具有明显的跨国相似性。

"革命性"创新主要来自私营实体及其对包括交通在内的许多部门的投资。私营部门创新投资的增长可能不是长期趋势，而只是暂时的阶段。然而事实是，如果没有私营部门投资和配套的基础设施以及增加消费者杠杆以增加其所带来的需求，就无法实现创新生态系统的"可持续性"，政府对创新的直接投资可能会减少，尤其是在后研发阶段，但政府通过许多其他非金融渠道起到的支持和参与作用仍然至关重要。例如，税收激励、监管活动、提供包括适当就业法在内的有利于创新的稳定立法环境，是政府近年来更加关注的激励创新的领域。

随着私营公司越来越多地发展专注于研发和后研发投资的能力，政府的角色正在从首选投资者转变为可持续性的保证者，为私营部门提供行动和投资的支持环境，并确保创新生态系统拥有健康的市场空间和不断扩大的消费者基础。实际上，政府通过各种税收优惠和标准制定促进消费的作用与直接投资创新一样重要。充足、可持续的消费提供了必要的关键反馈，以便长期激发创新生态系统的活力。如果消费不足或缺失，创新生态系统将很快不堪重负并陷入停滞。

在本章中，我们将更详细地研究上述问题，并试图通过使用交通部门的一些关键例子来展示公共和私营部门在创新生产活动中的作用转变。我们将使用来自三个交通创新子行业的例子：电动汽车（EV）、自动驾驶汽车（AV）和人工智能（AI），它们目前正在形成交通运输行业转型创新浪潮的主体。

 ## 10.2 公共和私人部门交通创新投资趋势

10.2.1 总体趋势

当前的趋势是，私营部门在交通创新方面的投资加速增长，而相应的公共投资放缓，这种趋势几乎始于 20 多年前。导致这种趋势的有以下原因：首先，在美国，冷战的结束主要推动了美国政府在 IT 发展和许多其他相关创新方面的投资，并导致美国政府几十年来失去了部分创新投资兴趣（至少在国防相关创新方面）。美国公共部门与硅谷之间的关系从 20 世纪 80 年代后期开始减弱，直到最近新技术和创新产品的国际竞争重新点燃了美国政府对创新的兴趣（Simonite，2017）；其次，世界范围内所有与创新相关的大型公司现在都达到了一定的市值水平，使它们能够产生足够的内部收入[⊖]，用来自行推进创新生产活动。在运输领域，我们看到这些高价值公司要么直接投资新技术，要么收购成功的初创公司，这些初创公司所拥有的知识产权和专业知识对于探索最具前景和不确定性的领域必不可少[⊜]。到 21 世纪初，大多数的大型公司都在推进研发，基本上没有任何大范围的政府投资[⊜]；然后是创新活动（无论是在交通等以技术为导向的部门还是其他领域）使私营公司能够吸引最优秀和最聪明的科学家。这些人也有独特的创业能力，因此他们开发了以获取私人资本为导向的新商业模式，而不是依赖于政府的赠款和合同；最后，某些政府为在某些部门创造知识产权而给予的激励，形成了对年轻科学家和企业家进入支持创新的私营部门的额外刺激。的确，当高水平大学的计算机科学或工程专业毕业生可以利用这种激励措施，创建或加入创新生态系统中一个"崭露头角的"私人高科技公司并通过股票期权获得所有权时，他们又怎么会加入政府部门拿低薪水呢？

总体而言，私营部门资本作为创新资金最大来源的重要性正在增加，而且这种趋势似乎是全球性的。此外，对于研发部分而言，创新周期尤其是应用研发的主导地位几十年来一直是美国和欧洲国家的强大特征，现在这一特征可能会转移

⊖ 例如来自广告和消费品销售，以及通过股票发行和风险投资产生的巨额投资资本。

⊜ 例如交通领域的人工智能应用，另见（McKinsey，2017）。

⊜ 然而，当整体经济环境急剧恶化时（例如在 2008～2009 年），美国和其他地方的几家私营高科技公司确实得到了政府的支持。如前所述，特斯拉的生存完全归功于美国联邦通过先进技术汽车制造计划发放的贷款，该计划于 2008 年启动以应对经济衰退。这笔贷款包括约 4 亿美元的资金，用于资助一家先进制造设施，以生产全电动、零排放汽车（Overly，2018）。

到亚洲，因为中国、韩国和日本等国家的研发强度更高。2016 ~ 2018 年，中国将 84% 的研发资金用于实验开发，即可销售的材料、设备、系统或方法，包括原型和工艺设计；相比之下，美国在相同领域的支出为 64%（National Science Foundation，2017）。与之相比，中国仅将 5% 的研发资金用于基础研究，而美国则为 17%[⊖]。中国基础研究和应用研究之间的这种不平衡，或许可以解释为什么中国长期以来一直是技术模仿者而不是创新者。接下来的 10 ~ 15 年可能会进一步具体化和确定这些相互竞争的研发范式的有效性。虽然基础研究给研究过程增加了额外的风险和不确定性，但人们长期以来都假设随着时间的推移，基础研究将产生更高水平的创新。

10.2.2　世界各地的研发资金

在前几章中，国家统计部门收集的大部分数据都涉及创新周期的研发部分。对这些数字的观察进一步说明了公共和私营部门参与研发（及由此产生的广义上的创新）的趋势和不断变化的作用[⊜]。全球研发活动目前集中在三个地区：北美、欧洲和东南亚。在单个国家中，美国是迄今为止最大的研发执行者，其次是中国（其研发支出已经或即将超过欧盟）、欧盟和日本。2015 年全球研发投资估计为 1.9 万亿美元，美国、中国和日本合计占一半以上（54.6%）；德国位居第四，占 6%；韩国、法国、印度和英国为下一梯队，各自占全球研发总数的 2% ~ 4%。

目前一些主要研发国家或地区更详细的情况如下：

1）美国[⊜]。正如第 4 章中已经提到的，美国的研发和创新系统由多个具有不同资金来源的创新者的研发活动组成。创新者和资助者包括私营企业、联邦政府、地方（州）政府机构、高等教育机构和非营利组织。到目前为止，商业部门是美国研发的最大执行部门，对于所有创新活动而言，其作用甚至更大。2015年，美国国内商业研发占全国 5100 亿美元总额的 70%（NSF，2017）。商业部门在美国国家研发业绩构成中的主导地位早已确立，在 1995 ~ 2015 年的 20 年间，其年度份额在 69% ~ 75% 之间。美国的高等教育部门是研发的第二大部门。2015 年，美国大学和学院进行了价值 647 亿美元的研究，占全美总数的 13%。在 1995 ~ 2015 年的 20 年间，美国研发的高等教育份额每年在 11% ~ 14% 之间。2009 ~ 2011 年间，每年增加 20 亿 ~ 30 亿美元，但这一增幅在 2012 ~ 2014 年减半，而 2015 年增加了 23 亿美元。经通胀调整后，该行业的研发绩效在 2008 ~

⊖　最值得注意的是，在美国，不仅政府致力于基础的而不是应用的 RTD，许多大型跨国公司（例如 IBM）也通过与大学和研究中心合作或独立进行基础研究。

⊜　其中一些数据也已在第 4 章和第 9 章中介绍过，涉及全球各个主要创新国家的创新组织和经济方面。

⊜　数据来源：（NSF，2018）。

2015 年间平均每年增长 1.6%，而这期间美国 GDP 每年增长 1.5%。2015 年，美国联邦政府进行了占全国年度研发总额 11% 的全美研发，即 543 亿美元。其中包括 357 亿美元（占全美总数的 7%）用于校内研发（由联邦机构在自己的研究设施中进行，例如由运输部的国家实验室进行）和 186 亿美元（4%）用于其他研发（由 41 个联邦资助的研究与开发中心执行）。2015 年，其他非营利组织（不包括大学和联邦资助的研究与开发中心）在美国进行的研发估计为 197 亿美元，这占当年美国总研发的 4%，自 20 世纪 90 年代后期以来，这一比例几乎没有增加。研发年度投资的其余部分（约占总数的 85%）由私营部门实体提供。

美国的研发强度，即全国研发总支出占 GDP 的比例，2013 年为 2.72%，2015 年为 2.73%，与 2014 年持平，2016 年的比例略高于 2015 年的水平，为 2.74%。2009 年美国的这一强度与其他国家相比排在第 8 位。在 2011 年进一步下降到第 10 位，在 2013 年和 2015 年下降到第 11 位（National Science Foundation，2018）。图 10-1 所示为 1953~2016 年期间美国 RTD 总支出占 GDP 比例的变化趋势。自 20 世纪 90 年代中期以来的趋势是研发占 GDP 的比例不断上升（尽管在某些时期有所下降）。自 20 世纪 80 年代初以来，这一比例中的商业部分一直稳定地大于联邦部分。商业研发在美国国家研发系统中的作用越来越大，反映了其在创新和依赖研发的一般商品和服务中所起的作用越来越大。

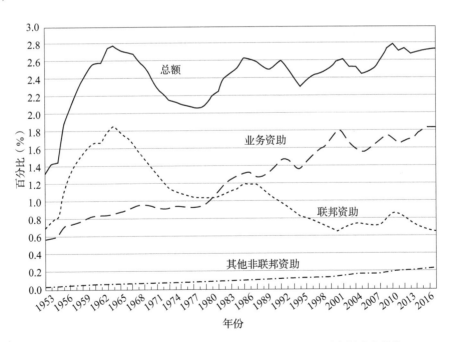

图 10-1　1953~2016 年期间美国 RTD 总支出占 GDP 比例的变化趋势

注：资料来源：（NSF，2018）。

2）欧盟[⊖]。2016 年欧盟 28 个成员国（EU – 28）的研发国内总支出[⊖]为 3030 亿欧元，比前一年（2015 年）增长了 0.4%，比 10 年前（即 2006 年）高出 40%[⊜]。2015 年，欧盟 28 国的研发支出水平相当于美国的三分之二（66.6%），而欧盟 28 国的研发支出比中国高 48.5%^四，是日本研发支出的两倍多，是韩国研发投资的五倍多。按资金来源对研发支出的分析表明，2015 年欧盟 28 国境内总支出的一半以上（55.3%）由商业企业资助，而近三分之一（31.3%）由政府资助，10.8% 来自欧盟以外资金，高等教育和私营非营利部门的资助相对较少——分别占总数的 0.9% 和 1.7%。在 2005～2015 年期间，政府部门的资助份额有所下降，而其他四个部门的资助份额有所增加，（相对而言）最显著的是来自国外（其份额总体增加了 18.7%）和高等教育部门（总体增长 12.5%）的研发资金。在欧盟成员国中，企业资助的研发占研发总支出的五分之三以上（例如，在斯洛文尼亚为 69.2%、德国为 65.6% 和瑞典为 61%）。然而，在其他欧盟成员国，情况正好相反。例如，希腊 53.1% 和塞浦路斯 50.6% 的研发由政府部门资助。海外研发资金的相对重要性也存在相当大的差异，如拉脱维亚（45.0%）、保加利亚（43.8%）、斯洛伐克（39.4%）、立陶宛（34.3%）和捷克共和国（32.5%）。在大多数欧盟成员国，高等教育部门在资助研发方面的作用相对较小，研发支出占比超过 4% 的仅有塞浦路斯（5.8%）、葡萄牙（4.4%）和西班牙（4.3%）。

研发强度是欧洲 2020 战略的五个关键指标之一。在 2006～2012 年期间，欧盟 28 国的研发强度略有增加，从 1.76% 上升到 2.01%。2012～2016 年间研发强度增长更为缓慢，在 2.01%～2.04% 的范围内波动。2016 年欧盟成员国中，瑞典（3.25%）和奥地利（3.09%）记录的研发强度最高。这是 2016 年仅有的两个研发强度高于 3% 的欧盟成员国；紧随其后的是德国（2.94%）、丹麦（2.87%）和芬兰（2.75%）。有 9 个成员国报告的研发支出在 2016 年低于其 GDP 的 1%，它们都是在 2004 年或更近期加入欧盟的成员国，强度最低的是塞浦路斯（0.50%）、罗马尼亚（0.48%）和拉脱维亚（0.44%）。欧盟 28 国的研发强度在 2006～2016 年期间持续增长，在此期间，大部分研发支出用于企业部门，其研发支出从 2006 年占 GDP 的 1.12% 上升到 2016 年的 1.32%，整体增长了 17.9%。研发执行的第二大部门是高等教育部门，其研发强度增长速度略快，在 2006～2016 年间总体增长了 20.5%，达到 GDP 的 0.47%。

⊖ 数据来源（Eurostat, 2018）。

⊖ 称为 GERD（Gross domestic expenditure on RTD）。

⊜ 这些百分比是根据当前价格计算的，因此可能略有夸大。

四 自 2015 年以来，中国在研发方面的支出大幅增加，与欧盟的差距缩小，甚至可能超过欧盟。此外，这些数字基于以欧元表示的信息，而其他国家的统计数据通常以美元表示。由于这些数字中没有考虑欧元兑美元的波动，因此它们可能会略有出入。

3）亚洲国家。在过去 10 年中，至少在东亚国家，尤其是中国，研发支出出现了广泛增长。亚洲国家在创新周期的早期与后期以及研发资金来源（企业与政府）的相对投资重点方面有所不同。中国显示出最强劲的研发增长，占 2000～2015 年间全球研发支出增长的近三分之一。尽管研发的名义支出有所增长，但增长率的差异，尤其是亚洲国家，导致美国和欧洲（欧盟）在全球研发中的份额大幅下降。在 2000～2015 年间，美国的这一份额从 37% 变为 26%，欧盟从 27% 变为 22%。同一时期，东亚和东南亚经济体—中国、日本、马来西亚、新加坡、韩国和印度的研发支出在全球的总份额从 25% 增加到 40%，超过了美国和欧盟在 2015 年的全球份额。在亚洲（东亚和东南亚）经济体中，商业资助研发占研发总支出的很大一部分（大于欧盟 28 国）。例如，这个百分比在日本为 78%，在中国为 74.7%，在韩国为 74.5%。

包括商业资助研发在内的总研发支出占整个经济规模的份额（即研发强度）被视为创新能力的重要指标。有关交通运输部门亚洲研发投资和趋势的更多数据和见解，请读者参阅（Giannopoulos，2018）。

在案例研究 X 中，我们仔细研究了私营部门参与交通创新、电动汽车、自动驾驶领域以及人工智能应用的情况。

10.3 政府在促进创新生态系统稳定和增长中的角色演变

从前面的讨论可以明显看出，政府在直接资助研发和创新方面的作用正在减弱，取而代之的是私营部门投资[一]。在运输部门，私营部门的参与包括与研发和创新的内部企业融资、与拥有关键应用所需知识产权的初创企业或原始设备制造商建立合作伙伴关系、资助大学研究项目和研究中心以及直接购买或投资成功的科技公司。汽车制造商已成为电动汽车、自动驾驶汽车和人工智能的主要投资者，这反过来又使它们与高科技公司直接竞争。双方各有优势和（自身）利益：传统汽车制造商在汽车制造方面拥有丰富的经验，而要说到将信息创新和人工智能融入运输部门，信息技术公司则可以说是掌握了进入"王国的钥匙"[二]。

与此同时，政府的作用发生了变化，各国政府仍然集中参与支持创新活动，但它们用于促进此类创新的机制和"工具"正在发生变化。政府从金融支持转向更多以政策和激励为导向。表 10-1 中给出了促进电动汽车和自动驾驶汽车领域创新案例中所使用的"工具"。

[一] 中国也是如此，尽管至少与其他国家相比中央政府的作用仍然很强。

[二] 正如我们已经提到的，在未来 10 年左右的时间里，我们甚至可能会看到一个或多个主要汽车制造商被苹果或谷歌等主要技术公司收购！

表 10 -1　促进电动汽车和自动驾驶汽车领域创新案例中所使用的"工具"

"工具"类型	"工具"示例
法律动因	1）更新法律法规以便强制、授权、激励、限制或以其他方式指导主体根据电动汽车、自动驾驶汽车和人工智能政策目标行事 例如：修订当地停车法以支持电动汽车和自动驾驶汽车、充电站的安全标准、电动汽车和自动驾驶汽车进入市区或道路的受限权、内燃机配额、内燃机报废期限 2）建立有利于电动汽车和自动驾驶汽车测试和运营的监管体系
对消费者的金融激励	激励或抑制创新行为的金融机制 例如：赠款、税收优惠、信贷、政府直接资助研发、采用创新的各种补贴
沟通和外联	通过交流论证和说服（包括信息和教育）影响电动汽车价值链的工具 例如：安全教育、展示电动汽车和自动驾驶汽车好处并促进公众接受创新交通技术的政府宣传活动
创新生态发展	促进相关生态系统发展和实现创新目标的政府行动。例如： 1）开发智能基础设施以促进电动汽车和自动汽车之间的沟通 2）发展和维持有利于创新的监管环境 3）支持创新伙伴关系的国际协议 4）支持生态系统核心的初步发展

政府还在提供对创新生态系统可持续性至关重要的支持性服务方面发挥核心作用，包括激励消费者购买交通相关产品。目前正在引入的支持电动汽车的激励措施充分证明了政府在通过激励消费者促进创新方面的作用。其中包括消费者购买和使用电动汽车的激励措施以及为促进电动汽车而采取的其他政策。

表 10 -2 给出了几大洲政府当局的例子以及政府介入电动汽车消费者激励的程度。这里还更详细地概述了各国政府为促进和支持电动汽车和自动驾驶汽车创新而采取的具体激励措施和政策。在表 10 -3 中详细展示了除财政支持外，各国用于促进和支持电动和清洁交通创新的国家政策/机制。

表 10 -2　政府通过四类与消费者相关的激励措施来促进和支持电动汽车和自动驾驶汽车创新的程度（截至 2018 年）

国家/地区	制定法律体系以支持标准化和部署	针对消费者的促进销售电动汽车和自动驾驶汽车的财政激励措施	促进自动驾驶汽车和电动汽车部署的交流活动	投资生态系统基础设施*
欧盟	+++	+++	+++	+++
比利时	+	++	+	+++
丹麦	+	+++	+	++
德国	+	++	+	+++
荷兰	+	+++	+	+++
挪威	++	+++	++	++
瑞典	+	++	+	+++
英国	+	++	+	+++
美国	++	++	+	++
中国	+	+++	++	++
日本	++	+++	++	++

注：+表示有限关注；++表示强关注；+++表示主要策略；*表示提供包括氢气、电力、汽油等选项在内的一系列基础设施。资料来源：改编自（Steen 等，2014）。

表 10 -3　各国用于促进和支持电动和清洁交通创新的国家政策/机制

国家	采取的政策/机制
比利时	1）从 2016 年起，纯电动汽车被纳入汽油和柴油汽车的同一税收计划中。由此产生的登记税增加将逐步分阶段进行，2016 年为全税的 20%，2017 年为 40%，2018 年为 65%，2019 年为 90%，2020 年为 100% 2）氢燃料电池汽车免征登记税至 2018 年底
法国	1）各地区可以选择免除替代燃料车辆（即电动、混合动力、CNG、LPG 和 E85）的（全部或 50%）注册税 2）根据奖金制度，购买一辆新电动汽车可以获得额外的奖金（从 2017 年 1 月 1 日起，油电混合动力汽车不再有资格获得奖金）：对于排放 21～60g 二氧化碳/km 的车辆（汽车或轻型商用车），奖金为 1000 欧元；对于排放 20g 二氧化碳/km 或更少的车辆（汽车或轻型商用车），奖金为 6300 欧元。消费者报废旧柴油动力汽车购买电动汽车时奖励计划会为购买者提供 10000 欧元。2017 年，该计划扩展到轻型商用车 3）电动汽车免征公司汽车税，而二氧化碳排放量低于 110g/km 的混合动力汽车在注册后的前两年免征公司汽车税
丹麦	1）纯电动汽车免缴登记税 2）免征年税
德国	1）10 年免缴年度流通税 2）电动汽车自首次登记之日起 10 年内免征年度流通税。从 2016 年 7 月起，政府为纯电动和燃料电池汽车提供 4000 欧元的环境奖金，为插电式混合动力和增程式电动汽车提供 3000 欧元的环境奖金
希腊	1）电动和混合动力汽车免征登记税、奢侈税和奢侈生活税 2）电动汽车和混合动力汽车（发动机容量不高于 1549ml）也免征流通税
匈牙利	电动汽车免征登记税、年度流通税和公司汽车税
爱尔兰	1）2021 年 12 月之前，电动汽车可享受最高 5000 欧元的车辆登记税减免。对于插电式混合动力车，最高减免额为 2500 欧元（至 2018 年 12 月）。对于传统混合动力汽车和其他灵活燃料汽车，最高减免额为 1500 欧元（至 2018 年 12 月） 2）此外，电动和插电式混合动力汽车在购买时可获得高达 5000 欧元的补助（电动汽车至 2021 年 12 月，插电式混合动力汽车至 2018 年）。电动汽车还需缴纳最低道路税（120 欧元）
意大利	1）电动汽车自首次登记之日起五年内免征年度流通税（所有权税） 2）在这五年之后，他们将享受同等汽油车辆税率的 75% 折扣
荷兰	1）电动汽车免征登记税［一次性碳排放税（BPM）］。自 2017 年 1 月 1 日起，所有新销售的插电式混合动力汽车均适用特殊的 BPM 税率 2）到 2020 年，零二氧化碳排放的乘用车免征机动车税。对节能汽车（即零二氧化碳排放）征收优惠所得税 4%
挪威	1）免除重复征收的车辆费用 2）免征销售税 3）免缴年度道路税

（续）

国家	采取的政策/机制
瑞典	1）购买新的电动或混合动力汽车可获得额外费用（Supermiljöbilspremie）：二氧化碳排放量在 1～50g/km 之间的汽车（插电式混合动力汽车）为 20000 瑞典克朗；零二氧化碳排放量的汽车（电动车）为 40000 瑞典克朗 2）绿色汽车（每百千米耗电量不超过 37kW·h 的电动汽车和插电式混合动力汽车）免征年流通税 5 年。电动汽车和插电式混合动力汽车的公司汽车税收减免 40%
英国	电动汽车（二氧化碳排放量最高为 100g/km）免征年度流通税，而其他替代燃料汽车在已支付的费用上可享受 10 英镑的折扣。纯电动汽车免征公司汽车税，而所有二氧化碳排放量低于 50g/km 的汽车在 2015～2016 纳税年度缴纳 5% 的公司汽车税
美国	1）每辆电动汽车的联邦税收抵免为 2500～7500 美元，政策已延长至 2018 年 2）加州和科罗拉多州等州也在提供激励措施。在州一级，科罗拉多州是迄今为止最具吸引力的，提供 5000 美元的额外税收抵免，并且通过联邦补贴最多可以从电动汽车的标价中获得 12500 美元的折扣
中国	1）政策继续为电动汽车的采用提供强有力的财务和非财务激励措施。免除购买和附加税的范围在 35000～60000 元人民币（5000～8500 美元）之间。地方和区域政府可以在中央补贴的 50% 的限度内进行补充 2）截至 2016 年 6 月，电动汽车销量与 2015 年同期相比增长了 162%。这些政策的组合鼓励消费者以可比价格购买电动汽车
日本	2016 年推出了一项新的补贴计划，随着电池续驶里程的增加，补贴逐渐增加，最高补贴定为 85 万日元（7700 美元）。例如，一辆配备 30kW·h 电池的日产聆风，购买奖励金额为 330000 日元（3000 美元）

注：资料来源：根据（Van der Steen 等，2014）和（Gibson，2017）中的信息编制而成。

　　总体而言，可以说政府在支持创新方面的角色在过去 10～15 年间不断发展，政府的角色也发生了变化，从直接资助研发和创新转变为提供一系列便利措施（包括补贴）以鼓励创新市场的发展和消除不确定性。

 10.4　小结

　　在过去 10 年左右的时间里，政府和私营部门在创新生态系统发展和可持续性方面的作用发生了显著变化。本章列举了运输部门这一趋势的证据。私营部门投资增长加速，而相应的公共投资放缓。这种趋势在电动和自动驾驶领域最为明显，但转变的程度因国家和大洲而异。政府正在将其角色从直接财政赞助研发转变为提供一系列促进措施（包括补贴）以鼓励创新市场的发展和消除不确定性。政府正在成为创新的关键"推动者"而不是融资者。政府正在从研发的投资者转变为整个创新周期和创新生态系统的推动者。

　　政府寻求促进运输部门创新的方式包括制定激励措施、促进立法框架和其他必要的支持机制，旨在通过这些机制影响消费者行为和市场功能，以促进创新产品进入市场。这是最关键的支持行动，因为一个国家可能拥有世界上最具创新性的生态系统，但如果不存在等式另一头的消费者，支持相应创新的生态系统最终将崩溃。政府"构建"消费主要有两种方式，以确保创新生态系统的可持续性：首先，让自己成为创新的主要消费者，例如，美国微芯片产业（以及随后创造的无数消费产品）的发展归功于美国联邦政府早期购买的先进武器，这些武器需要更换不可靠和"占用空间"的真空管⊖；其次，通过提供足够的激励措施，使创新生态系统产品符合消费者的购买力。这种激励只能持续相对较短的时间，直到相应的市场达到其"临界质量"并能够自给自足，因为它们可能会产生其他次要（不需要的）影响⊜。

此类激励措施的最新经验来自全球为促进电动汽车私人消费而采取的政策。这些政策包括激励措施和阻碍购买碳燃料汽车，这里最好的例子是中国，其政府在为电动汽车的制造和购买制定积极和消极激励措施方面最为积极⊜。由于其政府在 2016 年采取的政策，中国几乎一夜之间成为世界上电动汽车保有量最多的国家，其电动汽车保有量约占全球总量的三分之一⑩（不幸的是，其电网仍然高度依赖煤炭，虽然电动汽车的使用降低了城市的碳污染，但中国的总碳足迹很可能在未来许多年内几乎保持不变）。全球其他政府（从荷兰到日本）也非常积极地促进电动汽车市场发展，所采用的方法包括回扣和税收抵免、帮助资助包括电动汽车充电站在内的专用基础设施、为自动驾驶汽车创建试验台，以及加快建立监管制度以便在公共高速公路上测试和使用自动驾驶汽车。在美国，在地方（州）政府层面，加利福尼亚州在建立有利于自动驾驶汽车测试和运行的监管环境方面处于领先地位。

政府角色的转变——为交通系统创新提供支持——与充满活力的私营部门参与相结合，这与交通生态系统当前高度动态的特征及其革命性创新的本质非常吻合。交通部门私营部门创新投资的增长可能不是影响交通创新生态系统动态变化的唯一因素，但它是主要影响因素之一。这可能不是一个长期趋势，而只是一个暂时的趋势，旨在从运输部门当前发生的革命性创新所带来的高风险中受益。我们猜测私营部门将继续长期参与，因为不仅汽车制造商是电动汽车、自动驾驶汽车和人工智能的主要投资者，而且大型跨国高科技公司也都发现了此类投资有许

⊖　这些大规模的政府采购最终将半导体的价格从每片 200 多美元降至不到 1 美元。这一重大降价促使电子领域的许多公司从真空管转向晶体管和集成电路。

⊜　第 4 章讨论了这些影响。

⊜　有趣的是，中国政府长期实行中央控制，善于利用市场机制促进电动汽车的消费。中国政府灵活结合市场政策，同时具有使用配额和其他集中市场干预机制等措施的能力，又在制度上不受公众批评，使其具有独特影响力并成为电动汽车和相关技术早期全球领导者。

⑩　直到 2015 年，美国电动汽车保有量占全球总量的最大份额。

多优势和利益。事实上，我们甚至可能会在未来 10 年左右看到一个或多个主要汽车制造商被苹果或谷歌等主要技术公司收购！这些发展将使正在进行的交通创新革命能够继续前进，并维持我们在过去 10 年中目睹的爆炸性增长趋势。

参考文献

Eurostat, 2018. RTD Expenditure Statistics. March. Available from：http：//ec. europa. eu/eurostat/statistics-explained/index. php/R_%26_D_expenditure(Accessed August 2018).

Giannopoulos, G. A. (Ed.), 2018. Publicly funded Transport Research in the PR China, Japan and Korea：Policies, Governance and prospects for cooperation with the outside world. In：Lecture Notes in Mobility. Springer, Cham.

McKinsey & Company, 2017. Artificial Intelligence, the next global frontier. Discussion Paper by Jacques Bughin, Eric Hazan, Sree Ramaswamy, Michael Chui, Tera Allas, Peter Dahlström, Nicolaus Henke, Monica Trench, June. Available from：https：//www. mckinsey. com/~/media/McKinsey/Indus tries/Advanced% 20Electronics/Our% 20Insights/How% 20artificial% 20intelligence% 20can% 20deliver% 20real% 20value% 20to% 20companies/MGI-Artificial-Intelligence-Discussion-paper. ashx.

National Science Foundation, 2017. US RTD Increased by $20 Billion in 2015, to $495 Billion, Estimates for 2016 Indicate a Rise to $510 Billion. Available from：https：//www. nsf. gov/statistics/2018/nsf18306/.

National Science Foundation—NSF, 2018. Science and Engineering Indicators 2018—Overview of the State of the US S&E Enterprise in a Global Context, RTD Expenditures and Intensity. Available from：https：//www. nsf. gov/statistics/2018/nsb20181/report/sections/overview/r-d-expendi tures-and-r-d-intensity.

Overly, S., 2017. This government loan program helped Tesla at a critical time. Trump wants to cut it. Washington Post. March 16. Available from：https：//www. washingtonpost. com/news/innovations/wp/2017/03/16/this-government-loan-program-helped-tesla-at-a-critical-time-trump-wants-to-cut-it/？ utm _ term =. 28f26126209f.

Simonite, T., 2017. Defense Secretary James Mattis Envies Silicon Valley AI Ascent. Article in Wired. November 8. Available from：https：//www. wired. com/story/james-mattis-artificial-intelligence-diux/ (Accessed August 2018).

延伸阅读

Gibson, R., 2017. Which Countries Have the Best Incentives for EV Purchases. posted September 25. Available from：www. fleetcarma. com/countries-best-incentives-ev-purchases/. [(Accessed August 2018)].

Van Der Steen, M., Van Schelven, R. M., Kotter, R., Van Twist, M. J. W., Van Denventer, P., 2014. EV policy compared：an international comparison of governments' policy strategy toward mobility. In：E-Mobility in Europe, Green Energy and Technology. Springer International Publishing, Switzerland.

第 11 章
个体领导者在创新生态系统中的作用

11.1 引言

11.1.1 创新过程中的共存角色

个体修补工或发明家的时代已经消退，因为创新过程已成为一项严重依赖互惠互利和合作的大规模活动——一项复杂的、资源密集型的活动，并且在一定程度上具有不确定性，这在前面的章节中已经得到了充分证明。然而，个人经理或企业家的角色不容忽视，在许多情况下，它可能至关重要，这会随着个人在其公司层级中的地位，以及考虑到整个生态系统，会随着生态系统内此类个体的数量的增加而增加⊖。一些初创企业将只专注于利用他们赖以建立的特定技术知识产权。其他更成熟的公司将会让他们参与整个生命周期，从原型开发一直到制造和营销。事实上，金字塔越高，公司及其领导者就越有可能平衡多种角色。各行各业的个体企业家和技术人员以及他们各自的公司都参与了概念化、创新创造、开发、推广和制造，同时也在筹集投资资金方面发挥了重要作用。

随着创新领域向外扩展，传统系统中传统创新模式同时消亡，经典的官僚管理模式正在消退：任务的专业化、角色绩效的标准化、标准操作程序的统一性、职能的不重复性、报酬和职位的非人格化，都在被重新审视并常常被彻底放弃（Katz 和 Kahn，1978）。

鉴于创新生态系统结果的复杂性和固有的不确定性，任何成功的个人经理或企业家的核心作用是以一致和可衡量的方式管理风险。最重要的是，"风险骑手"在创新生态系统中不受青睐。与刚性层级系统不同，由有能力的个人或企业家领导的灵活层级生态系统显示出复杂适应系统（Complex Adaptive

---

⊖ 放到生物生态系统中来看，这些角色相当于生态系统元素（例如植物和动物物种）在食物链的各个层次上执行的特定差异化服务。它们通常提供多种生态系统服务，例如氧化作用、捕食者之间的平衡、光合作用和关键营养素的产生。

Systems，CAS）[⊖]的特性，即自我组织、自我调整和自我管理（Russell 和 Smorodinskaya，2018）。创新企业家正在转向基于生态系统的设计，以掌握高度的全球不确定性并激励创新驱动的增长。我们今天在创新生态系统中看到的是其运营的各种参与者：商业或产业公司、信息技术公司、原始设备制造商（OEM）、大学和研究中心、其他初创企业等。它们都是将新想法转化为创新产品所必需的，创新生态系统的成功取决于它们的融合程度。

上述与个体企业家的作用并不矛盾。事实上，我们在这里看到了一种量子力学的比喻[⊜]，因为创新生态系统既可以通过引入大规模的、大范围的创新表现为复杂的适应系统或"波"，同时也可以通过导致生态系统发生根本变化的个体行为者的活动表现为"粒子"。根据所采用的分析水平，创新生态系统可以同时从"波"和"粒子"两个方面来看待，硅谷生态系统的行为动态就是最好的例证（参见案例研究Ⅶ）。

在本章中，我们将评估个人及其公司在创新生态系统成功中的作用和重要性。在此过程中，我们将审视在创新生产公司中至关重要的领导角色。这里的模型示例依然是交通部门，并将更多地关注目前在电动汽车、自动驾驶和网联交通等领域正在展开的革命性创新。我们在案例研究 IX 中进一步阐述了个人的角色及其领导风格。

11.1.2 创新生态系统固有的风险性质

由于创新的本质，创新周期和生态系统的运作是有风险的。创新公司领导者的粗心行为可能会加剧风险，以至于完全突然地破坏创新进程和阻碍创新生态系统的成功。在我们的案例研究Ⅶ、Ⅸ 和 X 中就提到了此类案例。创新公司的管理层应该承担有计划的风险而不是偶然的风险，并谨慎地管理此类风险。在大多数创新生态系统中，创新过程基本上应该被视为一个系统性事件，但它可能显示出知识经济中固有的非线性复杂性特征，在知识经济中，创新和经济价值是通过协作网络在企业之间以交互方式共同创造的，很少或没有集中指导[⊜]。

⊖ CAS 是一个由许多不同和自主的组件或部分（称为元素）组成的系统，这些组件或部分相互关联、相互依赖，通过许多（密集的）互连联系起来，并在从经验中学习和适应（不仅是做出反应）环境变化时表现为一个统一的整体。CAS 的每个个体元素本身就是一个 CAS。例如，一棵树是更大的 CAS（森林）中的 CAS，而更大的 CAS（森林）是更大的 CAS（更广泛的区域自然生态系统）中的 CAS。更多信息请访问：http://www.businessdictionary. com/definition/complex-adaptive-system-CAS. html（2018 年 7 月访问）。

⊜ 量子力学解释了光如何可以同时表现为粒子和波。自爱因斯坦时代以来，科学家们一直试图设计可以同时观察光的两个方面的测试，这一理论最终得到了洛桑联邦理工学院 Fabrizio Carbon 领导的研究小组的证实，该小组使用电子对光进行成像并捕获了同时表现为波和粒子流的光的快照（EPFL，2015）。

⊜ 另见（Russell 和 Smorodinskaya，2018）。

对公司以及整个生态系统来说，创新活动的风险可以通过考虑自动驾驶的例子来很好地说明，其中涉及自动驾驶的事故很容易破坏公司甚至整个自动驾驶生态系统的价值。当发生严重的此类事故时，消费者对自动驾驶技术的信心可能会在一夜之间消失，然后投资资金减少，监管审查范围扩大。因此，创新生态系统应该在由企业家、创新者、制造商、买家和卖家的行为共同决定的规则下运作，并由政府设立立法机构以促进合作、良性竞争和交流。创新领导者按照"牛仔资本主义"规则行事的愿景（包括随意冒险）不利于成功，尽管某些创新领导者的"自由放任"生活方式似乎指向了这一点。

因此，创新生态系统既不是预先确定的（事先注定的），也不是"瓶中乱象"。它们的演变和成熟仅取决于个人的有目的的行动，即作为创新公司的领导者，甚至在此之前，作为有远见的个人，他们可能决定忽略变幻莫测的情况并面临合理的风险。然后，他们以理性和专业的方式担任必要的（多个）角色，为创新生态系统提供"灵丹妙药"，以实现他们的愿景⊖。从这个意义上说，个人在创新生态系统中的作用至关重要。我们将在本章的下一节中进一步研究这个角色。

11.2 传统和革命性创新生态系统中的领导角色

下面将用"传统创新"指代产生"增量"创新的创新生态系统，与之相对的是源自先前（历史）创新系统的"革命性"创新，这些创新系统日渐与不断发展的条件和需求脱节。就当前的交通创新革命而言，它们是不朽过去的一部分，也是对重复行为的认知，这些行为已被不可阻挡的时间和历史的潮流超越。革命性创新生态系统中的主导角色与"传统创新"生态系统运营和维护的核心角色有显著不同。

例如，硅谷的"扁平"结构对其成功至关重要，因为创新生态系统超越了单个硅谷公司的共享所有权，还需要共享所有者和 CEO 共同承担对成功创业至关重要的多种角色。相比之下，许多传统创新生态系统的传统层级结构需要具有线性集中管理结构的组织。优秀的硅谷企业家并没有分散责任，而是将他们的权力集中在多个职能部门。要成为创新企业的领军人物或创新生态系统的企业家，领导者必须至少在创新的每个环节都有涉及。

表 11-1 列举了美国交通领域传统和革命性创新生态系统中关键人物的角色和相应的活动。我们发现这些角色对于创业的起源和可持续性至关重要（尤其是对于交通创新生态系统）。此外，表 11-1 还列出了关键个体企业家的名字，可以作为"榜样"。

⊖ 硅谷的故事证明了个人在促进系统性变革方面的重要性。正如我们在案例研究Ⅶ中所指出的，威廉·肖克利的远见和他将量子理论应用于固态材料研究最终促成了肖克利半导体实验室的成立，该实验室随后招募了一些"最优秀、最聪明"的科学家，如果没有这些，硅谷可能还没有出现，甚至它可能仍然是圣克拉拉县一个安静的农业区。从某种意义上说，肖克利的贡献（尽管有无数怪癖）为硅谷成长为世界级的创新生态系统创造了一些"必要条件"。

表 11－1 在美国交通创新生态系统中支持创业的关键人物的角色和相应的活动

角色	活动	在传统创新生态系统中的重要性	在革命性创新生态系统中的重要性	个人担任角色的示例和论述
			领导角色	
远见者	科学突破，提早预测创新机会	低到中	高	1) 罗伯特·诺伊斯，英特尔创始人 2) 史蒂夫·乔布斯，苹果 3) 埃隆·马斯克，特斯拉、SpaceX 等的创始人 4) 拉里·埃里森，甲骨文 5) 拉里·佩奇，谷歌 6) 凯尔·沃格特，通用汽车旗下品牌 Cruise
创业者	向投资者和客户推销（推广）创新机会	低	高	1) 埃隆·马斯克，特斯拉，SpaceX 等的创始人 2) 丹尼尔·弗里曼，风险投资公司凯鹏华盈（Kleiner Perkins）常驻企业家 3) 罗伯特·诺伊斯，英特尔创始人 4) 史蒂夫·乔布斯，苹果
战略机遇和风险管理者	当其他人看到失败的可能性时，确定价值主张；管理对公司市场价值构成威胁的风险	中	高	1) 埃隆·马斯克，特斯拉，SpaceX 等的创始人 2) 拉里·佩奇，谷歌 3) 风险包括涉及自动驾驶汽车的事故和生产问题
治理者	通过构建管理内部和外部交互的正式或非正式规则来维持功能，协调生态系统参与者之间的资源流动，定义工人权利等	高	高	加利福尼亚州州长：颁布了管理保密协议的法律，硅谷内专业知识的流动性，并为测试和运营自动驾驶汽车建立了有利的监管环境
教育者	高层领导在为涉及创新技术的初创公司培养 CEO 和关键人员方面扮演着一个无意但至关重要的角色	低	高	与（教育者）这个角色相关的是人员频繁流动的问题，即公司招聘、培训人才，然后他们离职去创办自己的公司或加入其他新兴公司。有关的特定案例阅请参阅案例研究 VII 和 IX。我们认为教育和随后的受教育者移动性是创新生态系统的可持续性至关重要的指标。

（续）

角色	活动	在传统创新生态系统中的重要性	在革命性创新生态系统中的领导角色	个人担任角色的示例和论述
			领导角色	
操作系统/平台合建设者	涉及有关操作系统相对开放性的最高领导决策	中	高	1) 包括史蒂夫·乔布斯、史蒂夫·沃兹尼亚克和罗伯特·韦恩在内的苹果领导人都选择推动封闭式操作系统 2) 谷歌的拉里·佩奇和谢尔盖·布林选择使用基于安卓（摩托罗拉）的开放操作系统
跨多个产品线的价值开发者	设计和构建具有多方面应用和与其他非运输市场自然协同作用的创新	不存在到低	中到高	特斯拉千兆电池工厂不仅为电动车制造电池，而且通过将太阳能与家庭和企业的先进存储系统连接起来，支持特斯拉与电动汽车相关的制造问题提供解决方案。同样，其SpaceX计划正在为与特斯拉电动汽车相关的制造问题提供解决方案
资本开发者	让高层领导进入市场以筹集资金，支持创新	高，基于借贷、股票或债券销售	高，通过内部资本、IPO、个人投资	在传统和革命性的交通创新系统中，领导层始终集中参与所有融资活动
合作伙伴或收购者	建立伙伴关系并收购或关键创新市场的公司（或公司的股权）	高（汽车遗产系统在与电动汽车、自动驾驶和人工智能创新者建立合作伙伴关系方面变得越来越积极）	高	对传统和革命性的收购和对其他公司的投资继续加速
霸主	以在生态系统中的霸权地位为目标，在初级创新线相关领域进行并购	中	高	显然，传统领导者通用汽车正试图在电动汽车和自动驾驶汽车领域保持重要地位。特斯拉正在通过控制价值链中的多个步骤来主导太阳能行业。它控制着90%的商业项目，其2017年的安装量增长了17%。2018年，特斯拉在（全国2200家门店中的）800家获得宝门店开设了特斯拉品牌销售点。特斯拉和空间同将太阳能存储板和储能的Powerwall电池。按照这个速度，特斯拉没有被其首席执行官埃隆·马斯克经常冒的风险压缩，可能合在不到10年的时间内成为市场霸主，尤其是在如果它收购了SunPower的情况下。然而，这一结果取决于特斯拉能否始终如一地满足如一地满足其生产计划

（续）

角色	活动	在传统创新生态系统中的重要性	在革命性创新生态系统中的重要性	个人担任角色的示例和论述
		生产层面的角色		
创新组件供应商	通过提供材料、技术和服务来提供关键组件，供生态系统中的其他人用来进行创新	高	高	1）博世（OEM）电动汽车应用 2）德尔福科技
装配工	组装组件、材料和服务处理生态系统中其他人提供的信息	高	高	1）特斯拉通过北加州的工厂自己生产汽车 2）苹果公司将 iPhone 的组装外包给中国、德国、韩国、美国、荷兰等地的多家工厂
平台保护与维护者	设计技术搭建平台使其他公司能够开发改进和应用程序	中（随着传统公司向电动汽车、自动驾驶汽车和人工智能领域的创新转型而不断发展）	高	谷歌律师已起诉三星违反使用安卓的许可协议条款。谷歌正在从许可转向内部生产安卓手机，例如 Pixel 手机
统治者	并购一级创新线相关领域，建立生态系统中的霸主地位	中到高	高	1）显然，传统领导者通用汽车正试图在电动汽车和自动驾驶汽车领域保持重要地位 2）正如前面"霸主"中已经提到的，特斯拉正在主导太阳能行业 3）中国百度公司将谷歌视为其自动驾驶汽车技术的主要竞争对手 4）埃隆·马斯克的 SpaceX 已经控制了可重复使用的电动汽车和自动驾驶研发提供技术协同效应

11.3　角色聚合

11.3.1　成功创新公司经理的多重角色

关键个人及其公司在"传统"或"革命性"创新生态系统的发展、运营和可持续性方面所承担"角色"的重要性不应让我们产生"错误"的印象，认为每个大型或初创创新组织都有不同的个人担任不同的角色。虽然对于某些公司来说可能是这种情况，尤其是那些传统领域的公司，但对于大多数初创公司，甚至更大、更成熟的创新公司来说，情况肯定不是这样。革命性创新生态系统中的企业家通常需要根据情况（时间、地点、愿景等）承担各种角色。这样的企业家是多才多艺的"仆人"。他们可以成为首席远见者、领先企业家、合作伙伴、风险管理人员、制造大师和资本开发人员——这一切都在一天之内！即使在创新生态系统中那些领导层确实遵循分层组织管理经典模型的公司（无论是初创公司还是成熟的公司），领导者也几乎总是身兼数职，权力下放也很有限，尤其是在执行层面的职能方面。

大型"传统创新"相关的公司已经演变成具有组织"孤岛"和缺乏灵活性的大型官僚机构，经常表现出官僚冲突干扰创新。有证据表明，一旦在市场上稳住了品牌，老牌高科技公司就会将其最初的创新优先政策改为盈利优先政策。在这样的过程中，有远见的管理者经常被传统的、更官僚的管理者取代。正如前面提到的，苹果的案例也许是此类证据最明显的例子，如前所述，当史蒂夫·乔布斯被迫辞去苹果公司的首席执行官时，约翰·斯卡利几乎以盈利的名义摧毁了公司。史蒂夫·乔布斯回来时，创新再次成为公司的重中之重，而当他在2011年被蒂姆·库克接替时，苹果的创新优先权似乎再次被以利润为导向的行动优先权超越。用一篇文章的话来说，结果显而易见："今天的苹果正在利用公司的传奇地位和品牌领导地位，从拥有设备的客户那里榨取更多资金，并扩展到客户基础可以继续增长的邻近市场"（Hartung，2017）。

11.3.2　个人在创新生态系统中承担的战略（综合）角色

我们现在可以进一步阐述表11-1中美国创新生态系统中关键人物的角色，并尝试将它们汇总为支持创新创业的"战略"综合角色的后续列表。我们希望通过这种方法结合对每个综合角色的讨论，可以展示和证明其定义的合理性⊖。

⊖　以下分析（实际事件和决策的例子）取材于 Charles Morris（Morris，2015）和 Ashlee Vance（Vance，2015）的著作。然而，对这些事件的解读完全由作者负责。

1. 远见者

"远见者"角色是一种性格特征，它拥有并服务于改变传统范式并为整个创新领域开辟新视野的愿景。成功的有远见的创业者/创新者经常通过他们的行动"扭曲"公众的看法，以便透过新的范式来看待创新。

通过他对机动社会的愿景：即使是穷人和典型的工人也能享受到汽车的好处，并将其用作去狩猎和兜风的交通工具，亨利·福特改变了以农业为主的经济和社会的主导思想和信仰，即汽车最初被视为富人的奢侈品。通过向汽车工人提供足够的工资作为补偿，使他们能够购买福特大规模生产的 Model T 型汽车，他实现了自己的愿景。Model T 型车的大规模生产降低了单位成本，同时工厂工人的工资也很高，最终帮助扩大了车辆的客户范围并从根本上改变了消费模式。这一愿景将马匹推离了主流，使 Model T 型车成为第一辆大规模生产和使用的汽车，开启了 20 世纪的"汽车世纪"[○]。

同样，电动汽车（预计将成为 21 世纪的特征）成功与否的一个必要因素则取决于能否改变消费者认知电动汽车和自动驾驶的范式。在 20 世纪的大部分时间里，电动汽车（EV）在人们眼中就是成熟、富裕男性在高尔夫球场作为"工具"的高尔夫球车，设计得四四方方，没什么吸引力。当以前为高端内燃机汽车保留的设计价值开始被纳入电动汽车时，便开始建立了一个客户群，他们希望第一个拥有最新和"最酷"的（电动汽车）技术。电动汽车的新愿景由少数有远见的个人（主要是公共和私营部门的管理人员）产生，他们非常适合"远见者"的角色。

2. 资本开发者

这个角色是为了确保创新周期或整个生态系统中开发创新活动所需的资本。这是典型的管理角色。第 9 章中讨论的所有主要资助机制和工具，例如直接投资、政府支持、首次公开募股、银行贷款等一般来说是可用的，但创业管理者必须找到最适合其活动的方法。资本开发者角色要考虑如何为自己的公司寻找和提供满足其需求的最佳和最有效的财务资源。

特斯拉公司再一次很好地说明了如何在不同阶段和市场机会中使用各种类型的融资。该示例还显示了如何灵活地在不断变化的条件下根据公司的新兴需求和机会获得资本[○]：

1）直接投资：埃隆·马斯克于 2004 年首次投资特斯拉，他在 2001 年出售PayPal（以 1.8 亿美元出售给 eBay）。他的第一笔投资是 2004 年 4 月的 A 轮融

○ 这里指内燃机汽车。

○ 我们经常提到特斯拉公司，仅仅是因为我们认为在交通运输部门，这是一个最佳典范，它是处于当前革命性创新浪潮最前沿并同时享誉全球的公司。

资 650 万美元。据报道，从那时直至 2008 年，他对特斯拉的直接投资总额为 7000 万美元（Graham，2018）。

2）政府支持：2008 年，特斯拉计划进行成本高昂的转变，从制造跑车改为制造更适合家庭使用的轿车，恰逢那年大衰退开始。当时，该公司仅售出 1500 辆敞篷跑车，但旨在将其全电动汽车推向更广泛的受众。为寻求财政援助，它转投一项全新的美国联邦贷款计划，该计划因经济大萧条而于当年推出，即先进技术汽车制造计划（Advanced Technology Vehicle Manufacturing Program，ATVM 计划），该计划授权发放高达 174 亿美元的贷款。两年后，就在特斯拉上市前六个月，ATVM 计划为特斯拉提供了 4.65 亿美元。在贷款的帮助下，特斯拉在加利福尼亚州弗里蒙特搭建了生产设施，并于 2012 年推出了 Model S 轿车。该公司此后在全球销售了大约 15 万辆 Model S（Overly，2017）。截至 2015 年夏天，《洛杉矶时报》计算出特斯拉、SpaceX 和 SolarCity 已获得 49 亿美元的政府支持。仅在 2015 年，内华达州政府就承诺为该州的特斯拉超级工厂提供 13 亿美元的税收减免支持。纽约政府为布法罗的 SolarCity 工厂提供了 7.5 亿美元的类似支持。

3）首次公开募股：特斯拉通过多次首次公开募股为特斯拉汽车公司融资。2010 年，它决定向美国证券交易委员会提交首次公开募股（Initial Public Offering，IPO）的初步文件。这是自福特 1956 年上市以来汽车制造商的首次 IPO。特斯拉的 IPO 于 2010 年 6 月 29 日上午发布，而这是纳斯达克证券交易所下跌的一天。人们根据过去的表现，预测特斯拉的 IPO 并不会理想。然而，股票价格与公司目前在做什么无关，而是关系公司未来的可能性。因此，特斯拉股票（TSLA）开盘价为 17 点，收盘价略低于 24 点，首日飙升 41%。这使得这次 IPO 成为当年第二。该公司筹集了 2.26 亿美元，但最重要的是，这次成功的 IPO 帮助它开始在公关上取得胜利。感知的成功往往会带来物质上的成功。伴随 IPO 而来的是其他公司的新意向，同年 11 月，电池供应商"松下"投资 3000 万美元收购了特斯拉公司的股份。此外，（戴姆勒旗下的）货车制造商"Freightliner"授权将特斯拉的电池技术用于商业混合动力货车。

4）银行贷款：截至 2017 年 3 月，马斯克本人的个人借款总额为 6.24 亿美元，用于资助他对特斯拉的投资，借款以他自己在特斯拉的股份作为抵押⊖。

5）2018 年年中，马斯克萌生了通过购买所有公开股份将特斯拉转变为私人公司的想法。他相信此举将使他摆脱与上市公司相关的产权负担。

这里值得一提的，还有另外一个电动汽车领域的个体创新企业家 Hedrick Fisker 的例子。这位出生于丹麦的企业家于 2007 年与 Quantum Technologies 合作，在加利福尼亚州阿纳海姆推出了豪华电动汽车初创公司 Fisker Automotive，

⊖ 高盛和摩根士丹利一直是马斯克的重要个人贷款人，并且都承销了特斯拉在资本市场上的许多交易。许多行业分析师认为，马斯克背负的债务太多（Graham，2018）。

旨在像马斯克一样改变人们对电动汽车的看法。2009 年 9 月，Fisker Automotive 通过前面提到的 ATVM 计划获得美国能源部（United States Department of Energy，DOE）5.28 亿美元的贷款担保。这些资金将用于开发 Fisker Karma 模型。然而，Fisker 选择在芬兰制造汽车的主要部件，并忽略了一些他贷款条款中的重要事项。而且他选择用公共资金在美国境外制造汽车的主要部件，引发了一场政治风暴。这笔贷款于 2012 年 2 月被冻结了 1.92 亿美元。Fisker 还试图为他的公司寻找额外的融资，包括来自 OEM 的投资，他邀请了几家这样的公司加入他的公司，主要不是基于他们的技术精敏，而是他们意愿提供资金。缺乏政治远见和其他错误的决定导致其产品质量低劣，最终让 Fisker 在电动汽车"创新革命"中出局。

3. 战略机遇和风险管理者

任何创业活动的成功都离不开良好的战略决策。识别、利用和管理战略机遇的角色无疑非常重要。在电动汽车革命性创新方面，多项战略决策让相关电动汽车企业得以生机勃勃，不断前行。此类决策包括：

1）从四四方方的"高尔夫球车"设计转向令潜在客户兴奋和诱人的创新设计功能。

2）决定从头开始制造车辆，而不是通过"现成"借用不同的部件。

3）决定从小处着手，然后将吸取的经验教训融入后续模型的生产中。

4）成为新技术的早期采用者，以避免早期竞争。

5）开发或支持由太阳能供电的增压站系统，以实现长途旅行。

6）避免过度投资"过渡阶段"技术[⊖]。

一个或几个主要参与公司的错误战略步骤可能会扼杀整个创新生态系统。战略决策本身可能足以确保创新公司的最终成功或失败，它们构成了成功创业的例子，总体而言，创业是成功的必要条件。任何决定，无论是否采取，都可能危及整个创新公司或生态系统的创新过程和未来。

案例研究Ⅸ更深入地讨论了关键和有远见的个人在创新生态系统发展和促进中所起的作用。

11.4 战略风险

个体企业家在创新生态系统成功中的作用，还包括避免不必要风险和适当管理不可避免风险的能力。这里指的是"战略风险"，即具有战略性质的可能危及

㊀ 这种"过渡时期"技术的例子有美国波士顿的"Route 128"创新生态系统和数字设备公司（Digital Equipment Corporation，DEC），它们在个人计算机时代刚开始不久，就将全部资源投入到微型计算机技术中。这使得像 DEC 这样的公司倒闭，并导致西海岸创新生态系统（加州硅谷和华盛顿州雷德蒙德）超过波士顿和纽约成为美国计算机创新的中心。

整个创新过程的风险。它们几乎存在于每个创新生产活动和流程的每个阶段。要避免这些风险，就需要管理者或企业家具有警惕性、远见和先见之明，并且愿意在创新发展的早期阶段采取强硬行动。下面将简要提及 5 种此类风险：

1）保险和诉讼风险（特别是在新产品的测试和演示期间）。

2）专注于创新过程的错误阶段，错误地感知发展中的创新技术最终将走向何方。

3）尽管已经亮起红灯，但并没有在竞争中保持领先。

4）生产延迟。

5）准备关键人物的继承。

11.4.1　保险和诉讼风险

尽管有最新的技术发展，但"未知的未知"⊖这一棘手问题会给创新公司带来严重的保险和诉讼风险。例如，自动驾驶汽车的算法或设备可能无法识别或适当响应涉及死亡的随机事故场景。像这样的事件，可能对创新企业的发展和盈利能力构成根本威胁，甚至可能使"自主创新"的整个过程完全停止。因此，管理此类创新公司的战略企业家被新技术（例如自动驾驶汽车）所固有的条件束缚，这些条件必然会产生严重程度未知的意外负面事件。此类事件远远超出决策者的控制范围，并且几乎无法预测它们将在何时何地发生，因为它们本质上是随机的。这些事件超出了公司的控制范围，并受制于数百个在时间和空间上收敛的干预变量。"不可知"的融合往往会放大事件对公司未来及其创新的影响。最终的后果可能是抑制长期存在于消费者心中的消费欲，这可能会摧毁新兴市场和领先企业。

11.4.2　专注于创新过程的错误阶段

注意力不集中和错误地感知发展中的创新技术最终将走向何方，是另一个严重的战略风险。错误判断何时何地将资本投资于新兴创新可能导致无法收回的资本投资资源遭到破坏。

资本从来都不是无限的，任何导致公司或首席执行官在没有"腿"的情况下加倍投资过渡性技术的决定，都必然会造成无法挽回的损失。早在 20 世纪 80 年代，就很少有公司能从投资微型计算机的灰烬中崛起。然而，那些远离这一潮流并专注于个人计算机的人通常能够持续数十年。那些投资于个人计算机的公司寿命更长只是因为正确判断出了技术在足够长的时间内稳定才能提供持久利润。

⊖　定义见第 1 章。

11.4.3　没有在竞争中保持领先

这是另一个可能威胁创新公司生存的战略风险。竞争减少或没有竞争总是一种有益的情况，尤其是对于初创公司。由于这种情况比较理论化，因此这类"风险"的真正含义是需要足够早地进入市场（第一种情况），这时竞争尚不存在，或者想办法有效地"驯服"未来的竞争活动和进展。缺乏竞争有一种经常无法预料的后果是，它可能会使第一批进入者产生虚假的乐观情绪，从而让毫无戒心的竞争者获得成功。在第二种情况下（即找到有效"驯服"竞争活动和进程的方法），公司可能会违反有关垄断和歧视性贸易行为的规则。这也是当一家非常大的公司进入一个地区时几乎自发的行为之一，而且由于其规模庞大，往往会主导和"控制"市场。

更有趣的是第一种情况，即提早进入市场。公司崛起初期缺乏竞争，使其能够规避生产延迟的潜在负面影响，或利用政府和私人资本来源招募该地区最优秀、最聪明的工程师和科学家等。再次以电动汽车为例，十年前相对无人问津的电动汽车建设，目前已经发展到全世界七家最好的汽车制造商正在积极参与电动汽车技术的开发，还有更多世界各地的小公司也生产电动汽车，还有数百家公司生产备件和电池。这些公司现在正在与早期进入者竞争。曾经"杳无人迹"的技术空间已经演变成一个竞争激烈的地带。

11.4.4　生产延迟

生产延迟是每个制造活动中构成严重风险的一个方面。尽管管理人员尽最大努力招聘制造专家或采用最新的制造技术和设备，但生产延迟仍是业务管理需要面对的持续威胁。生产延迟一直是降低公司债务评级的主要原因。例如特斯拉在2018年上半年每季度消耗约 9 亿美元，以抵消其 Model 3 的生产延迟（Picchi，2018）。这些问题还与临时工的使用和质量控制不当有关（Estrada，2018）。

面对这样的威胁，企业家领导力是绝对必要的，因为其中任何一个威胁都可能摧毁以创新为中心的组织。扎实而务实的规划和技术支持可能有助于避免生产延迟，而多样化和多功能性也有助于管理此类延迟及其相关风险。

11.4.5　准备关键人物的继承

这是一种相对容易规划的风险，也是一种总是"迫在眉睫"的风险，因为无论是自愿的还是偶然的，这种继任需求在任何时间点都会不可避免地产生。通常，在创新生态系统中推动创新公司发展的领导者是最初的创业者，他们有想法、有远见，有能力创办一家新公司或一组随后"统治"特定创新领域的公司。棘手的问题是这些人将何时离开他们最初的角色和职责，是个人选择还是年龄使然。

有一些著名的"灾难"实例与领导层从最初的、有远见的创业者转移到接受传统管理风格培训的经理人有关。我们在前面的章节中提到了这种转移。这些例子的主要教训是，新领导层的创造力、生产力和杠杆能力可能会由于个体之间的转变而急剧下降[⊖]。

11.5 小结

我们试图在本章中展示创新生态系统如何在创业者、创新者、制造商、买家和卖家确定的规则下运作。他们都是在创新生态系统中承担和促进合作、竞争和交流作用的个人。创新生态系统既不是事先注定的，也不是"瓶中乱象"。它们的演变和成熟取决于在创新生态系统中扮演多种角色并提供"灵丹妙药"的服务的个人有目的的行动。在领导层中，专业化被固有的（顺序或并行）多任务能力取代，角色绩效的标准化已被无数可接受的行为取代，新的绩效衡量标准是流动性、盈利能力和持续创新能力。新的奖励方法（包括用所有权代替工资）得到应用，而高管的非人格化和官僚化已经被创业者取代，这些创业者可以激发员工的创造力并最大限度地激发客户的热情。

鉴于创新的复杂性和内在的不确定性，任何成功创业者的核心角色都是以一致和可衡量的方式管理风险。顶级"风险骑手"在创新生态系统中不受青睐。创业不是凭空产生的。关键创业者个人的领导和战略角色必须适应不断变化的外部刺激和许多"经营条件"，包括：

1）技术成熟度，即在特定创新生态系统内外已实现的技术成熟度的总体状态。技术成熟度低可能意味着管理层应该做出战略决策，要么专注于现有技术的改进，要么走一条全新的道路。

2）政府支持，即政府资金的可用性。这是影响甚至定义创业的另一个条件。

3）资本可用性是第三个条件。面对威胁创新公司财务生存能力的众多风险，公司首先需要的是获得（私人和公共）资本的能力。

4）强大的科学和技术资源。这些资源主要是能够提高创业者先见之明或自己成为创业者的高素质技术和管理人员。在我们的大多数案例研究中，发现这个条件至关重要。

⊖ 这种"转型动荡"及其后果最明显的例子莫过于 1985 年 5 月 31 日苹果公司的联合创始人史蒂夫·乔布斯（Steve Jobs）的主动离职。这一举动是由当时的首席执行官约翰·斯卡利和乔布斯之间的一场"大逃杀"促成的，乔布斯最终离开了苹果，成立了 NeXT 和皮克斯。在接下来的 12 年里，苹果的利润和股价下降。约翰·斯卡利终于在 1993 年从苹果离职，史蒂夫·乔布斯于 1997 年回归。此后不久，随着 1998 年 iMac 的推出，苹果开始从急剧下滑中恢复过来。正如我们上面提到的，随着首席执行官蒂姆·库克的崛起，苹果再次面临将利润置于创新和伙伴关系之上的欲望的威胁。

总之，成功的创业者、创新者是主要的"创新引擎"。他们的主动性、独创性、远见、判断力和毅力以及他们所承担的多种角色，可以使创新生态系统取得成功，管理创新引入并促使潜在用户接受创新。通过创业举措，创新通过一种新范式的视角被放大，这种新范式由创新者负责。

参考文献

EPFL, 2015. Simultaneous observation of the quantization and the interference pattern of a plasmonic near-field. Nat. Commun. . Ecole Polytechnique Federale de Lausanne, March 2. Available from: https://phys. org/news/2015-03-particle. html(Accessed August 2018).

Estrada, Z., 2018. Tesla Model 3 delays persist, reportedly due to Giga-factory problems. The *Verge*. January 25. Available from: https://www. theverge. com/2018/1/25/16933802/tesla-model-3-battery-gigafactory-production-delays(Accessed August 2018).

Graham, A., 2018. A deep dive in Elon Musk's investments: the makings of a billionaire. Toptal. Available from: https://www. toptal. com/finance/venture-capital-consultants/elon-musks-investments.

Hartung, A., 2017. Tim Cook's "Ballmer-ization" of Apple. Forbes. February 15. Available from: https://www. forbes. com/sites/adamhartung/2017/02/15/tim-cooks-ballmer-ization-of-apple/# 293a4dc55818 (Accessed August 2018).

Katz, D., Kahn, R. L., 1978. The Social Psychology of Organizations, second ed. John Wiley & Sons, New York, NY.

Morris, C., 2015. Tesla Motors: How Elon Musk and Company made Electric Cars Cool. Kindle eBook, Edition 2. 0.

Overly, S., 2017. This Government Loan Program Helped Tesla at a Critical Time. Trump wants to Cut it. The Washington Post. March 16. Available from: https://www. washingtonpost. com/news/innovations/wp/2017/03/16/this-government-loan-program-helped-tesla-at-a-critical-time-trumpwants-to-cut-it/? utm _ term =. d21cdb974daf(Accessed July 2018).

Picchi, A., 2018. Tesla Plunge: Fears of a Cash Crunch and Production Delays. MONEYWATCH. March 28. Available from: https://www. cbsnews. com/news/tesla-hits-a-speed-bump-amid-questions-over-cars-and-cash/(Accessed August 2018).

Russel, M. G., Smorodinskya, N. V., 2018. Leveraging complexity for ecosystem innovation. Technol. Forecast. Soc. Change. Available from: https://www. sciencedirect. com/science/article/pii/S0040162517316475 (Accessed August 2018).

Vance, A., 2015. Elon Musk: Tesla, SPACEX, and the Quest for a Fantastic Future. Harper Collins Press, Sidney Australia Amazon E-Book.

延伸阅读

Shahan, Z., 2018. Big Auto, We Have a Problem—US Electric Car Sales Report. CleanTechnica. Available from: https://cleantechnica. com/2018/02/04/big-auto-problem-us-electric-car-sales-report/.

第12章

总体结论和经验教训

 12.1 引言

21 世纪的第二个十年是交通运输部门创新的重要时期。这是一个"革命性"创新时期,其特点是在许多科学部门和领域取得了突破性的科技成果,从固态物理到先进的电力系统,再到计算机和人工智能的进步,都让陆地和空中自动驾驶成为可能。小规模或"增量"创新(即在中短期内对整个系统产生轻微影响)也在以越来越快的速度发生。这种跨越多个学科的创新融合正在推动交通系统朝着未来全速前进。尽管在这场"革命"中存在可知和不可知的因素,但可以肯定的是,交通运输的未来将与我们现在拥有的系统大不相同,"增量"和"革命性"创新都将在其中发挥重要作用。

然而,本书并不会为未来摇旗呐喊,无论其是好是坏、已知还是未知。相反,我们选择关注推动革命性(以及增量)创新向前发展的关键过程,并揭示影响成功或失败的无数技术、制度、金融、政治和认知因素,从而定义创新过程并限制其他"未来"可能的范围。这些因素包括抵消性传统部门的重新出现(例如对碳燃料和内燃机轰鸣声和气味的态度),以及企业家无法准确判断何时何地投资创新周期。

因此,我们首先在前三章中系统地研究了创新和创新过程的概念和定义。我们用到了"生物生态系统"和"吸引盆"的概念,这些概念源于生物学与一般系统理论的融合。然后,我们通过考察世界主要国家和地区的研究和创新体系来考察创新体系组织的类型和影响成败的因素(第 4 章和第 5 章)。随后,专门研究了创新生态系统运行的一些关键问题和方面:创新溢出的重要性和作用(第 6 章)、创新监测和数据收集(第 7 章)、知识产权在促进公司和创新生态系统中的作用(第 8 章)、创新经济学和金融资源(第 9 章)、公私部门参与交通创新的间断性转变(第 10 章),最后是个体领导者在创新生态系统中的作用(第 11 章)。我们通过 10 个案例研究测试了我们的概念、想法和假设,案例研究范围广泛,涵盖了世界各地不同国家的许多创新生态系统或其元素。

在本章中,我们对本书的主要发现和主张进行了概述。

12.2 创新"生态系统"方法

12.2.1 创新生态系统模型的定义

自 20 世纪 50 年代末以来，以某种形式存在的技术转让和创新生产的传统模型总是无法描述创新过程的真实性质。它们解释关键创新过程相互作用（如反馈循环和溢出效应）的能力有限，它们通过将创新过程显示为一系列促进技术转让或商业化的线性步骤来将其描绘为简单的人为过程。然而，创新过程（尤其是"革命性"或变革性创新）不是线性的，而是构成了一个开放系统，其中事件和过程在整个系统中来回波动，有时会（有时不会）克服影响反馈和技术"改变游戏"结果的障碍。

我们将自然或生物生态系统遵循的机制和过程作为坚实基础，制定了创新建模的新方法。在这样的系统中，地理位置相邻的生物体（生物因素）与元素（非生物因素）在一个"生物生态系统"内联系在一起，该生态系统描述了被明确定义和研究的机制和过程，这些机制和过程确保了无生命物理环境的平衡和可持续性。可以用其需要的特定输入和其创造的特定输出来描述生物生态系统，这些输入和输出使生态系统保持平衡和均衡。它们是地球上生命延续和丰富的关键。它们依赖于物理输入，比如阳光、降雨、温度、湿度以及光合作用、捕食行为、共生、物种繁殖和抵御入侵物种的能力。强大的生物生态系统是全球生物圈的基石。

我们假设最合适的"创新模型"是一种类似于生物生态系统的模型。创新以类似于生物生态系统输出的方式形成和"表现"，产生这种输出的机制可以反映为产生增量或革命性创新的机制。创新生态系统吸引了公共和私营部门组织以及个人，他们互动并成为新的科学、技术或商业想法的支持者，这些想法构成了对世界截然不同的设想方式。通过互动和反馈过程，创新生态系统将组织效率与人才和独创性相结合，其规模足以将新发现的物理特性转化为具有新颖（以前未知）功能的可销售流程或设备，从而改变整个经济和社会状况，使以前不可能的事情成为可能。

我们在第 1~3 章中阐述并强调了几个关键概念，这些概念可以称为"基于生态系统的创新模型"。该模型将创新生产过程视为系统性过程，它与生物生态系统形成其输出并进化的方式直接相关和类似。可以将"创新生态系统"定义为一个系统，它包括几个不同但相关的元素（组织、规则、基础设施），这些通常在地理位置上很接近，以适销产品或服务的形式参与特定领域或科学领域的创新创造。这些元素还与其产品的主要或次要消费者有直接联系和相关性，与其社会经济环境有直接联系（和相互依存）并从中汲取养料（表现为有利的社会行为和接纳程度）。

这种概念化便促成了转型创新一般系统模型的制定，第 2 章的图 2 - 7 和图 2 - 8以及第 3 章的图 3 - 1 充分展示和讨论了该模型。该模型及其与生物生态系统的相关性已在本书及其案例研究中进行了测试，尽管在某些方面不可避免地存在概念上的延伸，但可以发现它为代表创新生产过程提供了良好的基础[⊖]。此外，所有适用于自然生态系统的内在特征和属性，如自然选择和间断进化（即在相对 "停滞" 时期之后发生的相对较短的快速间断进化），似乎与内部和外部的社会技术条件非常相似，这些条件促进了创新生态系统内的加速变化。为了增强生态系统模型的解释效用，我们在其中添加了第 3 章中介绍的政策变化和学习的范式模型。

通过增加不同科学组织和机构与工业和商业实体的密度和互动，在创新生态系统中，可以有效利用通常（通过商业秘密或专利）受保护的活动之间的协同作用。此外，任何创新生态系统中由发现 "队列" 所产生的 "噪声" 可能会损害市场和创业者正确利用反馈信号做出最佳决策的能力，避免这种 "噪声" 是 "生态系统" 方法的附加优势。

12.2.2　创新吸引盆

生物和创新生态系统相似，可以在任何时间点被创造、维持并达到平衡状态。不同时间点的连续平衡状态形成所谓的 "吸引盆" 曲线，这是一条 "谷状" 的 3D 曲线，有最大曲率点，描绘了最终可持续的平衡状态，如图 2 - 10 所示。由图 2 - 10 的可视化曲线表示的 "创新吸引盆" 描绘了支持机构、知识精英以及经济和社会权力分布，以及通过综合技术中心相互作用以形成和维持特定创新生态系统的 "环境" 和它的吸引盆。有许多 "吸引子" 帮助塑造了一个创新吸引盆并影响了相关创新生态系统的运作方式，包括：

（1） "初始条件"　指发起整个生态系统并通过吸引更多相关参与者进入其中来保持其力量和势头的利益相关者的初始核心群体或 "吸引子核心"。

（2）便利的立法条件　一个有灵活性、减少官僚程序和支持创新活动的法定框架是必不可少的。例如，有关创新生产实体就业的立法让员工流动相对容易，便促进了新想法不断快速融合，通过互动和激励来调动人才，使其更具生产力。

（3）构成了主导生态系统范式的共同 "信念"　这种信念的例子有：

1）在合理的冒险行为和冒险狂热的严重不稳定性之间保持一条明亮红线的风险容忍度。

2）长期记录如何成功将想法转化为产生社会和经济价值的转型产品。

3）致力于创新而不是现有技术的渐进式改变。

⊖　至少对于交通运输部门而言。

4）理解和接受员工所有权。

5）促进和扩展关键技术公司之间的伙伴关系。

新的变革性创新可以改变特定生态系统运行的整个"环境"，并改变创造其"吸引盆"的条件的拓扑结构。现在交通运输部门的多个领域正在发生这种情况，例如自动驾驶、协作运输系统、无人机和飞行平台的使用，以及新能源领域，即更清洁的发动机（电气化）和先进的电池和动力系统。在未来的某个时候，这些条件可能会再次稳定下来，在一个新的吸引盆内形成新的平衡，这将是运输系统运行的新"环境"。

我们认为目前交通运输领域正在经历生态学家所说的"间断进化"，即"激增"的进化，在一段时间的相对"停滞"之后，加速的革命性的变化发生了。这场"革命"的寿命不是预先确定的，也不是不可避免的，它可能持续数十年，也可能在"眨眼间"消失。我们深思熟虑的结果是，交通运输部门当前的革命性创新阶段将持续下去，特别是如果当前的技术和组织限制问题得到解决，并且世界不会陷入具有明确经济影响范围的全球保护主义的新状态。创新虽然是间断的，但无法预测快速变化将何时发生。

12.2.3　分析层次

在试图解释和评估影响创新创造和革命性变革的因素时，我们区分了 6 个"分析层次"，这六个层次贯穿全书。这很重要，因为它让我们从各种观点（例如国家、公司或个人或社会经济）来描述和解释创新创造。换句话说，在创新生态系统内部或之间，"你的立场取决于你所处的位置"⊖。

我们在本书中使用的 6 个分析层次是：

1）系统或跨国（国际）层：指的是有能力在全球范围内追求这些创新的主要国家或国际参与者所追求的创新。在当前国际创新体系运行的条件下，至少在交通领域，游戏规则由相对较少的国家实体或组织决定，特别是美国、日本、欧盟和中国⊜。其他国家，如以色列、英国、加拿大和韩国也是全球参与者，但可以说它们不是能改变游戏规则的主要系统参与者。

2）国家层：指国内为促进本国创新创造而制定的创新战略和制度框架。

3）地方或区域层：指特定创新生态系统在地区或"区域"上的地理集中层

⊖　这句话出自 Rufus E. Miles，他是一位曾在美国艾森豪威尔、肯尼迪和约翰逊政府任职的公务员，这是一个经常使用的短语，也被称为迈尔斯定律（Miles Law）。

⊜　国际创新生态系统的扩散正变得非常普遍，它将来自不同国家的大公司连接到合作创新产生国际网络。主要来自这四个国家或组织的公司通过资助（或购买）其他国家的初创公司或在其他国家的创新生态系统中建立分支机构或实验室或类似设施进行互动。例如，欧洲和日本最大的运输汽车制造商公司在美国硅谷和其他地区建立了合作伙伴关系和研究中心（另见案例研究Ⅰ、案例研究Ⅴ、案例研究Ⅶ、案例研究Ⅷ）。

面。在这个层面上，更容易出台具体的、专门的创新支持措施，如优惠的税收和信贷、通过投入风险投资促进初创企业发展等。

4）企业或组织机构层：指对研究成果的商业开发和创新生产感兴趣的特定个体组织（例如商业公司或企业、研究所或大学等）的层面。

5）个体层：指个体创新者（研究人员或企业家）主动推进其想法或研究成果，并（通常）通过初创公司为成功的变革性创新创造条件的层面。

6）在更横向的意义上，我们还可以区分出第六个层次，即社会经济文化层。这个层次认为社会是人类反应、趋势、信仰和态度的综合体。它可能影响创新的成功与否，通常直接受到变革性创新的影响。例如，交通公共管理部门越来越重视交通创新的"社会相关性"，该部门正在资助以下问题的研究：

1）了解出行要求、出行需求和出行行为。

2）交通系统中的社会包容、准入及社会公平。

3）经济商业竞争力、商业模式和市场。

4）效率、适应力和有效性等。

12.2.4 "传统"系统的作用

革命性创新总是涉及那些现状的获益者与在技术和政策变革中看到深远利益的个人和集体之间的冲突。前者统称为"传统"利益，即通过"惯性"或通过保护特定经济利益的方式支持现有系统并反对变革的利益。以交通部门为例，当前的革命性变革浪潮中此类"传统"系统与新的创新系统之间的冲突日益加剧。一个很好的例子就是交通脱碳。拥有大量碳资源的行业反对有利于电力未来的变革。随着持有核心信念和政策信念的各种"拥护联盟"进入战斗以促进特定的政策范式，冲突变得更加激烈。"拥护联盟"由来自不同职位的人（民选或机构官员、私营公司、金融机构、学术和研究机构）组成，他们拥有共同的"信仰"体系，并随着时间的推移发展出非同一般的协调活动以延续某些想法或政策。就交通运输而言，有些拥护联盟支持建立在碳基础上的传统系统，而有些则致力于革命性变革和非碳未来。

第3章中提到并详细介绍的政策变化和学习范式模型扩展了我们的基本模型，将上述传统信仰系统和拥护联盟之间的相互作用纳入了我们基于创新生态系统的创新模型中⊖。通过这种概念结构，我们可以完全建模和表示生态系统内的创新创造过程及其扩散和市场接受，这是"传统"和"革命"范式及其各自坚持核心信念和政策信念的拥护联盟之间相互作用的结果。通常是由相对较少的人怀揣创新想法，以一种非常具有批判性的方式推进，从而导致曾经占主导地位的传统范式退进像马车等旧发明的历史坟墓中。

⊖ 范式的定义是一套关于因果关系的共同信念以及指导整个社群行为的实践标准。

12.3 小结

12.3.1 促进因素和政策

毫无疑问，相对较少的国家成功创造了独特的国家级创新环境（通常包含多个创新生态系统），这是创建充满活力、有效和可持续的国家创新生产体系所必需的。在可以作为国家级创新者成功范例的国家中，有健康且可持续的创新生态系统，其中包含所有关键的"创新参与者"，这些生态系统以相互关联的创业社区的形式存在，具有支持创新的管理机制和非官僚的立法结构。还有一个成熟而自信的私营部门和金融群体，完全致力于促进创新创造过程，以及一个适应创业社区需要和要求的舆论支持机构。我们在下面更详细地研究了这些促进因素。

政府采取支持措施、制定立法框架以促进创新的稳定支持和政治意愿是一个基本的促进因素。开放经济并与私营部门全面合作以促进和支持一个国家的创业和创新的政治意愿至关重要。几乎所有政府都口口声声地强调科学研究和创新是经济增长和发展的关键，但不幸的是，很少有人采取必要的实际措施来实现这一目标。即使是在某个时间段采取了此类措施，它们也必须成为历届政府接受并遵循的长期政策的一部分。

同样重要的是存在一个健康和充满活力的私营部门，它将在创新生态系统的制定、规划和融资方面发挥带头作用，并将产生所有创新生态系统所需的必要信心。通过在"创新区"中提供基础设施来创建创新"池"，使许多对特定创新生态系统感兴趣的私营公司距离相近也很重要。当所有创新的利益相关者距离相近并每天互动时，便能够产生倍增效应。美国传奇的硅谷以及大多数本书中调研的国家的许多其他"创新区"和"科学城"就很好地佐证了这种需求。换句话说，即使所涉及的实体也是竞争对手，创新生态系统中所有利益相关者实体之间对人类接触的古老需求依然存在，地理上的相近以及密切互动非常重要。政府最初通过从其发展预算中提供低利率贷款或提供税收优惠来协助建设这些地点。即使是大型国际公司也通常在此类创新"池"区设有办事处，以便它们可以与其他相关利益者和它们感兴趣领域的初创企业"面对面"会面和互动。

公共部门和私营部门之间定期、透明和稳定的合作是另一个基本的促进因素。它涵盖了合作和信息共享的必要性，是支持公私部门合作的长期信念框架的一部分。从长远来看，私营部门应始终是所有成功创新生态系统中创新生产的基本力量，负责提供大部分必要的资金、人力资本、国际网络以及必要的专业知识和激励措施。公共部门负责制定运营规则和框架，采取支持措施并激励私营部门进入新的创新市场。

成功的国家创新体系也刻画出一种独特的文化，支持那些冒险的人并接受而不是惩罚失败的人。合理承担风险是创新成功的内在因素。国家政策应包括鼓励和促进一种接受"失败"的氛围，并让失败的创业者能够重新开展业务。在一些国家（例如日本），企业失败几乎是职业生涯的终结。在其他国家（例如美国和以色列），失败不会受到惩罚，并且通常被视为通往未来成功的一步，在这些国家，被解雇的 CEO 几周后领导一家新企业的情况并不少见。

高技能和受过教育的人力资本是另一个非常有利的因素。这些资本的主要来源当然是具有国际竞争力和名望的大学以及培训和人力资本指导服务。在我们所有的案例研究中，人力资本对创新生态系统的重要性，充分体现在明确需要将一所或多所成功大学纳入生态系统内或靠近生态系统。科学家和研究人员从国外迁移到该系统对特定生态系统［最显著的是在以色列和德国阿德勒斯霍夫科技园（Adlershof）］产生的非常有益的影响也证明了这一点。当然，要有熟练和受过教育的人力资本就要有健全和有效的教育、培训、"领导"和指导体系。由经验丰富的专家提供容易获得的开放机会从而建立的指导、培训和导师体系，便是通常所说的"加速器"或类似类型的"创新中介"，这是必不可少的。

创新区、科学城和孵化器等创新基础设施是关键的创新生态系统基础设施，为利益相关者提供相邻的位置和互动机会。这对生态系统的可持续性非常重要。同样，私营部门应被视为成功创建和维护此类区域创新基础设施的主要力量。地方或中央政府应通过提供低利率贷款、规划发展预算、税收激励或鼓励冒险和尝试的监管结构来帮助和支持其发展。靠近这些地区的大型大学或研究中心是成功的重要因素。这些大学的毕业生，很可能加入位于这些地区的创业公司或自己在这一区域创业。正如我们针对美国硅谷的案例研究Ⅶ所描述的，如果不是在加州大学伯克利分校和斯坦福这样的大学附近，这个标志性的生态系统创新集群就不会发展到如此卓越的全球水平。同样，科罗拉多州丹佛市交通创新生态系统无法成为主要创新中心的制约因素之一是它缺乏斯坦福大学或加州大学伯克利分校这样高质量和有活力的大学基础设施。

专注于提供机会的特定部门和市场也是国家或区域创新生态系统成功与否关键因素之一。这些部门要通过审慎的分析来决定，包括该地区工商企业追求的专业化所具有的潜力、地区和国家市场的优先项和前景以及生态系统附近的教育机构（既要考虑它们擅长的科学领域，也要考虑它们的位置）。在中短期内，与上述任何问题相关的任何"机会窗口"都将影响最终选择。

最后，从一个部门到另一个部门的创新之间"交叉融合"的潜力也是一个促进因素。这种交叉影响是通过第 6 章详细研究的溢出效应发生的。交通运输部门有一些由这种溢出和创新部门之间交叉影响引起的"破坏性变化"的例子。从字面意义上说，有数以千计的此类创新从其他部门迁移到交通运输部门，包括化学工程、IT、电信、能源、神经网络、机器人、大数据分析等领域。

12.3.2 影响创新生态系统成败的因素

用我们创新"生态系统"模型的术语来说，革命性或增量创新需要创新生态系统"吸引盆"中存在"促成因素"或"吸引子"。促成因素包括创建新的商业模式、适当的资金安排、跨国合作以及基于人工智能和机器人技术的制造等，这些是"较软"的组织/制度因素类型。此外，主要基于我们的案例研究结果以及第4章和第5章的分析，还研究了更多"有形"或"硬"促成因素。这些促成因素可以总结如下：

1）一个资金充足、政府监督且专门致力于开发解决基本科学和技术问题的研发计划——其速度足以维持创新渠道。

2）为承担技术风险提供足够市场激励的公平"竞技场"。

3）没有影响创新过程的监管障碍，并保护创新者和技术工人权利的（官僚和政治）制度结构。

4）一个接受创新企业家和风险承担者的平衡、稳健和全面的创新融资体系。

5）支持革命性变革的新政策范式得到广泛的社会和政治认可。

6）建立在新思想和有利于创新的基础上的高标准教育和人力资源。

7）存在强大的"吸引力核心"，即竞争和合作的创新者或创新相关实体的初始群体，其规模超过实现可持续性所需的最低"临界质量"。

8）支持创新（可能是革命性创新而不是增量创新）的国家结构，例如，通过维持能生产和商业化研究成果的技术劳动力来刺激国内生产力。

结合这些因素，在我们的交通部门相关案例研究中已经确定了许多有利的"条件"，除了一些适用范围可能更广泛的条件。它们与以下存在有关：

1）"传统"系统中有足够多的异常情况使得必须且无可避免地要采用新的方法和解决方案。

2）交通创新发展的关键学科有成熟的科学和支撑技术（例如5G电信、物联网、人工智能等）。

3）支持特定的科学、技术和创业运作系统的范式，这些系统逐渐产生创业成果。

4）公共和私营部门对创新的强烈支持，从而对抗或吸收支持现状的传统利益。

5）有足够的技术和管理资源来支持整个生态系统的创新发展。

交通创新远远超出了新硬件或软件系统的开发。它包括新的组织方式和出行方式（例如共享出行和出行服务⊖）。这是一个违反直觉的过程，既是随机事件，也是确定性事件。随机是因为即使有详细的市场研究，也很难预测一项发明是否

⊖ 我们目前处于革命性变革和创新的同一阶段，就像20世纪初的内燃机一样。

会达到足够的消费者期望或接受水平，以在足够长的时间内保持竞争力（使收益等于或大于初始总投资）。它是随机的，也是因为创新有时是有组织的科学研究的直接产物，而有时又是通过不太严谨的过程出现的，例如作为有远见的个人创造性行动的结果。但同时创新又是确定性的，因为从概念到商业化有特定的创新生产过程。这些是明确已知和可识别的——基于某种程度的确定性的方式。

12.3.3 监测和数据收集问题

获得特定的与创新相关的数据至关重要。此类数据不能仅针对一个部门如交通运输部门收集，而必须成为跨国家和地区充分协调和标准化的定期和永久性创新调查的一部分。一个合适的国际组织的参与至关重要，该组织将执行统一标准并确保此类调查的可持续性。OECD 已经在这方面采取了重要举措，并且未来很可能采取进一步举措来完成这方面的工作⊖。

需要在全球范围内开展一个永久性的"创新监测调查"，以提供参与国创新活动的数据和信息。此类调查的最低"规范"是要求进行模块化调查，调查必须是一个由几个"部分"组成的明确结构，其中一些部分将具有普遍适用性，可以原封不动地套用在所有国家和地区，而其他部分将解决特定的"当地"或部门问题。跨国比较的主要数据来源将是调查中不可更改的或"核心的"部分。更多"当地"感兴趣的其他分析可以来自其他部分。需要解决、协调和标准化关键调查方法和安全问题。此类问题有：样本大小和采样方法、测量方法、结果的敏感性、问题的类型和顺序、如何确保远程访问原始数据、如何确保微观聚合和数据噪声净化以及最重要的安全和保密问题。此外还要定义和标准化关键输出的特征。

此类调查的部分输出将是对一些基本关键创新绩效指标（Key Innovation Performance Indicators，KIPI）的估算。这将允许收集涉及创新的发生和强度以及公司创新的原因、创新过程的障碍等数据的交叉对比和其他描述性统计数据。如果没有这种普遍接受的 KIPI，就很难确定影响创新生态系统及其各自吸引盆发展和持续的关键独立变量。目前，我们的监测和评估系统还不够完善，当然也不符合本书中提出的创新生态系统概念。在第 7 章中，我们给出了许多可能的 KIPI 示例。

⊖ OECD 不是通过建立和维护相关数据库，而是通过发布相关政策和数据收集指南来系统地开展研发与创新监测、衡量和促进工作。其创新战略为政府如何鼓励创新以及政府自身如何更具创新性提供了指导。其包容性创新政策工具包是一个交互式指南，旨在帮助政策制定者设计和实施包容性增长的创新政策。最后，OECD 和欧盟统计局的《奥斯陆手册》（Oslo Manual）多年来一直是收集和使用研发和创新相关数据的标准教科书。它沿用了 2002 年的另一份经合组织出版物，即《弗拉斯卡蒂手册》（Frascati Manual），该手册为研发数据收集和分析提供了指导方针。

12.3.4 保护知识产权

创新与保护特定地理区域（地区、国家或国际）内个人或组织知识产权的能力有着内在联系。当前的知识产权法规提供了必要的程序和长达 20 年的保护。然而，通常需要专业知识才能正确运用这些法律和程序，而这总是需要第三方专家和法律实体的昂贵协助。国际知识产权保护的步骤通常包括：

1）可行性研究和报告，用于分析市场情况并根据潜在专利（或其他类型）保护中应强调的关键要素收集理由。

2）注册请求/备案申请，在此阶段准备和向有关当局提交初步和最终申请。

3）注册证书的颁发和维护，即知识产权证书的颁发和在其价值年限内必要的维护活动（和付款）。

大学、研究中心或私营公司等感兴趣的组织通过专门的技术转让办公室开展这些活动，或将它们分配给处理专利和其他知识产权保护要求的专业律师事务所就毫不意外了。知识产权保护的财政支持和法律或其他建议对创新成果至关重要。一些国家的研发主管部门允许将知识产权保护费用作为研发合同中的一项合理费用，并发布有关知识产权的指南和说明以及相关政策文件和指南。交通部门的知识产权最常见的形式是专利或实用专利。授予这些专利的程序也可能既烦琐又昂贵，尤其是在涉及国际范围内的知识产权时。对上述问题的评估流程复杂以及公司期望从参与和投资研发中获得回报较难，都是阻碍运输企业进入研究合作的主要障碍。

一个主要问题是当前的知识产权保护制度是怎样调整的或可以怎样调整，以适应欠发达国家中小企业的特殊需求和利益。在这些国家，TRIPS 协议⊖通常适用。对于较不发达的经济体，通常会提出这样一个观点：当国民经济发展到一定阶段后，充分保护知识产权就变得很重要，这使其能够在面临外部竞争之前开发足够的本土知识和创新资源。某些国家对这种情况的应对方式则是强制要求外国公民或公司与国内公司共享知识产权，以作为其进入本国市场的先决条件。

最后，关于某些类型的知识产权保护是否更适合某些类型的发明（即在特定部门）的问题，人们建议，更可能的是，与工艺相关的创新申请实用或小型专利。它们提供的保护水平低于标准专利，但更容易获得，并且针对较低水平的创造性有时更适合与工艺相关的创新。这些类型的专利也可能适合一些发展中或中等经济水平的经济体。目前，人们对所谓的"开放式创新"平台也很感兴趣，

⊖ 与贸易有关的知识产权协议（Trade-Related Aspects of Intellectual Property Rights，TRIPS 协议）。这是世界贸易组织（WTO）所有成员方之间的国际法律协议。它规定了各国政府对其他 WTO 成员方的多种形式的知识产权（IP）进行监管的最低标准。换句话说，它主要确保在当地工作的其他成员方的知识产权的应用。

这些平台使各种竞争对手能够与初创公司合作或自己使用初创公司的创新产品或服务。某些大型跨国公司对其产品便遵循"开放式创新"的政策，但现在这一政策正在扩展到生产各种产品和服务的小型公司。这可能是吸引用户使用创新产品或服务的好方法，这些产品或服务可能会产生次要利益和收入，从长远来看，这些收益和收入可能比知识产权保护下的收益更大。

总体而言，当前的知识产权保护流程非常漫长且昂贵，而且并不完全"严密"。毕竟，它们可能无法有效地阻止创新泄漏到专业模仿者手中。

12.3.5　为创新过程融资

可持续和充满活力的创新融资基础设施是创新的主要推动力和成功因素。此类融资最常见的结构是购买初创公司或更成熟的创新活动公司实体的股权。对于寻求吸引资金以进行创新活动的初创公司而言，常用的法律实体形式似乎是"有限合伙"，其中合伙的一方是发明人或发明团队，另一方是投资者（风险投资或个人投资者）。投资者不直接参与公司的管理，但通常通过"轮次"注入资本来监督公司的发展和市值增长，即根据新公司实现目标的进展情况分期付款。当公司的市值增长到令人满意的水平时，投资者可能会"退场"，即出售其股票以获取利润，或者公司可能会通过发行IPO"上市"。这里成功的关键因素是，投资是放在获胜的"赛马"上，而不是放在由于缺技术"马腿"而无法推动革命和创造财富的马身上。

风险投资行业的参与在21世纪的前十年（特别是在交通领域）急剧增加，尤其是在美国和加拿大允许养老基金和其他类似类型的基金投资和风险投资公司之后，但现在大多数国家的风险投资都在消退。总体而言，风险资本融资在过去的40年中经历了明显的起起落落，但它仍然是创新最重要的资金来源。其他形式的融资包括来自政府相关项目的资金（第9章中提到了其中的几个）以及来自个人投资者（天使投资人）或整个社区（众筹）的资金。从长远来看，过度依赖政府资金可能严重制约创新生态系统蓬勃发展的生命力。政府资金应主要用于降低创新的初始成本。过度长期依赖政府资金可能成为一种"负债"，让光鲜的报告取代了真正的创新！

近期美国和欧洲对风险投资行业的资金投入非常不平衡，造成了很大的不稳定性。在一些国家，每年流入风险基金的资金正在下降，特别是在初始启动资金的回报呈下降曲线的情况下。尽管如此，与其他形式的创新融资相比，风险投资基金仍具有明显的优势。银行贷款和银行相关融资——尤其是在经济低迷的情况下——是最少使用的创新融资形式，因为与银行业相关的现行法规通常会限制银行持有相对年轻且风险较高的公司股份。此外，中小型区域性银行对贷款的看法通常非常保守，这与动态创新生态系统中初创企业的需求不一致。银行可能适合为新车或房屋融资，但它们并不能作为创新融资的有效来源。

最后，应该将创新融资和资助视为对相关地区和国家增长和发展的投资，因为配套创新生态系统在地区或国家经济增长中所占的份额越来越大[⊖]。

12.3.6 组成合适"吸引力核心"的需要

构成创新生态系统"吸引力核心"的公司或组织的创新绩效（见第 2 章的定义和分析）非常重要。这种绩效取决于是否存在明确定义的内部目标以及有效和称职的组织结构和管理。大部分这种公司是参与公共或私人资助研究的实体，之后通过进一步资本化、测试和商业化研究成果来从它们的研究中获得价值。它们是创新生态系统中最重要的组成部分，因为它们实际上（在特定领域和生态系统中）启动了整个过程，它们的表现是吸引其他公司和组织加入生态系统的"动力"。如果没有这样的"锚"公司，创新生态系统的吸引盆就很容易受到外部干扰和障碍的影响。

"锚"企业，即构成创新生态系统"吸引力核心"的企业，还必须具备为整个生态系统提供保护的资本和政治影响力。在我们的硅谷和丹佛案例研究（案例研究Ⅶ和案例研究Ⅷ）中，提到了几个"吸引力核心"各自的"锚"公司[⊖]。我们在第 4 章研究了成功的创新公司的特征。基于这些，我们总结了以下与成功的创新生态系统"吸引力核心"公司相关的"理想"特征和要素：

1）存在独立的创业管理机构，经营管理程序清晰明了。

2）能够制定和执行复杂的项目。

3）有投资创新生产的长期战略。

4）有适当的基础设施以支持其创新活动。

5）有一个合适和有效的机制来收集公司各个部门的新想法和（适合创新的）研究成果。

6）能够执行客观和严格的验证程序，以评估新想法或研究结果是否适合市场开发。

7）内部（即研究执行部门与公司其他部门之间）和外部（即公司与其他创新公司和生态系统中的利益相关者之间）密切和持续的合作。外部合作应旨在（通过谅解备忘录或其他正式协议）促成"创新支持网络"的发展，该网络包括研究实体和产业/商业实体。这种网络在后期阶段非常有用，在此阶段需要通过与产业合作伙伴合作或组建新初创公司将经过验证的原型转换为适销对路的产品。

⊖ 第 9 章中提到了一些研究和报告来支持这一主张。

⊖ 包括谷歌、Waymo、苹果、英特尔、思科、IBM、Lyft、特斯拉和优步等硅谷公司和丹佛创新生态系统的松下企业解决方案公司、L. C. Fulenwider、美国国家可再生能源实验室和科罗拉多州交通部。

8）品牌名声与公司可信赖、有成果相挂钩，由此始终如一地追求可靠的声誉和良好的"知名度"。

9）确保私营部门融资超出初始创新阶段所需的最低限度。

12.3.7 个人"领导者"在创新生态系统中的作用

创新公司由具有独特愿景、意愿和毅力的个人领导，他们通过各种可用机制继续实现新想法或研究成果。初创公司是迄今为止最具创新性的"工具"或计划。"创新友好"国家的所有可用统计数据都显示，初创公司的数量逐年增加⊖，初创的"革命"没有结束的迹象。初创公司（也包括成熟的知名大公司）背后的基本推动力始终是领导这些公司的一个或几个独立创新者，他们有能力看到未来的机会，识别正确的时机并驾驭发生在他们自己和其他部门的创新"浪潮"。我们在第11章和案例研究IX中分析了这些人的作用。在时机和投资方面能否正确识别"转折点"可以决定成败，这是成功的CEO或高层管理者要面临的典型任务。与某个特定行业相关的"创新浪潮"（例如20世纪90年代移动数据通信革命的到来）可以为创新创造提供"搭车"的机会。一个典型的例子就是"按需运输"领域创新服务的出现。如果既没有过去10年在移动数据通信和移动电话领域发生的颠覆性创新，创立和领导这些创新公司的个人也没有识别和利用这种"浪潮"的能力，那么这些创新服务（如优步、Lyft等）就不会出现。

成功的个人创新者通常必须表现出：

1）领导力。

2）销售技巧。

3）审慎的风险承受能力。

4）坚持不懈。

5）吃苦耐劳。

6）致力于多项创新。

7）遇到失败时灵活改变、重新开始。

因此，对于成功的创新生态系统而言，重要的是为此类创新者提供合适培训和指导的机会。获得高素质和经验丰富的专家的指导、培训的机会是这一级别的重要因素。其形式包括个人辅导公司、大学或各种形式的"创新中介"。

个人也会引起组织行为及其创新和获取市场份额的内在能力方面的显著差异。他们至关重要。当企业家或有远见的领导转变为传统导向（官僚）领导时，

⊖ 2016年，英国有近70万家创业公司，德国的数量与英国几乎相同，美国近80万家，中国近200万家，俄罗斯近65万家。据《日经亚洲评论》报道，2017年5月29日，仅在日本，初创公司在2016年就成功筹集了超过20亿美元的资金。

创新公司就会出现明显的拐点。正如两个案例中产生的创新成果所显示的[⊖]，美国波士顿 128 号公路走廊以及那些向西迁移到新生的硅谷的领导者的行动和愿景，很好地证明了这些个人领导者们的影响。以波士顿为例，想象力受限和"隧道"愿景最终减缓了该地区的增长，并威胁到其在美国创新生态系统中的地位。在硅谷，争强好胜和富于创新精神的个性加上职能型领导风格从一开始就反直觉地推动创新，直到出现引爆点，导致硅谷爆炸式发展。

12.3.8 社会经济环境的作用

如果没有支持创新的社会经济环境，即使不是不可能，也很难拥有成功和可持续的创新生态系统。在社会经济环境的背景下看待创新（我们称之为社会经济层面分析）的重要性有一个最好例子，便是美国硅谷的创新生态系统。它在 20 世纪 50 年代末和 20 世纪 60 年代开始形成，当时的社会和经济环境完全接受新的思想和新的行为方式、思维方式、生活方式，并伴随以惊人速度发展的经济。就交通领域的创新而言，美国现代交通创新革命诞生于美国西部（北加州）并非偶然，那里习惯于个人主义、企业家精神和反主流文化的社会常态一直相互作用并孕育出开放、辩论、言论自由和大胆发现的行为特性，这些都在 20 世纪 50 年代后期到 20 世纪六七十年代蓬勃发展。

这些社会常态的融合首先始于大学的创新环境，主要是斯坦福大学和后来的加州大学伯克利分校吸引并培养了来自美国各地以及后来来自其他国家和地区（例如中国和欧洲）的"最优秀和最聪明"的人才。移民学生和技术人员着迷于创新、市场的力量和坚定的反主流信念，即相信发现和商业化创新的个人也应该拥有所有权，而不仅是拿薪水和养老金。大约在同一时间，自由主义文化渗透到了北加州的社会文化中[⊜]。

硅谷的创新革命始于晶体管和集成电路，后来扩展到操作系统和高级软件。即便再往前走，也仍然被电子、自动化和电动汽车所统一，并将脱颖而出。个人储蓄和风险投资的增长将激励一种个人领导的过程，这个过程的领导者重视创新而不是纯利润并愿意承担各种规模和形式的风险以确保实现其愿景。如果没有这种重大的社会经济"异常"，像硅谷这样的创新生态系统就不太可能在美国或其他竞争激烈的国家站稳脚跟。

⊖ 这些在案例研究Ⅸ中有展开讨论。

⊜ 自由主义是一种以个人自由为主要政治价值的政治哲学。可以将与英国哲学家约翰·洛克和约翰·斯图尔特·密尔、苏格兰经济学家亚当·斯密和美国政治家托马斯·杰斐逊相关的政治哲学理解为自由主义的一种形式。自由主义是一种信念，即认为个人在不侵犯他人的平等自由的前提下，应该可以自由地按照他们认为合适的方式行事和处置自己的财产。

12.4 从案例研究中吸取的教训和观察结果

选择 10 个案例研究是为了尽可能多地涵盖创新生态系统的元素，并涵盖六个考虑层面中的绝大部分。每个案例研究都以"结束语——经验教训"部分结束，我们总结了从特定案例研究中吸取的所有有价值的结论和经验教训。因此强烈建议感兴趣的读者直接参考各个案例研究的文本。下面我们简要介绍每个案例研究，总结一些关键发现。

前两个案例研究为德国。其中包括一个成功创新区的例子（柏林的阿德勒斯霍夫科技园）和一个如何在主要研究中心〔即德国航空航天运输中心（DLR）〕内促进创新的例子。

柏林阿德勒斯霍夫科技园案例研究表明：

1）关键"锚"机构在创新生态系统原始吸引力核心中的重要性。柏林阿德勒斯霍夫科技园成立时（就在柏林墙倒塌之后），最初在其中成立的"锚"实体包括：该区域的地方和地区政府以及园区焦点领域的 30 ~ 40 家私营公司。几年后，一所强大的国际知名大学（柏林洪堡大学）加入，它的存在对特区的生态系统极为有利。

2）在特区的创建和初期运营期间获得强有力政治支持的重要性，尤其是在地方政府层面的支持。这种支持包括加强和促进特区运作的立法行动、提供强有力的激励措施和资金。这种支持（尤其是资金）随着时间的推移而减少，但该区域几乎完全可以自给自足。

3）需要建立一个强大而独立的管理结构，既能明确展示所有主要利益相关者的决策过程，同时又不降低效率。柏林阿德勒斯霍夫科技园的管理层拥有足够广的管辖权，可以在最少的政治干预下就大范围的问题做出决定和采取行动。

4）最后，有长期规划流程和战略制定以及政策，以促进和发展与特区所有利益部门相关产业利益相关者网络的联系和良好的工作关系。

德国的第二个案例，即大型研究机构的案例，展示了建立完善的组织结构以促进和支持组织人员工作成果和思想创新的重要性和价值。这种结构是在 DLR 内部建立的"科学到商业"（Science to Business，Sc2B）流程，以定期执行一系列创新促进行动。Sc2B 流程包括：技术"探索"、验证（初始和最终）程序、开发和制定商业计划、知识产权保护以及寻找合适的产业合作伙伴来制造上市产品。该过程由一个特殊的组织单位定期和系统地执行，这个组织单位独立于所有其他部门，直接向最高管理层汇报。

第三个案例研究考察了大学在促进创新方面的作用。这里考察了希腊和希腊的一所重点大学：雅典经济与商业大学（Athens University of Economics and Business，AUEB）。本案例之所以引起关注，是因为这所大学及其电子商务研究中心 ELTRUN 已成功在一个十多年来一直在被经济压力和长期经济紧缩冲击的国家建立了一个创新促进和创业中心⊖。AUEB 的案例表明，大学中心通过支持与创新相关的教育形式、创新和有价值的研究以及可持续的创新创业，可以成为促进创新和发展的主要力量。AUEB/ELTRUN 创新促进活动的"支柱"包括：

1）创业教育，为研究生和本科生提供一定数量的创业与创新课程。

2）通过竞赛、专业研讨会、指导服务等系统地促进其他大学或研究机构的创业精神。

3）创新研究（博士学位、研究项目等）的产生及其成果的后续开发。

4）与卓越的国际中心和相关组织合作建立技术转让结构。

5）与产业/商业和其他市场组织就创新相关活动、互补性和乘数效应开展合作。

6）发展与国际创业界的合作，并在欧洲和全球层面与其他大学和创业支持中心建立联系。

同一个案例研究表明，尽管存在高质量的研究和研究人员，但由于创新生产过程中缺少（或相对较少）私营部门⊖，创新生产的速度可能会受到严重抑制。它还表明，要加快创业和创新的步伐，还需要额外的"促成因素"，即加强知识产权管理、为概念验证和样品工作提供资金、为后研发阶段的创新提供充足的融资机会和激励措施，以及建设合作创新支持网络。

第四个案例仔细研究了一个非常成功的国家级创新环境，该环境产生了具有全球规模和影响力的创新。这就是以色列。这个案例讲述了一个国家通过几十年来持续努力和稳定的政治支持和政策，创造了一个可以通过以下组合获得成功和繁荣的创新生态系统环境：

1）稳定的政府支持。

2）多国合作和人力资本涌入。

3）获得导师、孵化等创新支持服务的多种机会。

4）强大的私营部门参与。

5）随时可用的私人和公共资本。

6）接受失败的法律和社会环境。

7）许多"成功故事"的吸引力（就盈利的初创企业收购和首次公开募股而言）。

以色列成功的国家创新体系的核心是对国家生存和成功具有持久的政治意

⊖ 希腊加入欧盟和欧元区，以及希腊研究人员的高素质（据统计，就科学出版物而言，希腊的生产力分别是德国和英国的 2.5 倍和 5 倍）是本案例成功的两个主要因素。

⊖ 在希腊，由于整体经济状况、缺乏适当的融资机会以及大学社区内长期存在的"政治"文化，这种文化"妖魔化"了创业精神和私人投资研究和高等教育，因此目前这一数字很低。

愿、拥有强大国际导向和联系的私营部门蓬勃发展，以及精心开发和维护的各种支持创新的基础设施，这些基础设施构成了对本地和其他国家科学和工程人才的重要吸引力。

第五个考察的案例是另一个成功的国家级创新环境，但方向和规模与大多数其他创新国家不同。它就是中国。中国是一个独特的研究案例，因为它结合了中央驱动的国家创新体系，该体系显然具有强大的政府参与，但同时也有蓬勃发展且竞争激烈、对创新有着浓厚兴趣的私营部门参与。案例研究确定了中国创建的关键机构和计划，以推动该国的国家和区域创新和创新生态系统的发展。它还揭示了这样一个系统，尽管它有自上而下的集中式组织和决策过程，但仍然能够成功参与：

1）关键的生态系统推动因素，例如强有力的私营部门参与。

2）多种类型和数量级的激励措施。

3）对国外世界一流科学机构和大学的参与持开放态度。

4）从所有主要创新国家中发现的各种类型的私营部门融资。

5）创新生态系统或公司之间的自由市场竞争条件。

中国政府也积极支持科技园区和产业园区的发展以促进创新。其中一些园区附属于主要大学，实际上它们本身就是完整的创新生态系统。其特点是具有技术密集、开放的创新环境，初创企业和更成熟的高科技私营公司都位于这里，并受益于减税和优惠贷款。鼓励这些园区（生态系统）内的公司采用国外科学资源。例如，2014年，这些园区拥有12000多家研发机构、35000多家处于孵化器或加速器状态的私营部门公司以及约2000家"创新服务"机构（主要是促进创新的公共部门组织）。案例研究V中给出了完整的细节。

尽管迄今为止中国的治理体系和中央决策过程取得了不可否认的成功，但仍显示出一些明显的局限性和缺陷。例如，消费者和最终用户对创新生产过程没有交互和反馈。此外，在绝大多数情况下，创新计划、呼吁和政策是在与利益相关者进行最少协商和互动的情况下形成和发布的。大多数情况下，推动决策的是政治决策，而不是市场需求和投资回报决策。这可能会最大限度地减少某些类型的风险（主要是由政府资助和担保造成的财务风险），但它增加了创造"白象"的机会，因为此类决策和由此产生的投资与市场需求不协调。

我们的第六个案例研究了英国的弹射器，这是英国政府的一项举措，旨在创建许多致力于促进全国某些优先领域创新的实体。其中一个优先领域是交通运输。我们参观了位于米尔顿·凯恩斯（Milton Keynes）的英国运输弹射器（Transport Catapult）公司。这是一个区域级创新基础设施，专注于提高国内智能出行以及（以后）其他领域的创新能力，以推动交通相关的技术型经济增长。弹射器计划强调了政府支持创新生态系统发展早期阶段的重要性。英国运输系统弹射器（Transport Systems Catapult，TSC）正在发展成为具有国家重要性的区域中心，目前主要在智能移动领域和其他领域开展大量建模和测试项目，并开发关键示范项目。它还专注于通过打破障碍并为小型公司展示其创新提供指导和测试平台，在不同运输方式之间建立协作。

TSC 案例研究说明了如何通过实际的政府干预来促进创新，该干预创建了一个充当创新代理的组织。它还展示了政府资助的生态系统如何有效地从公共融资转向私人融资。最初，TSC 完全由政府资助，但这种资助在逐步减少，预计在10年内，它将完全独立于政府资助㊀。到今天，也就是 TSC 成立的第五年，其成果似乎相当令人印象深刻：该中心已与英国近 160 家组织合作，交付了超过 125 个项目，仅在互联和自动驾驶方面就刺激了 4.35 亿英镑额外投资㊁。TSC 在连接学术界和工业界方面也非常成功。它实施了一项大学合作伙伴计划，帮助学术界（包括英国的一些顶尖大学，如牛津大学）制定自己的以智能移动为中心的计划。

接下来的两个案例研究（案例研究Ⅶ和案例研究Ⅷ）提到了两个美国创新生态系统：加利福尼亚州标志性的硅谷和科罗拉多州的丹佛市。与大多数创新生态系统一样，硅谷地区的生态系统一度严重依赖政府的参与和支持。这种参与集中在军事项目上，用节省空间的集成电路代替笨重的真空管㊂。在吸引风险资本、产生知识产权、创造颠覆性创新、持续支持与创新相关的工作以及提供从概念开发到最终产品制造的完整产业周期方面，硅谷仍然是美国领先的区域创新生态系统。它也孕育了一个非常成功的交通创新生态系统。硅谷创新成功的关键推动因素包括拥有世界上最先进的劳动力、投资资源经验丰富的风险投资行业以及在建立伙伴关系并与初创企业合作方面拥有数十年技术经验的法律社区。硅谷也得到了加州和联邦政府一贯的政治支持㊃。谷歌、苹果、思科和英特尔等一些标志性的"锚"公司、斯坦福大学和加州大学伯克利分校等一流大学以及来自欧洲、中国和日本的许多国外跨国公司在硅谷的建立都起到了关键作用。硅谷公司的高密度及其重叠的网络构成了初创企业和国外公司在那里落户的强大吸引力，从而加强了各种硅谷创新生态系统的吸引力。在我们看来，硅谷传奇的就业流动法也是一个关键的吸引因素，其中几乎没有对员工在公司之间流动进行限制，从而提供了一个内置的劳动力轮换和学习系统。案例研究Ⅶ中给出了完整的细节。

案例研究Ⅷ是科罗拉多州丹佛区域交通创新生态系统（Denver-Colorado Regional Transport Innovation Ecosystem，DRTIE），我们根据吸引因素和推动因素对其进行了分析，并与硅谷交通创新生态系统进行了比较。DRTIE 是一个相对较

㊀ 在撰写本书时，TSC 已进入运营的第五年，并且已经基本实现自给自足。

㊁ 请参阅案例研究Ⅵ中的详细信息。

㊂ 美国国防市场帮助降低了晶体管的成本，并为这项技术用于消费产品（包括个人计算机）铺平了道路。

㊃ 至少在唐纳德·特朗普当选美国总统之前。

新且仍处于新兴阶段的生态系统，它围绕两个关键项目建立：一个是 Pena Station Next，这是一个开发靠近丹佛和丹佛国际机场的净零能耗"智能"城市的项目；另一个是 RoadX，它是以 70 号州际公路（I-70）走廊为中心的自主和互联汽车技术，该走廊穿过美国一些最高和最危险的山地地形。案例研究发现对 DRTIE 的成功至关重要的"吸引子"和"促成因素"非常有趣。其中包括以下内容（更多详细信息参阅案例研究Ⅷ）：

1）年轻且受过教育的劳动力。

2）良好舒适的居住环境。

3）国家可再生能源实验室在 DRTIE 创新生态系统的吸引子核心中形成了"事实上的"关键吸引子。

4）（在州、县和丹佛市层面）致力于创新的稳定政治环境。

5）有一些关键的私营部门公共交通先进技术开发商，例如 Arrivo Corporation 和其他公司。

6）一个相对稳健的风险投资体系，可以寻求本地投资。

7）具有人工智能专业知识的"低调"初创企业的涌入。

8）位于美国中部的世界级国际机场以及连接美国东西海岸的强大货运铁路系统。

还有一些重要的"障碍"，包括：

1）一个拥有技术专业领域的大学系统，但它似乎不具备世界领先大学的技术地位。

2）考虑到一些已经存在的大型跨国公司，生态系统网络密度低于人们的预期。

3）缺乏原型制造设施。

4）两大交通创新生态系统的创新吸引盆都相当薄弱，这主要是由于其"核心吸引力"中实体的数量和多样性相对较低。

我们的第九个和第十个案例研究没有关注某个地理区域的特定创新生态系统，而是更深入地关注了本书中心章节分析中发现的两个重要问题：

1）领导者在创新生态系统发展中的作用（案例研究Ⅸ）。

2）公共和私营部门投资趋势（案例研究Ⅹ）。

通过研究世界知名创新公司中一些标志性企业家的例子，案例研究Ⅸ进一步研究和证明了个体企业家在创新生态系统创建和成熟中的重要作用。不同的领导风格和不同的理念（例如，强调利润而不是足够的创新投资水平，反之亦然）可以对公司本身及其所属的生态系统产生显著影响。是否聘用具有创新倾向的领导者很可能决定高科技创新生态系统和公司能否长期成功。该案例研究还说明了领导在为其公司做出关键选择时失误的可能。研究主要的发现或许是意识到个人对创新生态系统可持续性的相对重要性似乎随着生态系统的成长和成熟而下降。

个人在新生或新兴生态系统中尤为重要，但在具有足够制度冗余以应对一两家主力公司倒闭的成熟生态系统中的重要性较低。随着生态系统的成熟，个体层面变量的重要性减弱，生态系统的整体结构在解释行为方面变得更加重要。

案例研究 X 侧重于公共和私营部门投资的动态，尤其在全球范围内的交通创新方面。该案例显示，至少从长期来看，私营部门投资总体上多于公共部门。在所有研究案例中，即使在中国等中央政府领导的国家，私营部门投资也被视为长期创新的推动力。创新作为经济发展和增长的关键因素日益重要，这意味着政府的作用必须通过持续监督和资助创新来维持，或者密切关注生态系统，并有能力定期介入，通过购买、研究合同和少数股权投资来增强生态系统的活力。该案例还研究了美国、欧盟、中国和日本四个主要创新相关地区和组织的公共和私营部门投资（交通创新）。研究发现，目前美国政府融资稀缺（例如对美国汽车制造商的融资），这可能很快会反映在市场或战略伙伴关系上，从而促进相关领域的革命性创新。这可能会使美国关键创新部门（如美国汽车制造业）处于不利地位，这些部门在中国和（部分）欧洲国家的竞争对手中处于不利地位，这些部门在这些国家传统上享有更大的政府支持。中国政府支持和管理的竞争水平提高（以及许多其他新兴经济体的效仿），可能会迫使美国联邦政府或其他政府在促进和确保本国创新生态系统的生存能力方面发挥更直接的作用。从广义的范围上来说，全球每个地区都有自己特定的市场和技术优势，会对其他地区构成越来越大的威胁。这（至少在交通创新方面）就在全球和特定国家或地区内增加了未来主要由私营部门投资的可能性，以抵消政府对竞争对手的支持。最终结果将取决于政府政策和许多其他因素，以及能否建立强大的技术合作伙伴关系以抵消外部变革力量。

总的来说，这 10 个案例研究作用如下：

1）为本书中介绍的基于生态系统的创新模型的解释价值提供了实证支持。我们还没有发现不能通过生态系统、吸引盆、吸引力核心以及政策变化和学习范式模型等几个概念来描述或解释创新过程的创新生态系统模型案例。

2）证明系统方法在创造（最有可能）成功的革命性创新方面的重要性。

3）证明至少在某些明确定义的部门（如非碳燃料、电气化和基础设施），支持传统系统的拥护联盟仍然强大，但基于传统系统的创新模式不再足以提供和维持国家竞争力。显然，我们必须在基于生态系统的变革性或革命性创新中寻找未来。

4）说明全球层面创新治理的多变性，治理方式包括从最小或间歇性的公共部门干预到持续的政府管理和监督。

5）阐述了尽管存在这种多变性，世界各地的创新生态系统似乎会对稳定性和输出做出反应，但这还取决于许多其他因素，例如人力资本、创新实体之间是否存在良性竞争、稳定的政治和社会支持、健康的创新生态系统"吸引力核心"

和主要来自私营部门的稳定财政支持。

6）展示了创新生态系统从高级政府干预无缝演变到完全由私营部门干预、管理和资助的能力和过程。

本书中提出的概念、分析和案例研究结果可能为未来更严格和组织良好的创新过程奠定基础，并打破以认知"群体思维"为特点的传统思维。理解创新的过程与创新本身同样精彩。

致 谢

在撰写本书时，我们非常幸运地与许多人会面并讨论了关于创新各个方面的观点，他们从专业经验或学术研究角度提供了宝贵的建议、信息和数据。他们的意见帮助我们使本书所述的创新模型更加具体，并确定了创新过程中最重要和最有意义的方面和特征。首先，我们感谢在收集案例研究材料期间遇到和采访过的许多人，他们对这些案例提出了独到的见解，对关于影响因素、成功或失败的条件以及我们的创新生态系统模型对这些案例的有效性和适用性的判断都提供了宝贵的意见。他们还分享了他们对所参与的创新生态系统或其要素的看法和个人经验，并通过邮件向我们发送了信息和数据。

我们想要感谢的人有许多，但我们要特别感谢以下人士：

关于德国两则案例研究，特别感谢柏林阿德勒斯霍夫科技园 WISTA 前首席执行官 Hardy Schmitz 先生，以及 DLR 技术营销部负责人 Rolf-Dieter Fischer 博士（案例研究Ⅱ）。

关于以色列案例研究，特别感谢以下人士：

1）Nimrod Cohen 先生，TAU Ventures 执行合伙人。

2）Orlie Dahan 女士，以色列创新研究院 EcoMotion 社区经理。

3）Ayelet Gal Tzur 博士，以色列理工学院。

4）Uri Kareev 先生，SaferPlace 有限公司常务董事。

5）David Medlovic 教授，特拉维夫大学工程系，特拉维夫大学工业联盟计划和风险投资主席。

6）Shlomo Nimrodi 先生，特拉维夫大学 RAMOT 有限公司首席执行官。

7）Meir Nissensohn 先生，IBM 以色列前总经理。

8）Keren Primor Cohen 女士，特拉维夫大学 RAMOT 有限公司总法律顾问兼商务副总裁。

9）Zeev Shadmi 先生，以色列交通部首席科学家办公室研究和项目经理。

10）Gil Shaki 先生，以色列经济工业部创新局。

11）David Shem Tov 先生，以色列理工学院 T-Factor 和 T3 首席执行官。

12）Ariel Sella 先生，智能移动加速器 CAPSULA-studio 常务董事。

13）J. Silverberg 先生，DECELL 有限公司首席执行官。

关于中国案例研究，特别感谢：宁波工程学院（NBUT）助理教授 Minjie Zhang 博士，他向我们提供了大量信息和数据。此外，感谢宁波工程学院助理教授 Jibiao Zhou 博士和讲师、荣誉教授 Xiwei Zhang 博士。

关于英国弹射器的案例研究，特别感谢 TSC 高级技术专家 Fabio Galatioto 先生和互联和自动化运输项目总监 Neil Fulton 先生。

关于美国案例研究，我们与许多人进行了多次会议、访谈或者讨论，他们通过电话会议或与我们面对面的访谈分享了他们的观点和个人经验。

关于硅谷和加州的生态系统研究，我们特别受益于参与的由加利福尼亚大学戴维斯分校于 2017 年 6 月 30 日组织的"三改革"研讨会（Three Revolutions Workshop)，该研讨会使我们可以直接接触整个加州的交通思想领袖，并通过研讨会上的演讲和论文获取有价值的数据和信息。我们特别感谢以下通过多种形式为我们提供帮助的人士：

1）Greg Larson，加州交通运输部代理区域联络员，加州交通运输总部交通运营司，访谈，2017 年 7 月 5 日。

2）Joshua Schank 博士，洛杉矶地铁公司首席创新官，新成立的非凡创新办公室负责人，Three Revolutions Workshop，2017 年 6 月 30 日。

3）James Corless 先生，萨克拉门托地区政府理事会首席执行官，Three Revolutions Workshop，2017 年 6 月 30 日。

4）Pam O'Connor 女士，圣莫尼卡市议会议员兼南加州政府议会议员，Three Revolutions Workshop，2017 年 6 月 30 日。

5）John Gioia 先生，哥斯达黎加（Contra Costa）监事会地区主管资源委员会，Three Revolutions Workshop，2017 年 6 月 30 日。

6）Amanda Eaken 女士，自然资源保护委员会交通与气候主管兼关于使用拥堵定价研究的主任，Three Revolutions Workshop，2017 年 6 月 30 日。

7）Tom Baloga 先生，加州萨克拉门托市奥迪政府事务高级总监，加州大学戴维斯分校 Three Revolutions Workshop 非正式讨论，2017 年 6 月 30 日。

8）Emily Castor，Lyft 3 的运输政策总监，Three Revolutions Workshop，2017 年 6 月 30 日。

9）Andrew Salzberg，Uber 交通政策与研究主管，Three Revolutions Workshop，2017 年 6 月 30 日。

10）Brian Brennan 博士，硅谷领导力集团副总裁采访，2017 年 7 月 6 日。

11）Alexander Skarbardonis 博士，加州大学伯克利分校交通研究所土木与环境工程系教授兼研究工程师，电话采访，2017 年 7 月 14 日。

12）Dan Sperling 教授，加州大学戴维斯分校土木工程与环境科学与政策教授，加州大学戴维斯分校交通研究所创始主任，Three Revolutions Workshop，2017 年 6 月 30 日。

13）Brian D. Taylor 教授，城市规划教授，刘易斯区域政策研究中心主任；加州大学洛杉矶分校主任，加州大学戴维斯分校交通研究所所长，Three Revolutions Workshop，2017 年 6 月 30 日。

14）Karen M. Block 女士，加州大学戴维斯分校能源学院发展高级总监，Three Revolutions Workshop，2017 年 6 月 30 日。

15）Marc W. Wiseman 博士，北美里卡多战略咨询公司总裁，Three Revolutions Workshop，2017 年 6 月 30 日。

关于科罗拉多州丹佛市新兴创新生态系统案例研究的发展，我们在此感谢科罗拉多州交通部官员的采访。我们也要感谢松下公司企业传播副总裁 Jim Reilly 先生回答有关 Pena 大道旁的 X 公路和丹佛智能城市发展的问题。

最后但并非最不重要的一点，我们要感谢一些亲密的朋友和家人的支持，感谢他们对我们在撰写这本书的两年中的鼓励。

Giannopoulos 教授将本书献给他的妻子 Diana 和两个儿子 Anastasis 和 Thanos，感谢他们的支持。

Munro 教授将这本书献给 Amelia G. Munro，Joseph T. Hody Munro，Teresa A. Munro，Patty O'Keefe，Jerimiah Munro，Donna Bialozer 以及他的同伴们：Trinka 和 Wolfrik。

第二部分
案例研究

案例研究 I

德国——柏林阿德勒斯霍夫科技园：
一个创新生态系统的结构和运作的案例

 概述

柏林阿德勒斯霍夫科技园是一个成功的创新生态系统基础设施的例子，为初创公司和成熟公司以及年轻企业家提供了一系列支持功能。它被称为创新区或创新城市。它在各个领域拥有许多创新生态系统，包括：

1）提供办公室和实验室的孵化器空间。

2）技术转让支持服务。

3）创新加速的服务。

4）业务咨询和促进服务。

5）传统的房地产开发项目。

6）其他经济活动，例如创新中心发展咨询。

阿德勒斯霍夫创新区成立于 1991 年，当时柏林墙倒塌，土地和其他研究设施最初由德意志民主共和国（GDR）科学院占用[⊖]。它位于东柏林阿德勒斯霍夫郊区。在这个郊区建立这个区域意味着，它几乎可以在其法律成立后立即开始发展，拥有属于 GDR 科学院的建筑设施（实验室和办公室），并利用同一组织训练有素、受过教育的人力资本，当时该组织可以自由选择新的职业。其中许多人选择在新的创新区工作，而其他人则选择创办自己的创业公司，旨在利用他们在 GDR 学院学习期间获得的专业知识。

在 1997 年至 2003 年的 6 年间，位于柏林的洪堡大学的一部分也在该校和柏林市的决定下迁至创新区。通过这种方式，该区域包含一所充满活力的大学及其研究设施的主要部分，这有助于该地区迅速发展成为一个创新活动中心，融合了多个创新生态系统，并以每年 6% ~ 7% 的速度增长。值得一提的是，柏林阿德勒斯霍夫创新区从 1991 年到目前成熟程度的主要发展阶段如下：

1）1991 年，阿德勒斯霍夫创新区创建为阿德勒斯霍夫开发股份有限公司

⊖ 德意志民主共和国——德国的前东欧集团的组成部分。

（EGA），其关键要素是"技术园区"的开发。

2）直到 2000 年，它一直在接受国家的直接资助。

3）从 2001 年起，再融资开始于房地产销售、租赁收入和服务。

4）2001 年年中，AFM 股份有限公司成立了设施管理子公司，以管理该区域。

5）2003 年，阿德勒斯霍夫 Projekt 股份有限公司作为柏林土地公司的信托代理公司成立，以开发该地区必要的基础设施。

6）2006 年，收购了柏林创新中心管理有限公司，以开发和运营该地区的孵化器。

7）2011 年，Tegel Projekt 股份有限公司成立，作为受托管理未来柏林 TXL——城市技术共和国和舒马赫区的实体，这两个区是阿德勒斯霍夫创新区的未来延伸和进一步发展（见下文关于未来计划的章节）。

如今，阿德勒斯霍夫创新区是一个成熟的高科技"科技创新之城"，拥有世界排名前 15 位的多个创新生态系统。这是德国第一大此类区域。它包括 10 个非大学研究机构、6 所大学（包括洪堡大学）、1000 多家企业和组织，分布在 4.2km² 的地区，有 16000 多人在那里工作，其中约有 7000 名学生。科学和个人关注领域（实际上与该区域内正在运行的创新生态系统一致）如下：

1）光子学和光学。

2）可再生能源和光伏。

3）微系统和材料。

4）信息技术。

5）媒体。

6）生物技术和环境。

在创新区附近，有一个景观娱乐公园和 360 栋私人住宅，而在不久的将来，作为所谓"校园生活"计划的一部分，预计将进一步建设 1400 个住房单元，以及其他社区服务建筑和设施。在目前的规划中，还有更多的办公室和实验室空间有待开发。

I.2　治理和管理结构

阿德勒斯霍夫创新城市的治理具有公私混合的地位。它隶属于公共部门，柏林市以及州和联邦政府都参与其中。这种参与包括监督和规则制定，以及提供该区域全部融资的一部分（这一部分越来越小）。

尽管阿德勒斯霍夫创新城以公共部门为导向，但其管理结构是以私营部门公司的形式运作的，拥有独立灵活的融资和决策结构。图 CS I-1 以图解方式显示了柏林阿德勒斯霍夫创新城市的管理结构，主要管理实体为 WISTA 管理有限公司。

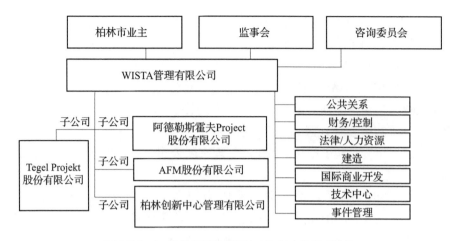

图 CSⅠ-1　柏林阿德勒斯霍夫创新城市的管理结构

（资料来源：转载自 WISTA 手册。）

WISTA 为阿德勒斯霍夫创新城负责所有的规划、管理、推广和发展功能。根据其成立法规，WISTA 的目的是：在不断发展的城市规划以及阿德勒斯霍夫地区的科学和商业的综合概念的基础上，发展一个科技园区。WISTA 是一家非营利性的公司，所以所有的利润都必须再投资到当地。

WISTA 拥有一家100%的子公司，即阿德勒斯霍夫 Projekt 股份有限公司，其用于长期开发和规划，在区域内建设基础设施（道路、污水治理和其他网络）。它还作为核心遗址周围地区的柏林市的受托代理人。

WISTA 公司有一名首席执行官，他从私营部门招聘为合格的经理，由监事会通过正式的泛欧招聘过程任命。监事会由下列人员或其代表组成：

1）柏林市的财政国务秘书。

2）柏林市城市发展和规划（或部门）的国务秘书。

3）负责柏林市经济发展部的国务秘书。

4）柏林市教育行政部门主管。

5）亥姆霍兹联合会的主席[⊖]。

6）一家国际公司的董事会成员。

7）该区内中型公司所有权的归属者。

8）一家税务和商业咨询公司的合伙人。

换句话说，有四名董事会成员是州政府相关政府部门的高级代表，三名成员来自该地区的（工业和其他）私营部门公司，还有一名成员来自学术部门（洪堡大学）。监事会每年召开 3~4 次会议，像任何普通公司董事会一样运作，典型

㊀ 亥姆霍兹联合会是一个非常大的非营利性组织，它管理着许多世界知名的德国研究和教育组织，其中包括 Max Plank 和 DLR 研究中心以及洪堡大学。参见：https://www.helmholtz.de/en/。

任务为：

1）雇佣/解雇管理人员。

2）审查和批准预算/投资/人员的年度计划。

3）账簿批准：损益表、资产负债表、报告、合规情况。

4）关键的组织变革。

5）确定新的合资企业、经营地点、业务领域。

6）有一定规模的诉讼、法律和解协议。

7）非计划外的投资和项目。

8）赞助项目。

9）出售土地和建筑物。

10）特殊业务关系管理（贷款、保险等）。

11）对超过行业关税的员工提供额外奖励。

除了监事会外，还有一个小型咨询委员会，旨在为 WISTA 管理层提供有关重大决策和未来计划的建议。该委员会仅由 5 或 6 人组成。最近，在阿德勒斯霍夫的洪堡大学的学生代表被邀请作为客人参加这个董事会。咨询委员会每年定期开会 3 ~ 4 次。该咨询委员会的成员如下：

1）洪堡大学的副校长。

2）当地一个研究机构的主席。

3）阿德勒斯霍夫大学企业家协会的主席。

4）当地市长（特雷普托 – 克佩尼克区）。

5）阿德勒斯霍夫媒体中心的经理。

该咨询委员会的存在为在该区域内运作的创新生态系统的更多利益相关者提供了参与阿德勒斯霍夫区管理决策的机会。

I.3 财政支持和资金工具

该中心从任何可用的来源（有资格申请）获得资金。它通过参与招标过程，或通过直接营销和推广行动来做到这一点，以吸引私人或国家资金。收入也由该中心自己的活动产生，包括咨询（关于创新区的开发）、开发其土地或建设基础设施（出售或租赁），以及其他（活动管理和为柏林、德国和国外的其他类似实体提供咨询等）。

2016 年，WISTA 管理部门的运营营业额约为 1900 万欧元。所产生的租金收入约占总收入的 55%。其余，15% 是科研机构租赁，5% ~ 10% 是房地产销售，15% 是房地产媒体和辅助服务，5% 是咨询和活动管理服务。在过去的 10 年里，它一直有一点小的利润。

构成 WISTA 管理公司投资预算的投资来源中有 30% 来自州政府，30% 来自德国联邦政府，30%来自欧盟，10%来自自有资金。因此，阿德勒斯霍夫为投资提供的资金（为发展各种研究和创新基础设施）来自公共和私人资金。根据公共和私营部门在这一投资中的贡献百分比，趋势正在压倒性地变化，有利于私营部门。这表明了在阿德勒斯霍夫区"居住"的创新生态系统的成功和可持续性，以及它们的"吸引力"。表 CS I - 1 显示了阿德勒斯霍夫投资分布趋势。在运营初期，即 1991~2005 年，私人投资的比例仅占区内总投资的 14%，这一比例在 2006~2012 年期间已上升到 68% 的水平，2016 年的这一比例已超过 80%。

表 CS I - 1　阿德勒斯霍夫投资分布趋势

项目	1991~2005 年期间合计		2006~2012 年期间合计		2016 年度合计
	Mil（€）	%	Mil（€）	%	%
基础设施（项目负责人）	503	36	167	21	—
投资于大学科学研究院	427	30	10	2	—
WISTA 管理有限责任公司的投资	290	20	72	9	—
私人投资	198	14	541	68	>80
合计	1418		790		—

注：资料来源：WISTA 管理 2017 年年报和作者访谈数据。

 ## I.4　未来计划

柏林阿德勒斯霍夫科技园的所在地靠近正在为柏林和勃兰登堡建造的新国际机场——柏林舍讷费尔德机场（BER）。当这个机场开放时，现有的柏林泰格尔机场将被关闭。该计划是，柏林泰格尔基地将被改造为城市技术研究和工业园区——"柏林 TXL - 城市技术共和国"，还将包括一个多达 5000 个住房单元的住宅区：舒马赫区。WISTA 管理有限公司，即柏林阿德勒斯霍夫的管理公司，已被委托建立泰格尔项目有限公司，作为子公司，以执行城市技术共和国的管理。

根据目前的规划，并遵循或多或少与柏林阿德勒斯霍夫项目相同的发展原则，城市技术共和国将接待 800 家大型和小型企业，总计约 17500 名员工，他们将进行研究、开发和生产活动。此外，城市技术共和国还将包括一所主要的大学——博斯应用科学大学——它将搬进前柏林 TXL 机场航站楼，拥有 2500 多名学生。

新的科学和创新城市将在柏林阿德勒斯霍夫的下一个发展阶段生效，其重点将是在 21 世纪保持不断增长的大都市中心活力的创新，即：

1）有效利用能源。

2）可持续建设。

3）与环境相容的移动性。

4）再循环。

5）系统的网络控制。

6）干净的水。

7）新材料。

这些领域将是该地区的下一个创新生态系统。城市技术共和国计划成为欧洲的一个独特项目，即使不是世界性的。

Ⅰ.5 结束语——经验教训

阿德勒斯霍夫创新区及其创新生态系统的经验提供了几点教训。其成功可归因于（至少在其一位主要前任经理看来）以下几个影响因素：

1）代表地方（州/市）和中央（联邦）政府做出强有力的政治承诺，支持创新区或中心，并通过适当的财政和立法手段和规定促进其发展。事实上，制定和表决管理该区运作的必要立法至关重要。一个成功地将公共部门在确保公共利益和区域整体经济和社会发展方面的参与与私营部门的业务和管理做法相结合的法律框架是此类实体成功的最有效的法律和业务框架。

2）存在独立的企业管理，具有明确和直接的运营和管理程序，以保障公私合作（PPP）形式的运营。这一条件在遵守以下原则的情况下得以实现：

①强有力的和独立的管理结构，即具有足够广泛的管辖权，可以在尽可能少的政治干预下就广泛的问题作出决定和采取行动。这也意味着，这种广泛的管理决策过程是在明确和透明的业务规则下进行的。在阿德勒斯霍夫创新区的情况下，WISTA公司拥有这样一个独立的管理结构，该结构通过其监事会的综合得到进一步保障［在中心的三大支柱（即工业公司、科学/研究部门和政府部门）之间的成员平衡］。在该委员会的管辖范围内，还包括出售该区的土地或财产，以及在开发该区基础设施时与私营部门进行复杂交易的能力。

②在所有主要利益相关者的管理和决策过程中有明确的代表性，而不会损失效率（做出快速且得到充分支持的决策的能力）。这一点通过两个精简委员会的存在得以实现：监事会和咨询委员会。他们为区域的决策过程提供咨询和支持。监事会由8名成员组成，咨询委员会仅由5（或6）名成员组成。

③外部审计员通过审计程序对管理活动进行定期和客观的评估。监事会控制公司的滚动计划，并决定年度审计重点。柏林议会经济发展委员会收到了有关阿德勒斯霍夫经济发展的详细文件。柏林州总会计办公室密切监测管理层的活动。这种评估程序不仅是为了维护公众利益和资金，而且也是为了维护所有利益相关者的利益。

④能够制定和执行大型项目。这是一个随时间而来的问题，关系到该地区建设道路、污水管网、能源管网等长期基础设施以及建筑物的能力。在阿德勒斯霍

夫的案例中，通过为基础设施项目创建阿德勒斯霍夫 Projekt 股份有限公司，并雇佣一支精干且专业的特殊施工开发团队，解决了这一问题。

⑤吸引人的商业和生活环境，促进大大小小的高科技公司涌入。

3）存在一项长期战略，以促进和发展该中心，并与该区重点关注的行业中的所有相关行业利益相关者建立联系和关系。该战略包括设计和采用一项积极主动的"积极"促销和销售政策，旨在将该区带到其潜在未来"客户"的门口。例如，定期参加和出席相关会议、贸易展览会和类似活动，以及创建或参与专注于特定主题领域的相关协会或"集群"，都属于该领域的行动。

4）通过利用特区与公共部门合作的资金，鼓励公司来特区投资。此类激励措施包括购买土地的补贴、对特定类型基础设施的开发费用的贡献、建筑法规激励措施等。

5）为初创公司提供设施、支持和激励。向新的创业公司提供支持至关重要。这种支持主要包括由该区域提供或邀请在该区域内开展业务的指导和加速器服务。它还包括带有"孵化器"条款和条件的办公空间、组织培训和教育研讨会或讲习班、组织会议和其他类似活动等。园区内初创公司的成功通常会产生倍增效应，因为它是其他人效仿的榜样和激励⊖。

6）"捆绑"性质类似的实体，以便更快地创造必要的"临界质量"条件。这一因素与我们创新生态系统模型中的生态系统"核心"概念直接相关，这是启动和维持特定创新生态系统所必需的。正如第 2 章已经提到的，在一个完全可持续的生态系统"核心"出现之前，特定部门、活动或领域中至少有必要存在的实体。从我们在阿德勒斯霍夫的采访中可以看出，一所大学和至少 30 ~ 40 家活跃在生态系统领域的初创企业通常被认为是必要的。这个数字是通过考虑以下因素得出的：

①开发商投资建筑和其他基础设施的可行性。

②能源供应和消费的可持续性。

③其他竞争公司之间的协同运营条件等。

有关德国创新区的更多详细信息，建议读者联系 BVIZ——德国创新、技术和企业孵化中心协会⊜。

⊖ 在这种情况下，成功意味着成功地收购或升级公司的地位，例如，通过在区域内购买土地和建造自己的设施等。

⊜ BVIZ 是一个德国联邦协会，成立于 1988 年，名为 "Arbeitsgemeinschaft Deutscher Technologiezentren（ADT）"，位于前西柏林。如今，它有 150 个与之相关的创新区和商业区，其中有 5800 多家公司和 46000 多名员工在工作。该协会支持德国各地区中小型创新企业的发展和创新导向的结构变革。有关更多信息，请参见：https://www.innovationszentren.de/41-0-English-Information.html。

案例研究 II
德国——德国航空航天运输中心（DLR）：公司级创新生产的"技术营销"案例

 II.1 概述

德国航空航天运输中心（DLR）是德意志联邦共和国的国家航空航天研究中心。它是德国（甚至欧洲）最大的研究和开发中心之一，每年的总研究预算接近 10 亿欧元。其 8000 名研究和管理人员遍布德国 20 个不同地点的 40 个研究、测试和运营设施。它是一个特许非营利组织，在亥姆霍兹联合会⊖的监督下运作，并得到德国联邦经济事务和能源部的部分财政支持。它由 5 个主要部门或"项目"组成：

1）航空。

2）空间。

3）能源。

4）交通。

5）安全研究。

技术转让和创新创造（通过研究成果的实施）是德国航空航天局管理的主要目标和目标。公司的创新强化结构由 4 个主要要素组成，这些要素共同构成了所谓的"DLR 创新钻石"（图 CS II-1）。这些要素包括：

1）制定公司的创新目标和战略。

2）在其机构内创建"创新文化"。

3）使用合适的创新流程（主要是所谓的 Sc2B 流程）。

4）"工具"的创新组合。

制定、维护、促进和加强这一创新钻石的主要工具是公司的一个专门部门，名为技术营销（Technology Marketing，TM）。该部门负责协调中心内的所有技术转让和创新活动，并直接隶属于中心的最高管理层。其主要活动和职责（图 CS II-2）如下：

⊖ 详情参见：https://www.helmholtz.de/en/。

1）收集适合开发的项目成果和想法。

2）市场评估和市场相关研究。

3）验证和评估新产品和想法的市场开发潜力。

4）监督必要的开发商业计划的制定。

5）知识产权保护的管理和融资。

6）所有必要的商业化活动，包括寻找合适的工业合作伙伴、与他们签订开发协议，以及所有其他必要的活动，以实现充分的商业化。

该司约有 30 人，并与专门与该司联络的研究所的若干工作人员积极参与和合作。

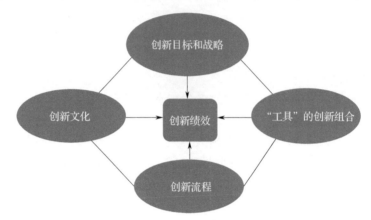

图 CS II -1 "DLR 创新钻石"：通过设定目标、创新文化、合适的创新流程
和"工具"的创新组合来加强创新过程

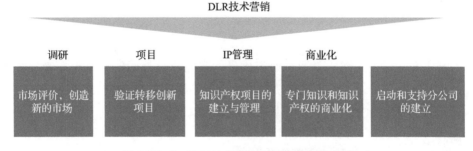

图 CS II -2 DLR 技术营销部门主要活动和职责

（资料来源：从 DLR TM 部门转载）

II.2 创新目标和战略

作为一个非营利组织，DLR 遵循以促进特定社会利益和克服社会面临的巨大挑战为中心的创新政策。它旨在将发明与创新过程联系起来，加强 DLR 作为合格技术供应商和工业发展合作伙伴的作用，并使公司成为该国科学和经济的战略合作伙伴。该政策的具体目标如下：

1）每年开展并保持适当数量的创新培训和教育活动。

2）每年推动越来越多的创新项目。

3）在市场上引入新产品/服务/程序。

4）实现适当的投资回报。

5）根据需要创建一些分公司。

Ⅱ.3 科学到商业流程

DLR 内部的主要创新创造过程是所谓的"科学到商业流程"（Science to Business Process，Sc2B 流程）。它遵循具体的步骤来帮助 DLR 研究产品找到合适的市场应用程序。这些步骤如下：

1）技术侦察。该活动的目的是"定位"（在该中心的所有研究机构内）合适的想法、研究结果，或其他潜在的创新元素，可以形成可利用的产品。DLR 的 TM 部门正在通过以下措施开展这项活动：

①在中心的每个研究执行实体（通常在研究所级别）分配经过专门培训和经验丰富的人员。这些人员的任务是在每个地点"侦察"合适的研究结果。

②定期组织特别的研讨会，让研究人员和"侦察员"以及 TM 部门的其他相关人员聚集在一起，审查和评估适合市场开发的想法和研究成果。这些车间被称为"市场之路"车间。

2）对新想法或研究成果的初步验证。这一验证过程旨在评估新想法或研究结果的"技术吸引力"和"市场准备情况"。第一种与新想法或研究产品的技术潜力和可能的社会和经济利益有关，第二种与市场引入的成熟度有关。这项验证工作由 DLR 管理层提供初始资金。

3）创建一个合适的开发业务计划。对于通过初始验证过程的项目，此阶段旨在为开发产品创建业务计划。这是通过 DLR 本身或其母公司亥姆霍兹联合会（它有一个专门用于这些目的的特殊基金，称为"倡议和网络基金"）或第三方资助完成的。

4）确保知识产权。一旦研究产品或新想法得到验证，并形成了可行的商业计划，下一步是在国家、欧洲或国际层面获得一项或多项专利来获得知识产权。TM 部门用于这一过程提供了所有必要的支持，包括来自中心管理部门用于此目的的分配的资金⊖。

5）Sc2B 流程的最后阶段是找到一个合适的工业合作伙伴或多个合作伙伴，

⊖ 每年用于此目的的分配资金约 350 万欧元，而每年通过该过程获得的专利总数为 250～300 项，其中约 50% 是国家专利，其余是欧洲或国际专利。在任何时间点，DLR 中心都拥有 2500～3000 项有效专利。

负责建造该产品并投入市场。这是通过形成所谓的"战略创新伙伴关系"来实现的,即与合适的工业合作伙伴达成协议,他们获得了产品的权利,并给予DLR许可费或其他形式的适当补偿。此阶段还可以创建一个分公司,让其自行承担产品的生产、进一步的推广和市场介绍。

科学到商业流程是DLR的主要创新创造过程。

II.4 创新组合

该中心还开发了一些"工具"以及与行业合作的通用形式,以促进整个科学到商业的过程。这些都构成了DLR的"创新投资组合"。它们包括:

1)思想管理工具。这个在线工具可以帮助DLR研究人员注册他们的研究结果和想法,并对潜在的实施进行初步评估。

2)一个"孵化器"设施,旨在组织DLR的分公司以及该地区的其他初创企业。

3)道路市场化工具,一种评估新技术商业化潜力的标准化方法。

4)信息指南工具,这是一个对创新项目评估和验证的工具。评估一个研究产品的"创新潜力"的主要属性包括:

①技术潜力(技术生命周期、市场利益)。

②应用潜力(应用范围、增长潜力)。

③用户利益(客户利益)。

④竞争优势(谁是竞争对手以及他们所取得的成就)。

⑤技术诀窍(通过创新过程保证技术知识)。

⑥财务资源(可用预算、风险)。

⑦实施实力(存在足够的DLR内部支持、营销技术等)。

此外,还采用了以下三种创新促进机制的通用模式:

1)战略性创新合作伙伴关系。这些都是DLR与其业务合作伙伴之间签署的框架协议。这些合作伙伴关系的目的是共同准备和实现未来的研究产品应用。转移模式始于"创新前端",即在创新过程的准备阶段。机会由DLR与行业共同确定,并转化为创新项目。

2)有机会/风险的合作伙伴关系⊖。这些合作伙伴关系,通常是在DLR和工业或公司之间形成的商业伙伴,是基于"没有风险,没有回报"的情况形成的。DLR的创新项目允许商业伙伴参与将技术从研究实验室转向市场。这些项目的目的是验证技术,使它们能够转化为未来的市场应用。参与其中的公司和DLR都承诺

⊖ 这方面的一个例子是DLR与IQ无线有限公司的合作,将DLR的空间时代地理地图和烟雾图像处理软件引入市场,用于开发森林火灾的早期预警系统。联合产品开发协议于2001年签署。

提供实物或财务贡献，以支持部分风险，并在最终的市场成功中获得同等的份额。

3）剥离公司[⊖]。如果一项技术足以证明它具有市场潜力，就会创造这些。同样地被说服的合伙人会成为新公司的股东。DLR 向新公司提供其设备和设施的使用－以市场条款，直到新公司成立并巩固其经济状况。

Ⅱ.5 结束语——经验教训

本案例研究集中于组织方面和一个主要研究中心使用的"工具"，以促进其研究成果引入市场和创造创新。DLR 的经验及其与创新相关的成功故事表明，创造创新的主要贡献在于产生最初研究的组织，需要一个良好的组织和系统的努力来"取得成果"。DLR 的案例也指出了某些成功的因素或条件，可以积极地影响创新创造过程。这些内容可以总结如下：

1）建立合适、有效的创新机制。这种机制可以在组织的组织结构中建立起来，并采取一个单独的、非常专门化的单位的形式（分公司、部门等）。它的主要目的将是系统地收集想法和研究结果，并促进产生这些想法的人提出来，使它们可供评估和最终实施。

2）制定、安装和定期执行客观和严格的验证程序，以评估和验证新想法或研究结果的适用性。

3）接近"想法或发明的来源"，并与研究执行实体或个别研究者密切合作。

4）为最初的创新创造活动，即侦察和验证，确保最低限度的资金。就 DLR 而言，这笔资金大约占其机构 RTD 资金总额的 1%（即政府给出的金额），但这个数字可能会增加到 3% ~4%，甚至 5%。

5）通过与工业或商业实体的早期和系统的联系，发展一个外部创新支持网络，可以帮助研究执行组织启动和成功地完成创新周期。被邀请加入该网络的实体主要是在研究执行实体的区域内，但必要时也可以在国家或国际一级寻求。这个网络的"约束力"将是签署的具体合作协议。在研究执行组织和这个创新支持网络之间建立"信任"，最终可以成为特定领域创新生态系统的基本资产。

6）为研究执行组织开发合适的"品牌名称"和打造知名度。这种"品牌"必须强调其作为创新者和双赢合作的实体的声誉。

7）对研究结果进行直接和积极的营销，即严格促进潜在的工业合作伙伴。

8）通过涉及技术或涵盖许多学科的创新成果的优先研究产品进行推广。

关于对创新过程产生负面影响的因素，DLR 的 TM 部门的负责人（我们采访了他）列举了两个这样的因素：竞争和对传统系统变革的抵制。

⊖ 一个例子是使用卫星导航技术创建的 DLR 的铁路碰撞避免系统（RCAS）。这是通过一个新的衍生产品——智能轮胎（IoW）带到市场的。

案例研究 Ⅲ

希腊——雅典经济与商业大学：一个作为创新和创业中心的高等教育机构的案例[⊖]

 引言

Ⅲ.1.1 希腊高等教育和研究体系概述

高等教育机构在全球和知识型经济中发挥了很大的作用。本案例研究探讨了大学的作用［通过雅典经济与商业大学（Athens University of Economics and Business，AUEB）商学院的案例］，并阐述了从提供教育和管理培训发展到作为创新和新的创业发展的中心的过程。

大学可以在研究和创新生态系统中发挥关键作用，通过教育发展人力资本，吸引尖端技术的高技能人才，通过研究合作和技术转让与企业界积极接触，并加强全球竞争力。鉴于高等教育是经济的引擎之一，是"知识三角"的关键点，因此一个国家或地区的大学的生产力、质量和研究状况是经济发展和繁荣的指标（European Commission，2010）。

希腊大学和研究中心的科学研究产生了不同形式的表达和输出，从期刊、会议或书籍出版物到软件制品、原型和技术报告。根据几项排名，在科学出版物和参与欧盟资助的研究项目方面，希腊的研究生态系统被认为是欧洲最有前途和高质量的生态系统之一，有6000多名研究人员在1500多个研究团队中工作，至少有200个组织完善的研究实验室，它们涵盖了所有科学学科，在其科学工作的世界认可度、所产生的知识的质量和数量以及科学学术知识的进步等方面被认为是国际上最好的实验室之一。

⊖　本案例研究的文本由 George Doukidis 教授、Angeliki Karagiannaki 博士和 Katerina Pramatari 教授，以及雅典经济与商业大学管理科学与技术系电子商务研究中心（ELTRUN）和商业机构 ——｛gjd，akaragianaki，k. pramatari｝@ aueb. gr 撰写。结束语由作者撰写。

　　希腊研究人员的国际竞争力源于他们的高质量研究能力，这一点从地平线2020等竞争激烈的欧洲研究项目的结果中可以看出。在1071个机构参与竞争652个欧洲研究项目的情况下，希腊（在2014～2017年之间）获得3.284亿欧元的资助。因此，在地平线2020计划中，希腊在28个欧盟成员国中排名第11，高于芬兰、丹麦、爱尔兰和葡萄牙。它能达到这一水平主要是由于研究产品的数量、投入研究的财力和人力资源以及绩效水平等指标。此外，希腊研究人员的生产力是德国研究人员的2.5倍，是英国研究人员的5倍，这与科学出版物和投入高等教育的资金有关（OECD, 2015）。

　　此外，根据最近的一项研究，美国学术界精英中越来越多的人从希腊大学获得本科学位（Yuret, 2017）。在向美国顶尖大学输出的学者数量方面，该国排名第二，仅次于以色列，而以色列在美国的研究和技术领域有很强的影响力。许多希腊学者在美国排名靠前的大学中任职，表明了希腊大学中存在相当多的优秀人才。

　　尽管希腊大学在教育和研究成果方面的表现令人满意，但研究成果的应用却相当令人失望。欧洲每年来自希腊的专利有20～40项，而来自芬兰的专利超过1000项。此外，在希腊每年发展的25000家新公司中，只有25家（千分之一）可被视为"高影响力"公司（Endeavor, 2016）。影响力大的公司表现出高增长趋势，以出口为导向，吸引大量资金，占创造就业的大部分，主要特点是在利用研究成果和创造创新产品/服务的基础上进行重大创新。据估计，在以色列高影响力的公司数量与新公司数量的比例是1:100，而在美国是1:11。很明显，希腊应该尝试并重新专注于培养更多高影响力的新公司，而不是笼统地、无重点地试图增加创业。

Ⅲ.1.2　研究开发和创新生产方面

　　重要的是要找出希腊的高质量研究大多仍然没有得到充分利用的根本原因：

　　1）多年来（几乎是过去30年），希腊大学在高等教育中的主流政治思想倾向于"妖魔化"企业家精神和私人投资。

　　2）私营部门提供的研究奖学金、赠款和其他资助机会水平不足（仅占国内生产总值的0.3%）。

　　3）高科技公司的本地（全国）市场规模小。

　　4）多年来，企业和学术界之间缺乏合作和信任。

　　5）在处理大学的研究与发展项目方面，长期存在着大量的官僚主义行为。

　　6）研究人员的税收待遇特别苛刻，主要是由于他们中的大多数人都是自由职业者。

　　7）创业仍然有很高的行政壁垒（OECD, 2015）。

　　这种负面的"环境"可以通过制定一项国家战略和一套综合行动来扭转，以支持和提升国家的RTD文化，并系统地支持开发研究成果和创建一个国家研究创新生态系统，以此作为全球竞争力和卓越的驱动力。

这些行动（目前正在讨论实施）包括：

1）法律框架。研究商业化需要一个灵活的法律框架，以便促进专利和附带利益的产生，并为知识产权管理提供一个良好的基础。例如，这可以通过大学资产管理公司的参与来实现。

2）研究经费。除了正常的研究资助，这一行动还包括为博士后学生提供足够的资助，以便他们能够开发其研究成果的概念验证，为博士研究提供资助计划，以及为现有研究人员和那些有兴趣从国外回国的人提供特殊的税收优惠。

3）技术转让办事处。建立足够数量的区域技术转让办公室和大学孵化器/加速器是一个必要的行动，以便提供团队发展、咨询服务、指导和孵化服务。

4）资助创新和创业。这指的是通过专门的技术转让和种子基金，为大学和研究中心产生附带利益和初创企业发展创造更大的融资可能性。最近，随着欧盟"平等基金"计划下的"创新窗口"四个新基金的设立，该国在这一领域的情况有所改变。这些基金有望重新激发与研究和创新有关的创业活动。

5）研究创新生态系统合作。大学/研究中心和企业家群体以及地方政府之间的合作是必不可少的，需要系统地加以促进，以创造具有必要基础设施和重点部门的创新生态系统。

6）研究商业化和企业加速器。这一行动包括制定特别激励措施，吸引现有公司利用当地研究成果，并为公司企业、初创企业和国际研究活动之间的合作和联网提供可能性和激励措施。

如果建议的行动得到正确实施，那么通过研究成果开发和创建整个研究创新生态系统，在各个科学领域，高影响力的公司数量每年可以增加一倍。于是，本地但同时也是具有国际竞争力的研究团体能够为国家经济的发展作出贡献。从数字上看，对希腊来说，这意味着每年可以发展 25 家与研究成果开发有直接联系的新的高影响力公司，能够创造 2000 个高价值的就业机会，每年从国外吸引超过 2.5 亿欧元的投资资金，在增长阶段，每年至少可以贡献 1.5 亿欧元的出口额。

III.2　AUEB 支持创新和创业的结构

III.2.1　概述

AUEB 是希腊第三古老的大学，也是经济和商业领域中最古老的大学。AUEB 是一所提供本科和研究生教育的机构，主要在经济学、工商管理、市场营

㊀ 大学资产管理公司的使命是从事专业的投资管理活动，以管理大学的投资资产。资产管理公司提供大学基础设施和资本项目的规划，以满足未来的增长，并提供支持服务，以满足大学的战略和学术目标。

销、会计和金融、管理和技术、信息学和统计学领域具有优越表现。AUEB 是希腊一所杰出的公共教育机构，在更广泛的东南欧地区的经济和商业高等教育机构中处于领先地位。它的根基是其学生和教学人员的质量和卓越、所提供的教育课程的质量和范围，以及其高影响力的研究活动。

在过去的十几年，AUEB 非常重视并努力促进、鼓励和支持创业和创新。近年来，作为对国家经济危机和严格的紧缩计划的回应，这种重视变得更加明显和合理。

AUEB 的电子商务研究中心（简称 ELTRUN）是这些活动的核心。它建立在整合知识三角的三方面基础之上，以探索更好地调整和整合研究、教育和创新生产功能的方法。

AUEB 关于创新和创业的战略如图 CSⅢ-1 所示。

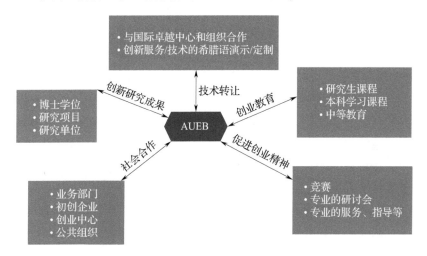

图 CSⅢ-1 AUEB 关于创新和创业的战略

1）创业教育，目前是针对一些特定的人，但在未来是针对大学的所有研究生和本科生课程，使用最先进的教育方法。

2）在希腊所有大学和研究机构中，通过竞赛、专业的研讨会以及专业的服务、指导等发展新的企业家，系统地促进创业精神。

3）创新研究成果（博士学位、研究项目、研究单位等）以及研究成果的后续利用。

4）与国际卓越中心和组织合作，以创新技术产品/服务为目标，建立技术转让结构。

5）与更广泛的希腊创业和创新生态系统发展合作，以建立规模经济、互补性，并实现乘数效应。

6）与国际企业家团体广泛合作，并与欧洲和全球范围内的其他大学和企业家支持中心建立紧密联系。

这一战略强调了商学院作为现代教育形式，起到了价值研究中心的作用，以及创造和发展可持续和创新型企业家精神的作用。

Ⅲ.2.2 支持创业教育的举措

以下是 AUEB 支持创新、创业和卓越研究的倡议和行动的简要清单。

1. 专业课程和研讨会

早在 2003 年，AUEB 就是希腊第一所在本科学习计划中引入创业课程的大学。今天，每年有数百名学生参加现代主动学习教育方法的相关课程，如案例研究、模拟商业游戏、商业计划竞赛等。自 2013 年以来，AUEB 管理科学与技术系为本科生开设了"电子商务、创新和创业"专业课程。在该专业的大多数课程中，主要由学生小组逐步开发创新产品/服务和适当的商业计划。2017 年，其中一个团队代表希腊参加欧洲学生创新和创业竞赛的青少年成就"2017 年企业挑战赛"。

自 2007 年以来，AUEB 是希腊第一所将"创新和创业"作为研究生课程一部分的大学（MBA 国际项目以英语提供）。MBA 国际项目吸引了优秀的研究人员和潜在的新企业家，他们参加完整的工商管理课程，同时通过专业课程和研讨会逐步发展他们的创业理念，做具体的项目，并获得指导服务（更多信息参见：www. imba. aueb. gr）。

在创业教育方面，AUEB 每年多次组织为期两天的"创业训练营"，由 10 ~ 12 个具有创新商业理念的年轻人（主要是 AUEB 校友，但也有来自其他大学的）组成，他们与专家和导师合作，进一步开发他们的商业模式，并确定初创企业发展的关键成功因素。

2. 创新和创业单位

在希腊的大学中，AUEB 是建立创新和创业单位的先锋。在 7 年的运作中，该大学的创新和研究部门（MOKE）在提高认识和支持学生和毕业生迈出创业的第一步方面做了大量工作。

该单位旨在向其他大学和联合大学的学生输入创业精神和技能，并支持处于早期阶段的企业。为此，该单位将理论和实践联系起来，邀请商界人士分享他们的经验，并就其商业理念的发展向学生提供建议。

该单位还通过与教员合作组织新商业领域的讲座以及提供所需材料和工具，支持创业课程的教学。此外，通过其网站和社交网页分享与创业有关的最新信息和教育资源。

该单位的主要职能之一是协助 AUEB 就业和职业部门主办一年一度的"商业创意竞赛"。在比赛期间，学生有机会参加一系列专业的研讨会，并与他们的团队和导师一起制定商业计划,从而实现这些任务。竞赛结束后,该部门继续支持各团队进一步发展其业务计划,并最终启动其业务。

自成立以来,AUEB 的创新和创业单位已经邀请了 100 多名演讲者参加课堂演示、研讨会和讨论会。该单位还汇集了 60 多名导师的学生团队。它与研究人员和教学人员一起开发了一系列案例研究、创业问题和商业计划模型。

该单位每年还组织"创业职业日",这是一项创新活动,旨在建立初创企业与学生或应届毕业生之间的合作(建立实习关系或签订就业合同)。

由于所有这些活动,AUEB 获得了 2013 年欧洲企业促进奖"促进企业家精神"类别的"全国冠军"奖。

3. AUEB 的大学创新和创业竞赛

自 2008 年以来,AUEB 连续 10 年组织和举办了最成功和最受认可的大学创新和创业大赛(与希腊和塞浦路斯的 20 所大学合作)。这项竞赛被称为 Ennovation,每年有来自 40 所希腊和国外大学的大约 400 名学生参加,竞赛的获胜者成功地继续他们的创业活动(见:www. ennovation. eu)。竞赛的主要重点是"教育"创新和创业领域的学生和年轻研究人员。

在整个过程中,参与者都得到专家和教练的支持,他们帮助参与者开发和验证他们的创业想法,改变他们的商业模式,并指导他们如何推销。此外,Ennovation 旨在为新的创新数字企业的发展创建一个协作框架。自 2014 年以来,Ennovation 增加了一个额外的支柱,即研究流。这是一系列研究提案,重点关注具有技术创新潜力和新业务发展的研究成果。它旨在促进学术研究人员的创业精神和意向,并支持技术转让。获胜的团队可以选择进入 AUEB 的孵化器,而不在雅典的团队可以通过虚拟加速过程获得支持。

无数成功的初创企业从这场竞赛中脱颖而出。一些例子如下:

1)Ennovation 2011——第一名为 iKiosk(现为 Intale):一家便利店的企业资源计划(ERP)和数字助理——已经筹集了超过 250 万欧元的资金。

2)Ennovation 2012——第二名为 SourceLair:一个在线集成开发环境(IDE),支持超过 25 种编程语言和框架的在线编码,同时与 Git、GitHub 和 Heroku 集成——已经从希腊国家银行(NBG)商业种子中筹集了 20 万欧元的预付资金。

3)Ennovation 2013——第一名为 TruckBird(现在的 NestCargo):一个货物运输市场——已经从 NBG 商业种子中筹集了资金。

4)Ennovation 2013——第四名为 ClioMuse:一个在 20 岁以下策划文化故事的导游应用——进入了 Horizon 2020 研究项目。

5)Ennovation 2014——第一名为 TomoTech(现为 Advantis Medical Imaging Software):一款基于网络的后处理和三维(3D)可视化 MRI 软件——已经从

Venture Friends VC 筹集了资金。

4. 为高中生建立一个创业社区

AUEB 也关注高中生，无论他们之后将从事哪个领域的研究，AUEB 每年都组织一个青年创业暑期学校（YES），由高中生参加（见：https://yes. aueb. gr），这些都是来自希腊各地的尖子生，他们赢得奖学金就可以参加为期两周的AUEB 创业项目。

AUEB 还支持创建学生志愿者团体（如 ThinkBiz、TEDxAUEB 等），在各种活动/倡议中支持希腊大学和希腊社会创业文化的发展。

5. 支持创新和创业的行动

雅典创业与创新中心（Athens Center for Entrepreneurship and Innovation, ACEin）是 AUEB 的孵化中心，为研究人员和潜在的年轻企业家提供支持，以帮助他们发展创新的商业理念并将其推向市场。ACEin 为那些希望将自己的创新创业想法或科研成果转化为可持续的商业模式和后续的创业公司的学生和研究人员提供大量的支持。该中心提供的不仅是物理资源和基础设施，还有创业的关键战略，关键战略包括提供关于建立和运营初创公司的培训、商业专家的支持、指导和网络。该中心还在其与某些部门的市场更广泛的协同作用的背景下，组织创新行动，以便在特定的细分市场引入创新解决方案。

ACEin 孵化中心提供的服务（同时也揭示了其战略的基本支柱）如下：

1）教育：精心设计的讲座、团队作业/研讨会、案例研究和行动学习的混合课程。

2）联网：在国家和国际层面组织各种网络活动、团队发展活动，进入欧洲大学孵化中心网络，参与国际展览和网络传播活动。ACEin 组织了名为"匹配和发展"的团队发展活动，以寻找合适的人员（技术和商业）。每个创业团队都有自己的成长和发展需求。ACEin 将团队建设形式和活动的广泛知识与重点教学和精辟的小组辅导相结合，在创业团队中产生切实的互补性。

3）咨询服务：团队受益于专业服务（由专家提供），这取决于团队的业务成熟度、他们的具体需求，以及中心的能力。咨询服务在不同领域获得，如商业计划、营销、品牌和设计、IT、会计和法律问题。所有这些都是通过与专家的个性化会议获得的。

4）指导：获得具有成熟的企业、初创企业和风险投资经验以及成功记录的导师。

在运营的前 4 年，ACEin 与 70 多名专家/导师合作，积极支持了 100 多个创业团队，他们稳步帮助建立了新的企业。

Ⅲ.3　研究商业化和大学 – 企业合作

ELTRUN 是美国电子商务协会的电子商务研究中心[注]。ELTRUN 目前由 30 多名研究人员组成，包括 5 名阿拉伯联合大学的学术人员，同时与其他大学的学术人员有密切的合作。多年来，ELTRUN 成功资助了超过 25 名博士毕业生，并成功完成了 50 多个国际研究项目，其中一些项目通过竞标获得了欧盟委员会的资助。该中心还积极参与国家研究计划和旨在提高电子商务领域意识的各种活动。ELTRUN 分为五个研究小组：电子商务创新、战略和企业家精神（E-Business Innovation，Strategy，and Entrepreneurship，EBISE），供应链、需求管理和商业分析小组（Supply Chain，Demand Management，and Business Analytics Group，SCORE），互动营销和电子服务（Interactive Marketing and Electronic Services，IMES），智能媒体实验室（Intelligent Media Lab，IML）以及算法和离散优化小组（Algorithms and Discrete Optimization Group，ADOPT）。

更具体地说，EBISE 研究小组在以下领域进行研究：电子商务战略和创新；商业模式创新和行业颠覆；开放式创新；寻找机会、市场分析和差异化；商业化进程；创业；支持新的电子商务企业和新服务/产品设计。SCORE 研究小组专注于大数据和业务分析项目，其专业知识在于在结构化（如销售、谷歌分析）和非结构化数据源（如传感器数据、社交媒体数据）上应用数据挖掘和机器学习技术提取知识，旨在支持数据驱动的决策并提供推荐系统服务。

SCORE 研究小组通过跨学科方法（即市场营销、信息系统和电子商务）在数字营销和电子商务的背景下开展基础和应用研究。

ADOPT 研究小组在以下领域开展研究：偏好下的匹配和分配，主要关注稳定的 b 匹配、帕累托 b 匹配和帕累托分配；偏好下的匹配在机构设计中的应用，尤其是在 B2B 环境中；制造业的优化和数字化、生产力分析及绩效评估。

IMES 研究小组在以下领域开展研究：商店氛围 [例如，二维（2D）与三维在线商店]；对消费者 – 用户行为的影响；电子客户关系管理和销售；全渠道零售中的消费者 – 用户行为；电子营销研究和营销分析。

IML 研究小组在以下领域进行研究：推荐系统算法；大数据分析和管理的竞争优势；金融科技应用设计；以用户为中心的交互和界面设计；电子商务和电子政务；物联网应用。

以下部分描述了 ELTRUN 研究中心为支持研究商业化和大学 – 企业合作而采取的指示性举措和行动。

[注] 它成立于 1992 年，目标是成为欧洲电子商务研发的卓越中心（见：www. eltrun. aueb. gr）。

III.4 开放式创新项目：连接工业和年轻企业家

考虑到传统的 RTD 研究项目周转时间长，因此通常跟不上当今快速的变化步伐，大公司越来越接受开放的创新和创业文化[一]。技术创新是初创企业的核心，因为这些组织更擅长敏捷和冒险，并以其实验文化而闻名，因此在"开放式创新"模式中与大型组织合作可能是初创企业将创新有效引入市场的重要途径。不以这种方式合作的初创企业面临着无法扩大规模的风险，因为它们缺乏互补资产，如市场经验、客户基础、已建立的网络、制造设施、营销能力和知识产权机制（Narula，2004）。对于大公司和初创企业来说，这是合作和实现双赢伙伴关系的最佳时机（Miller 和 Bound，2011）。

III.4.1 创意计划

本节描述了一个有助于将开放式创新付诸实践的项目。它被称为"创意——创新、设计和创业行动"，由澳大利亚电子商务联盟的 ACEin 在 ELTRUN 的科学支持下组织。

创意（IDEA）计划帮助现有公司与一群人才或创业团队或初创企业合作，解决具体的商业问题，抓住机遇，从而实现创新。该计划结合了"开放式创新"的概念，以促进特定市场领域（如旅游、健康、金融科技等）中组织外部的创业精神。因此，它促进了创新的纵向重点和深度研究。

该方案的具体目标如下：

1）对参与者进行适当的创新和创业教育。

2）突出互联网环境、移动和新技术中的数字创新。

3）通过有效使用原型和用户体验测试技术，向参与者提供知识和基本工具，以分析开发新的创新解决方案和系统的过程以及各自的创业理念。

4）分析和推广新的商业理念和模式，为经济和社会各部门的"挑战"提供解决方案。

5）创造一个突出新的创新公司的合作环境。

6）通过在现有公司中培养个人的创业精神，创造一种"内部创业"[二]。

该计划分为三个连续的阶段：从问题识别和想法产生到商业模式创新、原型

一 "开放式创新"的概念违背了传统的公司研究实验室的保密原则和简仓心态。这意味着不能完全依靠自己的研究而是购买或许可其他公司的工艺或发明（即专利）的公司，也无法通过许可、合资、分公司或者其他手段将未用于其业务的内部发明带到公司之外。

二 指一家老牌企业的创业实践。内部创业精神将"创业"的管理风格（以灵活性、创新和冒险承担为特征）应用于一个安全和稳定的公司。

设计和实施支持。程序结构和理念基于 West 和 Bogers（2014）中提出的开放创新的三个步骤，图 CSⅢ-2 描述了这些步骤。

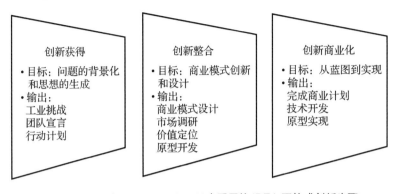

创新获得
·目标：问题的背景化
和思想的生成
·输出：
工业挑战
团队宣言
行动计划

创新整合
·目标：商业模式创新
和设计
·输出：
商业模式设计
市场调研
价值定位
原型开发

创新商业化
·目标：从蓝图到实现
·输出：
完成商业计划
技术开发
原型实现

图 CSⅢ-2　在 AUEB/ELTRUN 中采用的 IDEA 开放式创新步骤

注：改编自（West 和 Bogers，2014）。

创新型初创企业选择和实施的创意包括：

1）可靠的气象预报服务（对机场非常重要）。

2）为抵达机场的旅客提供个性化的雅典旅游和文化应用程序。

3）有效规划、监控和管理大型会议室的日常人员工作，以及应急管理。

4）其他被选中的想法有：在机场室外停车场实时寻找停车位；机场残疾人移动应用程序/驱动程序；一个"智能"测试的应用程序；通过机场商店的交互式显示进行购物。

迄今为止，IDEA 模型已经产生了不同类型的产出，包括数字技术、新服务和联合品牌安排，这些都是初创团队和公司之间正式达成的协议。这些协议根据具体情况采取了不同的合作形式，包括供应商合同和收入分成协议。

Ⅲ.4.2　欧洲信息通信技术初创企业虚拟加速器——EUXCEL

ELTRUN 和 ACEin 参与了 EUXCEL 项目，这是一个 Horizon 2020 和 Startup Europe 倡议，旨在通过培训和辅导虚拟加速器，支持有志于共同创立新的国际信息通信技术（Information-Communication Technology，ICT）初创企业的年轻技术企业家。EUXCEL 基于三个阶段：为期一周的强化教育（称为"start-up scrum"）、为期 3 个月的加速计划，以及名为"挑战决赛"的最终颁奖活动。团队是跨国的，孵化是虚拟的，创新想法的焦点是国际市场。

在该计划实施的两年中，国际团队开发了许多案例，例如：

1）公园和博物馆的排队管理系统。

2）一个已经在慕尼黑推出的"每日一菜"应用程序。

3）一家提供零售产品价格爬升监控服务的咨询机构，已经在希腊和意大利开展业务。

4）一个允许驾驶人在他们的汽车上显示广告并根据他们行驶的里程数获取宣传费的应用程序。

5）用于在家种植草药的物联网应用和基础设施。

Ⅲ.4.3 研究商业化——ShopMind 项目

ELTRUN 理念的一个组成部分是研究人员与行业的紧密合作以及研究成果的系统开发。这是通过具体的技术转让方法和一系列活动来解决的，例如向研究团队提供持续的信息/动力，对科学成就的前景进行充分的评估，合作确定每个研究成果最合适的开发计划（例如建立企业、销售 RTD 服务、特许经营许可证），以及根据每个研究团队的业务准备情况、成熟度和需求提供专业的咨询服务。

利用研究成果的一个良好实践是 ShopMind，这是一家以研究为导向的新兴企业，专注于商业分析和数据驱动的决策支持。ShopMind 的目标是"挖掘购物者的思想"，揭示先前不可用的潜在知识，并将知识转化为创新行动。通过将先进的分析技术应用于零售数据，Shopmind 可以识别潜在的购物任务，即购物者进入零售店的原因，并揭示隐藏的购物者角色。

ShopSights 是 Shopmind 的创新产品，Shopmind 是一种 360°商业分析工具，可以提供实体店和网店的行为洞察。它支持有针对性的营销行动和数据驱动的决策制定，从针对每个客户群的营销活动到商店布局的重新设计，再到产品推荐。该工具的创新之处在于能够推断每个细分市场中客户的购物目的。因此，它使零售商和供应商能够了解每个细分市场客户的特定需求和偏好，并为他们设计合适的服务和基于数据驱动的特定产品促销活动。

当前的大数据分析解决方案倾向于忽略单个顾客访问的购物目的，因为它们要么检查顾客的整个购物访问，要么关注顾客在访问期间购买的特定产品之间的关联。相比之下，ShopSights 打算将快速消费品领域的品类管理转变为更加以客户为中心的管理，并引发从品类到购物任务管理和分析的范式转变。Shopmind 与各种零售行业的大型工业企业密切合作，并成功地将营销和商业分析领域的创新研究成果推向市场。

Ⅲ.5 结束语——经验教训

大学可以在创造创新方面发挥非常积极和正面的作用。它们是几乎任何创新生态系统的"吸引力核心"的天然参与者。可以说，它们还能够形成游戏规则，并帮助建立创新生态系统发展和维持所必需的"健康"初始条件。本案例研究展示了大学如何发挥这种作用，以及在一个因严重经济危机而将经济紧缩运用到极致的国家环境中，大学如何成为一个至关重要的创新参与者。本案例研究表明，创新和企业家精神是可以成功的，即使是在如此不利的经济"环境"中。

它所需要的是一个良好的自下而上的组织结构，涵盖知识三角的所有方面，并允许与市场和行业的密切联系和互动。最重要的是，它需要具有前瞻性和远见卓识的个人领导者，他们拥有专业知识、意愿和能力，能够共同努力，为活动开发创新理念，并利用任何可用的资源。这样的品质通常可以在大学里找到。

AUEB/ELTRUN 在促进创新和创业精神方面的成功故事也可以作为一个例子，因为它遵循了一种完全一体化的方法，纳入了一些重点突出的行动。从大学团队最擅长的事情开始，即承担研究项目和产生研究成果，它遵循一个一致的政策，通过知识和技术转让行动将这些成果付诸实施并取得成效，建立国内和国际合作伙伴网络，并通过一系列行动和合作创造乘数效应，以此作为竞争力和卓越的驱动力。希腊是欧盟的成员国之一，欧盟的相关方案和融资工具为其融资和建立网络提供了大量机会，这一事实极大地促进了阿拉伯联合经济银行的成功[⊖]。

AUEB 履行其作为希腊创新和创业推动者角色的关键“工具”如下：

1）ELTRUN——电子商务研究中心，是一个专门的研究中心，拥有 60 多名人员（包括 6 名电子商务研究中心的学术人员，40 名研究人员，15 名博士后和其他机构的学术人员）。

2）创新和创业单位——该单位侧重于培养意识，支持学生和毕业生迈出创业的第一步。

3）雅典创业与创新中心——为研究人员和年轻企业家提供支持的孵化中心，以帮助他们开发创新的商业创意并将其推向市场。

4）青年创业暑期学校——每年为高中生组织的暑期学校，让他们提前了解什么是创业。

这些实体执行许多关键职能和任务，它们共同构成了一个完整的创新提升活动，具体如下：

1）创业教育。在研究生和本科生水平上提供的关于创新和创业问题的专门课程。在本科生层面，鉴于希腊大学的本科生在第二年学习后可以选择一个“专业化方向”，ELTRUN 支持“电子商务、创新和创业”的专业化方向。在研究生层面，它提供了一个名为“创新和企业家精神”的完整研究生课程以及其他相关的教育或培训活动，包括每年举办多次的为期两天的“创业训练营”，小组由 10～12 名年轻人组成（主要是 AUEB 校友，但也有来自其他大学的人），他们讨论创新商业想法，与专家和导师合作，以进一步发展他们的商业模式，并确定初创企业发展的关键成功因素。

2）通过竞赛、专业研讨会、专业服务支持和培养新企业家、指导等方式，在全国范围内系统地促进创业。在 7 年的运作中，该大学的创新和研究部门（MOKE）在培养意识和支持学生和毕业生迈出创业的第一步方面做了大量的工

⊖　自 2001 年以来，希腊也是欧元区成员国。

作。MOKE 最著名的举措是举办创新和企业家精神的 Ennovation 竞赛（与希腊和塞浦路斯的 20 所大学合作）。这项竞赛每年有来自 40 所希腊和国外大学的大约 400 名学生参加。

3）创新研究成果（博士学位、研究项目、研究单位等）。这些研究项目进一步帮助 ELTRUN 开发其研究组合和研究产品，并发展有价值的国际关系和合作网络。

4）就业和职业支持服务。ELTRUN 中心通过支持 AUEB 的就业和职业部门，提供多种服务，帮助年轻人从事与创新和创业有关的职业。这些服务包括：组织"商业创意竞赛"——一年一度的竞赛，在此期间，学生有机会参加一系列专业的研讨会，并与他们的团队和导师一起制定商业计划——组织"创业职业日"，这是一项创新活动，旨在建立初创企业与学生或应届毕业生之间的合作（建立实习关系或签订就业合同）。

5）与国际卓越中心和组织合作，建立技术转让结构，旨在创新技术产品/服务。

6）与希腊企业家和创新公司发展开放式创新合作。ELTRUN 在运行开放式创新项目方面积累了丰富的经验，例如与雅典国际机场合作开发的项目（名为"数字之门"）。

7）与国际社会联网和合作行动，并与其他相关大学团队和创业支持中心建立联系。

2013 年，AUEB/ ELTRUN 获得了 2013 年欧洲企业促进奖"促进企业家精神"类别中的"全国冠军"奖，从而在欧洲层面认可了这些活动的卓越表现。

参考文献

Endeavor, 2016. Four Years of Endeavor in Greece. Report. Retrieved from: http://endeavor. org. gr/wp-content/uploads/2016/11/Endeavor-Greece-Infographic-4-years-ENG. jpg.

European Commission, 2010. Assessing Europe's University-Based Research. Expert Group on Assessment of University-Based Research 2010. Retrieved from: https://publications. europa. eu/en/publication-detail/-/publication/93ec2eb0-b614-41df-a894-56895a795a54(Accessed June 2018).

Miller, P., Bound, K., 2011. The Startup Factories. NESTA global innovation foundation report. Available from: http://www. nesta. org. uk/library/documents/StartupFactories. pdf(Accessed June 2018).

Narula, R., 2004. RTD collaboration by SMEs: new opportunities and limitations in the face of globalization. Technovation 25, 153 – 161.

OECD, 2015. The future of productivity. Report. Retrieved from: https://www. oecd. org/eco/OECD-2015-The-future-of-productivity-book. pdf(Accessed June 2018).

West, J., Bogers, M., 2014. Leveraging external sources of innovation: a review of research on open innovation. J. Prod. Innovat. Manag. (5), 31.

Yuret, T., 2017. An analysis of the foreign – educated elite academics in the United States. J. Informetr. 11 (2), 358 – 370.

案例研究Ⅳ
以色列——市场驱动型国家创新体系的案例

 引言

以色列是一个人口只有 850 万的小型国家，其坐落在一个土壤条件接近沙漠，地缘政治环境充满挑战的不利地理位置。它也是一个刚刚成立 70 多年的年轻国家。尽管存在这些负面的条件，它今天仍然展示了一个令人印象深刻的经济和技术发展记录，这在很大程度上取决于一个活跃的创新生态系统中坚实的科学和技术创新能力。在过去 30 年左右的时间里，它发展了一个成熟和自我维持的创新生态系统，这显然使该国成为技术最先进的国家之一，其不仅拥有一个充满活力的创新支持社区，而且其人均成就记录等于甚至超过了许多发达经济体。它有许多"第一"值得称赞，包括研发支出占国内生产总值的比例最高（每年超过 4.0%，2015 年为 4.3%，为世界最高），人均初创公司数量最多，并在 2015 年高于美国⊖。它的经济表现也比经济合作与发展组织（经合组织）国家的平均表现好得多，与创新相关的以色列经济绩效指标见表 CSⅣ-1。在《投资以色列——在以色列做生意指南 2016》中⊖，人们可以找到更多关于该国创新相关增长和特殊特征的有用统计数据。

表 CS Ⅳ-1　与创新相关的以色列经济绩效指标

指标（括号内为参考年份）	单位	以色列人数	经合组织平均数
GDP 增长率（2014 年）	%	2.6	1.9
同期平均 GDP 增长率（2009~2014 年）	%	3.4	—
债务与国内生产总值的比率（2014 年）	%	67.6	111.1
受过高等教育的劳动力（2013 年）	%	47.4	33.3
每 1000 名就业人员中的研究人员数量（2012 年）	名	17.4	7.8

⊖ 按人均计算。特拉维夫地区的初创企业密度更高，那里大约有 6000 家初创企业。这些企业中有许多是在技术领域。

⊖ 该指南由以色列经济和工业部外国投资和工业合作司编写。关于 2016 年指南请参见：http://investinisrael. gov. il/resources/adkit-manual-2016-IN-PRINT. PDF（2017 年 5 月访问）。

（续）

指标（括号内为参考年份）	单位	以色列人数	经合组织平均数
高科技制成品出口的百分比（2013 年）[a]	%	42.4	16
信息与通信技术服务占服务出口总额的百分比（2014 年）	%	62.7	30
出口占国内生产总值的百分比（2015 年）	%	37	10～12
每万名劳动力中的科学家和技术人员（2015 年）	名	143	≈ 75

注：a 表示不包括钻石。

来源：转载自《投资以色列——在以色列做生意指南 2016》，以色列经济和工业部。

近年来，以色列已成为科技公司最大的发射台之一，多年来实现了一些最大的"退出"、大规模"轮次"融资和大型初创企业的成功故事。所有这些都使以色列成为一个"新兴国家"。2015 年，新创企业的总数上升至 1400 家，其中约 373 家公司融资约 35.8 亿美元（仅计算 50 万美元以上的融资），69 家公司被出售，总融资额为 54.1 亿美元。这些数字高于前几年，并且显示出上升趋势。例如，2017 年，该国历史上最大的"退出"是在交通运输领域（智能移动），据报道，Mobileye 公司以 150 亿美元的价格出售给了英特尔。

以色列技术转让公司每年总共产生超过 10 亿以色列新谢克尔（2.76 亿美元）的版税。每年大约有 150 项新技术从以色列大学和研究机构获得许可。每年平均有 15 家基于学术发明的新公司成立。此外，希伯来大学的 Yissum 和魏茨曼研究所的 Yeda 在收入方面名列全球十大技术转让公司[⊖]。

最值得一提的还有众多获得世界级奖项的以色列科学家。按人均计算，以色列是获得诺贝尔奖或图灵奖人数最多（迄今共有 13 位获奖者）的国家之一[⊖]。其中，三位诺贝尔奖获得者是以色列机构的常驻人员（以色列理工学院的阿龙·切哈诺沃、以色列理工学院的丹·谢克特曼和魏茨曼研究所的阿达·约纳特），八位诺贝尔奖获得者不在以色列居住[⊜]，此处，还有一个图灵奖获得者，一个数学杰出贡献菲尔兹奖获得者。

以色列有六所大学和多个研究中心，其中最著名的是久负盛名的魏茨曼研究所，该研究所拥有 2500 多名研究人员，并且具有大学地位。大部分私人或政府的研发基金流向这六所大学和魏茨曼研究所。

以色列的经济和创新绩效在很大程度上是由一个旨在支持创新生产的精益和前瞻性的法律和行政框架所决定的。这一框架是以色列历届政府多年来为提高国

⊖ 参见：https://www.slideshare.net/innovation_workshop/technology-transfer-the-secret-engine-behind-israeli-success。

⊖ 图灵奖被公认为计算界的诺贝尔奖。

⊜ 其中六个是化学领域，两个是经济学领域。

家竞争力而建立的。其中包括反垄断和竞争、银行、资本市场、资本筹集、破产、知识产权、劳动法、诉讼、隐私、数据保护和税收等问题的规定（有关详细信息，请参考《在以色列做生意——法律和商业指南2017》[一]）。

总的来说，以色列似乎已经成功地从一个几乎没有自然资源的年轻国家转变为一个向世界输出技术创新的技术先进国家。通过我们的现场访问和采访，我们能够看到当地强烈的企业家精神和蓬勃发展的"开放式创新"结构，这是当前以色列国家创新生态系统的特征。同样明显的是数量可观的外国跨国公司，它们在各自的领域处于世界领先地位，已经在当地的创业生态系统中立足，收集最新趋势的情报，提高自身的创新能力。根据《福布斯》最近的一篇文章[二]，2017年，包括谷歌、微软、脸书、英特尔和亚马逊在内的300多家跨国公司通过在该国建立研发实验室来实现以色列的创新，通常是为了研究它们最前沿的产品。

在这个案例研究中，我们研究了促成这一成功的因素以及维持这一成功的因素。我们首先描述了以色列国家创新支持系统的结构，然后在得出结论和经验教训之前，重点介绍了运输和移动部门的发展。

 ## Ⅳ.2　以色列创新生态系统概述

Ⅳ.2.1　关键参与者

或许以色列创新生态系统最典型的特征是它对"开放式创新"的依赖[三]，在这个生态系统中初创公司和指导企业家或"加速器"以自由和竞争的方式进行互动，并且没有任何附加条件。

大多数支持以色列的导师或加速器活动并与那里的初创企业合作的大型公司（其中许多是所有领域的大型跨国公司），都是为了融入以色列的创新生态系统，了解各自领域的最新发展，而不是想要收购公司并"快速退出"。当然，最终许多成功的初创企业通常会被大型跨国公司以令人印象深刻的价格收购。这为更多初创企业的发展创造了强大的动力，而这个体系现在似乎已经远远超过了初创企业和成熟企业的"临界质量"，这是确保其可持续发展和取得成功所必需的。

图CSⅣ-1概括地展示了以色列创新生态系统中的主要参与者。该图显示了

㊀ 来自 Nishlis 法律营销公司，地址：http://israeldesks.com/doing_business_in_israel_2017/（2017年5月17日访问）。

㊁ David Yin 发表在《福布斯》的文章《是什么让以色列的创新生态系统如此成功？》第1部分，参见：https://www.forbes.com/sites/davidyin/2017。

㊂ 正如本书前面几节所定义的，"开放式创新"是知识广泛传播的状态，在这种状态下，公司不能完全依赖自己的研究，而是应该从其他公司购买或许可流程或发明（即专利），或者内部发明被带到创新组织之外（例如，通过许可、合资或创建子公司等）。

9个主要的参与组。它们都在支持创新方面发挥着积极的作用，在整个经济运行的"自由市场"体制下，它们相辅相成，但又不丧失竞争条件。除了众所周知的"三螺旋"创新模式的三个要素，即政府、学术界和工业界之外，还有许多其他"参与者"，他们有着已经被证明的业绩记录，并且似乎对整体的积极影响贡献最大。

接下来，我们将在政府、学术界和私营部门的作用方面更详细地考察这些所有"参与者"。

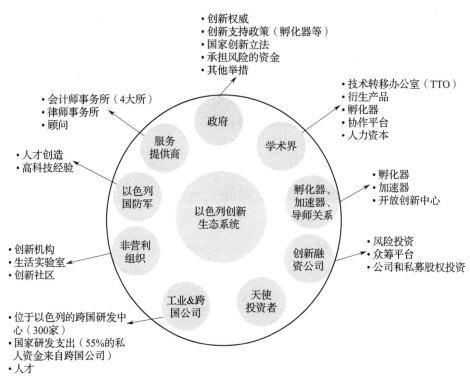

图 CS Ⅳ -1　以色列创新生态系统中的主要参与者

Ⅳ.2.2　政府的作用

以色列创新生态系统中的一个主要参与者是经济和工业部的以色列创新局（前首席科学家办公室）。这是一个中央政府机构，负责促进该国及其各行业的创新，并被认为在过去30年左右的时间里主要负责制定政府促进创新的政策。该局还发布工业研究和发展计划，与国际伙伴合作开展研发项目，并与工业界合作为政府制定创新政策。在我们所有的访谈中，人们对以色列创新局和政府采取的政策普遍持肯定态度，认为这些政策总是有帮助的，有效地促进了国家的创新。然而，以色列创新局贡献的亮点是发展和共同资助：

1）适当的创新融资工具。

2）技术孵化器项目。

第一个主要贡献是 1993 年启动的一项名为 Yozma 的关键创新资助计划。Yozma 通过成立其第一个风险基金 Yozma Ⅰ，有效地创建了以色列风险资本市场。该计划投资了约 8000 万美元，获得 10 个新风险资本基金 40% 的股份，为它们提供 80% 的下行风险保险，并给予它们在 5 年内折价购买政府股份的选择权（10 个基金中有 8 个行使了这一选择权）。通过这种方式，政府设法为初创公司"撬动"了大量资金（所有 10 个基金的总资本为 2 亿美元），从而实际上创造了以色列的风险资本市场。与此同时，Yozma 开始对初创公司进行直接投资，这标志着以色列专业管理的风险投资市场的开始。今天，Yozma 的基金⊖构成了以色列风险投资市场的支柱。

第二个主要贡献是创立了技术孵化器项目。该项目于 1991 年首次设立，目的之一是为来自苏联的新移民提供成为成功企业家的资本和资源。自那时以来，它已扩大到约 30 个孵化器，其中 22 个在技术相关领域。所有这些孵化器现在大多通过公开招标私有化。孵化器项目的目标是那些被认为对私人投资者风险太大的颠覆性、处于早期阶段的创意。初创企业的孵化期为两年，典型的资助额金为 500000 ~ 800000 美元。政府没有股权，并且提供 85% 的预算作为补助，只有当初创企业产生收入时才会返还（作为 3% ~ 5% 的版税）。孵化器运营商只投入预算的 15%，最多保留一半股权。作为回报，他们需要为合作伙伴提供强有力的指导，以帮助初创企业取得成功。因此，很明显，政府孵化器计划的整个思路不是为了获得回报，而是为了帮助自由市场发挥作用，降低早期投资的风险，并使私营部门和市场本身成为最有前途的企业家和最具颠覆性的技术的评估者。

创新局还管理着以色列所有主要的研发项目，因此其拥有并维护着一个由以色列各个部门和高科技公司提供和实施的研发项目的独特数据库。在国际舞台上，以色列创新管理局也是一个主要的技术交流中心，促进国际高科技社区和以色列之间的技术合作。

其他政府部门也做出了贡献，但主要是通过各自关注领域的研发计划，因此贡献不大。它们通常不像经济部和以色列创新局那样为创新提供任何具体的物质支持，但它们确实在其相关权力领域为市场运作提供了必要的政治支持和立法规定。交通部也有一个适度的年度研发计划，重点是智能交通和智能移动问题。

除了以色列政府，以色列军队似乎也在以色列创新体系中扮演着重要角色。我们采访的大多数人都强调，以色列军队为以色列青年提供独特的技能和培训，这些技能和培训在他们退伍后在经济中担任企业家角色时总是会用到。著名的 8200 部队是陆军的精英情报部门和高科技部队，如果被接受，年轻的新兵几乎立即接触到最先进的军事系统和高科技部门。8200 部队进行了几次服役前测试，

⊖　在第一次发行之后，至少又发行了两次 Yozma，分别是 1998 年 9 月的 Yozma Ⅱ 和 2002 年的 Yozma Ⅲ（它们都动员了著名的美国、欧洲和以色列私人投资者）。

以选择最合适的人最终加入该部队。在 3 年的服役中，在 8200 部队或其他类似部队服役的年轻人参与了培训、集思广益、规划和运行项目，以提高陆军的能力，特别是在网络安全、人工智能、人工视觉和许多其他高科技领域。他们还创造了友谊和纽带，这是后来共同创业的基础。陆军在创造后续创新方面的巨大影响力的特点是，有一个名为 8200 创业和创新支持计划的特殊加速器⊖，这是一个每年运行一个周期的非营利加速器项目，其愿景是利用 8200 单位校友的庞大网络来促进和加速早期初创企业和企业家的产生。

Ⅳ.2.3 学术界的作用

所有以色列大学和研究中心或多或少都建立了技术转让办公室和其他相关的结构，以支持创造创新，即转让其研究成果迈向市场。原则上，大学内部产生的所有研究成果的知识产权属于大学或其指定的附属机构。这一原则在法律上得到承认，并从新生入学或新教授或研究人员与其签订合同之日起开始生效。当一个新的想法或研究成果出现，并且其创造者希望将其进一步商业化（而不是为其创建一个或多个科学出版物）时，它将被提交给相关的技术转让办公室。在那里，对其商业化潜力进行评估，如果发现成果是有潜力的，并且技术足够成熟，就可以采取一些行动来开发这种潜力。它们包括：

1）资助进一步的验证过程。

2）资助商业计划的制定。

3）在国家或国际层面申请适当的知识产权保护。

4）创建一个促进开发的初创企业。

5）创立一个分公司。

6）通过合资企业邀请外部合作伙伴共同开发。

如果上述过程产生了收入，无论是以一次总付的形式还是以版税的形式，该想法的研究人员或发起人都将获得一定比率的奖励（根据特定学术机构遵循的规则，在 30% ~50% 之间）。其余的进入大学或研究中心，在那里它可以进一步分配给研究实验室，从那里产生结果或想法，并分配给一般的大学基金。

技术转让活动的具体安排因大学而异。我们访问了以色列的两所主要大学，它们在世界大学排名（2017 年）的六所以色列大学中排名第二和第三，即特拉维夫大学和以色列理工学院。

特拉维夫大学是以色列最大的研究型大学，有 9 个学院和 125 个院系，涵盖科学、人文和艺术的所有领域。在为初创企业筹集资金和促进 3 万名学生创业方面，该校在全球排名第九，在美国以外排名第一。它每年在研究方面的投资约为 1.8 亿美元，在任何特定时间平均有 1800 个研究项目。根据该大学网站显示，大

⊖ 参见：www. eisp. org. il。

约50%的以色列企业家在特拉维夫大学学习过。特拉维夫大学的创新支撑结构包括：

1）RAMOT，即大学的技术转让办公室。

2）RAMOT 技术创新动力基金。动量基金投资于广泛领域中有前途的突破性技术，包括制药、医疗保健、高科技和物理科学。

3）特拉维夫大学合资企业，这是一个支持该大学学生和校友创业精神的一站式机构，并通过以下措施来实现上述目的，具体包括：

①有学分的创业导向课程。这是由管理学院为在校所有学生提供的课程。它们的教学大纲包括可能与年轻企业家相关的方面，如知识产权问题、财务方面、营销和品牌等。

②STAR TAU 合伙公司。这是一个非营利组织，其致力于创新相关的学术和投资活动，其中包括课程、研讨会和创业竞赛。最值得注意的是，这种伙伴关系是大学和学生会各占一半。STAR TAU 是特拉维夫大学创新周品牌的所有者，这是以色列关于创新的最密集的年度活动。

③与孵化器、加速器或预加速器等投资"引擎"进行建设和合作。这些引擎可能会以可转换票据的形式向每个项目投资5万~15万美元，之后再投资100万美元或更多。特拉维夫大学合资企业为新创业者提供培训、联系、办公场所、商业指导和资金。

4）特拉维夫大学创新会议。这是一个由 STAR TAU 共同组织的国际活动，旨在将所有有兴趣投资以色列早期尖端技术的利益相关者聚集在特拉维夫，并举办一系列活动和机会介绍新的初创公司。

RAMOT 是特拉维夫大学校园中最古老、最知名的实体。其业务参与中心提供服务来支持以下活动：

1）为增值研究提供资金。

2）知识产权保护服务。

3）加速器服务。

4）许可活动。

RAMOT 已经在特拉维夫大学内开展的研究"价值提升"计划包括对一些后期（研究）项目活动的资助，如"转化"研究、概念验证和演示、开发计划制定等。资助分为三个层次：

1）每个项目高达10万美元，由"内部"基金（即技术转让办公室或特拉维夫大学基金）资助。

2）每个项目高达20万美元，由政府资金资助（主要是经济部的 Kamin 和 Nofar 方案，每年资助总额约为400万美元）。

3）每个项目高达100万美元，主要由独特的资助计划通过技术转让办公室的技术创新动力基金资助，每年总额为2400万美元。

大学已将其在大学范围内的所有知识产权转让给大学技术转让办公室，大学技术转让办公室的知识产权服务部门负责处理所有必要的行动以保护该知识产权。因此，对于任何特定的案件，大学技术转让办公室都要评估保护的必要性和专利申请的类型，准备和提交所有必要的文件，并为专利的颁发和维护提供资金。在撰写本书时，在580个专利族中大约有2300项有效专利。

大学技术转让办公室目前通过两种方式支持新企业家和初创企业，即专注于物联网和工业物联网技术的"I3股权合作伙伴"和专注于由特拉维夫大学本科生和校友创办的初创企业的加速器"TAU VENTURES"。

最后，在"许可"方面，大学技术转让办公室与一些选定的工业合作伙伴合作，涵盖其技术的所有领域，并继续就其已申请专利的新产品进行谈判并达成许可协议。用于闪存卡中安全数据存储的SanDisk X4闪存算法的例子就是这一过程的特征。这项技术的原始专利是由大学技术转让办公室在2004年申请的。2005年，获得了专利，该系统被卖给了一家名为M-Systems的公司。后来在2010年，M-Systems被卖给了SanDisk。到2012年，闪迪（SanDisk）闪存卡的销售额超过了50亿美元。

有趣的是，来自大学技术转让办公室许可协议的版税和任何其他收入的40%归"发现"的研究人员所有，其余（60%）归特拉维夫大学所有。在这60%中，20%用于研究目的（其中10%用于研究基础设施，10%用于研究人员的实验室），40%用于大学的一般预算。

根据大学技术转让办公室的知识产权保护专家的说法，技术转让许可——相对于特定专利的许可——是一种完整的技术交易。它需要一个有声望的研究人员的参与、在这些问题上的丰富经验和深刻的知识、适当的咨询服务、使用实验室设施，以及必要时继续研究的选择。它还需要与相关工业公司建立长期的信任关系，而这些公司反过来将享受与大学知名研究人员的合作、先进的研究设施、顶级的服务、与投资者的良好关系以及战略合作伙伴。

以色列理工学院有一个与特拉维夫大学同样令人印象深刻的技术转让组织。该大学拥有600名教职员工和14000名学生，拥有52个研究单位和6个多学科研究中心。到目前为止，它已经产生了700个活跃的专利族的投资组合，70个正在运行的副产品，以及对以色列理工学院附属公司的总计7500万美元的年度投资。2016年，它从版税中总共获得了3300万美元的收入。

以色列理工学院的创新支持结构主要包括：

1）以色列理工学院技术转让（Technion Technology Transfer，3T）组织。

2）初创企业支持的两个实体：3DayStartup和BizTec。

3）加速器公司，即DRIVE Technion加速器。

4）以色列理工学院研究与发展基金会是该大学的一个附属公司，负责该大学研发的行政管理。

5）布朗尼卡创业中心。

3T 组织主要利用经济和工业部的资助计划来支持技术转让项目[⊖]。

技术大学的应用研究由许多国家或国际研究基金项目资助。这一进程得到了以色列理工学院研究与发展基金会的协助。这个基金会发出研究呼吁，由各种外部来源资助，并管理所有与大学进行的研究有关的行政问题。以色列理工学院已将该大学研究成果的所有知识产权转让给以色列理工学院研究与发展基金会，合理利用了所有国家和国际的研发资金来源。

知识产权的处理由 3T 组织完成，该组织还谈判许可协议并分配版税或其他收入。研究成果开发的收入按 50:50 的比例进行分配，即 50% 归"发明者"，50% 归大学所有（在这种情况下是研究与发展基金会）。

最新的发展是开放创新实验室计划，根据该计划，大学（或其技术转让实体）将相关研究产品进入市场所需的所有利益相关者（即风险投资、产业合作伙伴等）聚集在一个平台下，并协调从初始验证到商业计划再到市场进入的所有步骤。以色列政府为支持活动提供资金，如管理、指导、访问研究基础设施、试验台、数据（尤其是大数据）等。

Ⅳ.2.4　私营部门的作用

尽管公共部门在以色列创新生态系统中发挥着不可否认的关键作用（主要针对以色列创新局和以色列军队和其他公共部门实体），但私营部门和公私合作举措才是以色列国家创新生态系统的真正核心和推动力。私营部门的参与始于 20 世纪 80 年代末，这是政府旨在消除初始私人投资风险和释放私营部门创新潜力的具体政策的结果。早在 1972 年，IBM 以色列公司就是第一家在以色列建立研究实验室的跨国公司。IBM 实验室在以色列理工学院建立，后来搬到了海法大学的校园，并在那里继续运行至今。自成立以来，该实验室雇用了数千名学生，其研究人员在学术机构讲课，同时在包括交通运输在内的许多领域进行创新（最新的是"IBM 沃森汽车助理"，这是一个基于人工智能用于帮助驾驶人的平台）[⊜]。

私营部门在风险投资部门和孵化器项目中尤为活跃：

1）在风险投资部门，在 Yozma 基金和类似的较小规模倡议的首次公开捐款之后，私营部门对风险资本公司的投资在 20 世纪 90 年代末跃升了近 60 倍，达

⊖　此类计划包括 Nofar（以行业为指导的概念验证，资金高达 10 万美元）、Magneton（与行业的合作研究，每个项目资金高达 75 万美元）和 New Ventures 计划（该计划为初创企业或孵化器等倡议提供高达 500 万美元的资金）。此外，还有经济和工业部用于基础应用研究的 Kamin 计划，由工业界作为导师，每个项目的资助在 9 万 ~18 万美元之间。

⊜　IBM 以色列公司通过从该国各种相关的本地创新生态系统中收购初创企业而迅速扩张。在 1996 ~2012 年期间（在 Meir Nissensohn 的领导下），该公司收购了 10 家此类初创企业，并建立了另外两个实验室：一个软件开发实验室和一个硬件开发实验室。

到 33 亿美元。到 1999 年，以色列的私募股权资本占 GDP 的比例仅次于美国（这一增长的 70% 来自高科技企业）。目前，以色列有 50 多家活跃的以色列和外国风险投资公司，其中大多数是在以色列设有办事处的外国（国际）基金⊖。在以色列设有办事处的最大外国风险投资公司包括 Sequoia Capital、Bessemer Venture Partners 和 Battery Ventures。

2）根据《福布斯》的数据，在孵化器项目中，截至 2016 年，从以色列孵化器"毕业"的 1500 多家公司中，60% 吸引了 35 亿美元的可观私人投资。虽然政府在该项目上仅投资了约 6.5 亿美元，但该项目从私营部门获得了 5~6 倍的杠杆效应。根据 Geektime 和 Zira 发布的 2015 年以色列初创企业和风险投资年度报告⊜，2015 年，以色列大约有 80 个不同的导师项目和加速器⊜，其中包括由跨国公司支持的企业加速器如微软的加速器（微软风险投资）、AOL 的 Nautilus，还有雅虎的 SigmaLabs。

在以色列的私人创新融资中，名列前茅的是大型国际企业集团进行的各种公司和私人股本投资，如微软（它在当地有一个投资部门和一个初创企业加速器）、英特尔、谷歌等。也有以色列和外国私人股本公司，如 FIMI 和 Apax。这些为初创企业提供了重要的支持渠道，包括办公场所和资金，但最重要的是伙伴关系、价值和声望。在融资过程中，它们经常作为"被动"投资者与风险投资公司合作。

此外，我们还看到许多由更传统的工商组织支持的私有加速器，如来自银行和投资界的巴克莱和花旗。这些新加速器加入了更为成熟和卓越的加速器行列，包括 8200 EISP、蜂巢，还有上涌实验室（位于美国硅谷的以色列加速器）。另一个趋势包括所谓的"城市"加速器，即那些专注于帮助交通、房地产、地方政府、地方服务等领域的初创企业与城市合作的加速器。此类加速器的例子有：Siftech（耶路撒冷）、RishonStartUp（Rishon leziyon）和 HAC（Herzliya）。

还有一种形式的私人资金来源是所谓的"天使"投资者，即通常对早期公司进行第一笔"种子"投资的个人投资者。"天使"是投资自己资金的人，而不是代表他人投资的风险投资人。由于天使很早就参与进来，他们与初创企业的创始人有着独特的关系。他们通常与初创企业的创始人有很强的个人化学反应，但通常投资金额很小（数万美元，而风险投资人的投资金额则高达数百万美元）。

最近，以色列也出现了越来越多的"众筹"平台，并在那里成功运作。在

⊖ David Yin 的文章：《是什么让以色列的创新生态系统如此成功？》第 2 部分，参见：https://www.forbes.com/sites/davidyin/2017。

⊜ 参见：http://www.geek time.com/2016/01/11/annual-report-2015-startups-and-venture-capital-in-Israel/（2017 年 5 月 17 日访问）。

⊜ 个人或公司致力于管理初创公司的发展和推广，以寻找资本和合作伙伴来促进其感兴趣领域的创新。

这个行业的最前沿是 OurCrowd，这是世界上最大的同类平台，自 2012 年底成立以来，它已经从数千名投资者那里为 70 家初创公司筹集了 1.3 亿美元。该公司成立于以色列，现在在北美和澳大利亚设有办事处。众筹公司通常会参与风险投资融资，很少自己牵头融资。

以色列资助创新的另一个想法是"天使"和"众筹"相结合。第一批进入这一领域的公司之一是 iAngels 投资公司，该公司于 2013 年成立，2017 年已筹集了约 3400 万美元。该公司提供了一个平台，让投资者有机会通过与其他"天使"投资者和风险投资人一起参与融资轮来进行"天使"投资。

Ⅳ.3 以色列交通部门的创新

在这个充满活力的国家创新体系及其众多生态系统中，交通运输部门相对来说是一个后来者。然而，它显示出非常强劲的增长趋势。

关于私营部门的参与，越来越多的外国跨国公司（主要是汽车行业）进入以色列国家创新体系的相关创新生态系统。戴姆勒－奔驰、博世、雷诺、通用、哈曼、三星等公司以及其他许多在运输领域寻求创新投资的公司就是如此。它们加入了众多（已经超过 500 家）以色列初创企业和企业家的行列，专注于移动领域的最前沿领域。

感兴趣的主要领域是"智能移动"的许多方面，包括：

1）电动汽车。

2）自主机动性。

3）移动即服务。

4）"智能"车辆技术。

5）其他相关领域，如清洁燃料、"智能"基础设施等。

运输部门的私营公司已经有了许多"成功的故事"，它们以以色列的初创企业起家，最后被大型跨国公司收购，令人印象深刻。举一些最明显的例子，我们可以参考：

1）WAZE——移动应用（一款从用户处收集数据和信息的导航应用，曾在 2013 年世界移动通信大会上获得最佳整体移动应用奖）[⊖]。

2）Mobileye——使用人工视觉辅助驾驶人进行碰撞警告、车道变换辅助、行人和骑自行车者检测等，其中 27 家全球汽车制造商使用以及超过 1500 万辆汽车配备了该技术[⊜]。

3）Gett——按需移动（用于出租车订购和相关服务，目前已在全球 100 多

⊖ 当时被谷歌收购。

⊜ 2017 年被英特尔公司以创纪录的 150 亿美元收购。

个城市提供，在欧洲排名第一）。

4）Via——一个共享汽车平台，通过预订行程和匹配车辆来实现旅行者的愿望。此平台与其他成员无缝共享，其速度几乎和出租车一样快。

5）Valens——通过单根电缆传输超高清多媒体内容的半导体产品。

6）RedBend（被 Harman 收购）——互联网汽车的汽车软件管理平台。

7）Pango + ——支付路边停车和停车场费用。

8）Cellint——通过匿名和被动地跟踪移动网络上的所有活动电话，提供出行者信息、实时道路管理、出行调查、人口流动分析等。

9）Moovit——公共交通和地图服务，提供行程规划、实时信息和当地车站地图等功能。它被认为是全球使用最广泛的公共交通应用程序，在 68 个国家使用 47 种语言的 1200 个城市拥有超过 5000 万用户。

我们访问了两家以色列交通部门的初创企业，并与其讨论了创建公司相关的条件、前景和愿望，以及其对以色列创新支持结构的评估。它们是：SaferPlace（http://www.saferplace.com/），一家由 18 名员工组成的公司，成立于 2011 年，其旨在处理视频分析以识别潜在的危险驾驶行为；DECELL（http://www.decell.com/），一家 8 人公司（位于以色列），成立于 2000 年，2011 年已被一家美国公司收购，它处理位置数据及其在实时道路交通信息中的应用。我们还参观了一家有趣的初创公司，该公司致力于在智能交通领域"加速"交通领域的其他初创公司。它叫作胶囊工作室（Capsula-studio）[⊖]——当今以色列交通领域最活跃、最知名的"加速器"之一。其董事总经理和"原动力"是一位富有远见、经验丰富的投资者、创新推动者和导师，他采用相当"激进"的方法来培训、指导和激励"他的"初创企业。该公司于 2013 年由特拉维夫大学的加速器中心创建，该加速器中心是"智能世界中心@ 特拉维夫大学"与 EcoMotion 平台和以色列总理办公室的燃料选择和智能交通倡议合作机构。Capsula-studio 为其托管的大约 10 家智能移动初创企业提供位于特拉维夫大学现代波特大楼加速器办公室的办公空间。它还提供指导和加速器服务，其中包括指导的"客户验证期"，在此期间，初创企业通过直接向潜在投资者展示产品和创意来验证它们。每个初创企业都有望找到三四家潜在投资公司，并与它们签署合作协议，并进行一段时间的试用期。Capsula-studio 协助整个过程，并与初创企业共同评估结果。它还为智能移动价值网络中的全球参与者提供了机会。加速器的费用部分由政府拨款支付——每个初创企业大约 25000 美元。有趣的是，加速器对其初创企业或由此产生的产品不收取任何股权、版税和知识产权。它的使命纯粹是作为一个创新推动者，也就是说，为早期智能移动初创企业创造快速的市场牵引力，使它们能够加速进入第一轮融资。

⊖ 参见：http://www.capsula.studio/（2018 年 8 月访问）。

至于公共部门参与交通创新，以色列政府与其他部门一样，提供了总体支持框架（立法、金融和政治）。负责任的交通部门以及总理办公室的燃料选择和智能交通倡议，一起制定了智能交通国家计划，该计划于2017年1月22日获得通过[一]。该计划的主要目标如下：

1）鼓励以色列智能移动领域的工业、创业和研究，使以色列成为该领域的全球领导者。

2）整合完全开发的智能移动解决方案，以改善交通服务，包括减少道路拥堵、交通事故、空气污染和交通部门的原油使用。

该计划规定建立一个自动化和联网车辆测试的国家中心，开发智能移动的测试场地，提供数据源和支持新数据源的生成，为研发项目和演示项目提供资金，并根据需要调整法律和监管环境。政府还为该计划成立了一个指导和执行委员会，由总理办公室主任和交通部类似级别的官员领导。

以色列交通部呼吁研发建议。这些呼吁虽然规模不大，但每年都推动在一些优先领域（该部感兴趣的领域）开展原创应用研究，例如：

1）智能信息系统解决方案，用于灵活的公共交通、个人公交、拼车/共乘等。

2）基于V2X通信的协同驱动使能技术。

3）优先区域的可持续移动性和可达性，如市中心、低排放区等。

符合条件的申请人包括与工业界联合的学术研究机构、企业家、地区研究中心和非政府的研发机构。每个项目的平均资金约为130000美元，并承诺100%资助。

其他政府部门也参与推动与移动相关的创新。在总理办公室层面，重点放在两个领域：智能交通系统和交通替代燃料。在这两个领域，以色列政府最近采取了一些举措。

最显著的举措是2011年启动的燃料选择和智能交通倡议。这是以色列替代燃料和智能交通的国家计划。这是九个政府部门的共同努力，即：能源部、交通部、经济部、环境保护部、科学部、财政部、国防部、农业部、外交部，当然还有发起和领导这一倡议的总理办公室。这项工作已经计划了10年，目的是为市场利益相关者创造监管稳定的监管环境，扩大投资视野。自那时以来，它创造了一些"工具"，旨在加强这两个领域的企业家精神和行业参与，以及开展科学和应用研究。这些"工具"如下：

1）创建名为EcoMotion的智能交通"社区平台"[二]。EcoMotion平台是由以色列创新研究所（这是一个非政府组织）和燃料选择和智能交通倡议建立的。它

（一）第2316/22-1-2017号决议。

（二）参见：http://www.ecomotion.org.il/（2018年8月访问）。

还得到以色列经济部创新局的支持。作为一个非政府组织，EcoMotion 可以快速行动，并与企业家和行业合作，同时与政府的目标和愿景保持联系。EcoMotion 平台旨在为智能交通领域的所有参与者提供知识共享、网络和协作支持。最终目标是建立一个专注于智能交通的跨学科社区，这将产生创新以促进该国在世界范围内成为该领域的领先参与者。它专注于电气化、互联和自主交通、无人机和航空、城市交通和共享交通等领域。EcoMotion 平台组织竞赛、企业家展览、黑客马拉松和网络会议。

2）一年一度的燃料选择和智能交通国际峰会。这个会议和展览每年春季举行。2017 年会议有来自 20 个国家的 1500 名与会者参加，其中包括近 300 名国际嘉宾和 270 家初创企业。

燃料选择和智能交通倡议与其他政府组织和私营部门以及以色列创新研究所、EcoMotion 等一起，促进这些领域创新发展的整体方法的产生。例如，对于智能移动领域，这种方法的特征表现在图 CSIV-2 中。有五个重点领域（代表一个或多个现有或待开发的潜在创新生态系统）：共享交通、电气化和能源、无人机和航空、城市交通以及互联和自主交通。这些领域中的每个领域的分部门显示在图 CSIV-2 中。所有五个领域都通过三个横向活动领域得到支持和联系，这三个领域是：建立必要的监管框架——监管，发展必要的基础设施——基础设施，为新技术演示提供现实生活中的基础设施——生活实验室。

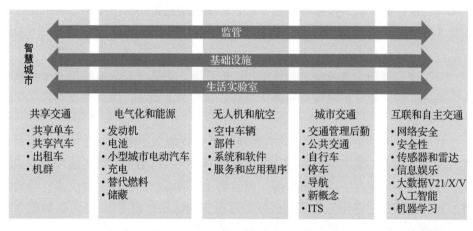

图 CSIV-2　以色列智能交通创新发展工作的五个重点领域和三个政府干预的横向领域

（来源：以色列 EcoMotion 智能交通社区提供）

每年年底还会组织一次燃料选择和智能交通峰会。这是一个为期两天的活动，由燃料选择和智能移动倡议、科学和空间部和其他机构共同主办。该会议致力于探索智能交通和替代燃料领域的突破性创新。它邀请来自世界各地的初创企业、公司、金融家、政策制定者、商业领袖和创新者进行有指导的全球对话，通常可以吸引来自 30 多个国家的约 2000 名参与者。

迄今为止，所有这些举措的结果令人印象深刻。在 2013～2017 年的 5 年间，活跃在智能交通领域的初创公司数量从 2013 年的 87 家增加到 2017 年的 520 家，增长到原来的近 7 倍。总体而言，在同一时期，智能交通领域的以色列公司创造了超过 40 亿美元的总价值（通过出售或融资）。这一成果的取得在很大程度上归功于该国发展起来的成熟的国家创新体系，该体系能够对新出现的机遇做出快速反应。

有关以色列在交通领域创新举措的更多信息，请参见罗兰·贝格有限公司 2016 年开展的一项特别研究（Bernhart 等，2016）。

结束语——经验教训

毫无疑问，以色列已经成功创建了一个独特的国家级创新促进体系，该体系具备了被归类为世界上最具活力、最有效、最完善的技术创新体系之一的所有必要要素。它拥有一个蓬勃发展的创业社区、成熟和自我维持的私营部门金融组织、基础设施和不断支持的公共部门，似乎很好地适应了这个蓬勃发展的生态系统的需要和要求，为创新创造过程的每一步提供了便利。我们试图通过采访以及访问与此相关的文章、书籍或其他出版物来调查这种成功的起源和创造它的因素。我们发现了一系列有趣的因素和情况，这些因素和情况似乎共同影响了这个蓬勃发展的创新系统的发展，这个系统在科学和技术的所有领域中拥有许多不同的生态系统。

的确，在以色列的情况下，有一些因素似乎是独一无二的：70 年前，在一个充满敌意（从这个词的所有意义上来说）的环境中，这个国家建立的背景；它的地缘政治位置迫使它发展一支强大的、以高科技为导向的军事力量；富有的"侨民"的存在为其提供了受过良好教育和经验丰富的人力资本以及财政支持，这是最显著的因素。此外，国家面积小和地缘政治孤立增强了国内各方面的活力，而自然资源的缺乏促使历届政府通过创造科技优势来寻求替代的财富来源。正如以色列首任总统哈伊姆·魏茨曼所说："智慧是我们拥有的唯一自然资源！"㊀

所有这些因素无疑在创造特殊的"创新和企业家文化"中发挥了作用，这种文化在以色列非常明显。然而，通过我们与以色列主要创新利益相关者的多次讨论和采访，我们能够阐明许多其他"与其具有因果关系的"因素，这些因素

㊀ 哈伊姆·阿兹瑞尔·魏茨曼是一个生物化学家，其开发了丙酮－丁醇－乙醇发酵过程。作为以色列的第一任总统，他将发展本土科技能力作为他的首要任务。他是雷霍沃特著名的魏茨曼科学研究所（今天有 2500 多名科学家和研究人员）和耶路撒冷希伯来大学的创始人。

更普遍地适用于任何国家创新体系。下面列出了八个主要原因。

IV.4.1 政治意愿、稳定的政府支持和信任建立

在公私合作的基础上创建创新经济的战略愿景是在 20 世纪 80 年代初制定的，历届以色列政府都以同样的优先顺序和严格程度持续实施。经过几十年的持续和系统的"创新框架创建"过程，才达到现在的成就水平，这一过程得到了历届以色列政府的大力协助，特别是在其最初创建的几年。成功的政府都有开放经济的政治意愿，并在促进和支持创新方面与私营部门充分合作，这或许是成功的最必要条件，也是从以色列案例研究中可以得到的经验。自 20 世纪 80 年代初以来，历届以色列政府都采取了大力支持科技研究和创新的稳定政策，最重要的是，采取了切实可行的措施来支持这些政策。比如：

1）1984 年，经济部成立了海外文化服务处，它不仅有权在以色列国内⊖，而且有权在以色列和外部世界之间推广研发。随着时间的成熟，系统和新的需求明显，但始终在同一战略愿景和方向内，这一初始框架得到了扩展和进一步微调，以满足新的需求和条件。如今，经济部已成为技术转让办公室，每年预算约 4 亿美元用来支持大量项目，包括从竞争前和长期研发到工业研发，再到"播种"和"种子"，最后到验证和演示项目。

2）20 世纪 90 年代初，来自苏联的移民大量涌入，其中有许多科学家和工程师⊜，政府出台了创建和运营科学"孵化器"的立法和其他措施，以支持初创企业的创建，补充上述鼓励工业研究和发展的法律。从那时起，支持创新的孵化器、加速器和导师计划等基础设施受到了政府的特别关注。

3）以色列历届政府一直提供税收优惠政策，以吸引当地和外国的高科技工业公司投资于 RTD&I 在以色列的活动。例如，虽然以色列的正常公司税率是 25%，但对于位于特定发展区域或具有特定战略重要性的公司，税率可以低至 5%。在特定条件下，为创新生产活动提供类似的税收激励⊜。此外，以色列财政部最近公布了 2017～2018 年的经济计划和预算法案，其中包括一项非常有趣的知识产权收入优惠税收制度提案，旨在吸引以色列的跨国投资，特别是知识产权和知识型投资。

⊖ 根据鼓励工业研究和发展的法律。这部法律被认为是以色列政府促进创新努力的开端。它试图促进创建所有必要的创新结构，从支持"种子"资金的项目，到创建自治的研发实体和促进大学中的技术转让办公室。

⊜ 据以色列移民吸收部估计，这些人包括 5 万名工程师、1.3 万名医生、1 万名科学家。

⊜ 最初的"投资法"使外国公司受益于仅 10% 的公司税率和高达 24% 的投资补助。2016 年 12 月 15 日，以色列议会财政委员会批准了法律修正案，为基于知识产权的公司引入了"创新箱"制度，加强了对某些工业公司的税收激励，并降低了标准公司税率和某些预扣税率。

4）不断采取各种措施和行动来增强投资者的信心，支持以色列作为创新国家的"品牌"。定期组织和支持一些会议、展览和其他类似活动（旨在向外部世界开放该系统，并使其因稳定支持创新和外国投资而闻名）。仅在运输（智能交通）领域，我们已经提到了每年在以色列举办的两次大型国际会议和展览：燃料选择和智能交通峰会以及 EcoMotion 的主要活动年度会议和展览。这些活动使以色列创新生态系统与全球创新社区以及潜在客户保持持续联系。因此，在德勤发布的 2015 年全球风险投资信心调查中[⊖]，以色列的"信心指数"为 3.9（自 2014 年以来上升了 5%），仅次于美国，排名第二，领先于加拿大（3.6）、中国（3.53）、英国（3.51）、印度（3.31）等国家。

Ⅳ.4.2　人力资本及其职业道德的重要性

拥有高技能和受过良好教育的人力资本至关重要。这可以通过本土资源实现，即通过引进国际上有竞争力和受尊重的大学的人才或来自国外的人力资本来实现。就以色列而言，这两种来源都在应用，因为它有六所高质量的大学和魏茨曼研究中心，还有许多从美国移民到以色列的科学家，20 世纪 90 年代又有许多科学家从苏联移民到以色列。以色列经历了几波来自世界各地的高学历移民潮。因此，以色列劳动力中受过高等教育的人员比例很高，接近 50%（2013 年为 47.4%），而同年经合组织的平均比例为 33.3%，见表 CS Ⅳ - 1。以色列的工程师和科学家在劳动力中所占的比例也位居世界第二。

在高度创新的经济部门，最重要的教育和培训来源是以色列军队，这是以色列创新领域的一个独特之处。参军的年轻人[⊖]在服役期间接受高技术培训，特别是那些在一些高技术军事部门工作的人，然后获得知识、技能和关系，帮助他们在平民生活中开展创新活动。三年的军旅生活也有助于创造出在以色列人力资本中独一无二的心态和勤劳道德。在我们走访的所有初创公司和其他公司中，我们发现有高度积极性和勤奋的人在简单的工作环境中工作，例如在住宅楼的地下室或"众创空间"集体办公场所。他们中的许多人与朋友、同学或战友一起创办了自己的公司，而且他们一服完兵役就这么做了。

这里有一种高度发达的"创业文化"，许多年轻人希望通过创新，利用创造力和脑力创造"无中生有"。这种文化是以色列众多创业公司背后的原因。该国以"初创企业国家"闻名于世，是人均初创企业数量的世界领先者，拥有 5000

⊖　德勤和美国国家风险投资协会的研究报告——"2015 年全球风险投资信心调查结果——投资者有多自信？"（2015 年 9 月 15 日），参见：https://www2.deloitte.com/us/en/pages/technology-media-and-telecommunications/articles/global-venture-capital-confidence-survey.html（2018 年 8 月访问）。

⊖　在以色列，男女青年都在军队服役。

家活跃的技术初创企业[⊖]。

IV.4.3　公私部门合作、卓越管理、承担风险和接受失败的重要性

公共部门和私营部门之间定期、透明和稳定的合作至关重要。私营部门是创新的基本力量，提供大部分资金、人力资本、国际网络和必要的基础设施。公共部门制定运营规则和框架，并采取措施支持和激励私营部门进行新的创新投资。在以色列，公共部门和私营部门在实现共同目标和建立"创新国家"的形象方面似乎合作得非常紧密，相当和谐。除了以色列创新局之外，还有其他一些公共部门实体，如以色列出口研究所、工业合作局、投资以色列组织等，它们与私营部门密切合作，促进商业发展，并向政府建议加强商业运作和刺激创新的措施。上述一些实体——如以色列出口研究所——是公共和私营部门的合资企业。

培养优秀管理人才或邀请国外人才似乎也被广泛追求。以色列经理在商业创业方面排名世界第二。

除了卓越的管理能力，还有承担风险的意愿。冒险似乎是以色列文化中固有的。这可能是该国所处的不利地缘政治环境的结果，但也可能是以色列教育年轻一代的制度（高中、大学和军队）的结果。这一体系专注于创造一种对抗性的创新思维，一种直接面向商业的涉及冒险的文化[⊜]。

最重要的是，有一种接受失败的态度和一项立法，以实现具体步骤来支持企业失败时的第二次和第三次"尝试"。事实上，目前运输部门的创新浪潮并不是以色列公司在这一部门的首次创新尝试。20世纪80年代末和20世纪90年代初，许多以色列初创企业和企业家涉足汽车行业，试图制造第一辆以色列制造的汽车。然而，所有这些努力都失败了，大多数初创企业不复存在，因为该国当时没有必要的基础设施来支持这一部门的创新。那些失败的初创企业的首席执行官、核心成员或投资者开始创办其他企业并继续经营。接受失败的"文化"也反映在该国的立法中，在满足某些条件的情况下，允许在一个或多个企业中失败的企业家立即恢复业务[⊜]。

IV.4.4　专注于提供机会和竞争优势的行业

创新生态系统瞄准的科学部门和市场是成功的重要因素。我们已经提到了以色列在20世纪80年代早期在汽车制造业进行创新的最初失败的尝试。这一尝试

⊖ 这是财富500强公司（包括谷歌、微软、脸书、苹果、IBM、英特尔、SAP、思科、强生等公司）的特点，超过300家全球技术领导者在以色列设有办事处。

⊜ 有趣的是，许多以色列学校采用两种类型的高中框架。一类是高中和大学之间的合作，让有天赋的学生从九年级或十年级开始学习大学课程。另一类包括创业计划，甚至在小学也有面向企业家的课程。

⊜ 请参见（Senor 和 Singer，2009）。

失败了（也许还有其他原因），因为当时该国不具备在这一领域成功创新的条件。后来，当面对信息通信技术部门正确地认识到另一个机会之窗时，该国集中精力在这些技术上进行创新，这是一个不同的故事。当然，这些技术在军事上的广泛应用是成功的一个因素，但也有其他因素，如在该领域创造新产品或服务的边际成本很小，以及信息通信技术产品（传感器、机器视觉、人工智能、大数据分析、数据通信等）的许多应用引发的全球创新浪潮。

除了正确选择创新领域，正确选择"市场"也很重要。就以色列的创新而言，人们很快意识到，它的最终"市场"只能是全球市场，因为以色列是一个小国，其国内市场无法资助和维持激进或大规模的创新。这种认识影响了以色列创新生产公司，使其遵循。

1）产品的地理扩张政策，并在国外寻找投资者和产品市场。

2）通过溢出效应实现部门扩张，即跨越边界进入其他部门，并遵循一个"交叉施肥"过程，即一个部门的创新转移到另一个部门。从字面上看，以色列初创企业从其他部门向运输部门转移了数百项甚至数千项创新。从化学工程到信息技术和电信，目前正在改变交通部门的最具突破性的创新都受益于"颠覆性创新"。主要的智能交通领域，即电气化（更普遍的替代推进系统）、自动驾驶和互联网汽车以及共享交通，都大量借鉴了其他领域的创新，如储能、神经网络和机器人、电信等。一家名为 Valens 的以色列初创企业[⊖]，就是这种趋势的一个很好的例子。Valens 成立于 2006 年，专注于生产用于分发未压缩高清多媒体内容的半导体产品。因此，它活跃在音乐和多媒体领域。作为这个过程的一部分，它创造了一个高数据吞吐量的电缆。这一创新随后被用于减少汽车中的电缆数量，这一发展提供了将汽车总重量减少多达 150 kg 的潜力。

Ⅳ.4.5　认识到正确的时机并利用其他部门的创新"浪潮"

以色列的经验也表明了正确发现"真正的"创新浪潮和投资于这种创新的正确时机的重要性。利用（"驾驭"）其他部门的创新浪潮也可能是成功的一个重要因素。例如，移动电话或大数据分析的出现提供了这样的"创新浪潮"，并为在能够"驾驭"这些浪潮的部门启动创新生态系统提供了机会。似乎认识到这样的"转折点"并在正确的时间投资是成功的先决条件，因为一个创新的"浪潮"——如果认识正确——可以为相同或其他相关行业的创新创造提供"搭车"机会。

手机"革命"在 20 世纪 90 年代提供了这样一个颠覆性创新的"浪潮"，许多其他创新——在运输和其他领域——都搭上了这个浪潮的顺风车。这种"搭车"的一个典型例子是，由于手机创新的存在，在过去 10 年左右出现了许多"Uber"类型的出租车服务。

⊖　参见：http://www.valens.com/（2018 年 8 月访问）。

Ⅳ.4.6　创建创新"池"——创新生产设施邻近的重要性

以色列创新生态系统也向我们指出了创新区和孵化器等传统创新基础设施的重要性。在同一创新生态系统中，所有利益相关者实体之间的接近和密切互动非常重要，主要是对初创企业及其导师而言，即使相关实体之间基本上具有竞争性。创新区是特定创新生态系统中所有利益相关者的聚居地，被认为是非常重要的成功因素。几乎所有的以色列城市都建立了创新区，其中最大的一个创新区在特拉维夫。

政府通过从其发展预算或税收优惠中提供低息贷款来帮助这些地方。靠近这些地区的大型大学或研究中心的存在被认为是非常重要的，因为大学毕业生有可能加入这些地区的初创企业并成为企业家。这种趋势的原因类似于同一商业部门的商业公司也聚集在同一地理位置的原因。它与发展可能需要的昂贵的公共基础设施（如实验室、试验场或计算设施）所需的"临界质量"的获得有关，或者与容易进入各种"供应商"的当地生态系统（从种子资金到原材料）有关。

在世界其他地方显而易见的"创新区"的重要性在以色列也显而易见。

Ⅳ.4.7　创新融资的潜在机会

对于一个健康的国家创新体系来说，资金的可获得性是一个显而易见和不言自明的因素。在以色列，现在有一个成熟的、自我维持的私营部门创新基金。该国在人均研发支出方面排名世界第一，研发支出约占其国内生产总值的 4.25%。此外，以色列还有一个强大的风险投资行业。以色列的风险投资可用性在世界上排名第五。它的风险投资行业大约有 70 家活跃的风险投资基金，其中 14 家是在以色列设有办事处的国际风险投资公司。"天使"投资和众筹投资也很强劲。

此外，该国所有研究和教育机构都设立了技术转让办公室，大力推广和营销创新产品。以色列的大学在世界领先的研究型大学中名列前茅，所有这些大学都有组织良好的独立单位或附属机构，专门负责促进大学中存在的人力专业知识的创新。这为大学带来了可观的收入，并为进一步的研究和开发工作提供了资金。

Ⅳ.4.8　培训、领导和指导的重要性

除了许多可用的融资机会，以色列国家创新体系的另一个最引人注目的特点可能是新企业家有许多"学习"和"接受指导"的机会。获得高素质、经验丰富的专家在创新创造问题上的指导和培训的机会似乎很多。如今，以色列有大量的"加速器"或其他类似类型的"创新中介"，为初创企业和成熟企业提供上述服务。按人均计算，以色列这些服务可能是世界上最多的。

成功的创新"团队"必须在以下三个领域获得培训和指导服务：

1）领导力。

2）毅力。

3）改变的灵活性（如果最初的想法或计划没有被证实）。

在这三个领域，所有的辅导和培训服务似乎都聚焦于此。初创公司的关键人员能够通过众多孵化、加速或简单的辅导公司（在许多情况下，这些公司本身就是初创公司）以低成本（通常由公共资金资助）获得必要的指导和培训。以色列政府（广义上包括军队）也为"发展人才"提供了许多机会和资金。事实上，政府从学校教育的早期阶段就积极寻找人才，并为这些人才的发展提供必要的教育和培训机会。

参考文献

Bernhart, W., Leutiger, P., Ernst, C.-S., 2016. Israel's Automotive & Smart Mobility Industry: Electrified, Autonomous & Smart. 2016, Roland Berger GmbH, Munich, p.46 December.

Senor, D., Singer, S., 2009. Start-up Nation: The Story of Israel's Economic Miracle. Grand Central Publishing, p.320.

案例研究 V

中国——一个政府主导的国家创新体系的案例[⊖]

 引言

从 20 世纪 90 年代初开始，中国政府的政策越来越强调科技创新对中国经济持续增长的重要性。与此同时，中国采取了务实的态度，通过开放透明寻求国际科研合作。中国第十二个五年计划（2011~2015 年）的核心主旨之一是推动科学进步和创新。

到 2030 年，中国有望在技术上赶上最先进的国家，为此，中国将越来越依赖创新，在获得比较优势的领域向外推进技术前沿。这一期望的实现还将取决于中国宣布将重点关注的其他一些政策的成功，即：

1）商业部门的有效竞争和组成及其战略方向。

2）灵活的政策制定和强有力的监管，最大限度地降低危机风险（例如，可能抑制创新活动的资产泡沫），并使经济能够抓住不断变化的机遇。

3）技能发展。

4）进一步研究和新产品开发。

5）促进创新的国家和国际网络。

6）培育创新，特别是在绿色技术、卫生和医疗服务以及城市化领域。

7）中国主要 RTD&I 统计数据（2015 年）见表 CS V-1。

表 CS V-1 中国主要 RTD&I 统计数据（2015 年）

RTD 资金密度（RTD 总支出与国内生产总值的比率）	2.07%
RTD 的国家总支出 1）基础研究 2）应用研究 3）实验开发	14169.9 亿人民币（约 2000 亿美元） 1）716.1 亿人民币（100 亿美元），占 5.1% 2）1528.7 亿人民币（220 亿美元），占 10.8% 3）1192.51亿元人民币（1700 亿美元），占 84.1%

⊖ 在本书中，我们选择遵循创新活动的中文术语，并在必要的地方（括号内）加上相应的西方术语。

（续）

RTD 基金总额的增长率	+8.9%
私营机构（企业）在 RTD 方面的开支	10881.3 亿人民币（1550 亿美元），占 76.8%
政府在 RTD 方面的开支	2136.5 亿人民币（300 亿美元），占 15.1%
大学在 RTD 方面的开支	998.6 亿人民币（140 亿美元），占 7%

注：资料来自中国国家统计局《2015 年全国科技经费投入统计公报》（2015 年 7 月修订版）。

 Ⅴ.2 中国国家创新体系大纲

Ⅴ.2.1 创新生态系统基本要素

在中国，"创新"指的是"科技成果转化"。中国的国家科技成果创造和转化制度，体现了大多数国家科技成果创造和转化制度的所有基本要素。不同之处在于相互依存的程度和中央政府对这些要素的控制力度，这些要素分别是：

1）政府主导的创新（公共部门创新）。这一要素包括为支持创新的所有版本而实施的所有政府行动和框架（后面介绍）。对于中国的治理体系而言，这一要素具有根本性的重要性，因为它不仅制定了创新政策和立法框架，而且影响着国家创新体系赖以存在的社会环境。

2）企业主导的（私营部门）技术创新。由大学/研究中心圈子之外的独立（私营或公共）企业主导的创新。企业通过关注所有相关问题，如市场开发、新资源开发、供应链控制、创新组织和管理等，为创新圈提供资金和推动，并启动大多数创新生态系统。

3）科研机构和高校主导的创新。中国的研究机构和教育学院或大学是创新的主要力量，因为它们越来越受到政府的激励，为其研究产品创造发明和专利。

4）创新中介机构。主要是为促进技术转移、转化和发展，依照有关法律法规设立的科技服务机构。它们通常通过提供技术共享、科技鉴定、创新资源配置、决策支持、咨询、指导等专业服务，连接和协调企业、科研院所、高等院校以及金融机构和政府机构的努力。

5）金融机构。这些机构包括风险投资、银行和其他可用于研究和创新融资的融资实体。

6）信息和数据交流系统。该系统提供了基于互联网的电子连接和通信基础设施，被视为中国国家创新生态系统的核心要素。这是一种互动的、自组织的基础设施，在全球范围内具有竞争力。

"科技成果转化"（即创新）在中国既可以是"直接的"，也可以是"间接的"：

1）"直接"是指从事研究的实体（例如，通过初创公司、研究机构、大学研究中心等进行研究的个人研究人员）自己采取主动或直接与他人互动，以产生和促进特定的创新周期。

2）"间接"是指推动创新的专门机构作为中介参与其中的情况。中国科技成果（STA）转化（创新）的相互作用要素如图CSV-1所示。该图中令人感兴趣的是"公共技术服务平台"要素。这是指通常由国家或地方政府构建的基于网络的平台，目的是支持技术市场发展中与创新相关的"参与者"之间的直接（或间接）互动系统⊖。这些平台的目的主要是促进研究提供者与中介机构或其他研究提供者之间的互动。它们还旨在解决"科技资源去中心化""科技服务功能分离"等问题。这些平台通过技术需求、科技成果、专家、技术服务等资源的沟通，旨在实现技术要素的整合、聚合、融合，为技术转移服务。

图CSV-1　中国科技成果（STA）转化（创新）的相互作用要素

注：参考（Zhu, N., 2011）。

V.2.2　国家创新驱动发展战略及相关规划

2016年5月，中国中共中央、国务院印发《国家创新驱动发展战略纲要》。正如其创始文件所宣称的那样，这一战略的实施是为了促进国家的社会和经济发展。它还明确指出，战略指的是各种创新，即科技创新、制度创新、管理创新、业务创新、文化创新等。国家创新驱动发展战略（National Innovation-Driven Development Strategy，NIDDS）的三个主要任务如下：

1）坚持科技创新和制度流程创新双驱动。

2）构建一个体系，在这个体系中，各创新主体高度协调互动，"创新要素自由流动、高效行动，为创新驱动发展提供实用化、制度参与和环境保障。"

3）驱动六大挑战，定义为：

①从规模扩张的粗放式增长转向质量效益的可持续发展。

②增加对创新要素的依赖，减少对传统要素的依赖。

⊖　这样的平台可以在宁波科技大市场平台 http：//www. nbjssc. org. cn/找到一个例子。它是一个线上到线下（O2O）的平台，网络业态是"全方位布局""多元化路径""精准服务"。

③提高中国产业的国际竞争力（用战略的话说，就是"爬上全球价值链的阶梯"）。

④提高创新能力，发挥创新引领作用。

⑤在服务研发的同时，通过产业链、创新链、资本链的统筹规划，实现资源的高效配置。

⑥使创新人群更接近社会和普通公众，增加社会与创新技术人员和科学家之间的互动。

中国政府以 NIDDS 为基础，部署了多个相关项目，支持科技 RTD。这些项目如下：

1）国家自然科学基金（Natural Science Foundation of China，NSFC）项目⊖。该计划资助五类研究项目：一般项目、重大研究项目、专项资助项目、区域科学基金项目和海外及港澳学者合作研究基金。

2）具有国家长远发展意义的科技计划。从"集成电路设备"到传染病防治，目前有 13 个此类计划。交通运输领域的这 13 个项目中，有一个是针对"大型飞机"的。在"十二五"（2011～2015 年）的 5 年时间里，这些国家计划已经获得了约 127.45 亿元人民币。从中央政府获得了 180 亿美元，从地方政府和私营企业获得了几乎两倍的资金（2080 亿元人民币，约 300 亿美元）。涉及的研究人员超过 30 万人（2013 年为 26.5 万人）。

3）促进经济和社会发展的其他 RTD 项目。国家重点基础研究发展计划（973 计划）、国家高技术研究发展计划（863 计划）、国家科技支撑计划、国际科技交流与合作计划、产业技术研发基金、非营利性行业专项研究基金等项目名称、范围和内容各异。截至 2017 年 6 月，科技部已经批准了这些项目中的 1172 项，总资金约 278 亿元人民币（40 亿美元）。

4）科技创新引导专项基金。该计划特别侧重于支持创新和创新生产相关项目，如支持基层创业和创新、中小型企业发展和技术孵化器。2013 年，共有 6446 家中小企业得到了该创新基金的支持，金额为 5271 亿元人民币（733 亿美元）。截至 2013 年底，创新基金自成立（1999 年）以来累计预算 26826 亿元人民币，支持项目 46282 个。

5）人力资源开发支持项目。这些计划被称为国家实验室支持人才基地，包括多个"国家重点实验室"和"国家工程中心"，为不同领域的 RTD&I 培训和人才发展计划提供资金。截至 2017 年，已建成 280 个国家重点实验室和 96 个国家工程中心。

6）最后，出台了多项科技扶持政策。它们规范了中国创新支持体系的各种问题。其中最重要的内容在本案例研究的附录 CSⅤ 中以摘要形式列出，因为这

⊖　另见：http：//www.nsfc.gov.cn/（2018 年 6 月访问）。

些内容更详细地描述了中国政府在支持国家创新方面的目标，以及私营企业在这方面所发挥的作用和做出的贡献。

 ## V.3 公共部门创新

V.3.1 总体体系纲要

中国中央政府及其地方分支机构通过其政策、立法和融资来规范和支持中国公共部门创新生态系统，直接或间接地影响着中国研究和创新所处的整体市场环境、法律环境、政策环境和社会环境。在所有中国创新生态系统中，有三个"角色"被明确区分和认可，即：

1）研究成果所有者。

2）研究成果受益者。

3）转型的中介。

它们在促进创新或（通常称为）科技成果转化（简称 STA 转化）方面表现突出。正在实施的政策和立法正在考虑研究界的需求，通过自下而上的信息和数据传播到区域一级的相关政府机构。当前创新生产的基本法律框架是《中华人民共和国促进科技成果转化法》（2015 年修订）。还有依照法律实施的各种条例和法令。

这一法律框架规范了中国创新"生态系统"的以下要素：

1）人力（人才）资源：建立或加强科学家和研究人员（人才）的教育和培训体系，以支持"技术发展和行业需求"。

2）对 RTD 的资金支持：对研究人员和研究机构的资本投资、补贴、贴息贷款和其他资金支持。

3）创新资金支持：后续活动（演示、原型等）融资、风险投资、风险补偿、创新贷款、科技成果活动奖励等。

4）税收政策：对参与创新工作的企业和个人给予的税收减免和税收优惠政策。

5）市场监管：通过公平交易法、知识产权保护、市场监管等手段进行市场监管。

6）政府采购：政府部门优先采购新产品和新技术。

7）行政支持：与更好地组织和监督创新（或 STA 转化）有关的问题。

8）其他政策工具：与促进产学研合作、国际合作与交流、电信和技术支持援助以及其他政策工具有关。

现行立法是通过创新支持行动计划或《中华人民共和国促进科技成果转化法》实施的。最新的这类行动计划于 2016 年 4 月 21 日发布。它旨在推动一系列对创新促进具有中短期效应的行动，使私营或国有企业、大学和研究机构获得更强的科技研究能力，并通过转移和转化将其转化为创新。

下面将更详细地介绍这一行动计划。

V.3.2 创新支持行动计划

正如该"行动计划"所述，它旨在制定技术转移服务标准，探索某些政策应该如何最好地实施，推动科技成果向实际实施转化。

为了实现这些目标，该计划支持和利用了国家技术转化示范区和机构、共享讲习班、技术转移人才培训基地、高新技术产业开发区和大学科技园区等一批实体。

1. 国家技术转移示范区和机构

一批国家级技术转移示范机构被确定为国家技术转移促进和示范机构。它们的任务是各种创新促进行动，如指导、孵化和其他 RTD "转型" 活动。截至2017 年年中，中国科学技术部已批准455 家国家级技术示范机构。表 CSV-2 给出了有关这些机构的一些基本统计数据。

表 CSV-2　国家技术转移示范机构基本情况

年份	国家技术转移中心数量	员工总数	已完成的技术转移项目数量	技术转移项目总金额/10 亿元
2015	453	38081	127249	1789.1
2014	453	40045	114282	1838.9

注：资料来自中华人民共和国科学技术部。

以浙江大学昆山创新中心（简称 KICZU）为例，分析了中国国家级技术转移示范机构○。该中心成立于 2012 年 7 月 27 日，是一家由浙江大学和昆山政府联合主办的独立法人单位。

KICZU 以浙江大学优秀人才为依托，打造昆山创新创业 "人才库"。在浙江大学核心技术的支持下，KICZU 服务于当地企业，成为机器人和精密设备的行业创新引擎。KICZU 是一个由（地方）政府和产学研伙伴关系支持的科技创新平台，旨在开展 "技术 RTD 或服务的市场化聚集、技术转移培训、新初创企业的孵化等创新促进活动"，其专业领域是服务机器人、工业机器人、精密制造、自动化设备、工业互联网、智能仪器以及其他相关领域的研究。

截至 2017 年，该创新中心共聘用人员约 200 人，承担不同类型政府项目总价值约 5000 万元（约 700 万美元），委托项目约 4000 万元（约 600 万美元），专利申请 320 余项，授权专利 179 项。KICZU 还孵化了 21 家企业，累计销售额为7.17 亿元人民币（约 1 亿美元）。

○ 另见：http://www.zdksii.com/（2018 年 6 月访问）。

2. 国家"科技成果转化"创新示范区

这些新区被称为中国国家科技成果转化示范区（National Demonstration Zones for the Transformation of Scientific and Technological Achievements，NDZ），是在国家层面运营的高水平、多功能的特殊用途建设区[⊖]。它们旨在为改善特定地区的创新支持服务体系（中文为科技成果转化）提供设施、技术诀窍和融资。新开发区旨在主动引领和推动区域创新发展。它们是指国务院批准的特定地区，实际上是在探索和推动自主创新和高技术产业发展方面发挥先行者和示范作用。截至2016年7月，中国国务院批准了17个国家自主创新示范区，由科学技术部管理和监督。

下面我们以宁波国家创新示范区（Ningbo National Innovation Demonstration Zone，NB-NDZ）为例进行介绍。2016年10月19日，中国科学技术部批准了该开发区的开发。一是制定《NB-NDZ建设实施方案》。其目的是详细规定行为和活动，以发挥自贸区的作用，并对将使用自贸区的工商企业发挥支持作用。NB-NDZ要改革和创新政府采购创新产品的模式，吸引国外技术和民间资本的投资。为进一步加快科技成果转移转化，NB-NDZ将着力打造宁波地区科技"专业化大市场"，为科技成果转化提供"一站式"服务平台。2016年是新NDZ运营的第一年，吸引了2738项技术，总营业额为4672亿元人民币（约6.7亿美元）。

3. 技术转移人才培养基地

这些国家创新实训基地本质上为青年企业家提供培训的"师徒"服务，以打造适合创新和技术转移的专业团队。目前，中国科学技术部已批准11个国家创新实训基地，名单见表CSV-3。

表CSV-3　中国国家创新实训基地（技术转移、辅导培训服务）名单

编号	监督机构	业主及经营实体	支持机构
1	北京市科学技术委员会	国家技术转移集聚区	北京技术交流推广中心
2	深圳分委会	国家技术转移南方中心	深圳市技术转移促进中心
3	上海市科学技术委员会	国家技术转移东部中心	上海杨浦科技创业中心有限公司
4	湖北省科技厅	国家技术转移中部中心	湖北省技术市场协会
5	四川省科技厅	国家技术转移西南中心	四川省技术转移中心
6	陕西省科技厅	国家技术转移西北中心	西安技术管理人员协会
7	吉林省科技厅	国家技术转移东北中心	吉林省科技产权交易中心有限公司
8	福建省科技厅	国家技术转移通道中心	福建海峡技术转移中心

⊖　更详细的描述参见 Bai 等（2014）。

（续）

编号	监督机构	业主及经营实体	支持机构
9	江苏省科技厅	国家技术转移苏南中心	苏州市生产力促进中心
10	河南省科技厅	国家技术转移郑州中心	河南省科学技术信息研究院
11	青岛市科技局	国家海洋技术转移中心	青岛市科技创业服务中心

注：资料来自中华人民共和国科学技术部。

作为这些"培训基地"的一个例子，我们考虑了上海市科学技术委员会培训基地，见表 CS V-3。在中国科学技术部、上海市科学技术委员会和国家技术转移东部中心的支持下，该培训基地于 2016 年 1 月开发。根据其职权范围，它是国家技术转移培训基地，为技术转移人员培训提供三种缩写为"TOP"或"TOP 计划"的培训服务：

1）技术转移（Tech-transfer）。

2）实践（Operation）。

3）专业（Professional）。

（1）技术转移 "技术转移"培训侧重于"挖掘具有巨大经济潜力的创新需求的能力"。培训后的受训者应具备技术背景以及技术转让的初步规划能力。就上海而言，这一要素主要是利用上海图书馆的知识资源，整合技术转移相关信息和工具，开发一个终身学习平台。

（2）实践 "实践"就是为企业提供高质量、全方位的技术转移服务的能力。培训后学员的能力要求：①技术背景；②设计和规划能力；③分析评估和判断新技术"创新潜力"和市场吸引力的能力；④较强的商务谈判能力。以上海市科委培训基地为例，培训服务的运营委托专业服务机构，利用模拟或实际培训开展技术经纪业务、业务培训、国际业务关系等。

（3）专业 这一组成部分包括有关专业开发、宣传、项目管理、政策支助和与大型企业、科学和技术服务机构、大学、科研院所等有关专业实体的关系等问题的培训活动。通过建立专家咨询制度，指导专业业务技术转让操作，定期举办国内外集思广益研讨会，促进青年科研人员和专家的专业发展。

4. 高新技术工业开发区

高新技术工业开发区，也称为科技工业园区，是由各级政府批准的。它们具有智力密集/技术密集的开放环境，以"最大程度地将科技成果转化为与市场相关的生产力"为目标，为具有高科技科技地位的公司发展和运营提供条件。这些企业享受减税和优惠贷款政策，鼓励引进国外先进科技资源，利用自有资金和管理优势开发创新产品和服务。2014 年，这些区域共有 RTD 机构 12767 家，孵化器和加速器企业 35755 家，创新服务机构 2097 家。表 CS V-4 提供了中国国家高新技术产业开发区统计数据。

表 CSV-4　中国国家高新技术产业开发区统计数据

年份	单位数量	实体总数	年末从业人数/万人	总收入/亿元	工业总产值/亿元	出口货物总值/亿美元
2011	88	57033	1073.6	133425.1	105679.6	3180.6
2012	105	63926	1269.5	165689.9	128603.9	3760.4
2013	114	71180	1460.2	199648.9	151367.6	4133.3
2014	115	74275	1527.2	226754.5	169936.9	4351.4
2015	146	82712	1719.0	253662.8	186018.3	4732.7

注：资料来自中华人民共和国科学技术部。

5. 大学科技园区

大学科技园区是将参与高校的智力资源与科研能力相结合的平台，其目标是将高校人力资源与其他社会资源相结合，实现科研成果的市场化转化和向创新转化。截至 2015 年，中国国家级大学科技园区统计数据见表 CSV-5。

表 CSV-5　中国国家级大学科技园区统计数据

年份	大学科技园区数量	租户数量	2015 年新租户	租户雇员人数／万人
2015	115	10118	2837	14.6
2014	115	9972	2828	16.3
2013	94	8204	2028	14.7
2012	94	7369	1787	13.2
2011	85	6923	1673	13.1

注：资料来自中华人民共和国科学技术部。

以宁波市国家大学科技园为例，该科技园 2003 年 5 月由宁波市政府批准建设。它的目标是成为一个创业创新的平台。它由镇海市政府、宁波大学、宁波工程学院、浙江纺织服装职业技术学院和中国科学院宁波材料技术与工程研究所共同创办。2010 年 1 月被国务院批准为国家大学科技园。根据其创建者的说法："科技园致力于以参与的教育和研究实体的科技人才为基础，创建强大的创新生态系统。"这个园区追求的主要创新领域是科技设计和服务、信息服务、软件开发、影视媒体、动画和游戏。

V.3.3　高等学校创新能力提升计划

高等学校创新能力提升计划，又称"2011 计划"，是中华人民共和国国务院发起实施的第三项国家技术发展计划。

它遵循 "985 工程" [⊖] 和 "211 工程" [⊖]，旨在提高高等教育机构的创新能力。该计划的实施增强了中国高等教育机构的创新能力。

该计划由中国教育部和财政部联合实施，并于 2012 年 5 月在国家层面正式启动。2013 年，中国教育部首批设立了 14 个国家级协同创新中心，2014 年又设立了 24 个相应高端研究领域协同创新中心。除国家级协同创新中心，作为该计划的一部分，还建立了多个省、市级协同创新中心。

交通运输研究被认为是该计划的重点任务之一。由北京交通大学牵头，致力于轨道运输研究的轨道运输安全协同创新中心是首批国家级轨道运输安全协同创新中心之一。江苏省政府随后成立了东南大学领导的现代城市交通技术协同创新中心，宁波市政府最终成立了宁波市智慧交通协同创新中心。

接下来将介绍关于这些与交通相关的协同创新中心的更多信息。

1. 轨道运输安全协同创新中心

该中心位于北京，是首批国家级协同创新中心之一，成立于 2012 年 8 月。该项目由北京交通大学牵头，涉及以下单位：

1）西南交通大学。

2）中南大学。

3）中国铁道科学研究院。

4）中国北车股份有限公司。

5）中国铁建股份有限公司。

上述合作伙伴搭建了一批高水平的创新平台，不断取得理论研究成果，培养创新人才。中国铁道科学研究院、中国北车股份有限公司和中国铁建股份有限公司是中国轨道交通研究和技术实施的行业领导者。

该中心的主要目标是为中国更安全、更高效的轨道交通提供创新技术解决方案，重点解决以下三个铁路研究领域：

1）运控安全。

2）基础设施安全。

3）移动设备安全。

在 2012 ~ 2016 年期间，该中心成员共开展各类科研项目 4000 项，总经费 25 亿元（约 3.57 亿美元）。

⊖ "985 工程" 是时任中国国家主席的江泽民在 1998 年 5 月 4 日北京大学 100 周年校庆时首次宣布的一项项目，旨在通过在 21 世纪建立世界一流大学来促进中国高等教育系统的发展和声誉。

⊖ "211 工程" 是 1995 年由中华人民共和国教育部发起的全国重点高校项目，旨在提高高水平大学的研究水平。在项目的第一阶段，从 1996 年到 2000 年，分配了大约 22 亿美元。

2. 现代城市交通技术协同创新中心

该中心于 2012 年 10 月在江苏省会南京建立，是省级协同创新中心。它由东南大学牵头，涉及多所高校、研究机构和知名企业。参与方分别为：清华大学、同济大学、北京航空航天大学、浙江大学、华南理工大学、宁波大学、中国城市规划设计研究院、北京四通智能交通系统集成有限公司、青岛海信网络科技股份有限公司及公安部道路交通安全研究中心、交通运输部公路科学研究院等相关研究机构。

该中心的主要目标是"促进现代城市交通技术的发展，满足解决城市交通问题的重大需求"。该中心主要研发领域如下：

1）城市交通系统资源配置优化技术（由东南大学主导）。
2）城市交通系统运行管理协同技术（同济大学主导）。
3）城市交通信息处理与服务协同技术（由北京航空航天大学牵头）。
4）城市交通系统智能控制协同技术（清华大学主导）。
5）城市交通管控应用系统技术（公安部交通管理科学研究所主导）。

3. 宁波市智慧交通协同创新中心

该协同创新中心由宁波市教育厅于 2014 年初正式成立。该中心由宁波工程学院牵头，涉及当地相关政府机构、另外三所中国大学、行业领袖和四家国际合作伙伴。其主要目标是基于中国和欧洲的大学、研究机构和行业领导者之间的密切合作，为实际的城市交通问题制定和实施创新的解决方案，引入创新的、结合的教学和培训计划，以培养高层次人才。该中心重点研发领域包括以下几个方面：

1）城市交通智能监控技术。
2）智能多模式公共交通管理与信息服务技术。
3）道路交通安全管理技术。
4）实时停车引导和停车管理。

私营机构创新

继 1995 年开始的中国经济结构调整之后，中国发展了强大的私营部门，包括工业和服务业公司。中国私营部门科技创新及其创新能力通常以下"模式"来区分⊖。

1. 内部创新生产（或中国的"自我改造"）模式

这是在公司内部产生的创新，通过实施自己的独立 RTD，然后试图在"创

⊖　我们在这里使用的是在这些情况下使用的中文术语。

新"可销售的产品方面实施它，或者通过试图实施 RTD 结果，或利用已经在其他地方实现的现有知识或专有技术（有或没有公司参与的情况下）。

第一种情况主要是指大型企业依靠自身实力进行研发，独立开展一系列创新工作，实现成果的商业化和产业化，从而实现市场收益。这种转型所需要的关键技术，源于企业自身的技术积累和突破。转型过程也是通过变现自身的知识和能力来实现的。这种模式要求很高，企业必须有雄厚的资金基础、强大的研发能力、高素质的研发人员和基础设施。此外，企业还必须拥有高于平均水平的运营管理技能。

第二种情况是指"引进" RTD 成果以创造创新，这是通过各种市场交易实现的，技术所有者、开发者、顾问和服务提供者将评价的科技成果出售给这些企业，并承诺提供创新后续服务。实施外部 RTD 结果涉及昂贵的资金和长期的投资回报周期。它通常由旨在通过对现有产品和技术进行升级和修改工作来实现转型的企业实施。最近的一个例子是中国飞机制造业利用乌克兰的工程师开发中国飞机的关键技术知识。

2. 合作转型模式

这涉及通过众多"行动者"的合作进行创新生产。它主要包括：

1）技术联盟，即创新型企业之间或它们与其他"行动者"之间的联盟。通过这种合作，合作伙伴分担生产创新产品所必需的具体工作的成本和责任，并分享互补的利益。这些联盟共同努力形成创新理念—进行必要的研发—组织和实施创新周期—测试和传播创新成果。

2）企业孵化器的开发和运营。这是正常的方式，即创业公司使用孵化器组织根据特定合同提供给他们的建筑物和其他基础设施。截至 2015 年底，全国共有 2536 家企业孵化器和 2345 家所谓的"共享创新工场"（较轻类型的孵化器）。综合起来，中国成为全球孵化器数量最多的国家。

3）风险投资基金的创建和利用。这一点与世界其他地方的运作方式相同。愿意承担风险的投资者把钱投资于新的创新企业，以期在这些企业成长时从出售股票中获得未来的收益。

表 CSV-6 ~ 表 CSV-8 给出了中国私营企业创新的一些统计数据。它们包括上述所有的私营部门创新模式和类型。

表 CSV-6　中国私营企业研究与创新数据（2015 年）

私营 RTD 机构总数	总人数	总支出/万元	专利申请数量	授权专利数量	用于 RTD 的高科技产业机构	高等教育机构
3650	436300	213649	35092	19720	11265	11732

注：资料来自中华人民共和国科学技术部。

表 CSV-7　中国科研创新"集群"*（2014 年和 2015 年）

年份	集群总数	集群内企业总数	集群总人数	集群企业总营收/亿元	净利润/亿元	授权专利数量
2015	71	13322	2896647	37382.2	2726.3	19640
2014	71	12757	2959740	34546.8	2902.1	17254

注：*表示由地理位置集中的公司、专业供应商、服务提供商、金融机构、相关行业和其他相关机构组成的集团，相互之间具有互动相关性。根据 Michael E. Porter 1990 年在《国家竞争优势》（The Competitive Advantage of Nations）一书中对"产业集群"的最初定义。

资料来自中华人民共和国科学技术部。

表 CSV-8　中国科技企业孵化器（TBI）数据

年份	TBI 总数	占地面积/万平方米	租户数量	孵化器总收入/亿元	员工总数/万人	累计毕业租户数
2015	2536	8680	102170	4810.4	66.2	74853
2014	1755	6877.8	78965	3696.4	141.7	61944
2013	1468	5379.3	77677	3308.8	158.3	52146
2012	1239	4375.8	70217	4147.1	143.7	45160
2011	1034	3472.1	60936	3800.6	125.6	39562

注：资料来自中华人民共和国科学技术部。

3. 面向私营部门创新的创新基金

这是一个旨在支持中小企业创新的政府基金。该基金按照市场经济规则运作，支持各种所有制的中小型企业，以便吸引地方政府、企业、风险投资和其他金融机构的投资。该基金旨在按照市场经济规律，逐步推动建立其他较大的高新技术产业投资机制。已经成立的中小型企业由地方政府提供 15 万～40 万元（约 2 万～4.5 万美元）的资金，中央政府提供 50 万～100 万元（约 9.5 万～17 万美元）的资金。初创企业获得资助的资金数额略低。

这些企业也可以申请国家贴息贷款。

4. 中小企业发展专项资金

根据由中国国家发展和改革委员会、国家工业和信息化部和财政部发起的《中华人民共和国中小企业促进法》，中央政府预算计划提供专项资金，支持中小企业的专业化、与大企业的合作、技术进步和改善中小企业的发展环境。该资金可以采取各种类型的金融支持，例如固定资产建设基金、保障项目补助、企业质量提升活动补贴、中国中部投资贸易博览会补贴。

5. 其他类型的民营企业融资

在中国，最近开发了所有发达经济体中存在的旨在帮助创新，特别是年轻人和初创公司的融资机会。它们包括：

1）天使投资：这种做法与其他国家的做法相同，旨在支持（指导和融资）年轻学生和企业家，以开始新的创新行动。天使投资是由富有的个人对具有特殊技术或独特概念的原创项目或小型初创企业进行一次性前期投资的股权资本投资模式。2016 年上半年，中国天使投资机构设立的 40 个天使基金共募集资金 60.77 亿元（近 10 亿美元）。

例如，上海市大学生科技创业基金（SSTF）是一个天使基金，有两个资助创业的项目：雏鹰计划和雄鹰计划。它的目标人群除了本科生，还包括研究生。毕业 5 年内可申请的学生包括本科、硕士、博士，以及已回国的海外华人留学生。对于本科生，资助对象包括大三学生、大四学生等。雏鹰计划资助金额最高为 30 万元，资助期限为 3 年。新创业者可以以 36 个月的分期付款方式无息偿还贷款。雄鹰计划最高资助 50 万元，资助期限为 3 年。孵化器将持有股权，但将分红。在资助期结束时，孵化器将收回原始资金。

2）风险投资资金：根据清科研究中心（一家风险投资和私募股权研究机构）公布的 2015 年数据，风险投资市场共投资约 7000 亿元人民币（约 1000 亿美元），用于资助新创业公司和其他创新型公司。IDG 资本、红杉、经纬、软银中国等中外创投公司稳坐头筹位置。

3）众筹：众筹成为中小企业创新的主要资金来源之一。截至 2015 年 12 月，中国内地共有 354 家互联网众筹平台，融资规模超过 30 亿元。

 V.5 结束语——经验教训

中国已经开始了一项明确的政策，以成为一个自主创新生产国。预计到 2030 年，中国有望在创新，特别是技术创新方面赶上世界上最先进的国家。

在本案例研究中，我们回顾了中国政府用于推动这一政策的主要"工具"，以及可从公共或私人来源获得的资源。中国创新生产的现行法律框架是《中华人民共和国促进科技成果转化法》（2015 年修订）。这个法律框架规范了中国创新生态系统宇宙的所有要素，包括：

1）人力资源。

2）RTD 的财务支持。

3）对创新活动的财政支持。

4）相关税收政策和优惠。

5）市场法规（通过公平贸易、知识产权保护和市场监管的立法）。

6）政府采购问题。

7）创新治理和行政问题。

8）其他政策工具。

还有大量的政策执行工具，都是在上述基本创新立法的框架内设定的。本案例研究中已经介绍了大部分使用的工具，例如创新支持行动计划和高等学校创新能力提升计划等。上面我们也提到了中国私营企业支持的创新。

关于第 4 章中讨论的创新生态系统组织模式的术语，目前中国的创新组织模式是一个完全"集中式"的模式，但在大型跨国私营公司的创新生产活动方面，有一些"分散式"模式的元素。这是一个"集中式"系统，由中央政府制定政策（即申请细节），并为所有类型的创新生态系统"参与者"提供相当一部分资金。国内强大而严谨的私营部门，虽然符合中央政府的战略选择，但在选择面对国际竞争的手段和方式、更好地回应消费者偏好方面，也越来越独立。

中国的创新生态系统展现了世界上所有其他发达经济体的创新生态系统中所包含的所有要素。这些系统的财务、组织和行政特征与美国、欧盟和日本生态系统的特征相似，这是中央政府指导方针的结果，这些指导方针强调了以下方面的"价值观"：

1）有效的竞争和商业部门的组成[⊖]。

2）人力资本开发。

3）支持原创性研究和（新产品）开发。

4）促进创新的国内和国际网络。

中国对全球化的坚定承诺，是当今中国创新生产模式的另一个关键特征。中国企业需要在全球化和高度竞争的国际市场中获得优势，这迫使中央计划和主导的创新生产系统在出口创新产品时接受相当大的自由度和分散的决策。这种变化在参与国际项目或合作较多的几个创新层面，特别是企业层和个体层都可以看到。企业或个体领导者可以以一种更加独立和"消费者敏感"的方式来决定、计划和实施与创新相关的活动。

⊖ 的确，中国私营部门的战略方向预计将集中在支持中央政府的国家工业和技术进步政策上，但毕竟，大多数西方国家的战略方向也是如此。

附录 CSV　中国主要创新支持政策摘要

政策	政策属性	日期	部门	目标与重点任务
《关于深化科技奖励制度改革的方案》	国家科技政策	2017年6月9日	发布单位：国务院 实施单位：省、直辖市、自治区人民政府 适用对象：全体创新人群	目标： 进一步完善科技奖励制度，调动广大科技工作者的积极性、创造性，深入推进实施创新驱动发展战略 重点任务： 1) 改革完善国家科技奖励制度 2) 引导省部级科学技术奖高质量发展 3) 鼓励社会力量设立的科学技术奖健康发展
《关于县域创新驱动发展的若干意见》	国家科技政策	2017年5月24日	发布单位：国务院 实施单位：省、直辖市、自治区人民政府 适用对象：全体创新人群	目标： 县域科技创新普遍滞后，表现出区域差异。这一政策旨在促进县域科技创新驱动发展 重点任务： 1) 加快产业转型升级 2) 培育壮大创新型企业 3) 集聚创新和创业人才 4) 加强创新创业载体建设 5) 促进县域社会事业发展 6) 创新驱动精准扶贫精准脱贫 7) 加大科学普及力度 8) 抓好科技创新政策落地
《中国落实 2030 年可持续发展议程创新示范区建设方案》	国家行动计划	2016年12月13日	发布单位：国务院 实施单位：省、直辖市、自治区人民政府 适用对象：全体创新人群	目标： 推动落实联合国 2030 年可持续发展议程，充分发挥科技创新对可持续发展的支撑引领作用 重点任务： 1) 制定可持续发展规划 2) 破解制约可持续发展瓶颈问题 3) 探索科技创新与社会事业融合发展新机制 4) 分享科技创新服务可持续发展经验

（续）

政策	政策属性	日期	部门	目标与重点任务
《北京加强全国科技创新中心建设总体方案》	区域行动计划	2016年9月19日	发布单位：国务院 实施单位：省、直辖市、自治区人民政府 适用对象：全体创新人群	目标： 坚持和强化北京全国科技创新中心地位，在创新驱动发展战略实施和京津冀协同发展中发挥引领示范和核心支撑作用 重点任务： 1) 强化原始创新，打造世界知名科学中心 2) 实施技术创新跨越工程，加快构建"高精尖"经济结构 3) 推进京津冀协同创新，培育世界级创新型城市群 4) 加强全球合作，构筑开放创新高地 5) 推进全面创新改革，优化创新创业环境
《国务院办公厅关于强化企业技术创新主体地位全面提升企业创新能力的意见》	国家科技政策	2013年2月4日	发布单位：国务院办公厅 实施单位：省、直辖市、自治区人民政府 适用人群：全体创新人群	目标： 目前我国企业创新能力依然薄弱，企业尚未真正成为决策、研发投入、科研组织和成果应用的主体，许多领域缺乏具有自主知识产权的核心技术，制约企业创新的体制机制障碍仍然存在。这一政策是为了全面提升企业创新能力 重点任务： 1) 进一步完善引导企业加大技术创新投入的机制 2) 支持企业建立研发机构 3) 支持企业推进重大科技成果产业化 4) 大力培育科技型中小企业 5) 以企业为主导发展产业技术创新战略联盟 6) 依托转制院所和行业领军企业构建产业共性技术研发基地 7) 强化科研院所和高等学校对企业技术创新的源头支持 8) 完善面向企业的技术创新服务平台建设 9) 加强企业创新的技术人才队伍建设 10) 推动科技资源开放共享 11) 提升企业技术创新的开放合作水平 12) 完善支持企业技术创新的财税金融等政策

注：资料来自中华人民共和国中央人民政府网站。

参考文献

Bai, l., Qiao, Q., Yao, Y., Guo, J., Xie, M., 2014. Insights on the development progress of National Demonstration eco-industrial parks in China. J. Clean. Prod. 70, 4 – 14.

Li, C., 2002. Report on China's National Strategy. Social Science Press of China. no. 02.

延伸阅读

Hubei, 2015. The national and provincial scientific and technological achievements of the policy interpretation. *Hubei science and Technology Department*, policy paper issued in 2015.

Li, K., 2006. Comparison and enlightenment of scientific&technological achievements transformation modes. Sci. Technol. Manag. Res. 2006 (1), 88 – 91.

Zhao, J., 2010. Technical Economics. Henan science and Technology Press. no. 07.

Zhu, N., 2011. Research on China's typical transformation models and influencing factors of scientific and technological achievements. Sci. Technol. Manag. 12 (6), 34 – 37.

案例研究Ⅵ

英国——运输系统弹射器：一项政府发起的公司级创新案例

 简介

英国的弹射器计划是英国政府的举措之一，旨在促进和转变英国在特定领域的创新能力，并帮助推动该国未来的经济增长。弹射器中心是一个由11个中心（到目前为止）组成的网络，在那里，企业、科学家和工程师共同致力于后期研究和开发，以期从研究成果中产生创新，并在其重点领域启动更广泛的创新生态系统。弹射器是由英国创新机构 Innovate UK 监督的非营利独立组织，拥有物理设施（实验室、测试设施等）⊖。

运输系统弹射器（Transport Systems Catapult，TSC）⊜是一个非营利组织，专注于运输领域，旨在"促进智能移动的研究和应用，使用新技术和新兴技术，以更智能、高效和可持续的方式运输人员和货物，最终目标是创造增长和就业机会，促进英国的全球成功，并改造运输系统。"自2013年成立以来，TSC 作为值得信赖的中立专家越来越受到重视，帮助英国在全球新兴的智能移动市场中领先。它位于英国米尔顿·凯恩斯，是区域创新中心。在其设施中，它为其关键演示项目提供了大量的建模和测试设施。TSC 与英国的其他相关创新生产实体（交通领域）相连并开展合作，从而成为"智能移动系统"中日益活跃的创新生态系统的"核心"的一部分。

根据 TSC 手册，TSC 中心"应用以业务为导向的研究，帮助企业创造满足世界运输系统需求的产品和服务，以应对不断扩大的需求。TSC 明确强调合作，旨在将不同运输模式的不同组织聚集在一起，打破障碍，并为满足世界上最先进的运输系统提供一个独特的平台。"到目前为止，TSC 已经与近160个组织合作，交付了超过125个项目（截至2017年6月），仅在互联网和自动驾驶汽车方面就

⊖ 为获取更多信息，请访问以下网站：www. catapult. org. uk 和 https://www. gov. uk/government/orgainstions/innovate-uk（2018年8月访问）。

⊜ 参见 https://ts. catapult. org. uk 和 https://youtu. be/IOnPfY3Kznw（2018年8月访问）。

刺激了 4.35 亿英镑的额外投资。此外，通过大学合作计划，TSC 帮助学术界和研究机构发展自己关于智能移动的思考，并在将学术界与工业界联系起来方面发挥了关键作用。

建立 TSC 的最初拨款是由英国政府促进该国创新的机构 Innovate UK 提供的。英国交通部提供了额外资金，但显然，该组织预计将从合作研发和商业活动中获得额外资金。在撰写本书时，TSC 仍然是一个"年轻"的组织，大约在计划的 10 年成熟之旅中走了一半。

尽管 TSC 最初被视为该行业的一个潜在竞争因素，特别是在私营部门咨询领域，但现在被认为是一个关键的"合作促进因素"，它已经确定了研究和创新生产的卓越领域，并帮助它们建立联系，以期建立强大的合作网络。在其成立的前 4 年中，TSC 开发了一个平衡的创新项目组合（超过 70 个），并与其他英国测试设施合作建立和运行了基于技术的大规模建模和演示计划。据受访人士称，这些活动支持了新思想的快速发展，并帮助在运输领域开发了一系列宝贵的能力、技能和资产。

范畴和愿景

TSC 的主要愿景是"推动英国在智能交通领域的全球领导地位，同时促进英国经济的持续增长和增进民生福祉"。重要的是，在这样做的过程中，TSC 表示它将避免成为英国运输业现有参与者的直接竞争对手，并遵循特定的路线图来协调组织，从而为 TSC 和其他参与者找到角色，对总体而言，该系统可以增加价值和专业知识。该战略的一个关键要素是开发所谓的综合测试环境，以创造多式联运测试的新市场。

TSC 的另一个关键愿景是作为中小企业（Small and Medium-sized Enterprises，SME）的协调中心，发展智能移动领域的创新和商业化活动。在这方面，英国中小企业界的优先事项被确定为：

1）与大型组织联系。

2）更好地导航潜在的市场路线，并在它们参与的相邻市场或子行业中识别机会。

3）与其他中小企业、学术界和大型企业合作。

4）了解最新思想，并为风险投资资助者提供访问的机会，他们可以支持其创新理念的商业化。

因此，TSC 旨在支持中小企业作为智能移动生态系统的核心，负责建立技术能力，促进合作关系，将其引入供应链，并提供对信息技术和远程教育（Information Technology and Distance Education，ITDE）设施的访问。TSC 在智能移动领域支持中小企业创新的活动示例包括中小企业参与网络活动、量身定制的客户关系管理（CRM）工具套件、发布资金呼吁以及与其他弹射器的链接。实际上，TSC 为中小企业提供[一]：

1）专业知识和专业设施的使用。

2）实际帮助和指导。

3）关于供资和财务的指导。

4）工作区和会议设施。

5）社交和展示活动，以及向合作伙伴和其他供应商的介绍。

在 TSC 的范围内是整个运输领域和与运输相关的创新，但优先考虑与智能移动相关的活动。该组织（在撰写本书时）已要求 Innovate UK 组织在 5 年内提供 4660 万英镑的核心赠款，以实现这一愿景。这将涉及推进支持英国企业将产品和服务推向市场的活动，这些产品和服务在智能移动领域具有技术和创新基础。最初，该组织专注于核心资金的建设及其能力。然后它开始开发协作式 RTD 项目并寻找商业机会。总体目标是在资金来源之间实现平衡和可持续的分配。

 运输系统弹射器项目

这里进一步举例说明了三个 TSC 的 RTD 项目，以显示所处理项目的多样性。在这三个项目中，第一个项目 LUTZ 位于 TSC 设定为第一优先级的智能移动领域的核心范围内。该项目[二]帮助该组织在全球范围内进行广泛的宣传，并建立了全球品牌。随后，它协助建立了"足够数量"的项目和活动。TSC 现在采用更有针对性的项目选择方法，更接近其主要范围和愿景，即促进智能移动创新、协作以及提高衡量影响和结果的能力。

VI. 3. 1 LUTZ Pathfinder 项目

LUTZ Pathfinder 项目专注于试验可以在人行道和自行车道上行驶的小型自主"豆荚"。它们在米尔顿·凯恩斯进行了测试，以探索此类车辆提供最后一千米门到门运输服务的最终潜力。该项目的三个主要目标是：

1）为自主控制系统的开发人员提供少量定制的电动汽车，用于测试和开发技术。

2）支持这些技术的持续发展。

3）支持在米尔顿·凯恩斯建立"城市实验室"。

TSC 与牛津大学移动机器人小组合作领导了该项目，该小组开发和提供了自

⊖ TSC 的特定中小企业参与涉及一份单独的合同协议，其中规定了所有合作细节和安排。

⊜ 配备由牛津机器人研究所开发的自主软件的自动驾驶汽车，并由 TSC 在英国米尔顿·凯恩斯成功测试。

主控制系统功能。双座电动车辆（吊舱）由总部位于考文垂的中小企业里士满设计与营销（RDM）有限公司设计和制造。TSC 确保车辆的设计符合在米尔顿·凯恩斯行人环境中运行所需的规格，并且通过与米尔顿·凯恩斯委员会合作，获得了法律许可，使豆荚能够在人行道上行驶，并沿着指定路线进行了必要的基础设施更改。TSC 为该项目开发了一个安全案例，并制定了详细的试验计划，以确保所有操作，特别是在公共场所，都以安全和结构化的方式进行。LUTZ Pathfinder 项目向公众展示了在英国运行的无人驾驶技术的概念。这是通过一系列活动完成的，包括公众参与日（豆荚向公众展示）、全国范围的民意调查，以及为期一周的公众示威（几乎所有主要的英国媒体都报道）。

最终演示于 2016 年 10 月进行，在此期间，自主控制技术在 Oxbotica（牛津大学的衍生公司）提供的车辆上进行了演示，并在米尔顿·凯恩斯"城市实验室"内向公众展示了完全自主的操作，如图 CSⅥ-1 所示。系统运行符合预期，连续 5 天每天 7h 运行时没有问题。公众在自动驾驶汽车内"乘车"，根据试验安全案例，应当由合格的安全驾驶人陪同。

图 CSⅥ-1　英国运输弹射器在米尔顿·凯恩斯"城市实验室"演示的 LUTZ Pathfinder 自动驾驶汽车（"pod"）

该项目是英国参与智能网联和自动驾驶汽车技术开发和演示的旗舰，在整个项目中，特别是在最后的演示期间，媒体进行了广泛的报道。该项目的许多经验教训正在为英国当前和未来的该项目提供信息，所有参与的组织的数量和能力都在增长，并正在扩大它们在智能网联和自动驾驶汽车领域的工作范围。为该项目开发的三款电动汽车虽然没有直接用于最终演示，但现在可供其他技术开发人员使用，以支持他们的测试和满足试验要求。

Ⅵ.3.2　出发计划信息项目

出发计划信息（Departure Planning Information，DPI）是一种开创性的空中交通通信协议，使机场能够共享航班起飞状态的实时更新。TSC 与英国民航局和国家空中交通服务合作，应用创新和智能思维开发创新软件，旨在加强航班起飞准备和管理，同时应对更多乘客和货物的挑战，同时不增加二氧化碳排放水平、燃料消耗和噪声。

在该软件可用之前，空中交通专业人员使用基本的飞行计划数据来评估飞机的状态。这意味着并不总是能够知道它们是在滑行、在等待点还是已经离开。通常，这些数据收集长达 2h。由于数据的实时准确性，DPI 软件能够更有效地管理任何航班。该软件在起飞时间准确性方面进行了重大改进，提高了安全性和效率，并使飞机准时到达需要的地方。这包括减少吸收空中延误所花费的时间、提高准点率、减少跑道占用时间以及大幅减少飞机停留时间。

TSC 计划进一步开展工作，测试这些假设从收集证据以证明其有效性和准确性，从而促进 DPI 的推出，以涉及尚未使用大型机场使用的 A-CDM 或 EFPS 空中交通管制系统的区域机场。

Ⅵ. 3. 3　Eyeware 智能手机应用程序

Eyeware 项目开发了一个智能手机应用程序，旨在帮助人们通过眼睛疾病患者的眼睛看东西。该应用程序是与英国皇家国家盲人研究所（RNIB）合作开发的，可模拟一系列疾病[⊖]，包括白内障和青光眼等。

根据大量的访谈和科学文献，特别注意确保陈述尽可能准确。Eyeware 的工作原理是在智能手机摄像头的馈送上放置滤镜。当人们将其与虚拟现实耳机（例如 Google Cardboard）结合使用时，人们可以看到他/她面前的世界，就好像他/她有这些条件一样。这就是增强现实。

 Ⅵ. 4　结束语——经验教训

用本书介绍的术语来说，英国的 TSC 是政府通过创建和支持"吸引力核心"来诱导交通创新的一个例子，该"吸引力核心"将在全国范围内启动交通创新生态系统。它从智能移动创新领域开始，通过采取以下措施进行：

1）与工业界、学术界和公共部门发展合作关系。

㊀　应用程序可以在三种渐进的严重状态下体验以下眼部状况：

1）白内障，导致眼睛晶状体发生变化，使视线浑浊和朦胧。

2）糖尿病视网膜病变，当眼睛后部的微小血管阻塞和渗漏时发生。

3）青光眼，视神经因眼内液体压力增加而受损。

4）色素性视网膜炎，这是一组遗传性眼部疾病，导致视网膜细胞逐渐停止工作并最终死亡。

5）年龄相关黄斑病变（ADM-wet），当黄斑细胞停止正常工作并且身体开始生长新血管以解决问题时发生。

6）ADM-dry，影响视网膜的中央部分（称为黄斑），导致中央视力出现问题。

2）在单个客户工作的同时提供协作项目和大型演示者。

3）与选定的大学建立牢固的战略伙伴关系。

4）发展及维持更广阔的学术网络，以及支持综合发展及将启用原型测试的测试环境。

5）启动一些支持平台和计划，例如所谓的准入伙伴关系方案旨在让大型组织合作应对长期挑战，中小企业支持方案旨在为高增长的"颠覆性"中小企业公司和其他公司提供更好的准入。

TSC 的经验是"亲力亲为"的政府组织作为"创新代理人"推动创新的一个很好的例子。令人感兴趣的是，它从一个完全公共部门的组织转变为一个项目支持的组织，像任何其他私营部门实体一样运作，但同时追求一种非竞争性的非营利性运营，专注于"社会"导向的目标和愿景。使用各种项目组合，如上述项目组合，帮助本组织度过了最初的运作阶段，确保了其经济可行性，以便今后能够在最少的公共资金和援助下运作。

就 TSC 而言，这种与可持续性的"平衡行为"以及通过研究其影响和影响而获得的经验，也许是迄今为止从本案例研究中获得的最重要的经验。另一个是强调开发和向更广泛的相关"参与者"社区提供现场演示基础设施和测试平台，用于测试和演示项目。例如，在 LUTZ Pathfinder 项目和米尔顿·凯恩斯的"城市实验室"中，通过向私营部门的其他开发商提供基础设施和三辆电动汽车来测试自动驾驶汽车。此外，还通过开发一些支持平台和启动计划，如所谓的准入伙伴关系计划，旨在为更大的组织合作应对长期挑战，以及为高增长的"颠覆性"中小企业公司提供更好的准入的中小企业支持计划。

能力建设也是 TSC 组织试图促进创新的重要工具。TSC 项目和相关创新促进活动的成果正在为当前和未来的英国项目提供信息，特别是在智能移动领域。该组织积极参与专有技术和技术转让活动，以提高其他研究实体以及中小企业在特定领域的能力并扩大其潜力（通过 LUTZ 项目工作，这在互联网汽车和自动驾驶汽车领域尤为明显）。

案例研究 Ⅶ

美国——硅谷：具有全球影响力的区域 创新生态系统案例

引言

Ⅶ.1.1 简介

本案例研究总体上评估了美国硅谷创新生态系统（Silicon Valley Innovation Ecosystem，SVIE），特别是硅谷交通创新生态系统（Silicon Valley Transportation Innovation Ecosystem，SVTIE）。我们的目的是描述这个标志性的、世界知名的创新中心与交通有关的主要特征，并在确定创新生态系统的性质和重要性，特别是在产生变革性和革命性的技术变化方面得出有用的见解和范式。SVTIE 被定义为整个 SVIE 的一个子系统，根据参与的利益相关者的数量和它们生产的创新产品，它们都是"成熟"的区域创新生态系统。

本案例研究遵循本书的总体论述，要充分理解创新，必须根据前三章中提出的创新生态系统概念[○]，采用系统层面的视角。还原主义视角，例如，只考虑个人的作用，对于理解创新过程的部分内容很重要，但真正的系统层面的分析对于提供整体理解，说明各组成部分如何互动产生创新至关重要[○]。

在 2007～2008 年的经济衰退中，加州是美国受打击最严重的州之一。该州失去了 130 万个工作岗位，并面临多年的政府赤字，这迫使其在项目和基础设施投资方面做出艰难的决定，这对其高科技经济至关重要。但是，尽管过去有这些挑战，加州仍然是美国高科技创新的顶级环境之一，部分原因是其作为科学和创新中心的三个主要地区的实力不同：圣地亚哥、旧金山湾区（硅谷）和洛杉矶。

这三个地区构成了加州的整体科学和技术领域，包括几个"创新生态系统"。在科学和技术方面，州政府的政策制定得到了加州科学和技术委员会（California Council on Science and Technology，CCST）的协助。CCST 是一个无党

○ 第 1 章和第 2 章已经详细讨论了使用"创新生态系统"概念的优点和缺点。

○ 然而，我们在案例研究 X 中对硅谷的创新生态系统采取了这种"还原主义"的观点，即我们在案例研究中重点关注个人的作用。

派的非营利组织，由加州立法机构于 1988 年成立，就涉及科学的政策问题提供"来自加州最好的科学家和研究机构"的客观建议^㊀。以下 6 个联邦资助的机构与 CCST 有正式的协议和代表：劳伦斯伯克利国家实验室、劳伦斯利弗莫尔国家实验室、加州桑迪亚国家实验室、SLAC 国家加速器实验室、NASA 艾姆斯研究中心和 NASA 喷气推进实验室。

SVIE 和其中的 SVTIE 属于更广泛的加州区域创新区（California Regional Innovation Area，CRIA），基本包括上述的三个区域^㊁。在 CRIA 内，影响创新的众多因素之间存在着复杂的相互联系和相互作用，所有这些因素都符合加州的相关立法规定，有助于促进和培育高科技创新生态系统。在集中讨论 SVTIE 之前，我们首先简要介绍一下 CRIA 和 SVIE 的情况。

Ⅶ.1.2　加州区域创新区

CRIA 可以被划定为包含以下县的区域：圣克拉拉、圣马特奥、圣克鲁斯、蒙特雷，以及旧金山湾区周边的县（阿拉米达、康特拉科斯塔、旧金山、索诺玛和马林）。在 CRIA 内部，SVIE 包括阿拉米达、伯克利、坎贝尔、库珀蒂诺、戴利城、戴维斯、弗里蒙特、海沃德、蒙特塞雷诺、门洛帕克、山景城、奥克兰、帕洛阿尔托、圣何塞、红木城、旧金山、圣莱安德罗、圣马刁、圣克拉拉、萨拉托加和桑尼维尔等城市。旧金山湾区是 SVIE 的所在地，是美国国家高科技创新的标杆。该地区拥有大量的研究型大学、联邦实验室、大型企业和技术初创公司，它们以多种方式积极合作，推动各方面和各领域的产业创新。

除了旧金山及其湾区，圣地亚哥也有大量的创新经济产业。每年都有许多新技术企业落户该地区，位于该地区的实体中给出的专利数量每年约为 10000 项（2013 年有 6700 项专利，2016 年有近 10000 项）。这是加州的第三高比率。"圣地亚哥也是一个有趣的案例，因为它的地形和地理环境不适合大规模的工业发展，因此它采取了一种合作的、慎重的社区战略来建设经济，重点是旨在吸引军队和支持国防的 RTD 的土地使用决策^㊂。"圣地亚哥坚持不懈地塑造和推广该地区的科技公司，以及早期认识到创造一个可以使研究成果商业化的生态系统的重要性，有助于推动生物技术和软件研究中心的繁荣。

CRIA 的另一个主要创新中心是洛杉矶地区。这是一个重要的创新生态系统友好地区的良好范例。虽然旧金山湾区和圣地亚哥长期以来一直依靠高科技部门

㊀　正如 CCST 的执行董事苏珊·哈克伍德在最近接受我们的采访时提到的，圣地亚哥、洛杉矶和旧金山湾区的高科技社区之间具有惊人的相似之处，但差异也同样明显。州立法不断为健康竞争提供必要的背景，并为高质量的 RTD 和创新生产提供激励。

㊁　实际上，并没有硬性的、普遍认同的管辖边界来划分这些地区或硅谷。

㊂　2017 年 6 月 30 日，加州大学圣地亚哥分校公共项目副校长兼扩展研究院长 Mary Walshok 女士在加州大学戴维斯分校的三大革命研讨会上的发言。

作为其创新经济的引擎，但洛杉矶的经济现在正向更新的产业过渡。2013 年，当地的技术部门首次超过了制造业、食品服务和贸易以及物流业等领域，就业岗位分布在航空航天、技术咨询、工程服务和计算机软件等广泛的行业。洛杉矶是特斯拉和其他埃隆·马斯克旗下产业科技公司的总部所在地。据洛杉矶县经济发展公司的艾米·阿姆斯特丹说："人们对洛杉矶有很多误解。它确实面临着其他高科技城市地区所没有的挑战，如无序扩张和获得资本的机会。然而，洛杉矶县是西半球最繁忙的港口和美国最大的制造业中心所在地。就国内生产总值而言，它也是美国第一大县。"⊖

在 CRIA 及其科学、技术和金融环境中，硅谷创新生态系统（SVIE）最初是通过使用联邦资金——包括来自 NASA 和美国空军的资金——后来则主要通过风险投资（VCs）流入该地区的大量私企资金而建立的。SVIE 的发展使该地区有能力和资源成为当前交通产业创新革命中的一个重要活动中心。

评估硅谷的"创新活力"

我们现在可以集中讨论 SVIE。关于这个标志性的创新生态系统有大量的研究文献，感兴趣的读者可以简单地通过网络搜索找到大部分相关信息。因此，我们选择集中讨论界定硅谷创新区"创新活力"的因素，并讨论一些相关问题。这里，可以用来表达一个创新生态系统的整体"活力"的因素，与以下潜力有关：

1）能否吸引资本流动。
2）能否创造知识产权。
3）能否产生"颠覆性"创新（相对于增量创新）。
4）能否创造与创新相关的就业岗位。
5）能否振兴当地的制造能力。

VII.2.1 流入 SVIE 的资本

2005 年，美国 34% 的风险投资资金流向了旧金山和圣何塞地区的公司，这两个地区实际上构成了硅谷经济区。到 2014 年，这一比例已攀升至 44%⊜。关于在硅谷的风险投资的统计数据可以在旧金山/奥克兰/海沃德都市统计区（Metropolitan Statistical Area，MSA）的投资记录中找到⊜。在 2015 年第一季度至

⊖ 2017 年 6 月 30 日，Mary Walshok 在加州大学戴维斯分校三大革命研讨会上的发言。

⊜ 根据布鲁金斯个人博客：https://www.brookings.edu/blog/the-avenue/2016/01/28/rise-of-the-rest-the-bay-area-still-dominates-venture-capital/（2017 年 6 月可访问）。

⊜ 见：https://datausa.io/profile/geo/san-francisco-oakland-fremont-ca-metro-area/（2018 年 8 月可访问）。

第四季度，SVIE 的两个主要组成部分，即旧金山 - 奥克兰 - 弗里蒙特和圣何塞 - 阳光城 - 圣克拉拉的 VC 投资总额为 280.24 亿美元。交易总数为 1321 笔，代表 797 家公司[一]。

2016 年，风险投资总额虽然比 2015 年有所下降，但仍然相对较高：231 亿美元流向了 SVIE 公司（包括旧金山[二]）。涌入 SVIE 的风险投资的低迷从 2016 年开始，一直持续到 2017 年。在 2017 年第一季度，风险投资再次出现下滑。这是连续第六个季度的下降，交易数量降至 2010 年第三季度以来的最低水平。有迹象表明，在 2014 ~ 2015 年达到顶峰后，SVIE 的创业融资行业正在恢复到 2012 ~ 2013 年的投资水平（Richter, 2017）。

从风险投资公司的角度来看，较低的投资水平是"好"的，因为它有助于将非风险投资人挤出市场，从而减缓估值的增长。硅谷风险投资家目前似乎把注意力集中在支持现有的投资上，而不是资助新的投资。无节制的热情以过多的资本投资的形式在过去促成了创新市场的崩溃（例如，20 世纪 90 年代的互联网革命）。资本投资恢复原状是一个好的迹象，表明互联网的崩溃不会因为非理性的市场繁荣而重演。

Ⅶ.2.2　知识产权的产生

硅谷的发明家在 2015 年注册了 19000 项专利，硅谷创造的专利在加州和整个美国的专利总数中占有很大比例（分别为 47% 和 13%）。根据美国专利局局长的说法，硅谷显然是美国的创新中心[三]。从 2015 年 1 月 1 日 ~ 2016 年 6 月 21 日，共有 13494 项专利分配给硅谷主要公司（不包括旧金山），见表 CSⅦ-1。

表 CSⅦ-1　2015 年 1 月 ~ 2016 年 6 月硅谷专利获得者（不包括总部位于旧金山的公司）

公司名称	获专利数
字母控股（谷歌）	2863
苹果公司	2580
英特尔公司	988
应用材料公司	626
思科系统公司	619
甲骨文软件公司	538

[一] 见：nvca. org/pressreleases/u-s-venture-capital-investment-spanned-133-msas-in-2015/（2017 年 5 月可访问）。

[二] 硅谷区域研究所，2017 年硅谷指数（人、经济、社会、区域和施政）。

[三] 美国 TPO 主任 M. Lee 在硅谷之州会议上的讲话，见：https:// www. uspto. gov/about-us/news-updates/remarks-director-michelle-k-lee-state-valley-conference（2018 年 5 月可访问）。

（续）

公司名称	获专利数
脸书公司（现 Meta）	530
迈威尔科技有限公司	506
慧与公司	489
闪迪公司（一个西部数码公司）	440
斯坦福大学	298
威睿公司	280
英伟达公司	274
奥多比公司	238
瞻博网络	236
阿尔特拉	235
西部数码	234
林氏研究公司	416
易趣网公司	203
兰博斯公司	200
希捷科技有限公司	179
雅虎公司	178
帕罗奥多研究中心公司	176
赛门铁克公司	168
总数	13494

注：数据来自《硅谷商业杂志》特刊，2017 年研究报告。

Ⅶ.2.3 颠覆性技术的产生

电视网 CNBC 在其第四届年度颠覆者 50 强名单（2016 年）中，列出了 50 家在全球范围内提出最具"颠覆性"创新的新创公司——这些创新正在彻底改变其商业格局[一]。它们来自 15 个不同的行业，包括航空航天、金融服务、网络安全和运输。在这 50 家"颠覆性"创新的初创公司中，有 28 家位于硅谷地区。所有 50 家公司，总的来说，已经筹集了 410 亿美元的风险投资，而它们的市场估值估计为 2420 亿美元。排名第一的是一家从事运输业的公司——优步（Uber），该公司于 2016 年将总部从得克萨斯州的奥斯汀迁至旧金山[二]。风险投资公司的大部分 SVIE 融资都集中在互联网和移动产品及相关服务领域的公司。

[一] 见：https://www.cnbc.com/2016/06/07/2016-cnbcs-disruptor-50.html（2018 年 8 月可访问）。

[二] 2016 年，Uber 的估值为 660 亿美元，而且它当时很明显地颠覆了世界各地的公共交通和出租车及豪华轿车服务。见：https://www.cnbc.com/2016/06/07/uber-2016-disruptor-50.html（2018 年 4 月可访问）。

2017 年，CNBC 颠覆者 50 强名单中，有 24 家公司位于 SVIE。在该名单的前 10 名公司中，有 6 家位于 SVIE。2017 年颠覆者 50 强名单中的公司，总共筹集了近 440 亿美元的风险投资，市场估值为 2390 亿美元。

Ⅶ.2.4　创造与创新有关的工作岗位

科技产业一直是硅谷经济区的重要就业岗位来源。2016 年底，硅谷 9 个县（总人口 779300 人）中有 20% 的就业是来自于科技公司。

东湾在 2016 年的科技工作岗位的数量增长了 4.3%，圣克拉拉的科技工作岗位增长了 3.6%，旧金山 - 圣马特奥都市区的科技工作岗位增长了 3.1%。这与 2015 年 7% 的增长或 2014 年 6.4% 的增长形成鲜明对比（Avalos，2017），但它们仍然是足够可观的数字。

Ⅶ.2.5　刺激当地的制造业

最近的出版物强调，美国创新体系的主要弱点之一是研究创新与生产制造脱钩，特别是从 20 世纪 80 年代开始⊖。换句话说，虽然创新是在美国创造的，但它们通常于国外被转化为产品。有趣的是，在美国私营企业进行的所有 RTD 中，约有 70% 的制造商有能力在美国境外进行生产（ATKearney，2016）。因此，外包制造，特别是在原型阶段，是大规模进行的，这可能是在 SVIE 和美国总体上观察到的与创新有关的工业和制造活动的下降的原因。

1990～2014 年，加州的工厂就业率降低了 29.5%。尽管如此，制造业仍然是加州的一个重要产业。加州的制造业工作岗位比美国任何其他州都多。截至 2015 年 3 月，整个加州制造业部门的就业人数共计 1271672 人，占该州就业总数的 9.3%。

从 1990 年到 2009 年左右，硅谷也经历了其制造能力的低迷。苹果公司在 1992 年决定关闭其在加州弗里蒙特的工厂，英特尔在 2009 年关闭了其最后一家硅谷芯片制造厂。尽管如此，SVIE 继续保持着强大的制造业基础，而且这种趋势似乎又开始增长了。SVIE 的制造业岗位目前占加州制造业岗位的 23.6%（ATKearney，2016）。

尽管前些年制造活动总体上呈下降趋势，而且硅谷经济区是加州和美国最昂贵的地区之一，但制造商仍继续在那里设厂（然而，其数量并不能推翻总体下降的趋势）。这主要是因为硅谷的科技公司带来了一些创业机会。此外，一些大型技术开发商开始将原型制造迁移到硅谷，因为这些发明已经彻底改变了制造业。

总之，考虑到表达一个生态系统领域创新活力的 5 个因素，尽管 2008 年经济危机后美国的总体经济和商业环境明显受到影响，但 SVIE 似乎仍然富有活力

⊖　例如，见 Bonvillian 和 Weiss（2015）。

（而且是世界上最富活力的地区之一）。该领域继续产生颠覆性的革命创新，其速度是世界上其他生态系统领域所没有的，并且在其他指标上也显示出相当惊人的活力。唯一的例外是制造业因素，在 SVIE 以及美国其他地区，制造业受到美国制造业将生产设施迁往国外以享受低劳动力成本和其他好处的普遍趋势的影响。这种"在这里创新，在那里生产"的做法不是一种可持续的模式，将来可能会给 SVIE 以及美国其他类似的生态系统带来严重的问题，因为从长远来看，它实际上可能会减缓制造业的创新。

在此背景下，现在有必要更详细地研究 SVTIE，它似乎比 SVIE 的其他部分享有更高的活力和潜力，主要是由于交通部门的三个"革命性"创新领域（电动汽车、自动驾驶和共享交通）所显示的活力和前景。

Ⅶ.3　硅谷的交通创新生态系统

Ⅶ.3.1　立法和政策环境——硅谷交通相关创新产业的主要激励因素

世界上没有一个地方比加州有更浓厚的汽车文化，但这里同时也面临着内燃机（ICE）对环境和人类健康更严重的影响。自 20 世纪 50 年代以来，加州一直遭受交通排放破坏空气质量这一困扰，因而如今的加州已成为绿色交通政策的领导者，该州致力于通过行政手段减小汽车尾气和温室气体（GHG）排放对气候变化的影响。加州对气候变化产生影响的因素中，40% 来自于交通运输行业，而该州现在正引领美国通过发展电动汽车（EV）、自动驾驶汽车（AV）、电能储存系统和信息化的创新来缩小交通的二氧化碳足迹（Sperling 和 Nichols，2012）。

在研究美国/加州交通创新生态系统时，一个重要的认识是，它与加州在交通领域的立法举措直接相关，特别是当地愿意限制内燃机动力汽车的销售（以降低二氧化碳产生），并致力于推进电动汽车的销售。因此，随着加州成为气候变化政策的领导者，它也成为交通创新和电动汽车推广的领导者。这两点间具有高度的相互依存关系。加州的主要立法举措简述如下：

1）2002 年，加州通过了所谓的帕夫利法⊖，要求到 2016 年将汽车温室气体排放减少大约 40%。汽车公司对加州和其他效仿此措施的州提起了诉讼。尽管加州对以前的车辆排放法规经常给予豁免，但当这些诉讼失败后，布什政府拒绝给予加州豁免权，促使其继续执行。在这一法律之后，加州立法机构于 2002 年开始敦促加州空气资源委员会（CARB）对车辆排放的温室气体进行限制，将这些排放物指定为空气污染的一种形式（Sperling 和 Nichols，2012）。

⊖ 这部法律连同其 2004 年的实施条例共同规定，在施行的 8 年内，加州销售的汽车和轻型货车应分阶段逐步减少温室气体排放。这些标准将使加州和其他 12 个州的汽车和轻型货车的温室气体排放减少近 30%。

2）2005 年，施瓦辛格州长发布了一项行政命令，要求该州在 2050 年前将温室气体排放与 1990 年的水平相比减少 80%（欧盟和其他国家后来也采用了类似的指标）。通过尽早行动，加州在限制汽车尾气排放政策的实践上走在世界前列，为美国和其他国家提供了宝贵的创新经验。

3）2009 年，奥巴马总统同意授予豁免权，并承诺整个国家采用加州的激进标准。

4）2011 年 8 月，在奥巴马总统的要求下，交通部、环境保护局和加州汽车委员会宣布与主要汽车制造商达成协议，2017～2025 年每年再大幅减少 4%～5% 的燃料消耗和温室气体排放。加州政府认为本州的严格规定在减排方面卓有成效，并声称就算联邦政府和汽车制造商不同意使用该严格规则，该州也要采用自己更严格的法律法规。

5）2012 年，布朗州长发布了 B－16－12 号行政命令，指示州政府应帮助加速建立加州的零排放汽车（ZEV）市场。该行政命令要求到 2025 年为止，加州应保有 150 万辆零排放汽车，并为实现这一目标建立了几个里程碑式指标。该州政府在 2013 年的 ZEV 行动计划中也确定了其将采取的具体行动，以从行政命令的角度实现上述指标。事实证明，2013 年 ZEV 行动计划的实施是成功的。加州的 ZEV 市场已经大幅扩大，州政府机构已经完成了一些重要的行动。与美国其他州相比，加州的电动汽车销售情况如图 CSⅦ－1 所示。美国近 50% 的插电式汽车于加州售出，而其他 9 个有 ZEV 授权的州（CT，ME，MD，MA，NJ，NY，OR，RI，VT）总销量只占 13%。图 CSⅦ－1 中的数据显示了 2011 年 1 月～2016

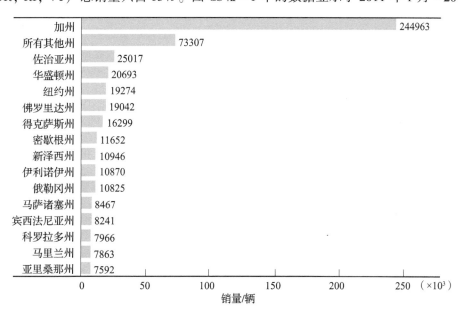

图 CSⅦ－1　2011 年 1 月～2016 年 10 月期间美国不同州的电动汽车的累计销量

（转载自 EVvolumes.com 网站的电动汽车世界销售数据库，参见：http://www.ev-volumes.com/）

年 10 月期间美国不同州电动汽车的累计销量。这 10 个有 ZEV 授权的州的汽车销量占美国汽车市场总量的 28%，但它们的插电式电动车销售份额约为总量的 62%。2015～2016 年，10 个州的插电式汽车份额比美国没有 ZEV 目标的州高 4～5 倍。如果在全国范围内采用像这 10 个州那样的插电式汽车（PEV）推广策略，插电式汽车的销量将是现在的 2 倍甚至更多[○]。

加州立法机构则持续支持 ZEV 技术，通过了一些重要的法律来扩大市场。此外，加州立法机构已经从温室气体减排基金中拨出数百万美元用于推进 ZEV 技术，包括对购买轻型 ZEV 的奖励、对实施零排放货车示范项目的拨款以及对购买零排放货车和客车的奖励等（Sperling 和 Nichols，2012）。更新的 2016 年 ZEV 行动计划[□]概述了迄今为止的进展，并确定了州政府机构将采取的新行动，以继续满足相关行政命令中提出的里程碑式指标。但如果没有驾驶人行为的巨大变化和交通技术的"颠覆性"创新，80% 的目标是无法实现的[⊜]。

VII.3.2　SVTIE 中的主要角色

交通领域的转型创新需要一个生态系统，该系统由一些关键的利益相关者组成，能够促进和维持变革。事实上，SVTIE 是一个相当有趣的案例，它告诉我们，所有相关的利益相关者们能够在该生态系统中存在并相互作用，从而实现交互过程中产生的技术创新。有许多公共和私营部门的利益和利益相关者组成了这个 SVTIE 生态系统。图 CSⅦ-2 展示了各利益相关者，附录 CSⅦ则对其进行了详细说明。

图 CSⅦ-2 所示的 SVTIE 示意图提供了这种运输创新系统的直观表述，并描述了其主要组成部分之间的相互作用。该图还显示了每个部门下的关键组织的示例以及 SVIE 主要元素的相互联系。

VII.3.3　SVTIE 的发展阶段

图 CSⅦ-3 用所谓的"复杂弦模型"的方式描述了 SVTIE 的发展阶段。该图也可以作为任何创新生态系统的发展阶段的例子。SVTIE 的成熟度可以通过参

○ 参考《2016 年美国电动汽车销售情况——最终报告》，参见：http://www.ev-volumes.com/news/usa-plug-in-vehicle-sales-for-2016/（2018 年 8 月可访问）。

□ 州长办公室 Edmund G. Brown, Jr., 2016 年 10 月："2016 年 ZEV 行动计划：到 2025 年在加州道路上实现 150 万辆零排放车辆的最新路线图"。

⊜ 不幸的是，由于特朗普政府不愿意承认气候变化，并取消了强制性标准，美国联邦政策将不再积极在电动汽车领域实现创新。因此，转型过程将越来越依赖于加州和其他有 ZEV 授权的州填补美国联邦新政府造成的政策和监管空白。此外，这些州和私企也可能需要提供财政资源，以防止联邦 RTD 资金削减带来的影响。

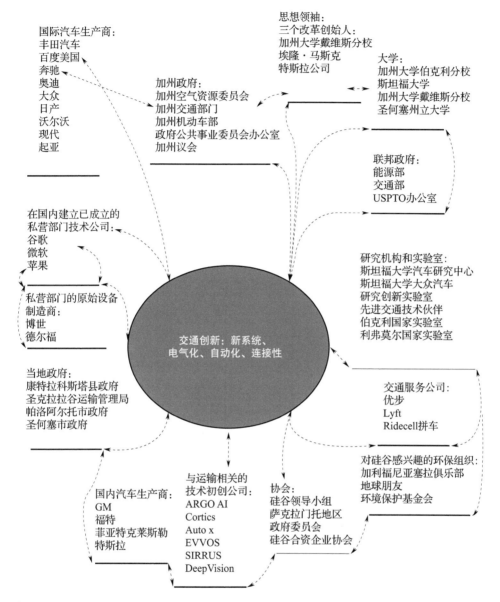

图 CSⅦ-2　硅谷交通创新生态系统利益相关者的可视化总结——互动和相互联系

考该图和其他一些关键指标来评判，见表 CSⅦ-2。根据该表的结论，可以说 SVTIE 已经从第二阶段（新兴阶段）进入第三阶段（成熟阶段）。第四阶段（衰退阶段）并不是预先确定的，创新生态系统不一定要向这种负面结果发展。

关键问题是，尽管有来自美国其他类似的创新生态系统（如纽约市、底特律、奥斯汀、西雅图、波士顿等）的竞争，以及日益严重的生活质量问题，SVTIE 能否保持其领导地位（和高活力）？正如硅谷的历史所表明的那样，创新生态系统可能会减弱，只有在另一场技术革命即将到来时才会全力回归。

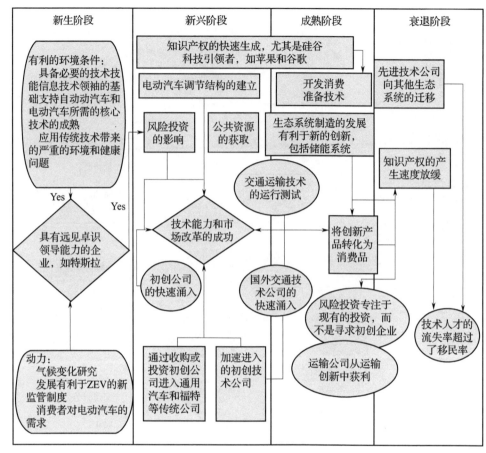

图 CSVII-3　SVTIE 的发展阶段的复杂弦模型

表 CSVII-2　评估 SVTIE 的成熟度

关键指标	发展程度	涉及的公司类型或相关行动	公司或行动的例子
参与创新发展之企业的多样性	高度成熟	1）传统的高科技公司 2）科技初创企业 3）国内汽车制造商 4）国际汽车制造商 5）外国和国内的原始设备制造商	越来越多的硅谷初创企业都在关注人工智能。它们包括思凯迈、极狐、CoreOS、Mesosphere、Cylance 等公司。多家企业加速器也正在硅谷形成，以帮助国际初创企业进入硅谷创新生态系统。顶级企业加速器是位于纽约市和旧金山的 AngelPad[①]。它已经助力了 130 家公司
重要资金流	高度成熟	风险投资公司（虽然对新成立的公司的风险投资从 2015 年由高点减少，但风险投资公司也增加了对现有客户的关注度）	根据 PitchBook Data 和美国国家风险投资协会发布的风险监测报告，与前一季度相比，2017 年第一季度获得风险投资资金的本地初创企业较少[②]

关键指标	发展程度	涉及的公司类型或相关行动	公司或行动的例子
建立监管体系，以便对自动驾驶汽车进行测试操作	较为成熟	加州机动车管理局曾涉及此事	—
自动驾驶汽车和电动汽车的制造	极不成熟	特斯拉拥有重要的本地制造能力（加州弗里蒙特）	特斯拉正在收购北加州的房产，以便加速其汽车生产
从其他生态系统购买创新产品和收购初创公司的能力	较为成熟	高科技公司仍然高度资本化，有能力收购其他拥有关键技术的公司	自 1998 年推出以来，谷歌已花费 245 亿美元收购了 170 多家公司，包括 2013 年以 9.66 亿美元收购了 GPS 导航应用程序 Waze
用于开发和商业化创新技术的商业模式的多样性	较为成熟	商业模式包括从专有的内部模式到传统汽车制造商之间的伙伴关系，再到开放源码模式，最后到创建子公司	特斯拉和百度正在使用各种形式的开放商业模式来推动其电动汽车企业的发展。50 多个合作伙伴已经加入了百度的阿波罗自动驾驶项目。谷歌创建了新的公司（Waymo）来开发自动驾驶汽车平台。特斯拉和苹果正在使用其特有的商业运作方法。通用汽车和福特汽车正在购买自动驾驶技术或收购相关公司
生态系统已发展出有组织的游说和向各级政府传达其利益需求的能力	高度成熟	硅谷商业委员会的任务是向硅谷利益方提供有关政策和技术趋势的信息，并将硅谷的利益和关切传达给加州政府	像硅谷商业委员会这样的协会对于与政治官员就阻碍创新的问题进行沟通至关重要。它们还被用来发展相互之间的联系和管理政策冲突，外国公司一直不愿意与理事会接触，因为它们不了解协会提供的政治和政策利益③
高科技劳动力	较为成熟	生态系统中存在足够的技术资源，以支持越发常见的、基于软件的各类活动	硅谷有足够的资源来支持其创新相关的活动。然而，住房价格和交通拥堵导致技术员工需要考虑其他创新中心，如华盛顿州的西雅图④

（续）

关键指标	发展程度	涉及的公司类型或相关行动	公司或行动的例子
摆脱对政府资金的直接依赖	较为成熟	政府资本在 SVTIE 中不是一个重要的因素。大多数州和地方资源都参与了测试跑道和车床的支持工作	联邦和州政府在资助 AV 和 EV 技术的基础研究方面发挥了关键作用[⑤]。ARPAe（通过美国能源部）正在继续向 SVTIE 的大学提供必要的发展资金。在过去的几年里，联邦和州政府的参与已经减少，而私营部门和地方政府的参与却在增加。另外，值得注意的是，联邦政府也通过限制在公路信托基金资助的道路上使用实验性技术等规定来减缓创新的速度[⑥]

①根据麻省理工学院的美国企业加速器排名。

②Kendall M. 2017 年 4 月 5 日在《水星新闻》（圣何塞：湾区新闻集团）报道："硅谷投资持续不景气。"

③根据 2017 年 7 月 6 日对硅谷领导集团高级副总裁布莱恩·布伦南的采访。

④拥有住房的西雅图科技工作者平均每月在支付抵押贷款后有近 6000 美元的工资剩余（总工资的 59%）。相比之下，湾区科技工作者平均有约 4000 美元的工资剩余（总工资的 37%）。参见：https://www.bizjournals.com/sanjose/news/2017/03/21/silicon-valleytech-workers-seattle-housing-costs.html。

⑤根据 2017 年 7 月 5 日对加州交通局总部交通运营部代理地区联络员拉森·格雷格的采访 @ DOT.Com。

⑥根据 2017 年 6 月 30 日三大革命研讨会上对康特拉科斯塔县监事会地区监事和加州空气资源委员会成员 John Gioia 先生的采访。

VII.4 汽车公司的数量在 SVTIE 生态中不断增加

VII.4.1 总体趋势——存在感显著

从贝尔蒙特到圣何塞的 25mile 长的交通拥挤地带（包括 SVTIE 的中心地带）上，历来以软件和半导体创业公司而非轿车创业公司而闻名。但是，按收入计算，世界上最大的 9 家汽车制造商和 3 家最大的原始设备制造商（OEM）现在也在这条交通创新走廊上设有办公室和研究设施。高科技、信息化公司不断涌入 SVTIE，是这个生态系统充满活力的一个重要标志。汽车制造业者有兴趣与那里的其他公司和新商业模式建立联系，以应对汽车市场的快速变化，同时传统的汽车制造商有必要发展成为混合型公司，不仅生产汽车和货车，还开发移动和互联网技术，并与信息技术领导者、软件生产创新者和共享汽车服务公司"并驾齐驱"[○]。随着汽车制造商进入硅谷以追求创新和获取新的专业知识，它们开始与

○ 正如我们在其他地方所说，这些变化可能会导致"2030 年的汽车革命"，现在预测这种革命几乎是不可避免的，它将包括：共享移动服务、互联网服务以及电动汽车和自动驾驶。

谷歌、微软和苹果等传统硅谷创新领导者正面竞争。

值得一提的是，这里有一份位于硅谷的主要汽车制造公司的名单，它能够表明当前 SVTIE 的重要性和活力：

1）宝马集团。宝马在硅谷建立了技术办公室。这个办公室专注于人机界面、机电一体化（传感器技术、执行器技术和电子技术的整合）、信息娱乐、驾驶辅助和先进材料。它在 10 年前致力于将 iPod 和 iPhone 适配器整合到宝马汽车中，最近又将潘多拉应用程序整合到宝马的互联驾驶信息娱乐系统中。

2）博世集团。博世是运输技术的主要供应商，它在硅谷建立了北美研究和技术中心。博世表示，其实验室专注于特定应用集成电路（ASIC）设计、储能技术、无线技术和自动驾驶的算法。该公司自 2007 年以来一直与斯坦福大学人工智能实验室的自动驾驶团队合作，记者在硅谷偶尔发现宝马 325d 测试车，上面有博世的贴纸，车顶上的传感器与谷歌在自制自动驾驶汽车上使用的类似。

3）大陆集团与硅谷公司。大陆集团利用其在硅谷的办公室来把握消费电子行业的脉搏，并与思科等湾区企业成为合作伙伴，该公司正与思科合作开发安全的互联网连接技术、自动驾驶和紧急服务技术。这两家公司已经展示了一款概念验证车，它可以在 3G、4G 和其他无线技术之间切换，同时能以更有力的防御措施应对网络攻击。

4）德尔福硅谷实验室。德尔福的实验室主要从事信息娱乐系统和防撞技术的研究，这两个领域近年来都在迅速发展。去年，该公司展示了一个可定制的数字仪表盘的原型，车主可以通过个人计算机（PC）、平板电脑或智能手机上的应用程序进行配置。德尔福还预留了 1 亿美元的风险基金，用于投资互联网汽车初创企业。

5）电装国际美国硅谷办事处。电装公司的办公室可以认为是其公司智囊团，它专注于网络安全、大数据和自动驾驶。该公司曾宣布，它打算在 2017 年之前将该办公室的工作人员增加两倍，以投资新创公司，并加强该公司在日本以外的 RTD 业务。

6）福特硅谷实验室。福特在硅谷设立办事处是为了将自己定位为一家技术公司，并吸引那些可能被忽略的汽车行业优秀工程师和应用程序开发人员。该实验室专注于大数据和开源编程项目，如福特的 OpenXC 平台，该平台使编程人员更容易利用汽车内部的数据建立定制化的应用程序和模块。

7）通用汽车先进技术硅谷办公室。通用汽车开设办公室是为了在硅谷"耳听八方"，探寻能够帮助公司发展的技术和趋势。四名员工负责这些工作，此外还有一名员工是来自通用汽车风险投资公司的投资经理，可以说该办公室还是一个投资初创公司的资本部门。

8）本田硅谷实验室。本田的技术办公室专注于互联网汽车、人机界面、大数据和网络安全。它是一个探索与湾区公司建立战略联盟的团队，和一个为下一代信息技术建立概念原型的开发团队所在地。

9）现代汽车风险投资公司。这个成立两年的现代汽车公司硅谷办事处是一个风险投资部门，负责投资初创公司并寻求与更大的技术公司建立伙伴关系。它专注于汽车与移动设备的融合、数字媒体和无线通信、清洁能源技术，以及个人移动设备相关的新商业模式。2017年1月3日，现代汽车宣布与谷歌建立新的合作关系，通过 Google Home 增加语音控制组件。

10）梅赛德斯－奔驰北美研发中心（Mercedes-Benz Research & Development North America Inc.）。梅赛德斯－奔驰声称自己是第一家在硅谷设立研发办公室的汽车制造商，其实验室专注于先进工程、电力驱动技术和用户体验设计，目前仍是该地区最大的汽车行业办公室之一。

11）日产研究中心。日产公司首席执行官卡洛斯·戈恩（Carlos Ghosn）曾制定一个目标，即在 2020 年之前为市场准备好自动驾驶汽车，该公司的硅谷办事处是该战略的一个重要组成部分。除了自动驾驶汽车之外，RTD 运营部门还致力于研究能够利用基础设施和互联网的互联网汽车，以及能够应用这些新方法的人机界面。

12）丰田信息技术中心美国公司。丰田的研究实验室的主要业务涉及智能手机、大数据、个性化、计算机视觉、网络以及将汽车整合到"智能"电网的项目。其研究人员在 2013 年发表了十多篇技术论文，主要是关于专用短程通信的推广，即 DSRC。其他课题包括考虑车辆动态以在正确的时间向驾驶人传达安全信息的技术，以及根据电网的整体需求在最佳时间为电动汽车充电的方法等。

13）大众汽车集团电子研究实验室。贝尔蒙特实验室是大众汽车公司在德国以外最大的研究机构，这里有工程师、社会科学家和产品设计师。该实验室过去的项目包括将谷歌地图整合到奥迪的导航系统和"图片导航"功能中，让人们从照片中提取 GPS 位置标签来导航到目的地。该实验室也是大众汽车集团新的模块化信息娱乐工具箱的开发中心，大众汽车公司称，该工具箱允许研发人员通过插入一个新设计的显卡而非重新设计整个系统以实现功能拓展，这能够将新功能的开发周期从 6 年缩短到 2 年。

Ⅶ.4.2 硅谷的汽车制造业

加州弗里蒙特的特斯拉工厂是将先进制造业整合到 SVIE 中的典范。在这方面，特斯拉的制造技术远远超出了原型生产的范畴。它拥有世界上最先进的汽车工厂之一，包含 530 万 ft^2（$1 ft = 0.3048 m$）的制造和办公空间。该工厂目前能够每年生产超过 10 万辆汽车，并且可以扩大规模至年产 100 万辆汽车[⊖]。

弗里蒙特的制造活动与内华达州里诺附近的特斯拉电池工厂 Giga 相结合。Giga 工厂是特斯拉在 2018 年底前生产经济型 Model 3 计划的关键合作对象。内华

⊖ 见：https://electrek.co/2016/05/05/teslas-fremont-factory-1-million-vehicles-per-year-musk/（2018 年 8 月可访问）。

达州的 Giga 工厂预计将为 50 万辆汽车生产电池，从而为特斯拉在弗里蒙特扩大生产规模提供动力，支持其每年至少生产 50 万辆汽车。日本的松下公司是特斯拉电池生产计划的一个重要合作伙伴，据报道，如果需要更快地提高工厂产量，松下公司还需追加高达 16 亿美元的投资。

Ⅶ.4.3　汽车制造企业不断变化的创新边界

汽车制造商正在推行三大商业战略，以赶上信息技术的领导者，如谷歌、苹果和微软。这三项战略如下：

1）购买拥有行业领先级别的移动设备和网络连接设备技术的初创公司。

2）与新兴信息技术公司合作，这些公司的技术和管理流程需要优于一些移动技术的行业带头者。

3）扩展服务的多样化水平（例如在共享汽车领域进行投资），以应对必将到来的"交通革命"带来的不确定性，如前所述，这种变革可能会减少个人购买汽车的欲望。

追求汽车产品在"移动性"和"互联互通"技术上的技术领先地位代表了汽车制造商的一种理解，即"过去不再是序幕"。这意味着企业的长期生存需要拥抱而不是轻佻应对信息技术和互联互通技术革命。美国一些主要汽车制造商的行动很好地说明了汽车制造商如何转向硅谷寻求合作，以确保它们在"交通革命"变革中的地位：

1）通用汽车公司收购克鲁斯公司。现在汽车制造商正在积极购买 SVIE 中的初创企业，而通用汽车于 2016 年 3 月 11 日以 5.81 亿美元收购克鲁斯公司就是例证。克鲁斯公司的创举之一，就是为现行汽车架构开发了最先进的自动驾驶技术，而这套自动驾驶技术正部署在雪佛兰 Bolt 电动汽车中，于旧金山的街道上进行测试。同时，通用汽车正在借助自动驾驶的 Bolt 开发高清地图技术（Higgins 和 Colias，2017）。通用汽车的终极目标是借助 Bolt 电动汽车的自动驾驶功能，开发 100 余个城市的高清地图[⊖]。使用通用汽车 Bolt 测试克鲁斯自动驾驶技术，同时创建高清地图，这将改善自动驾驶汽车的日常运作模式。这种利用克鲁斯自动驾驶技术为自动驾驶汽车建立地图数据的技术融合，展示了一个技术平台如何被用于多种创新目的。

2）福特与 Pivotal 合作，推进福特快速开发移动服务的能力。如果传统汽车公司要与谷歌、苹果和微软长期竞争，它们必须克服的一个挑战是：它们无法像信息技术公司那样快速开发新的移动应用软件。Pivotal——一家位于旧金山的公司——创造了一种基于快速迭代的快速软件开发模式。2016 年 5 月，福特公司向 Pivotal 公司投资了 1.822 亿美元，以加速该公司向汽车制造和移动服务公司的转型。

⊖　见：https://www.crunchbase.com/organization/cruise#/entity（2018 年 5 月可访问）。

3）投资共享交通工具公司。通用和福特都认识到，稳步推进中的交通革命将可能减少年汽车销量。因此，这两家公司都投资了共享交通公司。Lyft 是一家基于智能手机的乘车共享和点对点运输公司，成立于 2007 年，总部位于加州旧金山。2016 年，通用汽车向位于旧金山的 Lyft 公司投资了 5 亿美元，用于研发自动驾驶汽车，还宣布双方合作并向 Lyft 驾驶人提供租车服务，驾驶人根据他们租用车辆行驶的次数支付 0 ~ 99 美元/周不等的附加里程费。

同样，福特公司为旧金山湾一个名为 Chariot 的公交车初创公司支付了超过 6500 万美元的费用。Chariot 为旧金山湾区的通勤者提供了超负荷运营的公共交通系统的替代方案。这家初创公司使用 100 辆福特全顺 15 座客车，为 28 条拥挤的通勤路线服务。目前的路线设置基于乘客需求，但 Chariot 承诺最终将通过更新算法实现实时行程安排[⊖]。

通用汽车和福特对初创企业的投资展示了传统汽车制造商适应新的业态和快速变化的前景。显然，它们正在通过一个"跨越式"的进程来提高自己的地位，这个过程中，二者都采用了由他人开发的创新产品来提高自身市场地位。它们的巨大进步也强调了硅谷创新系统的动态性质，它构成了一个关键的"战场"，使硅谷传统的技术领导者（谷歌和苹果）与通用汽车和福特等技术"新秀"形成对立。在一个技术丰富的生态系统中，随着公司和技术的自由交易，一些曾经被判定出局的传统利益集团很可能会转变为创新领导者。

上面的例子显示了交通创新生态系统的动态性质和不断变化的创新边界，这是目前汽车制造公司的特点，也是它们在硅谷交通生态系统中日益增强的存在感的来源。它们的战略目标是既成为汽车公司又成为移动服务公司，因为这是在交通系统经历革命性变化过程中，公司得以蓬勃发展的先决条件。这一新的愿景代表了一种"范式"的转变，即从机械创新驱动到电子创新为主要驱动力的变化。

影响 SVTIE 的条件

SVTIE 是一个强大的生态系统网络，在交通创新的不同领域运作。它们共同构成了 SVTIE，而 SVTIE 是由一些对任何创新生态系统的健康和生存非常重要的"条件"发展、加强和维持的。我们将这些条件分为以下 5 类：外部"强制条件"、推动因素、吸引力、抑制因素和偏转因素（权衡各因素的相互影响）。我们在下面简要地讨论这些条件。

VII.5.1 外部"强制条件"

"强制条件"包括外部干扰，如气候变化、欧洲和中国的汽车制造商逐渐活

⊖ 见：http://www.businessinsider.com/ford-buys-chariot-65-million2016-9。

跃、政府政策的变化和竞争。

1）气候变化。加州雄心勃勃的目标是到 2050 年将温室气体排放减少 80%，同时还对汽车制造商提出了同样雄心勃勃的目标：到 2030 年不在加州销售新的内燃机汽车⊖。这种基于法规的强制条件使像特斯拉这样的新市场开拓者能够开发和生产电动汽车，同时如果传统汽车制造商还想在世界最大的汽车市场之一保持竞争力的话，它们也被迫需要向新技术过渡。

2）欧洲和中国的汽车制造商逐渐活跃。它们是美国制造商进行企业转型的一个关键的强制条件。通用汽车和福特不想成为世界范围内的转型技术追赶者。因此，它们大大增强了它们在新兴技术上的存在感，并增强了与 SVTIE 的联系。

3）政府政策的变化。全球各地对内燃机汽车的政策正在发生变化。例如，德国政府在 2016 年通过了一项决议，到 2030 年禁止销售内燃机汽车⊖。挪威将在 2025 年完全禁止汽油驱动的汽车⊜。印度已经制定了电动汽车的生产目标，并希望到 2030 年所有的车辆都是电动的。中国对内燃机汽车的销售制定了严格的限制，同时为购买电动汽车的个人用户提供了巨大的激励。英国和法国将在 2040 年前禁止新的柴油和汽油动力汽车⊗。其他有电动汽车销售目标的国家包括奥地利、丹麦、冰岛、日本、荷兰、葡萄牙、韩国和西班牙⑤。

4）竞争。来自国际和国内公司的竞争正在迫使 SVTIE 从内部开始自发创新。底特律的汽车公司进入电动汽车和自动驾驶市场，对特斯拉、谷歌和苹果等硅谷公司来说是一个强有力的条件，迫使它们开展创新工作。

Ⅶ.5.2 推动因素

SVTIE 拥有一些关键的推动因素，使其成为交通行业创新工作的领导者。这些因素可以归纳为以下几点：

1）一个州政府联盟，它们共同承认电动汽车对减缓气候变化的重要性和电动汽车对加州经济的重要性。

2）一个建立在先前的技术革命（如互联网革命）上的基础架构，该架构可以随

⊖ 见：http://www.thetruthaboutcars.com/2015/08/california-air-resources-board-automakers/ （2018 年 6 月可访问）。

⊖ 见：http://www.roadandtrack.com/new-cars/future-cars/news/a31097/german-government-votes-to-ban-internal-combustion-engines-by-2030/ （2018 年 8 月可访问）。

⊜ 《独立报》，2016 年 6 月 4 日，见：http://www.independent.co.uk/environment/climate-change/norway-to-ban-the-sale-of-all-fossil-fuel-based-carsby- 2025-and-replace-with-electric-vehicles-a7065616.html （2018 年 8 月可访问）。

⊗ 《纽约时报》，2017 年 7 月 26 日，见：https://www.nytimes.com/2017/07/26/world/europe/uk-diesel-petrol-emissions.html （2018 年 8 月可访问）。

⑤ 《CNN 商业》，2017 年 7 月 26 日，见：http://money.cnn.com/2017/07/26/autos/countries-that-are-banning-gas-cars-for-electric/index.html （2018 年 8 月可访问）。

时适应新的交通相关技术"革命"的挑战。虽然圣地亚哥和洛杉矶正在提升它们的技术形象，但硅谷和旧金山湾区仍然是一般创新和交通应用创新的重心所在。

3）硅谷是现代高科技创新生态系统资历最老的代表。它已经足够成熟，并以提供无数有利的政商条件而闻名于世，从而促进创新工作的开展。

4）长期以来一直存在一个技术先进的劳动力基础，并由区域公共部门和私立大学维持。在美国和全球范围内，很少有地方能提供从贸易学校到中级学院到国际知名私立和公立大学的全方位教育⊖。

5）早期联邦和州政府对交通技术（特别是电动汽车和自动驾驶汽车）的研究资助建立了现有的知识基础。

6）现有的信息技术公司，如谷歌，在技术上有能力在交通革命中占据主导地位。

7）公众对电动汽车和自动驾驶汽车的巨大支持。

8）一个资本雄厚的风险投资社区，它们渴望投资于新的、有前途的交通相关创新产业。

9）一个面向先进交通技术快速原型实现的制造基地。

10）地方政府的支持，促进了交通革命进程的加速。

11）加州的整体监管环境有利于交通技术创新产业的部署。

VII.5.3 吸引力

"吸引力"以第2章中描述的方式发挥作用，它们塑造着特定创新生态系统的"吸引力盆地"。它们对于实现任何创新生态系统中必要的动态平衡都至关重要。就SVTIE而言，这种创新"吸引力"包括：

1）位于硅谷的交通创新公司数量的增长率。这与已经位于生态系统中的公司的声望、数量和类型有关。

2）位于硅谷的风险投资公司的增加。对于其他寻找风险投资的风险投资公司和企业来说，这是一个强大的吸引力。大多数风险投资公司更喜欢在当地投资。因此，硅谷为数众多的风险投资公司也为国际和国内初创企业搬到硅谷提供了强大的动力。

3）靠近硅谷其他在交通创新领域快速发展的公司，这也是其他初创企业在硅谷并置的强烈动力（吸引力）。

4）通过落户硅谷，初创公司可以招募受过教育和经验丰富的人才，这是后续创新工作动力的关键来源。硅谷以高水平的技术员工而闻名，他们在老牌公司和初创企业中迅速循环。

5）加州要求在本州投放150万辆ZEV，这对外国公司来说也是一种强大的

⊖ 根据2017年7月14日对加州大学伯克利分校交通研究所土木与环境工程系教授和研究工程师 Alex Skabardonis 博士的采访。

吸引力。

6）硅谷为欧洲和亚洲公司提供了一个方便的切入点。

7）硅谷是优秀的情报来源地，这里能帮助从业者有更多机会得知有关电动汽车和自动驾驶汽车行业竞争对手的动态。

8）硅谷有许多支持创新产业的公司和机构，在加速器、孵化器等技术领域处于世界领先地位。

9）硅谷地区公立和私立大学（斯坦福大学、加州大学伯克利分校、加州大学戴维斯分校）的国际技术声誉是国际公司在该地区落户的重要吸引力。这些领先的大学都拥有由州或联邦政府或跨国公司资助的强大的交通专业。

10）谷歌和苹果等硅谷公司的地位对技术人才和初创企业都有强大的吸引力。

11）异质和高档的社会经济文化和温和的气候也吸引了一些公司，类似于著名社区吸引新高档居民的方式⊖。

Ⅶ.5.4　抑制因素

"抑制因素"是减缓创新生态系统内创新产业发展的一些条件。我们可以注意到 SVTIE 中存在（数量相对较少）的此类抑制因素：

1）不断增长的区域生活成本和交通拥堵等因素使在该地区生活和出行变得更加困难。

2）其他创新生态系统的良好发展提供了硅谷以外的替代方案，并将资本和技术人才从硅谷转移到其他地理区域（例如密歇根州、纽约市、圣地亚哥、洛杉矶和西雅图）。

3）硅谷公司最近缺乏首次公开募股的公司，这减缓了 VC 进入 SVIE 的速度。

4）与谷歌和苹果等主要信息公司以及主要科技公司之间的其他现有联盟竞争的成本和风险。

Ⅶ.5.5　权衡各因素的相互影响

至少在未来几年中，外部"强制条件"、吸引力、推动因素及其相对影响似乎有利于克服（或中和）威胁 SVTIE 的抑制因素。准确地说，SVTIE 仍然成熟且高度动态变化，并且可能在未来几年内保持如此。然而，未来总是不确定的。可用风险投资资金——特别是对于缺乏创新纪录的初创企业——的持续下降，可能会对 SVTIE 造成损害。如果找不到高住房成本和低生活质量的解决方案，同时美国其他地区的创新生态系统也打算与硅谷充分竞争，那么威胁的严重性可能会变本加厉。

在许多方面，创新生态系统就像"繁荣城镇"。它们通常似乎经历了一个快

⊖　硅谷的文化不受旧态度和反创新文化的制约，它基于冒险、多元文化、精英管理和创业精神，发展了自己的自由文化。

速增长的周期，但却陷入了经济真空，这是由于关键资源的枯竭、更具吸引力的替代性投资机会，或者非理性繁荣的急剧下降——这种繁荣往往会助长投资和一个地区对初创公司和员工的"留存"。硅谷能够与其他新兴城镇相区分开来的核心因素有两个：首先，硅谷有从过去的繁荣和萧条周期中幸存下来并随后重新夺回其技术宝座的历史；其次，硅谷被一些现存资本最雄厚、创新能力最好的公司牢牢地锚定在未来，如谷歌、苹果和其他一些公司。这些公司继续将大量资本押在移动设备和互联互通技术的创新革命上。

结束语——经验教训

本案例研究考察了加州区域创新生态系统，特别是 SVTIE，它被证明是世界上最具活力和最成熟的交通创新生态系统之一。分析表明，生态系统的成功及其革命性创新和变革的成就（特别是在交通等传统关键领域）的巨大推动力在于它位于产业范围更广且更成熟的 SVIE 区域内，并且处于有利的立法框架内，例如美国加州。

SVIE 的特点是其独特的、能够一次又一次地重塑自我的能力，但这种重塑方式与其长期以来对传感器、信息和通信技术的重视相一致。硅谷的大多数创新行为都是通过其在信息系统硬件和软件系统（无论是高效芯片、先进的信息处理系统，还是基于互联网或智能手机的操作系统和应用程序）方面存在已久的专业知识来实现的。在过去的 100 年里，SVIE 通过多个技术周期成功地重塑了自己。尽管如此，该地区一直保持着明显的世俗取向，对创新和投资者利润有着双向忠诚。20 世纪的硅谷与其最近的 21 世纪轮回之间的主要区别是该地区从公共资金到私人资金的稳步转变，也就是说，SVIE 不再主要由联邦国防资金驱动，但考虑到对关键基础设施的网络攻击日益增多，以及国际竞争日益激烈，特别是在人工智能领域，这一转变也可能会发生变化。

交通创新的革命和 SVTIE 的创建是 SVIE 发展过程中自然而然的必经之路。SVTIE 中的创新过程可以被描述为路径依赖和过去依赖。路径依赖使得其集合了所有技术能力和财政资源，以支持创新周期中所有阶段的活动，从原型的概念化和开发到硬件和软件的设计、整个创新过程中受控的道路测试，以及对于公开销售产品的最终制造和生产。过去依赖则受益于 SVIE 过去在创新生产活动中的全部经验、生产实力和创新活力。

事实上，硅谷的交通创新生态系统目前似乎享有很高的活力和潜力，可能高于 SVIE 的其他组成部分。这主要是由于不仅交通部门的三个"革命性"创新领域（电力驱动、自动化和共享移动设备）所表现出的活力和观点，而且在加州的整体创新领域，高管和技术人才的快速循环也是一个关键因素，因为它传递了实现创新发展和商业化的人力要素。当地技术人才的先验知识有助于创新公司超越大型竞争对手。SVTIE 信息技术公司实际上充当了人才的"孵化器"，推动了运输创新产业后续周期的工作。

随着时间的推移，硅谷交通生态系统使用的创新模型变得更加复杂且数量庞大。生态系统中的一些公司（如百度和特斯拉）正在使用开放式创新模式[⊖]。其他公司（如谷歌和苹果）正在使用封闭的创新模式，其中基本的知识产权内容被严格保密。因此，SVTIE 是竞争模型的测试平台。此外，SVTIE 似乎分为自身负责开发创新的公司和购买特定平台或整个技术公司的公司。首先可以从对SVTIE 的分析中得出一些认识，这些认识表现了 SVTIE 中私营部门公司追求创新活动的各种方式的特征：

1）一些公司为了在某个领域追求创新而创建了子公司（例如，谷歌创建了Waymo 来开发 AV，以追求 AV 创新的发展）。这是处理技术开发优先度问题的首选操作，这样能够支持开发者在与其他技术开发工作相对分离的环境中进行工作。其他公司（例如特斯拉和苹果）将主要开发活动保留在其中一个组织结构下，并与其他公司合作或分包给其他公司进行特定产品开发[⊜]。分包公司通常是开发高科技零部件的一级和二级原始设备制造商。它们在技术创新方面感兴趣的领域相对狭窄，且关注的技术参数主要由它们的签约客户决定。

2）在开发完整的运输运营系统时，所涉及的大型 IT 公司通常专注于开发可以与任何车辆集成的通用平台。一个典型的例子是谷歌和苹果的做法，它们正在遵循一种类似于手机研发的 AV 开发模式，也就是说，每个用户都可以使用。在这方面，它们的平台迅速占领了市场份额，并试图阻止其他公司进入。其他公司，如百度、特斯拉、丰田、日产、梅赛德斯 - 奔驰、沃尔沃、福特和通用汽车，正在选择生产与自己的动力和储能系统以及自动驾驶汽车技术相关的专用系统。

3）进入创新市场的时机各不相同。显然，有一些早期的创新者和技术采用者（如专注于电动汽车行业的特斯拉和专注于自动驾驶汽车行业的谷歌）在创新市场的初始阶段从法律竞争中获益，而另一些则等待进入这些创新产业，作为第二和第三波创新浪潮的一部分（例如通用汽车、福特、丰田、梅赛德斯 - 奔驰、大众和福特[⊜]）。

4）此外，市场在定价和目标客户方面的行为也不同。一些公司从高价位开始开发"品牌缓存"产品（例如特斯拉），这有助于它们销售昂贵的车型，然后

⊖ 开放式创新模式具有以下特征：①它是模块化的，被分解为内聚的架构组件，与其他组件（和外部系统）松散耦合，并将其实现工具封装（隐藏）在可见接口后面；②架构组件之间的关键接口符合开放接口标准（基于共识，广泛使用，易于潜在用户使用）；③其接口已经过验证，符合相关的开放空间标准。值得注意的是，在开放系统架构中，并非所有接口都必须是开放的，只有关键接口必须是开放的。此外，开放不是非黑即白，而是一个程度的问题。

⊜ 例如，特斯拉与松下合作进行电池创新。松下的角色相对狭窄且明确。

⊜ 它们想"试水"，它们预计早期进入者要么失败，要么被它们或其他公司收购。

转向更便宜的车型[⊖]。其他公司（主要是中国公司）则从较低的价格水平开始占领大众市场。

SVTIE 的活力很大一部分是由于通用汽车、福特和其他汽车制造公司或相关公司等创新公司的涌入。这对 SVTIE 的未来提出了一个关键问题：如果这些新来者获得重要的立足点，整个生态系统可能在短短 5 年内无法得到清晰梳理——这些新来者的组织文化不同于过去几十年的传统 SVIE 公司。更确切地说，如果汽车公司的"文化"胜过它们购买或合作的信息技术公司的"文化"，那么整个SVTIE 可能类似于底特律汽车制造商的生态系统。如果情况正好相反，传统汽车制造商基于机械生产行业的范式将演变成信息和软件公司的范式。实际上，未来会发生什么仍是一个悬而未决的问题。

硅谷交通创新者通过与成熟的技术公司、外国投资者、初创企业和汽车制造商合作来管理日益增加的财务和技术风险，其战略正在改变 SVTIE 的整个面貌。一方面，这增加了游戏的复杂性并增加了游戏的"赌注"（以及导致负反馈的离心力——如果不加以控制，这种发展可能对整个生态系统有害）。另一方面，它创造了反作用力，致力于吸引更多公司进入生态系统。进入生态系统的公司越多，其他公司就越觉得有必要在那里建立研究、情报收集或规划机构。

国内和国际公司的迅速涌入，特别是进入 AV 和 EV 领域，也提高了整个SVTIE 的竞争水平。谷歌、苹果和特斯拉一开始在区域交通领域的竞争相对较少。10 年后，生态系统被竞争公司入侵——它们愿意并且能够——以高达七位数的价格获取人才。这种动态增加了硅谷本土公司和新进入者的赌注和风险。它还大大增加了进入生态系统的成本，以及尽快出售初创企业以收回成本的倾向。在过去几年中，"洗牌"甚至"萧条"的风险大大增加。另一个可能的结果是人才大规模外流到其他生态系统。

因此，我们可以在某个时间点看到一种情况，也许在未来，当 SVTIE 中公司和 RTD 活动数量达到加州地区可以支持的饱和点时，这个饱和点将是公司流入和流出比率的函数。一些创新公司不可避免的"失败"对 SVTIE 来说是"好的"，因为它们降低了创新者的密度并可以提升整体效率[⊜]。

加州的监管环境专注于实现硬性 ZEV 目标，一直是并将继续是 SVTIE 增长的基础。如果没有这种监管推动力，硅谷作为进入加州（和世界）电动汽车市场的关键入口点的吸引力将大大降低。SVTIE 不仅提供关键的 RTD 资源，而且由于它适用的严格的加州环境和人类健康法，它似乎是测试和推出新的交通相关创新的天然场所，尤其是在 EV／AV 领域。支持电动汽车和自动驾驶汽车进步的SVTIE 范式是清洁环境"加州文化"的一部分，这可能是其最强大的资产。

⊖ 电影明星和其他名人购买特斯拉汽车为特斯拉提供了重要的早期动力。这可能是帮助这家公司在奥巴马政府期间获得能源部低息贷款的一个因素。

⊜ 在生物生态系统中，自然选择会剔除非适应性物种。同样，不适应的公司可能会在创新生态系统中被抛在一边。

附录 CSVII　主要利益相关者及其在硅谷交通创新生态系统（SVTIE）中的主要角色和职能

利益相关者	例子	主要角色和职能	备注
美国汽车制造商	（1）特斯拉 （2）通用汽车 （3）福特	EV 和 AV 的研究、开发与生产	特斯拉在北加州已经具备了制造能力
美国信息技术和软件领导者	（1）谷歌 （2）微软 （3）英特尔 （4）苹果	汽车制造商使用的自动驾驶汽车组件和系统 苹果公司于 2017 年 6 月 13 日宣布进入自动驾驶汽车市场	信息软件和技术公司致力于开发 AV 系统，销售给汽车制造公司。它们对制造自己的车辆不感兴趣。英特尔技术为 30 多种车型提供支持，1 亿辆汽车使用其风河操作系统。英特尔以 33 家 "一级" OEM 合作。它最近以 153 亿美元的价格收购了以色列公司 Mobileye，这是一家无人驾驶汽车技术制造商。苹果首席执行官蒂姆·库克（Tim Cook）在 2017 年 6 月 17 日接受彭博采访时报道称，苹果将自动驾驶技术视为"人工智能项目之母"
国际汽车公司	（1）丰田（日本） （2）百度美国（中国） （3）本田硅谷实验室 （4）现代汽车风险投资研发中心 （5）梅赛德斯－奔驰北美研发中心 （6）日产研发中心	丰田和百度都在硅谷建立了自动驾驶汽车研发中心，并正在开发本地汽车制造能力	丰田和百度致力于通过在北加州建立生产汽车的制造中心来完成创新周期 特斯拉是美国在北加州将创新与先进汽车制造相结合的主要公司之一
原始设备制造商的一级和二级供应商	（1）德尔福硅谷实验室 （2）思科系统 （3）博世北美研究和技术中心 （4）大陆集团与硅谷公司 （5）英伟达	OEM 是指为消费者市场生产最终产品的公司。例如，福特和通用汽车是制造汽车的 OEM。一级公司是原始设备制造商的直接供应商。该术语在汽车行业尤其常见，指的是 OEM 的主要零部件供应商。例如，森萨塔科技是汽车原始设备制造商废气传感器的一级供应商	德尔福是世界上最大的零部件供应商之一，也就是众所周知的一级供应商。德尔福一直在研究更为复杂的方法，以降低自动驾驶汽车先进安全系统的复杂性。例如，它正在多域控制器上工作，旨在执行多个电子控制单元相同的工作。这将降低系统的复杂性。思科系统公司在生产用于提供互联和自动驾驶汽车服务的安全软件和路由器硬件方面发挥着重要作用。硅基芯片公司博世正在自动驾驶汽车市场上建立了重要地位。英伟达是自动驾驶汽车人工智能的领导者。它的主要竞争对手是总部位于硅谷的英特尔和高通

（续）

利益相关者	例子	主要角色和职能	备注
原始设备制造商的一级和二级供应商	（1）德尔福硅谷实验室 （2）思科系统 （3）博世北美研究和技术中心 （4）大陆集团与硅谷公司 （5）英伟达	二级公司是一级供应商的主要供应商，不直接向 OEM 公司提供产品。但是，一家公司可能是一级供应商和另一家公司的二级供应商，或者可能是一种产品线的一级供应商和不同产品线的二级供应商	大陆集团是欧洲第二大一级汽车零部件供应商。其首批项目之一是通过无线网络连接汽车。这家德国公司与思科，IBM 和其他公司一结盟，致力于 V2X 通信系统，许多专家认为这是自动驾驶汽车开发的关键
高科技协会	（1）高科技协会 （2）加州科学技术委员会（CCST） （3）硅谷汽车技术委员会	协会就未来的创新、各自的影响和立法要求向国家决策者提供信息和政策指导。它们还有助于在主要技术公司之间建立关键政策立场的合作和共享意见，并有助于促进参与创新的各类组织之间的相互联系	硅谷领导小组在向加州立法者通报交通技术的未来以及州立法机构的首选政策对措施方面发挥着关键作用。该组织代表旧金山湾区内 375 名雇主，为超过 500000 名加州人提供就业机会 汽车技术委员会于 2012 年由硅谷的 50 名汽车高管成立，旨在打开汽车制造商，供应商和分销商与硅谷的创业和企业家之间的沟通。目前参与沟通的各类创新企业包括 15 家 OEM，50 家一级供应商，200 家初创企业和早期公司以及 10 家汽车和二级风险投资公司
学术机构	（1）斯坦福大学 （2）加州大学伯克利分校 （3）加州大学戴维斯分校 （4）圣何塞州立大学	学术机构在电力系统、电池、自动化和互联网车辆方面进行基础和应用研究。大学也在帮助制定有关自动驾驶汽车和电动汽车的政策。最后，加州大学在培养汽车劳动力方面发挥着关键作用	加州大学伯克利分校和斯坦福大学是硅谷最大的两个技术人才来源

（续）

利益相关者	例子	主要角色和职能	备注
投资资本	许多早期风险投资（VC）公司集中在硅谷地区	支持硅谷初创企业的风险投资公司包括： （1）Anreessen Horowitz （2）Plug&Play Ventures （3）Khosla Ventures （4）Y Combinator （5）DFJ （6）Lowercase Capital （7）500 Start-ups （8）New Enterprise Associates （9）Founders Fund （10）Softech （11）Floodgate Angel （12）Angel List （13）Greylock Partners （14）Social Capital Partnership （15）DreamFunded	旧金山和圣何塞是加州风险投资排名最高的城市 加州旧金山投资64.71亿美元（占全球风险投资的15.4%），加州圣何塞投资41.75亿美元（占全球风险投资总额的9.9%）
国家机构	（1）加州交通部 （2）加州机动车辆管理局 （3）加州公用事业委员会 （4）加州空气资源委员会	加州机构为研究和开发提供资金。州长办公室为促进就业机会增加的制造业活动的投资提供税收抵免。例如，通用汽车在2018年部署的自动驾驶汽车制造增加了1100多个工作岗位。相应地，加州州长办公室提供了8000000美元的税收优惠/抵免国家还监督自动驾驶汽车等测试和操作的监管制度的批准。加州公用事业委员会负责监管Lyft和Uber以及轻轨运输公司和铁路。《加州车辆法规》第38750节要求加州机动车辆管理局（DMV）制定和采用管理加州自动驾驶汽车测试和公共使用的法规	加州机动车辆管理局（DMV）于2017年3月10日发布了在加州建立全自动驾驶汽车测试和部署路径的拟议法规，并在45天后完成了强制性公众意见征询期。DMV计划于2017年底完成自动驾驶汽车运营法规 加州公用事业委员会在监管Lyft和Uber的运营方面发挥着重要作用，这两家公司通过所有消费者都可以借助iPhone等访问的汇集交通机制彻底改变了交通空间 虽然加州交通部（CDOT）在自动驾驶汽车技术的发展中发挥了早期作用，但相对于私营部门的投资和活动，其作用已经减弱。加州交通部继续发挥推动作用，例如，通过资助硅谷自动驾驶汽车的测试平台，并向PATH提供研究资金

利益相关者	例子	主要角色和职能	备注
运输公司	Uber，Lyft	有助于制定管理自动驾驶汽车和提供集中运输服务的政策。公司还参与自动驾驶汽车的开发和测试	Uber 和 Lyft 正在继续增加其在加州的市场份额，并测试自动驾驶汽车。由于这些车辆的可访问性，它们的运营正在造成持续的问题和与传统出租车公司的冲突。由于需求旺盛，Uber 和 Lyft 在向农村社区扩张时也遇到了问题。两家公司都在探索与地方政府的公私合作伙伴关系，以补贴其在农村社区的业务。Uber 和 Lyft 正在对自动驾驶汽车进行重大研究
科研院所	（1）PATH－加州大学伯克利分校 （2）加州大学伯克利分校交通可持续发展研究中心（TSRC） （3）斯坦福大学汽车研究中心 （4）大众汽车研究创新实验室－斯坦福大学	加州先进交通技术合作伙伴（PATH）是北美第一个专注于智能交通系统（ITS）的研究项目。PATH 与加州交通部（Caltrans）合作，由加州大学伯克利分校交通研究所管理，是一个多学科项目，有来自世界各地大学的工作人员、教师和学生以及私营企业、州和地方机构、国际大学和非营利机构的合作项目	PATH 专注于运输安全、交通运营、可持续性、模式运营、综合走廊管理以及自动化和互联网车辆。PATH 正在协助加州机动车操作部制定法规和政策，以管理自动驾驶汽车的测试，注册和安全操作斯坦福大学汽车研究中心汇集了研究人员、行业、学生、政府和公众，以实现交通移动性的进步。目前的研究领域包括了解人们如何与日益自动化的车辆互动，车辆自动化的社会影响，以及传感、决策和控制方面的技术进步。该中心设有大众汽车创新实验室（VAL），其中包括最先进的车辆研究设施和跨学科团队的空间，以开展推动车辆技术发展方面的项目
国家实验室	（1）劳伦斯利弗莫尔国家实验室 （2）劳伦斯伯克利国家实验室	国家实验室提供美国能源部的直通资金，以资助斯坦福大学和加州大学伯克利分校 PATH 等机构的大学交通研究	CalCharge 和劳伦斯利弗莫尔国家实验室制定了一项标准的合作研究协议，允许 CalCharge 成员使用劳伦斯利弗莫尔国家实验室的世界级科学家和设施。该协议被称为合作研究与开发协议（CRADA），CalCharge 将与劳伦斯伯克利国家实验室和 SLAC 国家加速器实验室国家实验室合作。CalCharge 希望与国家实验室合作的行业流程。CRADA 简化了劳伦斯伯克利国家实验室与国家实验室合作的行业流程

（续）

利益相关者	例子	主要角色和职能	备注
环保组织	(1) 自然资源保护委员会 (2) 塞拉俱乐部	自然资源保护基金倡导使用定价计划来控制拥堵	协调将环境组织纳入硅谷政策制定的组织是硅谷领导小组。塞拉俱乐部于 2016 年启动了 Rev Up EVs 运动，旨在促进在加州和全国范围内购买电动汽车
联邦政府	(1) 美国能源部 (2) 美国交通部 (DOT) (3) 美国宇航局 (4) 美国空军 (5) 美国专利商标局	美国能源部通过其 ARPAE 计划为交通研究提供资金。美国交通部通过其 ITS 计划、高级研究计划、大学交通中心计划以及美特纳班克斯研究中心合同资金为研究提供资金	2015 年，美国专利商标局在圣何塞市政厅开设了一个新的永久性硅谷办事处，这使得俱乐部更容易直接与硅谷创新者接触
地方政府	(1) 康特拉科斯塔县政府 (2) 圣克拉拉县政府 (3) 圣何塞市政府	美国交通部 (USDOT) 宣布了 10 个自动驾驶车试验场测试场，这些试验场将形成一个实践社区，旨在推进自动驾驶和联网车辆技术	试验场指定者之一是康特拉科斯塔县运输公司，该公司在加州康特拉科斯塔交通管理局 (CCTA) 领导科德运营 GOMentum 站。康特拉科斯塔交通管理局并促进了多家汽车制造商，原始设备制造商和一级供应商、通信供应商、技术公司，研究人员和学术界。这些公共机构和其他合作伙伴之间的合作伙伴关系。应用和自动驾驶汽车 (AV) 技术的研发，测试验证和商业化方面，占地 5000acre（1acre = 4046.856m²）的前海军武器站，被称为 GoMentum 站，拥有 20mile 的铺砌道路，以定义又下一代交通网络基础设施。它将成为世界上最大的安全测试设施，是硅谷地区 CV/AV 研究的中心

参考文献

ATKearney, 2016. Reinventing Manufacturing. Bay Area Council, Economic Institute, San Francisco, CA. April. Available from: http://www.bayareaeconomy.org/report/reinventing-manufacturing/.

Avalos, G., 2017. Bay Area: technology job growth has rapidly decelerated. The Mercury News. February 10.

Bonvillian, A., Weiss, C., 2015. Technological Innovation in Legacy Sectors. Oxford University Press, New York, pp. 9 – 11.

Higgins, T., Colias, M., 2017. GM's Cruise Automation Wades into HD Mapping to Aid Autonomous – Car Efforts. Wall Street J. New York. June 18.

Richter, W., 2017. The Silicon Valley Funding Craze is deflating. Business Insider. April 6.

Sperling, D., Nichols, M., 2012. California's pioneering transportation strategy. Issues Sci. Technol. XXIII(2).

案例研究Ⅷ

美国——科罗拉多州丹佛：新兴区域交通创新生态系统案例

 VIII.1 简介

本案例研究侧重于丹佛地区区域交通创新生态系统（DRTIE）。硅谷交通创新生态系统（SVTIE）是整个硅谷创新生态系统（SVIE）区域的一个子集，与硅谷一样，DRTIE是更广泛的丹佛区域创新生态系统（DRIE）区域的一个子集。科罗拉多州提供的政治、政策和经济框架及其对环境可持续性、车辆互联、交通安全和智能城市运动的承诺是DRTIE的核心。科罗拉多州对交通创新的承诺与美国的智能城市运动（SCM）一致。SCM是美国几个城市的一项运动，致力于通过将环境原则与先进的连通性和自主移动创新相结合，提高城市社区的宜居性、可持续性和复原力。丹佛（出于充分的理由也被称为一英里高的城市）代表了这一运动的联系。

科罗拉多州被一些人称为紫色州——指的是其政治自由主义和开放的心态⊖。这里居住着受过教育的年轻人，他们不仅被自然和冒险吸引，还被高科技的使用吸引。该州人口数量在美国排名第20位，丹佛在美国经济排名第10位。丹佛市中心最近进行了改造，以吸引千禧一代和随后几代年轻的人。丹佛是科罗拉多州的首府，也是其最大城市。它存在社会经济问题，与其他大城市地区面临的问题一样，包括基于收入和种族的大量隔离。然而，丹佛不是处于这种问题和不幸条件下的城市领导者之一。

DRTIE支持并推进了许多与SCM相关的技术，同时它包括有利于社会正义的态度。在某些方面，DRTIE将很快进入高级发展阶段，部分原因是有利的初始条件，包括存在高度适应性、学习导向的公司和技术导向的机动工作队伍。这个生态系统的重点是自动化和互联车辆（ACV）、电动和磁悬浮车辆推进系统，以

⊖ 紫色表示那些人口表现出独立和灵活的政治态度，并根据问题以及地方和国家经济和社会条件投票给共和党人（红色）或民主党人（蓝色）的州。现任（2018年）科罗拉多州州长是一名民主党人，他高度支持交通创新。

及人工智能（AI）在运输中的应用——这一趋势始于 21 世纪初的丹佛地区，并且已经有一些令人印象深刻的结果可以展示。

尽管最近经济衰退，但加州的 SVTIE 仍然有一个强大且高度复杂的区域制造基地。而科罗拉多州的制造基础相当低，制造公司数量略低于 5000 台，制造业产值占 2017 年州生产总值的 7.3%，而直到最近，科罗拉多州地区才出现了先进的制造业。2017 年，制造业总产出约为 200 亿美元，占加州制造业经济产出的一小部分。

本 DRTIE 案例研究的目的是分析和呈现这个新的和不断生长的创新生态系统，并将其与更先进和成熟的硅谷运输创新生态系统（案例研究Ⅶ中进行了调查）进行比较。最终目标是就对此类创新生态系统的发展和成功至关重要的因素和问题得出有益的结论。材料分为三个部分：

1）从 DRTIE 的主要领导人（拥护者）、其组织和机构规定以及已经或正在实施的关键创新项目方面对 DRTIE 进行一般性介绍。

2）对 DRTIE 及 SVTIE 的简明比较分析。这是根据下面提到的因素①～③来完成的。

3）本节我们总结调查结果和结论［包括 DRTIE 的优势、劣势、机会和威胁（SWOT）分析］。

DRTIE 与相应的 SVTIE 的比较分析按三类因素进行：

①创新的有利初始条件[⊖]，包括基础组织问题（公共的和私人的）。

②关键吸引因素，如资本的可用性、倡导运输创新革命的公司，以及致力于创新的政治领导力、促进可持续性的社会运动的存在、为创新的机构和公众支持创新提供哲学（范式）刺激和理由的智能城市。

③创新的棘手障碍或抑制因素，例如限制技术人才在生态系统之间的流动性。

 ## 丹佛地区交通创新生态系统

Ⅷ.2.1　科罗拉多州的经济史：繁荣和萧条周期的趋势

科罗拉多州经济具有历史性的"繁荣和萧条"性质，在预先发送 DRTIE 的背景下值得注意。这些"繁荣和萧条"周期始于 1858 年丹佛的成立，以及矿工和美洲原住民（阿拉帕霍人和夏延人）的涌入。然后，科罗拉多州经历了短暂的加速采矿、贸易和经济增长。虽然许多资本家和实业家预计丹佛将成为西方最

⊖　有利的初始条件包括存在高度适应性的基础公司和以技术为导向的机动工作队伍，直接影响到创新生态系统应对新技术条件和市场需求的能力。硅谷对信息系统的长期熟悉在适应交通革命并将其引导到特定路径（电动汽车、互联和自动驾驶系统等）方面提供了优势。

大的繁荣城镇，但它几乎立即受到成为西方"鬼城"风险的威胁。当地采矿的困难、与当地美洲原住民部落的战争，以及铁路绕过丹佛转而通往怀俄明州夏延的决定，不利于经济持续增长和发展。1864 年的沙溪大屠杀改变了种族关系，此后，科罗拉多州很快就进入了第一个萧条周期。然而，到 1870 年，这座城市又走上了全面经济复苏的道路。1880 年，随着铁路的到来，丹佛突然开始蓬勃发展，拥有超过 35000 名居民。丹佛的第二个繁荣时期始于 1890 年《谢尔曼白银购买法》的通过，白银开采达到顶峰，据称，该法案人为地提高了白银价格，旨在使白银与黄金价格保持一致。1893 年，随着《谢尔曼白银购买法》的废除，白银热潮突然结束。随着《谢尔曼白银购买法》的废除，白银价格急剧下降，科罗拉多州进入了"萧条"周期。

从 1900 年到 1980 年，丹佛逐渐发展成为一个主要的交通枢纽，货物将从远西运送到中西部和东海岸。然而，科罗拉多州和丹佛仍然主要依赖石油生产。另一个繁荣和萧条周期发生在 20 世纪 80 年代，当时丹佛市中心和郊区开始出现大型摩天大楼，并蔓延到整个丹佛地区。这种繁荣是由 20 世纪 70 年代的能源危机资助的，这场危机最初增加了科罗拉多州的石油产量。然而，到 20 世纪 80 年代中期，随着石油价格从每桶 39 美元急剧降至每桶 9 美元，丹佛地区破产，经济再次崩溃。它导致了工人的大量外流，办公室空缺率为 30%，这是当时美国最高的。

在 20 世纪 90 年代，随着油价开始上涨，丹佛国际机场（DIA）等大型交通项目向当地经济注入了超过 52 亿美元资金，丹佛进入了另一个繁荣时期。通过国家可再生能源实验室等多个联邦实验室涌入的联邦资金也为科罗拉多州经济注入了数十亿美元。它位于落基山脉东部边缘，地理位置优势使科罗拉多州成为连接远西和美国其他地区的通信和交通门户，最终推动 Level Three 公司在科罗拉多州布鲁姆菲尔德的成立。该公司创建了世界上最大的互联网骨干网之一，并通过其宽带光纤网络提供一套服务，包括互联网协议服务、宽带传输、基础设施服务和 IP 语音服务⊖。丹佛成为特别是空间和国防领域的主要技术枢纽，此举由洛克希德·马丁领导。对于许多将丹佛视为硅谷另一个版本的年轻专业人士来说，丹佛正在迅速成为强大的吸引力⊖。

科罗拉多州繁荣和萧条周期的历史引出了一个不可避免的问题：对该地区大规模运输创新项目的公私投资是否会创造一个足够强大的创新"吸引力域"，从而产生一个不依赖公共投资的可持续交通创新生态系统？或者，目前的高科技运

⊖ Level Three 公司于 2017 年被 Century Link 以 340 亿美元收购。

⊖ 一个没有太平洋的硅谷，但有世界一流的滑雪场地、12000ft（1ft = 0.3048m）的山脉、可供徒步旅行、钓鱼和露营的无边荒野，以及具有绝对"牛仔"文化色彩的国际化城市中心的所有装备！

动，包括强大的运输创新成分，是否会构成另一个贯穿科罗拉多州历史的"繁荣和萧条周期"？

Ⅷ.2.2　丹佛地区交通创新生态系统的主要参与者

1.科罗拉多州和地方公共实体

丹佛地区交通创新生态系统的组织和机构最初仅限于州和地方公共机构，包括州长 John Hickenlooper 领导下的州长办公室、科罗拉多州交通部（Colorado Department of Transportation，CDOT）和丹佛市和县。

在州长 Hickenlooper 和 CDOT 执行主任 Michael P. Lewis 的领导下，CDOT 成为科罗拉多州交通创新的主要拥护者。他们成功地吸引了私人公司与他们一起彻底改变科罗拉多州的交通系统。

2.私人运输承包商

CDOT 招募了大规模的运输规划、设计和施工承包商，包括 AECOM、Atkins、Ch2mHill 和其他公司，以参与其关键运输举措。这些承包商在开发和部署 DRTIE 的运输创新计划方面发挥着关键作用，例如下面描述的 RoadX 倡议。它们还通过接触创新者和利益相关者来支持 CDOT 的项目，评估这些公司的想法，并鼓励人们向 CDOT 提交运输创新的新想法以供调查。

CDOT 似乎对广泛的先进运输创新持开放态度，例如将感应充电集成到电动汽车中。AECOM 最近向 CDOT 提议资助建造一个 1mile 的试点项目，以安装和测试道路感应线圈，目标是确定地面线圈在车辆沿高速公路行驶时向车辆传输电力的效率[一]。

3.松下企业解决方案公司

总部位于丹佛的松下企业解决方案公司[二]开发、安装和维护生态技术，以提高社区的可持续性并提高交通系统的性能。该公司是科罗拉多州主要运输相关创新举措的成功不可或缺的一部分：RoadX 和 Pena Station。作为 RoadX 计划的一部分，松下目前正与 CDOT 和其他合作伙伴合作，专注于开发和部署系统，以连接 I-70 上的汽车和运输基础设施，I-70 是美国最具挑战性的高速公路走廊之一。最终，松下将帮助在科罗拉多州以及全国范围内部署其高度先进的连接平台。松下目前是开发和部署全系统多功能互联运输互联平台的全球领导者。

在 Pena Station 方面，松下是一个基础组织，正在建设一个太阳能设施和一

[一] 在道路上部署感应线圈将消除将重型电池纳入电动货车的必要性。高速公路将成为公用事业公司，为车辆提供稳定的无线电力供应。通过感应系统，较轻的电池可以集成到汽车和货车中。感应线圈可以补充目前在美国各地部署的电池充电站。

[二] 日本松下北美公司（日本松下公司的美国分公司）的子公司。

个电池存储和测试单元，并为未来在社区和运输部门部署的创新技术制定计划。松下使用 Pena Station 展示其广泛的智能技术组合。

4. 国家可再生能源实验室

国家可再生能源实验室（NREL）是参与能源创新的领先联邦实验室，也是丹佛智能城市倡议 Pena Station 的早期参与者。它还与 CDOT 合作，在科罗拉多州各地部署 RoadX，特别是充电站。1977 年，NREL 位于科罗拉多州戈尔登附近，这有力地刺激了能源部门（替代燃料和电池技术）的区域发展和运输相关创新。

NREL 对车辆到电网技术（V2G）的开创性研究将使在非高峰期将间歇性可再生太阳能和风源产生的剩余电力存储在电动汽车电池中，并在需要时将电力反馈给电网，提高电网稳定性并降低电动汽车在高峰时段的电力成本。V2G 技术在全州部署时可以集成到 RoadX 技术中。

NREL 是一个强大的区域和国家创新组织。2014 年，它为国民经济贡献了8.72 亿美元，为科罗拉多州经济贡献了 7.01 亿美元。自 20 世纪 80 年代以来，NREL 已向丹佛地区吸引了 3800 亿美元的私营部门投资。它吸引了来自美国和国际的科学和工程人才。NREL 雇用了来自地方、国家和国际研究中心和大学的1620 名全职研究人员和 678 名访问研究人员、实习生和承包商。NREL 的技术伙伴关系包括科罗拉多大学、丰田、通用汽车和各种电池制造商。

总共有 10 个 NREL 的实验室拥有积极的技术转让计划，并正在将创新许可给衍生公司和公私伙伴关系。联邦资助的实验室支持广泛的基础和应用研究，从而实现科学和商业创新。2014 年，NREL 签署了 195 项许可协议，最终转让了166 项商业化创新。NREL 还积极寻求吸引清洁能源公司到科罗拉多州。它通过技术咨询、特别研讨会和论坛、演讲来促进伙伴关系，并对那些对能源创新感兴趣的公共和私人实体进行访问。

虽然 NREL 拥有重要的国家和国际创新足迹，但对其当前伙伴关系的调查表明，它与丹佛地区公司和大学的关系相当稀少。

5. 联邦铁路运输技术中心

以科罗拉多州为中心的交通研究的另一个关键作用是联邦铁路管理局的运输技术中心（TTC）。TTC 位于科罗拉多州普韦布洛，是美国交通部高速铁路测试的所在地。

该机构位于从科罗拉多州租赁的 $53 mile^2$（$1 mile^2 = 2.58999 \times 10^6 m^2$）的土地上。自 1971 年投入使用以来，它在铁路基础设施和设备测试的研究、开发和测试方面发挥了重要作用，包括 2000 年投入使用之前的阿塞拉快车。

Ⅷ.2.3 丹佛地区的主要交通创新应用

从 21 世纪的第二个十年开始，科罗拉多州和丹佛市对总体可持续性，特别是智能城市技术的发展做出了重大承诺。科罗拉多州许多创新成功的催化剂是时任州长的 John Hickenlooper 的决定和他关于科罗拉多州成为创新领导者的愿景。2011 年 11 月，他创建了科罗拉多州创新网络（COIN），同时被任命为该州第一位首席创新官。首席信息官的任务是与 COIN 合作，推进全球创新生态系统中的联系。COIN 已成为整个科罗拉多州创新的催化剂，并开始在丹佛地区开发和应用一些变革性的交通创新，利用其街道作为 SCM 内部新创新概念的测试平台。SCM 很快就在丹佛地区发挥了作用，类似于军队和半导体行业在为硅谷未来创新奠定基础方面发挥的充满活力的作用。

由于对 SCM 的承诺，丹佛地区已经制定了一些重大的交通创新举措。这些在下面简要描述。

1. 下一代 Pena Station

下一代 Pena Station（Pena Station NEXT）[一]是一个在丹佛附近开发一个"智能"社区的项目，DIA 可以轻松访问。该项目将成为美国最可扩展的净零能源技术试验台。最初的项目合作伙伴包括松下企业解决方案公司、Xcel Energy（公用事业）、土地开发商 L. C. Fulenwider Inc.，丹佛市和县的 DIA 和 NREL。用丹佛市长 Michael Hancock 的话来说，该项目被设想为"一个超现代的互联社区，通过智能、可持续的技术以及利用大数据和互联网实现的实时分析的响应式基础设施来支持公民和企业。"

Pena Station NEXT 社区旨在整合最新技术，以推进商业、通信、交通创新以及改善生活方式和互动方式。它将容纳以创新为中心的公司和居民，并已经开始吸引国际先进技术运输公司。法国的 Easymile Corporation 就是其中之一。它在 Pena Station 地区部署无人驾驶穿梭行动。自动驾驶公交车将在整个社区运行，使其能够进入从丹佛到 DIA 的轻轨线。同样，松下企业解决方案现在与 CDOT 合作，使用 Pena Station 街道作为其连接车辆和道路的实时"测试轨道"，包括允许汽车相互交谈的 V2X 平台和最终将纳入 RoadX 计划的智能基础设施。[二]

2. RoadX 项目

RoadX 项目是 CDOT 的一个全面而雄心勃勃的计划，旨在开发、测试和部署

一　参见：https://www.penastationnext.com/（2018 年 9 月访问）。

二　松下通过发展 Fujisawa Sustainable Smart Town 获得了早期建设智能城市的经验，并于 2014 年完成了第一阶段。

运输信息，是该地区许多运输挑战的解决方案[一]。该项目预计将包括与驱动它们的电动汽车通信并为其充电的道路；智能高速公路坡道引导车辆远离交通堵塞；在高速公路和桥梁上以较小的压力运送货物的自动货车；驾驶人会被提醒冰雪等高速公路交通，以及指挥和控制系统，这些系统有能力实时查看高速公路上发生的事情，并控制车队的"行为"，包括降低速度和车辆间距。

正如 CDOT 的目标[二]的那样，RoadX 项目将：

1）每天平均节省 50min 的旅行时间。

2）减少或消除 80% 的事故。

3）将道路容量增加近 400%。

4）减少拥堵和车辆排放。

5）扩大老年人和残疾人的流动性。

RoadX 的有趣事实是，它采用系统方法来解决丹佛地区的各种运输和交通情况。它旨在将高速公路运营的控制从有限的单向通信路径和分段的高速公路段管理转移到基于从车辆和基础设施到控制中心的实时数据的集成、统一的系统优化。目前的系统主要容易受到非公路运营商以增加拥堵和安全影响的方式改变交通路线的影响。RoadX 的第一阶段将使用贯穿科罗拉多州落基山脉的 70 号州际公路作为其创新技术的关键测试平台。70 号州际公路（I-70）是美国最具挑战性的走廊之一，由于危险的结冰条件，从 70 号州际公路上滑落的车辆严重拥堵，特别是在高海拔地区[三]。

RoadX 的目标是建立一个通信和控制系统，其中包括车辆和控制中心之间的双向通信。在紧急情况下，CDOT 流量管理将能够直接干预和管理整个系统。该项目涉及开发和测试：

1）先进的高速公路和车对车辆（V2V）和车辆对基础设施（V2I）技术。

2）拥堵检测和监测系统远远超出了目前的技术水平。

3）实时访问数据，包括碰撞和道路/交通数据，以及数据集成和实时分析工具。

[一] 科罗拉多正处于人口繁荣的状态，在过去 20 年人口增长了 50%，预计未来 20 年还将增长 50%。它是美国道路最挤的大都市之一，道路维护成本不断增加，道路碰撞成本超过 130 亿美元，年度资金短缺 10 亿美元。州长和科罗拉多州交通部早就认识到，科罗拉多州不能简单地利用现有的高速公路管理技术组合来摆脱拥堵和日益严重的安全问题，但该州必须利用正在进行的运输创新革命中一些最先进的技术创新。

[二] 参见：https://www.codot.gov/programs/roadx/programs/roadx/why-roadx（2018 年 8 月访问）。

[三] 70 号州际公路的韦尔山口段尤其容易发生事故和拥堵。2016 年，I-70 每 2.4 天关闭一次，共有 600 起事故，Vail Pass 是事故发生率排名第一的地点，有 91 起径流道路事故，占 123h 的关闭时间。它构成了国家州际系统中一些最危险的条件，并为不容易复制的先进高速公路系统提供了一个独特的试验台。

4）增强的电子标牌。

5）速度控制管理工具，包括速度警告检测系统、货车警告系统、速度管理和减速工具。

RoadX 计划还包括开发支持地理位置的旅客信息系统、加快整合准确的当地天气数据以帮助远程交通干预的新技术、先进的事件避免和管理流程、根据高速公路条件调节汽车和货车交通流量的控制系统，以及先进的基础设施诊断，如雨、冰或雪导致的高速公路摩擦减小。

关于这个扩展的运输创新试验场和创新应用环境的组织和治理，整个结构取决于与其他公共和私人组织建立伙伴关系，包括 NREL 和私人承包商、运营商或咨询公司。这些合作伙伴通过提供咨询、设计系统、赞助培训活动以及与CODOT 合作寻求资金和融资来支持该计划。例如，NREL 和 CDOT 正在与科罗拉多州能源办公室合作，寻求联邦和州当局的批准，以汇集现有资金，并寻求新资金，以帮助部署全州的高级电动汽车充电站系统。此外，由于 RoadX 计划，其他创新公司也被科罗拉多州吸引。例如，RoadX 团队最近与优步合作，通过自动驾驶货车完成了世界上第一个商业交付⊖。

3. 科罗拉多州 Hyperloop/磁悬浮应用

2017 年，世界上首批的两家 Hyperloop 技术创新公司选择了科罗拉多州和DRTIE，以便沿着特定走廊建造两个 Hyperloop 类型的项目⊜。这些项目是 Arrivo（@ Arrivoloop）⊜和 Virgin's Hyperloop One⊛。前景是，在对特殊应用进行必要的可行性研究后，将进行涉及部署不同版本的 Hyperloop/磁悬浮技术的第一批项目的建设。下面简要介绍这两种潜在的应用。

"Arrivo" 项目于 2017 年 11 月宣布。Arrivo 是一家运输创新公司，最初是一家硅谷初创公司⑥。它最初推广了"传统"的 Hyperloop 技术创新，但很快就将

⊖ 这辆无人驾驶的货车在科罗拉多州柯林斯堡的安海斯 – 布希啤酒厂装载了一大堆啤酒，然后向南行驶到了科罗拉多斯普林斯。阿德莱弗在货车的卧铺驾驶室里监视着实验过程。成功的 120mile 行程是建立自动驾驶商业车辆的可靠性和可行性的重要一步。

⊜ 两家公司都进行了全球电话会议后做出选择，全球许多地区和城市都参与并提交了数千份申请。获胜的团队和路线是根据具体标准选择的，包括明确定义的路线、实施策略、关键利益相关者的参与以及 Hyperloop 系统的创新和创造性应用。科罗拉多州的 RoadX和 Pena Station 项目是 Arrivo 决定在丹佛地区建造第一个 Hyperloop 的一个因素。

⊜ 参见：https://www.arrivo – loop. com/（2018 年 8 月访问）。

⊛ 参见：https://hyperloop – one. com/（2018 年 8 月访问）。

⑤ Arrivo 的创始人 Brogan Bam Brogan 曾是 SpaceX 和 Hyperloop One 的雇员。这说明了技术创新是如何通过技术人才从一个公司到另一个公司的流动而发生在创新生态系统中和跨生态系统中的。这种流动性似乎是创新的主要载体。特斯拉在这个技术领域培养了许多领先的创新者。

其系统修改为更以磁悬浮技术为导向的系统，不使用密封真空管或隧道中的吊舱（两者都是 Hyperloop 系统的元素），而是像磁悬浮系统一样在磁化轨道上运行的开放式雪橇。由于该系统不会在真空中运行，它将具有更低的速度（低于完整的 Hyperloop 系统所能提供的高于 700mile/h 的速度），但开放式轨道将降低总体成本，因为它可以沿着现有的运输走廊而不是新的交通要求建造，这将使处理紧急情况的复杂性降低。

科罗拉多州"Arrivo 项目"的第一阶段是在科罗拉多州商业城建立一个价值 1000 万美元的开发设施，然后建造一条 0.5mile 的示范轨道，然后建造一条从奥罗拉到 DIA 的第一个商业连接线。Arrivo 及其测试设施在 DRTIE 中的存在也应该有助于吸引其他高科技企业进入生态系统。此外，它应该使当地企业家能够进入交通创新部门。

"Arrivo 项目"可以扩展到更广泛的丹佛超级城市网络，这将涉及更多沿着该地区的高速公路修建这样的线路建设[⊖]。Arrivo 磁悬浮项目将由公私伙伴关系实现，其主要成员是 CDOT、E-470 公共公路管理局和 Arrivo。

Virgin's Hyperloop One 项目旨在提供更快、里程更长的长途服务，运输装入舱的乘客和货物，并通过低压地下管的电动推进逐步加速，在飞机速度（700mile/h）下使用磁悬浮。拟议的 Colorado Rocky Mountain Hyperloop 路线提案是 Virgin's Hyperloop One 项目潜在应用地点全球呼吁第一阶段的 10 条获胜路线之一。因此，2017 年，CDOT 和 Virgin's Hyperloop One 建立了伙伴关系，以评估运输需求、经济效益、拟议路线、监管环境，并与 CDOT 的总体高速旅行、铁路和货运计划保持一致。

潜在的应用路线是沿着夏延-普韦布洛走廊[⊖]。Branson-Hyperloop One 系统的部署可以创建一个从丹佛一直到怀俄明州的 Hyperloop 走廊，并可能推动 Hyperloop 制造设施的发展。

Ⅷ.3　将 DRTIE 与硅谷运输创新生态系统进行比较

Ⅷ.3.1　比较"吸引盆"的概念

正如所描述的，吸引力的创新域是创新生态系统在时间上的连续平衡状态的

⊖　事实上，这一前景可能很快就会实现，因为在撰写本案例研究时，Arrivo 2018 年 7 月宣布与中国通用技术进出口有限公司（CNTIC）的附属公司——中国通用技术（集团）控股有限公司（Genertec）建立战略合作伙伴关系。作为该协议的一部分，GTA 将向合格的项目所有者提供 10 亿美元的信贷额度，以资助使用 Arrivo 产品的项目的工程、采购和建设。这一 10 亿美元的信贷额度可用于世界各地的项目。参见 Stephen Edelstein 的文章：http://www.thedrive.com/tech（2018 年 7 月 20 日访问）。

⊖　更多信息请访问：https://www.codot.gov/programs/roadx/projects-in-motion。

地形。图 2-10 中介绍了一个吸引盆的特征三维（3D）曲线。创新的"吸引盆"有三个主要因素，即：

1）初始条件，例如，政治、立法和社会环境/经济条件/存在强大的"吸引力核心"，即创新领域的关键参与者。

2）"吸引因素"，即那些在生态系统创新领域强大的参与者，其吸引其他实体加入生态系统。

3）"抑制因素"，即抑制其生长和活力的条件。

如前所述，丹佛地区交通创新生态系统无疑构成了生态系统"吸引盆"的有趣案例，为本地和外部⊖创新提供了一个良好的试验场。周围有许多"吸引因素"和"抑制因素"，由于它是一个仍处于生长阶段的生态系统，因此通过将其吸引盆与案例研究Ⅶ中描述的硅谷运输创新生态系统等更成熟的生态系统吸引盆进行比较，"评估"其潜力将是有益的。

在实践中，可以通过比较两个吸引盆的上述三个主要特征，即初始条件、吸引因素和抑制因素，对两个吸引盆进行比较。

Ⅷ.3.2　两个"吸引盆"的比较

表 CS Ⅷ-1 显示了两个生态系统"吸引盆"之间的比较。它通过对所有相关因素进行评分和排名的双重方法来做到这一点，这些因素表达了两个生态系统的初始条件、吸引因素和抑制因素。表 CSⅧ-1 的第一列是用于比较的此类因素。它可能不是结论性的，但它肯定表明了每种情况下的主要此类因素。这些因素的含义不言而喻，但必要时会做出更多说明。

第一种评估工具采用评分在 1~5 的基础上进行（1 表示不存在影响，而 5 表示非常有利于创新生态系统开发和稳定性）。表 CSⅧ-1 表达了我们对相关性因素在当前形势和增长阶段的影响和存在的评估。负评分用于评估"障碍"的重要性，即它们减缓或阻止相关创新生态系统成熟的可能性。在这种情况下，分数可以从 -1~-5 分布（-1 代表生态系统发展的微不足道的障碍，-5 代表生态系统发展存在不可逾越或棘手的障碍）。

第二种评估工具，即表 CSⅧ-1 中未来的可能影响，表达了对每个因素未来可能增加其影响力和有效性的评估。这种基于可能性的排名表达了定性的评估衡量标准，但我们发现这对于表达两个生态系统未来的平衡条件很有用，平衡条件即它们吸引盆的形状。使用的排名词语说明如下：

1）非常有可能：当相关因素的影响被认为在未来非常可能时。

2）可能：当相关因素的影响被认为在未来有可能时。

3）不确定：当我们不能或没有理由进行价值判断时。

⊖　意思是：生长在其他生态系统中。

表 CSⅦ-1 丹佛地区交通创新生态系统（DRTIE）与硅谷交通创新生态系统（SVTIE）"吸引益"之间的比较

影响生态系统吸引益的因素	现状的影响		未来的可能影响		备注
	SVTIE	DRTIE	SVTIE	DRTIE	
初始条件					
有利的政治环境	5	5	可能	非常有可能	这两个州都积极支持运输创新的州长
正向的经济环境	5	5	非常有可能	非常有可能	SVTIE 和 DRTIE 都经历经济增长的地区
存在一个致力于交通创新各个方面和阶段的异质性但一致的公共和私人创新者网络	5	3	可能	非常有可能	DRTIE 的网络密度也比 SVTIE。SVTIE 的总体高科技运输启动率也比 DRTIE 高得多
主要运输创新者之间的竞争与合作之间的平衡	5	4	不太可能	不太可能	SVTIE 展示了竞争对手之间异常高水平的合作与开放性，这在 DRTIE 中并不明显
总计	20	17	—	—	分数表明，两个生态系统的初始条件几乎相似，SVTIE 的略好
吸引因素					
在运输创新的关键领域积累了丰富的技术专业知识	5	3	可能	非常有可能	2016 年，科罗拉多州的技术部门有 162000 个（丹佛地区有 79342 个科技工作岗位）。仅在 2006~2016 年，丹佛地区的科技行业就业增长了 40.3%，硅谷（圣何塞-圣克拉拉）在 2016 年有 176150 个科技工作岗位，从 2006 年到 2016 年增长了 79.6%。旧金山的奥克兰地区（我们将其作为硅谷的一部分）有 220160 个科技行业增长了 90% 2006 年至 2016 年间，奥克兰地区科技行业增长了 90%
知识财产	5	3	非常有可能	非常有可能	科罗拉多州在小企业创新赠款方面排名第四，在美国宇航局总理奖中排名第三。就每 10 万人发放的专利数量而言，科罗拉多州在美国各州中排名第 18 位；作为硅谷一部分的圣何塞和旧金山在专利生成方面分别生成专利排名第一和第二

（续）

影响生态系统吸引盈的因素	现状的影响		未来的可能影响		备注
	SVTIE	DRTIE	SVTIE	DRTIE	
吸引因素					
生活方式和当地文化符合受过高等教育的劳动力库的期望	4	5	非常有可能	可能	北加州和科罗拉多州都支持符合高科技工人期望的生活方式。北加州拥堵严重，住房成本更高，导致2015年劳动力从硅谷向外迁移
致力于运输创新的成熟和初创的高科技组织的存在	5	2	可能	不确定	丹佛拥有美国第四大科技初创企业。然而，很少有初创企业与运输创新有关。州长办公室主要公共实体，CDOT是促进科罗拉多州运输创新发展和部署的最著名的例子。松下是一家成熟的私营高科技公司最近已成为DRTIE的主要参与者。SVTIE包括各种专注于运输的成熟和初创公司。这些公司资本充足，拥有强大的知识产权投资组合
有利于初创企业的经济条件	5	5	非常有可能	不确定	加州的商业存活率是所有州中最高的，2013年创建的企业关闭率是所有州的3.5倍。新企业的数量是加州强企业数量的3.5倍，其高密度的创业精神，也是加州强大的创业精神。对于科罗拉多州来说，该系统仍然是新建立的，没有足够的数据可用
一般经济状况	5	5	非常有可能	非常有可能	科罗拉多州是最佳投资州之一；丹佛拥有10个财富500强总部。科罗拉多州是最佳公司税收制度的前20个州之一
获得风险投资	5	4	可能	不确定	DRTIE可以访问本地风险投资（VC）。2018年第一季度，科罗拉多州初创企业的VC的投资总额为6.406亿美元，这是14年来最大的第一季度。DRTIE获得VC的机会明显低于SVTIE。由于缺乏当地投资机会，一些科罗拉多州的初创企业进行运输技术投资公司必须寻求向位于其他州的初创企业投资（根据《丹佛商业杂志》，2018年4月12日）

（续）

影响生态系统吸引力的因素	现状的影响		未来的可能影响		备注
	SVTIE	DRTIE	吸引因素		
			SVTIE	DRTIE	
对可持续性和智能城市范式的政治和社会支持	5	5	可能	可能	DRTIE 和 SVTIE 都接待了致力于可持续发展和智能城市运动的公司。可持续性和智能城市倡议的存在是交通创新创新者的强大吸引力
高交通创新者的涌入	4	4	非常有可能	可能	Pena Station 的多家超循环初创公司与解决方案公司一起进入 DRTIE，这应该成为运输创新者和制造商在 DRTIE 开设办事处的强大吸引力。Pena Station 已经吸引了更多的交通创新公司。然而，进入者和初创企业的比率仍然低得惊人
业务准备	5	5	非常有可能	非常有可能	科罗拉多州被《福布斯》评为最佳商业和职业场所之一（2016 年），基础设施准备的最佳州、数字经济准备等第三高城市，鼓励创业增长的第三高城市
受过高等教育的劳动力	5	3	非常有可能	不确定	圣荷西 - 桑尼维尔 - 圣克拉拉是美国受教育程度第三高的大都会统计区（MSA）。丹佛 - 奥罗拉 - 莱克伍德 MSA 在 150 个 MSA 中排名第 16 位
劳动力	5	5	非常有可能	非常有可能	加州和科罗拉多州法律通常不允许阻碍高科技工人公司间流动的保密协议
为交通创新生态系统提供人才并与私营部门合作开发创新的大学	5	3	非常有可能	不确定	科罗拉多大学系统和其他州立学院拥有先进的研究能力，并正在直接和间接地开展适用于交通的研究。然而，与主要公共和私人交通创新组织的伙伴关系似乎不是常态。此外，科罗拉多州的大学与加州的大学在参与交通创新方面不相上下

（续）

影响生态系统吸引力的因素	现状的影响		未来的可能影响		备注
	SVTIE	DRTIE	SVTIE	DRTIE	
吸引因素					
创新网络的存在	5	3	非常有可能	可能	DRTIE在SVTIE中可用的网络机会数量并不理想。然而，建立此类网络的可能性正在增加
运输技术初创企业	5	3	可能	不确定	DRTIE在运输部门的可能性与SVTIE相比
有利的生活环境	3	5	不确定	可能	科罗拉多多州的生活成本远低于硅谷，对高科技员工有吸引力的生活方式与北加州不相上下
总计	76	63	—	—	分数表明，当前SVTIE中的吸引力子比DRTIE更强，但差异并不大
抑制因素					
生态系统缺乏异构的组织结构，包括从创新到创造型制造再到全面制造过程缺乏纵向和横向整合	−4	−2	不太可能	不确定	与SVTIE不同，DTRIE缺乏一个包含原型制造的集成创新生产系统。SVTIE拥有美国一些最先进的制造设施。加州在制造业方面领先其他49个州
国家实验室和大学对发展与运输相关的创新的积极参与	4	−4	不太可能	可能	SVTIE与当地大学以及劳尔国家实验室和劳伦斯伯克利国家实验室进行了广泛的合作。虽然DRTIE是NREL和多所大学的所在地，但创新合作伙伴关系并不发达
不断增加的公司税收	−3	1	可能	不太可能	SVTIE（如加州山景城）接待大型高科技公司的当地社区正在认真考虑提高地方税，以抵消新基础设施的影响
总计	−3	−5	—	—	分数表明，DRTIE目前的障碍比SVTIE的障碍严重得多

4）不太可能：当相关因素不太可能影响未来生态系统的平衡时。

5）非常不可能：当被认为相关因素在未来极不可能影响生态系统的平衡时。

表 CSⅧ-1 中的评分只是一种方式，根据我们在研究这两个系统时通过访谈或会面收集的信息和观点，表达我们对每个因素与 DRTIE 或 SVTIE 增长和可持续性的存在、相关性和联系的评估。它不可避免地是"有偏见的"，因为它表达了我们自己的评估，但它可以作为解读本书中引入的创新生态系统和吸引盆概念的一种观点和方法。

Ⅷ.4 结束语——经验教训

从表 CSⅧ-1 中比较 DRTIE 和 SVTIE 的两个吸引盆的评估结果来看，很明显，SVTIE 的初始条件以及吸引因素和抑制因素对其吸引盆的影响明显比 DRTIE 要更强。此外，丹佛地区在关键抑制因素的决议方面面临更高的标准。尽管如此，情况可能会迅速变化，RoadX 和 Pena Station 以及 Hyperloop 公司的进入可能会为 DRTIE 加速向完全成熟的创新生态系统的演变创造必要条件。这种评估从我们对每个生态系统未来前景的定性排名中可以明显看出。

也许，比较表 CSⅧ-1 结果的最佳摘要可以通过 SWOT，即 DRTIE 的优势、劣势、机会和威胁总结，见表 CSⅧ-2。

表 CSⅧ-2 DRTIE 的 SWOT 总结

优势	劣势
1）对交通创新的政治支持 2）松下企业解决方案公司的参与 3）受教育年轻工人的大量移民 4）生活方式和文化因素 5）RoadX 和 Pena Station 项目为交通创新提供了重要的试验场所 6）丹佛国际机场 7）对可持续性和智能城市运动的广泛机构和政策承诺	1）将当地大学与 NREL 和私人交通创新者相结合的创新网络发展不佳 2）缺乏专注交通和人工智能的初创企业 3）经济繁荣和萧条周期的地区敏感性 4）经济衰退可能导致限制对交通创新的公共投资 5）生态系统的体制结构不完整
机会	威胁
1）Hyperloop 研发活动可以吸引运输领域的初创企业 2）RoadX 可以成为总部位于科罗拉多州的公司财团的基础，这些公司在国内外出口 RoadX 平台及相关硬件和软件 3）Pena Station 为交通创新者的移民提供了一个有吸引力的地点，也是智能创新的领先展示 4）将当地大学、NREL 和私营部门完全融入交通创新生态系统	1）未来的管理部门不支持系统层面的运输创新 2）松下企业解决方案公司等主要私人组织没有扩大其在科罗拉多州的影响力和投资 3）目前的吸引因素不够强大，不足以刺激生态系统的进一步发展 4）当前网络无法利用该地区的风险资本潜力 5）丹佛没有成为至少一个 Hyperloop 系统的基地 6）丹佛地区未能发展出从概念化开始到完成生产的可持续创新周期 7）其他创新生态系统开发了优于 RoadX 的平台

与硅谷相比，DRTIE 被归类为新兴生态系统。新兴的交通创新生态系统存在重要的创新范例，并存在先进创新生态系统的许多先决条件，但由于关键吸引因素和使能因素的缺失（或不成熟）或存在重大障碍，生态系统的潜力仍未实现。重要的是，创新生态系统注定不会达到先进状态。由于社会、技术和市场环境的相互作用，新兴生态系统（根据机构结构化程度和整合程度以及由吸引因素和使能因素决定的"吸引盆"的总体实力来衡量）仍然停滞不前或完全消失，这可能存在结构障碍。

与发达经济体和 21 世纪相关的因素可能会偏离新兴生态系统，从通过限制技术工人就业流动性的法律（这被认为是创新生态系统成熟的必要条件）到公共和私人资源供应的大幅下降。此外，任何缺乏负担得起的住房和与高度教育的年轻人才库所期望的设施不一致的生活状况都可以阻止生态系统向高级发展水平演变。

DRTIE 将明显的优势与一些关键的弱点和不确定性相结合。对成熟来说最重要的是，DRTIE 要求基础组织做出关键承诺，长期承保交通创新，同时投资社会资本，在当地大学和其他新利益相关者之间建立牢固的关系。NREL 是丹佛创新生态系统皇冠上的明星。总体而言，美国能源部国家实验室系统在各州拥有 17 个实验室，是世界上最先进的组织创新者之一。它拥有支持技术"革命"的资源和人才。NREL 与许多全球运输创新公司有着相互关系。然而，与国家和国际技术创新者的伙伴关系相比，科罗拉多州公司和组织的联系微弱。NREL 可以通过合作支持丹佛地区开发先进的运输原型制造能力来建立当前的生态系统。⊖

科罗拉多州的公私伙伴关系是关键刺激因素，应该有助于科罗拉多州创新生态系统从新兴地位过渡到先进的创新生态系统。创建促进整个地区运输创新和转型研发和创新部署能力所需的机构和结构之间存在明显的共生关系。然而，仅靠这些公私伙伴关系不足以创造一个先进的创新生态系统。丹佛地区创新生态系统需要更好地获得当地风险投资（VC）。2018 年第一季度，VC 对科罗拉多州初创企业的投资总额为 6.406 亿美元，为 14 年来投资最多的第一季度（根据《丹佛商业日报》，2018 年 4 月 12 日）。DRTIE 获得风险投资的机会明显低于 SVTIE。由于缺乏当地机会，一些科罗拉多州风险投资公司寻求对位于其他州的初创企业进行运输技术投资。

成功的另一个必要因素是存在增强的当地制造能力，特别是在原型阶段。如果没有这些功能，DRTIE 可能会停滞不前并进入"萧斯特循环"。先进的制造是DRTIE 和 SVTIE 之间的明显区别因素，因为后者是美国最强大的制造中心之一。

⊖ NREL 薄弱的本地连接对 DRTIE 的"吸引盆"构成了威胁。一旦"吸引盆"的微妙结构失败甚至崩溃，鉴于全球交通创新的加速以及企业家（包括风险资本家）不愿重新进入一个以失败闻名的地区，它们就很难重建。

制造业就像支持地下水含水层所需的水。基于社会、经济和技术结构的吸引盆类似于支持地下含水层系统的地质结构。如果有足够的水，含水层将保持结构健全的系统，用于在周期内储存水。然而，如果抽水机未能限制抽水或忽视快速为含水层充水的必要性，它们很容易倒塌。一旦这些结构发生故障，作为关键水源的含水层将永远消失。失败的创新吸引盆也不太可能重建，至少在短期内是如此。

科罗拉多州以前是一个"吸引盆"，在这种"吸引盆"中，地方宣传和国家经济条件为强大的创新和经济发展体系建立了结构，但失败了，因为实地条件几乎在一夜之间崩溃，扼杀了几十年的进一步发展，直到新革命的到来或对油页岩等商品重新需求。许多小型高科技公司的所有者认为丹佛是一个"两头牛"小镇是有充分理由的，这个嘲笑性的术语起源于西部边境的白话，用来表示那些缺乏多样性和韧性的社区。在缺乏技术创新的情况下，丹佛地区又回到了"两头牛"大都市地区。此外，"建立"支持 DRTIE 的网络可以增加多样性和重要的结构，以平整长期与科罗拉多州经济相关的"高峰和低谷"。

案例研究IX

美国——领导者在创新生态系统的创造与其可持续发展中的作用

 ## 引言

 阅读任何与交通运输创新相关的新闻,文章的关键要素始终是个体企业家的作用。特斯拉和它的姐妹公司 SpaceX 从未被报道过,更不用说传说中的埃隆·马斯克。虽然大众媒体关注的是引领革命性创新的个人,但研究人员倾向于关注更高层次分析的变量(即公司、网络或生态系统层面),而不是将个人视为变化的来源。我们采取中间路线,我们关注创新生态系统,同时不忽视简化变量(包括个人在这种生态系统中的作用)的因果重要性。事实上,系统,尤其是生态系统,会影响个体,而个体通过循环反馈回路创造并影响系统和生态系统。本案例研究的目的有三点:

1)阐述个人在创造革命性创新和创新生态系统中的作用。
2)找出阻碍创新的个体层面因素。
3)强调将个体层面的变量纳入系统层面评估(即创新生态系统层面)的重要性。

 我们的立场是,在解释创新周期以及创新生态系统的成熟度和可持续性时,个人(以及领导先见性等个体层面的变量)确实很重要。本案例为了探索和解释人格和领导力在促进(或阻碍)创新创造和促进相应创新生态系统运行中的作用,研究参考了一些特定个人和公司的"案例"。我们有意提及全球知名的"标志性"人物和公司(不一定来自交通行业),因为我们的大多数读者都熟悉这些人物或他们所关联的公司,所以我们可以在分析和评论时不用过多提到个人或其公司的背景。

 ## 领导者对创新公司成功的影响

IX.2.1 领导风格与苹果公司绩效的高峰和低谷

苹果公司及其领导人的历史很重要,因为它可以比较不同文化背景、性格和领导风格的 CEO 在苹果公司的表现。1983 年，史蒂夫·乔布斯的第一个继任者是约翰·斯卡利。从美国企业传统体系中聘用 CEO 的后果在斯卡利身上得到诠释。具有讽刺意味的是，他被乔布斯雇佣是因为他在百事可乐公司具有成功营销经验。他帮助百事可乐从可口可乐手中获得了可观的市场份额。通常来说，像斯卡利这样的领导者缺乏创业创新者的愿景，也不了解计算机技术的本质。尽管如此，在斯卡利的 10 年任期内，苹果的销售额从每年 8 亿美元增长到每年 80 亿美元（据称是挖掘了乔布斯的创新）。

约翰·斯卡利被认为是 1985 年说服苹果董事会迫使史蒂夫·乔布斯退休的人。这一不幸的决定最终导致了苹果公司一连串"失败"的 CEO，并最终导致了持续数年销售和创新上的不确定下滑，直到 1997 年史蒂夫·乔布斯回归苹果才有所好转。在离开苹果的那段时间里，乔布斯仍然保持着生产力和创新精神。他以 1000 万美元的低廉价格收购并改造了几家公司，比如皮克斯（Pixar），其曾是卢卡斯影业（Lucas Film）的电脑图形部门。皮克斯最终被华特迪士尼（Walt Disney）公司以 74 亿美元的股票收购。

1993 年第三季度，苹果的销售额灾难性地下降了 97%，斯卡利被迫从苹果辞职。当他从苹果系列产品中榨取利润的能力突然消失时，他也只能离开。斯卡利的一些重大决定包括他决定不授权麦金塔操作系统（Macintosh Operating System），他在名为 PowerPC 的处理器上缺乏考虑的赌注，以及他与比尔·盖茨在战略上的无能交易，使得微软在整个 20 世纪 90 年代主导了个人计算机软件行业。他的领导风格是"东海岸企业"文化的化身。传统公司的 CEO 更注重短期利润最大化，而不是创新，他们非常有能力让公司的航船保持直线行驶，直到出现技术中断，需要立即调整航向为止。很多时候，对稳定的渴望压倒了对变化的理解和利用的意愿。尽管斯卡利在百事可乐等传统行业取得了巨大的成功，但是苹果体现了创新和合理的冒险精神，使得他的经历并没有最终转化为苹果的成功。直到这件事发生几十年后，生活经历才让斯卡利理解企业家的领导风格以及解雇史蒂夫·乔布斯带来的后果。

当乔布斯 1997 年回归时，他仍然是一位创新者和未来主义者，但他拥有了更多只能从生活经验中获得的管理经验和成熟。苹果公司当时只有几个月就要破产。该公司在 PC 市场的份额微不足道，只有 3.3%，年亏损超过 110 亿美元，股价跌至每股 14 美元。在乔布斯的领导下，苹果开始蓬勃发展。该公司的收入从 1997 年的 71 亿美元增长到 2010 年的 652 亿美元（Stone, 2011）。1997 年，苹果的市值为 30 亿美元，到 2011 年（乔布斯因癌症去世的那一年），市值约为 3550 亿美元。

乔布斯认识到，由微软和英特尔主导的计算机行业不会顺利地适应个人媒体和通信设备的时代。这些公司在与硬件和零售上的多个合作伙伴保持步调一致的情况下，无法快速采取行动。乔布斯打赌，因为这些公司的利润依赖于对成熟技术体系的维护，他们的创新不会足够迅速或彻底。他也明白，在不断变化和迅速发展的技术行业里，新技术不断颠覆现有的赢家，这让苹果有机会重新洗牌，从中受益。乔布斯总喜欢说他从苹果产品中去掉的东西和添加的东西一样重要。他摒弃了独立的数字键盘、软盘驱动器和两个按钮的计算机鼠标等元素，将简单、技术效率和风格都和谐地融入了苹果产品中。在苹果首席设计师乔纳森·艾夫（Jonathan Ive）的帮助下，乔布斯推出了糖果色、闪闪发光的金属圆角和锥形Wi-Fi基站。前苹果公司设计师、现弹药集团（Ammunition Group）CEO罗伯特·布伦纳（Robert Brunner）表示："乔布斯留下了一项不容低估的遗产，这就是让设计成为一种战略工具"（Stone，2011）。

斯卡利仍然是美国主流企业文化下的继任者难以取代创造革命性公司和相关生态系统的创新者的典范。在过去10年的多次采访中，斯卡利承认，企业领导者的继任者倾向于完全不愿承担风险，专注于渐进式变革和现有产品线，而不是接受不确定性和挑战。斯卡利说："我认为我最大的失败之一是我不明白什么是创始人……我所处的世界就是美国企业界。我们这代人的道路是走出学校，然后为一家公司工作。创始人甚至还活着的想法在任何人的经验中都是不存在的！……在我看来，对于创始人犯错必须有更大的容忍……因为他们在冒很大的风险"（O'Connor，2017）。

斯卡利反思的评论很有预见性，正如我们将在下面看到的，像在苹果公司发生的那样用传统主义者取代创新者的情况，并不是一个例外。

IX.2.2 史蒂夫·乔布斯对苹果成功的贡献

史蒂夫·乔布斯具有独特的个性，他显示出了创造力、好奇心，以及一种不可否认的意愿，即斥责他的员工，"把他们逼入深渊"，以实现技术上的霸主地位。从公众的角度来看，史蒂夫·乔布斯是美国创造力的化身。事实上，史蒂夫·乔布斯的灵魂仍然是苹果创新的核心。他独特的性格和视角促成了设计与功能的完美结合，从而将计算机转变为一种艺术形式。他的远见卓识扩大了全球计算机相关设备的消费市场。

乔布斯接手了施乐（Xerox）公司与个人计算机各个部件相关的大量发明，并将它们连同图形界面整合到一个软件包中，他因此变得有名。施乐及其管理人员对各自独立发明组合的重要性视而不见，这为苹果的成功提供了动力。显然，施乐受到了"视野狭窄"的阻碍，将公司的创新范围限制在复印机上。最终，史蒂夫·乔布斯的先见之明推动了麦金塔革命，而施乐则因为无法"以大局为重"而衰落。一些人辱骂乔布斯只是一个创新的"推客"，而不是一个真正的发明家。毕竟，他既不是工程师，也不是计算机科学家。尽管有这些评论，但我们相信，他会出现在任何一座献给计算机革命领袖的拉什莫尔山上[○]。乔布斯的远见卓识最终将刺激包括人工智能（AI）和自动驾驶汽车在内的广泛领域的创新。值得注意的是，史蒂夫·乔布斯是346项美国专利的共同发明人。

"乔布斯方法"最终使得2007年1月第一款苹果产品iPhone得以发布。他不愿意分享，这导致了关于智能手机的知识产权的激烈法律斗争，最终使苹果与谷歌和三星对立起来。在这场史诗般的战斗中，乔布斯是"死"后的胜利者。2013年10月，乔布斯去世两年后，苹果获得了智能手机的宏观专利。令批评他的人懊恼的是，智能手机的宏观专利被称为"史蒂夫·乔布斯专利"。

蒂姆·库克，史蒂夫·乔布斯的继任者，苹果公司的首席执行官，据说是一个聪明而善良的人，他集工程训练、技术敏锐性和对员工的关怀于一身。他还善于向媒体做演讲和"吹捧"苹果的发明。无论库克的态度如何积极，取得的成就如何，他都不是史蒂夫·乔布斯。他在开发新创新方面能否取得成功仍不确定。历史很可能会把他描绘成一个倾向于谨慎行事的优秀传统企业领导人。

苹果的iPhone系列仍然是苹果取得成功、不断成长和资本积累的基石，而这反过来又要归功于史蒂夫·乔布斯的先见之明、干劲和个人魅力。史蒂夫·乔布斯是个体行动者（他们的个性、远见和领导风格）如何推动公司的成功（或失败）和生态系统的发展的缩影。如果没有乔布斯，硅谷目前的状况对其他科技初创公司和企业家的吸引力很可能会大打折扣。若他在硅谷时间线上缺席，这可能会引发一个硅谷失去技术主导地位的"临界点"。"乔布斯"现象造就了硅谷的神话，帮助吸引企业家和创新者进入这个生态系统，并保持其作为吸引盆的力量。

IX.2.3 微软领导者的例子

比尔·盖茨于2000年退休，随之而来的是史蒂夫·鲍尔默担任微软首席执行官，这造成了与苹果公司类似的后果。微软迎来21世纪的第三个十年，新任CEO萨蒂亚·纳德拉（Satya Nadella）上任后，这些后果将继续给微软带来问题。2000年1月，比尔·盖茨决定将微软领导权移交给史蒂夫·鲍尔默，结果微软实现了季度环比增长和14年以来的高利润。虽然鲍尔默和微软的其他领导层能继续保持微软作为一台赚钱机器的能力，但是他们未能理解和紧跟21世纪最重要的五大技术趋势：智能手机、移动操作系统、媒体、人工智能和云。微软现在正在比尔·盖茨的兼职帮助下玩"追赶"游戏。

微软也未能大幅改进其包括Word、Excel和PowerPoint在内的消费者工具套

○ 雕塑家古松·博格勒姆在南达科他州拉什莫尔山面上雕刻了世界知名的雕塑，展示了四位美国总统（乔治·华盛顿、托马斯·杰斐逊、西奥多·罗斯福和亚伯拉罕·林肯）的巨大头像。

件。2018 年，它们的表现非常像 20 世纪 90 年代生产的产品。现在的问题是，究竟是鲍尔默一个人的责任，还是微软这种典型的垄断企业明显缺乏创新，也就是说，市场的统治地位和高收入流使创新成为次要考虑因素。虽然微软工具通过捆绑销售的方式获得了市场主导地位，但该公司也将许多创新竞争对手置于计算机世界的次级地位，其中就包括直到 20 世纪 90 年代初还被视为 MS – DOS 文字处理的标准的 WordPerfect（最初由杨百翰大学创建）。生态系统是崎岖不平的地方，"适者生存"并不总是等于优胜劣汰。例如，相关专家认为 Corel 的 WordPerfect 具有优于 Word 等微软工具的功能，包括其显示代码的功能，这使消费者能够对文字处理进行细粒度控制。尽管如此，捆绑销售已经让微软的 Word 占据了消费领域的主导地位，而 Corel 的 WordPerfect 却屈居第二，被困在遥远的星系中。

进入 21 世纪，微软拥有超过 95% 的计算机桌面操作系统使用率。值得注意的是，15 年后，全球智能手机出货量为 20 亿部，而微软的操作系统份额仅为 1%……这是一个惊人的失势。

领导者对创新生态系统的成功的影响

现在，我们回到过去研究（从某种意义上来说，也是在比较）美国两个传奇的创新生态系统的发展，波士顿地区 128 号公路走廊生态系统和硅谷生态系统。我们将尝试探索个体领导者的远见卓识如何对这些创新生态系统的成熟和可持续性产生影响。在此过程中，我们对比和比较了关键变量（促成因素和障碍），这些变量是解释这些重要的美国创新生态系统的演变和当前地位的关键变量⊖。

IX. 3.1　波士顿 128 号公路走廊生态系统

波士顿 128 号公路走廊拥有包括以麻省理工学院和哈佛大学为首的 65 所当地大学在内的丰富的技术资源，这对创新生态系统的创建和可持续发展至关重要。该公路走廊有着悠久的创新历史。1972 年，它接待了 1200 多家公司，128 号公路走廊被公认为美国电子创新的领导者。20 世纪下半叶是爆炸性增长的时期，被一些当地政客称为"马萨诸塞州奇迹"。大多数人都不知道，当 128 号公路走廊受到公众赞誉时，它撞上了一座冰山，在水线以下撕开了生态系统的核心！这种伤害最终会威胁到该地区一整套创新生态系统的生存能力。在 128 号公路走廊的创新和经济生产力达到顶峰时，越南战争开始平息，美国赢得了太空竞

⊖ 在案例研究 Ⅶ 中，我们再次讨论了硅谷生态系统与其交通创新潜力的关系。在这里，我们将重新讨论它，同时说明个体领导者和企业家对其成长和成功的重要性。

赛，将第一个人类送上了月球。因此，依赖于军方和 NASA 合同的波士顿 128 号公路走廊生态系统很快就撞到了众所周知的"砖墙"。该地区的航空航天工程师和其他科学家也加入了失业大军，许多著名的航空航天公司凭空蒸发了。

波士顿地区大约有 3 万个与国防相关的工作在 1970～1972 年间结束。由于政府合同急剧减少，依赖国防相关合同的公司被迫勉强维持生计，有的甚至破产。历史记录表明，128 号公路走廊的高科技公司具有很强的适应能力，至少在越南战争结束和太空竞赛胜利造成的合同和就业中断方面是如此。当地公司迅速押注于小型计算机的未来，并向前迈进。"马萨诸塞州奇迹"迅速从政府合同减少导致的失业中恢复过来，并通过小型计算机的革命性创新创造了强劲的市场。这一生态系统层面的决定导致了（与用户站相连的）小型计算机的工程设计的进步，同时减小了计算机技术的尺寸和降低了成本，特别是与 IBM 主导的大型计算机相比。

小型计算机的典型代表是数字设备公司（DEC）在 1964 年推出的 12 位 PDP－8 处理器。它使用离散晶体管制造，成本在 1.6 万美元以上。虽然小型计算机仍然很大，但它们不再像主机那样占据整个房间。到 20 世纪 70 年代，它们被用于制造工艺、电话转接和实验室设备管理。它们还被用来启动计算机辅助设计（CAD）行业和其他需要专用系统的行业。小型计算机开拓了新的市场，并很快被波士顿地区与麻省理工学院有直接或间接联系的当地技术公司所开发利用起来，这其中就包括 Wang、DEC、雷神（Raytheon）和霍尼韦尔（Honeywell）。

在波士顿 128 号公路走廊的故事中，DEC 的创始人肯尼思·奥尔森（Kenneth Olsen）是一个关键的开拓性企业家，他致力于小型计算机的发展。DEC 在 20 世纪 70 年代创造了小型计算机的标准，并间接地在波士顿地区创造了多个衍生产品。肯尼思·奥尔森的商业模式是在 DEC 的公司结构中进行保留和创新，亲密而非开放是其指导原则，就像苹果对专有系统的承诺那样，而非像谷歌的 android 系统那样仍然相对开放。这种商业模式不仅产生了高额的现金，同时导致了公司的整体僵化，最终导致了一系列的失败，这其中就包括销售额的急剧下降（这也归因于四名前 DEC 员工在 20 世纪 60 年代中期创建的新公司 Data General）。

小型计算机迅速变得不如微型计算机流行的一个主要原因在于，后者是用标准的"现成的"用于通用系统软件的微处理器构建的，这个概念被称为"开放系统"。而小型计算机是用制造商自己独特的硬件和软件制造的。相比之下，"开放系统"使用户能够在不同品牌的计算机之间交换软件和数据。意识到这一点，Data General 的首席执行官埃德森·德·卡斯特罗（Edson de Castro）决定基于摩托罗拉（Motorola）生产的用于微处理器的精简指令集计算（RISC）系统来制造 Data General 的下一代计算机，并在基于 UNIX 的操作系统上运行。这就是于 1989 年 4 月推出的 AViiON 系列。由于拥有低成本生产计算机的经验和技术，Data General 在标准计算机系统市场上具有潜在优势。

此外，购买现有的微处理器芯片和操作系统软件许可证将节省公司在这些领域的工程成本。尽管德·卡斯特罗有这样的远见，1988 年 Data General 的董事会还是倾向于关闭工厂和裁员，因为它在不断下滑的小型计算机市场上失去了份额。1989 年，Data General 市场份额下降到全球计算机收入的 0.9%。虽然加大对 AViiOn 生产线的投资可能最终会使 Data General 复苏，但 Data General 的董事会用罗纳德·斯卡特（Ronald Skates）斯取代了德·卡斯特罗。

斯卡特忠于职守，减少了对 AViiOn 的研究投资，并退出了与其他公司的联合开发项目，同时加速了裁员。虽然 Data General 在 1993 年一直保持盈利，但管理层和董事会没有承诺打算通过转向个人计算机领域来创建一个适应性强、可持续发展的公司。Data General 最终被卖给了另一家 128 号公路初创企业 EMC。当 EMC 通过发展云计算业务得以生存下来时，EMC 将 Data General 卖给了康柏（Compaq，一家德州仪器公司），随后在 2002 年，Data General 被卖给了惠普。最终，惠普收购了康柏，从而完成了这个循环。

底线是，当小型计算机进入市场并占领市场份额时，它已经被个人微型计算机和稳步发展的微处理器系统取代。低成本微处理器和廉价且易于部署的局域网的出现导致了小型计算机的衰落。用户还希望摆脱不灵活的小型计算机制造商和其昂贵的 IT 部门或"数据中心"的束缚。其结果是，小型计算机和终端迅速被从 20 世纪 80 年代中期开始大规模出现的网络工作站、文件服务器和个人计算机取代。对个人计算机发展至关重要的是，硅谷英特尔芯片的稳步推出降低了微处理器的成本，极大地增强了个人计算机的性能和多功能性。从一开始，西海岸的公司就在向东海岸的小型计算机巨头开战。

技术发展太快，128 号公路走廊生态系统和大多数领导者无法跟上创新的方向和步伐。那些在失去政府制造小型计算机的国防合同后幸存下来的企业巨头，现在正面临一场它们既无法完全理解也无法与之竞争的技术叛乱的威胁。它们把赌注押在了临时创新上并赚了很多钱；它们并不打算大转弯，接受个人计算机。当地 128 号公路走廊沿线的公司最终向投资个人计算机的公司投降，这突显出 128 号公路走廊无法跟上其他生态系统的步伐，而这些生态系统在跨多个技术领域创新方面有更大的意愿和灵活性。硅谷之所以具有更大的灵活性和适应性，部分原因就在于这些生态系统的个体领导者类型不同。

IX.3.2 波士顿 128 号公路走廊生态系统中的领导角色

正如前面所解释的，128 号公路走廊地区的生态系统主要是由企业家创造的，如数字设备公司（DEC）的肯尼思·奥尔森；Data General 公司的埃德森·德·卡斯特罗、亨利·伯克哈特三世、理查德·索格和赫伯特·里奇曼；Prime Computer 公司的约翰·威廉·波德斯克；王安实验室的王安。他们在 20 世纪 70 年代推动了计算机的第二次海啸，使该行业从大型主机转向小型、便宜的可供小型公司和个人科学家和工程师使用的小型计算机网络。这些创始人具有一致的创新和创业精神，但他们都失败了。

他们致力于一种创新范式（即小型计算机），这被证明是走向拥抱个人计算机的未来的中间步骤。奥尔森在 20 世纪 70 年代的经济衰退中幸存下来，投资于一项创新技术（小型计算机），赚了数十亿美元，但他却面临着一种新技术平台的威胁：个人计算机。技术的发展速度超过了 128 号公路走廊生态系统的领导者所能完全吸收的速度。他们没有听取市场的意见，也没有全面展望未来，而是选择在小型计算机上加倍下注。奥尔森显然赞同这种观点，"如果没有坏，就不要修理它"。奥尔森为什么没有完全理解硅谷发生的革命，这仍然是一个没有答案的问题。他的 DEC 成长为世界第二大计算机公司，拥有超过 10 万名员工，最高营业额达 140 亿美元。1986 年，《财富》杂志的封面故事称奥尔森"可以说是美国商业史上最成功的企业家"。

然而，到了 20 世纪 80 年代末，小型计算机行业陷入了混乱。市场转向了微型计算机，如 1981 年推出的 IBM 个人计算机，而 DEC、Data General、Prime Computer 和 Wang 等公司被锁定在制造计算机系统上，而这些计算机系统在性能和价格上无法与这些使用比 DEC 工作站更便宜、更强大芯片的新设备相匹配。这些公司对小型计算机的认知（或范式[⊖]）承诺是对军事合同急剧下降的创造性回应，这显然阻止了这些创始人，尤其是它们的董事会准确地解读计算机技术的未来。它们把资本押在了计算机发展的中间阶段，而不是押在会持续更长时间的技术，也就是个人计算机上。

当 DEC 在 1974 年推出两台微型计算机（个人计算机）时，奥尔森决定不再继续这个项目。在历史的这一点上，微型计算机的功能有限，奥尔森在 1977 年对这项技术进行了著名的嘲笑，他说"任何人都没有理由在家里拥有一台计算机"（Mikkelson，2007），虽然奥尔森后来声称他并不是反对微型计算机，而是反对计算机最终将控制家庭生活的所有方面的观点，但他不愿意采取能使 DEC 能够在迅速发展的微型计算机领域与 IBM 有效竞争的措施，这表明了他对这种笼罩整个计算机行业的革命性技术完全视而不见。即使奥尔森的话被误解了，他真正的意思是不需要计算机来控制家庭生活的方方面面，他的观点也与那些致力于万物互联（IoE）范式的人的想法不一致。显然，奥尔森不是一个一流的未来主义者。

当一个生态系统的领导者致力于错误的创新路线时，它可能会产生持续数十年的系统性影响。128 号公路走廊培养出的技术领袖都是在企业传统的文化熏陶[⊖]下

⊖ 正如我们之前所解释的，范式是由信念组成的，它对哪些技术方向是有意义的进行了限制，并确定了关键的研究投资重点。

⊖ 文化熏陶是指人们学习周围文化的动态并获得适合或必要的文化和世界观的价值和规范的过程。另见：Grusec and Hastings（2007）。

成长起来的，在20世纪末，这种企业在风险和创新方面的做法总体上更加保守和官僚。部分问题在于，许多人都毕业于麻省理工学院，这是一个高度创新的机构，但比硅谷更加年轻且积极倡导创业精神的斯坦福大学、加州大学伯克利分校和加州理工学院更传统，更缺乏创业精神。最终，这些加州机构将在许多关键技术学科上超越这所长期受人尊敬的大学。

如今，硅谷很少雇佣麻省理工学院（MIT）或常春藤盟校（Ivy League）的毕业生。大多数学生来自加州大学伯克利分校、斯坦福大学、圣克拉拉学院和圣何塞州立大学。在硅谷工程师的来源方面，即使是卡内基梅隆大学也超过了麻省理工学院。硅谷总是与敢于冒险、愿意规避现有技术体制的"反传统者"联系在一起。此外，许多硅谷的技术领袖（来自西部和中西部）对许多东部高科技公司的等级制度有一种发自内心的反感。

尽管发生了一系列重大失误，波士顿地区及其128号公路走廊生态系统今天仍然是创新的重要来源，特别是在生物技术和绿色技术领域。然而，它缺乏利益和创新的多样性，也缺乏硅谷特有的领导力和人力资源的流动性。因此，美国科学和创新的历史中心——波士顿128号公路走廊生态系统已经输给了"新手"硅谷，后者在20世纪的大部分时间里基本上都是开放的农村区域。事实上，纽约地区的生态系统对硅谷的威胁似乎比波士顿地区的生态系统更大。

在评估128号公路走廊和整个波士顿地区其他地区的历史和命运时，很明显，个人的创业领导力和领导力的远见卓识是关键的变量，这与侧重于机构、偶然性、资源、流动性、结构化和生态系统网络整合和密度的解释是一样的。128号公路走廊生态系统的学术机构提供的专业知识和那里的高科技私营基础设施构成了关键的吸引力，建立了一个强大的"吸引盆"，曾经一度吸引了麻省理工学院创新者和其他地方的公司，尤其是国际上的公司。

尽管128号公路走廊生态系统有许多优势，但其领导者缺乏快速预测或适应不断变化的创新环境的能力，尤其是那些时间间隔很近的创新环境。重申一下，一个重要的障碍是128号公路走廊生态系统中的"核心吸引力"未能吸引"锚定"公司，未能正确预见计算机的未来，未能对个人计算机等新技术进行充分投资。人格属性和领导风格经常与其他生态系统的吸引因素（或障碍）相互作用，因此，没有任何来自商业界、学术界或政府的个人或团体可以被归为生态系统衰退的单一原因。然而，正是个人领导素质和集体因素的相互作用，包括人力资源的可用性、文化适应过程、整个生态系统的决策、愿景，以及可能最重要的偶然性与适应性的相互作用，使一个成功的创新生态系统蓬勃发展或衰退。

IX.3.3 硅谷"领导者"及其影响

正如案例研究Ⅶ中所描述的那样，硅谷的创新生态系统从圣何塞和圣克拉拉谷开始，延伸到旧金山北部35mile处，并横跨海湾到达了加州的奥克兰。就像

158 号公路创新生态系统一样，如果不考虑创新领导者和企业家个人的关键作用以及他们的信仰体系和领导风格，就很难想象硅谷的发展。要理解现代硅谷生态系统的发展，首先必须对创造硅谷的领导人进行简要的历史考察。

其中一位重要的创始人是弗雷德里克·特曼教授（Fredrick Terman，1924 年毕业于麻省理工学院电气工程专业），他于 1925 年回到斯坦福大学，明确了在加州创建技术创新中心的目标。直到 1940 年，特曼一直从事教学和研究，并成为电子和雷达技术的全国领导者。特曼很早就相信"创业"技术的重要性。他赞助了惠普公司，该公司在第二次世界大战结束时获得了 75 万美元的国防合同，到 1948 年时已有 148 名员工。经过随后几代人的重新发明创造，惠普在 21 世纪成为个人计算机领域的领导者。

特曼不仅赞助了惠普公司，而且还负责了利顿工程实验室和瓦里安联合公司（Kenney，2000）的建立。他在斯坦福大学附近创建了一批战前技术公司。目前，美国许多大学都在效仿特曼的工业园区模式，建立与大学相连的工业园区以利用与工业合作的优势。欧洲、以色列和中国也采用了特曼创立的基本工业园区模式。这个模式和特曼对它的贡献可以追溯到他职业生涯的以下阶段以及他在每个阶段的相应举措：

1）在第二次世界大战期间，特曼被调到哈佛大学，在那里他的任务是研究雷达干扰和防空技术，从而转移了他发展西海岸高科技中心的精力。战争结束后，他回到斯坦福大学，目标是通过招聘"最好和最聪明的"教授和研究生，将他的斯坦福大学电气工程系变成全国最好的系之一。特曼是一位优秀的科学家，也是一位有远见的人。他将强烈的企业家精神与贪得无厌的加州助推主义相结合。他致力于建立一个综合技术"空间"，能够与东海岸的传统创新领导者和生态系统竞争。他明白，一个世界级的"锚点"大学对加州圣克拉拉谷发展成为创新技术的持续"发电机"至关重要。

2）到 1950 年，特曼开始实现他的愿景。他的前进之路始于在斯坦福大学附近建立一个"技术学者社区"以加强大学在支持科技产业方面的作用。斯坦福大学正在培养和哈佛大学一样多的工程学博士[⊖]。这一新兴网络将促进学生和专业研究人员的交流，从而在整个区域建立和传播技术公司。

3）1951 年，特曼成为斯坦福大学电气工程学院的院长。他利用自己在东海岸的经验，从朝鲜战争和正在升温的美苏太空竞赛中获得了国防合同。他支持科技公司、斯坦福大学、研究生、企业家和衍生产品之间的合作，这其中许多公司是由斯坦福大学毕业生创建的。他的开放、互联和合作的原则成为硅谷文化的一部分。他创立了斯坦福研究所（为西海岸的国防研究公司而建），并建立了荣誉合作计划，让斯坦福校园的企业工程师在太空研究所的教室里完成研究生课程。

⊖ 直到 20 世纪 70 年代，加州大学伯克利分校才比斯坦福大学培养出了更多的工程博士。

4）到1961年，有400名工程师参加了与斯坦福大学的合作项目。斯坦福大学招收企业工程师的协同效应提高了该大学的声誉，而在斯坦福大学学习课程的工程师则增强了他们所在公司的知识基础。荣誉合作项目吸引了政府客户，他们开始将斯坦福大学和圣克拉拉谷视为波士顿大学和公司的可行选择。对于一个曾经是开放农田的地区来说，这是向前迈出的重要一步。

特曼的性格、领导力、精力和毅力为硅谷生态系统的第一波发展奠定了基础。他在推动斯坦福大学和圣克拉拉谷成为创新中心方面发挥了独特作用，这也说明了个人能够在整个系统中发挥动态力量，就如同将一块扁平的石头投在水上一样。就像石头在水面上跳跃一样，在每个接触点都会产生涟漪，最终这些涟漪会融合在一起，覆盖整个池塘，因此，特曼的行为跳过了硅谷的岩石，并以创新盆地的形式引起了一系列"涟漪"，最终创造了世界领先的创新生态系统。

虽然特曼为硅谷建立了组织模式，但同样毕业于麻省理工学院的威廉·肖克利（William Shockley）推动的新兴半导体行业为第二波集成电路发展创造了动力，最终奠定了现代硅谷生态系统的基础。晶体管[⊖]的发明者之一威廉·肖克利在美国电话电报公司贝尔公司（AT&T Bell）工作了几十年。1955年，他因为没有得到晋升而跳槽到贝克曼仪器公司（西海岸），1954年，他与雷神公司一起创办了一家晶体管初创公司，但没有成功。特曼把肖克利吸引到帕洛阿尔托，在贝克曼仪器公司的资助下，他在1955年创立了位于斯坦福大学土地上的肖克利晶体管公司。这个项目的目的是批量生产先进的晶体管和所谓的肖克利二极管。肖克利在贝尔实验室的同事们拒绝跟随他去西部，可能是因为他们知道和他一起工作有多么困难！

通过贝克曼仪器公司提供的资金，肖克利开始招募从先进材料到化学再到集成电路物理学的各种科学领域中最优秀和最聪明的人。有关肖克利招募的8名关键员工的信息（表CSIX–1）不仅有助于读者间接了解他的选择标准，还有助于读者跟上故事的其余部分。

表CSIX-1　肖克利招募的8名关键员工的信息

姓名	教育背景	原籍大学	（在肖克利雇佣他们时的）工作经历
朱利叶斯·布兰克（Julius Blank）	机械工程学士	纽约城市学院	巴布科克（Babcock）和威尔库克斯（Wilcox）
维克多·格里尼奇（Victor Grinich）	电子工程师，博士	斯坦福大学	SRI 国际（SRI International）

⊖　1956年，肖克利与他在贝尔实验室的同事约翰·巴丁和沃尔特·豪瑟·布拉顿一起获得了诺贝尔奖。

（续）

姓名	教育背景	原籍大学	（在肖克利雇佣他们时的）工作经历
琼·赫尔尼 （Jean Hoerni）	物理学家	日内瓦大学和剑桥大学	加州理工学院（Caltech）
尤金·克莱纳 （Eugene Kleiner）	机械工程师，文学硕士	纽约大学	西部电气（Western Electric）
杰·拉斯特 （Jay Last）	物理学家，博士	麻省理工学院	没有实践经验
戈登·摩尔 （Gordon Moore）	物理化学家，博士	加州理工学院	约翰霍普金斯大学（Johns Hopkins）
罗伯特·诺伊斯 （Robert Noyce）	物理学家，博士	麻省理工学院	飞歌（Philco）
谢尔登·罗伯茨 （Sheldon Roberts）	冶金家，博士	麻省理工学院	海军研究中心（Naval Research Center）和陶氏化学（Dow Chemical）

整个 1956 年，新实验室的大多数成员都在组装、调试研究和生产设备，而"纯科学家"赫尔尼和诺伊斯则负责进行应用研究。肖克利以他的领导风格为特点，拒绝雇佣技术人员，认为他的科学家应该能够处理所有的技术过程。他们将重点放在对肖克利二极管进行微调以适应大规模生产上，而由诺伊斯领导的五名员工继续为贝克曼仪器公司研究场效应晶体管。肖克利拒绝研究双极晶体管，而倾向于他的二极管，这后来被证明是一个严重的错误。因为肖克利二极管的工作花费了太多的精力和时间，但这些器件在进入市场时已经过时了！

在集成电路市场，要求技术在相对较短的时间内进入市场以跟上创新的步伐。任何延误都会使竞争性技术超越那些交货时间较长的技术。到 1956 年，由于肖克利专制的管理风格和他拒绝研究双极晶体管而倾向于自己的二极管这一做法，人事关系也到达了一个危险期。曾经尊敬肖克利的年轻科学家们并始对他产生了明显的负面看法。有人说，肖克利运气好的时候不过是个"自大狂"，运气不好的时候则是个"小独裁者"。由于肖克利的专制风格，队伍中的分歧开始爆发。1957 年 3 月，肖克利的忠实追随者尤金·克莱纳（Eugene Kleiner）请求肖克利允许他去洛杉矶参加一个展览。事实上，克莱纳秘密飞往纽约为一家新公司寻求融资。他得到了布兰克、格里尼奇、拉斯特、罗伯茨、赫尔尼和摩尔的支持。在多次失败后，谢尔曼·费尔柴尔德（Sherman Fairchild）同意资助新公司，并命名为仙童半导体。

1957 年 9 月 18 日，布兰克、格里尼奇、克莱纳、拉斯特、摩尔、诺伊斯、罗伯茨和赫尔尼从肖克利晶体管公司和肖克利实验室辞职。罗伯特·诺伊斯被任命为新公司仙童半导体公司的总经理。新公司在罗伯特·诺伊斯的领导下取得了成功。在仙童半导体公司工作的前几年，无疑是罗伯特·诺伊斯一生中智力最旺盛的时期。他的创新为集成电路革命打下了基础。在他的 17 项专利中，有 7 项是在公司成立 18 个月后获得的，这其中就包括他最重要的集成电路。诺伊斯是个不同寻常的老板，据他的员工说，他鼓励轻松的氛围，倾听员工的意见，了解员工个人生活的许多细节。他的领导风格与东方企业领导人形成鲜明对比，东方企业领导人通常与员工之间隔着多层官僚机构。

该小组立即制定了明确的目标，即利用贝尔实验室和肖克利实验室的研究成果，为数字设备生产硅晶体管阵列。摩尔、赫尔尼和拉斯特分别领导了三个团队，研究了三种替代技术。摩尔技术提高了可操作 n-p-n 晶体管$^{\ominus}$的产量，并将此晶体管于 1958 年 7 月至 9 月投入批量生产。赫尔尼的 p-n-p 晶体管的发布则被推迟到 1959 年初。这在仙童半导体公司造成了摩尔和赫尔尼的冲突：摩尔忽视了赫尔尼的贡献，而赫尔尼认为他的工作受到了不公平的对待。摩尔晶体管使仙童半导体公司成为该领域的领导者，并在数年时间里击败了所有竞争对手。在 1960 年至 1965 年期间，仙童在技术和销售方面成为半导体市场无可争议的领导者。到 1968 年，该公司拥有了 1 万名员工，占据集成电路市场 80% 的份额。1965 年初，有迹象开始表明该公司出现了管理方面的问题。1965 年 11 月，集成运算放大器的创造者鲍勃·怀尔德（Bob Wilder）和大卫·塔尔伯特（David Talbert）离开该公司，来到美国国家半导体公司（National Semiconductor）。1967 年 2 月，五名不同意诺伊斯愿景的高级经理紧随其后。1968 年 3 月，摩尔和诺伊斯决定离开仙童半导体公司，向亚瑟·洛克（Arthur Rock）寻求新的半导体公司的融资。1968 年夏天，他们成立了 NM 电子公司。最终，布兰克、格里尼奇、克莱纳、拉斯特、赫尔尼和罗伯茨将过去的分歧放在了一边，投资了摩尔和诺伊斯的公司。NM 电子改名为英特尔（Intel）。

英特尔第一个赚钱的产品是 1969 年 5 月推出的 64 位静态随机存取存储器（SRAM）芯片。英特尔公司于 1971 年制造了世界上第一个单芯片微处理器。正是创新使该公司成为无可争议的市场领导者，有人称该公司为 20 世纪最重要的发明之一。摩尔定律$^{\ominus}$的发明者摩尔在 1997 年被任命为英特尔公司名誉主席之前，一直担任英特尔公司的高级职位。诺伊斯于 1987 年离开英特尔，开始领导非营利财团 Sematech$^{\ominus}$。2018 年，英特尔仍然是世界上最大、最有价值的半导体芯片制造商，它在全球拥有 105000 名员工，全球年收入约为 500 亿美元，且其全球市场份额已经稳定了一段时间，约为 15%。该公司是硅谷生态系统的支柱公司，长期以来在吸引高科技公司到该地区发展方面发挥着重要作用。该公司有

㊀ 还有 p-n-p 型。

㊁ 1965 年的观察表明，集成电路中的晶体管数量大约每两年翻一番。

㊂ 他于 1990 年突然去世，是肖克利八名新成员中第一个去世的。

着不断创新的文化精神，并持续创新，它在包括交通运输在内的各种先进技术领域都是重要的参与者。

英特尔正在大力投资自动化和互联交通技术。2017 年，在 CEO 布莱恩·科兹安尼克（Brian Kranich）的领导下，英特尔收购了以色列公司 Mobileye，这是一家在计算机视觉、机器学习、数据分析、本地化、高级驾驶辅助系统和自动驾驶地图开发方面的全球领导者公司⊖。英特尔是企业适应快速变化的环境并保持技术领先地位的极好例子。公司能够在多代技术中蓬勃发展的能力在某种程度上是由生态系统创始人建立的初始条件（文化）决定的。然而，另一个对英特尔地位的破坏性威胁即将出现，即资金充裕的苹果，其现在正致力于成为半导体设计和生产的领导者。苹果最新的仿生芯片 A11 中包含一个用于人工智能工作负载的神经引擎（Hurska，2017）。问题在于英特尔能否用新的创新击退苹果的威胁。如果苹果想要成功地从英特尔手中夺取市场份额，那么蒂姆·库克将不得不证明自己作为创新者和企业家的勇气已经达到了史蒂夫·乔布斯的水平。

许多支持创新生态系统解释模型的人会认为，像特曼这样的个体只是系统中可替代的部分，也就是说如果特曼不存在，在某个时候系统就会创造出像他这样的人（Kenney，2000）。这种观点让人想起了著名的说法：普莱库就像有轨电车⊜（也就是说，如果特曼失败了，另一个领导者将会出现，并推动硅谷崛起）。因此，重要的不是赶上有轨电车，而是有一个能让通勤者有多种机会上车的系统。从这个角度来看，系统或环境对创新生态系统的建立远比任何个人的存在或出现更重要。换句话说，根据这一"理论"，硅谷的创建是预先确定的。

在许多情况下，如探索生态系统中的特定整合水平如何有助于增强可持续性和复原力时，忽略个体主体的作用而重视系统变量（如制度结构和整合的水平和密度）是合适的。然而，我们认为，在探索创新生态系统的创建和发展时，忽视个体主体在创新生态系统发展中的作用是不明智的。引入相对较少的有新想法的个人可以发展或改变一个创新生态系统，特别是如果这些个人（或企业家）有预测未来的直觉能力。为了使我们的论点更容易理解，我们可以再次使用生物生态系统中的一个例子：最近，缅甸蟒蛇（一种非本地物种）被引入佛罗里达大沼泽地，几乎消灭了浣熊、狐狸和其他小型哺乳动物，这些动物曾经在被称为南佛罗里达草河的地区繁荣发展，并且威胁着整个南佛罗里达的生物生态系统。正

⊖　见 https://newsroom. intel. com/news-releases/intel-mobileye-acquisition/ （2018 年 6 月可访问）。

⊜　这是约翰逊总统的国家安全顾问麦克乔治·邦迪（McGeorge Bundy）在越南战争白热化期间对一名记者发表的评论，他讽刺地评论了在南越普莱库（Pleiku）发生的一起事件，在那里，几名美国军人被北越军队杀害。他的评论是："Pleikus"就像有轨电车。他的意思是，如果你错过了一辆有轨电车，另一辆很快就会出现，换句话说，如果你错过了一个可以作为借口的机会，另一个机会很快就会（从一个系统中）出现。当然，他指的是为大规模轰炸提供必要借口的机会。

如引入少数非本地捕食者可以改变整个生物生态系统一样，同样具有颠覆性的人类个体创新者也会影响创新生态系统的建立和成熟。

IX.4　个人领导者的其他例子

交通创新生态系统在创业过程中或无意中，通过埃隆·马斯克（Elon Musk）、伊恩·赖特（Ian Wright）、玛丽·巴拉（Marry Barra）等标志性领导者建立的企业训练营，不断培养出了新一代的领导者。马斯克雇佣的许多联合创始人、经理和科学家在完成培训后都离开了公司，成立了自己的运输公司。特斯拉联合创始人伊恩·赖特现在在旧金山东湾地区拥有一家公司，该公司致力于将货车改装为混合动力汽车。另一位联合创始人马丁·埃伯哈德（Martin Eberhard）于2017年离职，创建了自己的电动汽车初创公司 InEVit。2017年，前 SpaceX 工程师布拉姆·布罗根（Bram Brogan）创建了 Arrivo 公司，该公司正在与丹佛地区当局合作，为丹佛开发一版超级高铁（Langridge 和 Betters，2017）。当我们把这些特斯拉的"毕业生"加入到那些领导着大型高科技公司和新重组的汽车公司的人（这些人在交通运输领域占有重要地位，与硅谷和其他创新生态系统有着重要联系）之中时，我们将很难忽视交通创新革命的必然性。

在各种成熟的公司和初创企业中，都有许多新晋的创新者担任关键职位。这些领导者已经在预测和构建交通运输的未来方面发挥了重要作用。以下是这些新领导者的指示性清单（大部分参考美国的创新生态系统）：

1）谷歌的桑达尔·皮查伊（Sundar Pichai）：桑达尔·皮查伊的角色从未偏离谷歌的未来，他是将人工智能技术应用于廉价 iPhone 生产的专家。谷歌似乎吸取了苹果和微软的教训，聘请了一位兼具创新者素质和优秀管理者技能的 CEO。2017年10月，皮查伊宣布了公司的重大概念转变，从"移动优先"转向"人工智能优先"，该公司将重点牢牢放在机器学习上，开发了语音识别产品，如 Google Home，这是一款智能音箱，可以响应播放音乐或控制照明的口头请求，还有越来越多的视觉识别功能。谷歌若想一直是交通革命性创新领域的主要参与者，那么这种对人工智能的承诺对于它来说就非常重要，因为人工智能是自动驾驶和互联网汽车的未来。

2）通用汽车（GM）的玛丽·巴拉（Mary Barra）：随着 CEO 玛丽·巴拉的加盟，通用汽车迎来了一个重要的转折点。与她的许多前任领导者不同，她并没有在认知上"被束缚"在内燃机的未来上，她似乎理解交通革命现在和未来的本质。关于通用汽车最近在电动汽车和自动驾驶汽车领域的承诺，文章和新闻报道总是会提到其 CEO 玛丽·巴拉，尤其是她在花费5.81亿美元收购自动驾驶公司 Cruise Automation、通用汽车公司向叫车服务公司 Lyft 投资5亿美元这两件事中的作用。然而，这家中坚传统公司的企业文化是否会因为领导层更迭和收购一家创新型运输初创企业而被颠覆，还有待观察。通用汽车的传统文化是否会改变 Cruise，或者 Cruise 和新的领导层是否会改变通用汽车的文化，这仍是一个问题。

3）IBM 的罗睿兰（Ginni Rometty）：谈到 IBM 人工智能平台沃森（Watson）的未来，总要提到它的 CEO 罗睿兰。毕竟，她将 IBM 的人工智能平台沃森嵌入到了医疗、金融、交通和零售等多个行业。例如，铁路公司利用沃森的专有数据和气象公司（Weather Company，IBM 的一家公司）对路线进行预测、跟踪并做出真正的决定，以使铁路旅行更加安全。沃森还为 Olli 提供了平台，Olli 是一款可搭载 12 名乘客的自动驾驶电动汽车，其由亚利桑那州的初创公司 Local Motors 设计，该公司也采用了 3D 技术来降低生产成本。IBM 的 CEO 罗睿兰就是一个例子，其诠释了如何在成熟公司招募具有企业家性格的人来推动创新。

IX.5　结束语——经验教训

红杉资本（Sequoia Capital）创始人、风险投资家唐纳德·瓦伦丁（Donald Valentine）对这个案例的总结或许是最好的，他说："太多人认为（创新）环境的关键在于资金。对我来说，环境的关键在于个体企业家。"个人在造成组织行为的重大差异中的作用和用于创新和占领市场份额的内在能力至关重要。当创业型或有远见的领导力过渡到以传统为导向的（官僚主义）领导力时，就会出现明显的拐点。这种拐点的后果通常不会立即显现出来，因为曾经创新的公司会继续依靠过去几十年的创新成果生存下去。现金流经常被认为是过去决策的结果；它很少是未来创新或可持续性的准确预测或领先指标。

重要的问题是，企业及其领导人是否正确地预测了未来，是否把资本押在了有"腿"的创新上。波士顿地区 128 号公路走廊和硅谷的案例说明了个体层面的特征与创新生态系统的可持续性之间的联系。很明显，DEC 的 CEO 肯尼斯·奥尔森（Kenneth Olsen）等许多技术创新者的局限视野限制了公司和整个波士顿地区生态系统正确预测计算机创新性质和方向的能力。奥尔森和 DEC 以及波士顿的其他主要公司未能预见到革命性的想法和创新，也没有投入足够的资源。最终，他们缺乏先见之明，削弱了波士顿 128 号公路走廊生态系统相对于硅谷的地位。相比之下，弗雷德里克·特曼（Fredrick Terman）的远见卓识和积极支持，对斯坦福大学成为整个硅谷创新生态系统的萌芽者至关重要。事实上，特曼被证明是该地区技术上的"撒播希望种子的约翰尼"⊖。

⊖　撒播希望种子的约翰尼（Johnny Appleseed）是一位美国民间英雄，他的原型是一位边疆苗圃工人。这个故事说的是，这个善良的人环游美国，除了身上的衣服和头上的锅子，两手都是苹果籽。他把苹果种子撒到每一个地方，这样苹果树就会在他身后生长，结出苹果供所有人食用。这个民间角色是基于真实的约翰·查普曼（1774～1845 年），他在整个美国中西部建立了果园。

威廉·肖克利（William Shockley）的作用也必须得到强调。他搬到西部，在斯坦福大学建立了晶体管实验室，并从全国各地招募了一批顶尖科学家和工程师，为后来集成电路领域的开创性创新奠定了基础。肖克利的人格障碍导致了一场哗变，进而导致了知识性人才在硅谷的传播，并在先进集成电路的使用和生产方面取得了重大进展。威廉·肖克利的逆向投资促成了仙童半导体公司的创立。仙童创始人之间的争执最终导致了公司的分崩离析，并最终造就了进行开创性发明并保持技术领先地位的英特尔（Intel）。

英特尔传奇的一代创新为该公司成为先进集成电路生产领域持久的全球领导者提供了必要的基础。具有讽刺意味的是，分歧和冲突似乎是生态系统发展的强大推动力，并极大地促进了硅谷生态系统的吸引盆的力量。英特尔仍然是硅谷大公司和初创企业的主要吸引力。如果没有肖克利，英特尔和硅谷的发展可能都不会出现。

波士顿128号公路走廊上的个人和西迁到新生的硅谷的科学家们的行动和愿景都产生了矛盾的结果。以波士顿为例，受限的想象力和狭隘的视野最终减缓了该地区的发展，并威胁到其在创新领域的地位。在硅谷，个性间的冲突、激烈竞争性和创新性的人格，加上功能失调的领导，反直觉地推动着创新向前发展，直到转折点的出现，使得硅谷集成电路产业得到了爆炸性的发展。集成电路行业仍是包括自动化和互联网汽车以及人工智能在内的各个领域创新的核心。

史蒂夫·乔布斯（Steve Jobs）与约翰·斯库利（John Scully）之间的差异、比尔·盖茨（Bill Gates）与史蒂夫·鲍尔默（Steve Ballmer）之间的差异，都说明了个人在促进创新和限制创新方面的重要性，同时也诠释了什么是从企业家领导力向传统领导力过渡的陷阱。史蒂夫·乔布斯的突然离职和比尔·盖茨的退休最终被证明对两家公司的生存构成了威胁。公司目前的股票价值和资本化程度似乎是用于衡量未来业绩的一个差劲的指标。

这一案例研究提供了切实的证据，证明了个性、愿景和领导力（所有个体层面的变量）等因素对技术革命的创造和可持续性非常重要，同时它们也是创建可持续创新生态系统的关键。与此同时，很明显，对创新的未来进行错误的"押注"可能会导致领导层（甚至整个生态系统）陷入众所周知的错误"虫洞"，在这个"虫洞"中，未来完全脱离了地球上最终的技术和市场视野。

交通运输的未来充满了不确定性，比如一个"迫在眉睫的问题"，即驾驶人是否会完全放心地将汽车的控制权交给一台配备了轮子和激光雷达传感器的华丽计算机。如果不大规模地达到这个舒适区，大批企业家的愿望和投资就会化为乌有。此外，美国的汽车文化是建立在增强个人自主权和能力的基础上的。随着自动驾驶汽车的出现，这种文化会突然消失吗？很有可能有关汽车的争论将采取与美国枪支争论相似的处理方式，如果消费者喜欢驾驶自己的汽车，那么支持自动驾驶汽车的论点可能会被置若罔闻。

另一个问题是，硅谷领先的创新者是否正确地押注了锂离子电池在汽车和住宅上的作用。在美国和其他国家，人们对锂离子千兆级制造设施押下了巨额赌注。锂离子电池的未来面临的威胁是，正在开发的新材料和相关的电池创新可能会超越锂离子电池。其中包括加州大学欧文分校（University of California at Irvine）的高效纳米线型电池，利用空气中的氧气填充电池阴极的铝空气电池（其只需一次充电就能行驶超过 1000mile），充放电速度是锂电池 33 倍的石墨烯电池等（Langridge 和 Edwards，2018）。可以想象，那些投资于锂离子技术的人犯了一个错误，就像 DEC 的 CEO 肯尼斯·奥尔森（Kenneth Olsen）在小型计算机上所犯的错误一样，小型计算机被证明是走向个人计算机的过渡步骤。

或许，我们从中可以学到的教训是，技术多样性对个体企业家和创新生态系统来说都是一种有效的保险形式。

参考文献

Grusec, J. E., Hastings, P. D., 2007. Handbook of Socialization: Theory and Research. New York, NY, Guilford Press.

Hurska, J., 2017. Apple is quietly designing and building its own silicon empire. ExtremeTech. September 19. Available from: https://www. extremetech. com/mobile/256730-apple-quietly-designing-building-silicon-empire(Accessed June 2018).

Kenney, M. (Ed.), 2000. Understanding Silicon Valley: The Anatomy of an Entrepreneurial Region. Stanford University Press, Stanford, CA.

Langridge, M., Betters, E., 2017. What is Hyperloop? The 700 mph subsonic train explained. Pocket-Lint. October 13. Available from: https://www. pocket-lint. com/gadgets/news/132405-what-is-hyperloop-subsonic-hyperloop-train-technology-explained(Accessed May 2018).

Langridge, M., Edwards, L., 2018. Future Batteries, coming soon: charge in seconds, last months and power over the air. Pocket-Lint. February 21. Available from: https://www. pocket-lint. com/gadgets/news/130380-future-batteries-coming-soon-charge-in-seconds-last-months-and-power-over-the-air (Accessed July 2018).

Mikkelson, D., 2007. Did Digital founder Ken Olsen say there was no reason for any individual to have a computer in his home. Snopes. September 27th. Available from: https://www. snopes. com/fact-check/ken-olsen/ [(Accessed June 2018)].

O'Connor, C., 2017. Four business lessons from former Apple CEO John Sculley, Steve Jobs' Mentor. Forbes. October 2. Available from: https://www. forbes. com/sites/clareoconnor/2017/10/02/four-business-lessons-from-former-apple-ceo-john-sculley-steve-jobs-mentor/#6c2f01b44808(Accessed June 2018).

Stone, B., 2011. Steve Jobs: The Return, 1997 – 2011. Bloomberg. October 6th. Available from: https://www. bloomberg. com/news/articles/2011 – 10 –06/steve-jobs-the-return –1997 –2011(Accessed June 2018).

延伸阅读

Steve, B.S., 2016. Steve Job's worst decision was promoting Tim Cook. Quartz. November 2. Available from: https://qz. com/819739/why-tim-cook-is-steve-ballmer-and-why-he-still-has-his-job-at-apple/(Accessed June 2018).

案例研究 X

美国、欧盟、中国和日本——公共和私营部门投资在电动汽车、自动驾驶汽车和人工智能创新中的作用

本案例研究旨在提供电动汽车、自动驾驶汽车和人工智能领域的公共和私营部门投资趋势的整体战略观点。本研究只关心总的趋势和政策，并不试图深入分析所审查国家的现行经济或技术状况。

电动汽车

根据美国国家科学技术研究所（SSTI，2018）的数据，在美国，私营部门既是 RTD 的最大支出者，也是 RTD 的最大执行者。在运输部门，随着美国联邦政府在直接前期 RTD 投资中的作用在 2009～2010 年期间和之后的缩减[⊖]，电动汽车的私人投资开始回升。传统汽车制造商和高科技公司之间的投资竞争预示着美国未来的交通创新生态系统，其特征将是竞争动态和明确的赢家和输家的可能性。虽然汽车制造商通常缺乏高科技公司拥有的现有投资资金，但它们确实有一个优势，即它们已经制造了几十年的汽车，而高科技公司在汽车制造方面的经验很少。因此，特斯拉未能实现 2017～2018 年的所有制造目标也就不足为奇了，而谷歌和苹果等公司则选择远离汽车制造业务，转而销售给原始设备制造商（OEM）的操作系统。

福特宣布将在电动汽车上的投资增加一倍以上，这是美国汽车制造商私营部门承诺的一部分，到 2017 年底，其已达到 900 亿美元，而且还在增长。福特的预计投资是之前承诺的两倍多（Leinart，2018）。不幸的是，当福特试图大胆地走向未来时，公司的价值正在稳步下降。2017 年，美国汽车制造商对电动汽车（不包括电池）的投资至少为 190 亿美元。总体而言，自 2013 年以来，我们看到大量私人资金流入电动交通和电动汽车领域。2018 年，在美国每年销售的 9000

⊖ 在此期间，《美国复苏与投资法案》为这一领域提供了大量公共资金。

多万辆汽车中，电动汽车只占不到1%。然而，到2030年，它有可能达到新车销量的15%~20%（Leinart，2018）。

在欧盟，直接用于电动汽车技术RTD和创新的私人资金也很大，而且主要来自汽车制造业。据估计，仅在德国，电动汽车的私人投资就高达520亿美元。德国戴姆勒－奔驰投资117亿美元，推出10款纯电动汽车和40款混合动力车型。但欧洲最大的私人投资者是大众汽车（Volkswagen）。该公司计划在2030年前投资400亿美元，生产旗下300多款车型的电动版。

在中国，正如第4章已经提到的，政府最近对电动汽车生产实施了不断升级的直接补贴（以及对内燃机汽车生产的负面激励），但这些都是为了吸引私营部门在这一领域投入更多资金，而不是由政府基金承担相当大一部分必要的投资。因此，在过去几年中观察到的一个有趣的趋势，即外国（主要是美国和欧洲国家）汽车制造商正在瞄准中国，在生产电动汽车方面进行许多投资[⊖]。根据中国法律，其他国家的主要电动汽车公司必须与中国本土公司合作，共享知识产权，以利用政府的电动汽车配额。考虑到中国市场的原始规模，这已说服许多外国汽车制造商与中国公司交易电动汽车技术的知识产权，从而进入中国汽车市场。

与私营部门对电动汽车技术的大规模投资相比，在所调查的四个国家和地区中，国家政府在相关的RTD&I支出中发挥的作用相对较小。毫无疑问，这四个国家和地区的公共部门都对电动汽车技术的投资做出了相当大的贡献，但这低于私营部门一直以来（现在仍在进行）的投资。除了前面提到的中国公共部门对促进电动交通的干预外，在美国，对电动汽车的公共投资主要是通过2009年的《美国复苏与投资法案》进行的。通过这一应对美国经济危机的法案，美国进行了前所未有的公共投资，以此建立国内电动汽车领域的制造能力，并确保美国在先进锂离子电池技术方面的全球领先地位。该法案支持下的投资如下：

1）向田纳西州、特拉华州和加州的三家美国首批电动汽车工厂提供24亿美元贷款。

2）20亿美元的拨款，用于支持30家生产电池、电机和其他电动汽车部件的工厂。

公司被要求每一美元都与该法案提供的资金相匹配，将纳税人投资的影响扩大一倍。这些赠款使公司能够在2011年底前建成年产5万辆电动汽车电池的产能，并最终在2014年12月前达到年产50万辆电动汽车电池的目标。该法案还支持了有史以来规模最大的电动汽车协调示范，包括全国20多个城市的近1.3万辆汽车和2.2万多个充电点。这些示范提供了"经验教训"，有助于简化基础设施、许可流程，并提供数据以降低消费者的不确定性，并帮助电动汽车从早期

⊖ 这些投资补充了之前的投资——主要是由相同的制造商在中国制造的，以便从低工资中获益。

采用者集群过渡到全国主流使用（National Academies Press，2015）。2009 年的《美国复苏与投资法案》还为购买电动汽车提供了税收抵免（每辆 2500 ~ 7500 美元，取决于电池容量），也为将传统动力汽车改装为电动汽车提供了税收抵免（每辆最多 4000 美元）。同样，美国政府已经花费 40 亿美元来加快自动驾驶汽车在美国道路上的接受程度。

在欧盟和日本，企业（私人）投资也远远超过了公共投资。公共和私营部门的 RTD 投资和合作伙伴关系正在提供有关车辆使用、使用时间和充电模式以及对电网的潜在影响等重要而详细的真实运营数据，这些数据是更广泛的交通服务电气化的必要前提条件。

自动驾驶汽车

自动驾驶汽车的创新由众多"组件"组成：操作车辆的机器学习人工智能技术、传感器、在真实交通条件下导航所需的导航技术，以及在制动系统、车道保持辅助、更细粒度的地图技术上的所有必要改进等。在全球范围内，与自动驾驶相关的创新投资集中在三个大洲：北美洲、欧洲和亚洲。除了美国和日本的主要汽车制造商外，欧洲的梅赛德斯 - 奔驰、奥迪、大众等汽车制造商，以及中国的威马汽车（WM Motor）、百度等汽车制造商都在自动驾驶技术的开发和投资中发挥着重要作用。

2017 年，梅赛德斯 - 奔驰和世界上最大的 OEM 博世（Bosch）合作开发自动驾驶汽车，旨在加速机器人出租车的生产（Taylor，2017）。博世将与梅赛德斯 - 奔驰一起开发自动驾驶所需的软件和算法。这些公司能力的融合表明，德国汽车制造商完全致力于从原型车转向自动驾驶汽车的工业规模生产。世界上最大的高档汽车制造商梅赛德斯 - 奔驰和世界上最大的原始设备制造商博世之间的协议，对美国的优步（Uber）和中国的滴滴（Didi）等网约车公司形成了强大的制衡，这些公司也在自动驾驶汽车上投入了大量资金。这也强调了在当前的交通创新生态系统中联盟的迫切需要⊖。公平地说，美国（硅谷）的创新生态系统与中国和德国的生态系统之间存在着显著的相似性。

美国与欧洲和亚洲公司之间也建立了战略伙伴关系，以集中、利用和交流技术技能和资源，这其中就包括英伟达 - 奥迪和优步 - 丰田。创新显然已经成为一种生态系统间的活动，它将地理位置和国家关系分隔开的生态系统连接起来。

在全球范围内，到 2017 年为止，私人公司在自动驾驶汽车上的投资已超过800 亿美元（Cameron 和 Karsten，2017）。随着该领域创新生态系统内部和之间的

⊖ 最近涉及自动驾驶汽车的事故导致 Uber 等共享汽车公司重新考虑其对自动驾驶汽车的投资。

竞争强度继续加速，私营部门对自动驾驶汽车的投资水平将继续增加。汽车制造商联盟之间，以及汽车制造商、驾驶服务公司、该领域的初创企业和信息技术领导者（如谷歌、英特尔、苹果）之间的竞争日益加剧，凸显了自动驾驶技术创新的重要性。

政府对自动驾驶汽车的投资预计也将增长，但它们将主要针对国防部门，旨在获得用自动武器系统和车辆取代人类所需的技术专长。因为自动驾驶汽车的消费市场在短期内不会自我维持，政府将在实现自动驾驶汽车的市场接受方面发挥重要作用。这可能很像20世纪50年代和20世纪60年代的情况，当时政府通过为弹道导弹购买大量芯片，在维持集成电路市场方面发挥了重要作用，从而帮助制造商实现必要的规模经济，降低成本，并鼓励消费品制造商冒险更换真空管，扩大对晶体管和集成电路技术的投资。如果消费者信心因最近的自动驾驶汽车事故而下降，政府可能会出于经济、社会甚至军事原因，介入并支持自动驾驶汽车和电动汽车的发展。

X.3 人工智能

全球交通运输革命性创新的核心是人工智能创新领域的溢出效应。因此，研究公共和私营部门在人工智能以及电动汽车和自动驾驶汽车领域的投资状况是很有意义的。"人工智能"是致力于使机器"智能"的活动。"智能"是一种品质，其可以使实体能够在其环境中适当地和有远见地运作（Nilsson，2010）。从错误中学习，理解人类语言，作为战略游戏中的有效竞争对手，通过解释复杂数据实现汽车自动驾驶，这些都是关键的人工智能应用。通过在动态环境中学习的能力，智能在自主性和适应性上相交叉（OECD，2017）。

在人工智能领域，引领相关创新投资的也是私营部门，而不是政府。IBM/沃森与通用汽车最近的合作，体现了美国企业对人工智能技术在交通领域应用的投资。人工智能与自动驾驶汽车和联网汽车的融合将是即将到来的自动驾驶汽车交通创新革命的关键推动因素。一个明确的转变范例正在形成，即企业对短期利润的重视大大减少，越来越多地致力于通过合作和伙伴关系以在这一领域实现革命性创新的长期可持续性。在许多国家，主要的汽车利益相关者以及高科技/信息公司都在竞争人工智能投资的来源。在调查的所有地理区域中都遵循了类似的

㊀ 美国主要的自动驾驶汽车开发商包括谷歌、苹果和微软。支持自动驾驶汽车行业的是制造先进传感器的原始设备制造商、微芯片制造商或软件制造商。最近，传统汽车制造商已经全面进入电动汽车和自动驾驶汽车市场。自动驾驶汽车并不局限于汽车。根据美国货车驾驶人协会的数据，美国有870万个与货车相关的工作岗位，并且美国仍然面临货车驾驶人短缺的问题。因此，在未来可能会优先考虑将货车自动驾驶作为主要发展对象。

模式，即虽然政府在支持人工智能创新方面的参与很明显，但私营部门是几乎所有相关创新背后的主要力量。公司往往有一个依赖于双赢伙伴关系的战略愿景。中国可能被认为是这种模式的一个例外，因为中国政府对人工智能技术的直接投资几乎占据一半，另一半则是私营部门的参与。这里讨论的案例是中国政府为人工智能公司（例如百度）提供财政支持，以促进中国在人工智能领域超越所有其他国家。

在美国，自动驾驶汽车开发领域公认领导者之一的谷歌、IBM 和特斯拉正在 AI 技术和相关 RTD 团队上投入数百万美元。它们认识到，人工智能是电动汽车和自动驾驶汽车"创新王国"的关键。两家公司都已经在路上进行了测试，并通过一系列结合人工智能的快速渐进步骤，迅速向"智能"自动驾驶汽车的商业化迈进。最近，美国汽车公司以一种积极的、"毫不留情"的方式，向人工智能投入了大量资金以占据市场主导地位。正如我们已经观察到的，高科技公司还是传统汽车制造商会赢得这场人工智能发展的战斗，仍然是一个悬而未决的问题。高科技公司在可以用于投资人工智能的内部资源方面具有优势，而传统汽车制造商在制造汽车和其他车辆方面拥有数十年的经验。这两者对于自动驾驶汽车的成功和人工智能的革命性创新都至关重要。也可以想象，汽车制造商和高科技公司将成为技术合作伙伴。

人工智能对自动驾驶和联网车辆最重要的贡献之一是使这些车辆更安全。通过车对车（V2V）技术，联网的汽车可以相互通信。V2V 技术可以帮助每辆车通知周围的其他车辆它们正在做什么，从而减少事故。例如，如果驾驶人在接近红灯时没有减速，联网汽车可以提醒同交叉口的其他车辆，避免它们驶入十字路口。有路权的车辆可以自动制动以避免碰撞。互联性增强的趋势将为进入人工智能/汽车领域的公司提供难以估量的机会。因为许多国家的国家安全威胁依然存在，所以人工智能是一个可能会出现公共投资复苏现象的领域。私营部门很多时候与大学合作，它们是人工智能发展的焦点，尤其是在美国和欧洲。一些人工智能创新公司正在与其他国家的类似公司建立合作关系，但考虑到国家安全威胁，这可能会使政府资助和支持人工智能知识产权开发的过程复杂化。在非常显著和成功的生态系统中，保密性也可能是一个关键问题，比如在硅谷，专家经常从一家公司跳槽到另一家公司⊖。

在人工智能革命之初，是政府让这个新兴行业得以发展和生存。现在，私营部门有望推动整体人工智能的进步。这一转变体现了创新生态系统尤其是人工智能创新生态系统的动态本质。以下是本案例研究中研究的四个领域的人工智能创新概况的简短概述。

⊖ 然而，正如我们反复说过的，对于整个生态系统的"健康"而言，这种员工流动是有益的，因为它实际上促进了创新，而不是限制了创新。

X.3.1 美国

从大多数方面来看，美国都是人工智能领域的全球领导者。该国 2016 年[一]：

1）发表了世界上最多的人工智能论文。

2）拥有最多的人工智能研究人员（大约 85 万）。

3）拥有最多的人工智能相关专利（2010～2014 年期间超过 15000 项）。

4）在人工智能领域的投资占比最大（约占全球总额的 66%）。

5）拥有全球领先的人工智能投资者（Google Ventures 和 Khosla Ventures）。

6）是人工智能创业公司最多的国家，有 1393 家这样的公司，而欧洲领先的国家（英国）有 245 家人工智能创业公司，其次是法国有 109 家。

此外，地理环境也推动了美国交通运输人工智能的发展。用货车运输货物及进行服务在北美经济中发挥着重要作用，因为庞大的货车运输业覆盖了广泛的地理距离，这些都依赖于驾驶人，而这些驾驶人在不休息的情况下驾驶货车的时间有监管限制。根据美国货车驾驶人协会的数据，美国有 870 万个与货车相关的工作岗位，其中大部分由年轻的成年男性填补，但美国仍然面临货车驾驶人短缺的问题。这些短缺现象正在帮助推动人工智能在北美自动驾驶货车上的主要应用。中北美贸易走廊协会正计划开发一条从墨西哥到马尼托巴的无人驾驶货车走廊。此外，该地区是微软、英特尔和英伟达等领先技术公司的所在地，这些公司与原始设备制造商合作，为货运车辆提供各种人工智能技术。因此，对于人工智能在运输市场的增长，北美地区具有巨大的潜力和相比于其他地区的优势。在美国，人工智能支持的自动驾驶汽车的价值预计将从 2017 年的 12.1 亿美元增长到 2030 年的 103 亿美元（Cision，2017）。

X.3.2 欧洲——欧盟

欧洲的人工智能资产分布在整个洲，与美国不同的是，其领先的大学在地理位置上远离人工智能工业应用中心（Berger，2018）。与我们对创新生态系统的概念一致，缺乏一个连续的欧洲人工智能创新生态系统网络阻碍了欧洲转变为人工智能世界领导者。虚拟生态系统无法提供位于特定地理区域的物理创新生态系统所具有的优势。在促进和支持人工智能创新方面，欧洲政府一直缺乏支持。在资金支持、税收制度、移民政策、就业监管、大学 - 产业互动、导师制度和国际专利等方面与美国存在政策差距。欧洲各国政府正试图通过改善融资渠道、改革税收制度以促进创新、公共采购人工智能创新成果、改革移民政策、促进行政简化、改革就业监管、鼓励大学与行业互动、鼓励导师制度以及重新审视相关国际专利权等措施，积极解决这些政策障碍。

[一] 见 Berger（2018）。

欧盟委员会提出了一项全面的欧洲人工智能和机器人方案。该方案涵盖了技术方面，将加强欧盟的人工智能研究和工业生产能力。欧洲政府在人工智能规划和发展中的直接作用与美国形成了鲜明对比，在美国，私营部门显然是人工智能的推动者。在欧洲，欧盟委员会直接介入，支持机器人和人工智能的发展。2013年，它成立了民用机器人研发计划——SPARC，这是欧洲机器人领域的公私合作伙伴关系。2014~2020年，欧盟资助的政府资金为7亿欧元，工业投资增加了21亿欧元。私营企业对人工智能的资助是公共资金的3倍。大多数欧洲人工智能公司专注于数据分析，而企业内部投资和外部投资（包括风险投资和私募股权投资）之间的比例几乎相等。

在2013~2017年的四年时间里，欧洲各地发展了大约400家新的私人人工智能公司。前10名集中在以下城市（Berger，2018）：

1）伦敦——97家人工智能公司。

2）柏林——30家人工智能公司。

3）巴黎——26家人工智能公司。

4）马德里——15家人工智能公司。

5）斯德哥尔摩——12家人工智能公司。

6）阿姆斯特丹——9家人工智能公司。

7）莫斯科——9家人工智能公司。

8）哥本哈根——7家人工智能公司。

9）巴塞罗那——7家人工智能公司。

10）都柏林——6家人工智能公司。

X.3.3　中国

中国对人工智能创新的承诺是坚定而明确的。由于中国的治理体系是中央计划和控制的，中国政府决定让中国成为人工智能领域的世界领导者，并最初投入数百亿美元用于人工智能创新和技术开发。北京在2017年7月制定了一项成为人工智能领域的世界领导者的发展计划，其目标是建立一个价值至少1万亿元人民币（约1700亿美元）的国内人工智能产业⊖。因此，人工智能在中国的快速发展在很大程度上可以归因于政府的支持，但私营部门正在迅速赶上，其在人工智能创新方面已经（或很快将）超过公共资金。

⊖　高德纳（Gartner）高性能计算研究总监齐拉格·德凯特（Chirag Dekate）在接受《投资者商业日报》采访时表示，在他看来，中国正在进入人工智能领域并进行长期发展。德凯特说："美国正在推动软件和硬件领域的人工智能创新。美国的人工智能早期使用案例和早期采用者比世界上任何地区都多。但中国正从马拉松的角度看待这一问题（Chen，2018）。"

中国私营企业正在大力投资招募、培养和发展人工智能人才（其中很大一部分可能在国外接受过培训）。私营部门的投资主要来自公司内部资本。它们还包括外国公司的投资（最著名的是像微软和亚马逊这样的大型美国跨国公司），这些公司也在投资中国的人工智能项目，其主要是因为人工智能工程师的工资比外国同行低。流入中国人工智能创新生态系统的外国资本可能会促进中国实现人工智能全球领先地位。

X.3.4 日本

日本正在人工智能的许多领域取得技术进步，包括机器人和交通。2016年，政府成立了人工智能技术战略委员会，为人工智能的发展和商业化制定路线图。2017年3月，日本人工智能小组确定了人工智能开发和商业化的工业化路线图。该路线图包括三个组织阶段[⊖]：

1）利用和应用数据驱动的人工智能在各个领域发展（直到2020年）。
2）公共使用人工智能和跨各个领域开发的数据（2025~2030年）。
3）通过连接多个领域构建生态系统。

然而，日本人工智能技术战略的资金水平不足以对美国或中国构成重大威胁。日本2018年的人工智能预算为770.4亿日元（约70亿美元），比2017年增长了30%，但仍远远低于美国和中国计划在人工智能上的支出（Japan Times，2018）。日本RTD政策优先事项与预算承诺之间的差异是日本过去30年的一贯主题。有一种猜测是，2011年日本地震和海啸的清理费用总额可能达到2350亿美元，这将拖累日本在人工智能等领域的投资能力[⊖]。

X.4 结束语——经验教训

私营部门在电动汽车、自动驾驶汽车和人工智能技术创新方面的投资远远超过了国家政府在电动汽车和人工智能领域的相应投资。公共资金在所有四个国家和地区的相关RTD&I支出中发挥补充作用，主要目的是鼓励初步尝试并通过尝试建立信心。毫无疑问，公共部门除了提供资金之外，还在许多其他方面发挥非常重要的作用，主要是通过制定规章制度和通过若干方式鼓励发展。例如，在美国，对电动汽车的公共投资主要是通过2009年的《美国复苏与投资法案》进行的，该法案是为应对2008~2009年的经济危机而制定和实施的。

到目前为止，在欧盟和日本，基于企业（私人）的投资也超过了公共投资，但公共和私人的合作伙伴关系正在提供有关车辆使用、使用时间和充电模式以及

⊖ 见 Probst 等（2018）。
⊖ 这次地震及其引发的海啸是迄今为止世界历史上损失最大的自然灾害。

对电网的潜在影响等重要而详细的真实运营数据，这些数据是更广泛的交通服务电气化的必要前提条件。公共部门和私营部门之间建立战略伙伴关系以促进所考虑的电动汽车、自动驾驶汽车和人工智能的某些活动领域，这似乎是一种越来越多的做法，此外，直接资金由每个部门提供。私营部门公司之间也正在建立战略伙伴关系。创新显然已经成为一种生态系统间的活动，它将被地理位置和国家关系分隔开的生态系统连接起来。

随着该领域创新生态系统内部和之间的竞争强度继续加大，私营部门对自动驾驶汽车的投资水平将继续增加。汽车制造商联盟、汽车制造商、驾驶服务公司、该领域的初创企业和谷歌、英特尔和苹果等信息技术领导者之间的竞争日益加剧，凸显了自动驾驶技术创新的重要性。政府对自动驾驶汽车的投资预计也将增长，但它们可能主要针对国防部门，旨在获得用自动武器系统和车辆取代人类所需的技术专长。此外，因为自动驾驶汽车的消费市场在短期内可能无法自我维持，尤其是在最近发生自动驾驶汽车事故的情况下，政府将在让市场接受自动驾驶汽车方面发挥重要作用。因此，政府可能会出于自身的经济、社会甚至军事原因，介入并支持自动驾驶汽车和电动汽车的发展。

在人工智能领域，引领相关创新投资的也是私营部门而不是政府。人工智能与自动驾驶和互联网汽车的融合将是即将到来的自动驾驶汽车交通创新革命的关键推动因素。有趣的是，似乎有一个明确的范例转变正在发生。它涉及大型私人投资者对这类创新的态度转变，企业减少对短期利润的重视，转而致力于这一领域创新的长期可持续性。公司也往往有一个依赖于双赢伙伴关系的战略愿景。

在美国（以及其他类似的地理区域），地理环境正在推动人工智能和自动驾驶技术在货物运输方面的进步。利用货车运输货物和提供服务在北美经济中发挥着重要作用，这可能会推动人工智能在北美自动驾驶货车中的主要应用。欧洲的人工智能资产分布在整个欧洲大陆，但与我们对创新生态系统的概念一致，其缺乏一个连续的欧洲人工智能创新生态系统网络，这可能会阻碍欧洲成为人工智能世界领导者。在这方面，可能需要增加政府的干预和资金（来自于欧盟委员会和欧盟各成员国政府）。具体措施可以包括改善资金渠道、改革税收制度以促进人工智能创新、公共采购人工智能创新成果、改革移民政策以及促进简化行政管理。

参考文献

Berger, R. (2018). "Artificial Intelligence, a strategy for European startups: recommendations for policymakers", Report by *Roland Berger Gmbh* in cooperation with *Asgard Capital Verwaltung Gmbh*, 2018. Available from: roland_berger_ai_strategy_for_european_startups%20(2). pdf (Accessed August 2018).

Cameron, K., Karsten, J., 2017. Gauging Investment in Self-Driving Cars. Report of the Brookings Institute,

Monday, October 16. Available from: https://www. brookings. edu/research/gauging-investment-in-self-driving-cars/(Accessed August 2018).

Cision, 2017. Artificial Intelligence in Transportation market worth 10. 30 billion USD by 2030. PR Newswire. November 15. Available from: www. prnewswire. com/news-releases/artificial-intelligence-in-transportation-market-worth-1030-billion-usd-by-2030-657700173. html(Accessed September 2018).

Chen, Y., 2018. China Emerges as a Hotbed for Artificial Intelligence. Comment in *Digiday*, January 2. Available from: https://digiday. com/marketing/china-emerges-hotbed-artificial-intelligence/(Accessed August 2018).

Japan Times, 2018. The Artificial Intelligence Race Heats Up. Editorial Opinion, March 1. Available from: https://www. japantimes. co. jp/opinion/2018/03/01/editorials/artificial-intelligence-race-heats/#. W2y-LChKiCq(Accessed August 2018).

Leinart, P., 2018. Global Carmakers to invest at least $ 90 billion in Electric Vehicles. Business News. January 16. Available from: www. reuters. com/article/us-autoshow-detroit-electric/global-carmakers-to-invest-at-least-90-billion-in-electric-vehicles-idUSKBN1F42NW(Accessed August 2018).

Probst, L., Pedersen, B., Lefebvre, V., Dakkak – Arnou, L., 2018. USA-China-EU plans for AI: where do we stand. Report prepared for the European Commission, Directorate-General Internal Market, Industry, Entrepreneurship and SMEs, Digital Transformation Monitor, January. Available from: https://ec. europa. eu/growth/tools-databases/dem/monitor/sites/default/files/DTM_AI%20USA-China-EU%20plans%20for%20 AI%20v5. pdf(Accessed August 2018).

National Academies Press, 2015. Overcoming Barriers to Deployment of Electric Vehicles. Available from: https://www. nap. edu/read/21725/chapter/1(Accessed August 2018).

Nilsson, N., 2010. The Quest for Artificial Intelligence: A History of Ideas and Achievements. Cambridge University Press, Cambridge.

OECD (2017). "OECD Digital Economy Outlook 2017", OECD Publishing, Paris. Available from: doi: https://doi. org/10. 1787/9789264276284-en(Accessed August 2017).

SSTI, 2018. For the First Time, American RTD Expenditures Surpass $ 500 Billion. State Science and Technology Institute (SSTI) Weekly Digest 20 December, 2017. Available from: https://ssti. org/blog/first-time-american-rd-expenditures-surpass-500-billion(Accessed August 2018).

Taylor, E., 2017. Mercedes joins forces with Bosch to develop self-driving taxis. reporting at *Reuters*, April 4. Available at: https://www. reuters. com/article/us-daimler-bosch-selfdriving/mercedes-joins-forces-with-bosch-to-develop-self-driving-taxis-idUSKBN1760SJ(Accessed August 2018).

附录

附录 A
世界各国 RTD&I 公共治理和组织制度概述

以下是关于世界各国的 RTD&I 治理和组织系统的简要信息[⊖]。它来自于欧盟资助的研究项目 FUTRE——FUture 对运输演变和欧洲竞争力的发展和创新挑战的展望的工作[⊜]，其中包括在 2010 年和 2011 年期间进行的相关研究。因此，对某些国家来说，本附录所载的资料可能已经过时，但人们认为将本附录列入是有益的，以便：

1）提供全球各国在相对较近的时间点内流行的 RTD&I 治理体系的快照。

2）创建一个第 4 章中介绍的国家 RTD&I 治理系统的标准。

下列国家按首字母顺序呈现，它们的介绍遵循相同的结构，包括：对研究体系与治理结构的简短介绍、研究资助者、对国际合作政策的开放程度，以及其他一般相关信息和数据。

 阿尔及利亚

A.1.1 研究体系与治理结构

国家科学技术研究委员会（NCSTR）是负责国家研究政策的规划和后续实施的最高行政机构。国家研究由科学研究和技术发展总局集中管理，并由部门间委员会和研究机构协助。战略研究政策评估由 NCSTR 和各委员会进行。

A.1.2 研究资助者

研究活动完全由国家资助，包括人员和设备费用。每年组织两次研究提案征集，每个成功评估项目的平均资助率约为 15000 欧元。各部委还根据个人需求，在各自的预算内执行针对研究提案的具体呼吁。私营部门资金不存在。该国参与了一些欧盟的研究框架计划，但参与程度相对较低（FP7 欧盟研究框架计划中

⊖ 这里没有介绍在第 4 章进行了更详细审查的国家。

⊜ FUTRE（2013）。"可交付成果 D2.1：欧洲运输创新系统和欧盟运输部门的竞争力"，欧盟资助研究项目 FUTRE——FUture 对运输演变和欧洲竞争力的发展和创新挑战的展望赠款协议编号：314181，FP7，布鲁塞尔，2013 年。

共有 16 个项目⊖）。参与欧盟研究框架计划的主要是通过阿尔及利亚研究人员与特定欧洲国家的研究人员建立的关系。与其他国家（包括邻近的 EU MED⊜国家）的研究活动参与度也很低。

A.1.3　国际合作政策

科学领域的国际合作政策很少。主要合作活动是阿尔及利亚国家为在法国学习的学生提供研究生奖学金。

阿尔及利亚大学和研究中心的目标是通过协调发展战略，解决多个层次（研究领域和优先事项、伙伴关系、地理优先事项、时间、融资和法规）的现有限制，来增加科学合作。目前，与法国的科学合作占主导地位，而与西班牙、比利时、葡萄牙、意大利和德国的合作近年来正在缓慢增加。

 ## 巴西

A.2.1　研究体系与治理结构

研究政策主要遵循自上而下的方法，并在科技部与其他部门（如教育、规划、能源、通信、工业和对外贸易）的参与下进行集中协调。科技部协调年度研究预算的定义和执行，负责科学技术发展、确定国家和部门的研究政策以及合作。研究和创新政策、联合优先事项制定以及资源规划由联邦政府和各地区执行。巴西战略和管理研究中心将政府、学术界和私营部门联系起来。研究资助和管理由国家科技部科学理事会实施。

A.2.2　研究资助者

主要的研究资金来源是科技部和教育部。

A.2.3　国际合作政策

如其网站所述，中国科技部旨在加强与欧盟、美国、法国、中国的国际合作政策。中国和乌克兰与其他国家和特定机构也存在双边研究协议，包括与欧盟成员国（如德国、比利时、西班牙、法国、意大利和葡萄牙）签订的几个独立的研究协议。欧盟－巴西双边协议于 2005 年 11 月 11 日签署（L295/38）。巴西与美国和其他国家也签署了类似的协议。这些协议的典型目标是鼓励和促进在共同利益和互利的科学和技术领域的合作，使各方开展的研究和技术发展活动相互受

⊖　基于 CORDIS 数据库中的数据。

⊜　EU MED 是一个由 7 个南欧盟成员国组成的联盟：塞浦路斯、法国、希腊、意大利、马耳他、葡萄牙和西班牙。

益，交换可能加强合作活动的信息，并保护知识产权。

埃及

A.3.1　研究体系与治理结构

科技理事会在共和国总统的高度资助下协调和监督研究和创新政策的进展。政府、相关部门以及主要科学家和私营部门的代表都参与了该国的 RTD 和创新生产过程。负责研究的主要部门是高等教育和科学研究部，并与科学研究和技术学院和大学最高理事会进行协调。附属组织和机构也参与了具体的研究政策领域。

A.3.2　研究资助者

大部分研究资金由高等教育和科学研究部控制和提供，主要用于大学和研究中心。在欧盟邻国政策框架内，欧盟和埃及同意支持埃及在研究领域的倡议。此外，埃及还签署了一项合作协议，以加强埃及组织参与欧盟 RTD 项目的具体活动。该国已经与欧盟和美国和日本等其他国家签署了双边协议，这些协议为研究提供了额外的（适度的）资金来源。

A.3.3　国际合作政策

欧盟和美国是埃及组织在研究和技术领域的两个主要合作者。德国、法国、瑞典、意大利和芬兰等个别欧盟成员国都在埃及投资了研究和创新发展。

世界银行是参与埃及科学和技术政策设计和融资的另一个主要国际组织。世界银行还为改善该国高等教育体系提供了技术知识和资金。

印度

A.4.1　研究体系与治理结构

科技部的规划委员会、总理办公室科学咨询委员会的首席科学顾问负责高层研究政策的制定、规划、协调。总理办公室已经成立了一个国家知识委员会，具有咨询作用。国家研究体系的总体结构由 4 个主要参与者组成：

1）在政府和公共企业的领导下的公共研究体系。

2）学术研究系统和大学。

3）在商业企业的领导下的私人研究实验室。

4）由公共和私人两个来源资助的非政府研究机构。

研究和发展议程的政策制定和科学技术领域的优先事项通过五年计划开始。

A.4.2 研究资助者

大约70%的研究资金由政府提供，其余的由私营部门提供。研究资助者为研究网络、协调的项目和自下向上的项目提供竞争性的、基于项目的、自下而上的研究资金。

A.4.3 国际合作政策

科技部科技国际合作政策司负责国际和技术事务，包括科技合作协定的谈判和执行。它还负责国际组织在印度的科学和技术方面的活动。在双边、多边或区域框架协议下寻求合作，以促进和加强政府、学术界、机构和行业在共同利益领域之间的互动。印度与全球约45个国家制定了国际科学和技术合作政策，但主要是与欧盟、美国和日本的合作[⊖]。

 ## A.5 约旦

A.5.1 研究体系与治理结构

科学技术理事会协调、设计和执行约旦的研究和发展政策。它具有完全的财政和行政独立性，有权起草法律、法规草案，并有权批准为国家科技项目和项目提供财政援助的提案。它还支持孵化器和创业培训。高等教育和科学研究部是制定研究政策和战略的第二大主要参与者。

A.5.2 研究资助者

机构资助由财政部和高等教育和科学研究部提供。约旦的研究组织也通过参与欧盟的研究框架计划、欧洲援助基金和美国国际开发署的基金来获得资金。

A.5.3 国际合作政策

欧盟和约旦之间存在一项双边合作协议，这也是基于欧盟的欧洲邻国政策（ENP）及其加强与邻国关系的战略。此外，该国还与美国和巴西签署了双边协议。规划和国际合作政策部与几个欧洲国家（如保加利亚、克罗地亚、希腊、塞浦路斯、比利时、荷兰、英国、丹麦、西班牙、瑞典、德国、法国、意大利、芬兰和其他国家）签署了科学和技术协定和谅解备忘录。

 ## A.6 摩洛哥

A.6.1 研究体系与治理结构

摩洛哥政府、科学研究和技术发展常设部际委员会和哈桑第二科学和技术学

⊖ 参见：http://euroindiaresearch.org/fp7_india_indiaFP7.htm（2017年3月访问）。

院通过一套立法和条例，以及协调、指导、规划、规划和资助研究活动，制定国家研究政策并管制这一政策。高等教育、专业培训和科学研究部（科学理事会和技术理事会）以及工业、贸易和新技术部在研究和创新政策的制定和实施方面发挥了重要作用。

A.6.2　研究资助者

在过去十年中，机构的资金主要用于建设研究基础设施。竞争资金主要由国家部门研究支持计划、国家科学技术研究中心的相关单位、支持科学研究和技术发展国家基金、所谓的 INNOV'ACT 计划，以及 HASSAN Ⅱ科学技术院提供。摩洛哥是欧盟研究框架方案的一个非常积极的参与者，它在参与项目的数量和参与人数方面都有了显著的增长。

A.6.3　国际合作政策

除了与欧盟委员会签订双边协议外，摩洛哥还与欧盟成员国（法国、西班牙、德国、意大利、葡萄牙和其他国家）以及突尼斯、埃及和美国等非欧盟国家签署了几项双边协议。

 A.7　俄罗斯联邦

A.7.1　研究体系与治理结构

教育部是研究政策制定和实施的主要责任单位。其他几个部委也负责RTD&I 和各自的预算（经济发展部、工贸部、能源部、信息技术和通信部、国防部）。研究政策由政府经济发展和一体化委员会在政府一级进行协调。总统与研究相关的咨询机构是科学、技术和教育委员会和俄罗斯经济现代化和创新发展理事会。

A.7.2　研究资助者

研究资金要么直接从国家预算中拨给研究执行组织，要么通过有关部委分配，要么通过几个机构进行分配。竞争性 RTD&I 资金分配由几个部门和一些机构负责，其中最主要的是：俄罗斯基础研究基金会、小型创新企业援助基金会、纳米技术公司、俄罗斯人文基金会和俄罗斯技术发展基金会。俄罗斯的研究活动主要由公共部门（联邦预算）资助，但也有来自地区预算或上市公司的资助。虽然研究基金主要作为整体基金分配，但也提倡竞争性资助计划。

A.7.3　国际合作政策

俄罗斯研究国际化政策的主要合作伙伴和重点是欧盟及其成员国[⊖]以及其他相关国家（CIS[⊖]国家和其他国家）。欧盟和俄罗斯在过去曾在 FP7 和 H2020 欧盟研究项目的框架内组织起了对 RTD&I 项目的协调呼吁。双方在下列主题领域达成了一致：航空学、能源、食品、农业和生物技术、卫生、信息和通信技术、纳米技术和新材料，以及核裂变。俄罗斯方根据自己的评价程序为其小组参与项目提供了资金。它主要在俄罗斯科技综合设施的优先领域使用其联邦目标计划 RTD&I 的一条行动线。协调一致的呼吁有助于落实俄罗斯与欧盟在科学和技术方面的战略伙伴关系。

 ## A.8　南非

A.8.1　研究体系与治理结构

南非议会是 RTD&I 发展的政治层面的关键参与者。议会由科学和技术投资组合委员会提供建议。问责制由总统监督，并由国家规划委员会（NPC）和绩效监测和评估部（DPME）协助，后者负责监督所有国家政府部门的所有政策。在运营层面上，科技部是政府的主要部门，其中包括国家研究基金会和技术创新局。其他负有重要的研究职责的政府部门是高等教育和培训部、贸易和工业部、能源部、矿产资源部、农业部、林业和渔业部、环境事务部、卫生部和水务部。

A.8.2　研究资助者

研究资金由政府（高等教育和培训部）通过竞争性和集中的号召提供。私营部门投资在该国与研究相关的总支出中也占了很大的份额（为 40% ~ 45%）。南非的研究实体也通过参与 500 多个欧盟 RTD 项目获得了大量资金。

A.8.3　国际合作政策

南非与欧盟成员国，包括比利时、保加利亚、克罗地亚、法国、德国、希腊、匈牙利、波兰、意大利、荷兰、葡萄牙、罗马尼亚、斯洛伐克、斯洛文尼亚和西班牙，以及与美国、土耳其和英国等许多其他国家签署了几项双边协议。虽然南非与欧盟的研究伙伴关系在战略上和在其更广泛的国际研究合作政策范围内发展良好，但南非政府已与许多非洲国家达成协议。此外，南非正在加强与巴

⊖　近年来，由于政治原因，欧盟和俄罗斯的合作已经停止。

⊖　独立国家联合体。

西、印度和中国等新兴经济体国家的合作。在这方面的一个重要的多边伙伴关系是印度－巴西－南非协调机制，通过该机制建立了三边科学和技术谅解备忘录。2011年4月，南非成为巴西、俄罗斯、印度、中国和南非（金砖国家）等新兴国家集团的正式成员。

南非与欧盟和美国在科技合作方面有着强有力的伙伴关系。它与欧盟的合作始于1996年，当时南非与欧盟签署了一项科技合作协议，以支持南非参与欧盟的研究框架计划。在最初的协议之后，科技部为与欧盟的科技合作创造了许多支持工具。然而，南非科技合作的一个重要里程碑是在2005年欧洲－南非科技发展计划（ESASTP），该计划为欧洲－南非科技（S&T）合作建立了一个专门的平台。

 A.9　突尼斯

A.9.1　研究体系与治理结构

科学研究和技术高级理事会（HCSRT）是负责机构，决定和协调突尼斯的研究政策。此外，某些部委（例如，农业部、电信部和其他部委）也有自己的研究政策单位（即电信研究中心或农业科学研究所），在协调和执行研究活动的同时编制特定部门的研究政策。

A.9.2　研究资助者

研究资金由政府通过竞争性和重点基金提供。私营部门在该国与研究相关的总支出中只占相当小的份额（约为20%）。突尼斯的研究实体通过参与欧盟的研究项目获得了大量资金[⊖]。

A.9.3　国际合作政策

突尼斯国际科技合作主要集中在加强与欧洲国家的合作，加强与北非和阿拉伯国家的合作，探索加强与成为战略商业和科学伙伴的国家的合作，如日本、美国和韩国。通过采取选择性的方法，利用某些国家（即金砖四国——巴西、俄罗斯、印度和中国）的国际竞争优势，多样化伙伴关系。

 A.10　土耳其

A.10.1　研究体系与治理结构

在2018年7月土耳其政府进行基本的政府重组之前，恰逢撰写本附录的时

⊖ 2007～2011年期间，参与FP7欧盟研究项目的总数达到88个，相当于申请欧盟资助的1100万欧元。

间，土耳其 RTD&I 系统由最高科学技术委员会领导，这是一个由总理主持的合法正式机构[○]。它决定、指导和协调研究和创新政策，并由相关的部长、公共和私营机构的负责人、大学和非政府组织组成。土耳其科学和技术研究理事会（TUBITAK）隶属于科学、工业和技术部，并担任科学和技术最高委员会的秘书处。发展部和高级规划委员会是设计和实施科学、技术和创新政策的另外两个重要参与者。国家教育部和高等教育委员会制定和实施教育政策，并将其与研究政策相结合。土耳其科学院确定和推荐科学优先领域，并就与科学家和研究人员有关的问题向政府提出立法。在操作层面，系统的主要角色是 TUBITAK。它设计并实施项目，以增加公共和私营部门和大学的 RTD&I 活动。

A. 10. 2　研究资助者

大学和公共 RTD&I 中心都可以提供机构和基于项目的资金。作为年度预算的一部分，发展部对大学和公共 RTD&I 中心的人员和大型基础设施需求进行批准。对于基于项目的资助，他们申请了由土耳其科学和技术研究理事会（TUBITAK）实施的项目。这些项目资助自下而上/免费资助的项目。近一半的国家资金被用于竞争性项目。私营部门可获得的唯一资助方式是基于项目的资助，为自下而上/免费资助项目提供资金。研究基金也来自土耳其实体参与欧盟的研究项目和基金，如 FP7 和 H2020 项目、EUREKA 项目、EUROSTAR 项目[○]，以及通过土耳其在欧盟的 IPA 地位[○]获取。

A. 10. 3　国际合作政策

根据最高科学和技术委员会的决定，TUBITAK 与相关利益相关者合作，制定了 2007 ~ 2010 年国际科学、技术和创新战略以及随后的 2010 ~ 2020 年期间的战略。这就为让土耳其成为国际科学、技术和创新领域的一个活跃国家制定了战略框架和战略愿景。《国际科学、技术和创新战略的实施计划》旨在制定政策、设计工具和建立关系，以便从国际关系的角度提高和突出土耳其的科学、技术和创新能力。TUBITAK 的国际合作政策部负责国际研究措施的实施。这些项目一般分为三类：双边合作、多边合作活动和与欧盟的合作。TUBITAK 签署了 24 项双边合作协议，以促进研发。与土耳其签订双边研究协议的欧盟成员国包括保加利亚、德国、法国、希腊、匈牙利、意大利、罗马尼亚、斯洛伐克和斯洛文尼

○ 在 2018 年的重组后，总理的职位被废除了。

○ EUROSTAR 项目涉及数百个欧盟资助的 RTD 项目，这些项目由来自 EUROSTAR 参与国和伙伴国的 RTD 执行中小企业领导。

○ 加入前援助工具（IPA），是候选国家或潜在候选国家的地位。这些国家通过这个单一的工具 IPA 获得了欧盟的资助和支持。

亚。土耳其还与其他几个国家签署了合作协议。

 A.11　乌克兰

A.11.1　研究体系与治理结构

总统、政府、议会和相关的议会委员会构成了进行研究政策决策的最高政治级别。参与的部委有教育部、科学部、青年和体育部以及工业政策部。第二级的研究政策决策与业务职能有关，例如部委内阁和其他为研究提供资金的国家机构。第三级是研究经费的接受者，包括国家支持的科学院。

A.11.2　研究资助者

国家预算是研究资金的主要来源。研究活动的资助有三种关键形式：RTD&I组织直接资助、州 RTD&I 直接资助，以及在竞争的基础上分配的发展项目和个人资助计划，或国家资助的支持基础研究的基金会。

A.11.3　国际合作政策

在 2012 年乌克兰和俄罗斯成为对手的政治事件之前，俄罗斯是乌克兰参与国际 RTD&I 合作的主要合作伙伴，其与欧盟的合作位居第二。乌克兰已经与几个欧洲国家签署了双边协议，主要与欧盟在 RTD&I 方面进行合作。

附录 B

诱导利用研究成果——如何更好地利用 RTD 项目成果

创新通常来源于产生可开发成果的研究和技术发展项目。因此，在研究项目规划期间寻求保障和引发创新成果的方法是合理的。换句话说，创新的"促进因素"或"种子"必须从研究工作的一开始就被埋下。我们的想法是，在研究项目的规划阶段制定这些促进因素，并在研究工作计划和合同中引入这些因素，从而使研究项目以"引发创新"的方式"结构化"。然而，这种想法说起来容易，做起来难。

为了保证研究合同公开、公正，并保证产生独立公平的科学成果，有许多限制性因素和条件已经被考虑在内。到目前为止，许多研究管理组织还没有考虑增加保障实施和后续行动的条款，以产生创新。这种规定必须首先讨论和制定，而这样做的必要程序却没有以可衡量的方式取得进展。在交通运输部门，我们知道只有一次讨论此类条款的努力，这是由欧盟委员会科技与创新总局（DG RTD&I）在当前的 7 年研究框架 H2020 前夕进行的。这是由 DG RTD&I 在 2013 年组织的为期两天的研讨会⊖。来自研究机构的一些专家应邀参加了这次研讨会，会议提出的问题是，"在研究周期的哪个阶段，我们可以做些什么来更好地利用研究项目的成果，并增加交通研究对创新的影响？"

这个问题分三轮回答，分别侧重于项目前期、项目实施和项目后期阶段。表 B-1 以总结的形式介绍了在研究项目合同中引入创新导向工作的想法和行动建议。

从表 B-1 的结果可以看出，从研究项目开始，就没有办法保证其成果能够进入实施和市场。

最后一个可能的建议（除表 B-1 外）是在选定的研究项目中（在其合同中）引入"实施评估审计"的义务。这种审计将在研究项目结束时进行，目的是

⊖ 研讨会主题："诱导利用研究成果——如何更好地利用 RTD 项目成果？"由欧盟委员会 DG RTD&I 于 2013 年 10 月 25 日进行。研讨会报告见：http://www.transport-tips.eu/ uploads/files/World_cafe_Brussels_25Oct13/Newsletter_Transport_WORKshop_4Dec2013.pdf （2018 年 4 月访问）。

评估项目成果的实施潜力，因为它们在项目的那个（结束）阶段出现[⊖]。在这次审计中，将对研究成果进行筛选和评估，以确定其实施和最终引入市场开发的可能性。如果审计的结果是积极的，那么该项目将有资格延长其寿命（和增加资金），其唯一目的是开展以下项目后实施活动：

1）业务计划的实施。

2）技术可行性和演示。

3）保障知识产权。

4）其他实施的准备行动，例如，确保风险资本等。

表 B-1　在研究项目合同中引入创新导向工作的想法和行动建议

问题	想法和行动建议
项目前期阶段	
提案评估	（1）评估标准应考虑项目的开发潜力/能力 （2）具有商业/市场专业知识的专家将被纳入评价范围小组 （3）评估报告应对项目的开发潜力提出质疑 （4）提案应在工作计划中更加强调开发和市场占有率
工作文件描述（DoW）	（1）在提案和 DoW 中，商业计划使用路线图应是强制性的 （2）作为工作计划一部分的开发工作包 （3）联合体中的合作伙伴应声明这些结果对他们有什么好处 （4）明确知识产权（IPR）安排是有效利用知识产权的关键因素
合作伙伴搜索	（1）利用欧洲企业网络（中小企业的参与） （2）利用欧洲创新伙伴关系（包括面向应用的伙伴）
工作方案	（1）政策目标应明确说明，并在工作包中指明实现这些目标的可能途径 （2）预期的影响应被定义，并可能被量化 （3）应尽可能纳入关键绩效指标和参考基线 （4）工作方案的定义应包括部署成果的预期效果 （5）利益攸关方的参与：项目/主题中界定的伙伴关系的条件
联合体的伙伴关系	（1）包括最终用户（建议至少占 25%） （2）终端用户的参与可以表示为强制性的 （3）要求的具体角色和能力：知识产权、商业、市场
项目实施阶段	
项目官员（PO）的职责	（1）建立一个由 PO 和审查员组成的虚拟团队来监督开发工作 （2）PO 在提高项目质量方面的附加值 （3）PO 在项目后续工作中的延续性 （4）PO 应该被更好地训练来帮助开发吗 （5）允许"定性"的项目管理，更加关注信息的质量 （6）改进最终和可发布报告的模板，以更好地突出开发利用

⊖　这种审计只能对某些类别的研究项目进行，例如，只对一定规模或性质的技术开发项目进行，也只能对选定的一些过程和软件开发项目进行审计。

（续）

问题	想法和行动建议
项目实施阶段	
将提供的具体支持	（1）将商业审查员纳入其中 （2）项目生命周期内举办开拓性的研讨会和讲习班 （3）是否应该为项目提供服务来帮助他们 （4）中途调用的具体支持 （5）IPR 经理作为项目中的特定角色 （6）企业欧洲网络（EEN）可以提供市场/商业专业知识
进行中期和最终审查，以评估项目的开发能力	（1）改变项目工作计划，以促进更容易的开发 （2）制定标准 （3）评审：评估项目开发能力的中期和最终评审关键时刻 （4）在项目组中设立负责评估的人员 （5）到用户的联系应该是强制性的 （6）联系用户（工业）是至关重要的 （7）利益相关者的参与
开发计划	（1）开发计划至关重要，应在中期审查时强制执行 （2）商业计划草案作为中期成果，将在项目结束时定稿
接受失败	应允许研究项目失败而不产生重大后果
项目后期阶段	
首要问题	总体计划成果概述
监测	（1）内容的事后影响评估（项目后1~2年） （2）项目管理的事后评估 （3）项目跟进（项目结束后1~2年）
区分项目类型	（1）将想法/成果纳入政策 （2）理念/成果在市场中的应用
支持以不同方式利用成果	（1）反馈给企业信息门户（EIP）或企业欧洲网络（EEN） （2）利用中介活动
工具	（1）开发利用的优秀案例奖 （2）最佳开发项目竞赛 （3）项目后开发的特别呼吁 （4）项目后开发特别资助

注：根据 2013 年 10 月 25 日欧盟委员会科技与创新总局举办的研讨会的想法和建议。

附录 C
对交通运输相关创新产生重要
外部影响的关键创新

当前的交通革命可以追溯到过去 70 年发生的外部技术所产生的几个关键影响。我们在这里简短提到是想以此作为对那些改变世界的创新者必要的敬意。

固态物理学的创立和半导体的发明

晶体管这一发明带来的创新推动了电子学的革命，并最终波及其他领域。由威廉·肖克利（William Shockley）领导的贝尔实验室的一群科学家探索出了以半导体作为真空管的替代品。利用量子理论[⊖]的原理，这些科学家在半导体技术上取得了几项重大进展。首先，固态物理领域的诞生为理解半导体的行为提供了开创性的进展；威廉·肖克利和他的同事对这一理论做出了重要贡献，包括早期确定场效应是一种可能的放大机制。其次，发明晶体管是为了解决真空管三极管的一些更麻烦的问题，这些问题会阻碍或偏离现代计算的发展。

肖克利的同事约翰·巴丁（John Bardeen）和沃尔特·布拉顿（Walter Brattain）发明了第一个实用的晶体管——点接触晶体管，并在 1947 年的平安夜演示了它在振荡器电路中的应用。肖克利、巴丁和布拉顿因他们的工作共同获得了 1956 年的诺贝尔物理学奖。虽然现代计算机现在使用不同的设备，即金属氧化物半导体场效应晶体管（MOSFET），计算机仍然依赖于由巴丁、布拉顿和肖克利发展起来的科学原理。半导体的科学原理产生了关键的影响，这为计算机革命提供了基础，后来又为与交通运输的计算和电子需求相关的基本创新提供了基础。

计算机革命

尽管发生在贝尔实验室的半导体革命发挥了关键作用，但下一代科学家的工

⊖ 量子理论是现代物理学的一部分，它解释了物质和能量在原子和亚原子层面的性质和行为。量子理论的创立始于马克斯·普朗克在 1900 年向德国物理学会发表的演讲，他在演讲中介绍了能量就像物质一样存在于被称为量子的单个单位的想法。量子理论和爱因斯坦的相对论共同构成了现代物理学的基础。

作是通过先进的制造技术和在半导体设计中使用新材料来推动半导体领域的发展，这将对这个领域产生更明显的影响。

为了继续他的工作，肖克利从贝尔实验室搬到由加州山景城的贝克曼仪器公司资助的肖克利半导体实验室担任主任。他致力于把他在加州的家发展成一个创新中心，使其可以有效地与东海岸竞争。他从各个科学学科（从材料到化学到半导体科学）中招募了8位最优秀和最聪明的人，以推动半导体的实际贡献，其中许多人与麻省理工学院和加州理工学院有联系。不幸的是，在肖克利手下工作了很短的时间后，这些科学家和工程师，包括戈登·摩尔（摩尔定律的创始人，摩尔定律即芯片上的晶体管数量每两年就会翻一番）和罗伯特·诺伊斯（麻省理工学院培养的半导体理论天才），由于经历了肖克利的不断羞辱，突然离开了肖克利[一]。

令人惊讶的是，这8名"叛逃者"从费尔菲尔德工业公司获得了足够的资本（138万美元），在1957年创建了仙童半导体公司。仙童半导体公司以几项有利的发明代表了半导体工业革命的第一代。它也是利用风险资本为创新提供资金的鼻祖。它在设计和制造芯片方面的几项创新仍然在高科技行业中占据最重要的地位。最重要的发明是罗伯特·诺伊斯（Robert Noyce）发明的生产硅晶体管的平面工艺，这种技术在电路上留下一层氧化硅，以保护电路不受污染。在那之前，人们普遍认为电路必须去掉这层物质才能工作。仅仅几周后，诺伊斯就发明了集成电路以将整个电路放在一个芯片上。通过在平面层上蒸发金属涂层并在导线上蚀刻，以前未连接的电路被集成并连接起来，使得它们能够一起工作，极大地提高了它们的实用性和效率。因此，这一发明代表了向连接技术革新迈出的重要一步。

C.3 硅谷的诞生

费尔菲尔德拥有庞大的美国国防部芯片客户，再加之其低于生产成本销售的理念，最终推动集成电路能以巨大的折扣进行生产，使得其在各种消费产品中具有成本效益。然而，如果没有冷战带来的安全威胁，个人计算机和互联网革命是否会出现在20世纪90年代是值得怀疑的。这种满足政府需求并以低于成本的价格生产芯片的策略最终产生了"规模经济"，使得最初每片150美元的芯片现在以不到1美元的价格出售。这是一个显著的影响，其始于冷战期间对弹道导弹芯片的需求。

⊖ 这8个人分别是Julius Blank、Victor Grinich、Jean Hoerni、Gene Kleiner、Jay Last、Gordon Moore、Robert Noyce和Sheldon Roberts，其中一些人后来创建了英特尔、AMD、英伟达和Kleiner Perkins。

在当时并没有人完全预料到费尔菲尔德在芯片和制造技术方面的创新，但它最终扩展到了民用应用领域，如个人计算机和智能手机，并最终使需要强大计算和信息处理能力的自动驾驶汽车操作系统的创建成为可能。肖克利传言中的傲慢也是一个关键的推手。如果不是肖克利的行为，罗伯特·诺伊斯和他的同事们可能会继续为他工作，从而挫败他们自己的创造天赋。

C.4 微处理器的诞生

20 世纪最重要的发明之一是微处理器。它是一种存在于计算机处理单元（CPU）和其他电子设备中的包含晶体管的微小电子芯片。它的基本功能是获取输入并处理，然后提供适当的输出。这项发明使英特尔公司的工程师在 1971 年在芯片上开发出了微型可编程计算机。

半导体科学的科学进步对集成电路行业产生了影响，这反过来又使计算机行业的发展进步成为可能，进而引发当前交通行业的创新。

C.5 操作系统和软件的进步

1969 年贝尔实验室（AT&T）开发的 UNIX 是最早的操作系统之一。加州大学伯克利分校（UCB）对 UNIX 进行了重要的增强，使其能够向学术机构发放免费许可证。AT&T 和加州大学伯克利分校都是自由和开放软件源代码软件运动（FOSS）的发起人，这对软件和应用程序开发做出了重大贡献。UCB 编写了一个名为 BSD（Berkeley Software Distribution）的 UNIX 克隆版本，它不包含所有 AT&T 代码，因此被允许分发给外部开发人员（Tozzi，2017）。

BSD 一直被认为是 Berkeley UNIX 的一个分支，因为它与最初的 AT&T 的 UNIX 操作系统共享最初的代码库和设计。20 世纪 90 年代发布的 BSD 为一些开源开发项目提供了基础，包括 FreeBSD、OpenBSD、NetBSD、Darwin 和 TrueOS，这些项目现在都被合并到了苹果的操作系统中，这其中就包括苹果 macOS 和 iOS⊖。苹果在手机和可能的自动驾驶汽车系统方面的主要竞争对手是"Linux"，并且有一组围绕 Linux 内核⊜构建的软件发行版。但是，在最严格的意义上，Linux 仅指内核本身的存在。Linux 起源于 UNIX 和 Multics，它们致力于开发一个稳定的多用户操作系统。Android（操作系统）是谷歌开发的移动操作系统，其基于 Linux 内核，主要是为智能手机和平板电脑等触摸屏移动设备设计的。安卓

⊖ iOS 是苹果公司专门为其硬件开发的移动操作系统。目前苹果公司的许多移动设备，包括 iPhone、iPad 和 iPod Touch，都采用的是这套操作系统。

⊜ 内核是任何计算机操作系统的核心基础。

系统已经开发出用于电视和自动驾驶汽车的版本。

　　苹果和谷歌分别遵循了重要但相互竞争的操作系统开发模式，这些操作系统是它们众多产品的核心。苹果自生产第一台个人计算机以来一直保持相对封闭的操作系统创新方式，而成立于 1998 年的谷歌则通过 Android 操作系统支持更开放的创新文化。值得注意的是，即使是像 Android 这样的开放系统也包含对操作系统更改的条件和限制。此外，Android 操作系统也被认为不如苹果操作系统稳定。

　　总之，上面提到的每个关键原始元素都可以被视为一系列技术产生的影响和因果关系的前兆，其最终实现了交通创新革命。同样重要的是，交通革命催生的创新正蔓延到其他经济领域。

参考文献

Tozzi, C., 2017. For Fun and Profit: A History of Free and Open Software Revolution. MIT Press, Cambridge, MA.

附录 D
RTD 评估研究结果

在实际缺乏总创新周期或创新生态系统的评估结果的情况下，我们在下面介绍了一些 RTD 投资评估普遍关注的结果。这些结果来自过去的经济计量研究和评估 RTD 及其生产力影响的论文。

D.1 公共部门支持的 RTD

关于公共部门 RTD 投资所造成的正外部性存在的实证证据很普遍，而且主要以记录"社会"回报率的研究形式存在。Arrow 在 1962 年首次提出的"增加回报原则"声称，一个人对知识的使用并不会降低其对另一个人的效用。这一原则为创建内源性宏观经济增长模型提供了基础，并被政策制定者广泛用于证明干预措施，如知识产权系统、RTD 基础设施、税收激励、鼓励研究伙伴关系等（Hall 和 Lerner，2009）。许多研究涉及研发公共投资的评估，其中许多研究计算了这类投资的回报率。这些研究大多涉及医学研究⊖。研究方法各不相同，但共识是，公共 RTD 投资的回报率通常很高。在 Georghiou（2015）中发现的这些研究的指示性结果如下：

1）公共研究产生的总体"价值"是整个生命周期内初始投资的 3～8 倍。

2）RTD 的公共投资年回报率的中位数在 20%～50% 之间（不同行业、不同创新类型和不同赞助商类型的回报率差异很大）。

3）如果没有公共资助的研究的贡献，创新的比例可能会有很大差异，根据研究估计，通常在 20%～75% 之间。

对溢出效应的预期，即公共部门支持的 RTD 的结果对同一行业或其他行业经营的其他公司的生产率表现的影响，通常是一个主要的考虑因素。与此相关，值得一提的是最近的两项研究的结果：

1）经合组织的一项研究分析了 18 个国家 RTD 支持水平发现，尽管在所研究的大多数国家中，政府资助的 RTD 支出份额在增加，但数据显示，公共 RTD

⊖ 在 Georghiou（2015）的附件 1 中，我们可以找到一个包含 15 个此类研究例子的汇总表。

资金在利用私营部门资助进行 RTD 方面效率较低（Belitz，2016）。更具体地说，研究发现 1 欧元的公共资金未能导致私人 RTD 支出的相应增加。在资助率高和有大量税收优惠的国家（如法国和英国），私营部门支出相对于经济产出的增长并不比资助率相当低且根本没有税收优惠的国家（如德国）快。总的来说，从这项研究中我们可以得出结论，公共资金并不一定会刺激私人 RTD 的支出强度或实际支出。

2）另一项有英国数据的研究在 1999～2007 年期间进行，在此期间英国政府对研究委员会的支持增加了两倍[⊖]，研究发现研究委员会的资助与市场部门总要素生产力（TFP）增长之间存在正相关（如上所述）（Haskel 和 Wallis，2013）。这种相关性在三次数据更新中被发现是有效的。该研究通过以下论点解释了这一发现，即尽管隐含回报率已经下降——资金增加了两倍——公共融资 RTD 溢出到私营部门的生产率增长和市场部门 TFP 增长，从而导致上述 TFP 增长。因此，这项研究的证据表明，公共部门的 RTD 并不排除私人投资，而是对它的补充，是私营部门投资的驱动因素。

D.2　私营部门 RTD

私营部门参与 RTD 的主要原因是为了生产或获得新产品和服务，这些服务旨在推动公司的投资组合对抗竞争对手[⊜]。私营部门对 RTD 支出的评估是基于估计 RTD 投资回报率的各种方法，通常使用微观（公司）和宏观（经济）水平上的产出诸如销售、增值、生产力和就业创造机会等进行估算。一些研究还关注于测量 RTD 的输出弹性，即一个给定的输出变量如何随着一个特定的输入变量的变化而变化，主要是 RTD 投资[⊜]。

根据这一传统观点，理论经济学家断言，在自由竞争的市场中，创新生产活动难以融资。这个论点开始于 Arrow（1962）的早期文章，Cuneo 和 Mairesse（1983）、Hall 和 Lerner（2009）重复了这一论点，除非一个发明家已经非常富有或公司已经利益可观，为了自己的 RTD 而自筹资金，否则一些创新将无法被纯粹地提供，是因为外部资本的成本通常太高。回想起来，在美国最近的一项调查的结果表明，尽管只有少数美国企业进行 RTD（约占总数的 3%），但进行研发

⊖　英国的 7 个研究委员会（RCUK）是英国政府的合作伙伴关系，为研究和发展提供了各种不同的资助机会，并且还支持研究人员的培训和职业发展。每年，英国的研究委员会在研究上投资约 30 亿英镑，涵盖了从医学和生物科学到天文学、物理学、化学和工程、社会科学、经济学、环境科学以及艺术和人文学科的所有学术学科。

⊜　然而，有一些案例表明，竞争对手也将创新过程视为一个分享资源以加速创新的机会。

⊜　所使用的方法侧重于使用生产函数来估计 RTD 回报，其中公司的产出是由劳动力和使用的资本数量决定的。

或资助研发的公司比没有研发活动的公司有更高的创新产出率[⊖]。"RTD 强度"即公司表现的 RTD 与国内净销售额的比率，在大多数接受调查的公司中，制造商的研发强度为 3.5%，非制造业的公司的研发强度为 2.2%，显示出总体上该强度与创新率呈正相关。然而，最近的证据表明，近几十年来，关于创新融资的传统观点已经变得不那么真实了（Tassey，2011；US National Science Board，2012）。

对于运输部门，对私营部门 RTD 投资的研究很少。正如在前面已经提到的，这类研究中最著名的研究是由欧盟委员会的联合研究中心（JRC）进行的，并在 Wiesenthal 等（2015）中进行了报道。根据对 2008 年和 2011 年欧盟的数据分析这项研究发现，创新产品（例如，市场或公司的新产品）对运输公司的营业额的贡献在 21%（运输和存储部门）至 41%（机动车制造部门）之间。在该研究中，没有计算私营部门运输 RTD 投资的回报率或弹性，但有许多关于运输 RTD "强度"的详细数据[⊜]。根据同一参考文献，欧盟的运输 RTD 投资显然是由汽车行业的支出主导的，其 RTD 强度在 5% 左右。2008 年，汽车制造业集中在一些大公司（12 家公司），占总数的近 90%，2011 年占总数的 80%。民用航空设备制造商是欧盟运输行业的第二大 RTD 投资者，其迄今为止 RTD 强度最高（2008 年为 7.8%，2011 年为 6.5%）。在水运行业，设备制造业对其 RTD 的投资从 3.3% 增加到 4.1%（2011 年）。最后，对于铁路设备制造业，综合 RTD 投资（对于 15 家欧盟最大的欧盟铁路设备制造商和供应商）的 RTD 强度从 3.9%（2008 年）至 3.6%（2011 年）不等。

除了运输部门外，其他部门还有几项研究侧重于私营部门 RTD 的结果。我们将参考其中的两项研究，它们综合了来自各种来源的结果。

第一项研究是在 Hall 和 Rosenberg（2010）中报道的，集中于使用横断面和时间数据对不同类型的公司在公司或行业层面进行的 RTD 结果进行评估。在该参考文献中，表 2A 和表 B 给出了关于 RTD 输出弹性和回报率的一系列结果。同一参考文献中的许多其他表给出了使用不同方法和数据集计算的弹性和回报率。根据这些表，RTD 投资的弹性（关于销售或增值）范围为 0.01 ~ 0.25，集中在 0.08。这意味着，如果对 RTD 投资 1 美元，一家公司预计销售额或附加值应该会增长 8%（无论情况如何）。关于 RTD 投资的内部回报率[⊜]在相同的表中，其中大多数都在 10% ~ 20% 范围。

第二项研究汇编了 RTD 评估（所有部门）的结果，可以在 Donselaar 和

⊖ 基于美国国家科学基金会赞助的商业 RTD 和创新调查（BRDIS）的结果（US National Science Board，2012）。

⊜ 定义为 RTD 投资占公司净销售额的百分比。

⊜ 定义为对 RTD 投资 1 美元的回报率，相当于该投资未来边际生产力的现值。

Koopmans（2016）的研究中找到。作者展示了 38 项实证研究的结果，16 项基于微观水平，7 项基于中观或行业水平，15 项基于宏观或经济水平。这些研究已在欧盟、美国、中国、日本和韩国这五个国家或地区的不同行业进行了研究。正如预期的那样，他们也在使用不同的方法，参考不同的时间段，并采用不同的数据收集方法[一]。我们做了最少的综合工作，以便在此总结本研究的结果，以表明总体的规模：在几乎所有的 38 个案例中，据估计，RTD 投资的影响是显著的，对促进最终企业产出和创新是积极的[二]。对于微观层面的研究，产出 RTD 弹性[三]从美国公司的 0.02 到整个五个地区的 0.25 不等。平均产出弹性估计为 0.1。换言之，公司对 RTD 的投资增加 10%，销售额[四]将增加 0.2% ~ 2.5%，平均增加1%，具体取决于具体情况。在宏观层面，RTD 对生产率增长的平均弹性在0.11 ~ 0.14 之间，即 RTD 投资增加 10% 将使生产率水平增加 1.1% ~ 1.4%。

在第三项相关研究中，将 RTD&I 的参与与劳动生产率和就业率的提高相关联，记录了私人资助的 RTD 对制造业和服务业就业和技能提升的双重影响（Joze 等，2014）。更具体地说，对于制造业，研究发现：

1）从事"过程创新"的公司的比例增加 10%，将导致高技能劳动力份额增加 2%。

2）从事"组织和营销创新"的公司的份额增加 10%，将导致高技能劳动力的份额增加 4%，科学工作者的份额增加 2%。

3）对于服务业（如运输业），上述结果估计低估了 60% ~ 80%。

显然，在上述所有研究中，所提到的数字背后有很多关于假设和方法的细节。因此，所提到的数字纯粹是指示性的，应该被视为数量级。我们鼓励感兴趣的读者搜索原始论文，以便找到这里无法给出的全部细节和详尽的分析。

参考文献

Arrow, K., 1962. Economic welfare and the allocation of resources for invention. In: Nelson, R. (Ed.), The Rate and Direction of Inventive Activity. Princeton University Press, Princeton, NJ.

Belitz, H., 2016. Support for Private Research and Development in OECD Countries on the Rise but Increasingly Inefficient. German Institute for Economic Research—DIW Economic Bulletin, no. 8, Berlin.

㊀ 总的来说，这些研究是基于对自己资助的 RTD 的输出弹性的元分析，使用标准技术，从基本的普通最小二乘法（OLS）到相同权重（OLS），包括随机效应或相同权重的随机效应。

㊁ 私营部门对 RTD 的投资并不总是创新的代名词。正如 US National Science Board（2012）所指出的，许多美国公司在没有投资 RTD 的情况下推出新产品。

㊂ 回想一下，它被定义为在私人 RTD 投资增加后，销售收入或增值的增加。

㊃ 在这些研究中，已经使用的输出变量是增值，而不是销售。

Cuneo, P., Mairesse, J., 1983. Productivity and RTD at the firm level in French manufacturing. Cambridge MA: NBER(US National Bureau of Economic Research), Working Paper No. 1068.

Donselaar, P., Koopmans, C., 2016. The fruits of RTD: Meta-analyses of the effects of Research and Development. Free University of Amsterdam, Faculty of Economics and Business Administration, Productivity Research Memorandum no. 2016 - 1, Amsterdam. Available from: https://research. vu. nl/ws/portalfiles/portal/1403389.

Georghiou, L., 2015. Value of Research. In: European Commission, Directorate-General for Research and Innovation, Policy Paper, June—2015, EUR 27367 EN, Brussels Available from: https://ec. europa. eu/futurium/en/system/files/ged/60_ - _rise-value_of_research-june15_1. pdf.

Hall, B., Lerner, A., 2009. The financing of RTD and innovation. In: US National Bureau of Economic Research—NBER, Working paper 15325.

tember 2009, Cambridge, MA. http://www. nber. org/papers/w15325. Measuring the returns to RTD. Hall, B., Rosenberg, N. (Eds.), 2010. Handbook of the Economics of Innovation, 1033 - 1082.

Haskel, J., Wallis, A., 2013. Public support for innovation, intangible investment and productivity growth in the UK market sector. Econ. Lett. 119(2), 195 - 198.

Joze, P., Damijan, C., Kostevc, C., Stare, M., 2014. Impact of innovation on employment and skill upgrading. KU Leuven/Vives discussion paper 44, July, Lauven.

Tassey, G., 2011. Beyond the Business Cycle: The Need for a Technology-Based Growth Strategy. NIST—US National Institue of Standards and Technology, Economics Staff Paper, December. Available from: http://www. nist. gov/director/planning/upload/beyond-business-cycle. pdf.

US National Science Board, 2012. Research and Development, Innovation and the Science and Engineering Workforce: A Companion to Science and Engineering Indicators. US/NSB, Washington, DC. Available from: https://www. nsf. gov/nsb/publications/2012/nsb1203. pdf.

Wiesenthal, T., et al., 2015. Innovation in the European transport sector: a review. Transport Pol. 42, 86 - 93.

The Accelerating Transport Innovation Revolution

George A. Giannopoulos, John F. Munro

ISBN: 9780128138045

Copyright © 2019 Elsevier Inc. All rights reserved.

Authorized Chinese translation published by China Machine Press.

交通创新革命（李湮东　任申元　金一　译）

ISBN: 978 - 7 - 111 - 75440 - 4

北京市版权局著作权合同登记号：图字：01 - 2022 - 5385

注意

本书涉及领域的知识和实践标准在不断变化。新的研究和经验拓展我们的理解，因此须对研究方法、专业实践或医疗方法作出调整。从业者和研究人员必须始终依靠自身经验和知识来评估和使用本书中提到的所有信息、方法、化合物或本书中描述的实验。在使用这些信息或方法时，他们应注意自身和他人的安全，包括注意他们负有专业责任的当事人的安全。在法律允许的最大范围内，爱思唯尔、译文的原文作者、原文编辑及原文内容提供者均不对因产品责任、疏忽或其他人身或财产伤害及/或损失承担责任，亦不对由于使用或操作文中提到的方法、产品、说明或思想而导致的人身或财产伤害及/或损失承担责任。

图书在版编目（CIP）数据

交通创新革命 /（希）乔治·A. 吉安诺普洛斯（George A. Giannopoulos），
（美）约翰·F. 蒙罗（John F. Munro）著；李湿东，任申元，金一译. —北京：机械工业出版社，2024.2

书名原文：The Accelerating Transport Innovation Revolution
ISBN 978 - 7 - 111 - 75440 - 4

Ⅰ. ①交⋯　Ⅱ. ①乔⋯ ②约⋯ ③李⋯ ④任⋯ ⑤金⋯　Ⅲ. ①交通运输管理　Ⅳ. ①F502

中国国家版本馆 CIP 数据核字（2024）第 060734 号

机械工业出版社（北京市百万庄大街 22 号　邮政编码 100037）
策划编辑：李　军　　　　　　　责任编辑：李　军　丁　锋
责任校对：张慧敏　牟丽英　　　责任印制：邓　博
北京盛通数码印刷有限公司印刷
2024 年 7 月第 1 版第 1 次印刷
169mm×239mm·29 印张·2 插页·581 千字
标准书号：ISBN 978 - 7 - 111 - 75440 - 4
定价：149.00 元

电话服务　　　　　　　　　　　网络服务
客服电话：010 - 88361066　　　机 工 官 网：www.cmpbook.com
　　　　　010 - 88379833　　　机 工 官 博：weibo.com/cmp1952
　　　　　010 - 68326294　　　金 书 　网：www.golden-book.com
封底无防伪标均为盗版　　　机工教育服务网：www.cmpedu.com